马九克
极简教育技术丛书

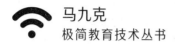

方便快捷制作教学课件（修订版）

马九克 / 著

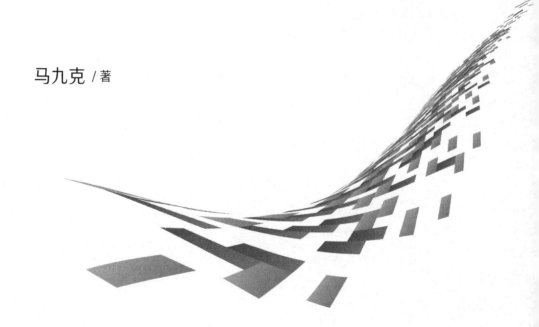

华东师范大学出版社
· 上海 ·

图书在版编目（CIP）数据

方便快捷制作教学课件/马九克著.—修订版.—上海：华东师范大学出版社，2022
ISBN 978-7-5760-2470-8

Ⅰ.①方… Ⅱ.①马… Ⅲ.①中小学—多媒体课件—制作 Ⅳ.①G436

中国版本图书馆CIP数据核字(2022)第022441号

马九克极简教育技术丛书
方便快捷制作教学课件(修订版)

著　　者　马九克
责任编辑　刘　佳　丁　倩
责任校对　张亦驰　时东明
装帧设计　高静芳

出版发行　华东师范大学出版社
社　　址　上海市中山北路3663号　邮编200062
网　　址　www.ecnupress.com.cn
电　　话　021-60821666　行政传真021-62572105
客服电话　021-62865537　门市(邮购)电话021-62869887
地　　址　上海市中山北路3663号华东师范大学校内先锋路口
网　　店　http://hdsdcbs.tmall.com

印 刷 者　上海商务联西印刷有限公司
开　　本　787×1092　16开
印　　张　24.25
字　　数　554千字
版　　次　2022年3月第1版
印　　次　2022年3月第1次
书　　号　ISBN 978-7-5760-2470-8
定　　价　78.00元

出 版 人　王　焰

序 一

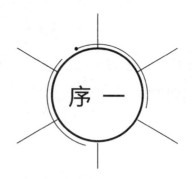

虽然目前信息技术工具众多，但是常用的 Office 办公软件仍然是广大教师教学中不可或缺的工具。我们了解到，这些软件的很多功能在教学中都未被开发、应用。绝大多数教师只会应用这些软件的一些基本功能，比如 PowerPoint 仅仅用于板书展示；Word 主要用来打字或复制、粘贴，很多功能如试卷的编辑和排版就鲜少使用；Excel 功能非常强大，但是绝大部分教师主要用它进行表格表达，较少将其运用到教育管理和课堂教学中去。至于 Office 软件中其他较为复杂的应用功能，除专职信息科技教师外，能掌握并应用的一线教师寥寥。所有这些制约了信息技术在教育教学中的深入应用。

上海七宝中学物理特级教师马九克老师，十多年来对 Office 中的常用软件及多媒体技术进行潜心研究，他的研究成果得到了信息技术专家和广大一线教师的高度肯定，普遍认为马老师的研究成果有以下三个特点：

易学。该研究基于我们广大教师目前已普遍应用的常用软件，进行了深度开发与应用，使之简单易学，教师只要有使用这些软件的初级基础，就能很顺利地学习和应用。

实用。可以充分发挥常用软件的功能，用于课堂教学，提高课堂教学效率，同时也能够提高教师工作的效率。

创新。到目前为止，对 Office 在教育教学中应用的系统研究，国内还没有类似的研究成果，因此马老师这一深度应用研究具有一定的创新性。

马老师的系列研究成果——Office 办公软件在教学中的深度应用研究，已开发为系列培训课程。经过上海市信息技术专家的评选，这些课程已成为教育部国培计划的课程资源。马九克老师基于研究的系列著作的出版，为广大教师教育技术能力的提高提供了良好的教材。

《方便快捷制作教学课件(修订版)》一书，在原版的基础上，通过更多的实用案例，全面系统地阐述了应用 PowerPoint 制作教学课件过程中各种创新的方法。我们希望大家在学习和应用的过程中能够像马老师一样，既能用好，又能创新，以进一步推进课堂教学的改革，为建立高质量的教育体系作出新的贡献。

张民生

（张民生：国家教育咨询委员会委员，原上海市教委副主任，中国教育学会副会长，上海市教育学会会长）

2021年4月28日

序 二

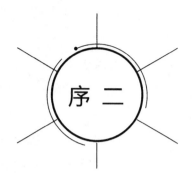

早在 20 世纪 90 年代，我看到世界上一个共享幻灯片的著名网站上介绍说，每天世界上至少有 3 亿人在看 PPT，PPT 已经成为人们交流最广泛的世界语。在我们的周围，从顶尖级国际学术会议，到基层中小学校的课堂教学；从决定上千万投资项目的论证报告，到决定命运的 5 分钟求职演说 PPT，无论大家意识到与否，PPT 是否设计得当和出彩已经影响到讲演者和听众的学习、工作与生活。

我认识马九克老师是在上海闵行区举行的首届全国 Moodle 信息化课程设计研讨会议上。他从 2003 年以来，一直结合自己的物理教学工作实际，琢磨和研究如何将 Microsoft Office 的几个常用办公软件为教学所用。近年来，马老师注重智慧课堂教学的研究和实践并获得了极大的成功，他的"教育信息技术助推课堂教学变革的实践研究"荣获上海市政府科研成果特等奖和国家级教学成果二等奖。

我在多年来参加全国教师教育信息技术能力提升的培训活动中，深切感受到广大教师日常教学工作的辛劳和对新技术支持教学的渴望，也发现教师们被动参加了很多繁琐复杂、脱离教师实际需求、几乎没有什么效果的"培训"。在反思过去开展教师信息技术能力培训的经验和"大道至简、实干为要"的新时代精神引导下，我们逐步形成了"极简教育技术"的新思维。

在我们讨论极简教育技术思想的形成过程中，有一段我和马九克老师的对话很精彩。我问他："人工智能现在是人们关注的热点话题，如果你的新作要让现在的老师们感兴趣，能否搞些人工智能在教学中应用的内容?"马老师笑了笑，应声说："我就死盯着 Office，把教师最常使用的极简技术做到极致，让每一位老师能够真正在教学中常态化用好信息技术。"

马老师长期深入研究 Office 在教学中的应用，有很多创新的灵感，他的课件设计的思维方法和创新应用的技巧，例如齿轮啮合传动，声波振动的可视化演示，复杂的力学演示，电路图设计等会让你眼前一亮。华东师范大学出版社根据马老师近几年的研究，重新整理出版了"马九克极简教育技术丛书"，他的与众不同的极简思维创意，能够有效地解决教学中的很多实际需要。

我发现马九克老师的极简教育技术应用有以下特点：

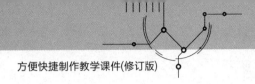

(1) 易学、易用、方便、省时、高效、实用、创新。

(2) 聚焦一线教学,以应用为导向,运用“极简”的技术,让每一位教师在使用技术支持教学过程中有切实的获得感。

为什么《方便快捷制作教学课件》2021 年的新版本要做大幅度修改?马老师认为,他从全国各地的培训调查数据上看到,经常使用和几乎每节课都用 PPT 的教师几乎占调查总数的 80%,没有任何一个软件能够在教师群体中这么深入人心,目前来看不可能有别的软件来取代 PPT。为了应对后疫情时代线上线下融合教学的新常态,教师们需要进一步提升 PPT 设计和教学组织的技能,这也是目前教育信息化建设中“最后一公里”——信息技术与课堂教学融合的问题。所以,再版新书添加了更多的案例,突出解决 PPT 设计制作中的两大问题:一个是绘制图形,另一个是动画设置。

再版新书分为三部分,第一部分是基础知识篇,第二部分是创新应用篇,第三部分是进阶提高篇,书中还增加了 PPT 插件的应用,因而各技术层面的读者都可以参考学习。

再版的新书与时俱进,将微软 Office 的最新技术运用到教学实践中,从教学实际出发,以案例来驱动学习,书中没有繁杂的理论和一般的计算机知识的应用,而是直接从一线教师的日常需求问题入手,系统地介绍了 Office 最新版中增添的一些新功能。

目前社会上计算机相关图书繁多,但是结合教学实际研究的教师实用的计算机类书籍还不多见。马老师通过自己多年的钻研探究,结合自己的教学实际,研究整理出来的这些在教育教学工作中实用方便的工具书,一定会令一线教师受益匪浅。

这让我想到,其实很多极简的东西人们都不知道,只有深入进去,你才有机会发现美;深入是一种体验,体验则是一种过程,过程才是一种人生享受……相信广大教师在马九克老师研究的基础上,会进一步提升 Office 软件使用的技巧和创意,从而使我们的课堂教学更加多姿多彩、焕发勃勃生机,用我们的辛勤努力去谱写教育教学工作中更加美丽的篇章!

黎加厚

于上海师范大学科技园

2021 年 3 月 18 日

(黎加厚:教育部全国教师教育信息化专家委员会委员, 中国教育技术协会学术委员会副主任,教育部全国中小学教师教育技术能力标准考试大纲评审专家组专家,英特尔® 未来教育中国项目专家组专家, 教育部-微软携手助学项目特邀专家。)

前言

信息化建设向纵深发展的主要任务之一是要解决信息技术与课堂教学如何深度融合的问题，也就是要落实教育部提出的信息化建设和应用中要聚焦课堂改革，注重提高学生数字化学习与创新能力，激发学习兴趣、丰富教学内容，突破课堂边界，拓展教学时空，努力探索互动式、启发式、探究式、体验式教学。而这种课堂教学改革的关键是要构建课堂教学新模式，制作数字化课程资源。这两个问题在我的《创建高效信息化课堂》一书中有详细的论述。而制作数字化课程资源的主要途径是把制作好的 PowerPoint 课件录制成视频课程。可见无论是在现在的常规课堂教学中，或在将要实施信息化课堂教学改革中制作微课视频时，制作高质量的 PowerPoint 课件都是每个教师必须掌握的基本技能。

多年来我在各地培训中搜集到来自全国三万多名教师的调查数据，数据显示，对于 PowerPoint 这个软件，经常使用和几乎每节课都用的教师几乎占调查总数的 80%，但是在使用 PowerPoint 制作课件时，90%以上教师不会绘制图形，更不会设置课件的动画。即使偶尔绘制图片，也往往会按照常规的思维方式操作，很难便捷高效地绘制出教学中所需的各种图形。本书是我经过多年来对全国上千场信息技术应用培训的思考和总结，重新打造出的全新的 PowerPoint 课件制作用书。本书在上一版基础上更新了三分之二以上的内容，增加了更多课件制作案例，添加了两个插件的应用，使得读者在应用 PowerPoint 软件时如虎添翼。课件制作中的主要问题是绘制图形和设置动画。本书从创新思维的角度全面系统地论述了图形绘制和动画设置过程中各种与众不同的思维方式，利用书中介绍的创新思维方法，可以快速绘制出教学课件中的几乎所有图形，设置课件中的几乎所有动画。如绘图中的创新思维方式有：极限变化思维、转动对称思维、叠加遮盖思维、透明渐变思维、格式变化思维、合并形状应用等。设置动画的创新思维包括：对称显半思维、分层叠放思维、触发器创新应用以及多个基本动画功能的联合应用等。动画的设置是课件制作中的关键，虽然软件中有 160 多个操作按钮，书中用物理学的思维方式，把动画中的运动类问题归纳总结出只需解决转动和平动问题即可，这样只需 5、6 个操作按钮即可解决课件制作中的几乎所有动画问题。掌握了这些创新的思维方式，可以让你方便快捷地制作各种教学课件。

本书分为三个部分，基础知识篇、创新应用篇和进阶提高篇。书中有大量的课件制作案例，虽然理科案例较多，但本书主要是通过案例的介绍，让读者掌握 PowerPoint 课件制作的基本方法和信息化思维的运用。因此，本书适合于各学科教师使用，不仅适用于 PowerPoint 软件初级学习者，也适用于有一定 PowerPoint 软件使用基础的教师。各层面的学习者只要按照书中介绍的方法认真在电脑上操作练习，一定会有意想不到的收获。

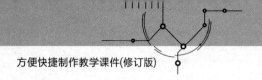

本书使用 PowerPoint 2019 版本进行编写，同样适用于 2013 版本和 2016 版本，三个版本的主要功能是相同的。书中介绍的应用信息化思维制作课件的方法也适用于 WPS 2019 版本。教师应该创新学习，勤于思考，不应拘泥于版本而限制你的使用。

本书语言流畅，图文并茂，易学易懂，实用性强，不仅适合广大教育工作者在课件制作时学习使用，也可以作为教师信息技术应用的培训教材，同样适合广大行政办公人员、工矿企业管理者、电脑爱好者学习使用。

我在多年的研究过程中，得到了原上海市教委副主任、中国教育学会副会长、国家督学，现国家教育咨询委员会委员张民生教授和教育部教育信息化技术标准委员会主任、华东师范大学终身教授、博导祝智庭教授以及教育部全国教师教育信息化专家委员会委员、中国教育技术协会学术委员会副主任、上海师范大学教育技术系黎加厚教授的多次指导和帮助，在多年的研究过程中，也得到了原闵行区教育学院院长徐国梁先生、原上海市七宝中学校长仇忠海先生以及文来高中校长黄健先生的大力支持和帮助，还得到了华东师范大学国际慕课研究中心主任陈玉琨教授、田爱丽博士等专家学者的帮助，在此一并表示感谢！

2021 年 5 月 18 日

目 录

创新应用篇

进 阶 提 高 篇

基础知识篇

第一单元

PowerPoint的基本应用

第1课 基本的操作

1. 自定义工具栏和功能区

（1）认识软件界面

在 PowerPoint 2019(或 2013 以上)版本中，软件界面如图 1－1－1所示。

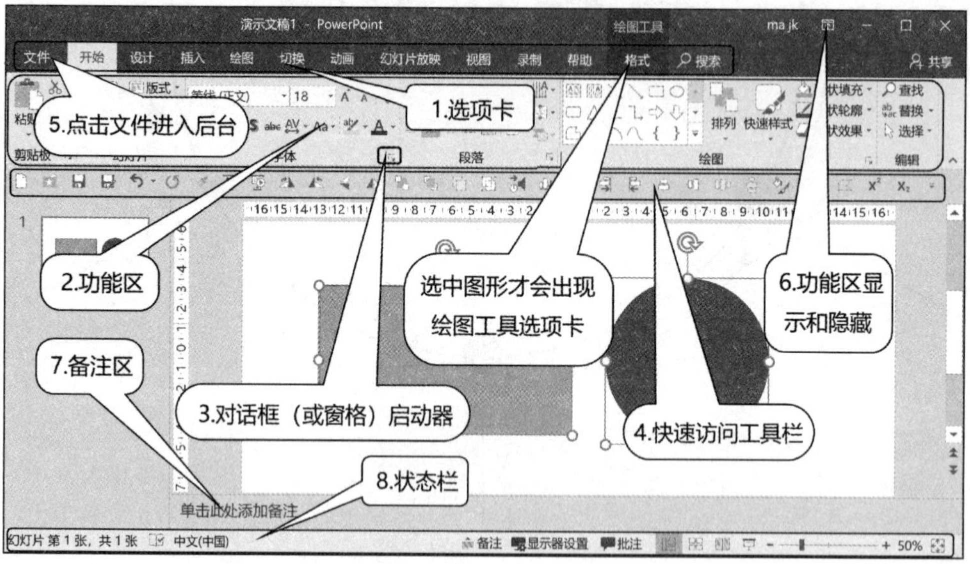

图 1－1－1

① 选项卡

界面最上端是选项卡区域，分类显示各种操作工具。对于如图形、视频、音频等对象，只有选中该对象才能在上方显示相应的选项卡。每个选项卡对应一个功能区。

② 功能区

每个选项卡的下面对应相应的功能区，功能区中有若干个操作按钮，根据不同的功能把不同操作按钮分成若干个组，如在“开始”选项卡对应的功能区中，分有“字体”组、“段落”组和“绘图”组等。

③ 对话框启动器

在功能区的有些组的右下角有一个小箭头按钮，称为“对话框启动器”或“窗格启动器”，点击后可以看到相应的对话框或在侧边出现相应的窗格，在对话框或窗格中有更多的操作选项。

④ 快速访问工具栏

把常用的工具放置此处，可以方便使用。

⑤ 进入后台

点击左上角的“文件”按钮，可以进入后台，在后台界面有更多操作。

⑥ 功能区显示选项

功能区右上角有一个向上的箭头，点击可以使功能区隐藏或显示。

⑦ 备注区

用鼠标向上推动幻灯片的下端，可以显示出备注区，在此可以添加备注。

⑧ 状态栏

显示当前界面呈现的状态。

(2) 自定义快速访问工具栏

由于 Office 2013 以上的版本界面与 Office 2003 版本有很大区别，为了方便使用，可以把自己常用的工具按钮放置在快速访问工具栏中。

① 初始状态下的快速访问工具栏

初始状态下的快速访问工具栏处在界面的左上角，并且只有很少的几个功能键，点击最右边小三角按钮可打开下拉菜单。在下拉菜单中，点击“其他命令”，如图 1-1-2所示，可以进入自定义界面；点击“在功能区下方显示”，可以把快速访问工具栏放置在功能区下方。

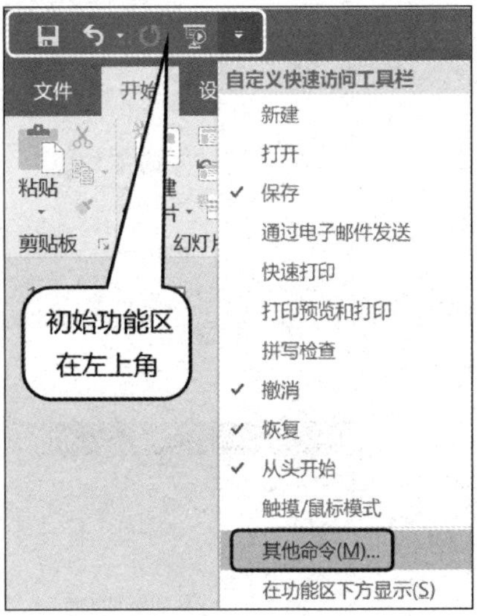

图 1—1-2

② 快速访问工具栏的自定义

A. 点击“其他命令”后，在“PowerPoint 选项”对话框中，默认打开“快速访问工具栏”选项卡。在“常用命令”列表中选择某一个命令，点击“添加”，或在命令位置栏中选择“所有命令”后，在列表中选中所需操作命令并点击“添加”，这样可把选中的命令添加到右边的区域中。左边列表中的命令是按照字母的顺序排列的。选中已经添加到右边的某一个命令，可以“删除”，也可以上下移动位置。如图 1-1-3所示。

B. 在快速访问工具栏中可以添加数十个命令按钮，为了以后使用方便，可以把这些自定义设置导出备用。点击右下角“导入/导出”，再点击“导出所有自定义设置”，如图 1-1-3 所示，可以把该设置作为文件导出，如果装机后想使用这些设置，则点击“导入自定义文件”将文件导入即可。点击“重置”可以删除所有自定义项并恢复到初始状态。

(3) 自定义功能区

软件中还可以根据需要自定义功能区。在“PowerPoint 选项”对话框中，点击“自定义功能区”选项卡，可以在右边方框中“主选项卡”下添加“新建选项卡”或“新建组”，用鼠标右击新建的选项卡或组，可对其重命名。如图 1-1-4所示，在“新建组”中添加了“设置自选图形的默认效果”的功能按钮。选中某一选项卡，可以移动该选项卡的位置，通过选中或者不选中某些选项卡，可以让其在工作界面上显示或者不显示。

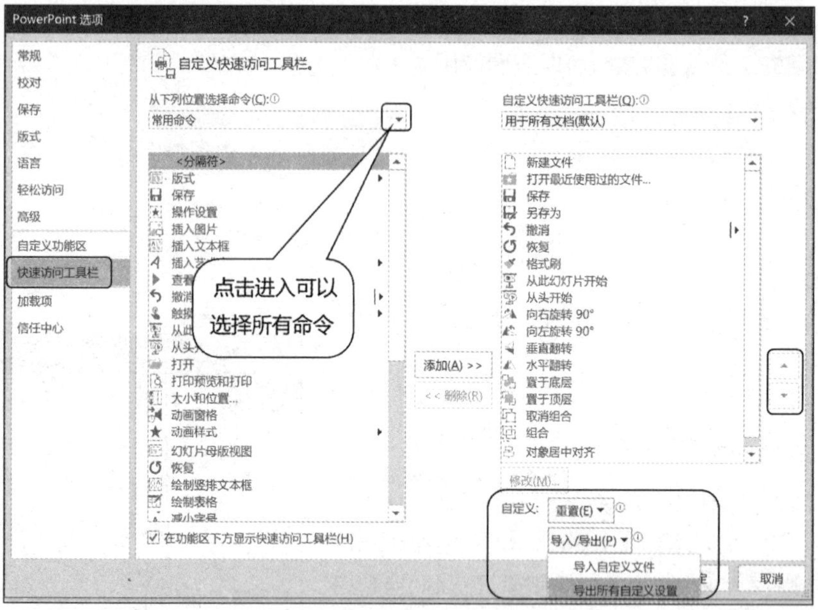

图 1－1－3

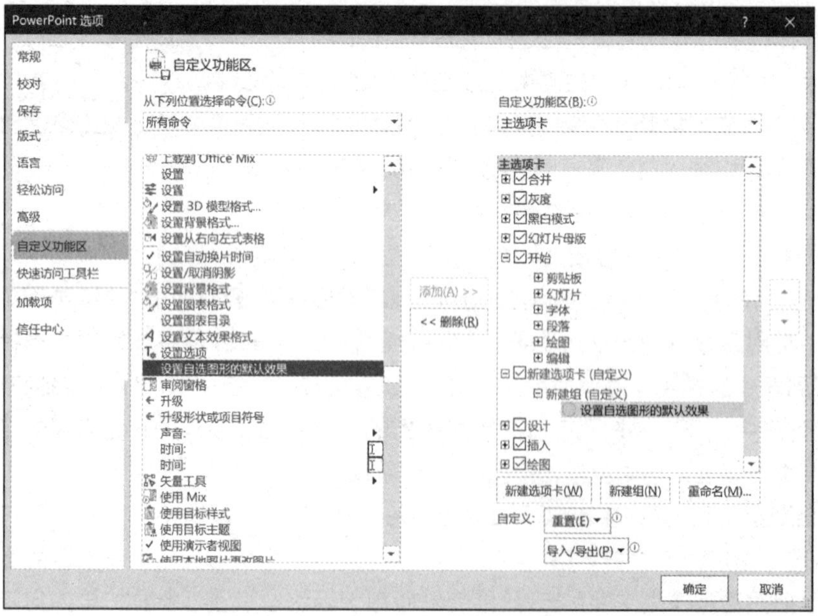

图 1－1－4

2. 显示比例和背景的设置

（1）调整幻灯片的显示比例

不论在“普通”视图中还是在“幻灯片浏览”视图中，调整幻灯片的显示比例时，可以在“视图”选项卡的“显示比例”组中，点击“显示比例”工具按钮调节幻灯片的显示比例，如图 1－1－5所示。实际上最简单的改变显示比例的方法是按下 Ctrl 键，同时滚动鼠标上的滚轮。

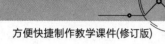

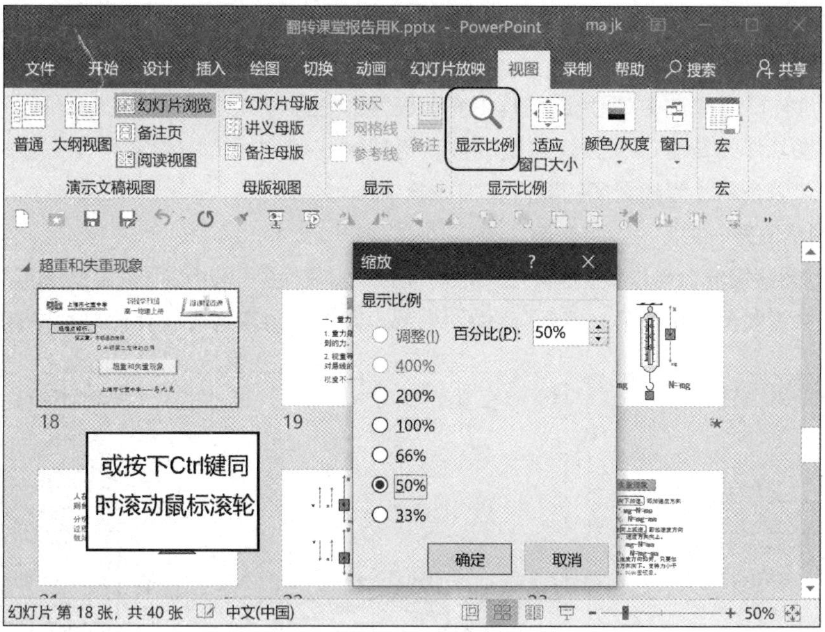

图 1－1－5

特别是在对某些图形进行设置时，使用此法可以将显示画面放大多倍，便于选中和操作。

（2）幻灯片的背景设置

先要调出“设置背景格式”窗格。在“设计”选项卡的“自定义”组中，点击“设置背景格式”按钮，或者在编辑界面右击鼠标，然后点击“设置背景格式”，都可以使界面右边显示出“设置背景格式”窗格，如图 1－1－6 所示。在“设置背景格式”窗格中有多个填充选项供选择。

图 1－1－6

① 纯色填充

点击“纯色填充”，然后选择要填充的颜色，也可以在此设置填充颜色的“透明度”（无填充与完全透明是不同的）。使用“取色器”选取颜色十分方便。点击“取色器”，将鼠标移至画面中，在喜欢的颜色上点击一下，即可将该颜色填充到背景中。

② 渐变填充

选择“渐变填充”，会出现很多选项，可以在“预设渐变”中选择一种渐变样式，也可以通过设置“类型”“方向”和“角度”来设置渐变样式。在“渐变光圈”中，可以设置多种渐变格式。点击“渐变光圈”下面的设置条，可以添加渐变光圈，点击右侧带绿色十字的图标也可以添加渐变光圈，点击带红色叉号的图标则可以删除渐变光圈。选中某一渐变光圈图标，可以设置此渐变光圈的“颜色”“位置”“透明度”等，如图1－1－7所示。

③ 图片或纹理填充

在图1－1－7中选中“图片或纹理填充”，在“插入图片来自”下面点击“文件”，可以插入电脑中的图片作为背景；点击“剪贴板”，可以将复制在剪贴板上的内容用作背景；点击“联机”按钮，可以在网上查找更多的图片作为背景。

④ 图案填充

选中“图案填充”，可以设置图案的“前景”色和“背景”色。选中“隐藏背景图形”，可以隐藏在母版中设置的背景图形。点击“应用到全部”，则该设置应用于所有幻灯片中。

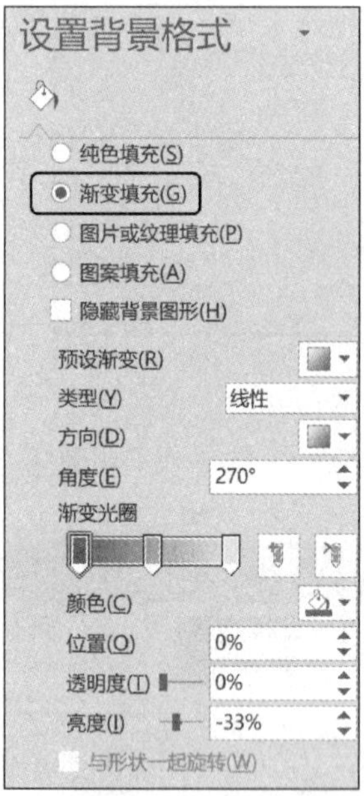

图1－1－7

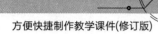

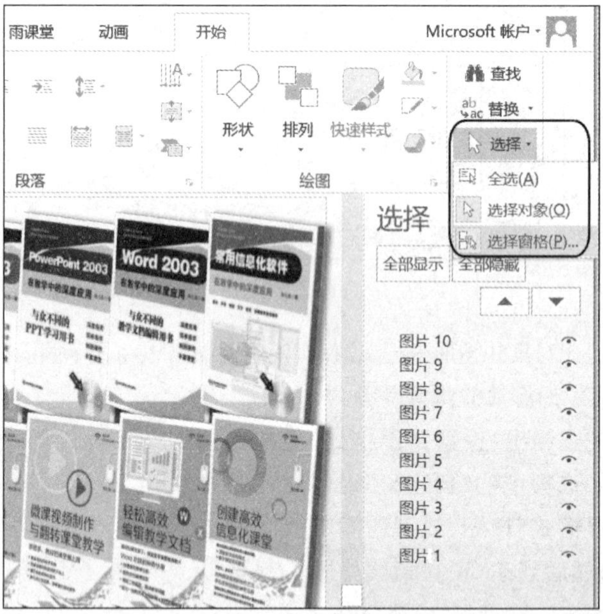

图1－1－8

(3) 幻灯片的选中和复制

① 幻灯片对象的选中和选择

A. 对象的选中。幻灯片上常常有文本框、图形等多个对象。要选中幻灯片中的多个对象时，可以按住鼠标左键并拉动鼠标选中需要的区域。要把该幻灯片上的对象全部选中，可以用快捷键 Ctrl+A。要部分选中，按下 Ctrl 键后，用鼠标依次点击各对象即可选中，若再点击选中的对象，则退出选中。

B. 对象的选择。在“开始”选项卡的“编辑”组中，点击“选择”按钮，可以“全选”，若点击“选择窗格”，右侧会出现“选择”窗格，点击某一个对象名后的小眼睛图标，可以不显示该对象，如图1－1－8所示。幻灯片中有多个重叠的对象时，利用“选择”窗格可以隐藏某些对象，方便对其他对象进行操作。在“选择”窗格中双击某一对象名，可以重命名此对象，方便识别操作。上下拖动对象名，可以改变对象在幻灯片中的叠放次序，名字在上方的对象在上层。

② 幻灯片的“复制”

若需要复制整张幻灯片，可在“普通视图”下，从左侧导航缩略图中选中要复制的幻灯片。利用 Shift 键可以连续多选；利用 Ctrl 键可以任意选中一张或多张幻灯片。选完后，按下 Ctrl+C，再把光标置于某一幻灯片上，按下 Ctrl+V，即可将所选幻灯片粘贴至相应位置。也可以利用快捷键 Ctrl+D，一次性完成复制和粘贴的全过程。在粘贴时由于不同幻灯片母板的配色方案不同，常常会出现幻灯片上字体、图形等格式发生变化的情况，这时在“粘贴选项”中，选择中间的一个图标，即可在复制时保留源格式，如图 1－1－9 所示。在复制图形或文本框时，也会出现这种情况，操作方法类同。

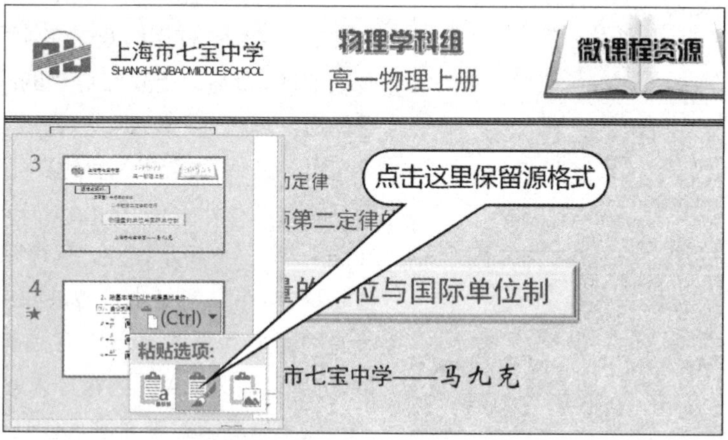

图 1－1－9

（4）幻灯片大小设置

打开一个新的 PowerPoint 文档，“幻灯片大小”默认是“宽屏（16∶9）”，可以自定义设置幻灯片的大小。在“设计”选项卡中右边的“自定义”组中，点击“幻灯片大小”，可以更改设置为“标准（4∶3）”，或者“自定义幻灯片大小”，如图 1－1－10 所示。

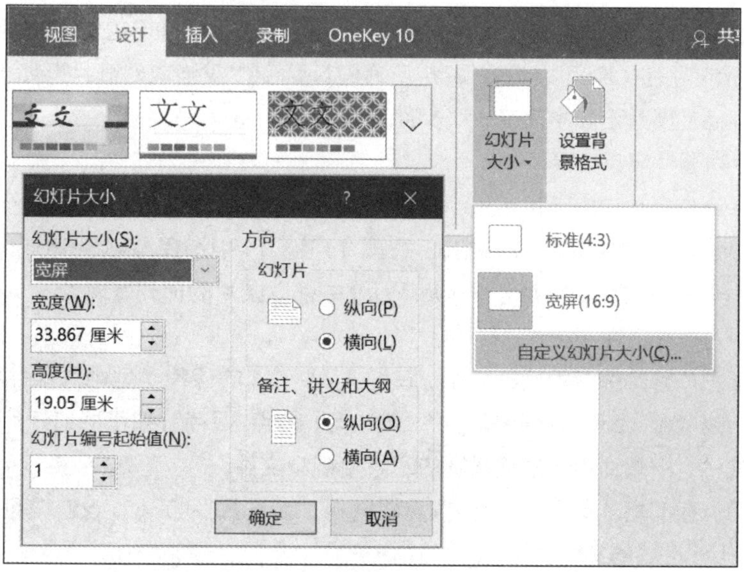

图 1－1－10

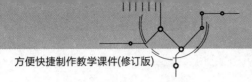

图 1-1-11

图 1-1-12

3. 幻灯片不同的保存格式

PowerPoint 文档制作完成以后，一般保存为默认的 PowerPoint 演示文稿（* .pptx）格式。其实，还有很多保存格式可供选择，不同的格式可以满足不同的要求。

（1）保存为放映格式

文档制作完后，若将它保存为 PowerPoint 放映（* .ppsx），使用时双击文件图标就可直接开始放映，而不会出现幻灯片的编辑窗口。保存的方法：点击“文件”→“另存为”，在“另存为”窗口中“保存类型”对话框的下拉列表中，选中“PowerPoint 放映（* .ppsx）”，输入文件名，如图1-1-11 所示，点击“保存”即可。保存为放映格式，可以避免出现放映时由于操作不慎等原因而将后面的演示内容提前“曝光”的现象，也可以避免课件内容被他人意外改动。

如果想重新编辑修改，直接在 PowerPoint 程序中打开需修改的放映格式文件即可。

（2）保存为图片格式

当设置好幻灯片后，可把它保存为图片格式。PowerPoint 提供了多种图片的保存格式，如图1-1-11所示。若选择“JPEG 文件交换格式（* .jpg）”，则每张幻灯片都独立保存为 JPEG 格式的图片（选择其他选项可保存为其他图片格式）。当点击“保存”后，出现如图 1-1-12所示的对话框时，可以选择保存“所有幻灯片”或“仅当前幻灯片”，如果选择“所有幻灯片”，保存后的图片会集中放在一个文件夹里。

（3）保存为图片演示文稿

如果要保证幻灯片中的艺术字和图形等格式不变，同时也避免别人对自己幻灯片的修改，可将幻灯片保存为图片演示文稿格式，在图 1-1-11 中选择“PowerPoint 图片演示文稿（* .pptx）”，保存后每张幻灯片在 PowerPoint 中都以图片的形式呈现。

（4）保存为视频文件

可以直接把幻灯片保存为视频文件。在图 1-1-11 的保存类型中选择“MPEG-4 视频（* .mp4）”[或“Windows Media 视频（* .wmv）”]，再点“保存”，即可把幻灯片保存为相应格式的视频文件。一般适用于生成录制的幻灯片视频文件。

幻灯片可保存的格式很多，可以根据需要选择。若选择“PDF（* .pdf）”，可以把幻灯片直接保存为 PDF 格式的文件。

4. 利用格式刷复制格式

格式刷是一个用于复制文字或图形等对象格式的方便实用工具，可以把文字格式、段落格式、图形格式等“刷”（即复制）到其他对象上，极大地提高工作效率。操作方法如下：

（1）设置好样本格式

先设置好样本的格式，然后用鼠标点击一下样本。单击（只能使用一次）或双击（可以多次使用）“格式刷”，然后将鼠标移至幻灯片上，可看到鼠标光标的旁边多了一把小刷子。

（2）复制图形格式

绘制一个图形，如五角星，选中已经设置好格式的圆，在“开始”选项卡的功能区中点击“格式刷”，当鼠标光标旁出现刷子形状时，再在五角星上点击一下，则圆的格式设置就应用到了五角星上，如图 1－1－13 所示。

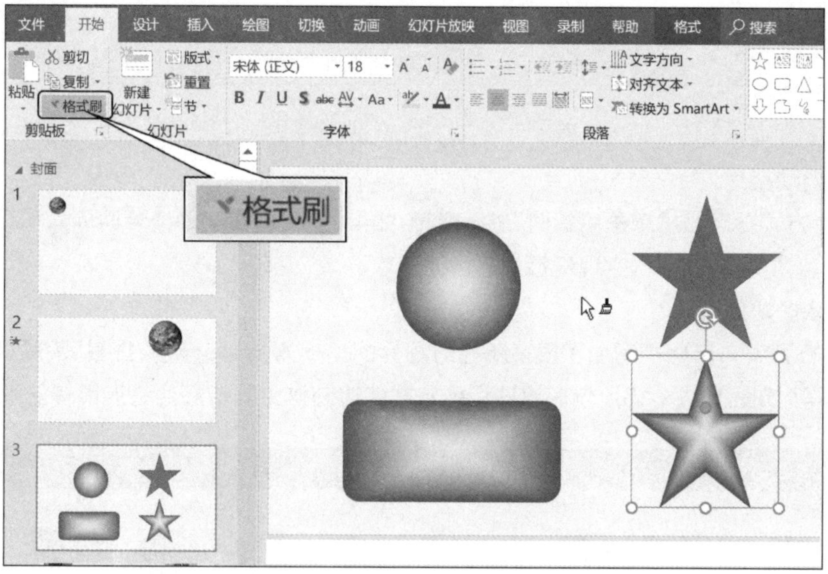

图 1－1－13

（3）复制文字格式

要复制文字格式，应选中已设置好格式的文字，双击“格式刷”按钮，然后在需要设置格式的文字上刷过即可。

（4）格式刷的其他应用

除了复制图形、文字等一般格式以外，格式刷还可以用于复制“项目符号和编号”中的各种编号及符号格式。要停止使用格式刷，可单击“格式刷”或按 Esc 键退出。

格式的复制还可以利用格式刷的快捷键进行操作。选中设置好格式的图形或文字，按下 Shift+Ctrl+C，再选中要应用此格式的图形或文字，按下 Shift+Ctrl+V，即可把格式复制过来。

5. 幻灯片的切换效果

幻灯片的切换效果指的是上下幻灯片间的过渡效果。在“切换”选项卡中，点击左边的“预览”按钮,可以观看设置的切换效果,在“切换到此幻灯片”组中,可以设置幻灯片的切换效果。点击“效果选项”,可以对所选切换效果进行设置,如设置不同的切换方向。在“计时”组中,可以设置切换时的“声音”效果,在“持续时间”中可以设置切换过程所需时间。如图1－1－14所示。

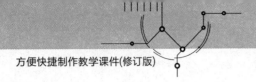

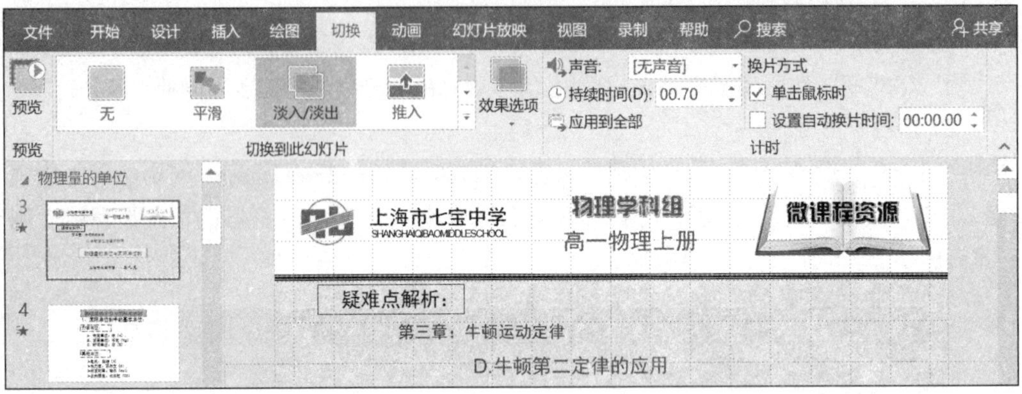

图1－1－14

(1) 自动换片

“换片方式”默认是“单击鼠标时”进行换片,如果选中“设置自动换片时间”,可以设置每张幻灯片自动切换的时间,实现幻灯片的自动播放。

(2) 众多切换方式

较2003版本,新版中增加了很多新的幻灯片的切换方式,如涟漪、蜂巢、闪耀、库、立方体、门、框等,如图1－1－15所示。这些切换方式使得制作出的幻灯片更加具有艺术效果。

图1－1－15

多数切换方式都可以在“效果选项”中设置切换的方向和不同的艺术效果，如图 1－1－16所示。

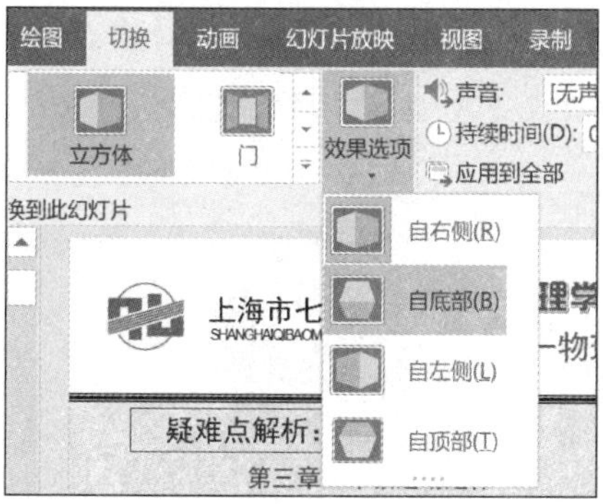

图 1－1－16

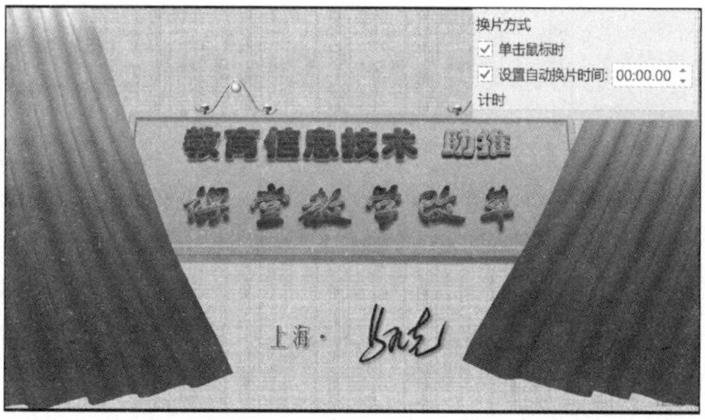

图 1－1－17

（3）设置“帘式”切换

软件中有个很酷的切换方式——“帘式”切换，其效果像在舞台上拉开大幕似的，如图 1－1－17所示。在设置“帘式”切换时，“帘子”的颜色取决于上一张幻灯片的颜色设置。所以要先利用渐变填充设置好上一张幻灯片的背景颜色作为“帘子”，并且要在“帘子”页的“换片方式”中设置自动换片时间为“0”。播放效果如图 1－1－17 所示。图中右上方显示的是上一张幻灯片的换片方式。

（4）“平滑”切换

利用 2019 版本软件新增的“平滑”切换方式，可以通过从一张幻灯片到另一张幻灯片的平滑切换实现对象的动画效果。使用举例如下：

首先制作一张含有一个对象（如地球图片）的幻灯片 1。

做好幻灯片 1 后，复制得到幻灯片 2，并将幻灯片 2 的切换方式设置为“平滑”，如图 1－1－18所示。

然后把幻灯片 2 上的对象移动到需要的位置，还可以对其进行缩放。如图 1－1－19所示，将幻灯片 2 上的地球图片右移并放大。点击幻灯片 1，开始放映，即出现地球图片移动且放大的效果。

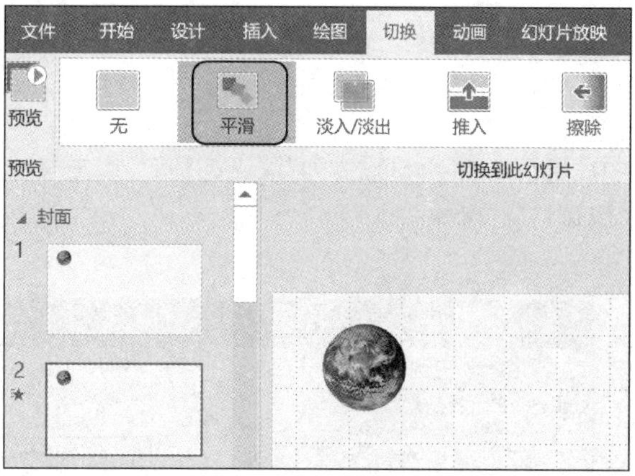

图 1－1－18

6. 字体文件的添加及字体批量替换

电脑自带的字体不多，可以添加网络上下载的字体文件。如果文档编辑好以后，对某些字的字体不满意，可以一次性批量更改字体。操作方法如下：

（1）添加字体文件

打开电脑的控制面板，以大图标方式查看，找到“字体”文件夹后双击打开。如图

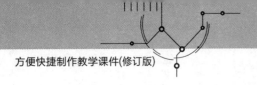

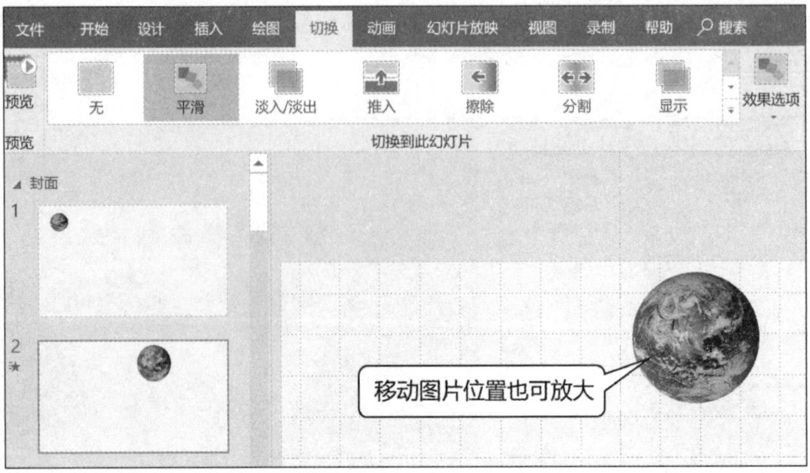

图 1－1－19

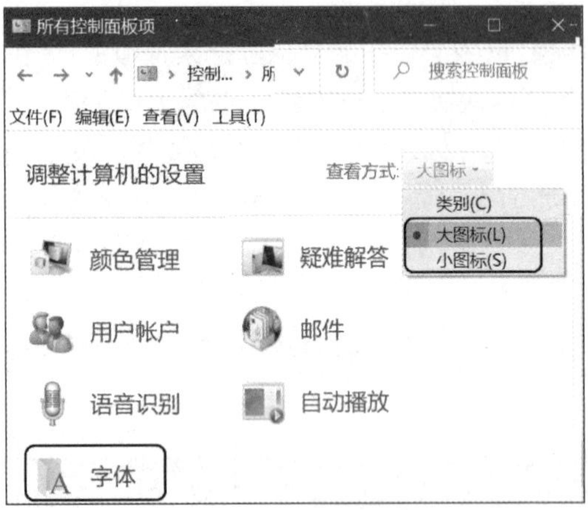

图 1－1－20

1－1－20所示。将下载的字体文件复制到该文件夹中即可。

(2) 字体批量替换

① 打开“替换字体”对话框

先打开需要更改字体的文档，在“开始”选项卡的“编辑”组中，点击“替换”右侧小三角形按钮打开下拉菜单，选中“替换字体”，如图1－1－21所示。

② 替换为新字体

如图1－1－22所示，在“替换字体”对话框中，在“替换”下方框中找到待替换的字体(图中为“黑体”)，在“替换为”下方框中找到替换的字体(图中为“汉真广标”)，点击“替换”，幻灯片上的所有“黑体”字都被替换为“汉真广标”字体。

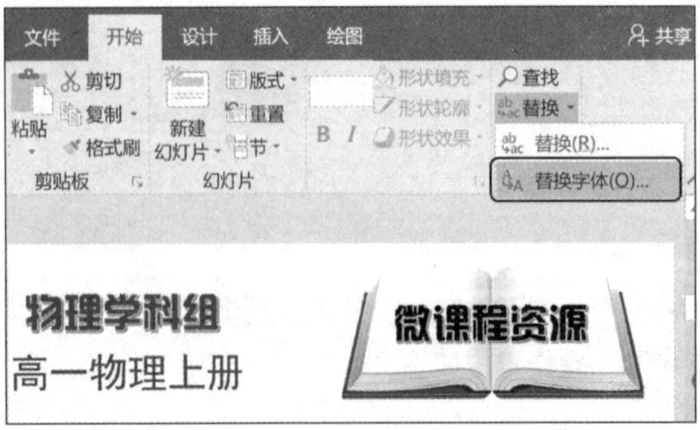

图 1－1－21

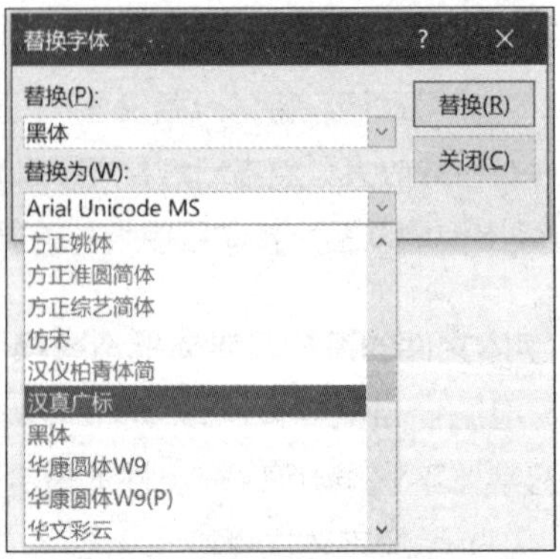

图 1－1－22

第2课 其他的设置

1. 不同的视图模式和网格线

（1）幻灯片的不同视图模式

幻灯片文档有不同的视图模式。在“视图”选项卡的“演示文稿视图”组中，可以看到有“普通”“幻灯片浏览”“大纲视图”等模式。

① “普通”模式

默认视图模式为“普通”模式，如图1－2－1所示。在“显示”组中点击“备注”按钮可以显示备注区域，在此区域可以添加备注文字。

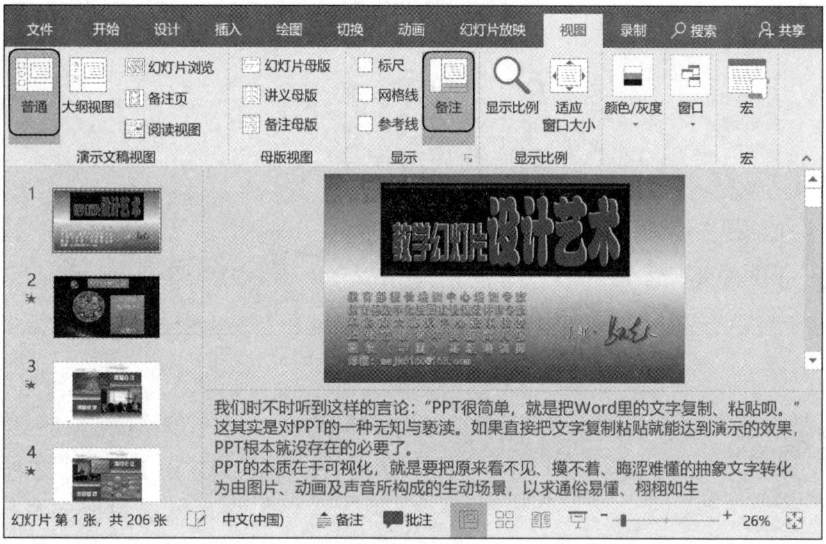

图 1－2－1

② “幻灯片浏览”模式

点击“幻灯片浏览”按钮，可以同时对多张幻灯片进行浏览、复制、移动，右击鼠标还可以进行删除、隐藏等操作，如图1－2－2所示。

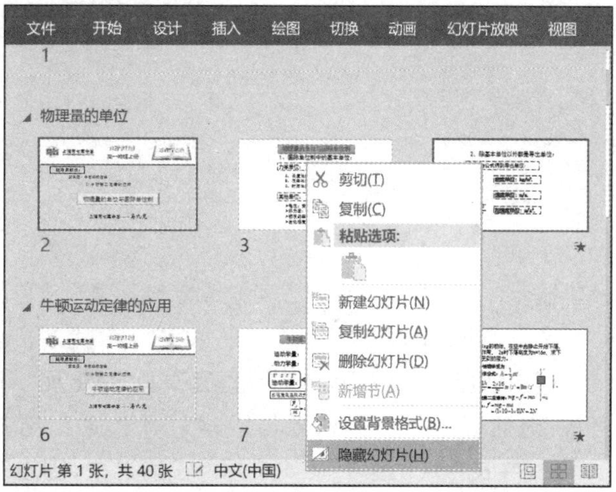

图 1－2－2

③ “大纲视图”模式

通过“开始”（或“插入”）选项卡插入的幻灯片，除空白版式外基本都含有占位符。所谓占位符，相当于系统自带的文本框，其目的是方便用户的使用，只有在占位符中输入的文字才能在“大纲视图”中显示。如图1－2－3所示，第二张幻灯片中含一个占位符和一个文本框，只有占位符中输入的文字才能在“大纲视图”中显示，而插入文本框中的文字则不显示在“大纲视图”中。若不需要在“大纲视图”中显示文字，建议使用空白幻灯片，方便编辑。

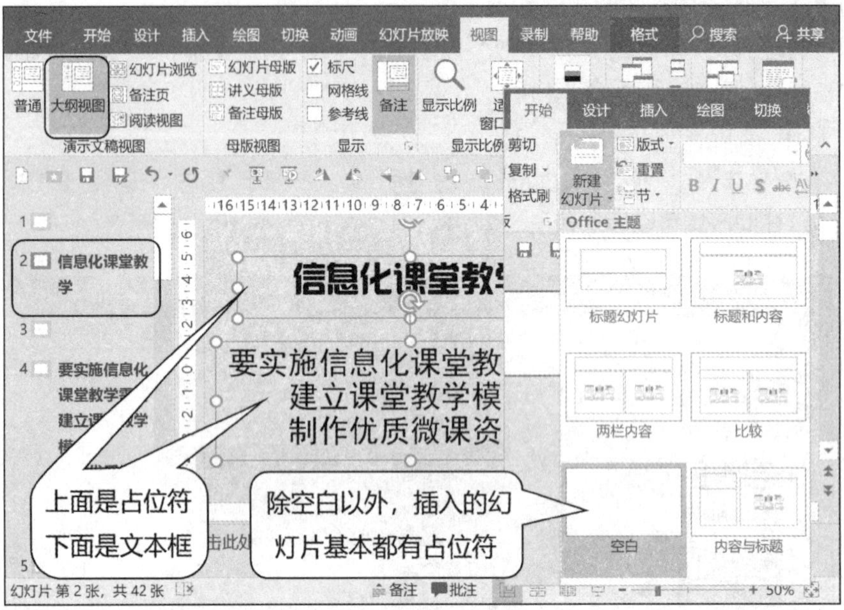

图1－2－3

(2) 网格线和参考线的使用

为了使编辑的文档整齐美观，有时需要借助网格线和参考线来绘制图形和放置图片或文本框。网格线和参考线的使用方法如下：

① 显示网格线和参考线

在“视图”选项卡的“显示”组中，选中“网格线”，则屏幕上会直接显示出网格线，如图1－2－4所示，也可以选中“标尺”和“参考线”使之显示。用鼠标拖动参考线可以改变参考线的位置。

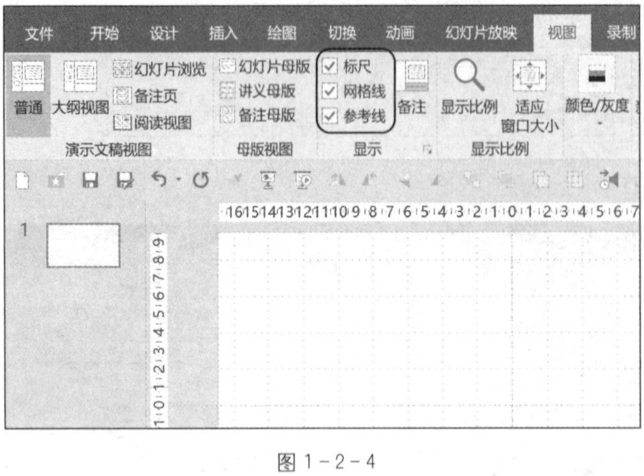

图1－2－4

② 设置网格线格式

点击“显示”组右下角的对话框启动器，则出现“网格和参考线”对话框。在“网格和参考线”对话框中，选中“对象与网格对齐”，则移动对象时将按设置的间距移动，如图1－2－5中的“0.25厘米”。如果间距设置过大，则通过方向键移动对象时，跨步较大。如果不选“对象与网格对齐”，移动对象时，则跨步较小，便于对图像位置进行微调。若要在

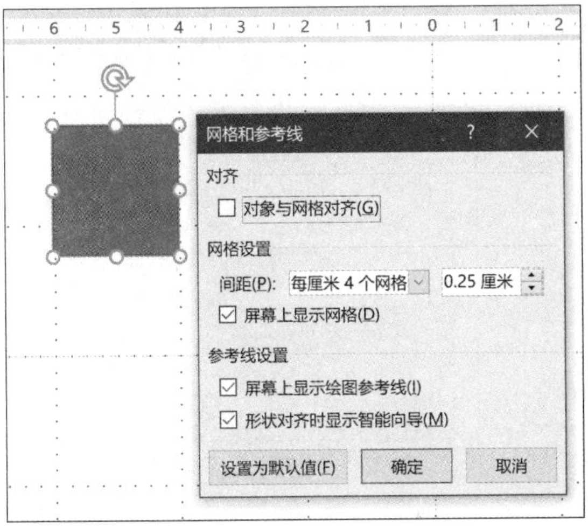

图 1－2－5

选中“对象与网格对齐”的状态下对对象的位置进行微调，可选中该对象，按下方向键的同时按下 Ctrl 键；如果用鼠标操作，可以在拖动对象的同时按下 Alt 键。

2. PowerPoint 选项及节的应用

在 PowerPoint 的使用过程中，很多项目都需要进行设置。点击文档左上角的“文件”，进入后台，在后台视图中点击“选项”，进入“PowerPoint 选项”对话框中，然后可进行相应的设置。

（1）保存的设置

在“PowerPoint 选项”对话框中，选择“保存”选项卡，在此可以设置“保存自动恢复信息时间间隔”，如“10”分钟，意味着若电脑出现故障程序关闭而文件没有保存时，最多丢失 10 分钟内修改的内容信息，如图 1－2－6 所示。当重新启动 PowerPoint 程序（不是打开 PowerPoint 文件）时，可以自动打开未保存的文件上次自动恢复的版本。

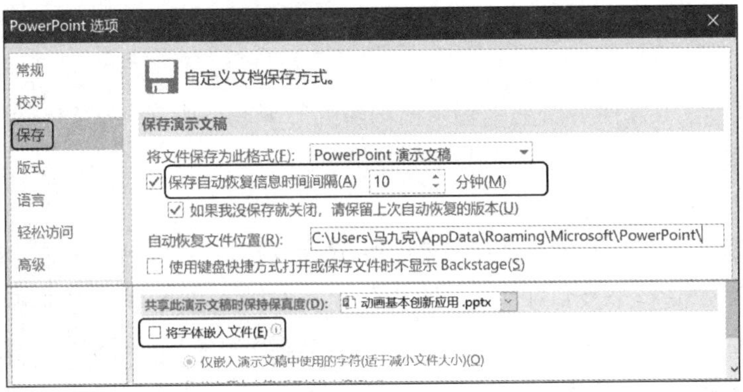

图 1－2－6

（2）字体嵌入文件中

如果幻灯片中使用了艺术字体，可以在保存时把该字体嵌入 PowerPoint 文件中。在“另存为”界面点击下方的“工具”，点击“保存选项”，如图 1－1－11 所示，在打开的“PowerPoint 选项”的“保存”选项卡中，选中“将字体嵌入文件”即可，如图 1－2－6 所示。

（3）更改取消操作数的限制

PowerPoint 在默认情况下，可取消操作数只有 20 次，而这 20 次在很多情况下无法满足要求，需要重新设置。方法如下：在“PowerPoint 选项”中点击“高级”，在“最多可取消操作数”一项后输入适当数值，如 90（最大可输入 150），如图 1－2－7 所示。

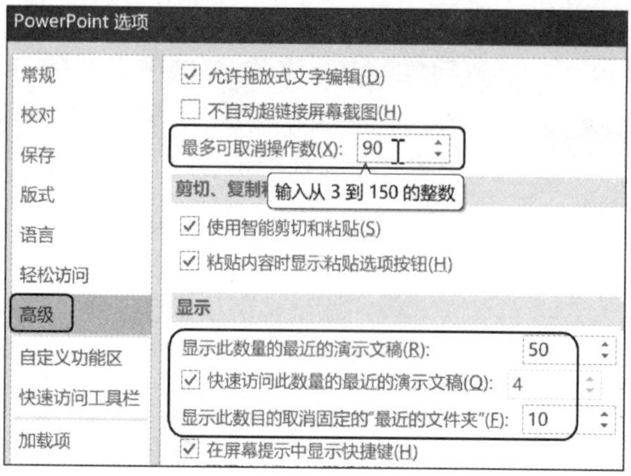

图 1-2-7

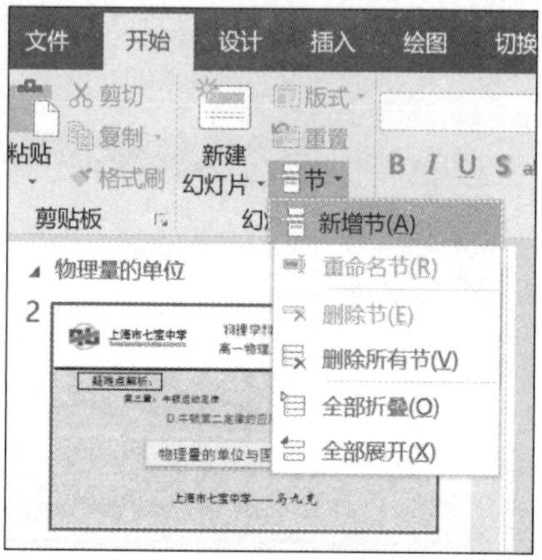

图 1-2-8

(4) 节的应用

新版中增加了"节"的应用，这里的节类同 Word 中的节，使用节可把一个文档分成几个部分。

① 建立新节

A. 创建节。在普通视图下左侧导航缩略图中第一张幻灯片上用鼠标右键单击，选中"新增节"，可以创建一个节，此时所有幻灯片均属于此节；也可以在"开始"选项卡的"幻灯片"组中，打开"节"的下拉菜单后点击"新增节"按钮，创建新节，如图 1-2-8 所示。

B. 添加新节。在左侧导航缩略图中已创建的节下面选中某一张幻灯片，鼠标右键单击，再选中"新增节"，可以继续从上到下添加新节。

② 对节的应用

在节的标题上用鼠标右键单击打开菜单栏，选中"重命名节"，可以对节重新命名。也可以通过此菜单栏删除该节及幻灯片或删除所有节。选中"全部折叠"，则左侧导航栏中只显示每个节的标题。用鼠标单击节标题，可以在中心编辑区域看到该节的第一张幻灯片，双击节标题，可以在导航栏中展开或折叠该节幻灯片的缩略图。

3. 提取文档中的声音和视频文件

插入 PPT 文件中的声音和视频文件，可以被"提取出来"供使用。在 2003 版本中，可以通过把演示文稿另存为 Web 网页格式，把文档内的图片、声音和视频等文件单独提取出来。在 2013 以上版本中，PowerPoint 文件的保存类型"* .pptx"本身就是压缩类型，可以通过更改文件扩展名的方法，使其变为压缩文件，再解压缩来达到目的。现以一个含有音频、视频和图片的 PowerPoint 文件为例，如图 1-2-9所示。

(1) 更改文件的扩展名

通过右击鼠标对文件进行"重命名"。把原扩展名".pptx"改为压缩文件的扩展名".rar"，当出现如图 1-2-10所示的对话框时，点击"是"即可。

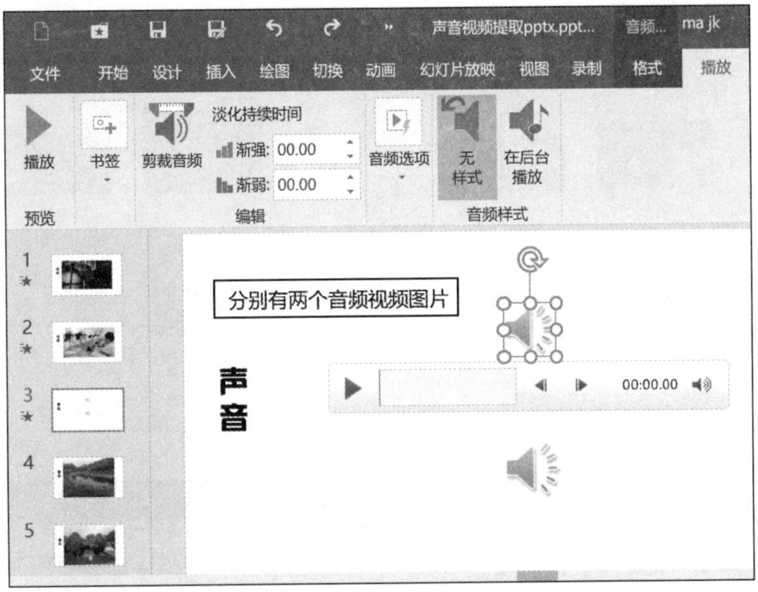

图 1－2－9

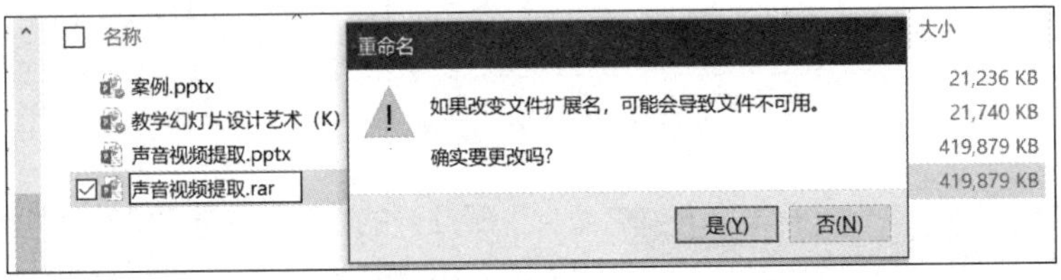

图 1－2－10

(2) 解压文件并找出音视频文件

文件的扩展名更改后，右击鼠标将该压缩文件解压，如图 1－2－11 所示。

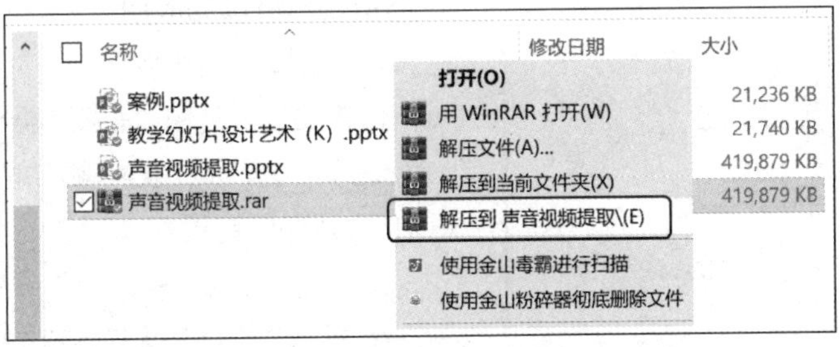

图 1－2－11

在解压后的文件夹中打开“ppt”文件夹下面的“media”文件夹，在此可以看到幻灯片文档中的所有声音、视频和图片等文件，如图 1－2－12 所示。这些文件均可复制出来供使用。

(3) 显示文件扩展名

如果文件的扩展名没有显示出来，可以进行如下设置以显示文件扩展名：

打开某一文件夹，点击上面的“查看”，然后点击右边的“选项”，再点击“更改文件夹和搜索选项”，如图 1－2－13 所示。

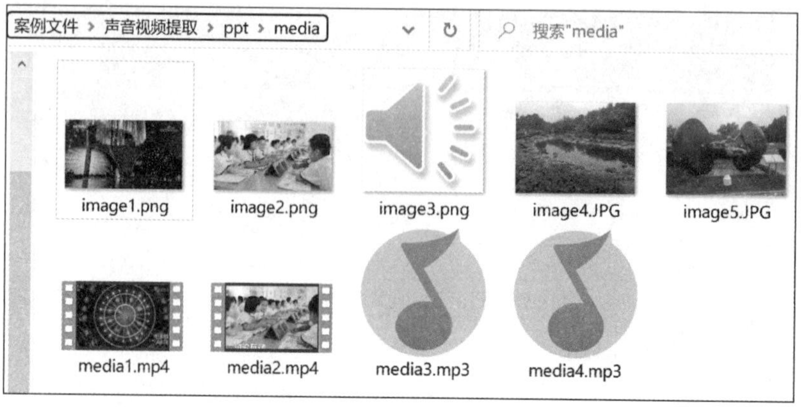

图 1－2－12

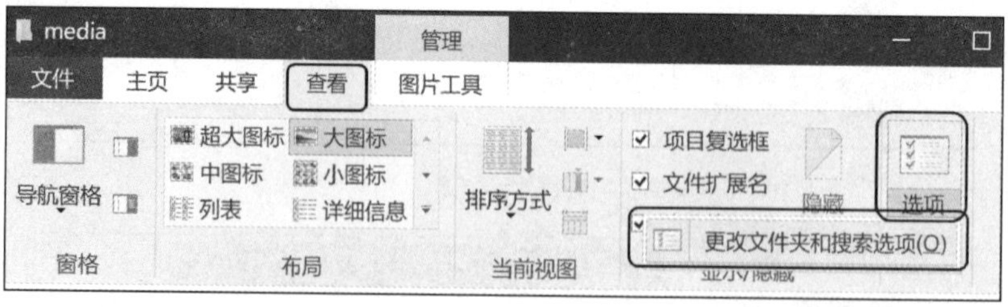

图 1－2－13

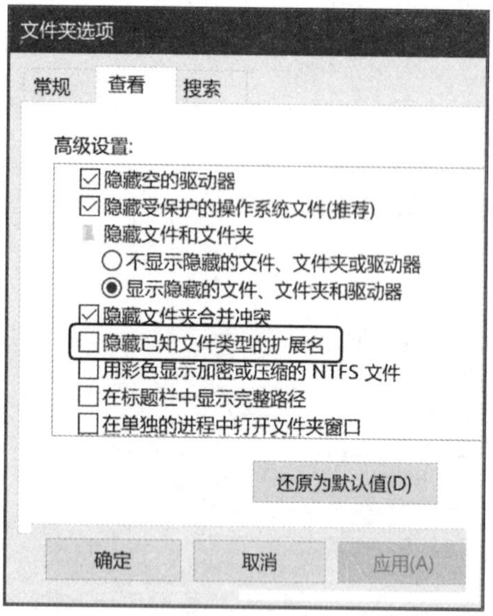

图 1－2－14

在打开的“文件夹选项”对话框中的“查看”选项卡中，将“隐藏已知文件类型的扩展名”前面的钩去掉，然后点击“确定”即可，如图 1－2－14 所示。

4. 超链接与母版的应用

（1）链接和超链接

在放映幻灯片时，根据需要有时要切换到某一张幻灯片上，而不按照顺序放映，这就需要设置幻灯片间的“链接”。

① 幻灯片间的链接

A. 插入“动作按钮”。在“插入”选项卡的“插图”组中，点击插入“形状”的下拉菜单，在“动作按钮”区选择一个动作按钮，如图 1－2－15 所示。

B. 设置按钮的格式。当鼠标变成“十字形”后，在文档上用鼠标拖动出一个按钮，此时会自动出现“操作设置”对话框。可先点击“取消”关闭此对话框。要设置动作按钮的格式，先右击按钮图形，再利用上面的“样式”“填充”等工具设置图形的格式，还可以“编辑文字”，即给按钮添加说明文字，如图 1－2－16 所示。

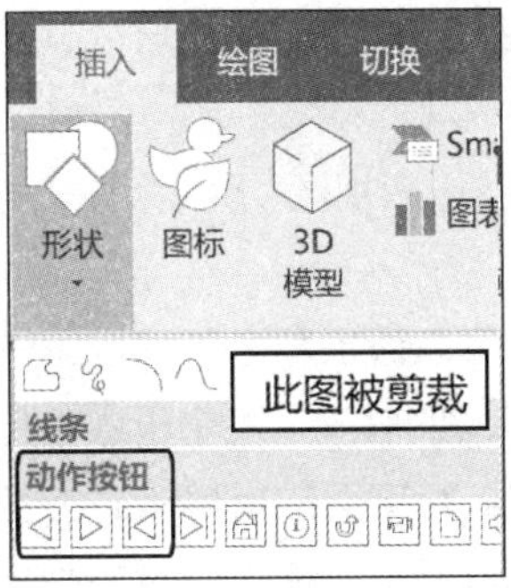

图 1－2－15

图 1－2－16

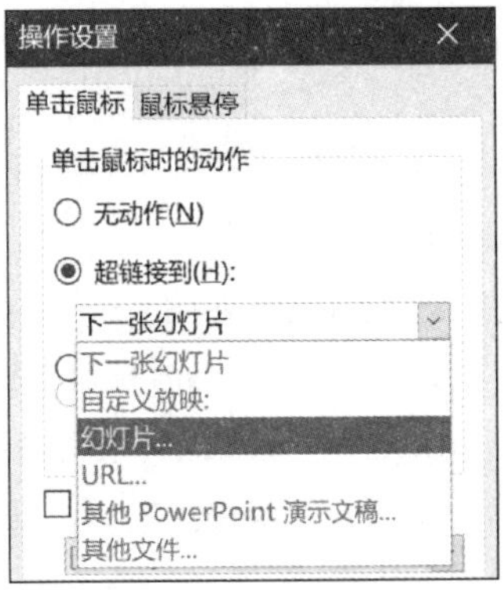

图 1－2－17

C. 链接的设置。在按钮图形上右击鼠标，点击“编辑链接”，在“操作设置”对话框的“单击鼠标”选项卡中，选择“超链接到”“幻灯片...”（也可以链接其他任意文件），如图 1－2－17 所示。选择一张需要链接的幻灯片，点击“确定”即可。

② 超链接的应用

在文档的放映过程中，常常需要与其他文件或程序建立链接，除了上面介绍的链接方法以外，当插入图形、图片或者文本框时，可利用这些对象设置与其他文档的链接。在利用文字设置超链接时，注意不要选中文字，而要选中文字所在的文本框，这样既可以避免使文字带有下划线，又可以使文字的颜色不受母版影响。具体操作如下：

A. 建立链接关系。选中图形（或文本框），单击鼠标右键，如图 1－2－18 所示，选取“超链接”。

B. 设置超链接。在“插入超链接”对话框中，选择需要链接的内容点击“确定”即可，如图 1－2－19 所示。

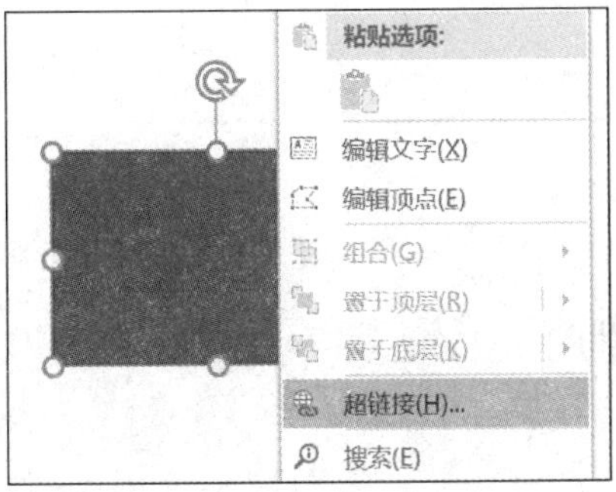

图 1－2－18

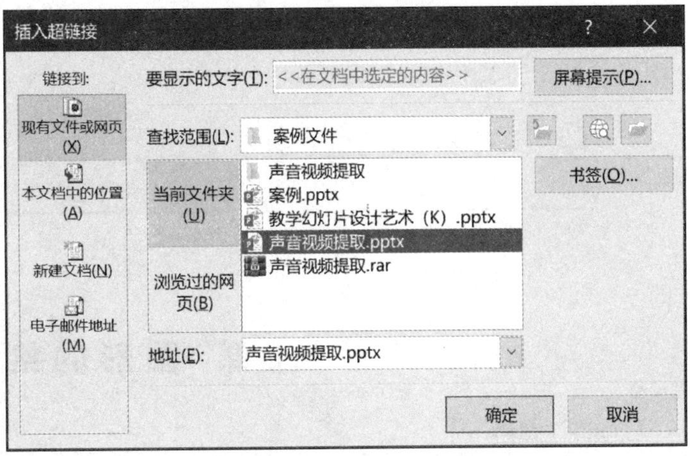

图 1－2－19

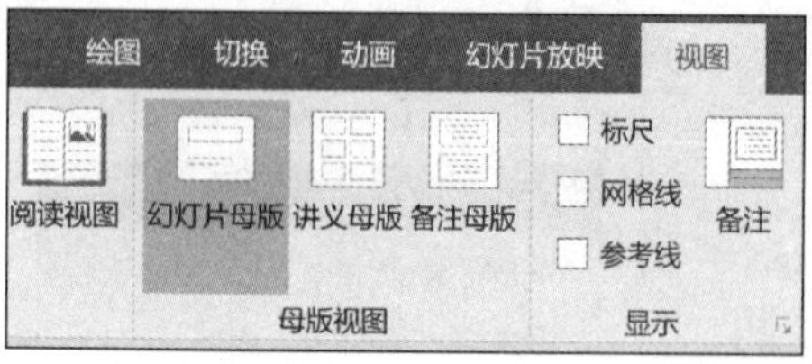

图 1－2－20

(2) 幻灯片母版的应用

在编辑幻灯片时，常常要在每张幻灯片上添加单位的徽标，或要在所有幻灯片上添加相同的内容。这时可以通过改变母版达到此目的。设置方法如下：

在“视图”选项卡的“母版视图”组中，点击“幻灯片母版”按钮，如图 1－2－20 所示，进入母版的编辑状态。

点击进入“幻灯片母版”选项卡，在幻灯片母版编辑工具栏中，可以添加和删除母版。一个 PowerPoint 文档可以有多个母版，每一个母版下面可有多个不同的版式。每个母版中的第一个版式可以称为主版。在主版上各种图形、文字的插入和编辑，在下面的其他版式上都会显示出来，在其他各版式上不能修改主版上的图形和文字的格式，但可以在下面某一版式上单独添加图形和文字等并进行编辑，如图 1－2－21 所示。可以在主版或任意版式上添加文本框、图片等对象，并可以利用“开始”“插入”等选项卡中的工具对母版中的对象进行编辑。同理可以像编辑幻灯片的背景一样设置母版的背景样式。

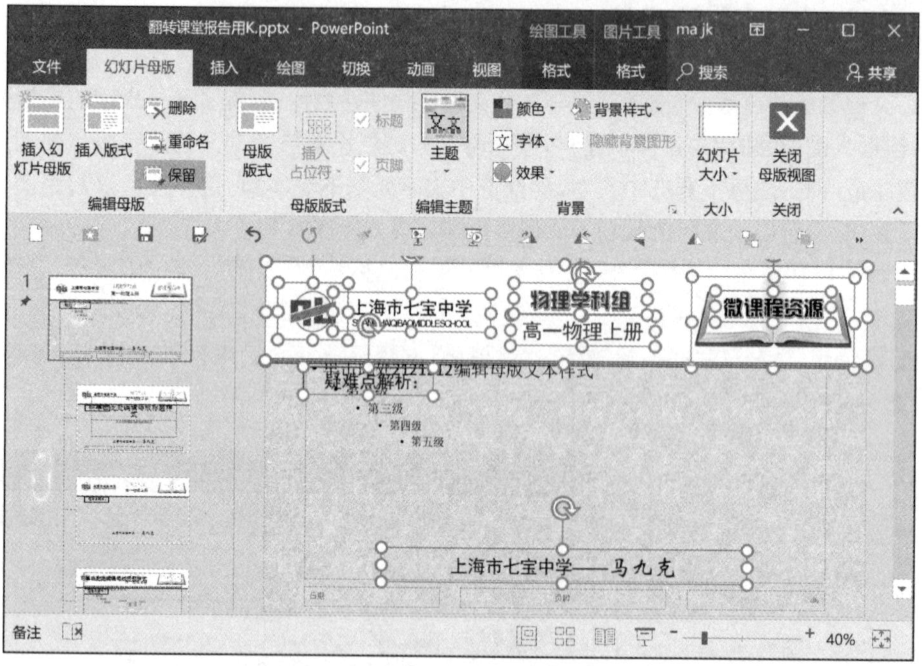

图 1－2－21

第 3 课　图形的绘制

1. 绘图工具栏

(1) 插入“形状”

新版的 PowerPoint 中已经没有了“自选图形”的概念，而用“形状”取代。在“开始”选项卡和“插入”选项卡中都可以插入形状，如在“插入”选项卡的“插图”组中，点击“形状”按钮，可以看到众多的图形，如图 1－3－1 所示。上面显示了“最近使用的形状”，形状即指图形（下同）。

（2）显示绘图工具

新版 PowerPoint 中通常是不显示“绘图工具”选项卡的，只有选中插入的图形（即形状）后，上方才会自动出现“绘图工具”选项卡。

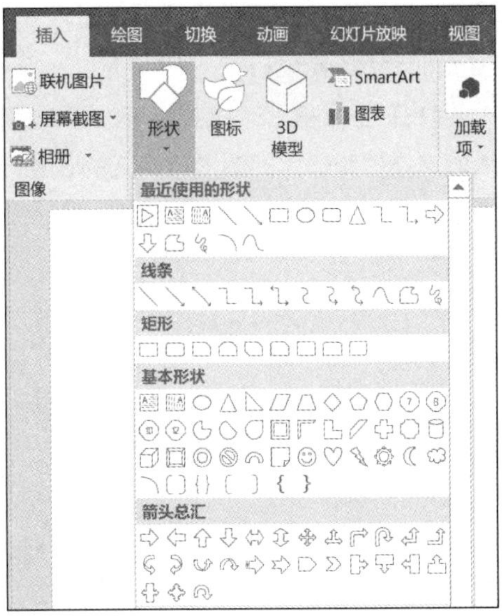

图 1－3－1

2. 插入形状及格式的设置

“绘图工具”选项卡中分为几个组，可以继续插入形状或对已经插入的形状进行格式的设置。

（1）“插入形状”组

点击“插入形状”组左边选择框中的形状，可以继续插入形状，另有三个工具按钮，分别为：

① “编辑形状”

A.“更改形状”。点击“编辑形状”，选择下拉菜单中的“更改形状”，选中某一个图形，可以把原来已经设置好格式的图形更改为新的图形，如可将原来的矩形图形更改为椭圆，如图 1－3－2所示。

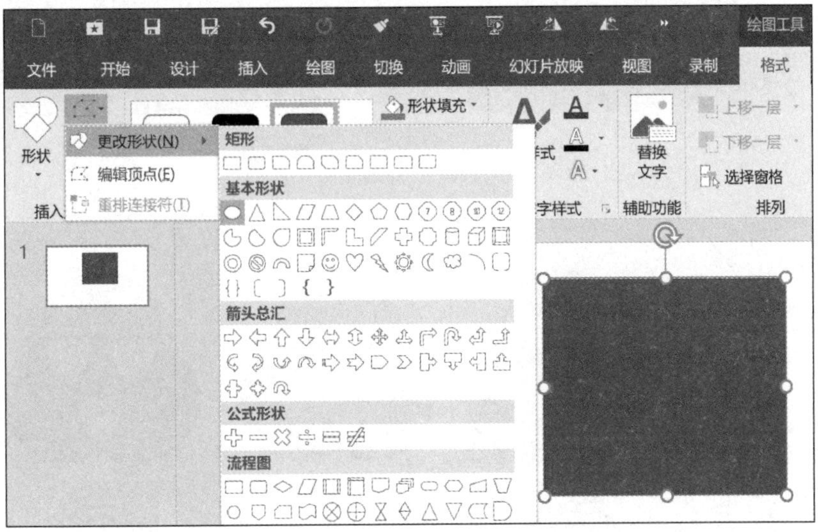

图 1－3－2

B.“编辑顶点”。选中图形，在图 1－3－2 左上角点击“编辑顶点”，图形进入编辑顶点状态（也可右击鼠标进入“编辑顶点”状态），这时图形的四周出现若干个小黑点，用鼠标点击某一个黑点，黑点两边出现两个图形形状改变拉柄，用鼠标拉动拉柄顶端的小白点（或小黑点），可以在黑点位置不变的情况下改变图形的形状；若点击并拖动黑点，则可以改变图形的端点位置从而改变形状，如图 1－3－3 所示，可以把矩形变成任意形状的图形。

②“文本框”

打开“文本框”下拉菜单，可以插入横排文本框或者竖排文本框，如图 1－3－4 所示。插入的文本框和插入的图形其格式的设置方法类同。文本框和图形没有严格的区分。

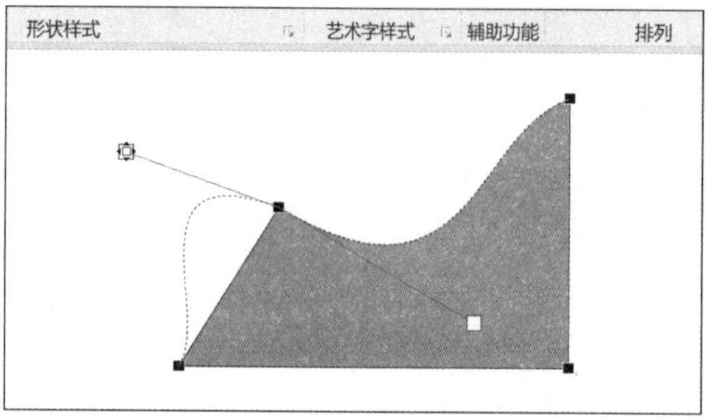

图 1－3－3

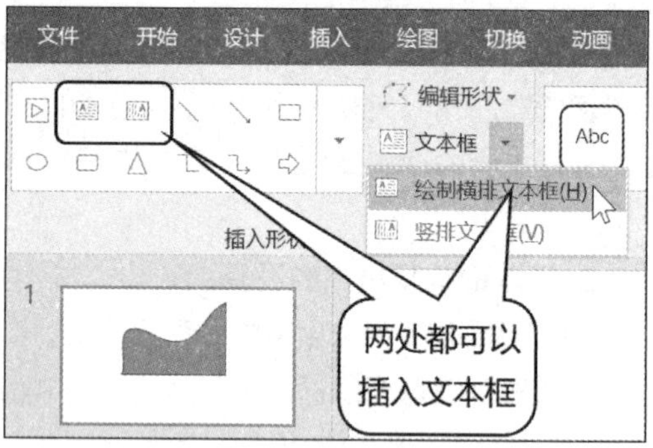

图 1－3－4

③“合并形状”

合并形状是图形绘制中的重要工具，利用合并形状工具，可以让几个图形结合(2013 版本称联合)或剪除成各种形状的图形，如图 1－3－5 所示。选中如图 A 所示的三个圆形图形，点击“合并形状”，选中“结合”选项得到图 B(对图形进行拼接，此功能常用)，选中“组合”选项得到图 C，选中“拆分”选项得到图 D(拆分后的各个部分为单独的图形，此功能常用)，选中“相交”选项得到图 E，选中“剪除”选项得到图 F(对图形进行剪裁，此功能常用)。

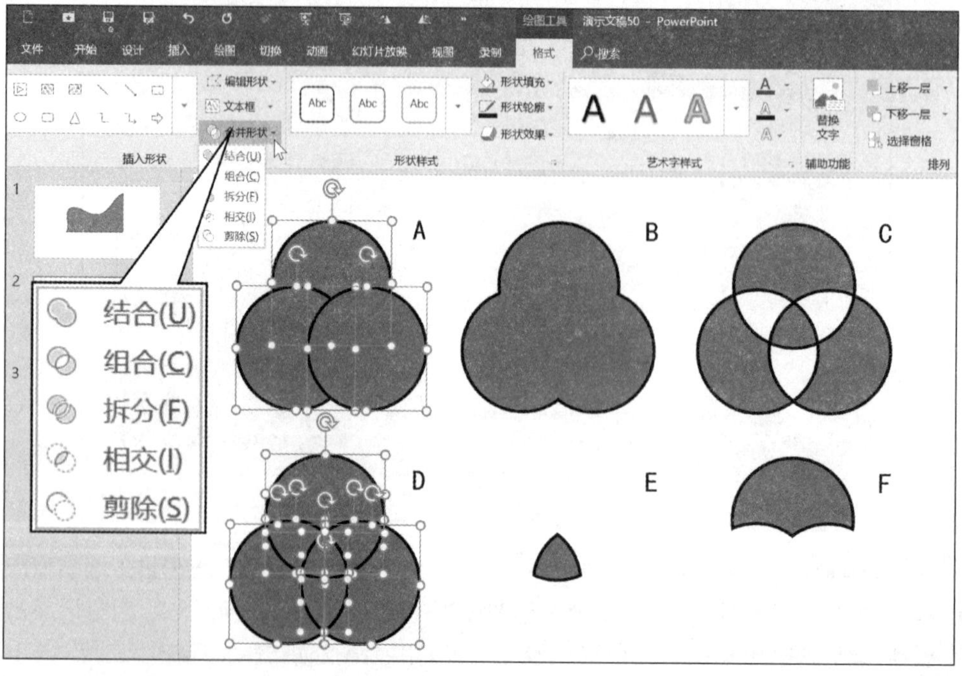

图 1－3－5

（2）“形状样式”组

“形状样式”组中的工具可以对插入的形状以及文本框设置格式。点击“形状样式”组右下角的窗格启动器，在界面右边会出现“设置形状格式”窗格，在窗格中可以更精细地设置填充、线条及其他格式。在“形状样式”组中可以利用预设的样式和三个快捷设置按钮进行设置，分别介绍如下：

① 预设样式

在“形状样式”组中点击形状样式预设按钮，可以利用多个预设的样式直接设置，如图1－3－6所示。

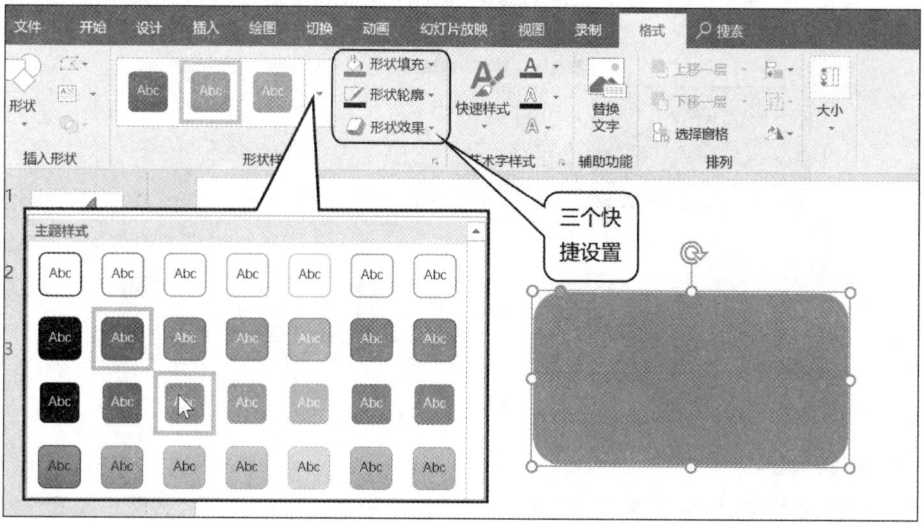

图 1－3－6

② “形状填充”

点击“形状填充”按钮，可以选择不同的填充颜色，也可以填充图片、设置渐变等，利用“取色器”，可以选取其他处的颜色进行填充，如图1－3－7所示。

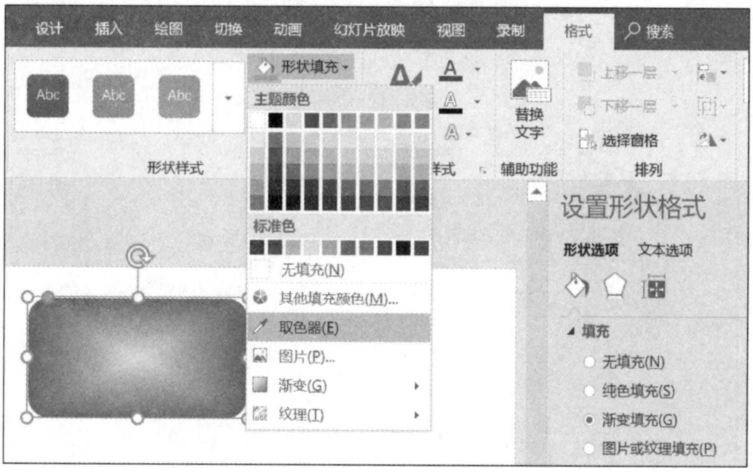

图 1－3－7

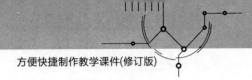

③ “形状轮廓”

即图形或文本框的边框，点击“形状轮廓”按钮，可以设置图形或文本框的边框颜色，以及线条的粗细和虚、实线等，如图1－3－8所示。

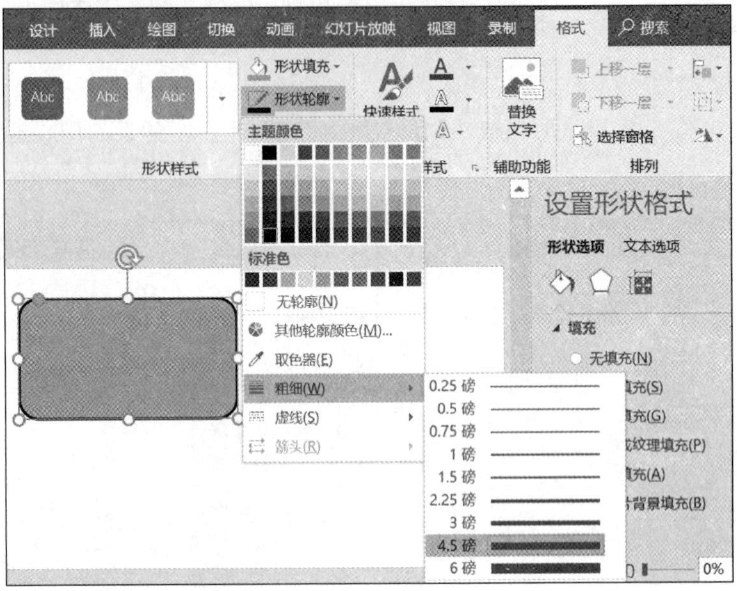

图 1－3－8

④ “形状效果”

在“形状效果”选项中，有多个选项可用于设置图形或文本框的艺术效果。如图1－3－9所示，是利用“棱台”“三维旋转”和“映像”设置的图形的艺术效果。

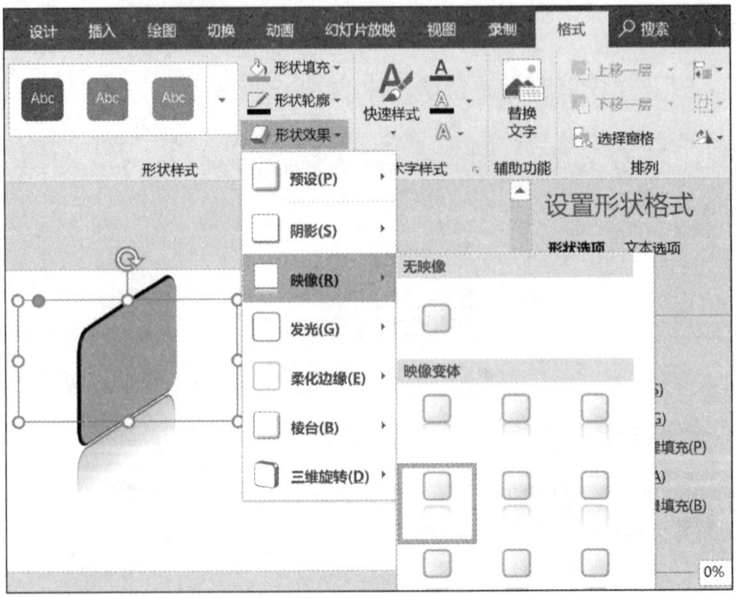

图 1－3－9

(3)“艺术字样式”组

通过“插入”选项卡中插入的艺术字，与在插入的文本框中输入的艺术字格式的设置方法相同，都是使用绘图工具中的“格式”选项卡的“艺术字样式”组中的工具按钮进行设置的。

① 预设样式

在“艺术字样式”组中点击艺术字样式预设按钮，可以利用多个预设的样式直接设置艺术字样式，如图1-3-10所示。利用“插入”选项卡插入的艺术字采用的就是预设的艺术字样式。

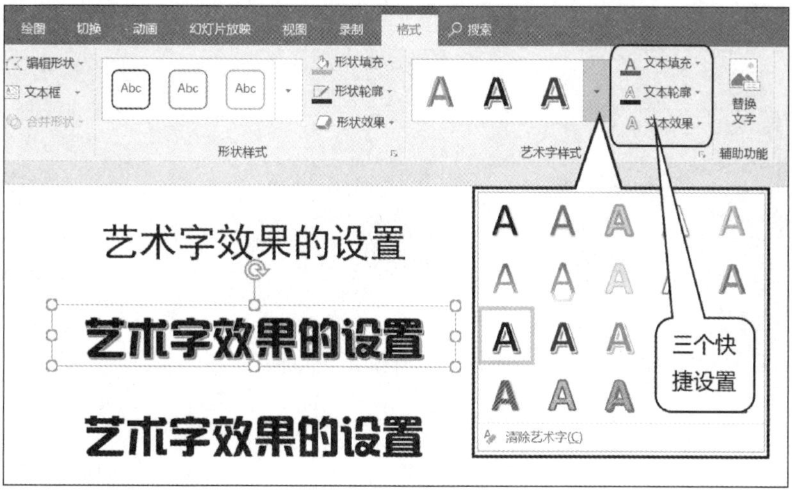

图 1-3-10

② “文本填充”与“文本轮廓”

点击“艺术字样式”组中的“文本填充”按钮，可以选择不同的文字填充颜色，也可以设置渐变效果等，如图1-3-11所示。文本轮廓即文字的边框，点击“文本轮廓”按钮，可以设置文字的边框颜色及其他轮廓格式。同理利用“文本效果”选项可以设置文字的艺术效果。

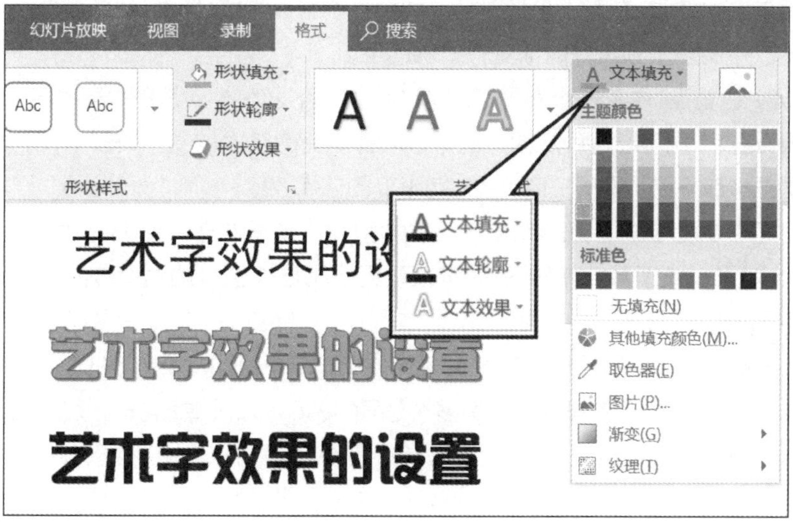

图 1-3-11

3. “设置形状格式”窗格

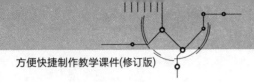

利用“形状样式”组和“艺术字样式”组可以快捷设置图形和文字的格式，而更多格式的设置主要是通过“设置形状格式”窗格来完成的。在“形状样式”组（或“艺术字样式”组）右下角点击窗格启动按钮，可在右边打开“设置形状格式”窗格。如图 1-3-12所示，“设置形状格式”窗格下面共分两大项，分别是“形状选项”和“文本选项”，前者用于设置图形的填充、线条等格式，后者用于设置文本的填充、轮廓等格式，且每一项下面都对应三个项目。

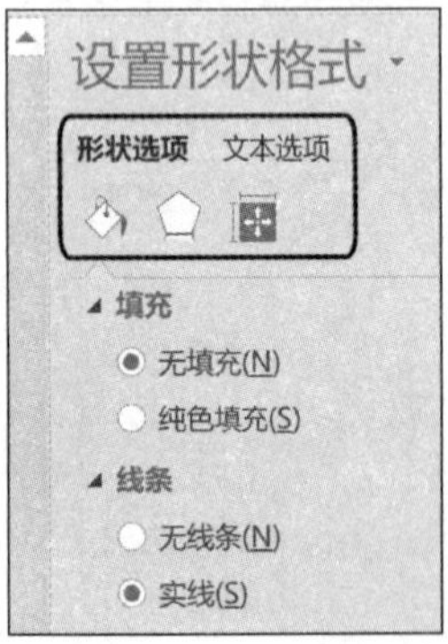

图 1-3-12

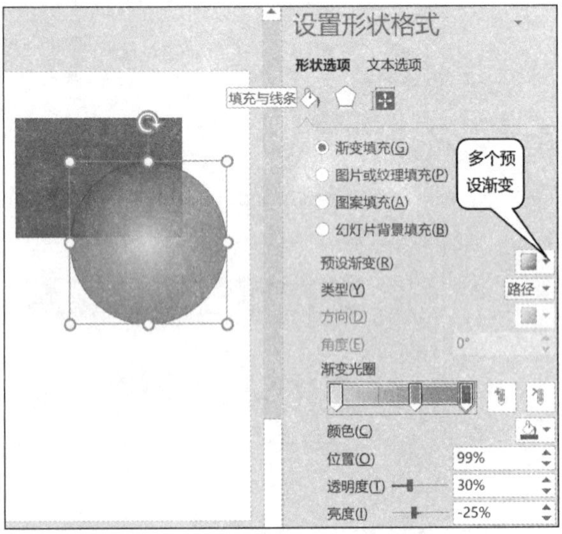

图 1-3-13

（1）“形状选项”

“形状选项”下面对应的三项分别是“填充与线条”“效果”和“大小与属性”。

① “填充与线条”

在“填充与线条”项目下面可以设置图形、文本框的填充和线条颜色、边框等格式。

A. “渐变填充”。通过“渐变填充”中的“渐变光圈”，可以添加和删除多种颜色，实现填充颜色渐变的艺术效果，并可以单独对某一种颜色设置透明度、亮度等，如图1-3-13所示。在“预设渐变”中有多个预设好的渐变样式供选用。

B. “类型”。“类型”中有多个选项，若选择“线性”，下面有相对应的“角度”与“方向”供选择。若选择“路径”，则可以得到从图形的中心向外渐变的艺术效果。如图 1-3-14所示，右侧的五角星图形即采用了中间白色外围红色渐变的艺术效果。

C. “图片或纹理填充”。在“填充”下，选中“图片或纹理填充”，点击“文件”，可以插入电脑中的图片来填充，被图片填充的图形，可以设置所用填充图片的透明度。若选择“纹理”，可以插入不同的纹理图案。

D. “图案填充”。使用“图案填充”时常常需要更改前景色和背景色，如图1-3-15所示。

E. “线条”。在“线条”的设置中也有多个选项，不仅可以设置线条的颜色、粗细和虚、实线等，还可以设置开始（或结尾）箭头类型以及粗细等，如图1-3-16所示。

② “效果”

在“形状选项”下面点击中间的“效果”图标，有六个项目可供选择使用，分别是：“阴影”

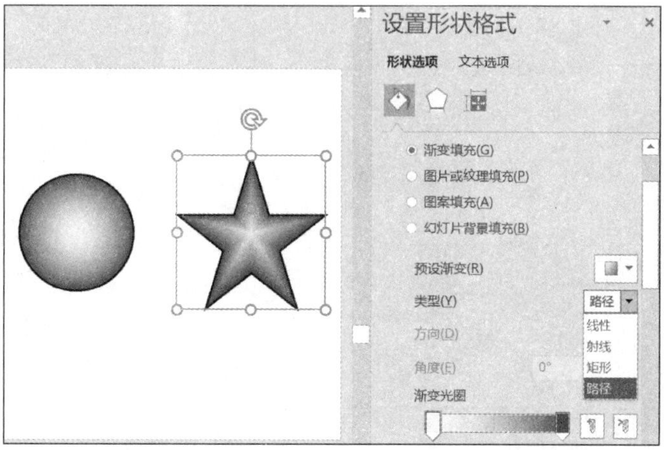

图 1－3－14

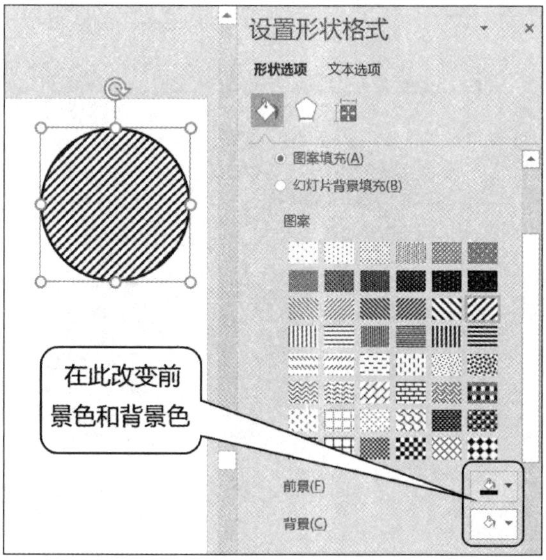

图 1－3－15

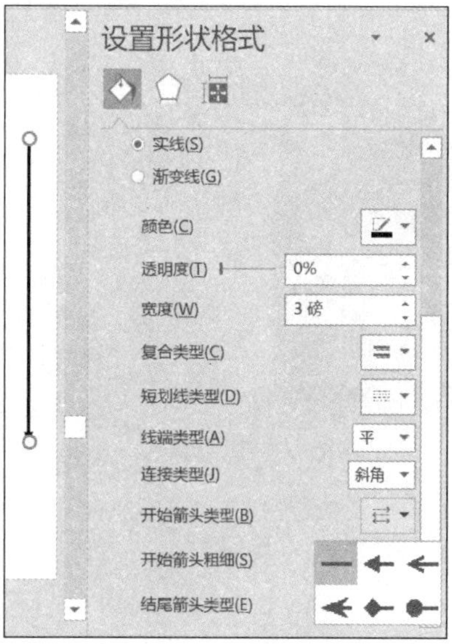

图 1－3－16

“映像”“发光”“柔化边缘”“三维格式”和“三维旋转”。后两个使用率较高，图形的立体化主要依靠“三维格式”和“三维旋转”。

A. “三维格式”。在“三维格式”中常用的有“顶部棱台”“底部棱台”和“深度”。立方体上下各有一个平面，上下两个平面凸起的部分分别称为“顶部棱台”和“底部棱台”；“深度”指立体图的高度。点击“顶部棱台”或“底部棱台”的下拉菜单，可以看到很多预设的棱台样式。图 1－3－17 中选中了“圆形”棱台，设置了“顶部棱台”的“高度”和“宽度”均为“16 磅”，深度为“100 磅”。此图中无法体现“深度”的设置效果。

B. “三维旋转”。“三维格式”的设置要配合“三维旋转”，只有旋转后才能够看到立体的效果。在“三维旋转”中，有若干个预设的旋转样式，如图 1－3－18 所示。对于图 1－3－17 中的图形，在“三维旋转”的预设样式中选择“等角轴线：左下”的旋转样式，可以看到顶部棱台和深度的效果。也可以自定义设置图形的 X、Y、Z 三维旋转的角度。

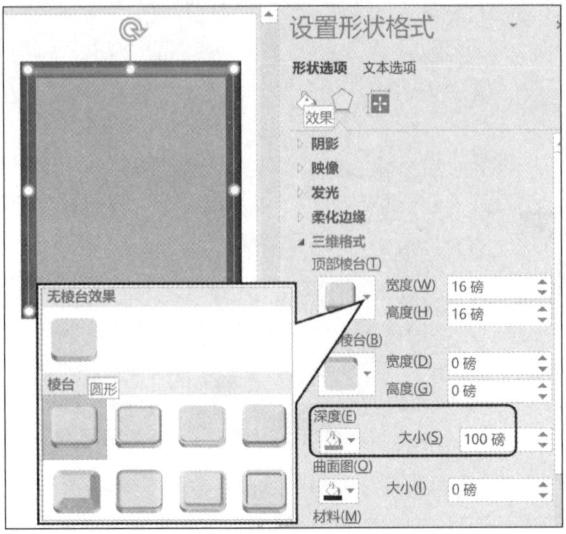

图 1－3－17

③ “大小与属性”

在“形状选项”的“大小与属性”中，在“大小”下，可以设置图形的“高度”和“宽度”，如果“锁定纵横比”，则可以按比例调节图形的大小；通过“旋转”，可以调整图形任意旋转的角度。在“位置”下面的“水平位置”和“垂直位置”处，可以精确地设置图形在幻灯片中的位置，如图 1－3－19所示。注意：此处图形的“旋转”与“三维旋转”不同。

④ 三维艺术效果设置案例

下面利用“三维格式”和“三维旋转”工具设置图形的立体效果。

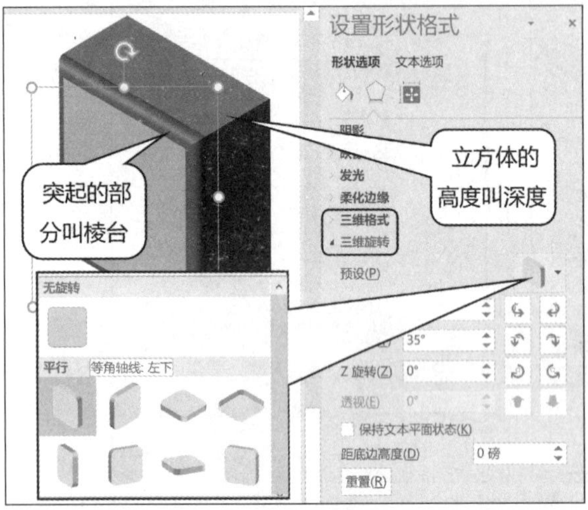

图 1－3－18

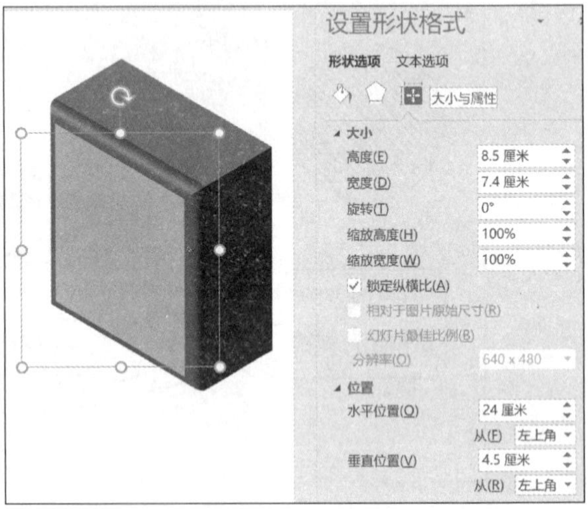

图 1－3－19

A. 设置“三维格式”。在“三维格式”中分别点击“顶部棱台”和“底部棱台”，选择一种棱台效果，如选择“十字形”棱台。默认的“宽度”和“高度”数值较小，可以把数值设置得大点，体会一下“宽度”和“高度”表示的含义。“宽度”指图形边缘到凸起边缘的距离；“高度”指凸起部分的高度。“深度”设置为“60 磅”，如图 1－3－20所示。“顶部棱台”的“宽度”可以通过改变数据看到明显的变化，而由于没有设置“三维旋转”，“高度”设置后则无法看到明显变化；“底部棱台”和“深度”的设置也由于没有设置“三维旋转”而不能显示出来。

B. 设置“三维旋转”。“三维格式”设置后只有设置了“三维旋转”才能显示出立体效果。在“效果”中，点击“三维旋转”，在“预设”中选择一种预设效果，则三维立体效果立即显示了出来，如图 1－3－21所示。若“预设”中的“三维旋转”样式不能满足要求，可以自定义设置 X、Y、Z 的旋转角度。

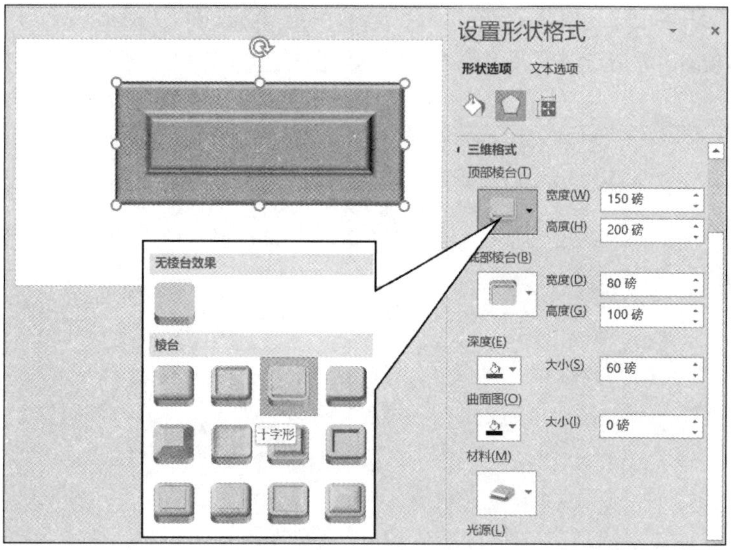

图 1－3－20

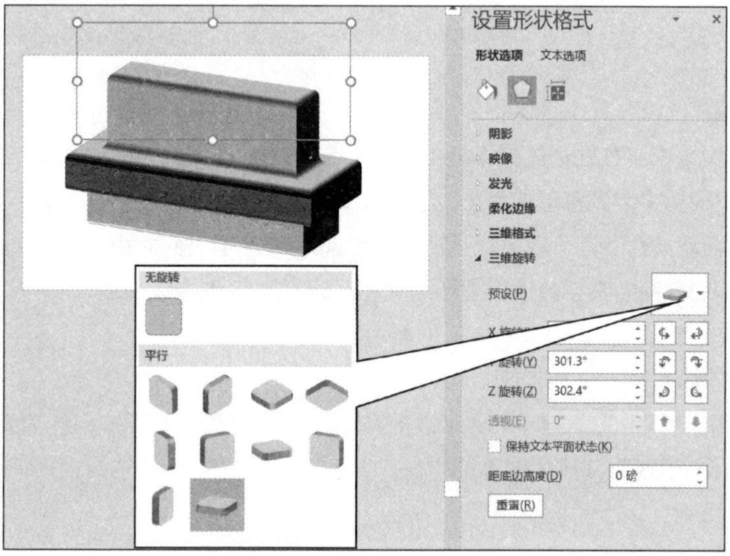

图 1－3－21

在“三维格式”中只设置“深度”，再利用“三维旋转”即可得到常用的立体图形。

(2) “文本选项”

“设置形状格式”窗格中的“文本选项”对应的是功能区中的“艺术字样式”(高版本不再区分艺术字与非艺术字)。下面对应的三个项目分别是：“文本填充与轮廓”(即文字的填充与线条)、“文字效果”(用于设置文字的艺术效果)、“文本框”(用于设置图形或文本框中文字的边距位置等格式)。

① “文字效果”

主要利用“三维格式”和“三维旋转”等设置文字的立体效果。选中含文字的图形(或文本框)或其中的文字,在“三维格式”的“顶部棱台”中选择“圆形”,“高度”和“宽度”默认是“3磅”。在“三维旋转”中“Y 旋转”角度为“340°”,效果如图 1-3-22所示。

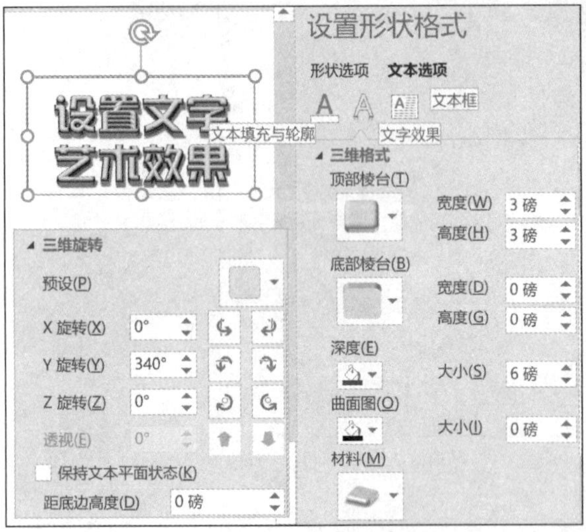

图 1-3-22

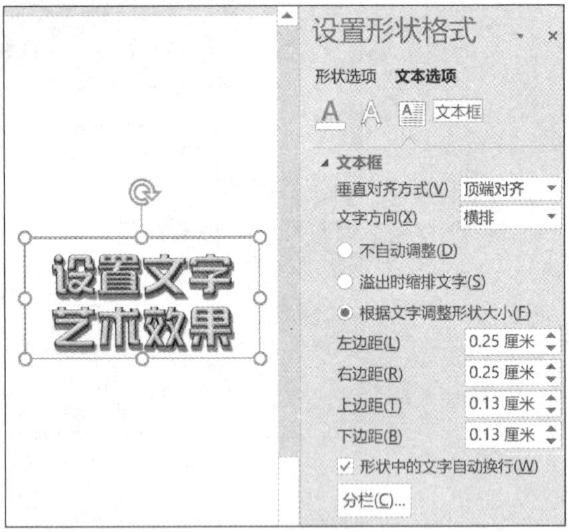

图 1-3-23

② “文本框”

用于精准设置文字在图形或文本框中上、下、左、右的边距以及图形或文本框在幻灯片中的位置。选中“根据文字调整形状大小”,图形或文本框会根据文字的大小自动调整边框的大小,若选中“不自动调整”,则可以用鼠标拖动调整图形或文本框的大小。选中“形状中的文字自动换行”,输入文字时,文字会根据图形或文本框的宽度自动换行,如图 1-3-23所示。

4. 图形的对齐排列

利用“绘图工具”中的“对齐”工具可以把几个文本框或图形整齐排列。下面以整齐排列若干个小圆为例,说明整齐排列图形的方法:

(1) 均匀排列

① 横向排列组合

A. 横向均匀分布。选中已经绘制好的全部图形,在“绘图工具”栏的“格式”选项卡中的“排列”组中,点击“对齐”按钮,再选中“顶端对齐”,如图 1-3-24 所示。所有图形将全部顶端对齐。然后再点击“横向分布”,所有图形将横向均匀分布。此种对齐方法使用时只要先放置好最左和最右两个图形即可。

B. 图形组合。在“绘图工具”栏的“格式”选项卡中的“排列”组中,点击“组合”按钮,再选中“组合”,如图 1-3-25所示,可以把选中的对象组合成一个整体。

② 纵向排列组合

A. 复制图形后“左对齐”排列。选中上面组合后的图形,复制若干个(可以利用快捷键 Ctrl+D)后,放置好最下面的图形位置,再全部选中(Ctrl+A)这些图形,在“排列”组中点击

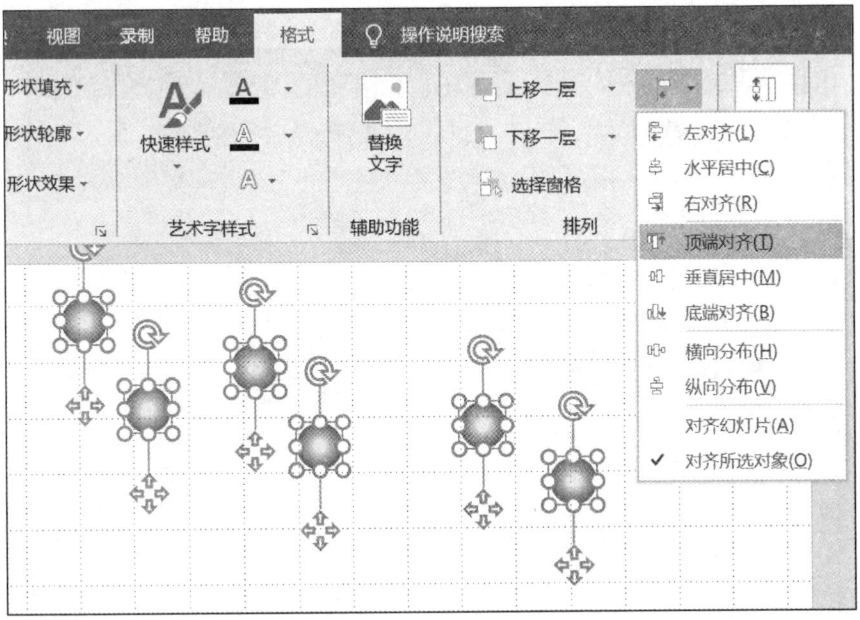

图 1－3－24

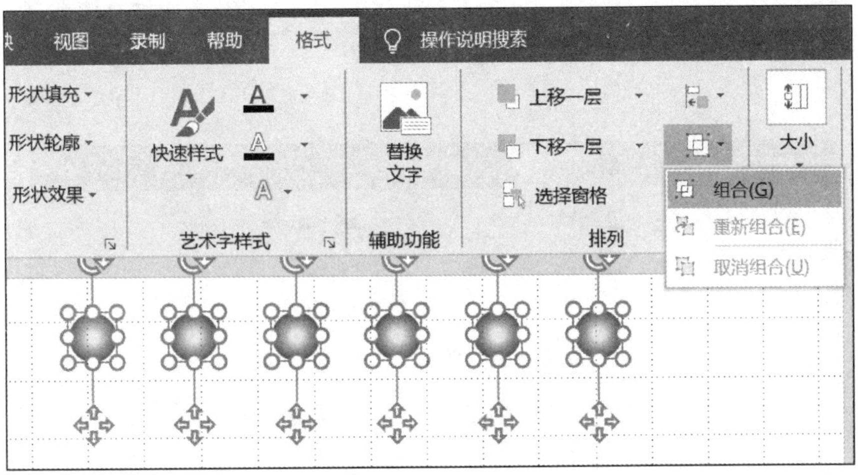

图 1－3－25

“对齐”按钮，选中“左对齐”，如图1－3－26所示。可以把选中的图形以最左边的图形为标准对齐。

B. 纵向排列图形。左对齐后，再选中所有图形，再点击“纵向分布”，如图 1－3－27 所示，所有图形呈纵向分布。然后再将所有对象“组合”起来即可。使用“纵向分布”时应注意放置好最上方和最下方两个图形。

（2）斜向对齐

如果要把几个图形斜向对齐，将多个图形放置到适当位置后，依次利用对齐工具中的“横向分布”和“纵向分布”即可，如图1－3－28所示。应注意放置好左上和右下两个图形。

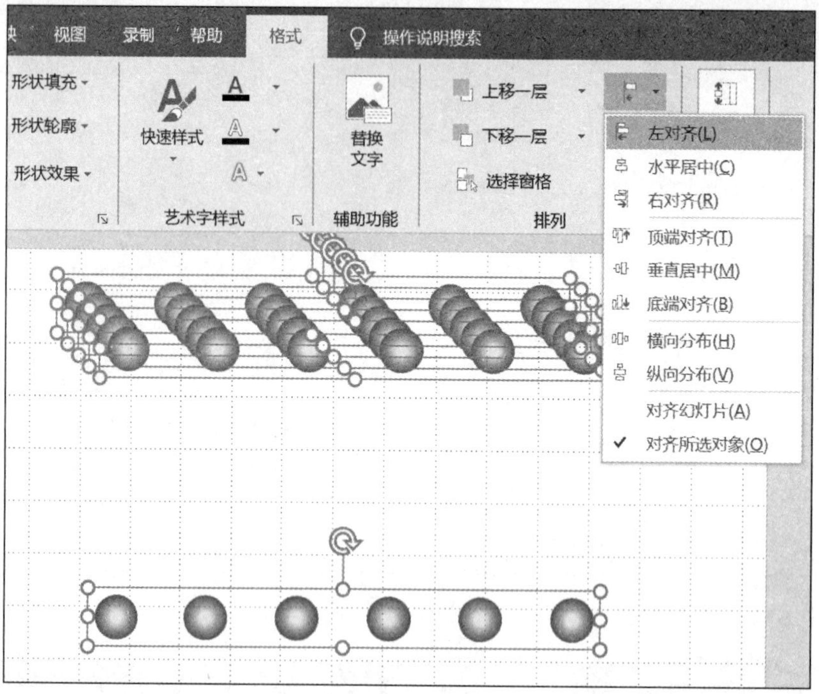
视图
录制
帮助
格式
操作说明搜索
形状填充
形状轮廓
形状效果
快速样式
艺术字样式
替换文字
辅助功能
上移一层
下移一层
选择窗格
排列
左对齐(L)
水平居中(C)
右对齐(R)
顶端对齐(T)
垂直居中(M)
底端对齐(B)
横向分布(H)
纵向分布(V)
对齐幻灯片(A)
对齐所选对象(O)
图 1－3－26

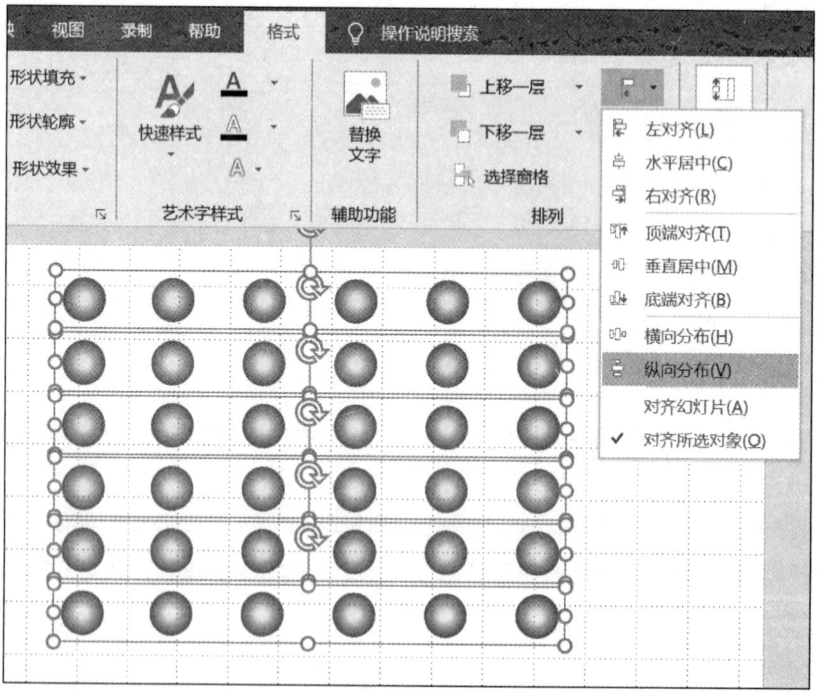
视图
录制
帮助
格式
操作说明搜索
形状填充
形状轮廓
形状效果
快速样式
艺术字样式
替换文字
辅助功能
上移一层
下移一层
选择窗格
排列
左对齐(L)
水平居中(C)
右对齐(R)
顶端对齐(T)
垂直居中(M)
底端对齐(B)
横向分布(H)
纵向分布(V)
对齐幻灯片(A)
对齐所选对象(O)
图 1－3－27

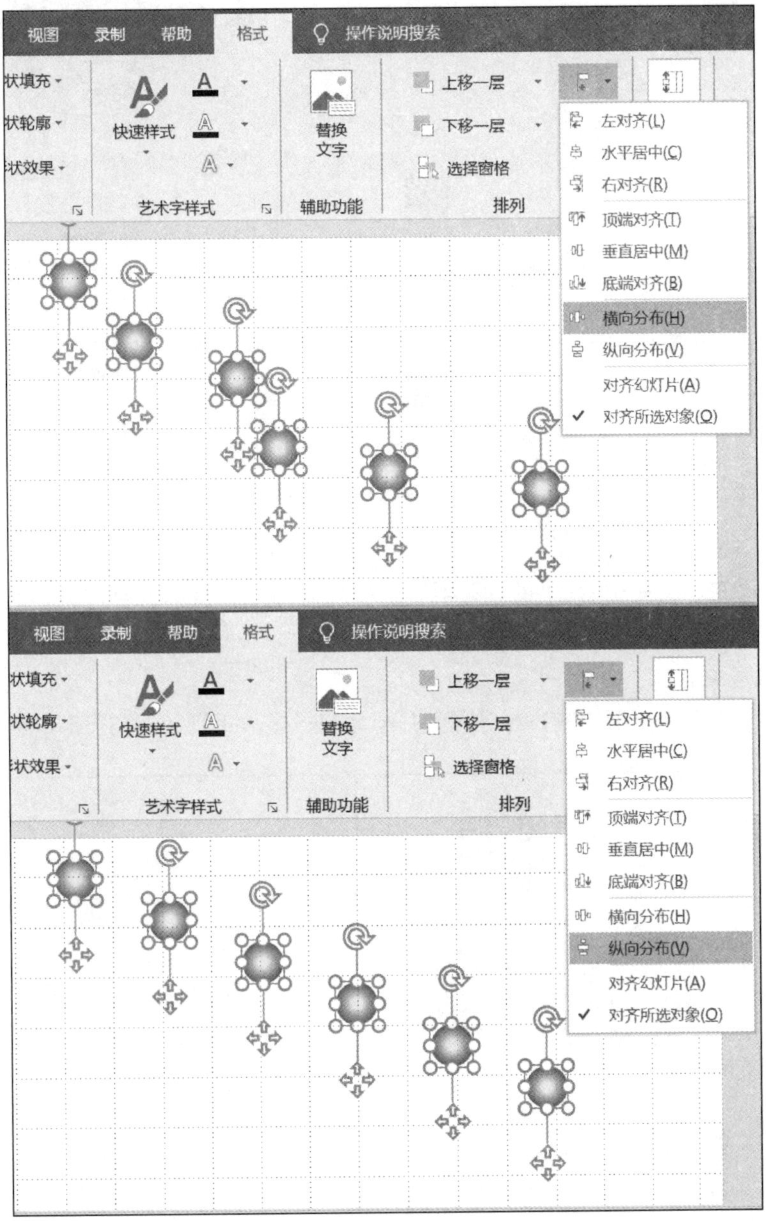

图 1－3－28

(3) 居中对齐

很多情况下，需要把多个图形居中对齐，如图 1－3－29 所示，将左边的杂乱无章的五个对象，排列成右边的整齐样式，操作方法如下：

① 垂直居中横向分布

A. 选中需要水平排列的三个图形，在“排列”组中点击“对齐”按钮，再选中“垂直居中”，如图 1－3－30 所示，这样所选的三个图形在纵向中部对齐，即所有图形的中点排列成水平线。然后再通过点击“横向分布”，将图形水平均分。

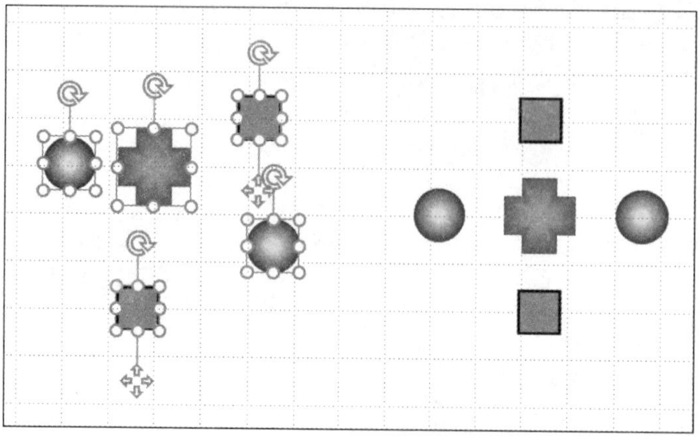

图 1－3－29

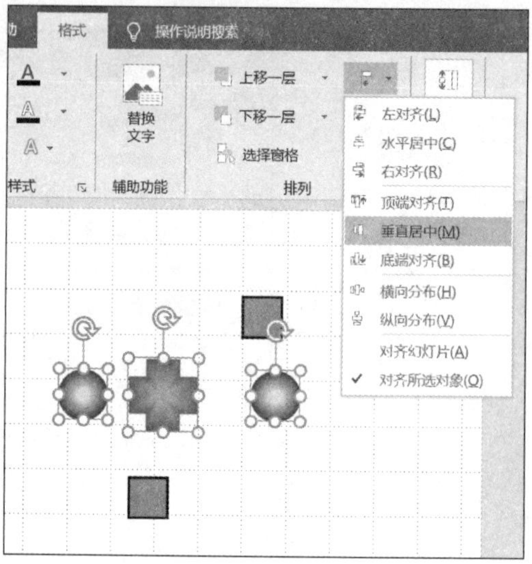

图 1－3－30

B. 组合图形。将三个图形“垂直居中”和“横向分布”后，将其组合起来，如图 1－3－31 所示。

② 纵向居中组合

A. 选中上下两个图形，“左对齐”排列，并组合到一起，如图 1－3－32 所示。

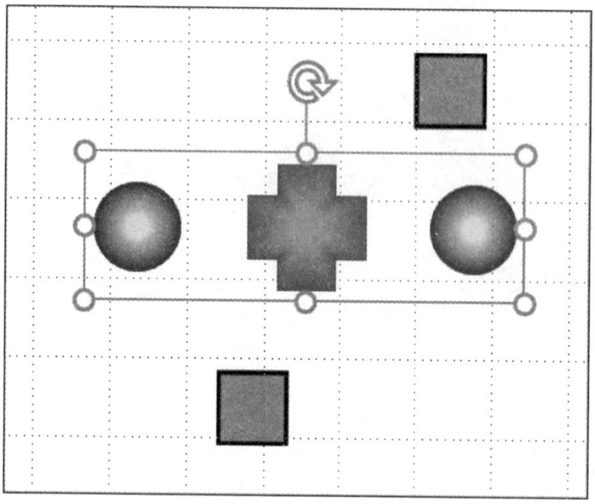

图 1－3－31

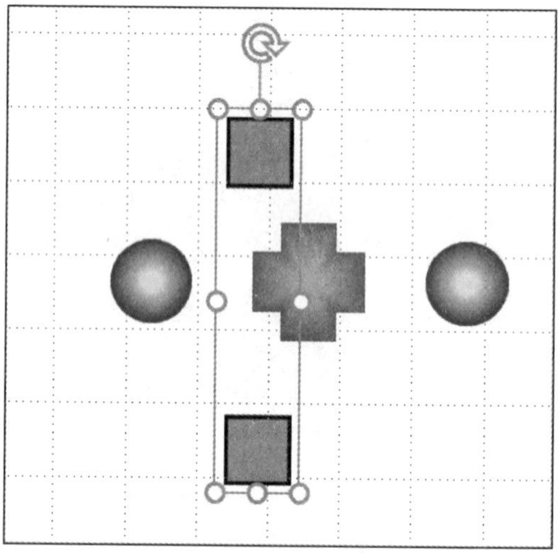

图 1－3－32

B. 选中两个组合后的图形，利用对齐工具中的“水平居中”和“垂直居中”，使两个组合后的图形上下左右居中，如图 1－3－33 所示。然后再组合成一个图形。

③ 多个图形居中对齐

利用“水平居中”和“垂直居中”可以使得多个图形的中点重合放置。如图 1－3－34 所示，选中图中 A、B、C 三个图形，分别应用“水平居中”和“垂直居中”，即得到图 D，此时三个图形的中点重合。此法常用。

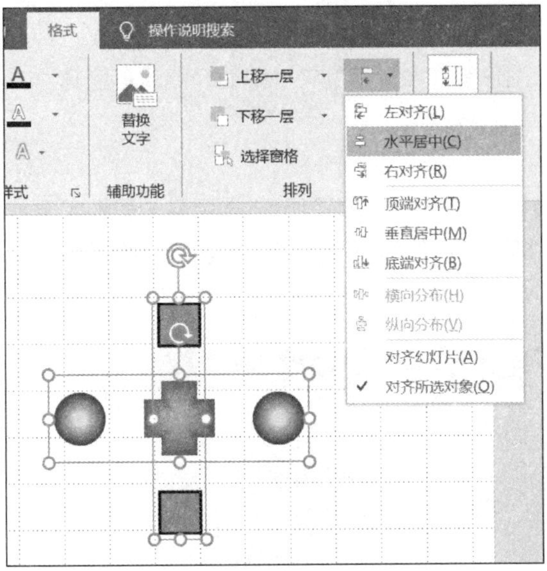

图 1－3－33

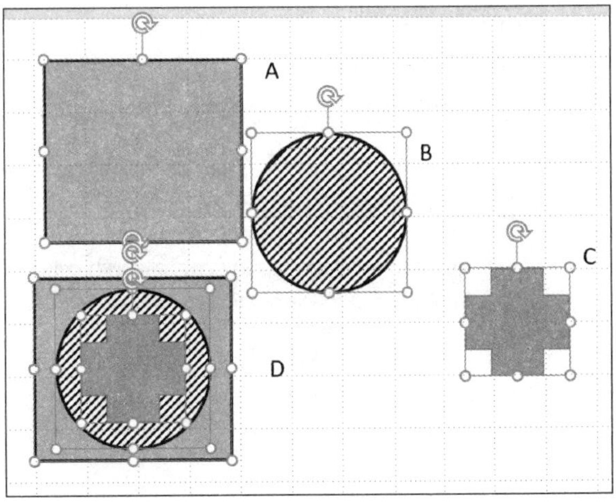

图 1－3－34

(4) 对齐选项和虚线对齐

① 对齐选项

上面的对齐设置都应用于多个图形，是“对齐所选对象”，如图 1－3－33 右下所示。如果是单一图形，当点击对齐工具时，默认的是“对齐幻灯片”，即当依次点击“水平居中”和“垂直居中”后，该图形位居幻灯片正中间，如图 1－3－35 所示。

② 虚线对齐

除了使用对齐工具进行对齐外，在移动图形时可以通过观察周围的红虚线，判断是否对齐。如图 1－3－36 所示，缓慢移动中间的十字形图形可以看到周围出现若干虚线和箭头，表示该图形全部居中对齐了。

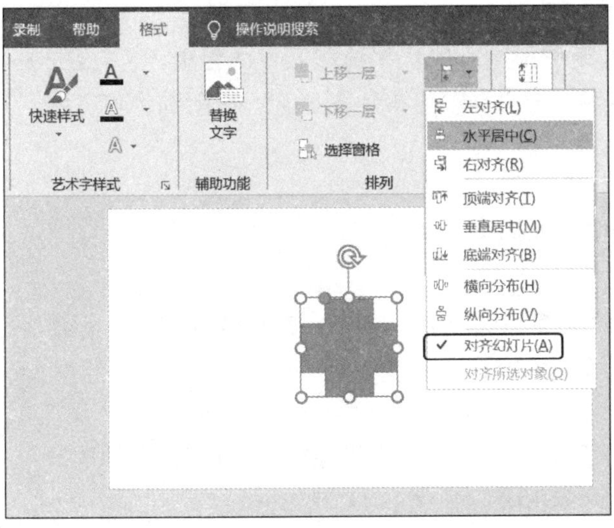

图 1－3－35

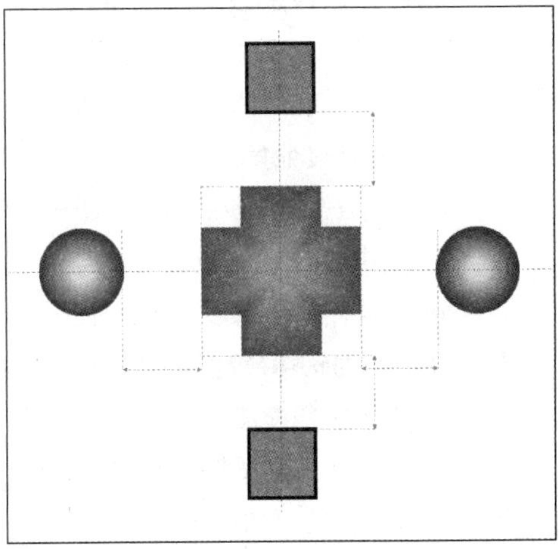

图 1－3－36

5. 图形旋转和翻转

在文档的编辑过程中，经常要对插入的图片、图形等对象进行旋转。下面介绍图形的几种旋转和翻转的方法。

(1) 图形的旋转

图形的旋转相当于将图形绕垂直纸面的轴转动。如图 1－3－37 所示，选中某一图形如图 A，在图形“格式”选项卡的“排列”组中，若点击“旋转”中的“向左旋转90°”，可得到图 B；若点击“向右旋转90°”，可得到图 C，如图 1－3－37 所示。

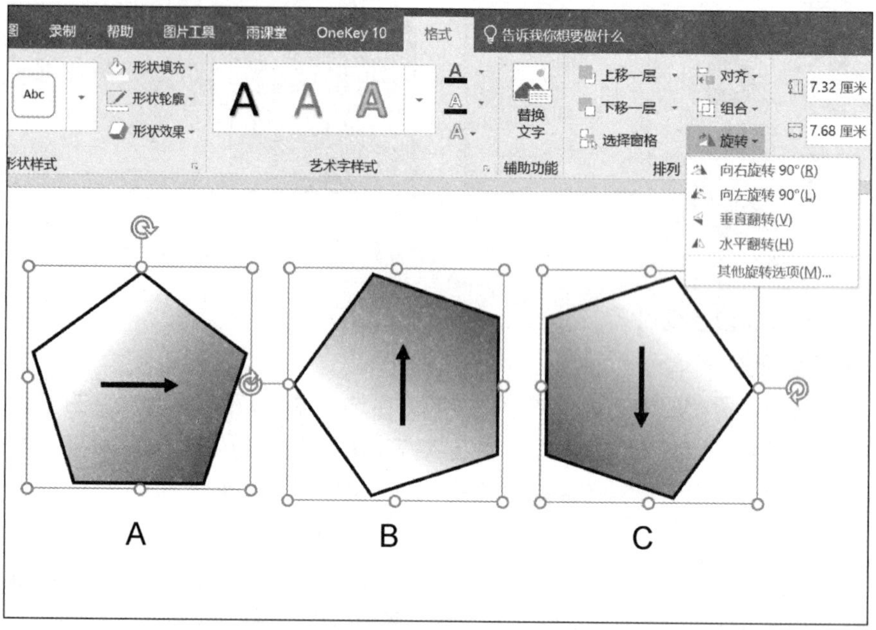

图 1－3－37

(2) 图形的翻转

图形的翻转是以与纸面平行的且处于图形中间的水平线和竖直线为轴，上下或左右旋转180°。如图1－3－38所示，图 A 若“垂直翻转”可得到图 B；若“水平翻转”可得到图 C。

(3) 旋转其他角度

除了向左、右旋转90°以外，还可以设定其他旋转的角度。

① 自由旋转

选定某个图形(或文本框)，在图形的上方会出现一个旋转环，用鼠标拖动旋转环，则图形以中心点为轴可转动任意角度，如图 1－3－39所示。

② 按固定角度旋转

A. 用鼠标拖动图形上方的旋转环旋转时，按住 Shift 键，图形旋转时以中心点为轴按每次向左或右旋转15°的方式旋转，如图 1－3－39所示。

B. 选中图形，按下 Alt 键，同时点击左、右方向键，每点击一次，图形向左或右旋转15°。

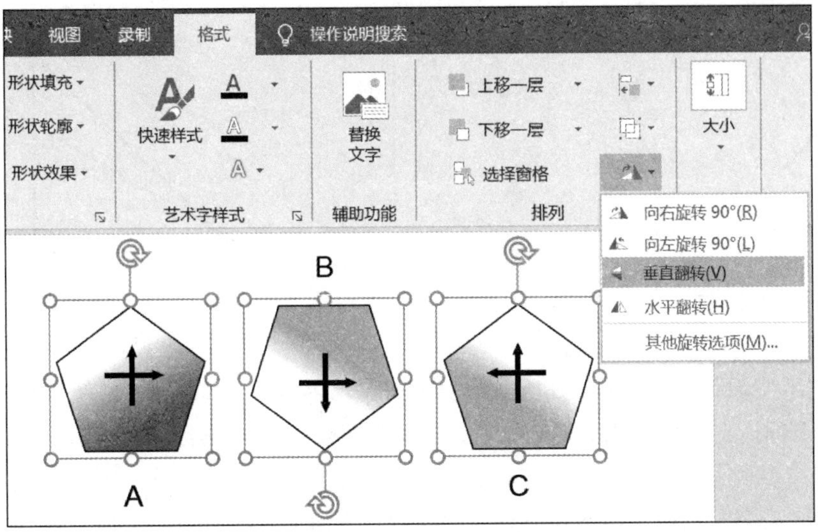

图 1－3－38

（4）设置任意的转动角度

要精确设定图形的转动角度，在右边的"设置形状格式"窗格中，选择"形状选项"，再选择右边的"大小与属性"选项卡，在"大小"下面的"旋转"框中输入角度值，如图 1－3－40 所示，在"旋转"中设置"20°"。按下 Enter 键，图形顺时针转动20°。也可以在图 1－3－37 中，点击"其他旋转选项"，直接打开如图 1－3－40 所示界面。

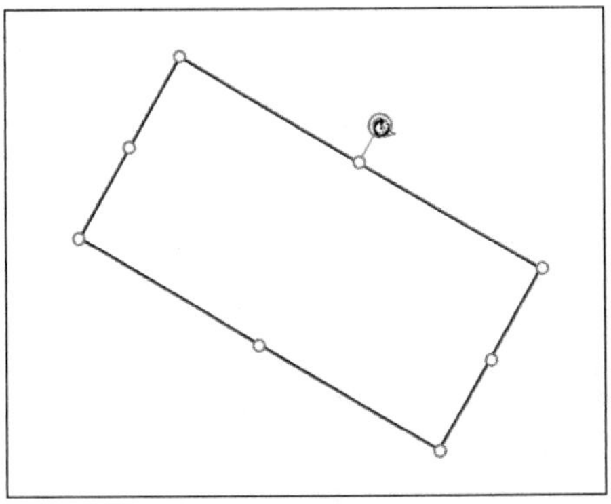

图 1－3－39

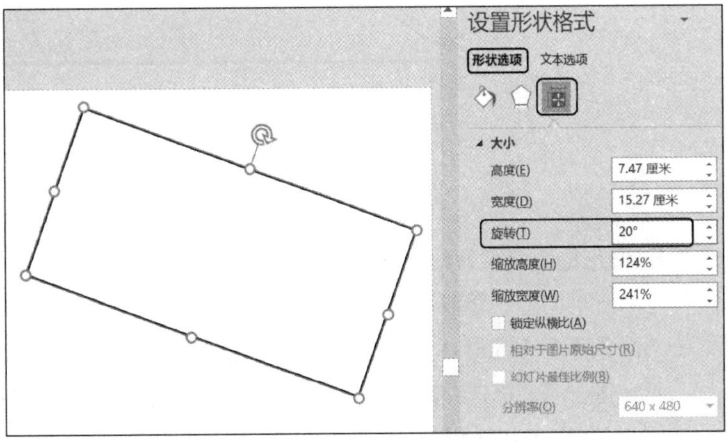

图 1－3－40

（5）一个角为 30°的直角三角形的绘制

"基本形状"中只有用于画任意直角三角形的"直角三角形"工具，要绘制一个角为30°的直角三角形，可以借助参考线。

A. 利用"形状"工具中的"直角三角形"绘制一个任意的直角三角形，如图 1－3－41 所示。

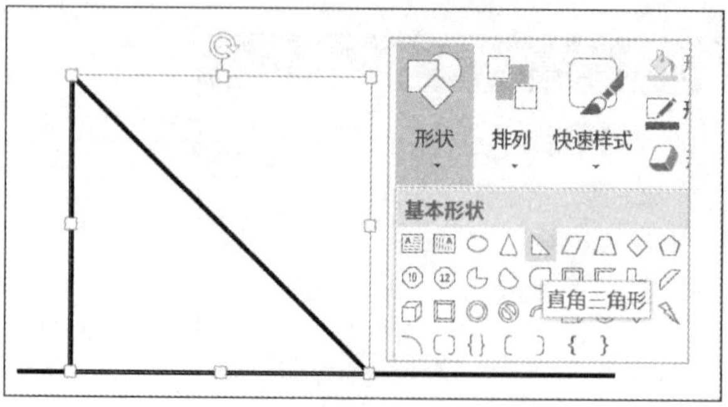

图 1－3－41

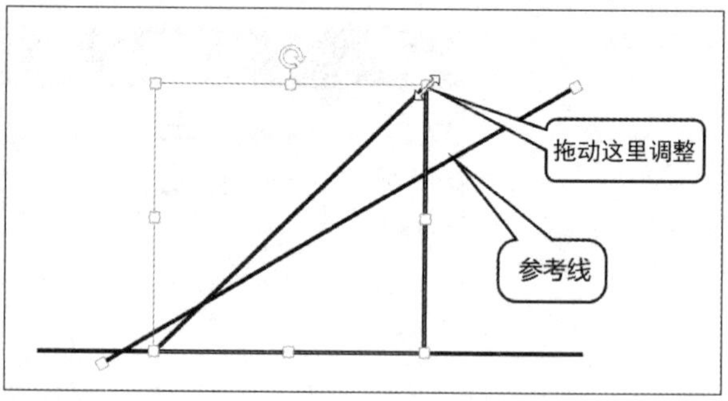

图 1－3－42

B. 利用“水平翻转”工具将图形翻转，绘制一条水平线，使其转动30°角作为参考线，鼠标置于直角三角形右上角顶点处，当光标变为双向箭头时，拖动右上角顶点，如图 1－3－42 所示。

C. 调整三角形的斜边与参考线平行即得到一个角为30°的直角三角形，同理也可以绘制圆心角为60°的扇形，如图 1－3－43所示。扇形圆心角的角度，还可以借助第六单元第 1 课 1. “形状组”中介绍的“控点工具”进行精确设置。

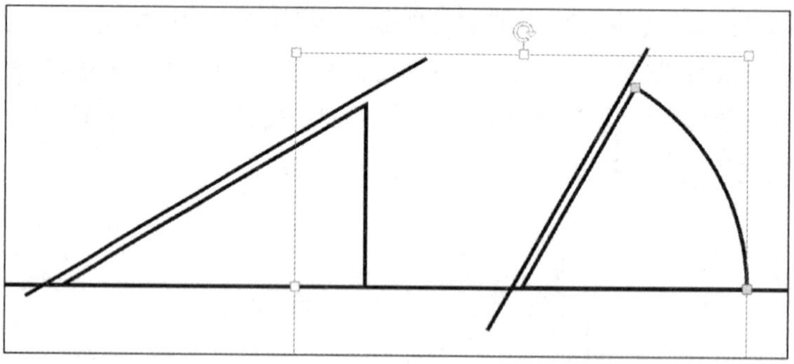

图 1－3－43

6. 图形的组合及叠放次序

(1) 图形的叠放次序

对于多个图形，有时需要按照要求分为不同的层次进行叠放。选中需要改变叠放次序的某一图形，在“格式”选项卡的“排列”组中点击“上移一层”或者“下移一层”，如图 1－3－44所示，可以把选中的图形在上下层次间移动，或通过下拉菜单将其“置于底层”(或顶层)。

(2) 图形的组合

选中多个图形，在“格式”选项卡的“排列”组中，点击“组合”下拉菜单，点击“组合”即可。多个图形组合后，可以对组合中的所有图形整体进行填充、线条等格式的设置。点击“取消组合”，可以取消图形的组合，如图1－3－45所示。多个图形组合后，如果需要修改其中的某个图形的格式，可以不拆开组合好的图形，只选中需要修改的个别图形(需要二次点击)进行各种操作。

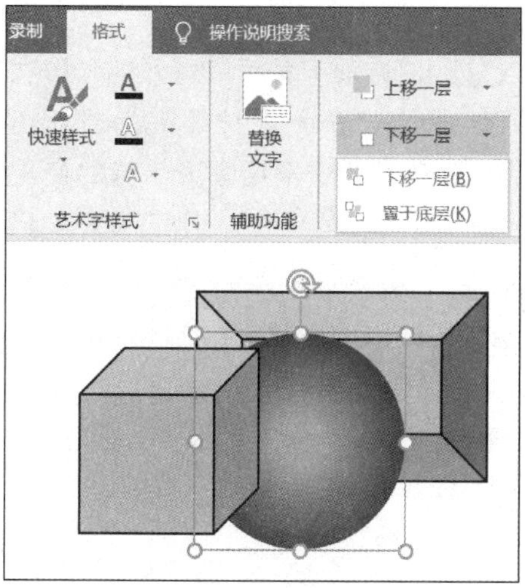

图 1－3－44

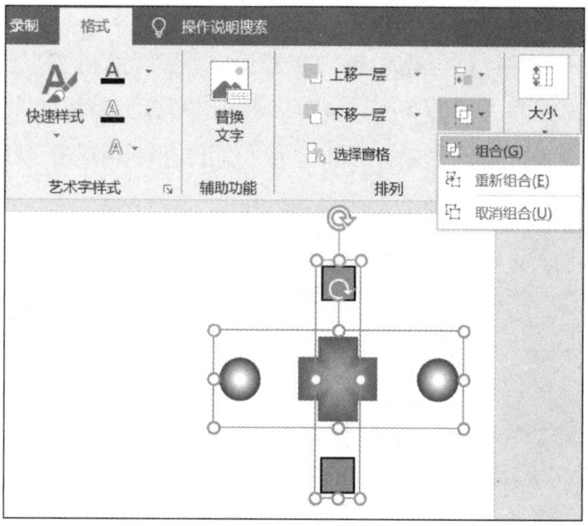

图 1－3－45

① 单一图形操作

选中某一图形，可以单独设置该图形的填充、线条等格式。可以对选中的图形进行移动、复制、翻转、对齐、改变叠放次序等操作。利用快捷键 Ctrl+C 和 Ctrl+V，可以把组合图形中的某一个图形复制到组合图形的外面，如果使用 Ctrl+D，则复制的图形处在组合图形中。

② 更换图形

不仅可以改变某一个图形的格式，还可以更换图形。选中组合图形中的一个图形，在“格式”选项卡的左边“插入形状”组中，点击“编辑形状”按钮，再选中“更改形状”，然后选择一个需要替换的形状，如图 1－3－46 所示，则可将原来的形状改变为所选形状(此处将原来的十字形改变为圆形)。若选中整个组合图形，则组合中所有图形都会被替换为所选形状。

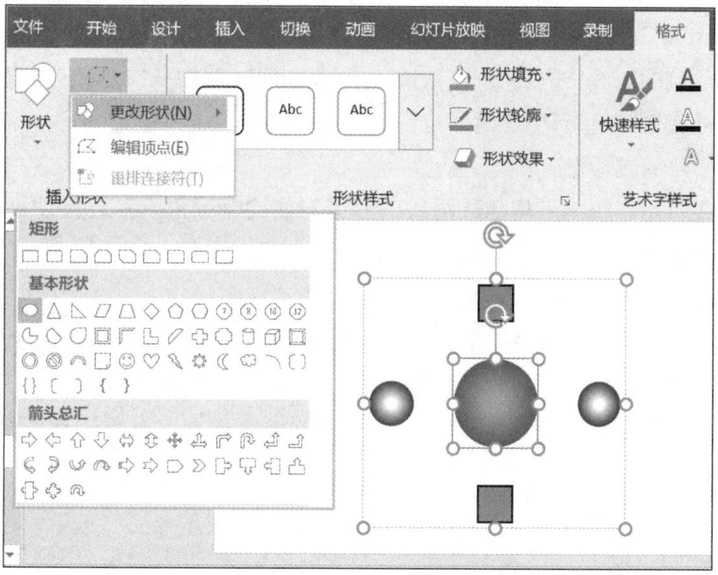

图 1－3－46

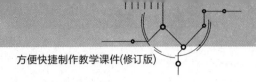

7. 基本图形的绘制

“形状”栏目中有许多预设的图形，通过“开始”或“插入”选项卡都可以进入插入形状的界面。如图1－3－47所示，在“插入”选项卡“插图”组中点击“形状”下拉菜单后，显示出众多预设的形状，上面显示了“最近使用的形状”。下面介绍几个常用图形工具的使用方法。

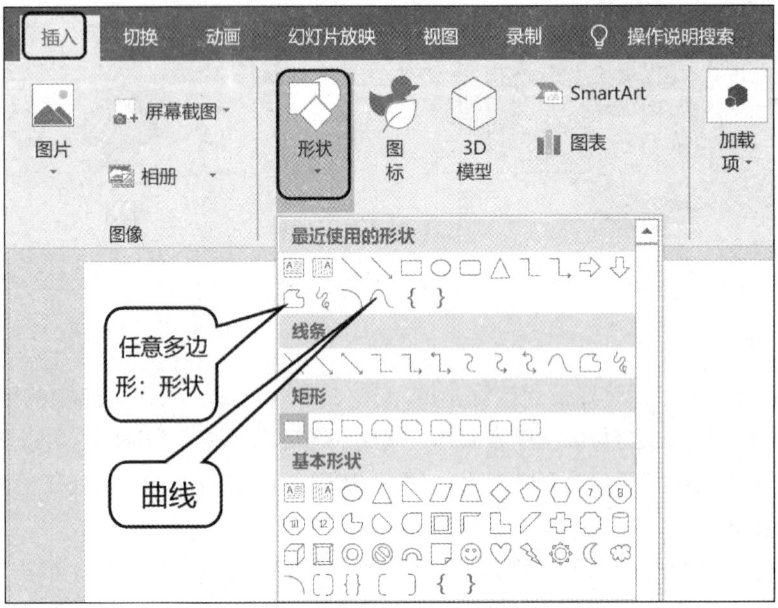

图1－3－47

（1）绘制直线

用鼠标点击“形状”下拉菜单中的直线，按下鼠标左键，可以绘制出任意自由直线；绘制时如果按下Shift键，则可以绘制出水平或竖直线；当上下移动鼠标时，可以绘制出45°角的直线段。选中绘制的直线（或其他形状），按下Alt键，同时每按一次左、右方向键，均可以使该直线逆时针或者顺时针转动15°角。

（2）绘制三角函数图线

利用曲线工具可以绘制三角函数图线。为了方便绘制图形，可以通过“视图”选项卡让编辑界面显示网格线。

① 绘制曲线

在“格式”选项卡的“插入形状”组中，点击曲线工具按钮，先在某一方格的边界处点击一下鼠标左键，然后拉动到上面某一方格的边界处，点击鼠标左键，再拉动到与初位置对称的位置，双击退出即可。然后利用“形状样式”组中的“形状轮廓”，设置图形的线条颜色及粗细，如图1－3－48所示。

② 复制图线后上下翻转

选中图线，按下Ctrl+D键，复制粘贴一次完成，选中复制的图线，在“格式”选项卡中的“排列”组中，点击“旋转”按钮，再点击“垂直翻转”，如图1－3－49所示。

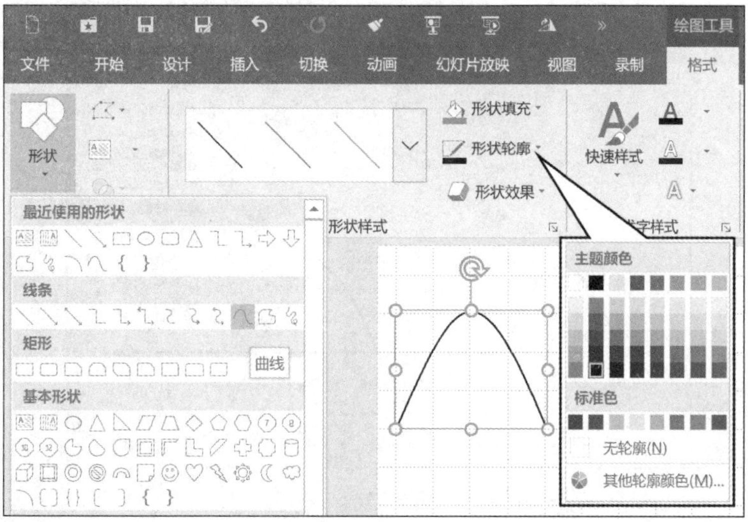

图 1－3－48

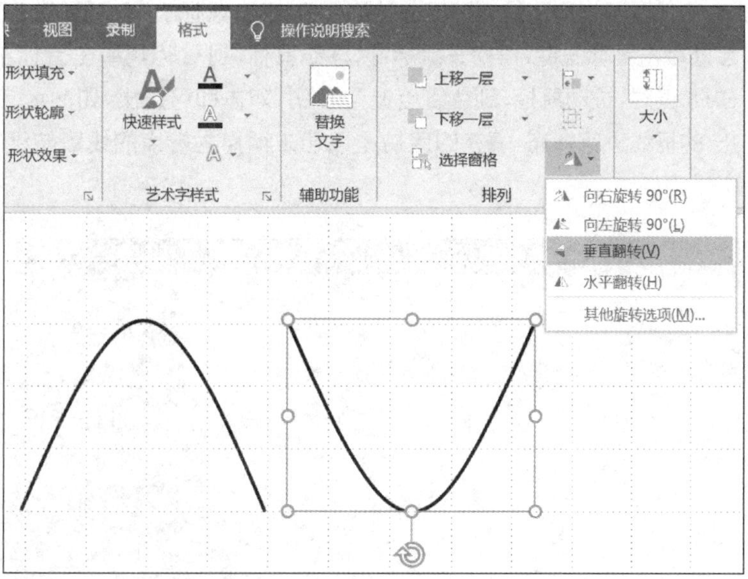

图 1－3－49

③ 对齐并组合

用方向键移动图形，图形要微移时，可以按下 Ctrl 键同时点击方向键移动。两个图形对齐后组合起来得到一个完整的正弦曲线。再复制出一个正弦曲线，放置在适当位置，然后选中两个图形，点击“排列”组中的“对齐”按钮，让两个图形“顶端对齐”。还可绘制一个带箭头的线段作为横坐标轴，如图 1－3－50所示。

(3) 绘制任意多边形

利用“形状”工具中的任意多边形，可以绘制任意多边形图形，很多图形可以采用“一笔画”的方式绘制。

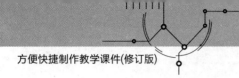

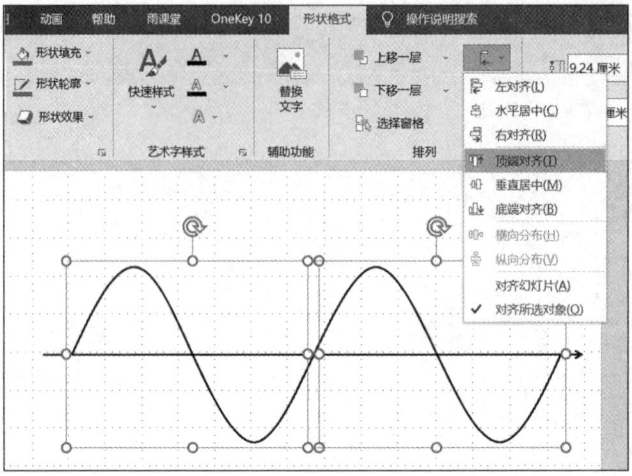

图 1 - 3 - 50

① 绘制折线

点击形状中的任意多边形工具,移动光标至 A 点,单击鼠标左键,然后松开鼠标键并移动鼠标,到 B 点处单击鼠标左键,再松开鼠标键,移动鼠标,到 C 点再单击鼠标左键,若画水平线,在按下 Shift 键时,拉动鼠标,到达终点位置 D 时,双击即可退出,如图 1 - 3 - 51 所示。还可以对绘制出的折线进行填充,填充的区域是以初末两点为端点的线段与绘制的折线所围成的区域。

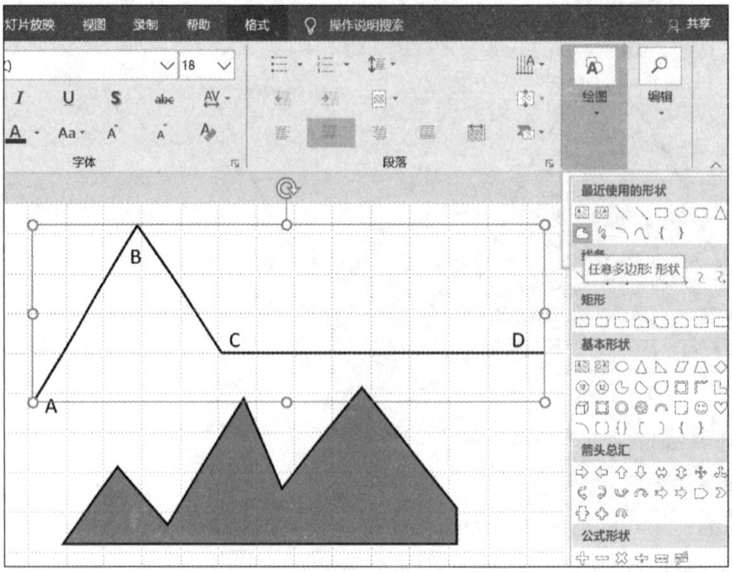

图 1 - 3 - 51

② 绘制坐标轴

利用“任意多边形：形状”工具绘制直角折线,再选中该折线,在“格式”选项卡“形状样式”组中,点击“形状轮廓”右边小三角形下拉菜单,在“箭头”中点击双向箭头,如图 1 - 3 - 52

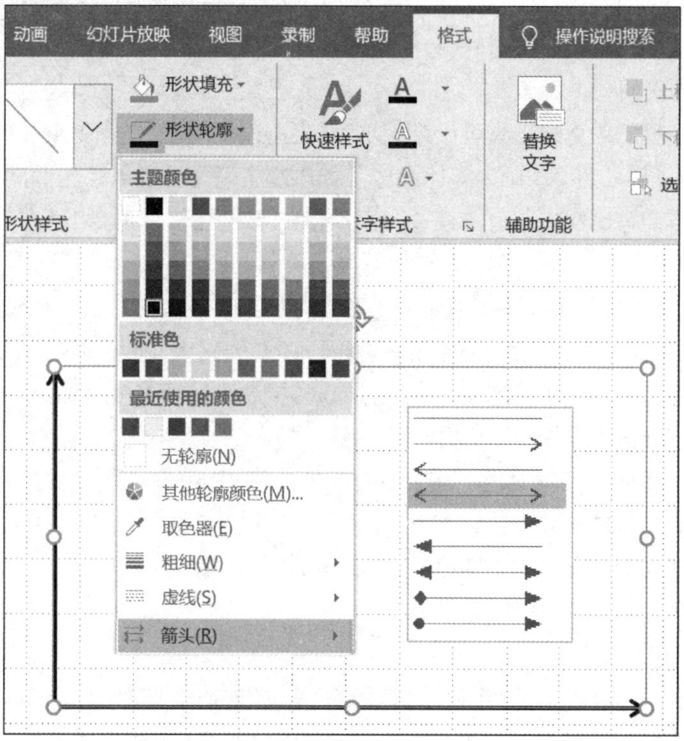

图 1－3－52

所示，可得到加了箭头的水平和竖直的直角坐标轴。

③ 利用“编辑顶点”改变形状

在绘制图线时，经常需要改变图线的形状。选中该图线，右击鼠标，选中“编辑顶点”，图线上出现几个小黑方点，用鼠标拉动小黑方点，即可改变图线的形状。对于没有封闭的多边形，用鼠标右击图线，选中“编辑顶点”，再在图线上右击鼠标，点击“关闭路径”，这样开口图线就变成了封闭图线。

（4）Ctrl+D 的应用

在文档编辑过程中，常常要对插入的图形进行复制。通常利用 Ctrl+C 和 Ctrl+V 进行“复制”和“粘贴”，也可以利用快捷键 Ctrl+ D，将复制和粘贴一次完成。应用 Ctrl+D 还可以使每个副本按照要求等距离排列，方法是：选中对象，按下 Ctrl+D，利用鼠标移动复制后的对象到适当位置（也可以利用方向键移动），再多次按下 Ctrl+D，则可以复制出等间距的副本，如图 1－3－53所示。幻灯片及其他文本框的复制也可以采用此法。

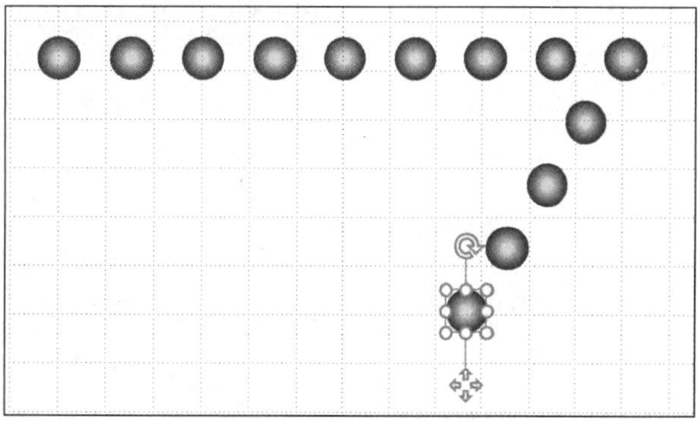

图 1－3－53

8. 图形绘制基本规律

在利用“形状”工具绘制图形时，有一定的规律可循。

(1) 绘制图形的基本规律

按下 Shift 键，利用直线工具可以绘制水平、竖直以及向左、右倾斜45°的直线；绘制其他图形时，所有图形都在四个象限内等比缩放。如以左上角为基准点等比例向右下方缩放，或以右下角为基准点等比例向左上方缩放。即绘制的都是“正”图形，如正方形、圆形、正五角星、正四分之一圆弧等。

按下 Ctrl 键绘制时，所有图形以中心为基点，向上、下或者向左、右等比例缩放。

同时按下 Shift 和 Ctrl 键绘制时，所有图形以中心为基点，向四周等比例缩放。

当绘制的图形上出现小黄圆点(或小方块)时，拉动小黄圆点(或小方块)，可以改变该图形的形状。(此圆点或小方块常称为“控点”)

选中绘制的图形(包括文本框)，在按下 Alt 键的同时，每按一次左、右方向键，可以使图形逆时针或者顺时针转动15°。

用鼠标拉动图形上面的转动柄时，可以使图形自由转动。

(2) 图形格式设置的一般方法

① 一般设置

当选中图形时，上方会出现“绘图工具”栏的“格式”选项卡，在格式设置功能区中的“形状样式”组中，一般的填充、线条效果等基本设置可以直接通过上面的快速设置工具按钮来完成。

② 自定义设置

精细的高端设置都是在选中图形后，在右边的“设置形状格式”窗格中，利用“形状选项”或“文本选项”下面对应的三个工具项目中的众多工具进行设置的。利用“三维格式”和“三维旋转”可以设置图形的立体效果。

③ 使用格式刷

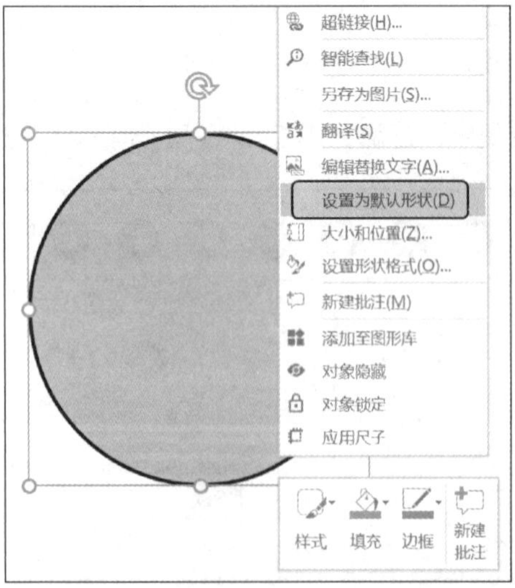

图 1-3-54

如果一个图形的格式设置好后，利用格式刷可以把该图形的格式快速复制到其他图形上。

(3) 设置图形的默认效果

为了作图的方便，可以设置图形的默认效果，让电脑记下自己设置好的图形格式。方法是：选中已经设置好格式的图形，用鼠标右键单击图形，然后点击“设置为默认形状”，如图1-3-54所示。以后再绘制图形时，会按照已经设置好的图形的填充、线条等格式绘制出图形。也可以设置默认线条的格式。对于文本框中的文字，也可以设置好文字格式以后，右击鼠标把设置好文字格式的文本框“设置为默认文本框”，以后再插入文本框输入文字时，会按照已经设置好的文字格式显示文字。

第 4 课　动画的设置

1. 认识动画功能

（1）认识动画功能区

点击“动画”选项卡，在下面的功能区中可以看到设置动画的若干个工具。在“动画”组中有众多的动画选项，“效果选项”用于在已经设置好的某一动画的基础上进一步设置动画的效果，不同的动画有不同的效果选项。“高级动画”组中的“添加动画”按钮，用于在对象已经设置好了动画的基础上，再对同一个对象添加新的动画，如果仍是在左边的动画选项中设置动画，则新设置的动画将覆盖掉原来已设置好的动画。点击“动画窗格”按钮，在右边会显示“动画窗格”，且在此窗格中会显示出已经设置好了的各动画的图标，“触发”按钮可以设置对象动画的触发器功能，“动画刷”可以复制动画的设置。在“计时”组中，可以设置动画的动作时间。如图 1 - 4 - 1 所示。不论是原来已有的动画或是添加的动画，选中动画窗格中的动画图标，在左上角的“动画”组中就会显示该动画，此时在“动画”组中可以更改已添加的动画。

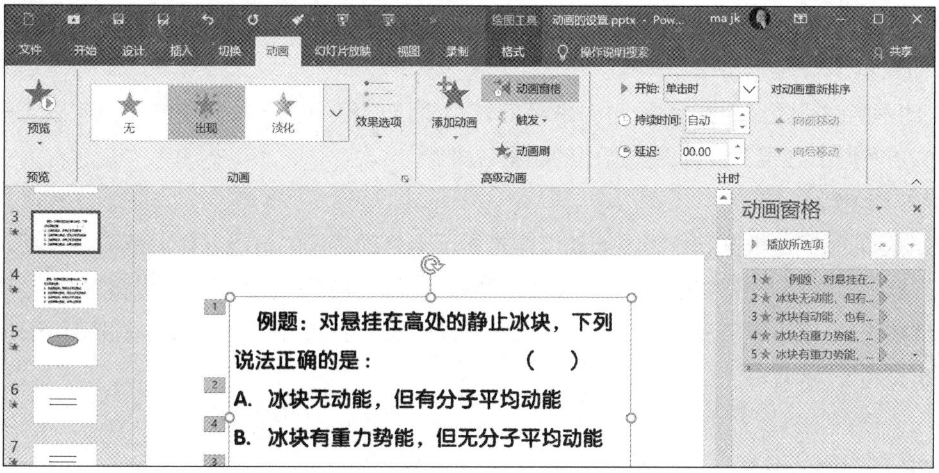

图 1 - 4 - 1

（2）动画选项

当点击“动画”组中的动画设置的下拉菜单时，会出现所有动画的设置选项。一般有四种类型的动画供选择。

① “进入”

动画的图标是绿色五角星。当选中对象后，点击某一个“进入”动画选项即可。如果上面的 13 个“进入”动画不能满足要求，再点击下面的“更多进入效果”，可以看到众多的进入动画供选择，如图 1 - 4 - 2 所示，常用的有“擦除”“出现”等。

② “强调”

动画的图标是黄色五角星，可以对图片或某些文字对象进行强调说明。还可以点击下

图 1－4－2

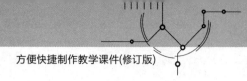

面的“更多强调效果”，设置更多强调的动画。常用的有“陀螺旋”和“放大/缩小”等。

③ “退出”

动画的图标是红色五角星，是对象在幻灯片演示过程中退出时使用的。还可以点击下面的“更多退出效果”，设置更多退出的动画效果。

④ “动作路径”

动画的图标是根据动作路径的动作样式显示出来的不同的直线或者曲线图标按钮。当点击“自定义路径”动作按钮时，可以设置任意的直线或者曲线路径。点击下面的“其他动作路径”按钮，可以设置更多的动作路径。课件制作中常用的是“直线”“形状”（即圆周运动）和“自定义路径”等几种。

2. 动画的“计时”设置

选择了任意一个预设动画后，一般需要继续设置动画的其他效果。点击“高级动画”组中的“动画窗格”按钮，在右边出现的“动画窗格”中双击某一动画图标，或者在动画图标上用鼠标右键单击，选择“计时”或者“效果选项”，如图1－4－3所示，或者点击“动画”组右下角的对话框启动器，都可以调出动画效果设置对话框。

（1）动画的“开始”时间

在动画效果设置对话框的“计时”选项卡的“开始”选项中，有三种设置供选择：

选择“单击时”，表示点击鼠标、使用方向键或回车键都可以使对象进行动作。

选择“与上一动画同时”，表示与上一个动画同时开始动作。

选择“上一动画之后”，表示该动画在上一个动画动作结束后再开始动作。如图1－4－4所示，在这里设置与在功能区“计时”组“开始”中设置效果是相同的。

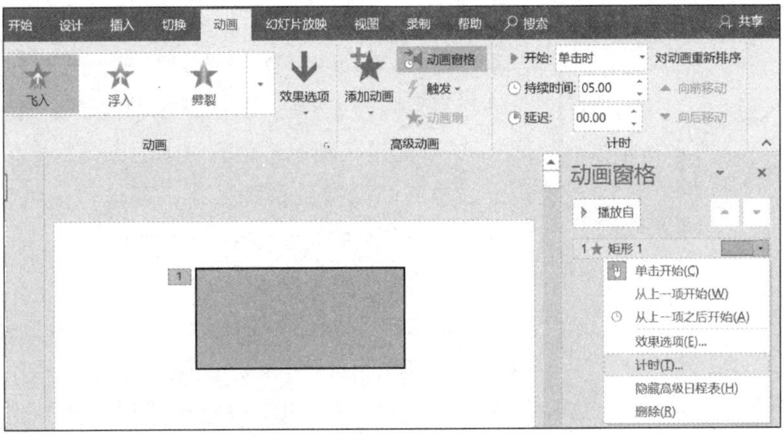

图 1－4－3

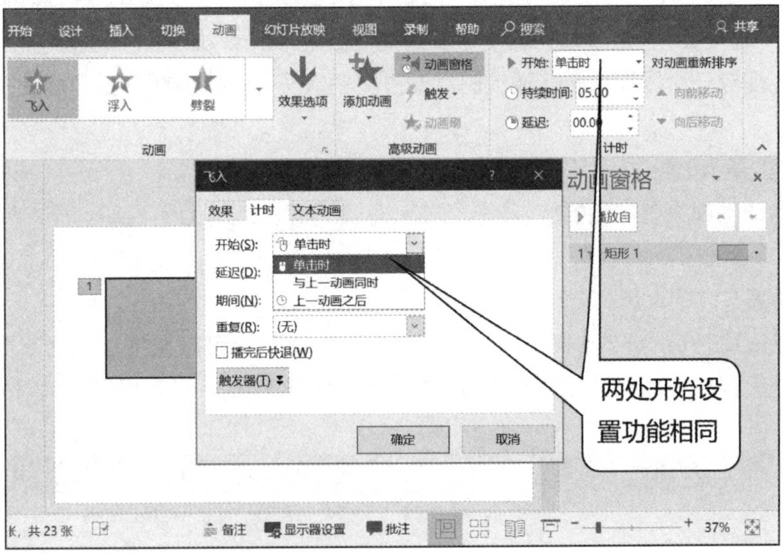

图 1－4－4

（2）动画的播放速度及延迟

① 动画的播放速度设置

动画的播放速度由动画播放的持续时间控制，可在动画效果设置对话框的“计时”选项卡的“期间”栏选择某一时间进行设置，共有 6 个预设时间供选择，如图 1－4－5 所示。也可以根据需要自定义时间，如在此栏直接输入“60 秒”，则动画的动作时间就是 60 秒。在这里设置与在功能区“计时”组“持续时间”中设置效果完全相同。2013 及以上的版本“期间”最长可设置 10 分钟，如果需要设置更长时间（如陀螺旋中时针、分针转动的周期），可以借助 2003 版本设置后再用高版本打开该文件。

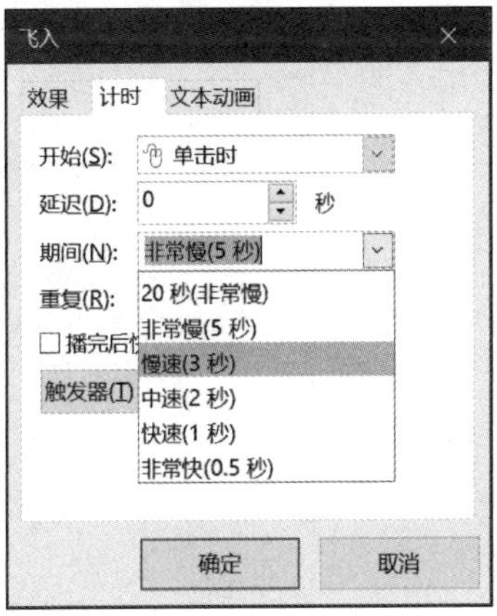

图 1－4－5

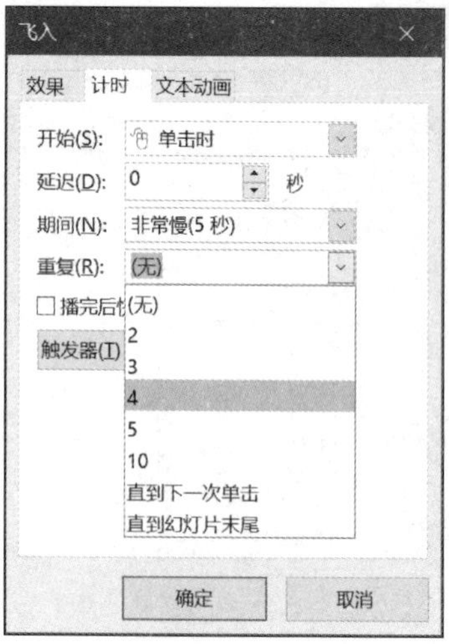

图 1－4－6

② 动画的动作延迟

在图 1－4－5 中可以设置动作的“延迟”时间，有时两个动作不是同时进行的，也不是在前面动作结束后再进行后一动作，而是在延迟一定的时间后进行后一动作，此时可以通过设置此项得到预期效果。在这里设置与在功能区“计时”组“延迟”中设置效果完全相同。

(3) 动画的重复播放

默认情况下动画播放是无重复的，如果需要动画重复播放，可以在“计时”选项卡的“重复”框中选择不同的选项，如图1－4－6所示。也可以自定义动画播放的重复次数，如有时在动画播放进行一半时需要切换动画，则可以输入“2.5”。如果设置的重复次数是有限的，在幻灯片非播放状态下可以完整预览全部次数，如果选择“直到幻灯片末尾”，预览时只能播放一个周期。若在播放时需要重复多次，一般会选择“直到幻灯片末尾”。

3. 动画的“效果”设置

不同的动画设置有不同的“效果选项”，下面以“飞入”动画为例说明动画“效果选项”的设置。

(1) 动画方向的设置

在动画设置对话框的“效果”选项卡的“方向”选项框中，可以选择该动画不同的进入方向。在此处设置与在功能区“动画”组“效果选项”中设置效果相同，如图1－4－7所示。

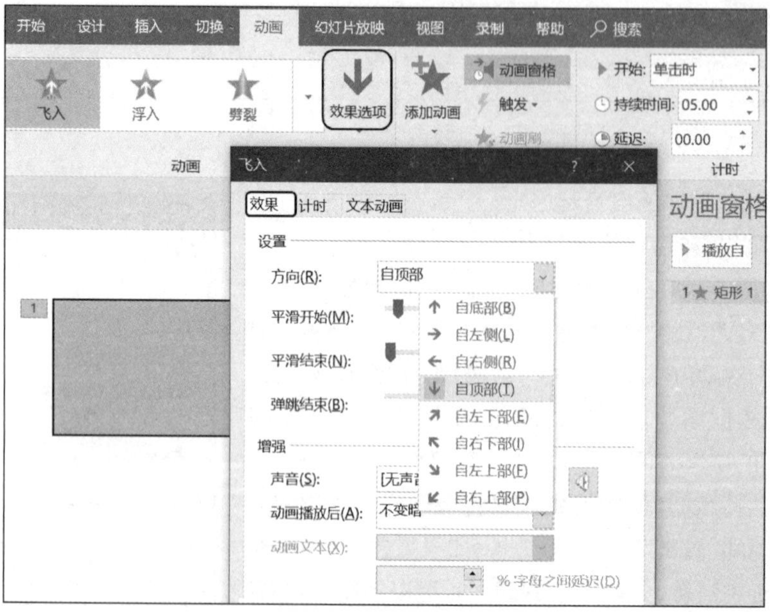

图 1－4－7

（2）动画开始和结束的快慢及声音的设置

在动画设置对话框的“效果”选项卡中，“平滑开始”和“平滑结束”用于调整动画开始和结束的快慢。在此可以设置动画的开始过程和结束过程的时间。

不同的动画“效果”选项卡中有不同的设置内容，如“强调”中的“陀螺旋”动画“效果”选项卡中有“自动翻转”项，若选中，表示动画动作结束后会重新返回。

还可以添加声音效果，在“效果”选项卡的“增强”组的“声音”选项中，可以选择动画进入的声音，也可以插入其他声音文件。需注意所插入的声音文件应是“* .wav”格式的，且插入的声音会被嵌入到文档中，如图1－4－8所示。

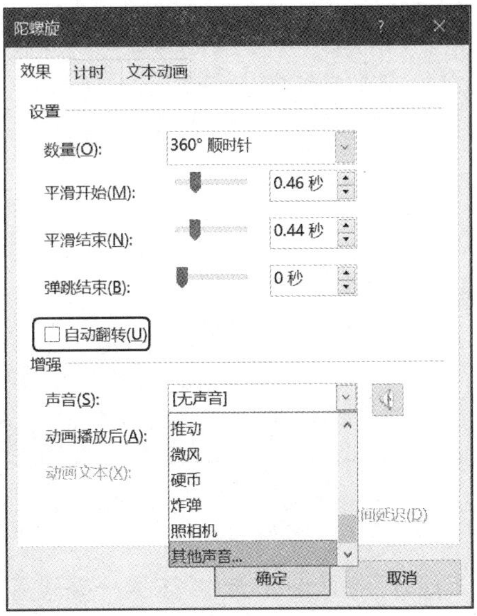

图 1－4－8

4. “进入”和“强调”动画的设置

（1）“进入”动画的设置

在幻灯片放映过程中，为了避免整个屏幕突然出现大片的文字导致学生没有思考时间的情况，需要根据教学内容让文字像教师在黑板上写板书一样慢慢出现，文字的进入动画一般常用“擦除”或“出现”。下面以“擦除”动画为例说明文字“擦除”出现的设置方法：

① 设置“擦除”动画效果

选中设置好文字格式的文本框，设置文本框动画为“擦除”。默认的“擦除”动画是从下向上擦除的。点击“效果选项”，将动画的擦除方向改为“自左侧”（即从左向右），如图1－4－9所示。

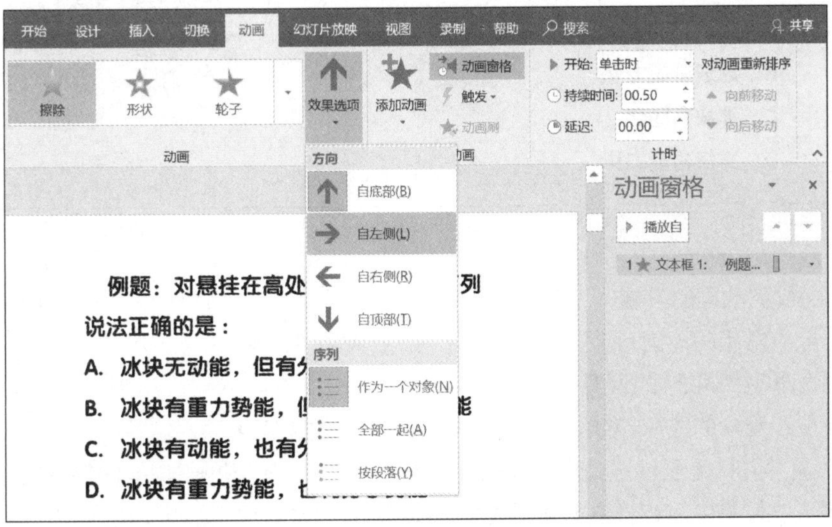

图 1－4－9

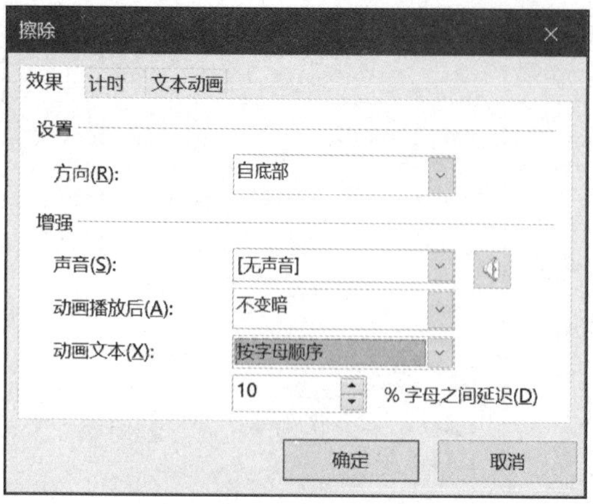

图 1－4－10

② 设置文字有序擦除的效果

A. 点击“动画”组右下角的对话框启动器，在“擦除”动画设置对话框的“效果”选项卡中，在“动画文本”中，选择“按字母顺序”(或“按词顺序”)，设置“字母之间延迟”百分比，此处的百分数可以配合“持续时间”的设置来控制文字以擦除效果出现的速度，如图1－4－10所示。

B. 文字段落按序擦除进入。先将文本框中的文字分段(可通过打回车的方法分段)，要让不同段落的文字按照要求的顺序擦除进入，在“擦除”动画设置对话框的“文本动画”选项卡中，选中“按第一级段落”，如图1－4－11所示。设置后，幻灯片放映时鼠标点击一下播放一段，并且每个段落的动画是独立的且可以更改设置。在右边动画窗格中用鼠标上下拖动动画图标，可以调整各动画播放的顺序。

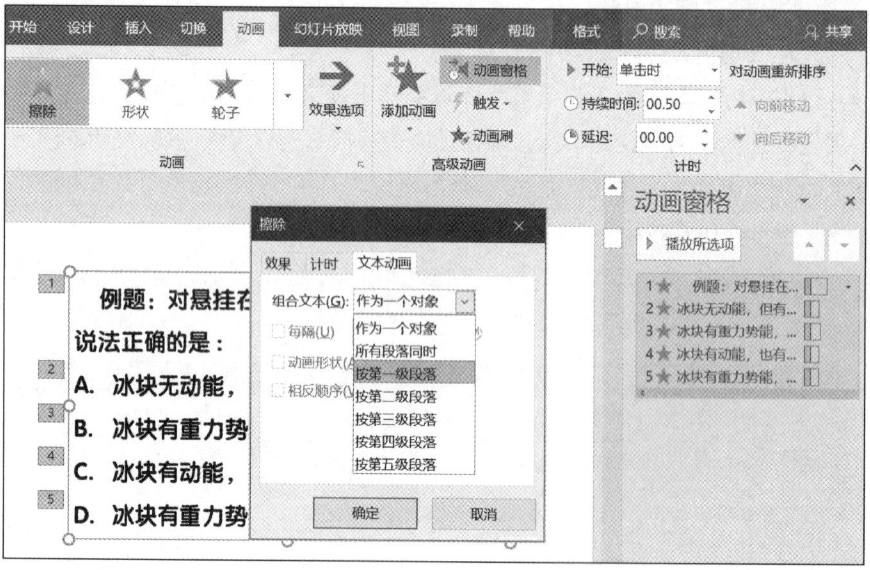

图 1－4－11

(2) “强调”动画的设置

“强调”中常用的动画有“闪烁”“陀螺旋”和“放大/缩小”等。

① “强调”中“闪烁”的设置

为了引起观众的注意，常用“闪烁”功能，让图形或文本框闪动。

A. 设置“闪烁”动画。选中需要强调的文本框或图形，在“动画”功能区的“动画”组中的动画设置下拉菜单中，点击“更多强调效果”，在“更多强调效果”选项卡中，点击“华丽”组中的“闪烁”，如图1－4－12所示。

图 1－4－12

B. 设置动作的计时。在“闪烁”对话框“计时”选项卡中，有三种不同的“开始”进入方式供选择，还可以设置“开始”的“延迟”时间，以及“期间”的时间和“重复”的次数，如图1－4－13所示。

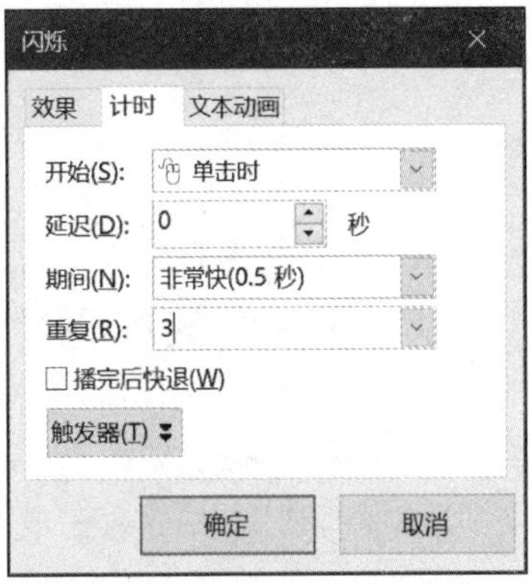

图 1－4－13

② “强调”中“陀螺旋”的设置

“强调”中的“陀螺旋”的动画，常用来实现转动或者摆动的动画效果。

A. 绘制一个矩形图形，在动画设置的“强调”中点击“陀螺旋”，即设置了图形转动的动画效果，如图1－4－14所示。

图 1－4－14

B. 点击“动画”组右下角的对话框启动器，在“陀螺旋”对话框的“效果”选项卡中，可以在“数量”中设置旋转的角度（自定义角度要打回车后才能生效），还可以设置“平滑开始”和“平滑结束”的时间及“自动翻转”（自动翻转常用来设置摆动效果的动画）。在“计时”选项卡中，可以设置相关的时间及“重复”。如图1－4－15所示。

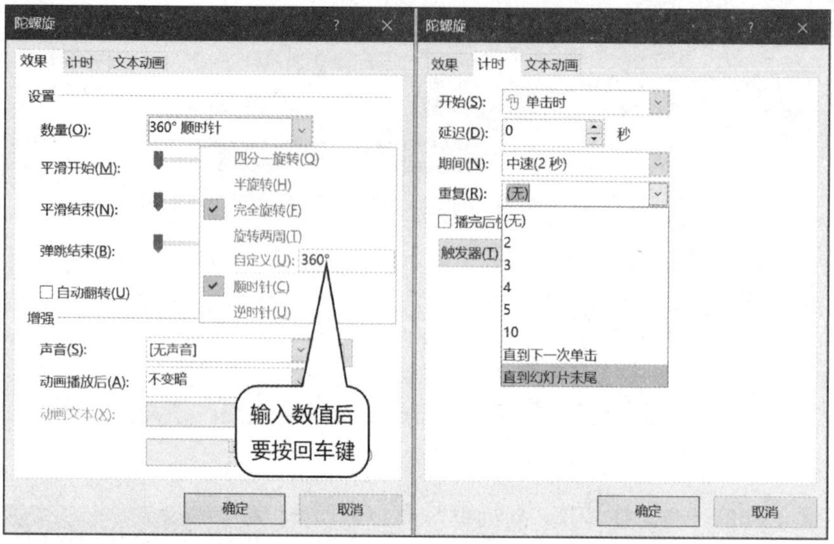

图 1－4－15

5. “动作路径”动画的设置

（1）对象“动作路径”的设置

利用动画中的“动作路径”可以设置图形等对象各种运动的路径。

① 设置动作路径动画

选中需要设置动作的图形或文本框，以一个小球为例，选中小球，在“动画”组中，设置对象的“动作路径”为“形状”(即椭圆轨道)，得到小球的椭圆形运动的路径，拉动动作路径轨迹线，可改变动作路径的轨迹。还可以通过效果选项改变对象的不同动作路径，如图 1－4－16 所示。

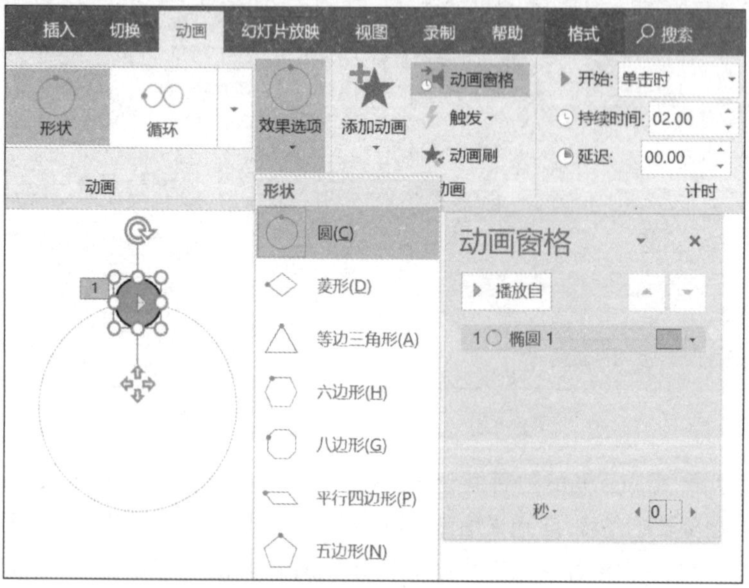

图 1－4－16

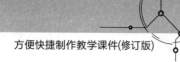

② 设置动画效果选项

对于已将“动作路径”设置为“形状”(即椭圆轨道)的对象,在“动画”组中,点击右下角的对话框启动器,在“圆形扩展”对话框的“效果”选项卡中,有多个选项可以对图形的动作路径做进一步的设置,如图 1－4－17所示。

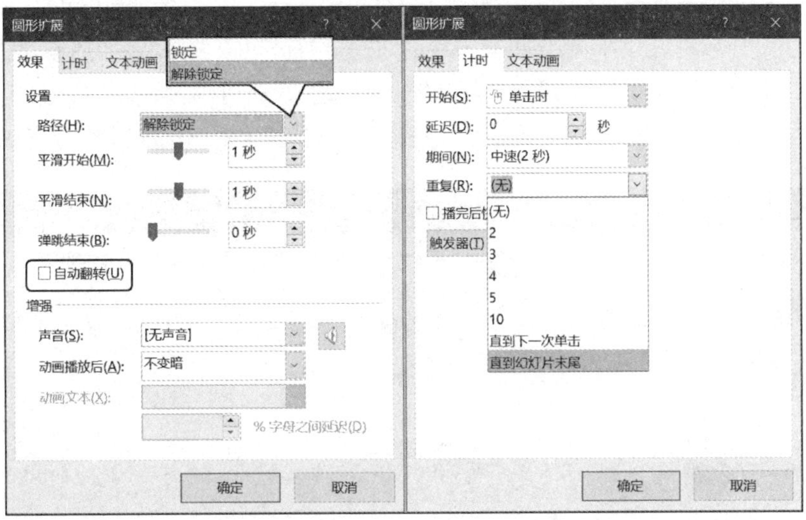

图 1－4－17

A. 路径的锁定。“路径”一般默认为“解除锁定”,可以不改动,也可以设置为“锁定”。所谓“锁定”是指对路径的锁定,即移动图形时路径被锁定在原位置不动;如果是“解除锁定”状态,则图形移动时,路径也跟着移动。

B. 开始和结束慢慢进行。在“平滑开始”和“平滑结束”中可以设置时间,即让动作慢慢开始、慢慢结束。如果要实现匀速圆周运动效果则二者时间均应设置为“0”。选中下面的“自动翻转”,小球转动一圈后自动反向运动。

同理,在“计时”选项卡中,可设置“期间”和“重复”次数,如图 1－4－17所示。

(2) 修改动作路径

动作路径设置好以后,路径的首端出现小“绿三角”表示动作开始的位置,尾端出现小“红三角”表示动作结束的位置,下面以“直线”的动作路径为例来说明。

① 更改预设的路径

设置好“直线”的动作路径后,再点击“效果选项”,可以更改直线动作路径的方向。鼠标单击路径(或红色三角),三角形均变成小点,红色小点处显示路径末状态图形的位置,光标置于小红点处,可用鼠标拖动其以改变末状态的位置,如图 1－4－18所示。

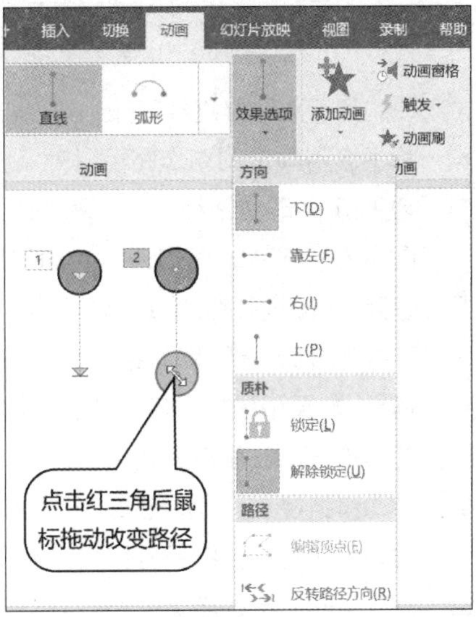

图 1－4－18

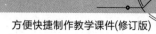

按下 Shift 键拖动小红点时可以保持轨迹为直线。“效果选项”中的“反转路径方向”，可以使运动方向反向。

② 更改动作路径

可以对设置的动作路径进行编辑修改，即可以任意改变对象的运动路径。以“形状”的动作路径为例，光标置于动作路径上右击鼠标，选择“编辑顶点”，在“编辑顶点”状态下，光标置于路径上变为小“十字形”且中间有个小黑方块时，右击鼠标，可以选择“添加顶点”“删除线段”“开放路径”等操作项，点击“添加顶点”，可以在光标处增加一个小黑方块，点击轨道上的小黑方块时出现两个小白方点，拉动小白方点或小黑方块可以改变路径的形状，如图 1－4－19所示。

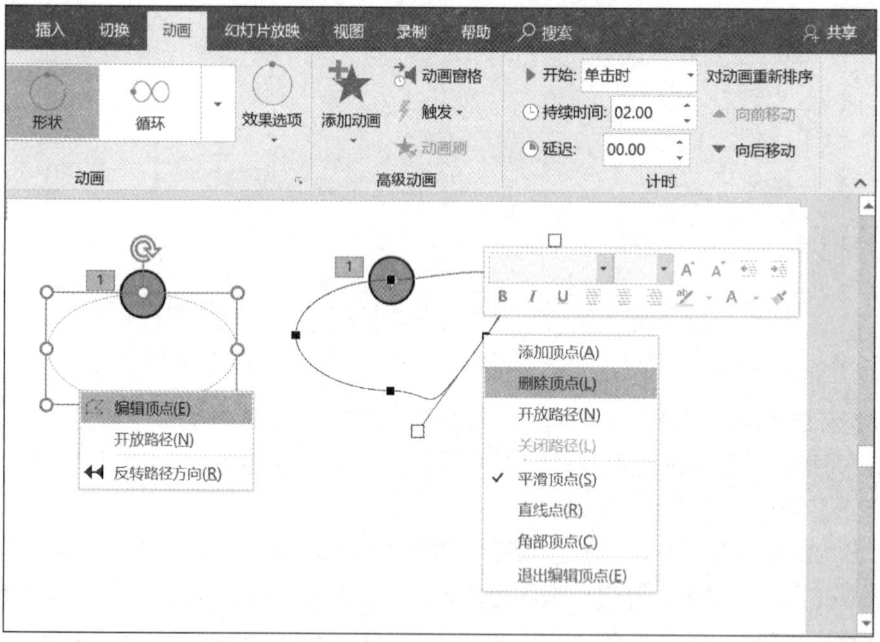

图 1－4－19

(3) 自定义动作路径

除了选用预设的动作路径以外，还可以自定义动作路径。方法如下：

① 自定义动作路径

选中图形，在“动画”组中的“动作路径”中点击“自定义路径”，鼠标在图形中间点击一下，松开鼠标按键并移动鼠标可绘制出任意形状的直线路径。绘制时需要注意：按下鼠标左键不放开进行拖动，即可绘制出自由曲线路径。鼠标左键单击后放开，拖动时可以绘制出直线路径，如果用鼠标左键单击后，再同时按下 Shift 键并拖动鼠标，则可以绘制出水平、竖直及45°角的直线，在转折处单击鼠标左键可继续画线，完成后可双击鼠标左键退出。在绘制出的动作路径上用鼠标右键单击，点击“编辑顶点”，可以继续修改动作路径，也可以选择“关闭路径”，或者选择“反转路径方向”使图形反向运动。在绘制了直线形的自定义路径后，如果要绘制曲线形的自定义路径，可在“效果选项”中点击“曲线工具”，重新绘制曲线形的自定义路径，如图 1－4－20所示。

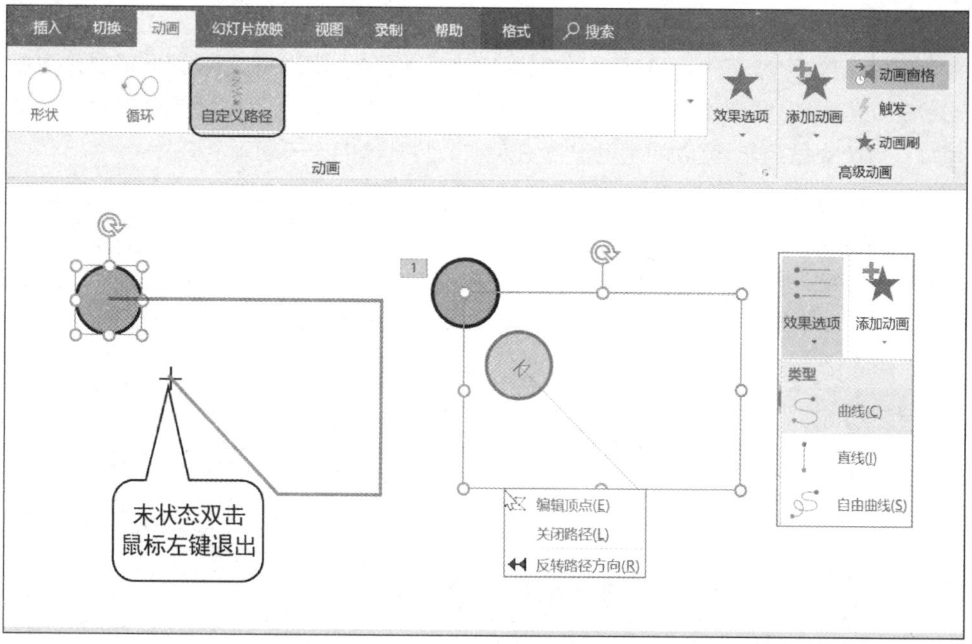

图 1－4－20

② 多个图形同步运动的设置

A. 如果要求几个图形同步动作，可以批量设置多个图形的自定义路径。如小车车厢与轮子要同步移动，设置方法与一个图形的设置方法类同。先同时选中多个图形，进入“自定义路径”绘制状态后，光标在任意处点击一下，绘制出直线路径并双击退出。绘制的动作路径如图 1－4－21 所示。三个路径长度相同。

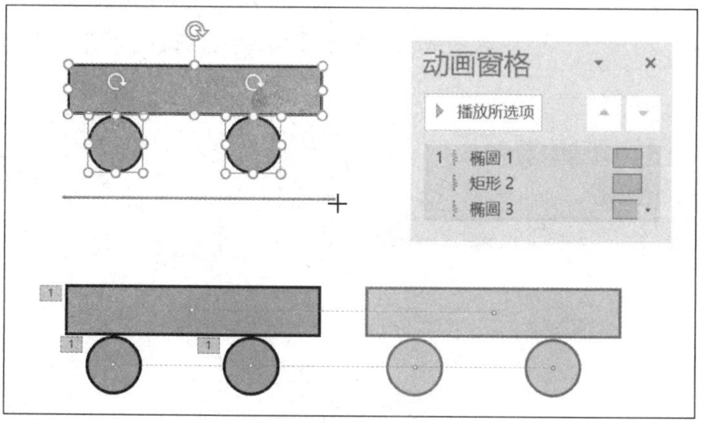

图 1－4－21

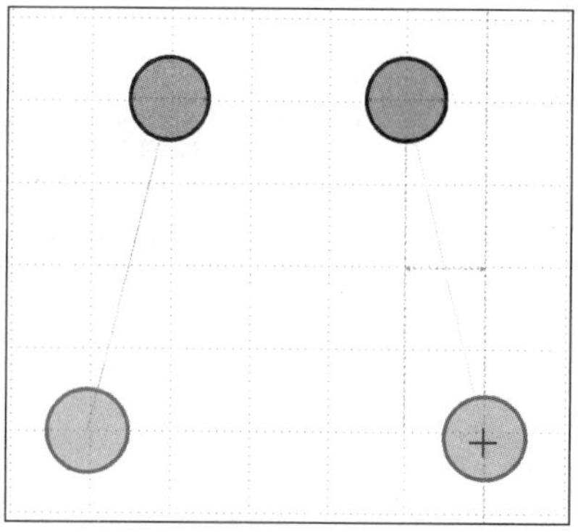

图 1－4－22

B. 多个图形的路径末状态位置对齐。如果多个图形的末状态位置不同，但是又需要横向（或纵向）对齐多个图形的末状态位置，则需要手动调整。按下 Ctrl 键，用鼠标分别在各图形的末状态位置点击，使各图形的末状态位置呈显示状态，然后用鼠标移动其中一个图形的末状态位置，使两个图形的末状态位置对齐，如图 1－4－22 所示。操作时最好借助网格线以便对齐。

6. 触发器与动画刷的应用

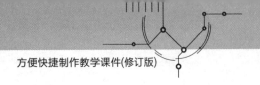

利用单击鼠标(或使用方向键、回车键等)播放动画时,一般会按照设置好的顺序进行各个对象的动画播放,要使放映幻灯片时各对象的出现能够更加个性化,即想让哪个对象动作就可以让哪个对象动作,可以利用触发器来实现。触发器相当于动画的开关。

(1) 认识触发器

① 设置对象的动画

绘制文本框(或图形),输入文字,设置动画(如擦除),如图 1-4-23 所示。

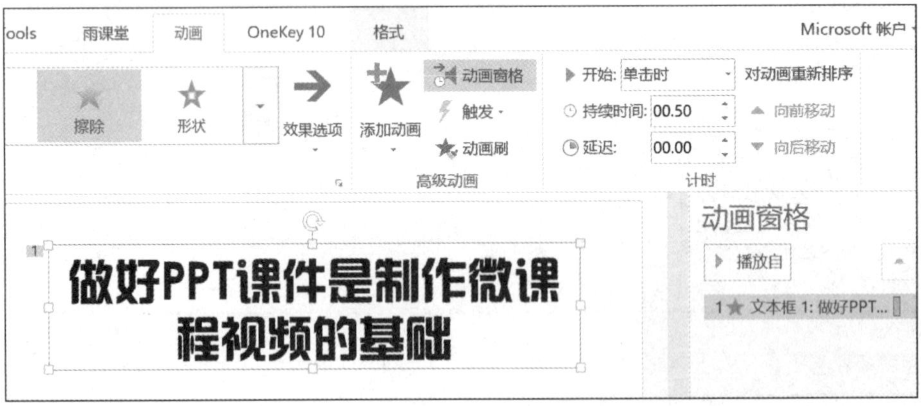

图 1-4-23

② 添加一个图形(或文本框、图片等对象)作为触发器

在“动画窗格”中双击动画设置的图标,在“擦除”对话框的“计时”选项卡中,点击下面的“触发器”,选中“单击下列对象时启动效果”,在右边的下拉框中选择一个对象作为触发器,此处选择“矩形:棱台 2:开始”,点击“确定”后,在“动画窗格”中可以看到棱台 2 已被设为文本框 1 动画的触发器,如图 1-4-24 所示。在放映过程中,光标移至棱台上时会变成小

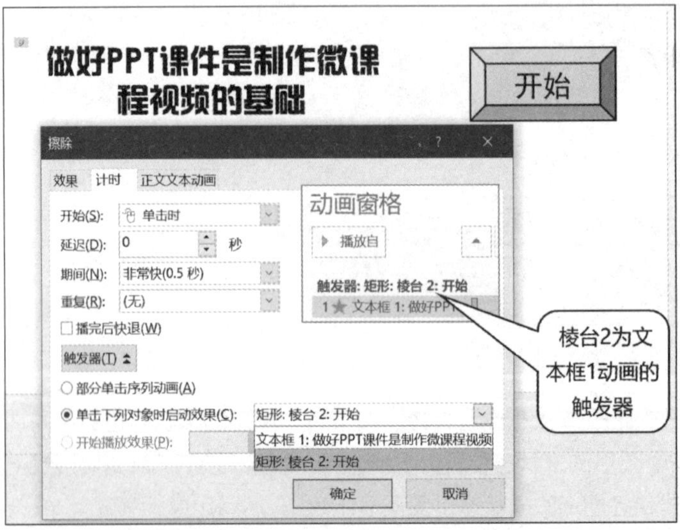

图 1-4-24

手，点击棱台图形，则动画开始播放。

(2) 触发器在教学中的应用

教学中常常需要某一行文字的进入或退出具有随机互动性，可用触发器来实现。如图1－4－25所示，学生回答出哪一个问题，就让哪行文字出现。

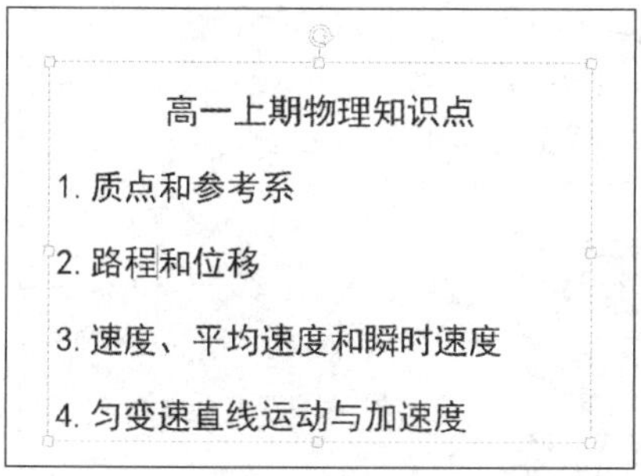

图 1－4－25

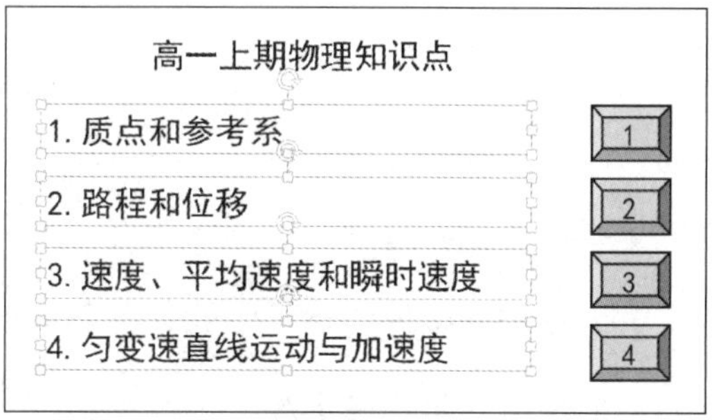

图 1－4－26

① 批量一次性设置动画

A. 由于一个触发器只能控制一个文本框，所以需要把各段文字分别设置为单独的文本框，如图1－4－26所示。

B. 选中要设置动画的文本框，一次性批量设置动画。如将进入动画都设置为“擦除”，方向“自左侧”，如图1－4－27所示。“动画窗格”下面的进入动画图标是绿色五角星。

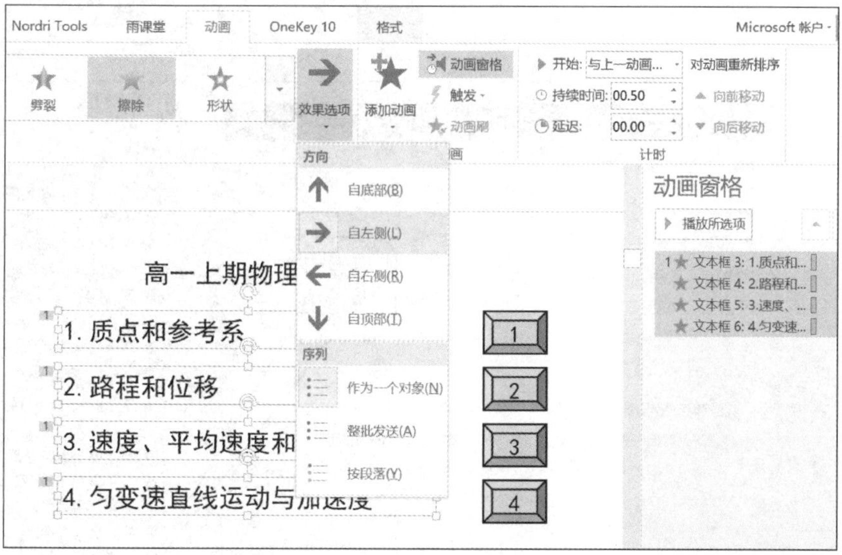

图 1－4－27

C. 也可以再添加退出的动画。选中所有需要添加动画的文本框后，点击上面的“添加动画”，选择退出动画“擦除”，方向设置为“自右侧”，再全部选中设置为“单击时”，如图1－4－28所示。设置完成后每个动画的播放都需要点击鼠标。“动画窗格”下面的退出动画图标是红色五角星。

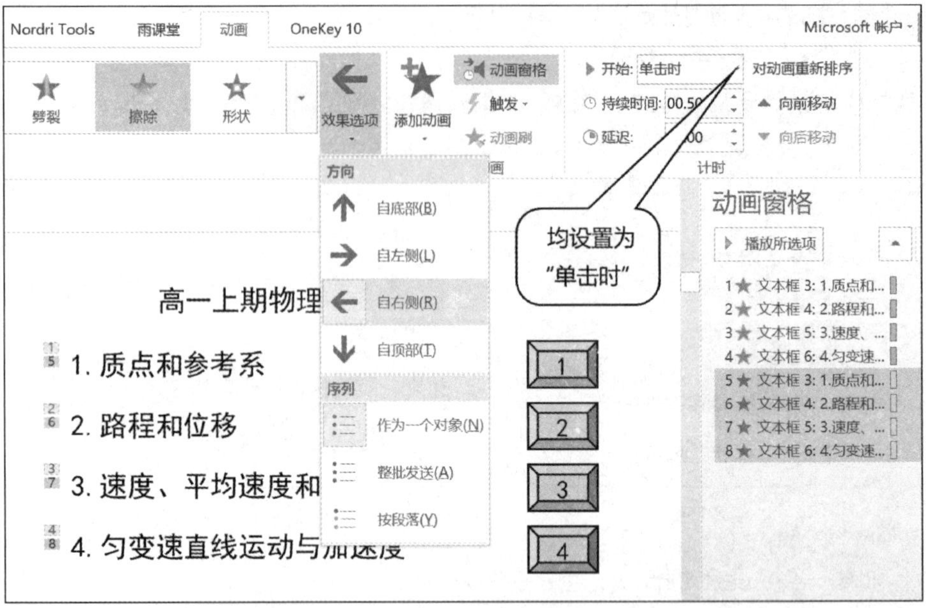

图 1－4－28

D. 分别设置每个动画的触发器。双击窗格下面第一个动画图标，在“擦除”对话框的“计时”选项卡中，点击下面的“触发器”，选中“单击下列对象时启动效果”，在右边的下拉框中选择对象“矩形：棱台 7：1”，作为触发器，点击“确定”即可，如图 1－4－29 所示。

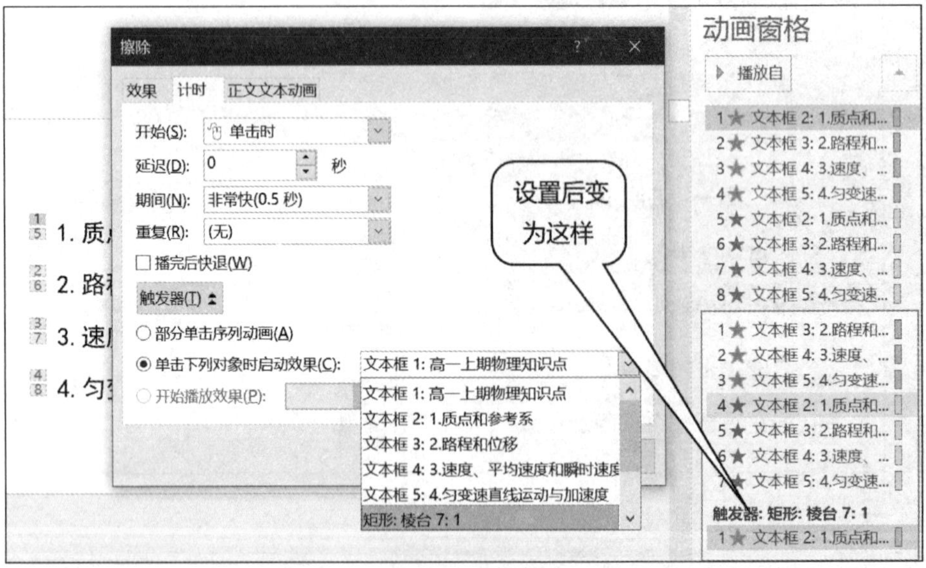

图 1－4－29

E. 上面设置好后，再把红色五角星文本框 2 的动画图标用鼠标拖动到触发器下面的已经设置好触发功能的绿色五角星文本框 2 动画图标的下面。可用类同的方法继续设置绿色五角星文本框 3 的动画触发功能(用“矩形：棱台 8：2”为触发器)，设置后拖动红色五角星文本框 3 的动画图标，到触发器下面的已经设置好触发功能的绿色五角星文本框 3 动画图标的下面，继续以类同方法设置文本框 4 和文本框 5 的进入和退出的动画触发器功能。也可以选中多个动画图标后点击右边的小三角下拉菜单，点击“计时”选项，批量设置多个动画的触发器功能，如图 1－4－30所示。

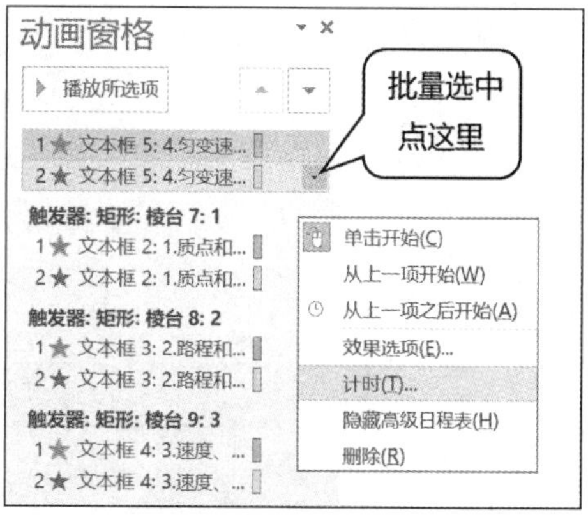

图 1－4－30

② 设置好单个动画后再复制

可以先设置好一个文本框的动画及触发器功能，然后把文本框和触发器同时复制，再修改文本框和触发器中的文字。

A. 设置好一个文本框的动画，并添加棱台的触发器功能，如图 1－4－31所示。

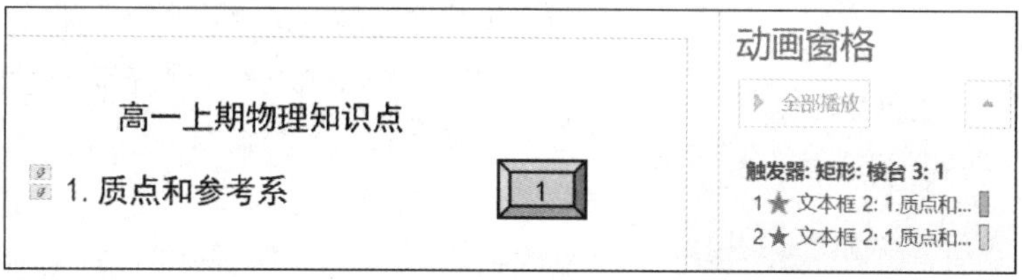

图 1－4－31

B. 选中文本框和触发器图形，直接复制若干个，并适当调整位置，在复制时把对象的动画和触发器的设置同时进行了复制，如图 1－4－32 所示。再修改文本框中的文字即可。

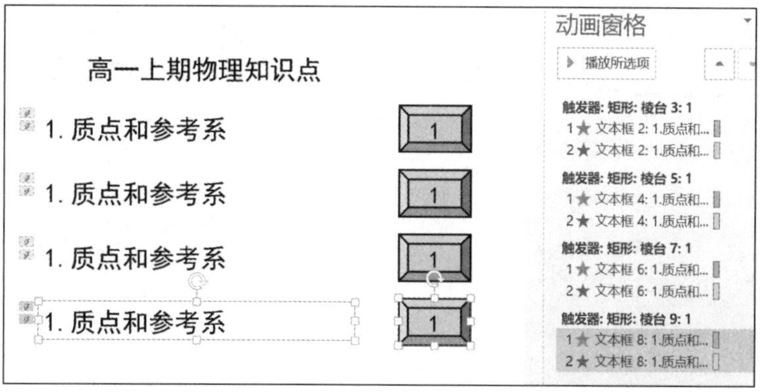

图 1－4－32

(3) 方便实用的动画刷

动画刷像格式刷一样，可以将某一图形动画的设置复制到其他图形上。设置好某个图形的多个动画后，选中该图形，在“高级动画”组中，点击“动画刷”按钮，当光标旁边出现一个

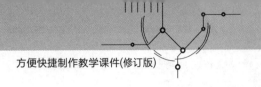

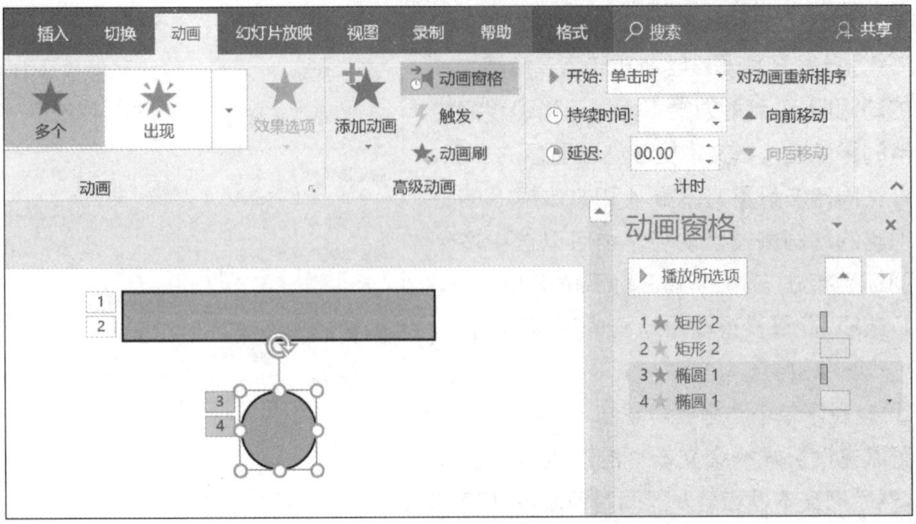

图 1－4－33

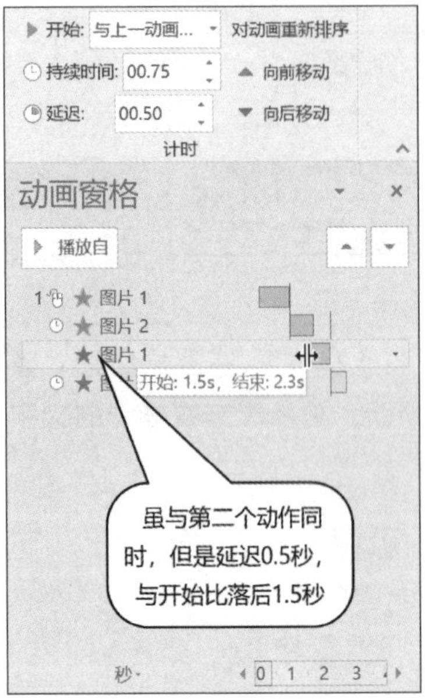

图 1－4－34

小刷子时，再在需要粘贴动画设置的图形上点击一下即可，可以从右边的“动画窗格”中看到两个图形的动画设置(或多个动画)相同，如图1－4－33所示。

(4) 高级日程表的应用

“高级日程表”也称“日程表”，是 PowerPoint 动画的时间线。

在动画窗格下面表示动画的图标上，单击鼠标右键，可以看到“隐藏高级日程表”或“显示高级日程表”，点击即可隐藏或者显示日程表。

在“动画窗格”中可以显示每个动画动作的时间，如动画开始时间和结束时间以及延迟时间等，也可以通过用鼠标拖动的方式来更改这些时间，如图 1－4－34 所示。通过点击下面的“秒”，可以“放大”或者“缩小”时间轴。

第5课　图片的编辑

1. 图片工具及应用

(1) 图片的插入及工具栏

利用 PowerPoint 绘制的形状称为图形(图形也可称为形状)，照片、网络下载图以及截图则称为图片。

要把电脑中的图片插入到 PowerPoint 文档中，点击“插入”选项卡，点击“图片”按钮，找到电脑中的图片插入即可。

通常情况下“图片工具”栏是不显示的，只有当选中插入的图片时，上面才出现“图片工具”栏。在“格式”功能区的各个组中，有图片格式的编辑工具。在“调整”和“图片样式”组中，可以设置图片的样式及艺术效果；在“排列”和“大小”组中，可以设置图片的对齐和大小，如图1－5－1所示。

图 1－5－1

（2）设置图片颜色和艺术效果

复制一张彩色的图片作为背景图案时，若图片色彩太鲜艳，可以进行色彩处理。在“格式”工具栏的“调整”组中点击“颜色”按钮，如图1－5－1左上所示，在此可以设置“颜色饱和度”和“色调”等选项，以得到自己满意的图片。

（3）图片的压缩

插入的图片往往较大，如果图片较多则文件会很大，可以通过压缩工具把图片压缩。在“调整”组中点击“压缩图片”图标，在“压缩图片”对话框中的“压缩选项”中，可以选择“仅应用于此图片”（只压缩此图）及其他。选中“删除图片的剪裁区域”，可以把图片的剪裁区域删除，如图1－5－2所示。选中“电子邮件（96 ppi）：尽可能缩小文档以便共享”，一般可以将图片大小压缩到原来的十分之一。图片压缩后文件变得很小，但是并不影响放映的质量。

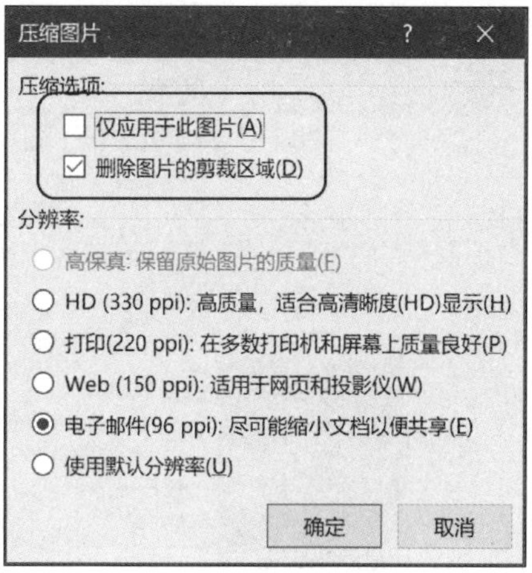

图 1－5－2

（4）设置图片样式

① 通过预设图片样式设置图片艺术效果

在“格式”功能区的“图片样式”组中，选择一种预设的样式，如图1－5－3所示。点击“图片边框”按钮可以设置图片的边框格式。

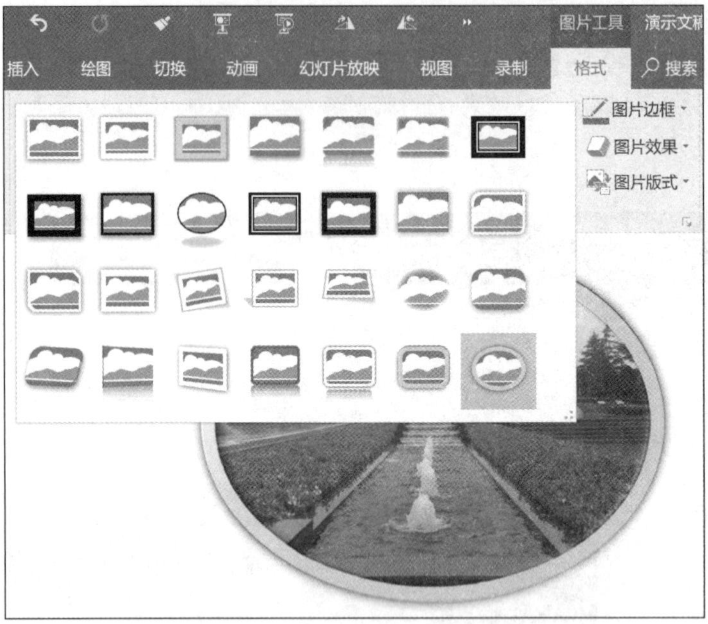

图 1－5－3

② 通过“图片效果”设置更多艺术效果

点击“图片效果”按钮，看到除了“预设”的几个效果以外，还有“阴影”“映像”“发光”“柔化边缘”以及“棱台”和“三维旋转”等预设效果。如图 1－5－4 所示，是设置了“映像”后又设置了“棱台”的艺术效果图形。

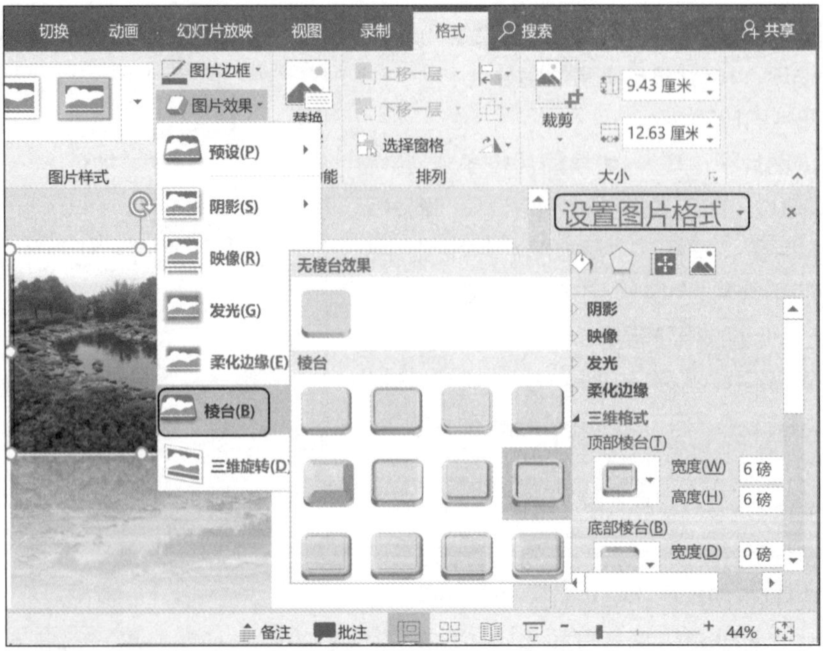

图 1－5－4

2. 自定义图片的艺术效果

要自定义设置更加个性化的艺术效果，点击“图片样式”组右下角的窗格启动器，打开“设置图片格式”任务窗格，其中有“填充与线条”“效果”“大小与属性”及“图片”四个选项。

(1) 常用的设置

在“填充与线条”中可以设置填充和边框（线条），但填充对于图片而言已经没有意义了，可以设置不同的图片边框格式。

在“效果”中，可以精确设置图片的艺术效果。如图1－5－5所示，是在“三维格式”中设置了一种“顶部棱台”，并设置了不同的宽度和高度的艺术效果的图片。利用“三维旋转”，可以设置图片的各种旋转变形效果。

图1－5－5

在“大小与属性”中，可以精确设置图片的大小和旋转的角度。

(2) 彩色图片黑白化

在“设置图片格式”窗格下“图片”中的“图片颜色”选项中，在预设中点击第一个选项“饱和度：0%”，可立即把彩色图片变为黑白图片。也可以在“图片工具”的“格式”选项卡下“调整”组中，点击“颜色”后在“颜色饱和度”中选择第一个“饱和度：0%”，彩色图片即变为黑白图片，如图1－5－6所示。

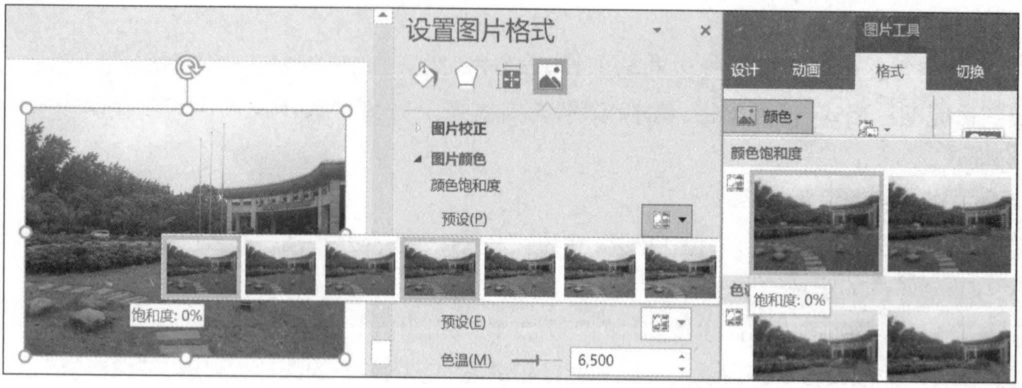

图 1－5－6

3. 图片的裁剪和切割

（1）图片的矩形裁剪

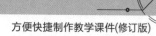

选中图片，上面出现“图片工具”栏，点击“格式”选项卡，在“大小”组中点击“裁剪”按钮，然后用鼠标在图片上的黑色边界处拉动，即可把图片裁剪成自己需要的任意大小的矩形图，如图1－5－7所示。注意：图片裁剪后鼠标先在图片外面点击一下退出裁剪状态，再移动被裁剪后的图片。裁剪后的图片若需要重新裁剪，可点击“裁剪”工具后移动阴影区以改变裁剪的区域。

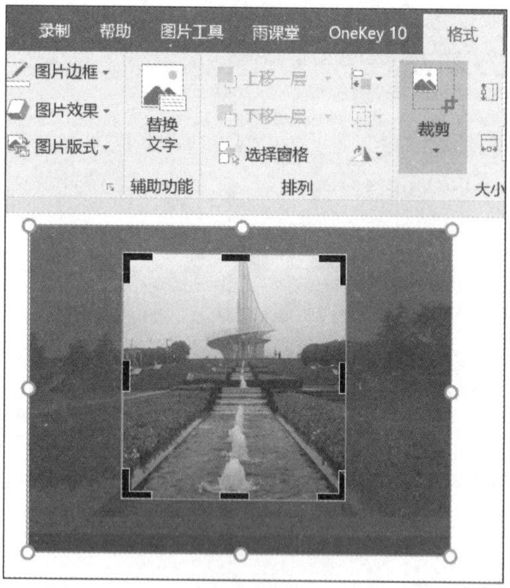

图 1－5－7

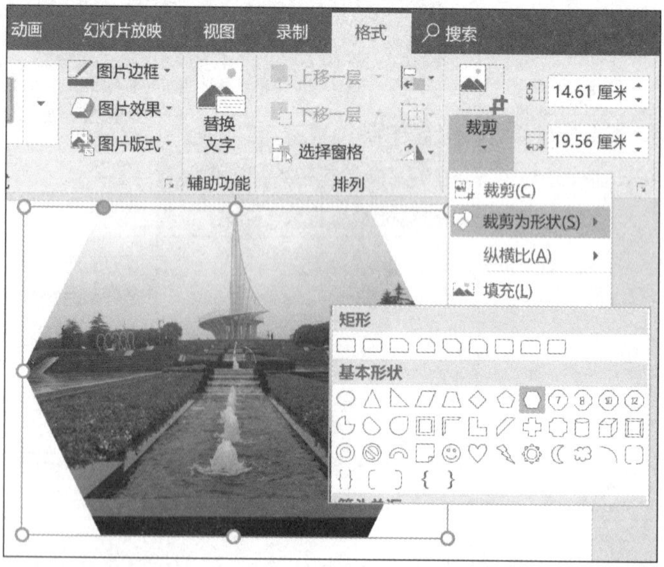

图 1－5－8

（2）图片按形状裁剪

图片可以按照形状进行裁剪。选中图片，在“格式”选项卡“大小”组中点击“裁剪”下的三角形打开下拉菜单，点击“裁剪为形状”后选择一个形状，则图片就会被裁剪成所选的形状，如图1－5－8所示。

（3）利用图形填充裁剪图片

在“开始”选项卡的“绘图”组中，点击“形状”按钮，绘制一个图形。再用图片填充图形，方法是：点击所绘图形，点击“绘图”组的窗格启动器，在右边的“设置形状格式”窗格中，在“形状选项”的“填充与线条”选项卡中，选中“图片或纹理填充”（此时“设置形状格式”窗格已变为“设置图片格式”），点击“文件”，找到图片插入即可，如图 1－5－9 所示。

图 1－5－9

用鼠标右击图片，点击“编辑顶点”，图片周围出现若干个小黑点，用鼠标可以拉动小黑点。若点击某一个黑点，黑点两边会出现两个白色的图片形状改变拉柄，用鼠标拉动小黑点或小白点，可以任意改变图片的形状，如图 1－5－10 所示。使用这种方法，利用绘制工具可以绘制任意多边形后填充图片，实现图片的任意裁剪。

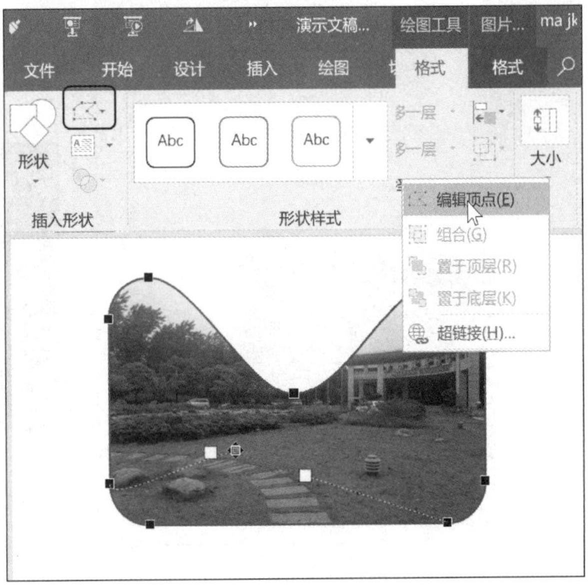

图 1－5－10

4. 删除图片背景

（1）删除背景工具

删除图片背景俗称“抠图”。下面以删除从网络上下载的地球图片的背景为例说明。将下载好的图片选中并直接复制插入文档后，选中图片，在“图片工具”下面“格式”选项卡中，点击左边“调整”组中“删除背景”按钮，如图 1－5－11 所示。

图 1－5－11

(2) 标记删除和保留的区域

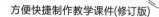

在“背景消除”选项卡中,有几个工具按钮,图中出现的玫红色区域是要删除的部分,如果要删除区域不符合自己的要求,点击“标记要保留的区域”按钮,鼠标指针会变成笔的形状,再用鼠标点击(或画线)标记需要保留的区域;如果想再删除一些区域,可以点击“标记要删除的区域”按钮,用鼠标点击(或画线)标记需要删除的区域,如图1－5－12所示,最后点击“保留更改”即可。

图 1－5－12

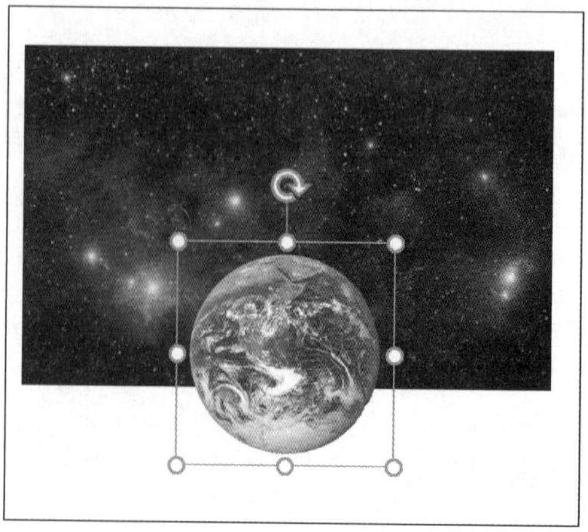

图 1－5－13

(3) 删除背景

点击“保留更改”,得到删除了背景的图片,如图1－5－13所示。利用这种方法,把抠出的图片放在其他图片上,达到替换图片背景的目的。

第6课　艺术性文字

1. 在图形上添加文字

（1）插入文字

图形绘制后常常需要添加文字，操作时不需要单独插入文本框，可以直接在图形中添加文字。选中需要添加文字的图形后右击鼠标，然后选择“编辑文字”，或者选中图形后按 Enter 键，图形即进入文字的编辑状态，此时在图形中输入文字即可，如图1－6－1所示。

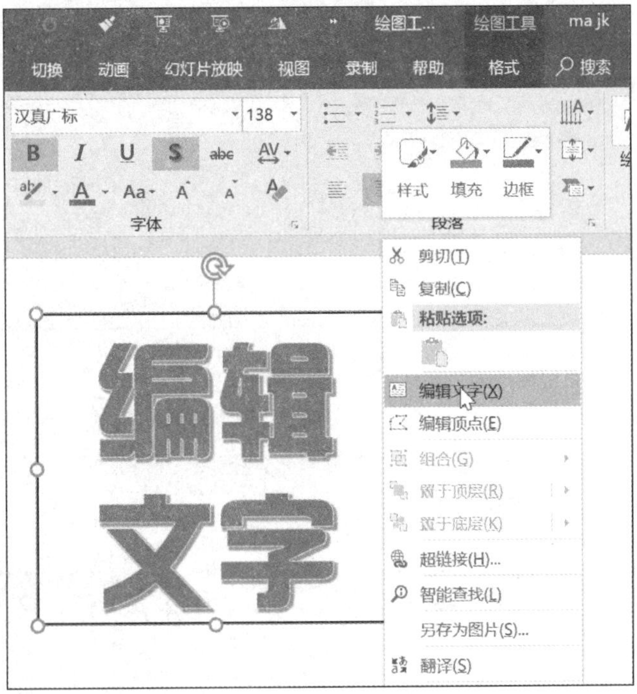

图 1－6－1

（2）设置文字格式

要设置图形中的文字格式，选中图形边框，上面自动出现“绘图工具”栏，在“格式”选项卡的“艺术字样式”组中，利用相应工具按钮可以设置“文本填充”颜色以及“文本轮廓”和“文本效果”。当点击“艺术字样式”右下角的窗格启动器时，在右边出现的“设置形状格式”窗格中，“文本选项”下面有三个选项卡图标，分别对应“文本填充与轮廓”“文字效果”和“文本框”选项卡。如图1－6－2所示，是利用“文字效果”选项卡，设置了文字的“三维格式”和“三维旋转”。在“文本框”选项卡中，可以设置文字与图形边框的距离以及文字的对齐方式等。

2. 文字及格式设置

（1）插入项目符号和编号

教学用幻灯片上通常含有习题。在输入文字时通过按回车键将文字分段，再选中需要

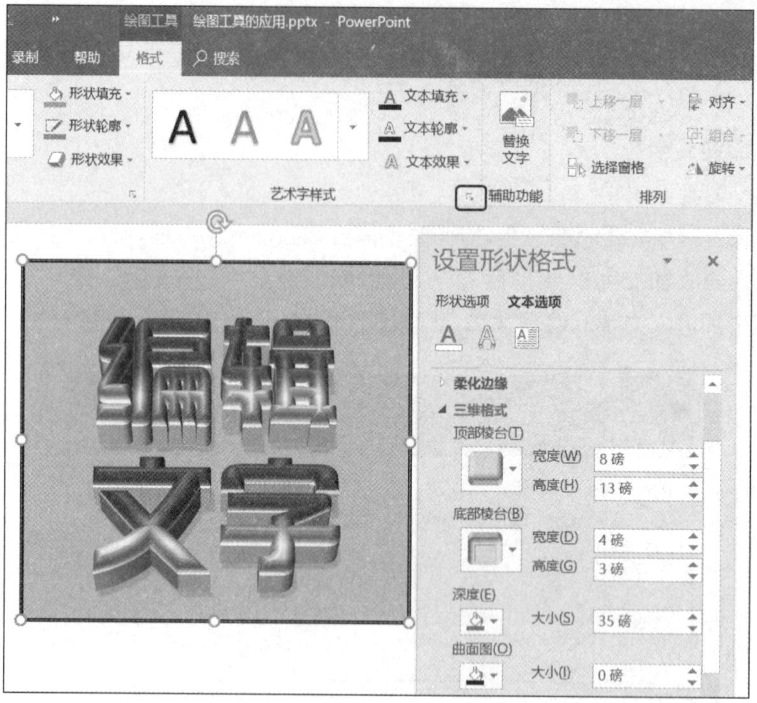

图 1－6－2

插入项目符号和编号的文字，在“开始”选项卡的“段落”组中，点击插入“项目符号”按钮或者“编号”按钮即可插入相应的“项目符号”或“编号”，如图1－6－3所示。在输入文字设置编号后，换行时后续内容将实现自动编号。

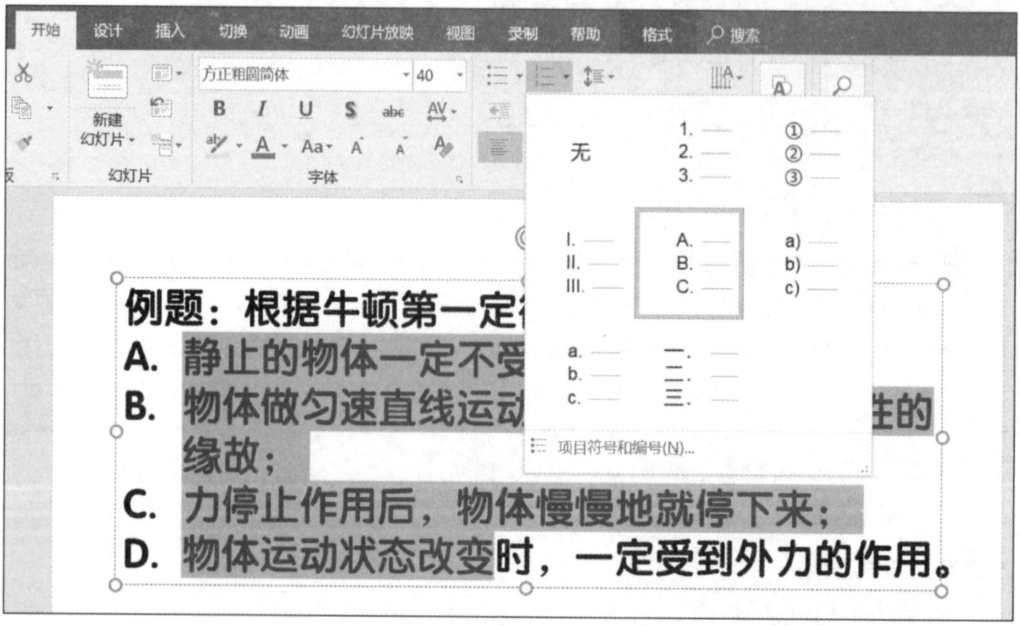

图 1－6－3

(2) 设置文字行距

① 预设行距

选中文本框，点击“段落”组上面的行距按钮，可以选择不同的行距，如图1-6-4所示。若光标置于某一段落中，则只可以设置该段落的行距。

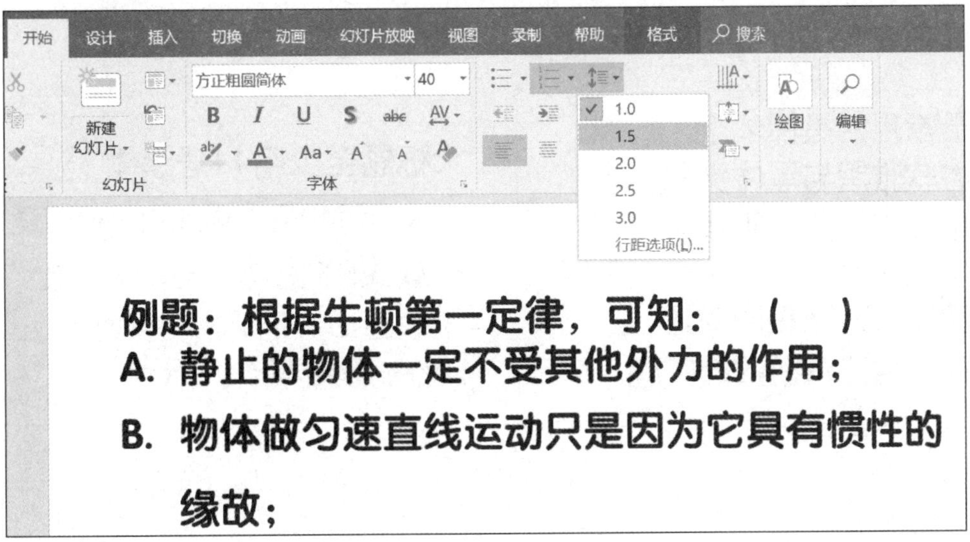

图 1-6-4

② 自定义行距

有时候单倍行距太小而 1.5 倍的行距太大，则可以自定义行距。在图 1-6-4 中点击“行距选项”(也可以通过在“开始”选项卡的“段落”组中，点击右下角的对话框启动器得到“段落”对话框)，在出现的“段落”对话框中，可以设置“段前”和“段后”间距。在“行距”选项中，如果选择“多倍行距”，则可以在“设置值”后的方框中输入任意数值。如图1-6-5所示，多倍行距设置为 1.2 倍。

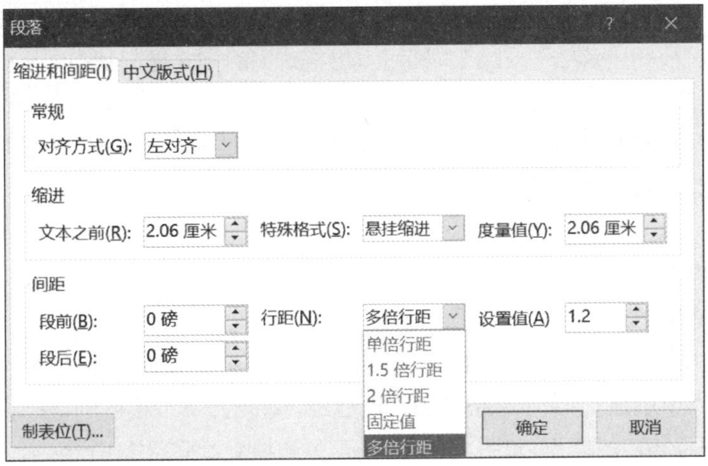

图 1-6-5

(3) 文字的字体与字号

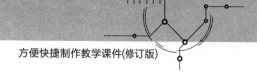

在选择字体和字号时,原则上要使文字粗壮醒目,便于学生观看。

① 文字的字体

在设置文本框中的文字字体时,原则上要选择笔画粗壮的,最常用的字体是黑体或微软雅黑,有时也用方正姚体和方正粗圆简体,或使用具有艺术性的方正草黄简体和汉真广标。通常不用宋体,因为宋体字横线太细,如图1-6-6所示。

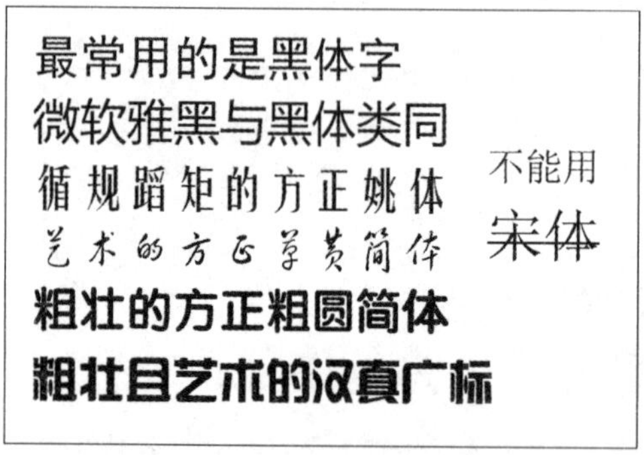
最常用的是黑体字
微软雅黑与黑体类同
循规蹈矩的方正姚体
艺术的方正草黄简体
粗壮的方正粗圆简体
粗壮且艺术的汉真广标
不能用
宋体

图1-6-6

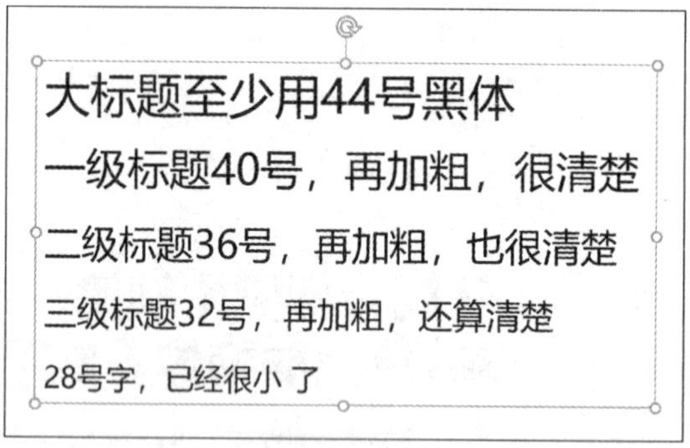
大标题至少用44号黑体
一级标题40号，再加粗，很清楚
二级标题36号，再加粗，也很清楚
三级标题32号，再加粗，还算清楚
28号字，已经很小了

图1-6-7

② 文字的字号

要保证教室后排学生能够看见,字号一般不能小于30磅,文字太多时,要分多张幻灯片显示。字号比较如图1-6-7所示。

(4) 文字格式的复制

① 用格式刷复制文字格式

利用格式刷可以复制文字的格式。使用方法如下:选中已经设置好格式的文字,在“开始”选项卡的“剪贴板”组中,用鼠标左键点击“格式刷”按钮(单击可使用一次,双击可以连续使用多次);或者在设置好格式的文字上右击鼠标,点击“格式刷”图标,如图1-6-8所示,然后在需应用此格式的文字上“刷”过去即可。双击“格式刷”后,在文字上单击或双击,则此格式将应用于文字所在的一个词组;若连续三击,则此格式将应用于文字所在的整个段落。再次单击“格式刷”按钮或者按下Esc键,即可退出格式刷的格式复制状态。

② 利用格式刷的快捷键

选中设置好格式的文字,按下Shift+Ctrl+C,再选中要应用该格式的文字,按下Shift+Ctrl+V,即可把文字的格式复制过来。

3. 文字艺术效果的设置

(1) 文本框格式的设置

文字的艺术效果常常与文本框的格式一起设置。选中文本框,会出现“绘图工具”栏,在此可以设置文本框的格式,文本框格式和图形格式的设置方法是相同的,在“设置形状格式”窗格中,可以进行相应的操作,如图1-6-9所示。选中文本框后按Enter键,可以直接输入文字,在“开始”选项卡的“字体”组中,利用文字编辑工具,可设置文字的字体、字号等格式。

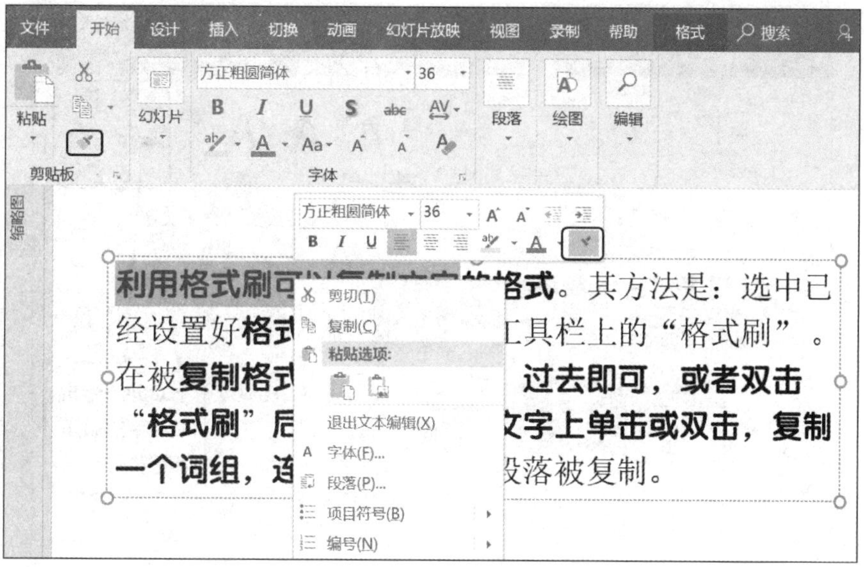

图 1－6－8

图 1－6－9

文本框格式的设置详情参见第一单元第 3 课 3. “设置形状格式”窗格一节。

（2）设置文字的艺术效果

在“绘图工具”栏“格式”选项卡的“艺术字样式”组中，可以对文本框中的文字进行各种艺术效果的设置。

① 利用预设的文字艺术效果，对文字格式进行快速设置

在“格式”选项卡的“艺术字样式”组中，选中某一个预设的文字艺术样式点击即可，如图 1－6－10所示。

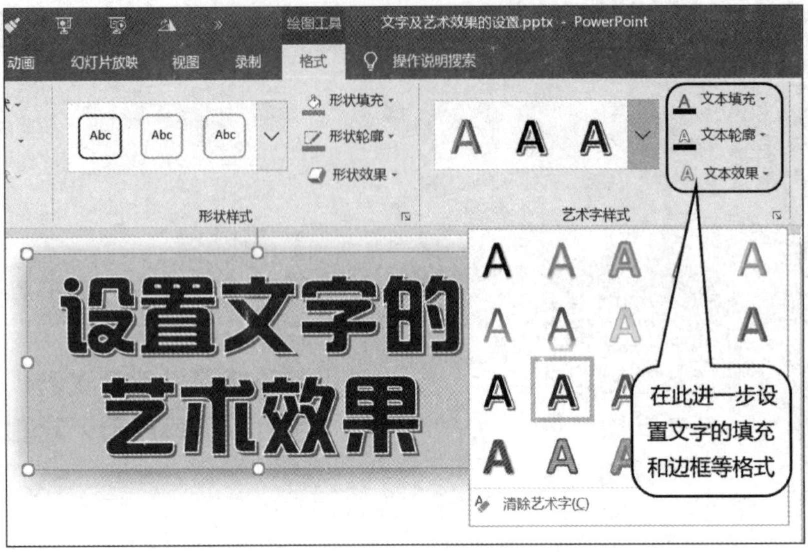

图 1－6－10

② 文字的填充和边框

在“艺术字样式”组中点击“文本填充”按钮，可以选择文本的填充颜色；点击“文本轮廓”按钮，可以设置文字的边框颜色以及边框线条的粗细等。

③ 文字的艺术效果

在“艺术字样式”组中点击“文本效果” 按钮，在此可以选择“阴影”“映像”“发光”“棱台”及“三维旋转”等众多预设的文字艺术效果。

A. 文字的映像效果。点击“文本效果”按钮，在“映像”选项中，可选择预设的映像效果，如图1－6－11所示。

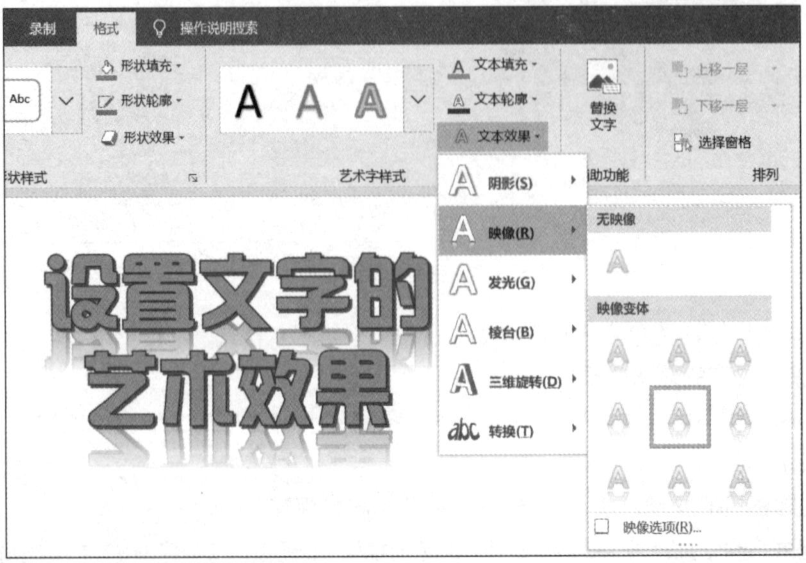

图 1－6－11

B. 文字的棱台效果。棱台即文字的凸起部分。点击“文本效果”按钮，在“棱台”选项中，可选择预设的棱台样式，如图1-6-12所示。

图 1-6-12

C. 文字的旋转效果。点击“文本效果”按钮，在“三维旋转”选项中，可选择预设的旋转样式，如图1-6-13所示。

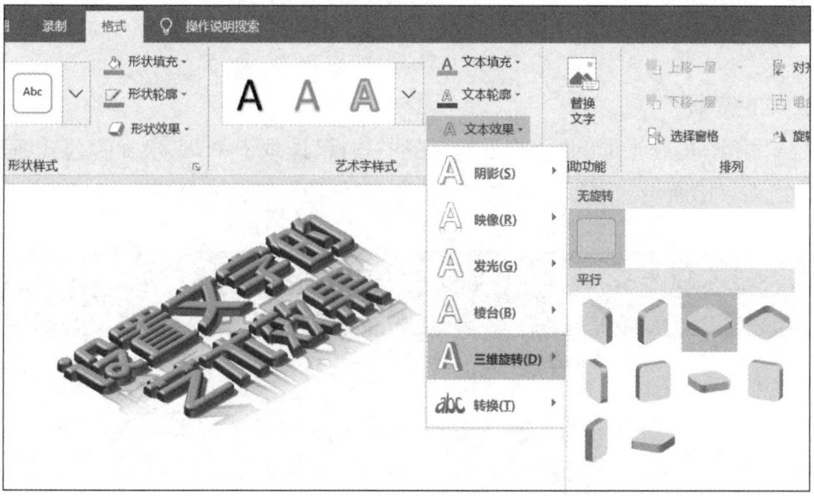

图 1-6-13

④ 自定义文字的艺术效果

更多的文字艺术效果可以通过“设置形状格式”窗格来进行设置。在“格式”选项卡中点击“形状样式”组或者“艺术字样式”组右下角的窗格启动器，会出现“设置形状格式”对话框，其中“文本选项”卡下面的三个图标分别对应三个选项，分别是“文本填充与轮廓”“文字效果”和“文本框”格式设置选项。文字艺术效果的设置与图形艺术效果的设置类同，不再赘述。

4. 公式的编辑及格式的设置

（1）公式编辑框及格式设置

在“插入”选项卡的“符号”组中，点击“公式”按钮，即在文档中插入一个可输入并编辑公式的文本框，如图1－6－14所示。可以利用“开始”选项卡中“字体”组中的文字编辑工具，设置公式中的字体、字号等文字格式。选中公式编辑框时，上面出现“绘图工具”和“公式工具”两个工具栏。在“绘图工具”栏的“格式”选项卡的“形状样式”组中，可以设置公式框的填充和边框等格式；在“艺术字样式”组中，可以设置公式文字的艺术效果。

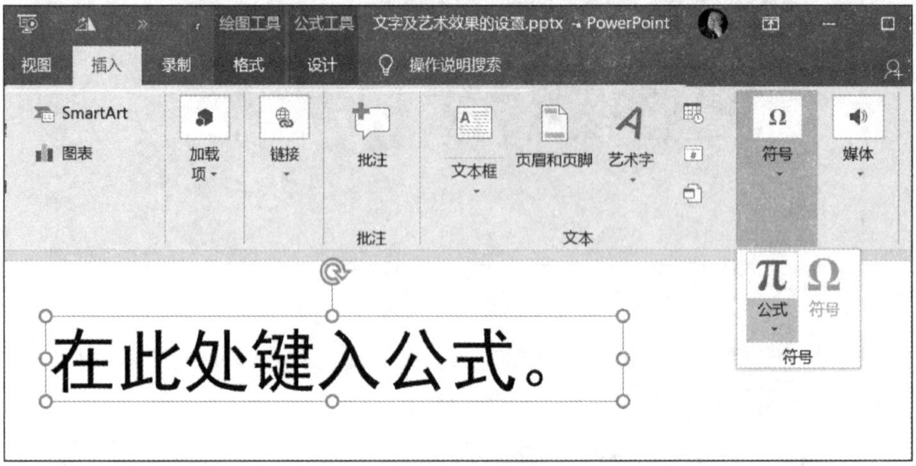

图 1－6－14

（2）公式的编辑

选中公式编辑框，在上面的“公式工具”栏的“设计”选项卡中，有众多的公式编辑工具供选用，如图1－6－15所示。可以插入分式、根式、三角函数等公式及符号。

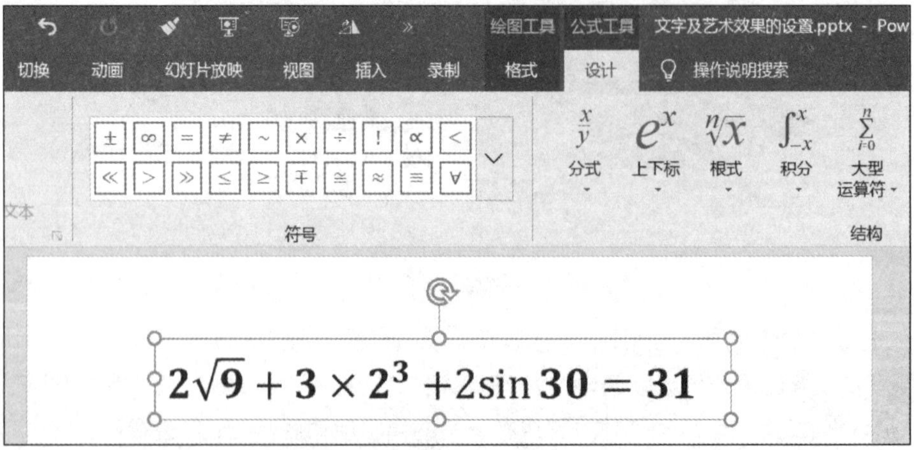

图 1－6－15

在"符号"组中，点击符号框的下拉按钮，再点击窗口右上角的符号类型选取下拉按钮，有很多类型的符号供选用，如图 1-6-16 所示。

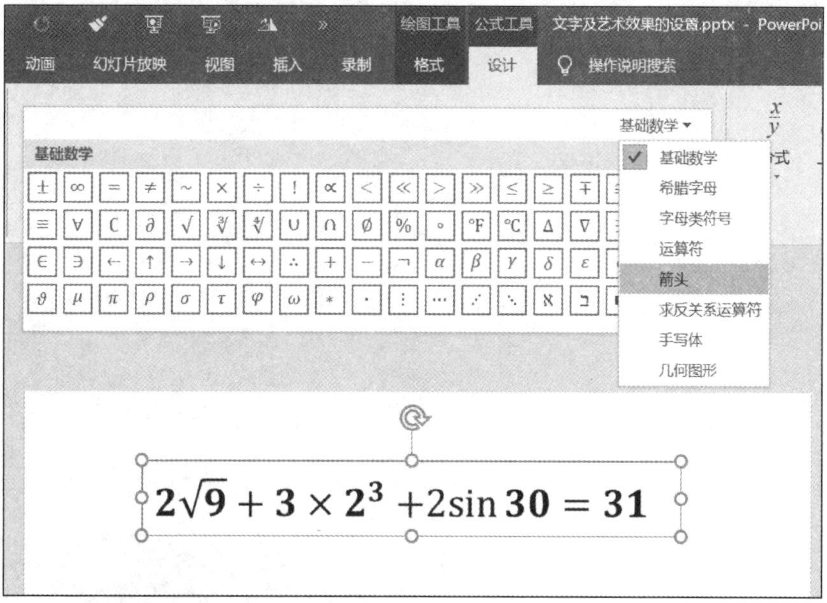

图 1-6-16

如果感觉公式与边框的距离不合适，可以利用"设置形状格式"窗格中的各项工具进行设置，如图 1-6-17 所示。实际上公式的编辑过程与一般文本框及文字的编辑过程是相同的，区别在于通过插入公式的方法插入的公式文本框，可以利用"公式工具"栏的"设计"选项卡中的工具对公式进行编辑。一般公式在使用时不需要边框线。若需要添加多个公式，把设置好格式的公式复制后，修改其中的文字或数值即可。

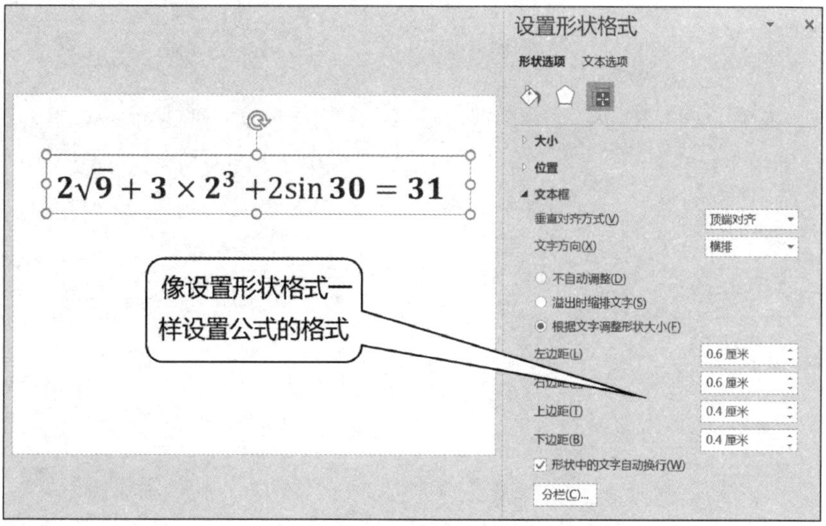

图 1-6-17

创新应用篇

第二单元 创新绘制 PowerPoint 图形

制作 PowerPoint 课件的重要环节是大量图形的绘制。课件中需要的所有图形，都是通过“绘图工具”中的“形状”工具绘制或变形后得到的。要绘制这些图形，在掌握绘图基本规律的基础上，要有非常规的思维方式。所谓非常规的思维方式，主要表现在以下两点。

一是要抛弃平常在纸上作图的思维定势，要认识到电脑在作图时有其自身的特点和优势。电脑作图的优势主要表现在四个方面：

复制快捷。在纸上作图每一条线、每一个点都必然需要一笔笔画出来，在电脑上可以复制，一个可以变成两个，两个可以变成四个，四个又可以变成八个……因此绘制一个图形后可以通过复制得到多个相同图形。

变形方便。在纸上变化一条线的粗细或位置很难，而删除和遮盖掉一部分也是非常不容易的。在电脑上绘制图形时，可以很方便地进行加粗、移动、变色等操作，很方便地改变图形的格式。

转动精准。图形不仅可以左、右转90°，水平和垂直翻转等，还可以精确转动任意角度。

排列整齐。利用“绘图工具”中的旋转以及各种对齐工具，可以令所有图形快速整齐排列，使得画面整洁美观。

凭借以上诸多优势，在电脑上作图要比在纸上快且规范。

二是在作图时要有“变”的思维习惯。作图时，思维不能仅仅停留在预设图形本来的样式上，预设的常规图形可以做各种各样的变化。总之，在作图的过程中，要有创新的思维意识，才能慢慢形成创新的思维习惯，进而具备创新的能力，最后得到创新的成果。本单元主要介绍作图过程中的创新思维。有了这种创新的思维方式，就能又快又好地绘制出自己需要的图形。利用 PowerPoint 可以绘制出教学中需要的几乎所有图形。如图 2-0-1 所示是一个圆形图形通过变形或格式设置得到的各式各样的图形。

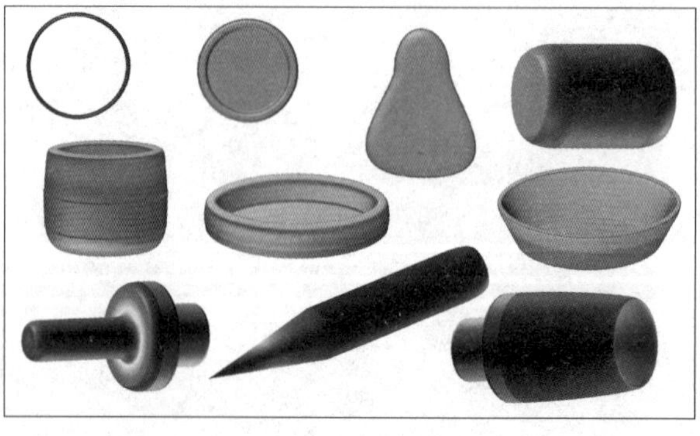

图 2-0-1

第 1 课　创新绘制图形

1. 渐变填充的创新应用

利用渐变填充中的功能，可以绘制很多艺术图案。

（1）两个渐变光圈重合

两个渐变光圈重合放置，点击“方向”选项选取不同的方向样式，或者直接在角度中进行调节，将两个光圈位置均调整为“50%”。如图 2－1－1 所示，为两个渐变光圈重合的图案。

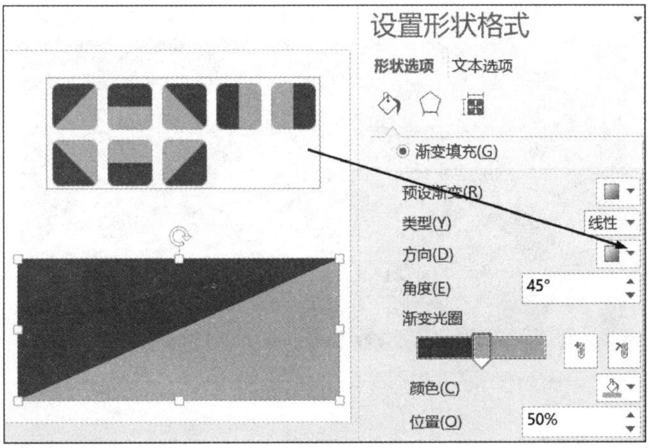

图 2－1－1

（2）多组渐变光圈重合

可以设置多组重合的渐变光圈，每组两个光圈，左右两组的位置分别为“30%”和“70%”，中间一组位置为“50%”，得到的图案如图 2－1－2 所示。

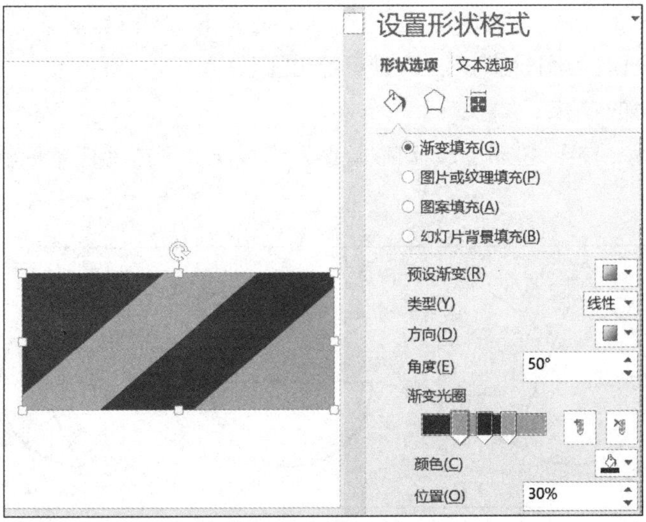

图 2－1－2

(3) 多个图形拼接

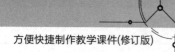

对于上面的图案,通过上下翻转或左右翻转,以及调整宽窄大小等操作,再复制多个后拼接,可以得到如图2-1-3所示的图案。

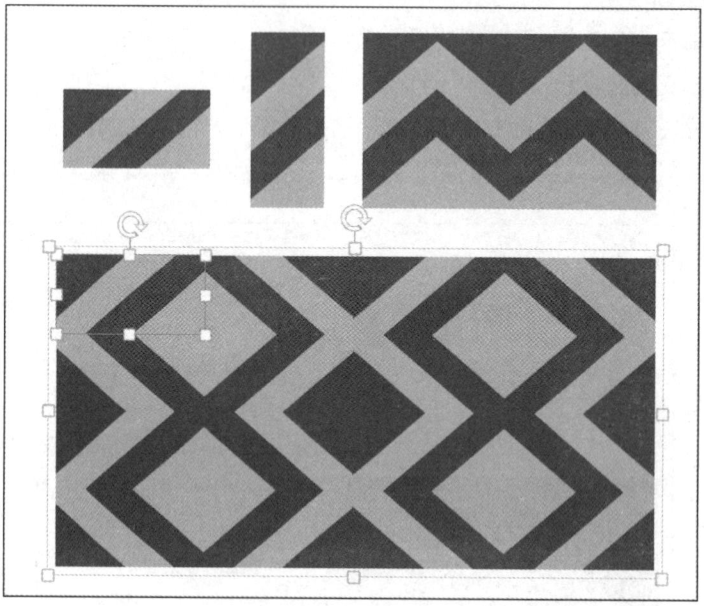

图2-1-3

2. 图形的变形思维

系统中的预设图形非常多,掌握了作图的基本规律,在作图时就会事半功倍。对常规的图形进行变形,可以变出多种多样的图形。在预设图形中,很多图形都有一个或者多个小黄方块(或黄色小圆圈),这些小黄方块称为控点,当拉动控点时,可以改变图形的形状。下面介绍几个预设图形的变形。在绘制这些图形时,要先按下 Shift 键,这样可以绘制出"正"的图形(如使用椭圆工具绘图时按下 Shift 键可绘出圆形)。

(1) 弦形图形的变形

弦形图形有两个控点,拉动控点,可以让图形变成半圆形或者任意形状的弦形图,如图2-1-4所示。

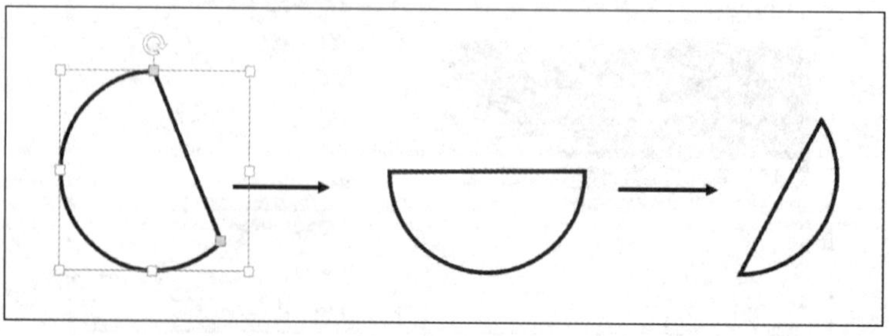

图2-1-4

(2) 饼形图形的变形

饼形图形有两个控点，拉动控点，可以让饼形图形变成任意圆心角度数的扇形图，如图2－1－5所示。

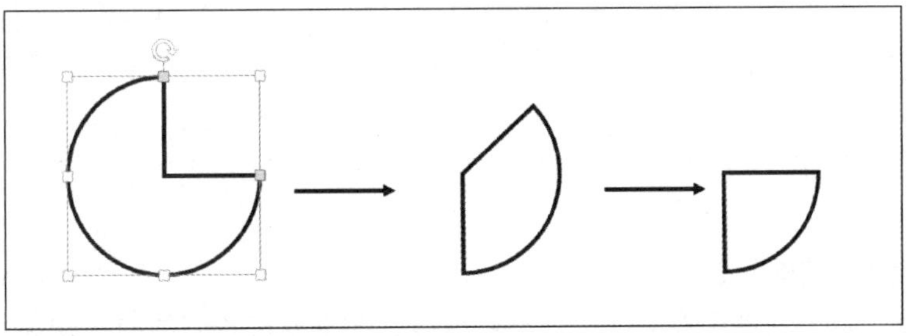

图 2－1－5

(3) L 形图形的变形

L 形图形有两个控点，拉动控点，可以让 L 形图形任意改变形状，如图2－1－6所示。

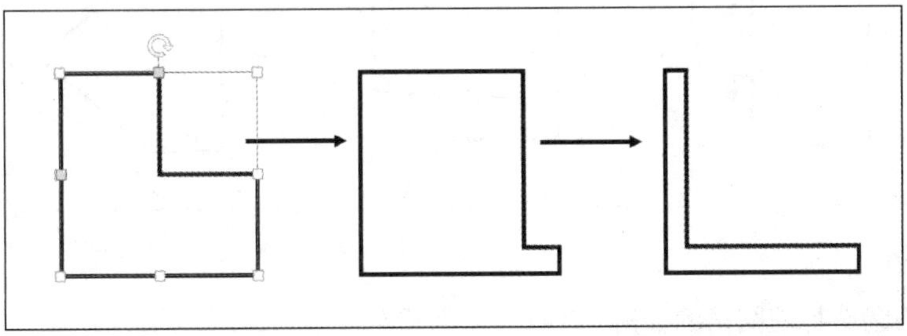

图 2－1－6

(4) 五角星图形的变形

五角星图形上有一个控点，拉动控点，可以让五角星图形变“胖”或者变“瘦”，如图2－1－7所示。

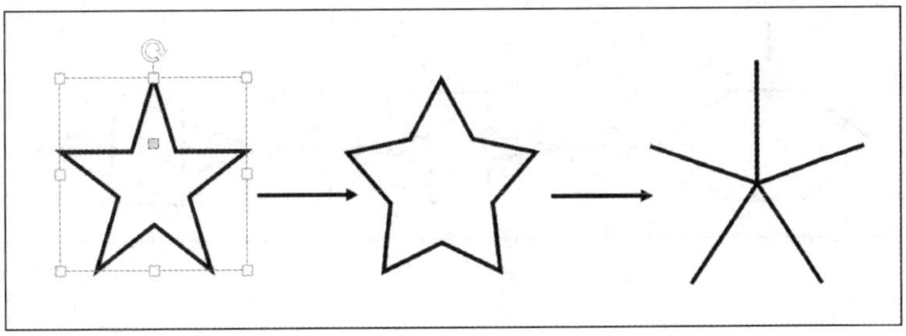

图 2－1－7

(5) 空心弧图形的变形

空心弧图形有两个控点，拉动控点，可以改变空心弧图形的弧长，如图2－1－8所示。

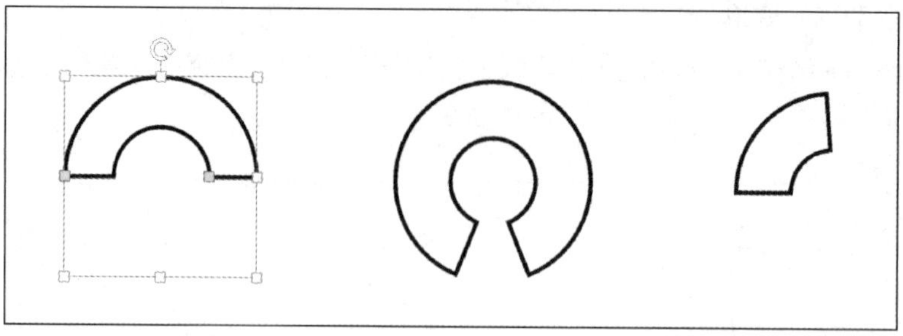

图 2-1-8

(6) 右箭头标注图形的变形

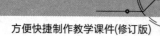

右箭头标注图形有四个控点,拉动控点,可以让图形变成不同的有一定规则的图形,如图2-1-9所示。

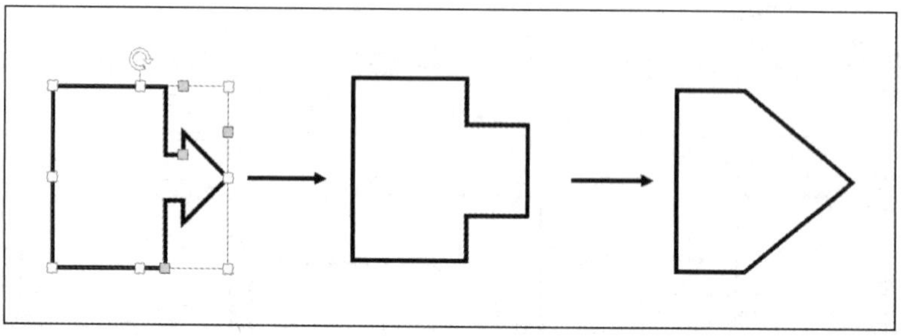

图 2-1-9

(7) 左右箭头标注图形的变形

左右箭头标注图形有四个控点,拉动控点,可以生成多种样式的图形,如图2-1-10所示。

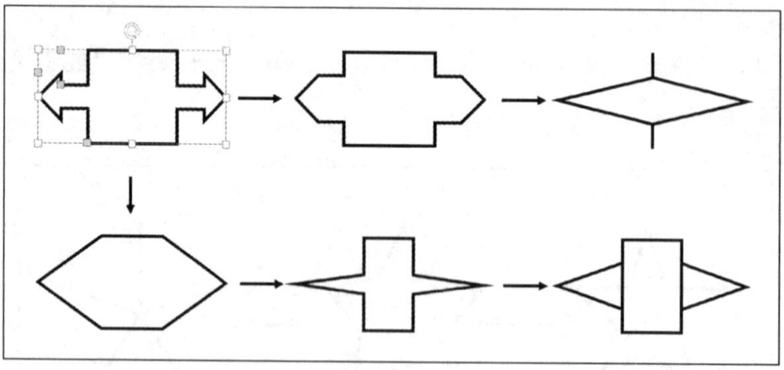

图 2-1-10

(8) 十字图形的变形

十字图形有一个控点,拉动控点,可以任意改变图形的形状,如图2-1-11所示。

(9) 乘号图形的变形

乘号图形有一个控点,拉动控点,可以让图形变成细线乘号,缩小并复制出多个图形排列后,在物理学科中可用于标识磁场的磁感线方向,如图2-1-12所示。

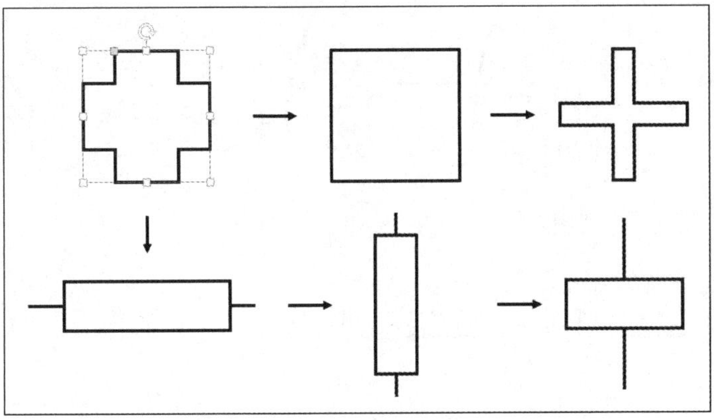

图 2-1-11

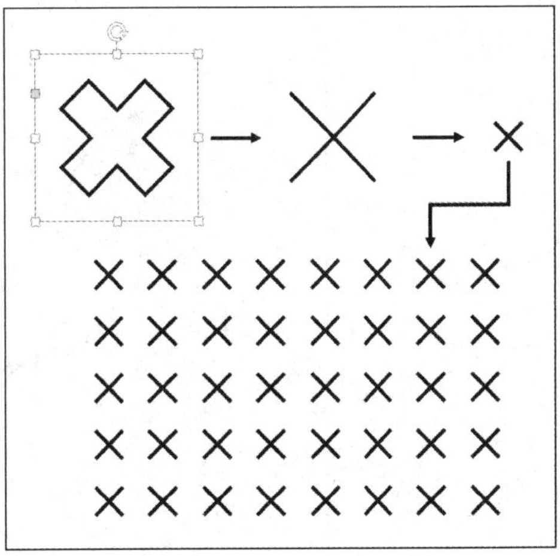

图 2-1-12

（10）立方体图形的变形

立方体图形有一个控点，拉动控点，可以让图形变成平放或竖放的薄板，以及截面为正方形的长棒，如图 2-1-13 所示。

（11）十字箭头标注的变形

十字箭头标注图形有四个控点，分别拉动控点，可以变出多种多样的图形，如图 2-1-14 所示。

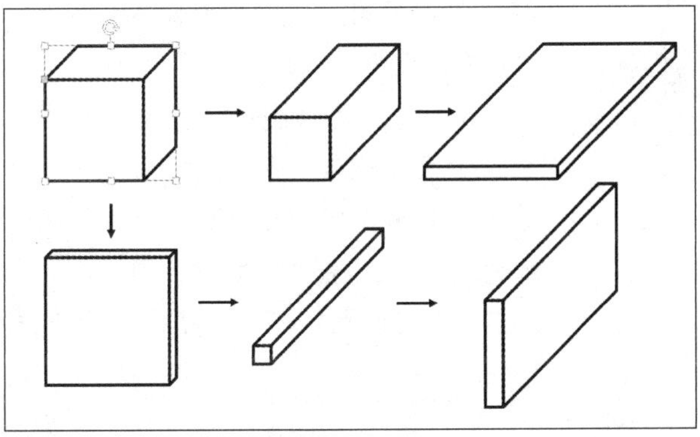

图 2-1-13

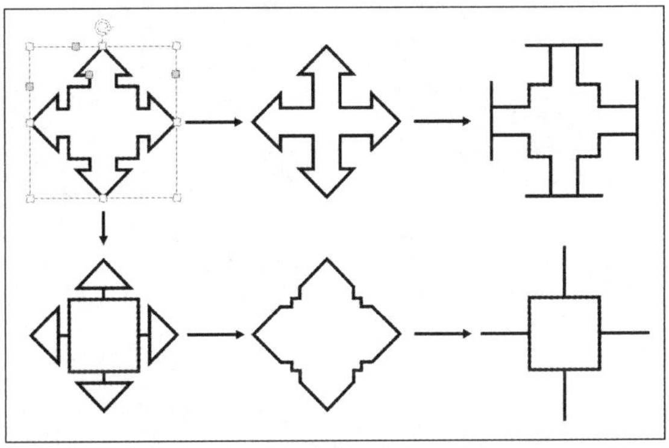

图 2-1-14

（12）弧形图形的变形

弧形图形是四分之一的圆形图形，有两个控点，对图形进行填充并拉动控点，可以让图形变成任意形状的扇形。上下拉动图形边框可以得到有填充的类抛物线图形，如图 2-1-15 所示。

以上所有的操作都是通过调整控点位置实现的，精确设置控点位置的方法参见第六单元第 1 课 1. “形状组”中的控点工具相关内容。

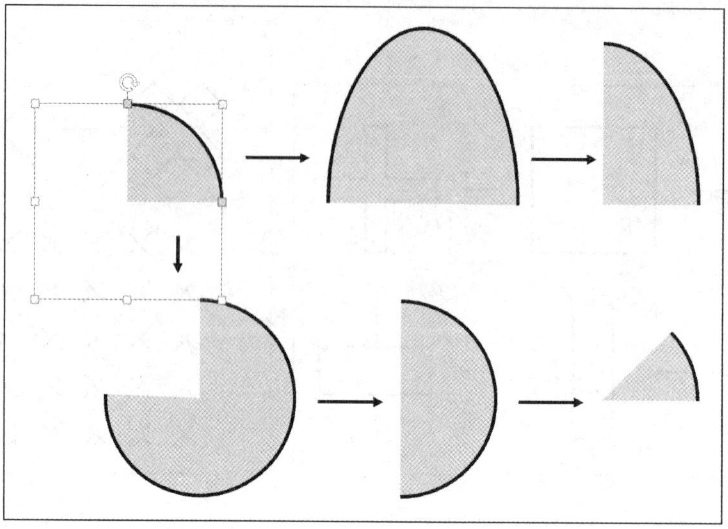

图 2－1－15

3. 立体图设置中的“三维旋转”

在绘图时如果仅仅是将平面图变成立体图，只需要在“三维格式”中设置“深度”后，再利用“三维旋转”旋转图形即可。对常规的平面图形，利用“三维旋转”及“三维格式”中的“深度”可以得到如图 2－1－16 所示的各种立体图形。

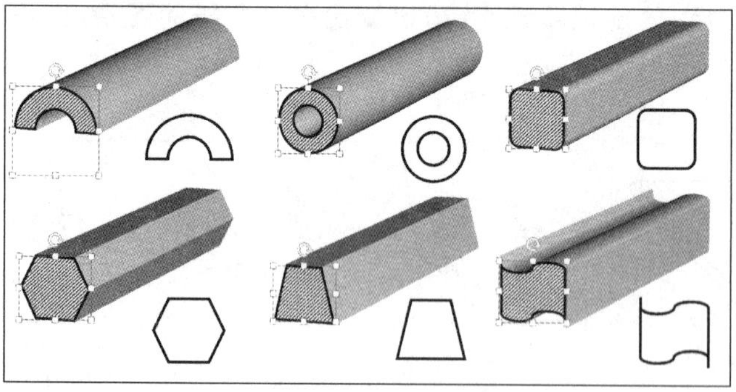

图 2－1－16

（1）仅设置“X 旋转”的角度

在“三维格式”中“深度”设置为“300 磅”，“三维旋转”中“X 旋转”的角度设置为“60°”，得到的立体图形如图 2－1－17 所示。

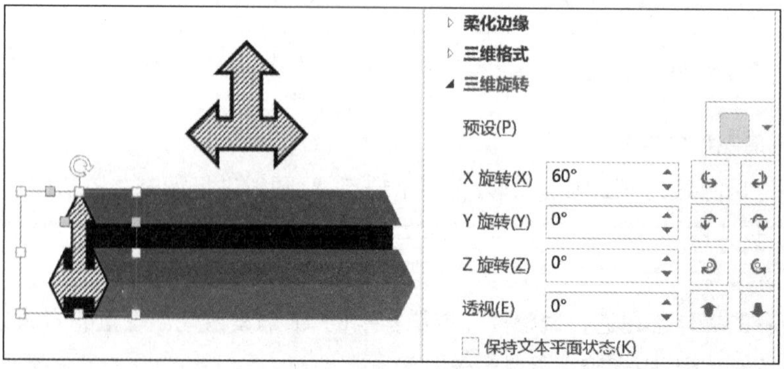

图 2－1－17

(2) 仅设置“Y 旋转”的角度

相同的深度，改变为设置“Y 旋转”角度为“60°”，得到的立体图形如图 2-1-18所示。

(3) 设置“Y 旋转”和“Z 旋转”的角度

相同的深度，设置“Y 旋转”角度为“60°”，“Z 旋转”角度为“90°”，得到的立体图形如图2-1-19所示。

(4) “三维旋转”中各维度都设置

设置“X 旋转”角度为“30°”，“Y 旋转”角度为“60°”，“Z 旋转”角度为“90°”，得到的图形如图 2-1-20 所示。

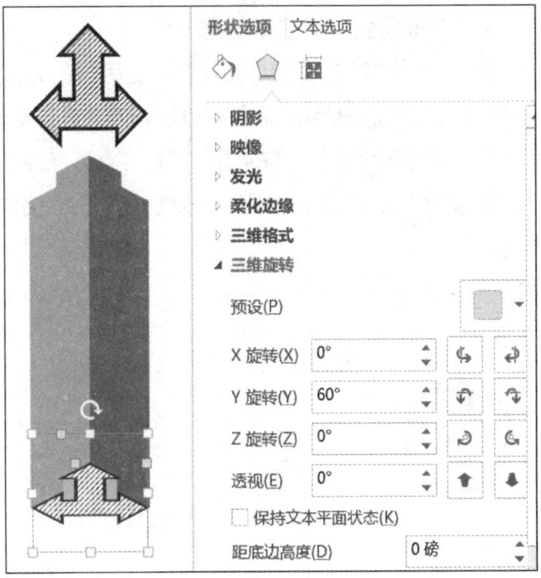

图 2-1-18

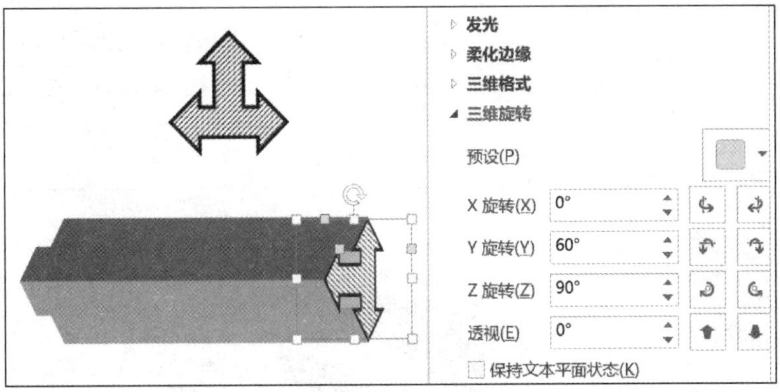

图 2-1-19

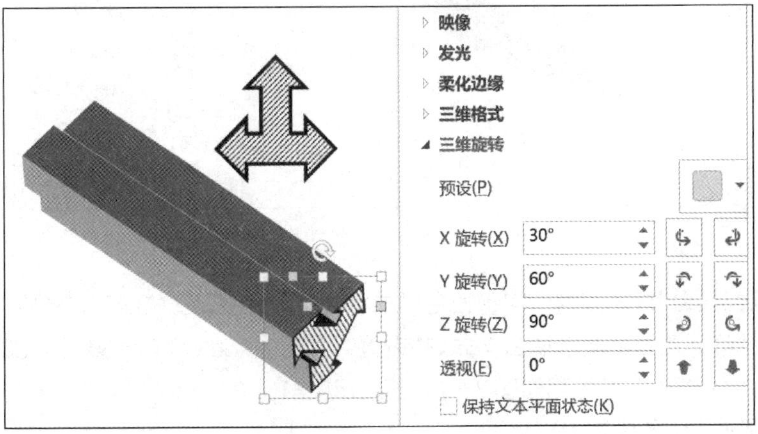

图 2-1-20

4. “三维格式”和“三维旋转”

在“三维格式”的设置中，采用极变思维的方式，即把常规的“三维格式”中“顶部棱台”和“底部棱台”的“宽度”和“高度”以及“深度”的数值设置得足够大，同时设置三维旋转的角度，就可以得到各种各样形状的图形，并让图形产生特殊的艺术效果。下面以将几个简单的平面图形设置为立体图形为例，说明利用“三维格式”和“三维旋转”设置立体图形的方法和思路。

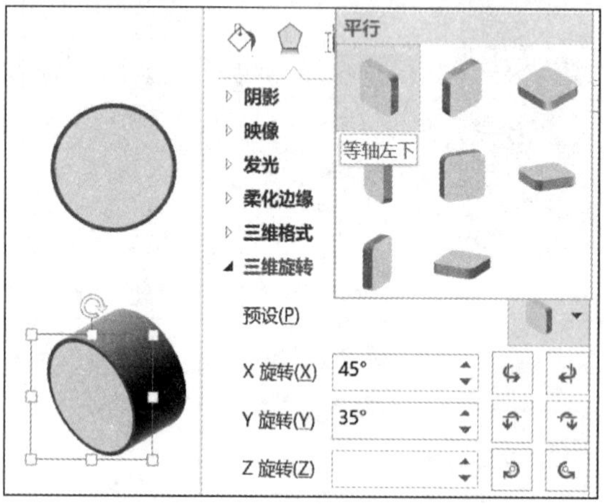

图 2-1-21

(1) 将圆形图形设置为有尖端的立体图形

绘制一个直径为 3 厘米的圆形图形，“纯色填充”为黄色(或灰色)。在“三维格式”中设置图形的“深度”为“50 磅”，在“三维旋转”的“预设”中选择左上角“平行”组中的等轴左下样式，X、Y 轴分别旋转“45°”和“35°”，如图 2-1-21 所示。

在“三维格式”中，“顶部棱台”和“底部棱台”中均设置为圆形样式，并设置“宽度”为“100 磅”，“高度”为“300 磅”，得到的图形如图 2-1-22 所示。

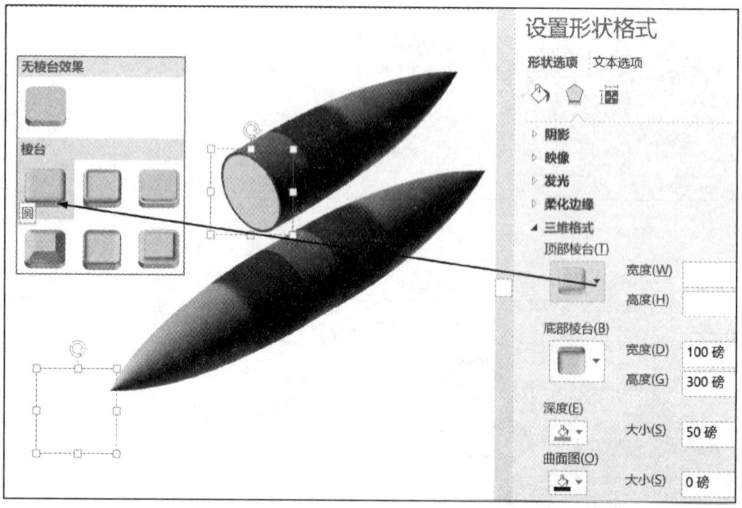

图 2-1-22

若将“顶部棱台”样式改为十字形棱台样式，并设置“宽度”为“30 磅”，“高度”为“50 磅”；将“底部棱台”样式改为凸圆形棱台样式，并设置“宽度”为“60 磅”，“高度”为“300 磅”；并将“深度”设置为“150 磅”，可得到如图 2-1-23 所示图形。

(2) 将圆形平面图设置为立体图

在“渐变填充”中，利用“渐变光圈”，可以设置“渐变填充”为彩虹样式。当“类型”选择为

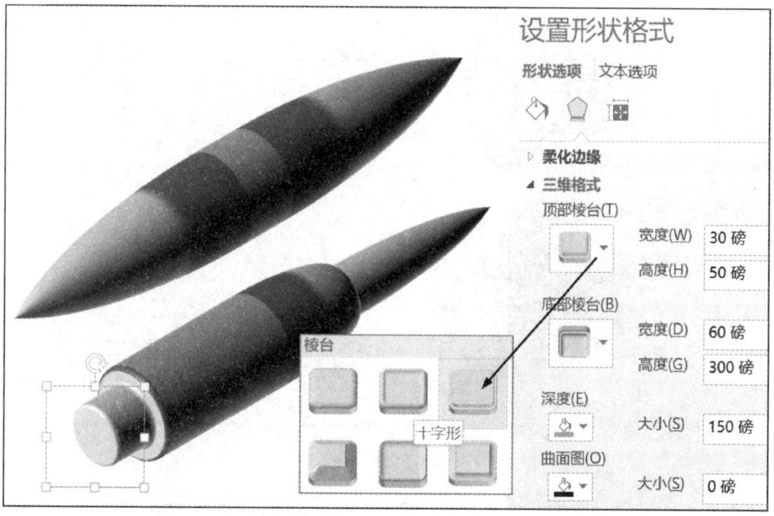

图 2-1-23

“路径”时，可以得到同心圆的彩虹图样，如图2-1-24所示。

在“三维旋转”中，设置“X 旋转”的角度为“120°”。在“三维格式”的“顶部棱台”中选择十字形棱台，并设置“宽度”为“60 磅”，“高度”为“70 磅”，设置“深度”为“20 磅”，得到的图形如图2-1-25所示。

在“底部棱台”中选择松散嵌入棱台，并设置“宽度”为“60 磅”，“高度”为“70 磅”，得到的图形如图2-1-26所示。

在“底部棱台”中选择十字形棱台，并设置“宽度”为“60 磅”，“高度”为“70 磅”，得到图2-1-27中 A 图形。如果把“底部棱台”样式改为图样棱台，高度和宽度设置不变，变化后的图形如图2-1-27 中 B 图形所示。

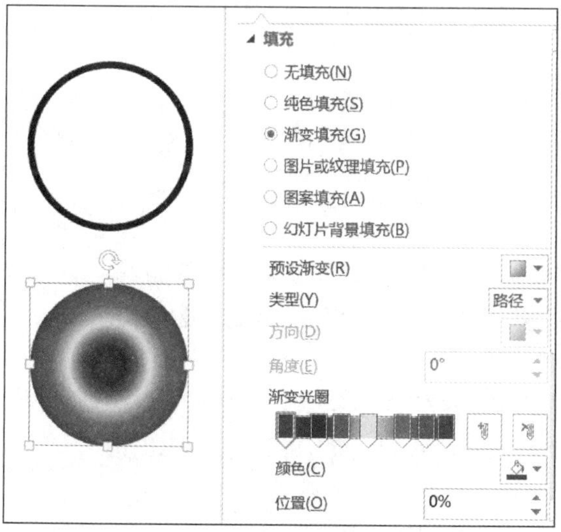

图 2-1-24

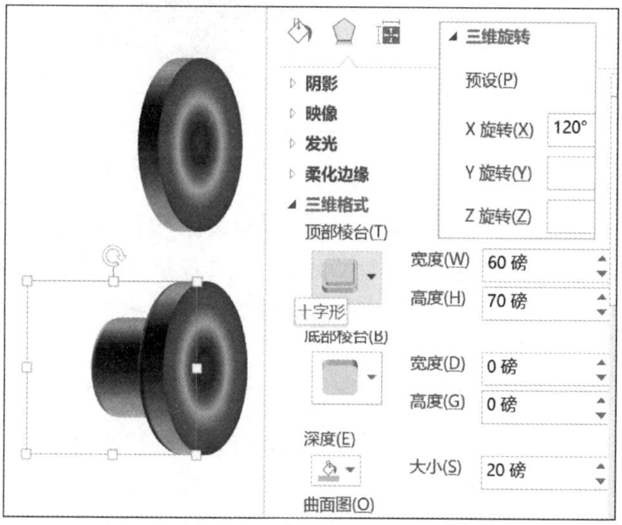

图 2-1-25

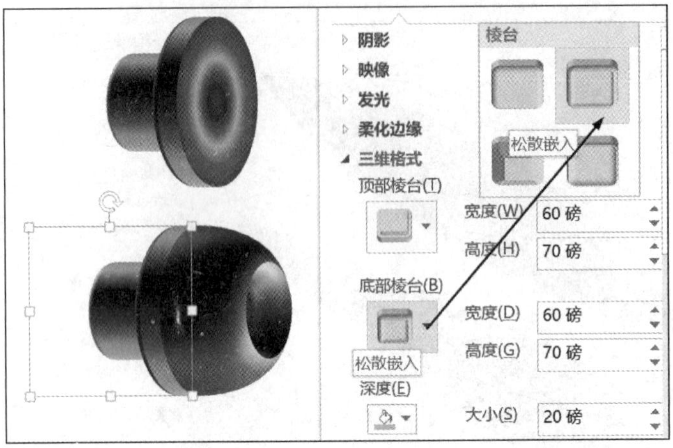

图 2－1－26

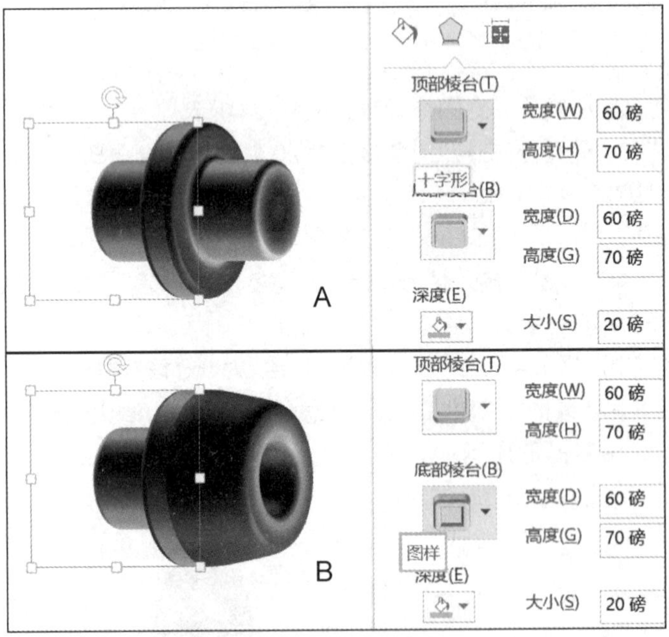

图 2－1－27

(3) 矩形平面图的立体图设置

绘制一个高度和宽度都是 1.6 厘米的圆角矩形,在“三维旋转”中设置旋转的样式为等角轴线：左下,并在“三维格式”中设置“深度”为“100 磅”且“曲面图”为红色,得到的图形如图2－1－28所示。

在“顶部棱台”中选择圆形棱台样式,并设置“宽度”为“30 磅”,“高度”为“400 磅”,并在“底部棱台”中选择柔圆棱台样式,设置“宽度”为“6 磅”,“高度”为“30 磅”,得到的图形如图2－1－29所示。

再在“三维旋转”中改变“Z 旋转”的角度为“240°”,得到的图形如图2－1－30所示。改变“深度”的颜色和“填充”颜色以及“线条”颜色,可以得到不同颜色的图形。

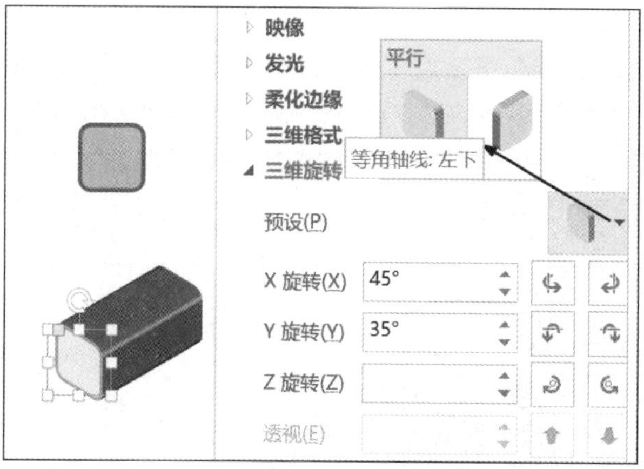

图 2-1-28

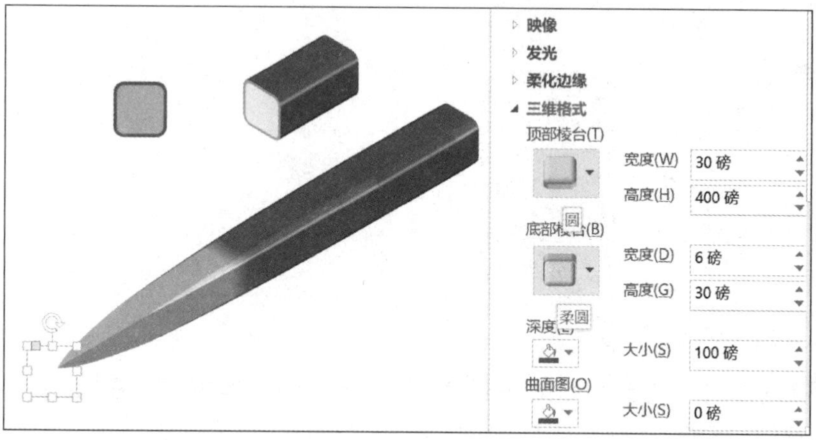

图 2-1-29

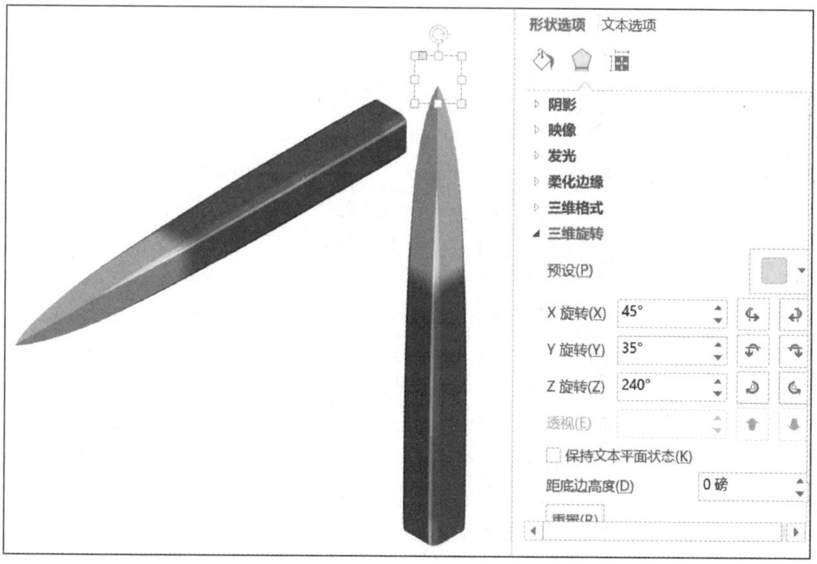

图 2-1-30

(4) 茶杯图形的绘制方法

绘制一个高度为 1.6 厘米，宽度为 4 厘米的无填充色的椭圆，在“三维格式”中设置“深度”为“200 磅”且“曲面图”为灰色，在“三维旋转”的“预设样式”中选择“透视”组的宽松透视样式，此时得到图 2-1-31 中 A 图形，如果把“透视”角度调整为“0°”，则得到图 2-1-31 中 B 图形(“Y 旋转”的角度可以调整为“310°”)。

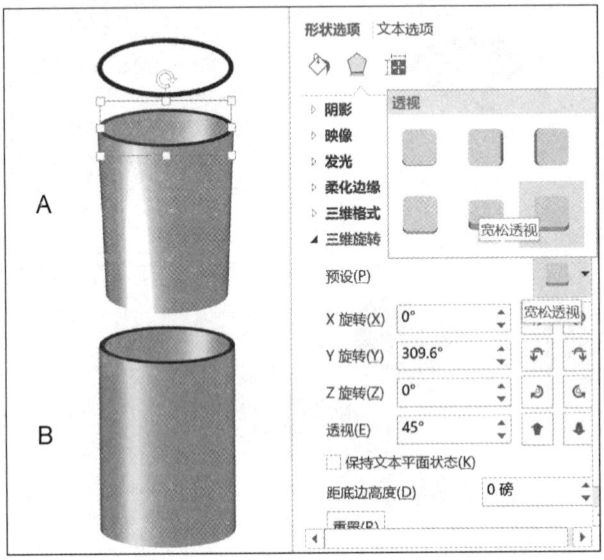

图 2-1-31

在“三维格式”的“顶部棱台”和“底部棱台”中均选择圆形样式，并调整“底部棱台”的“高度”为“30 磅”，得到有底座的茶杯图形如图 2-1-32 中 B 图形所示。

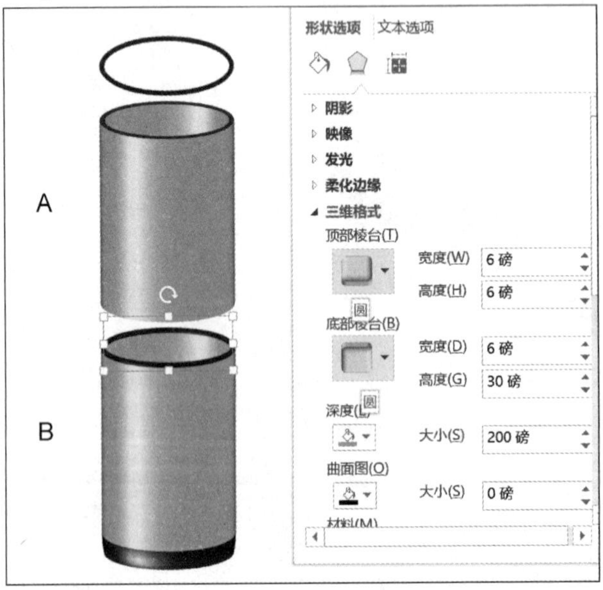

图 2-1-32

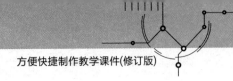

在“三维旋转”中将“透视”的角度改为“60°”，可以得到上大下小的茶杯图形如图2－1－33中A图形。利用曲线工具再绘制一个宽度为7磅的茶杯手柄如图2－1－33中B图形，放置在茶杯图形的适当位置，并置于底层，即得到带柄的茶杯图形，如图2－1－33所示。

图 2－1－33

若在图 2－1－32 中 B 图形基础上，将“填充”设置为深灰色的“纯色填充”，“线条”设置为“无线条”，在“三维格式”中调整“顶部棱台”的宽度为“20 磅”，高度为“90 磅”，“底部棱台”的宽度为“0 磅”，高度为“30 磅”，深度仍为“200 磅”，可得到保温杯图形，如图2－1－34所示。

图 2－1－34

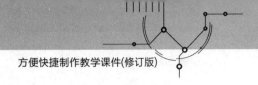

(5) 椭圆图形的超级嬗变

绘制一个宽度、高度分别为 8 厘米和 4 厘米的无线条、灰色填充的椭圆图形，在“三维格式”的“顶部棱台”中选择图样棱台样式，并设置“宽度”为“30 磅”，“高度”为“40 磅”，“深度”为黑色“20 磅”，如图 2 - 1 - 35 所示。且在“三维旋转”中设置“Y 旋转”为“330°”，“透视”角度为“45°”(要先选择一个预设的透视样式，再调整角度)。

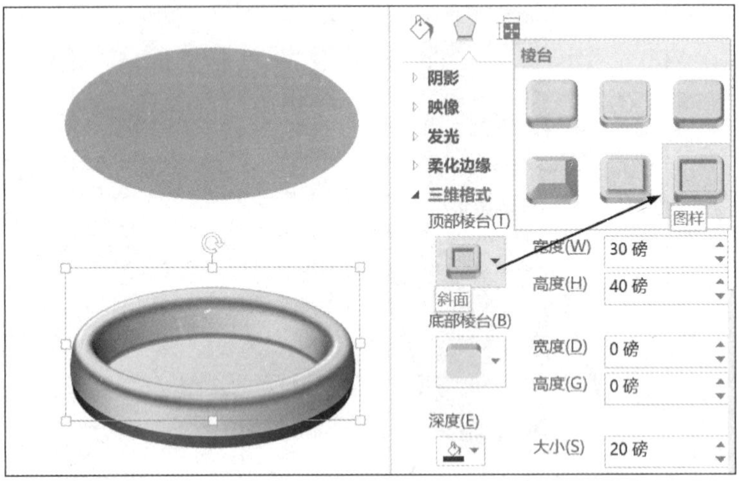

图 2 - 1 - 35

如图 2 - 1 - 36 所示，在原图 A 的基础上，在“顶部棱台”的图样棱台样式中，设置“宽度”为“20 磅”，“高度”为“140 磅”，深度为“60 磅”。在“三维旋转”中设置“Y 旋转”为“330°”，透视度为“90°”，得到盆子图形 B。

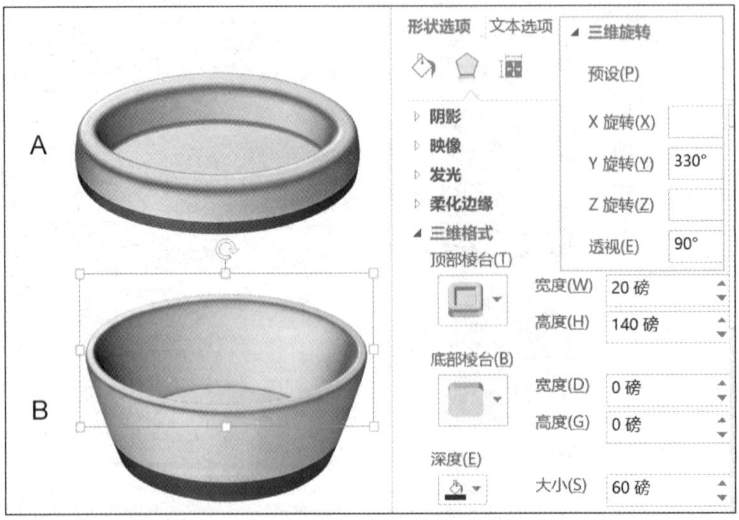

图 2 - 1 - 36

如果把“三维格式”中的“顶部棱台“改为圆形棱台样式，设置“宽度”为“30 磅”，“高度”为“40 磅”，“底部棱台”也改为圆形棱台样式，“宽度”和“高度”均为“40 磅”，“深度”为黑色

“80 磅”，在“三维旋转”中设置“Y 旋转”为“300°”，“透视”角度为“0°”，得到的图形如图 2－1－37所示。

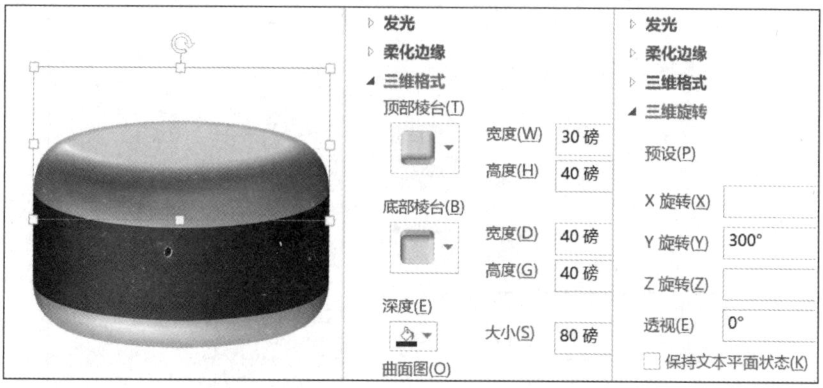

图 2－1－37

更改“顶部棱台”为图样棱台样式，设置“宽度”为“25 磅”，“高度”为“50 磅”，“底部棱台”和“深度”设置不变。在“三维旋转”中“Y 旋转”设为“310°”，“透视”角度设为“90°”，得到的图形如图2－1－38所示。

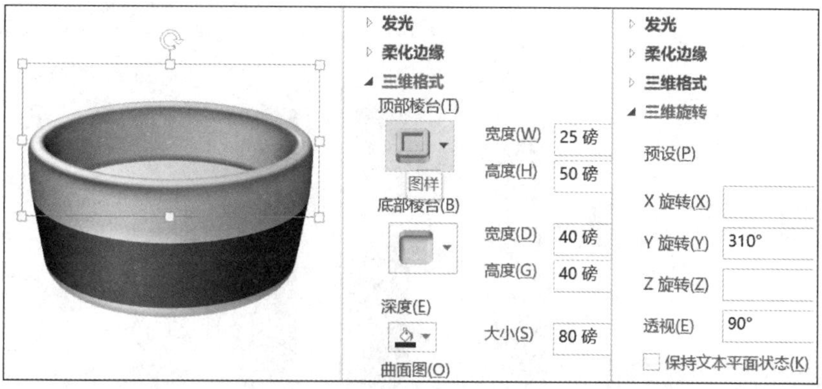

图 2－1－38

总之，利用“三维格式”和“三维旋转”，并且利用极变思维的方法调整棱台的高度和宽度以及深度的数值，再通过调节旋转的角度和透视角度，可以得到各种各样的图形。如果仅仅是设置普通几何立体图形，那么在“三维格式”中只设置“深度”或者在“三维棱台”中的圆形等几个样式中只设置“高度”，“宽度”设置为“0 磅”，然后旋转即可。

5. 磁铁图形的绘制

（1）条形磁铁绘制方法一

如图2－1－39所示，绘制一个填充色为蓝色“无线条”的高 1.2 厘米、宽 5 厘米的矩形图形 A，在“三维格式”中设置“深度”为蓝色的“60 磅”，点击“三维旋转”中的“预设”，在“倾斜”组中选择倾斜：右上样式，得到图 B。

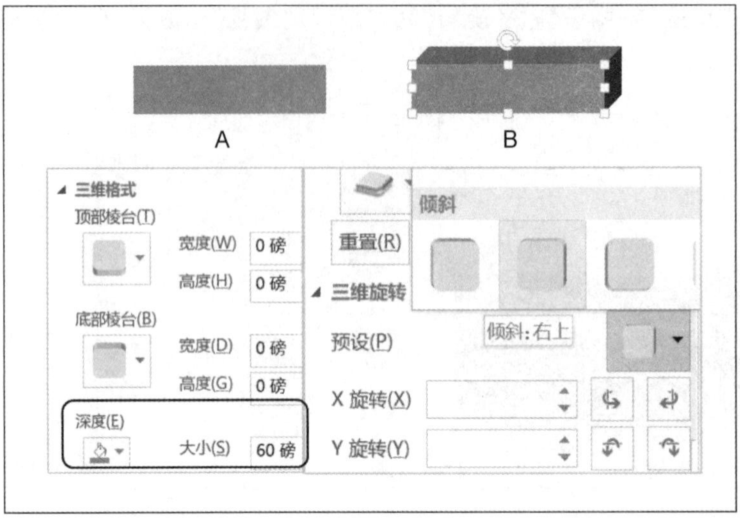

图 2-1-39

复制此图形，将“填充”和“深度”的颜色均设为红色，并添加文字，得到如图 2-1-40 中图 C 和 D。将红色图形置于顶层，把两个图形对齐放置，得到如图 2-1-40 中图 E，逆时针转动90°即得到图 F。

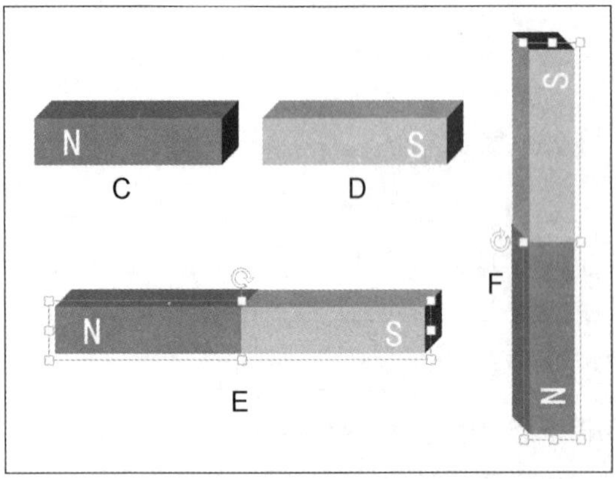

图 2-1-40

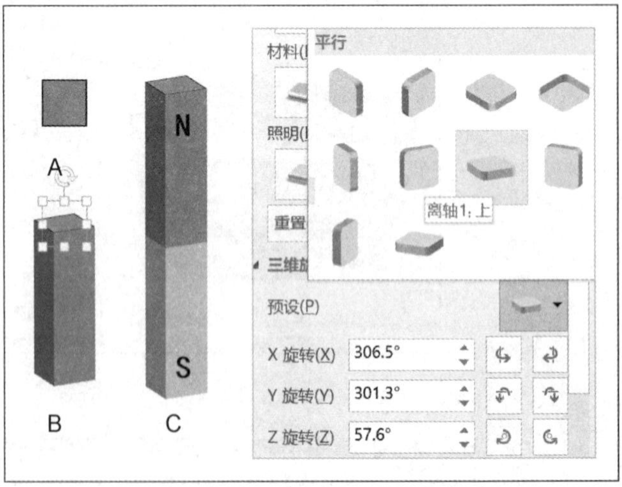

图 2-1-41

(2) 条形磁铁绘制方法二

如图 2-1-41所示，绘制填充色为蓝色“无线条”边长为 1.2 厘米的正方形图形 A；在“三维格式”中设置“深度”为蓝色“120 磅”，在“三维旋转”的“预设”中选择“平行”组中的离轴 1：上样式，得到图形 B；复制此图形并将“填充”和“深度”均设置为红色，且置于底层对齐放置，添加含字母“N”和“S”的文本框，放置在适当位置，得到磁铁图形 C。

(3) 蹄形磁铁绘制方法一

如图 2-1-42所示，绘制宽 6 厘米、高 1.6 厘米（最后还可做微调）填充色为蓝色的“无线条”矩形图形 A；并直接在图中添加字母“N”，设置“深度”为蓝色“150 磅”，在“三维旋转”的“预设”选项中，选择“倾斜”组中的倾斜：右上样式，得到图 B；复制此图形并改变“填充”和“深度”的颜色为红色，改变字母为“S”，得到图 C。

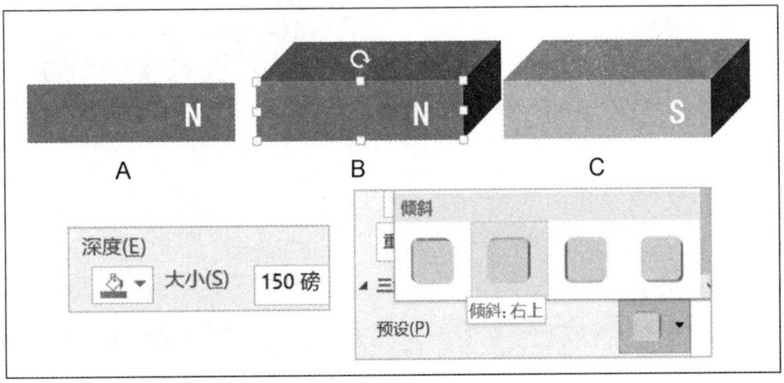

图 2－1－42

如图 2－1－43所示，绘制一个宽和高均为 4.5 厘米的“无线条”“空心弧”图形，设置三个控点的位置分别为“90”“－90”和“0.25”，填充为渐变填充，渐变光圈分别为蓝、红两种颜色，两个渐变颜色的图标均置于“50%”的位置，即两个光圈的移动图标重合，类型选择“线性”，“角度”为“90°”，得到图 A；设置“深度”为“150 磅”，在“三维旋转”“预设”的“倾斜”组中选择倾斜：右上样式，得到图 B。控点的设置参见第六单元第 1 课 1.“形状组”中控点工具相关内容。

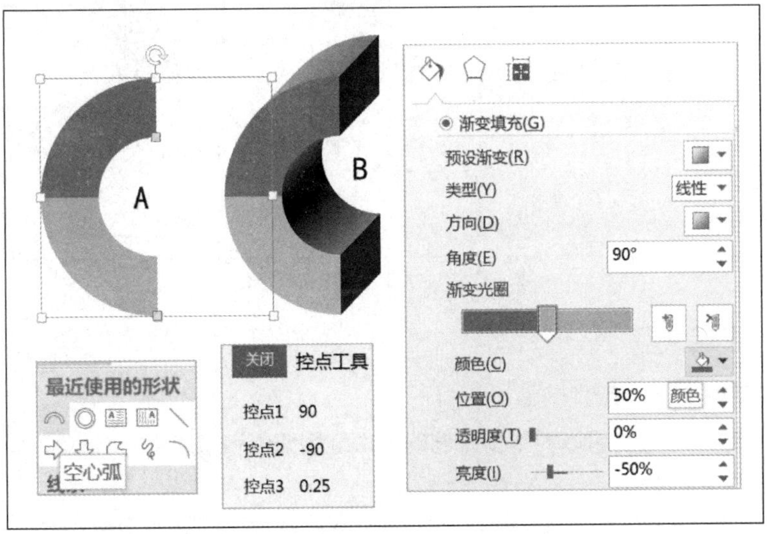

图 2－1－43

将图 2－1－44 中 A、B、C 三个图形对齐放置。A、B 顶部对齐，A、C 底端对齐，B、C 左对齐，把 A 置于底层，选中 A，使用方向键右移，再微调 B、C 的高度(约 1.62 厘米)和位置，即可得到蹄形磁铁图形 D。

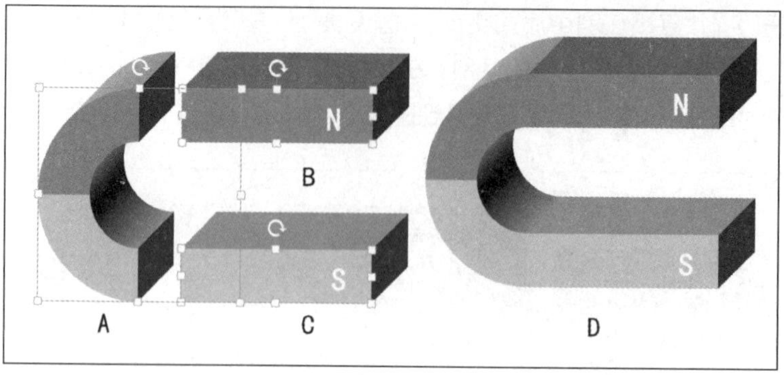

图 2-1-44

（4）蹄形磁铁绘制方法二

如果感觉 N 极左上方的颜色不协调，可以通过调整两个空心弧图形控点位置来改善。

如图2-1-45所示，绘制两个等大的空心弧图形，图 A“填充”和“深度”的颜色均为蓝色，三个控点的值分别为“180”“-90”和“0.25”，图 B“填充”和“深度”的颜色均为红色，三个控点的值分别为“90”“180”和“0.25”，把图 B 置于底层，A、B 两图对齐放置组合起来得到图 C，然后将两个水平矩形立体图形置于顶层，对齐放置得到图 D。

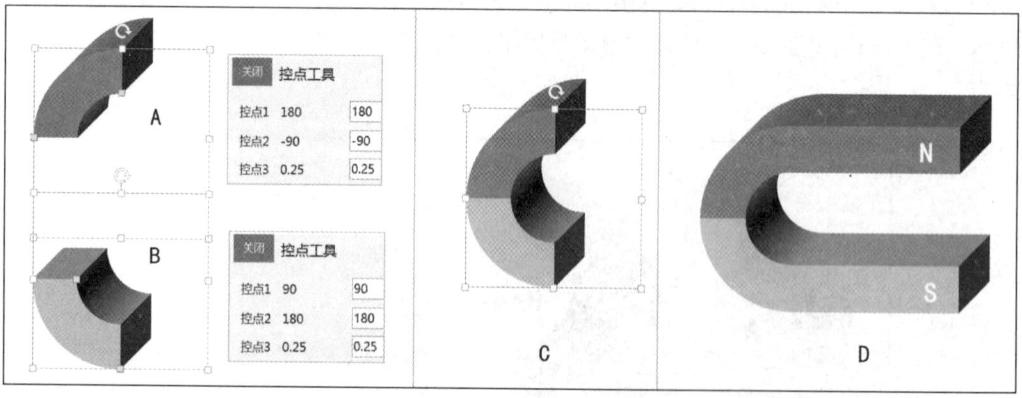

图 2-1-45

6. “编辑顶点”功能的应用

利用“编辑顶点”功能可以对很多绘制的图形继续编辑和修改，得到任意形状的图形。

（1）折线图形的编辑

在“开始”选项卡的“绘图”组中，打开形状下拉菜单，利用“线条”组中的工具绘制出曲线、任意多边形、自由曲线等线条。在图形的边框上单击鼠标右键，选中“编辑顶点”，即可进入顶点编辑状态。如图2-1-46所示是绘制出的折线图。

处于“编辑顶点”状态时，图线上会出现若干个小黑点，拉动图线上的小黑点，可以任意改变图线的形状。当点击小黑点时，出现蓝色线段样调节柄，拉动蓝色线段一端的小白点，

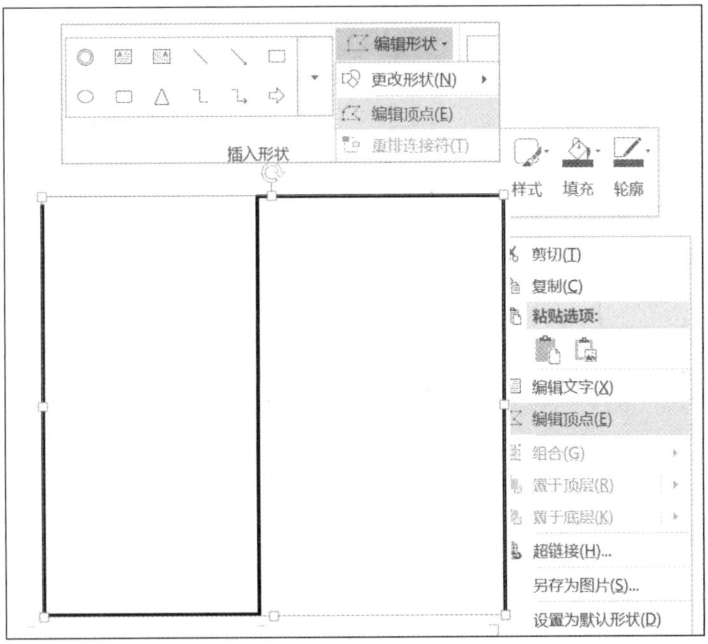

图 2－1－46

可以调节图形的形状，如图2－1－47所示。

在“编辑顶点”状态下，在图线上某处右击鼠标时，可以在该处“添加顶点”，或选择“抻直弓形”使此段曲线变直，如图2－1－48所示。再次单击鼠标右键，选择“曲线段”，可以把直线变成曲线。

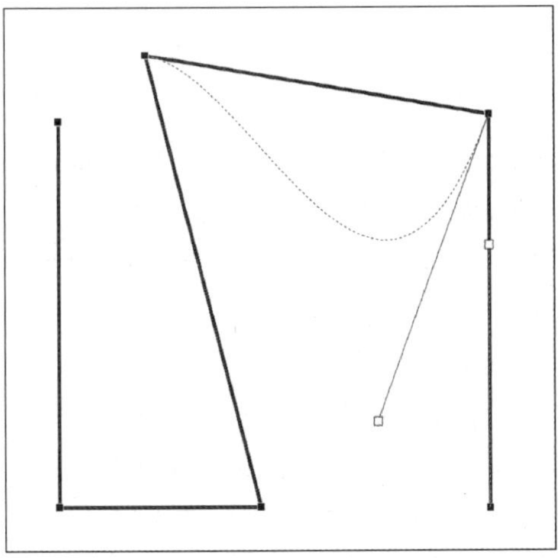

图 2－1－47

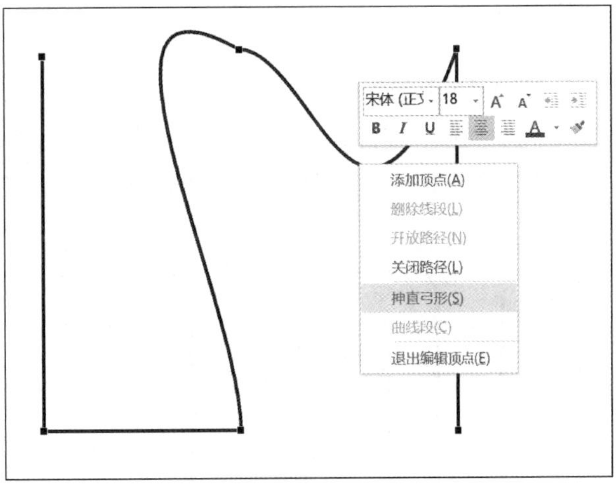

图 2－1－48

（2）预设图形的变形

① 矩形图形的变形

绘制一个宽度和高度分别是 8 厘米和 4 厘米的矩形框，当处于“编辑顶点”状态时，把左上角和右下角的小黑点拖动到适当位置,可以得到平行四边形图形,如图2-1-49所示。

② 圆形图形的变形

圆形图形A在编辑顶点状态下,拉动下方的小黑点到适当位置(见图形B),变形后可以得到上宽下窄的图形C,如图2-1-50所示。

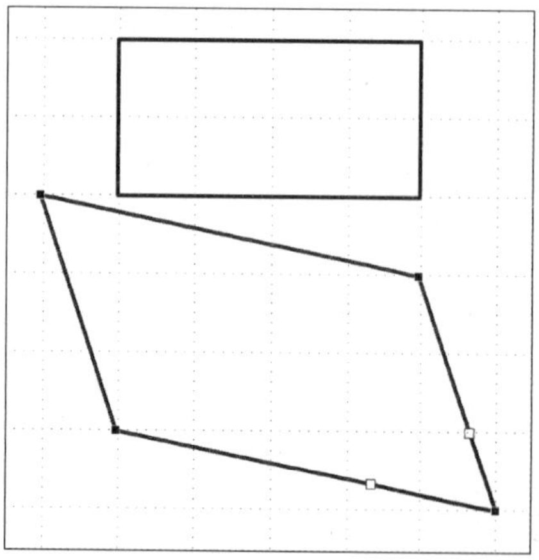

图2-1-49

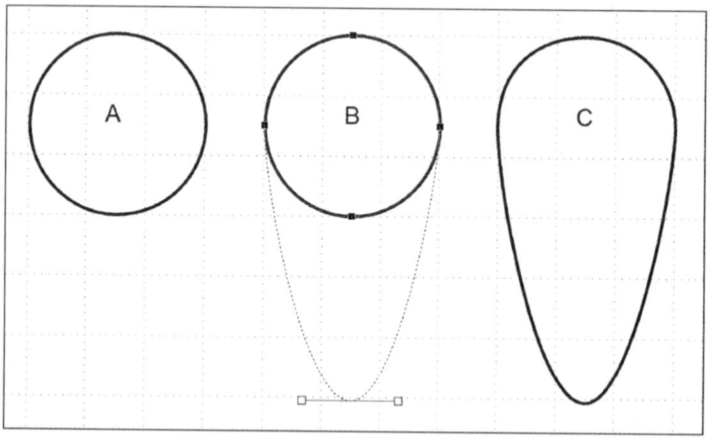

图2-1-50

第2课 极变思维与图案填充的应用

作图中的极变思维应用,就是在作图时把常规的图形和线条,变至极大或者极小。极变思维的应用突破了常规思维的模式,使作图快捷方便。同时配合图案填充还能实现其他特殊效果。

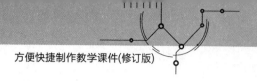

1. 常规线条变粗制作试管

常规线条一般都很细,先任意绘制一个折线图,把线条设置成粗黑线(如"66磅"),再复制出这个图形,并将线条设置成略细(如"55磅")的白色线条,二者放在一起对齐后,就可以得到相应形状的试管。绘制完成的试管如图2-2-1所示。制作方法如下:

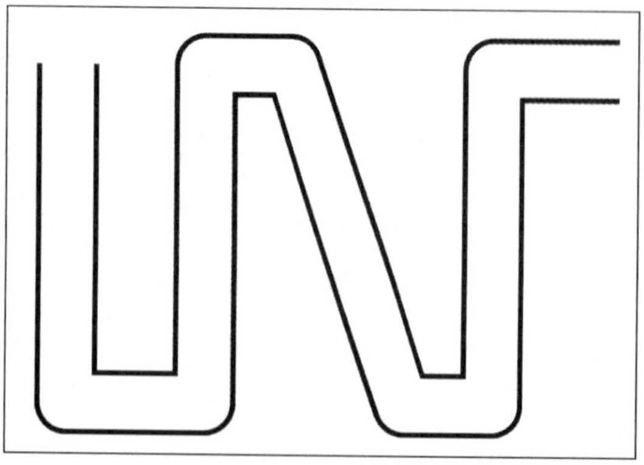

图2-2-1

(1) 绘制折线图

在"开始"选项卡的"绘图"组中,打开形状下拉菜单,选择任意多边形工具,按下Shift键,单击鼠标左键后放手拖动鼠标,至需转折处再单击鼠标左键后继续拖动,这样可以绘制出任意折线图,双击左键可退出,如图2-2-2所示。如果按下鼠标左键后不放手拖动鼠标,则绘制出的是曲线。

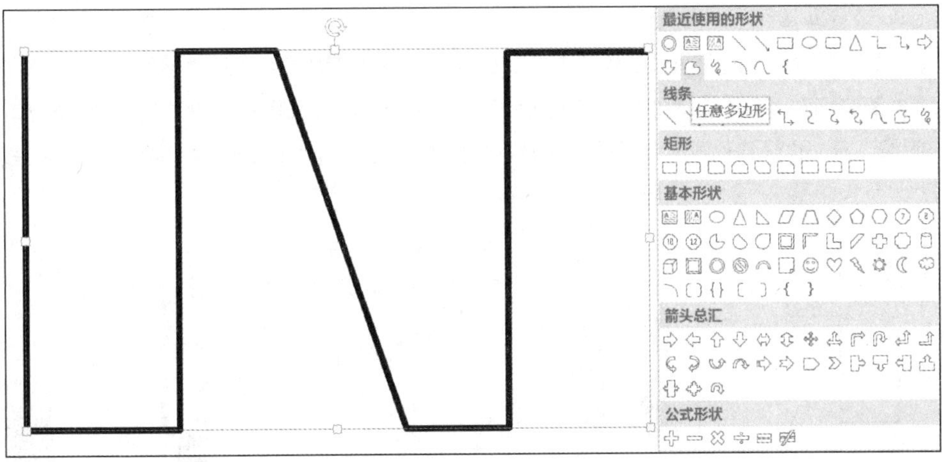

图 2-2-2

(2) 设置图线格式并复制图线

将折线粗细设置为“66 磅”，复制此折线并更改设置，得到一“55 磅”的白色线条(为方便辨识，此处设置成灰色)，如图2-2-3所示。

图 2-2-3

(3) 对齐两图线

按下 Ctrl+A 全部选中两图线，在“格式”选项卡的“排列”组中，点击“对齐”按钮，再依次点击“水平居中”和“垂直居中”，使两图线整齐排列，如图2-2-4所示。

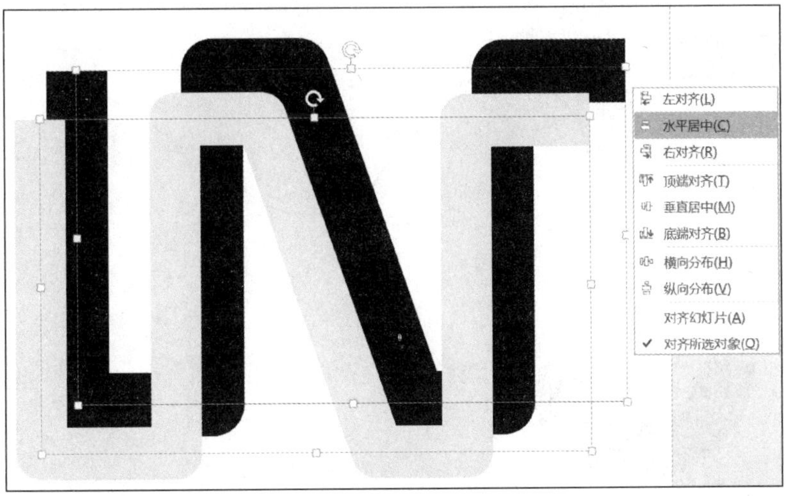

图 2-2-4

(4) 设置连接和线端类型

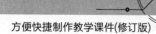

折线有“圆角”“棱台”和“斜角”等不同的“连接类型”和“方”“圆”“平”等不同“线端类型”。线条较细时,不同的类型显示不出明显的效果;当线条较粗时,不同的类型会显示出不同的效果。在“形状选项”下“填充与线条”的“线条”项目中,可以设置不同的“连接类型”和“线端类型”,如图2-2-5所示。

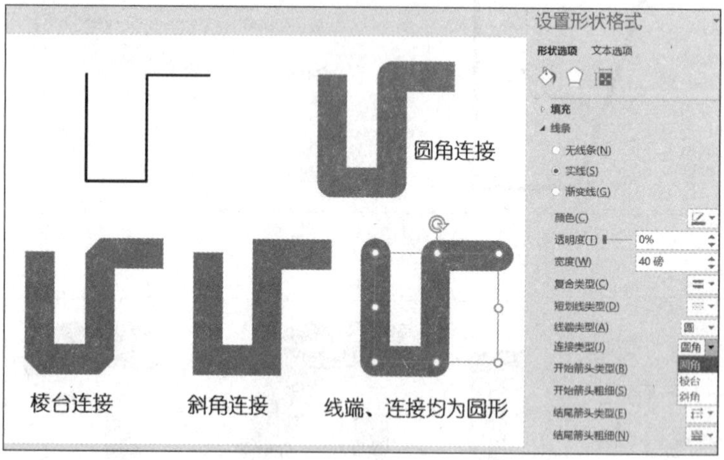

图2-2-5

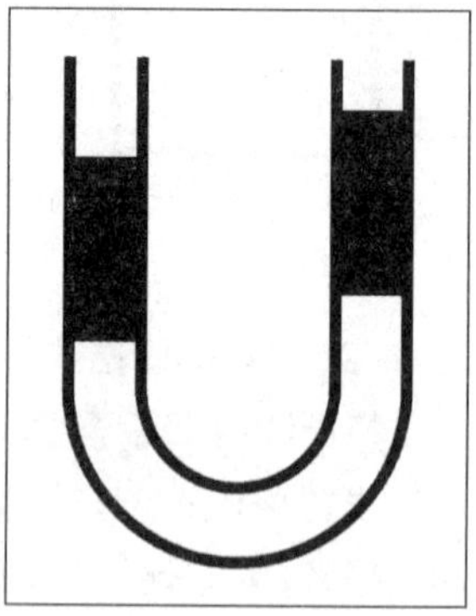

图2-2-6

(5) 利用拼接法制作试管

上述是利用任意多边形工具一笔画出折线图绘制试管的方法,下面介绍如何利用拼接法,将若干个粗线条图线组合成试管,如图2-2-6所示。

如图2-2-7所示,在“开始”选项卡的“绘图”组中,打开形状下拉菜单,选择弧形工具,按下 Shift 键,绘制出四分之一圆弧图形 A。拉动小黄点(即调节控点位置)得到图形 B。点击“绘图工具”“格式”选项卡“排列”组中的“旋转”按钮,“垂直翻转”得到图形 C。线条“宽度”设置为“66 磅”,“颜色”为黑色,得到图形 D。复制此线条并设置“宽度”为“55 磅”,“颜

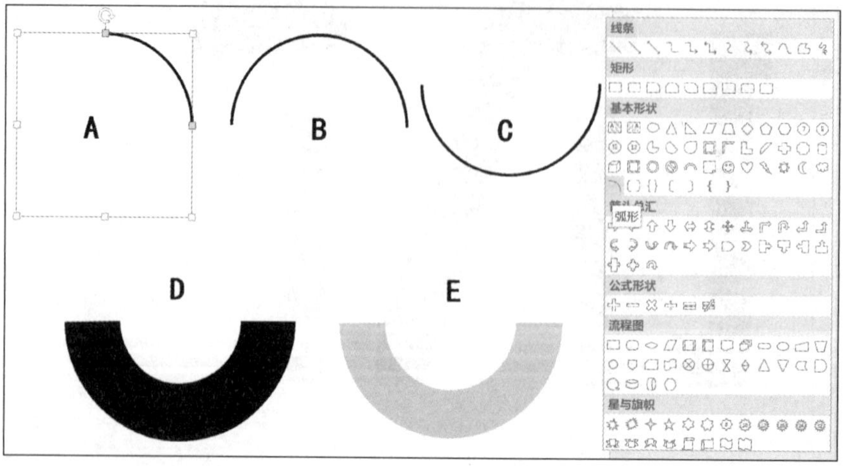

图2-2-7

色”为白色，得到图形 E(为方便辨识此处设置成灰色)。

再绘制长短不同的竖直线，按需设置成黑色和白色，可以通过格式刷把圆弧图形的格式复制到直线上，并对齐相应图线，如图2-2-8所示。最后可以得到图2-2-6所示的试管。

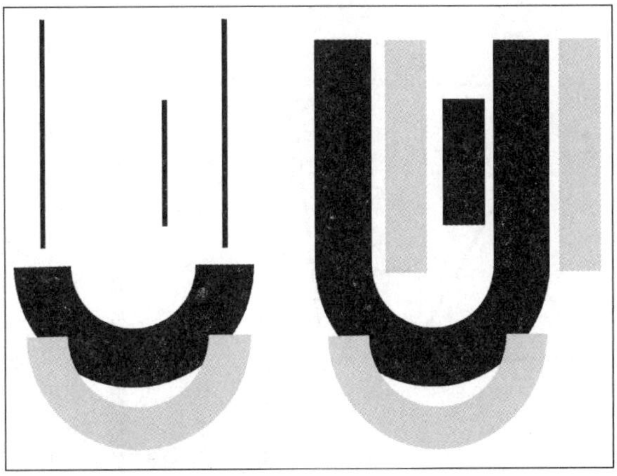

图 2-2-8

2. 利用粗虚线制作齿轮

(1) 绘制单个齿轮

将常规的圆形线条设置成粗虚线可以得到齿轮的齿，中间再绘制圆形图形，即可得到齿轮，如图2-2-9所示。圆形线条设置为“30 磅”的粗虚线。

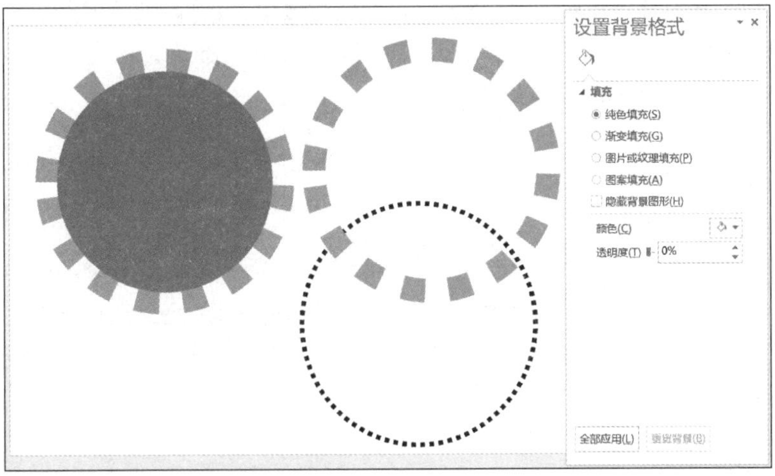

图 2-2-9

(2) 两个齿轮的组合

如果需将两个齿轮组合成一组，可以通过在大小与属性中调整“高度”和“宽度”数值的大小，使圆周呈现完整的齿数，两个齿轮的齿均匀排列如图2-2-10所示。

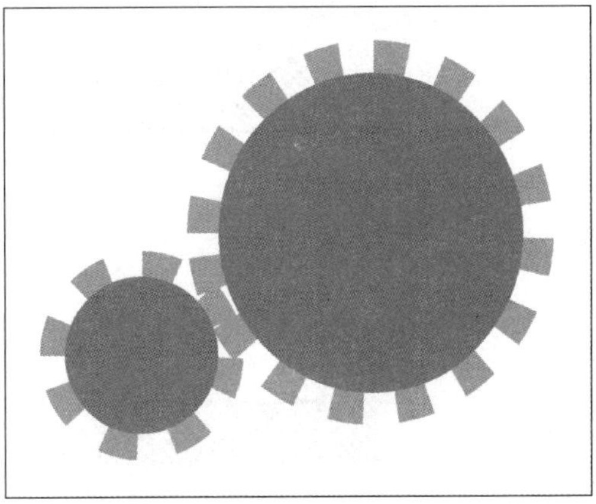

图 2-2-10

3. 常规图形变极小

(1) 三角形图形变形得到秒针图形

绘制常规的三角形图形，用鼠标左键拉动图形的右下角得到变形的三角形，填充后可以作为钟表的秒针使用，如图2-2-11所示。

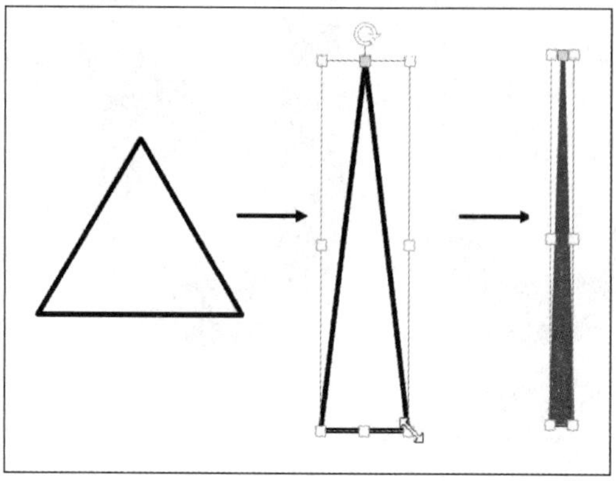

图 2－2－11

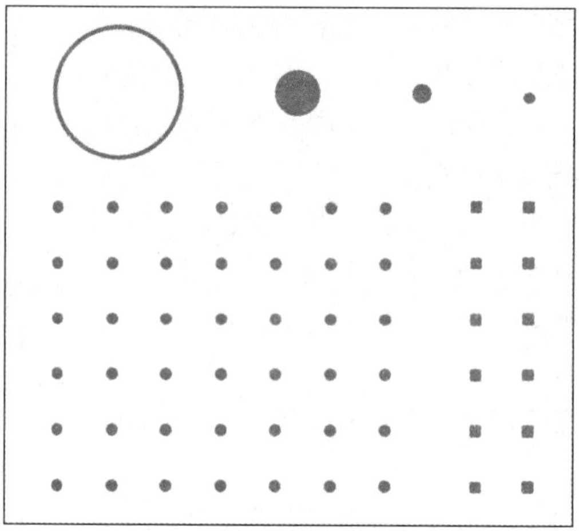

图 2－2－12

（2）常规圆形图形变小得到黑点

把常规的圆形图形填充为黑色，然后将大小设置得很小，可得到需要的小黑点图形，排列整齐后组合可以用于在物理学科中表示方向向外的磁场。还可以通过把正方形图形变小得到多个小黑方块图形，如图2－2－12所示。

4. 图案填充的特殊应用

（1）填充图案制作天花板

斜线条天花板图案可以利用填充矩形图形的方法来得到。绘制一个高度为 2 厘米，宽度为 15 厘米的矩形框，“填充”选择“图案填充”，再选择对角线：宽上对角样式，“线条”设置为“无线条”。再添加一条直线即可得到天花板图形。两个天花板图形可以拼接成墙角图形，如图2－2－13所示。

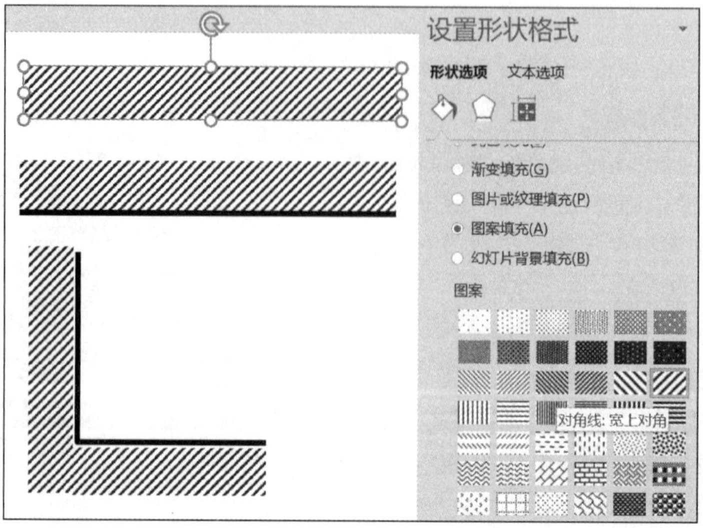

图 2－2－13

（2）填充图案制作试管

利用填充图案中的横线：交替水平线可以绘制装有液体的试管。利用图2－2－7所示的方法绘制一个弧形图形（高度和宽度均为 7.6 厘米），将弧形图形填充为横线：交替水平线样式，再绘制一个宽度为 7.6 厘米的矩形框，“线条”设置为“无线条”，“图案填充”为横线：交替水平线样式，再画出两条竖线段，然后组合在一起，就得到如图2－2－14所示的试管图形。

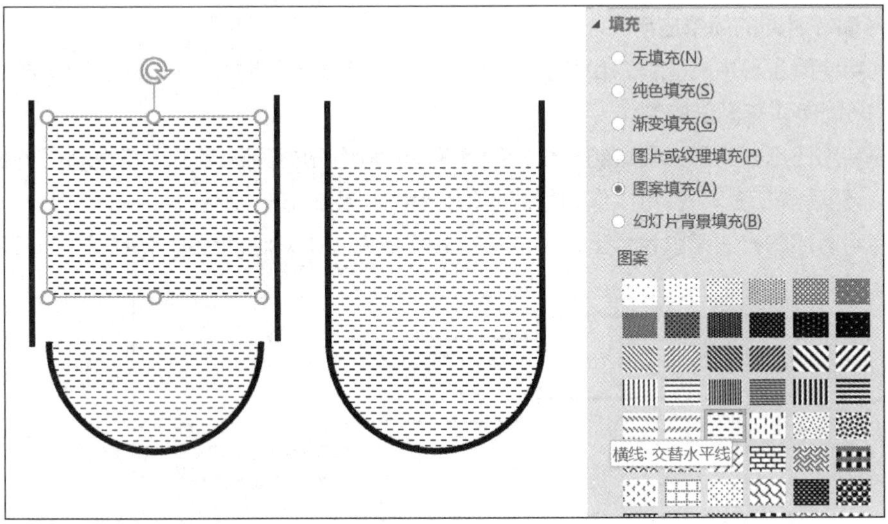

图 2－2－14

（3）填充图案制作车轮

车轮图形（车轮辐条的绘制参见本单元第 3 课 3. 自行车辐条图形的绘制）中轮胎的制作可以利用填充图案中的瓦形图案样式得到。绘制一个空心圆，把空心圆填充为瓦形样式，再将几个图形组合即可，如图2－2－15所示。

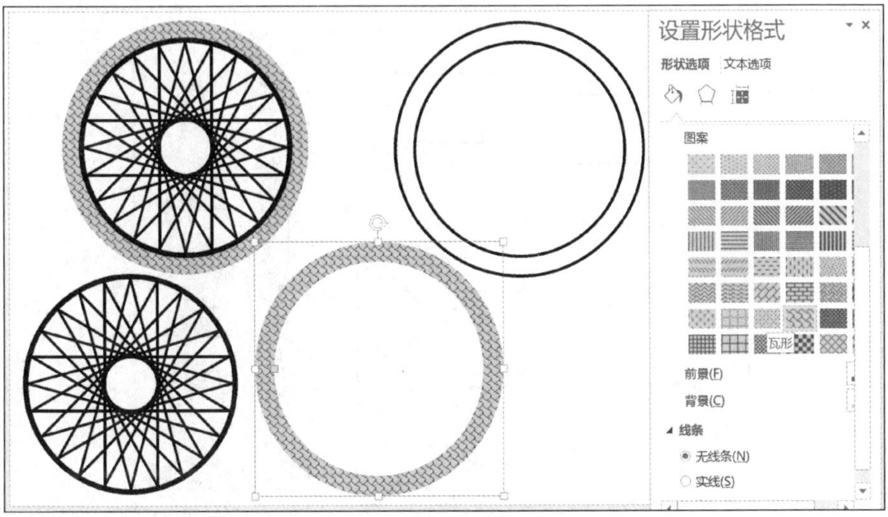

图 2－2－15

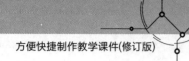

第3课　转动对称思维的应用

由于对图形可以进行复制、转动、对齐等操作，因此可以制作出很多对称的图形。为了作图规范，可在文档中显示网格线以方便作图。

1. 图形翻转对称的简单应用

利用绘图工具中的“旋转”和“翻转”功能，可以制作出上下对称、左右对称的图形。

（1）简单对称图形的制作

先利用任意多边形工具绘制一个折线图形，再利用“垂直翻转”工具将复制后的折线图形翻转，然后将二者对齐，可以作为气缸图形使用，如图2-3-1所示。

利用上述的方法可以组合出任意的左右对称或者上下对称的图形，如图2-3-2所示。

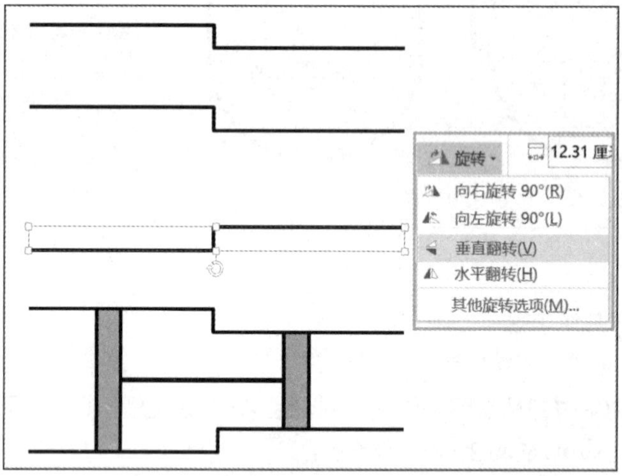

图2-3-1

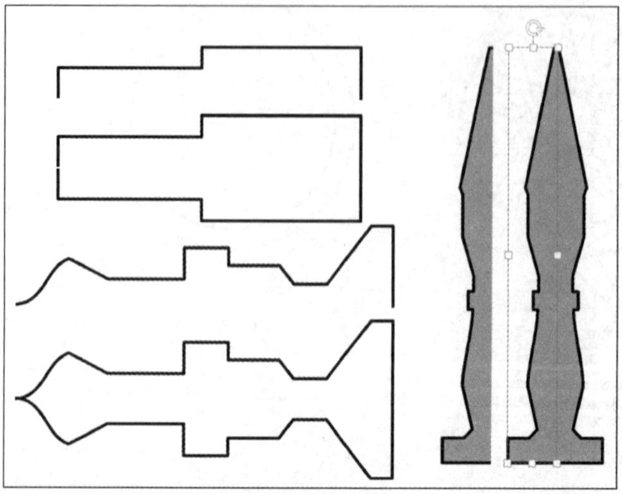

图2-3-2

（2）“山”形图片的制作

利用任意多边形工具绘制图线，并可以在“编辑顶点”状态下修改图线的形状，还可以填充图形，再复制后进行翻转，这样可以得到对称的“山”形图片，如图2－3－3所示。

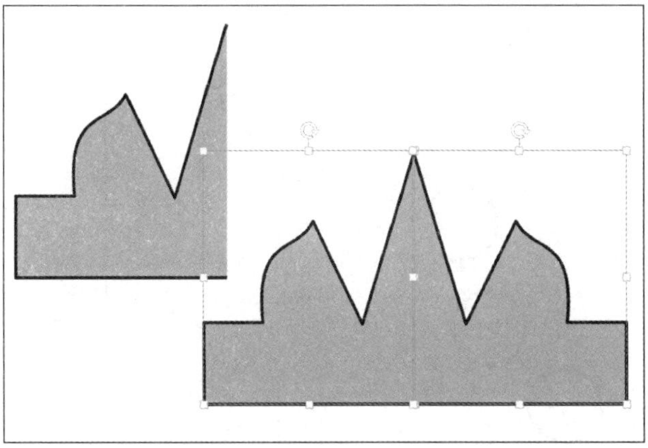

图 2－3－3

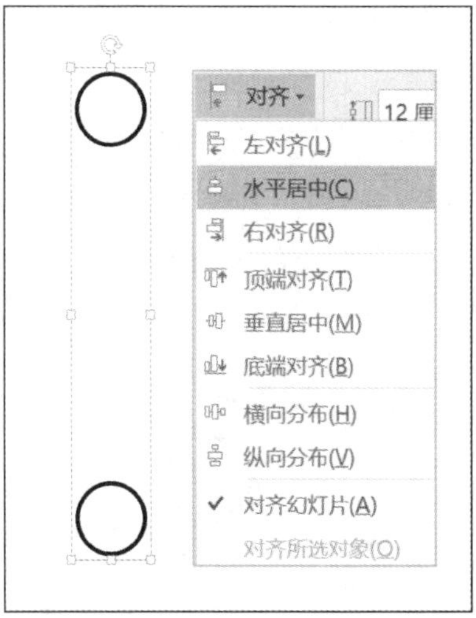

图 2－3－4

2. 图形的圆周均匀排列

（1）圆形图形的圆周均匀排列

绘制一个圆形图形再复制一个相同图形，两个图形上下对齐排列（利用“左对齐”或者“水平居中”），然后组合起来，如图2－3－4所示。此图中圆形图形直径为 1.8 厘米，组合后图形高为 12 厘米。

复制五个组合后的图形，并分别转动90°，正、负30°和正、负60°，得到的图形如图2－3－5所示。

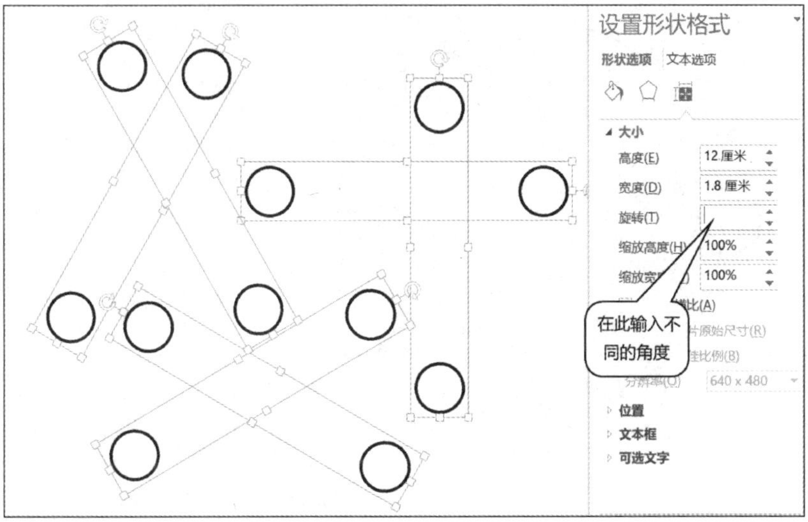

图 2－3－5

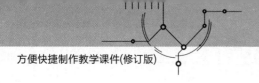

选中这六个图形，利用“排列”组中的“对齐”工具中的“水平居中”和“垂直居中”排列所有图形，得到的图形如图2-3-6所示。然后将全部图形组合起来。

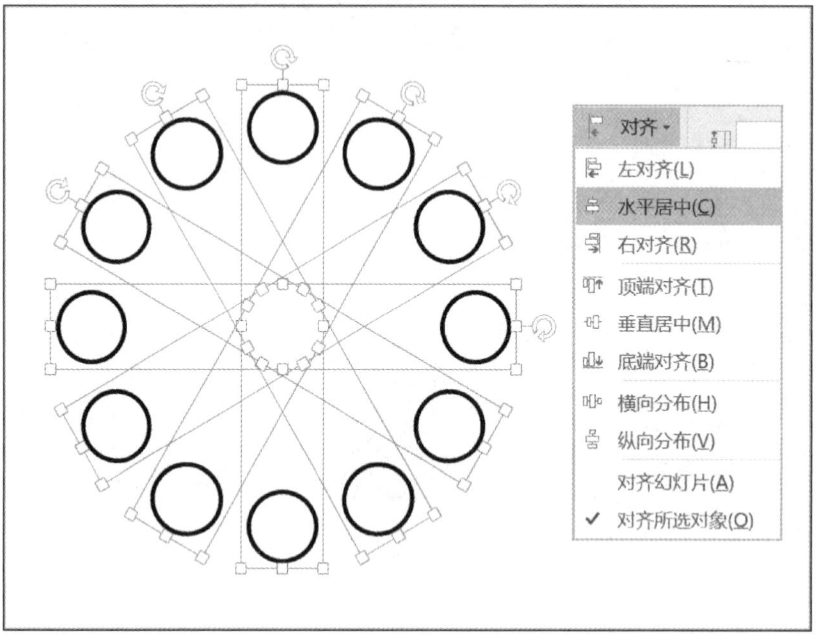

图2-3-6

鼠标置于组合图形的中点，按下 Shift+Ctrl 键，再绘制一个适当大小的圆形图形(直径为 10.2 厘米)，利用“水平居中”和“垂直居中”工具，对齐排列所有图形，如图2-3-7所示。

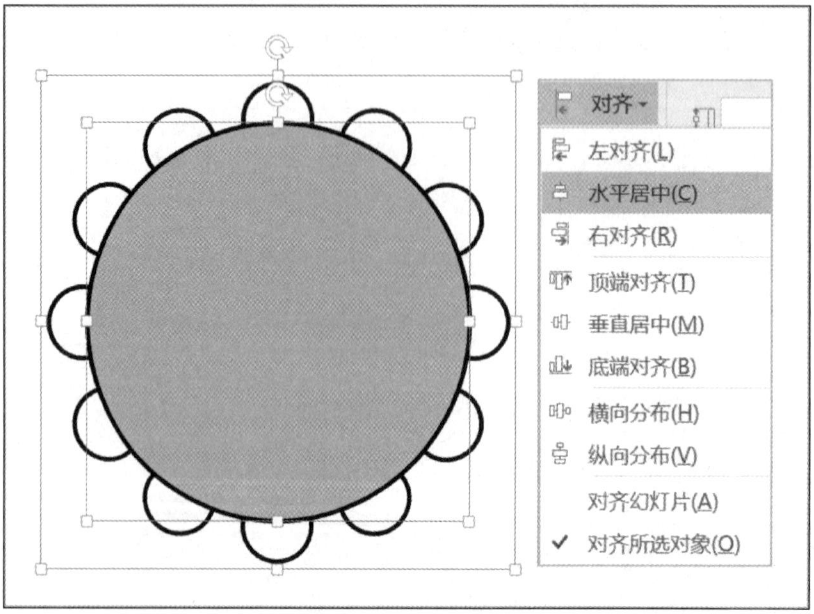

图2-3-7

所有图形对齐后，在“组合”工具中点击“取消组合”，然后用鼠标左键在界面上点击一下，按下 Ctrl+A，选中全部图形，并在“组合”工具中再次“取消组合”，以取消全部组合，此时再选中全部图形，界面显示如图2－3－8所示。

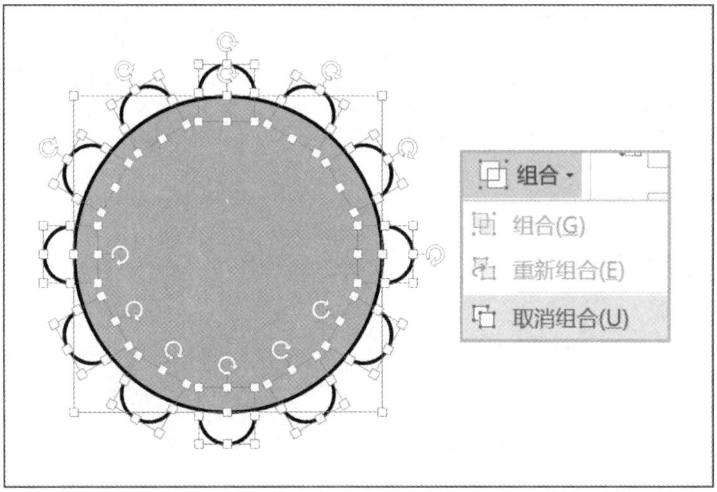

图 2－3－8

将组合后的图形全部取消组合再重新全选后，在“绘图工具”栏的“格式”选项卡的“插入形状”组中的“合并形状”选项中，点击“结合”，即得到如图2－3－9右边所示的图形。此图形由所有图形拼接而成，可以改变该图形的填充和线条等格式。“合并形状”的使用详见本单元第 6 课合并形状的神奇应用。

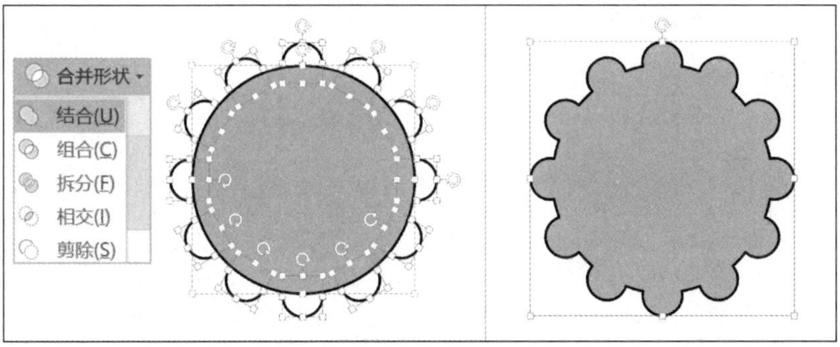

图 2－3－9

如果在图 2－3－8 中，单独选中大圆图形，将其“置于底层”，再选中所有图形，在“插入形状”组中的“合并形状”选项中，点击“剪除”按钮，即可得到如图2－3－10所示的图形。此图形由下层图形剪除与上层图形重合的部分得到。

（2）矩形齿齿轮图形的绘制

利用上面的方法可以得到方形图形在圆周上均匀排列的图形。在图形上绘制一个大圆形图形后对齐排列，如图2－3－11左边所示。利用“合并形状”选项中的“结合”工具即可得到右边齿轮图形。

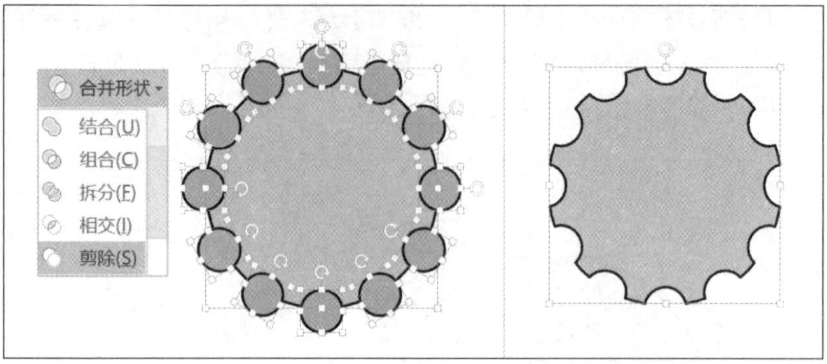

图 2-3-10

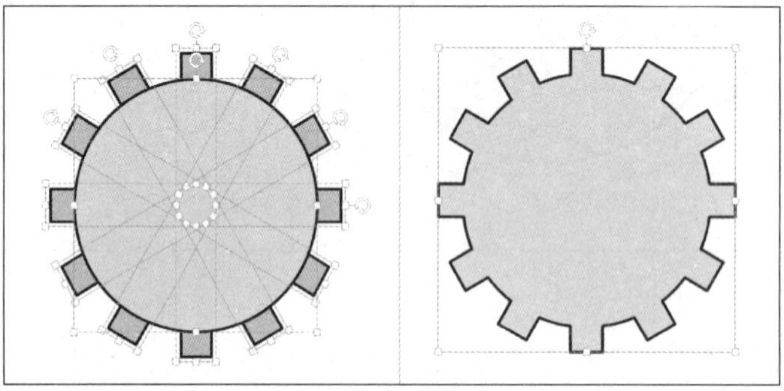

图 2-3-11

如果适当增大圆形图形直径，并“置于底层”，对齐后全部取消组合，再全部选中，如图 2-3-12 左边所示，利用“合并形状”中的“剪除”工具可得到如图 2-3-12 右边所示的齿轮图形。该图矩形图形高 1.5 厘米、宽 1.3 厘米，组合后的矩形图形高为 12 厘米；圆形图形直径为 11.4 厘米。

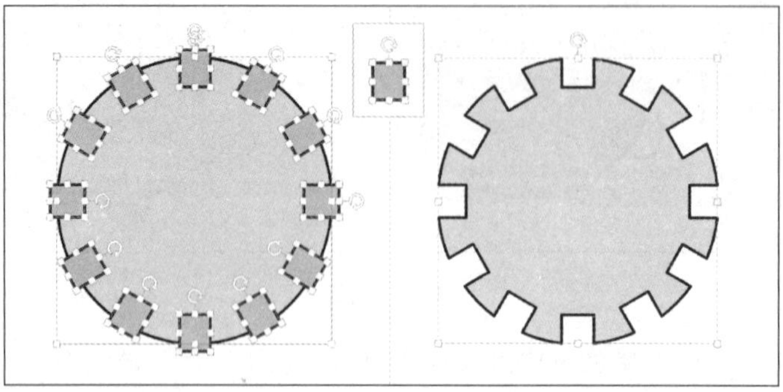

图 2-3-12

(3) 梯形齿齿轮图形的绘制

绘制梯形图形，利用上述方法将梯形图形在圆周上均匀排列，并添加一个大圆形图形，利用“合并形状”选项中的“结合”工具即得到梯形齿齿轮图形，如图 2-3-13所示。该图梯形图形高 1.8 厘米、宽 2 厘米，组合后的矩形图形高为 12 厘米，圆形图形直径为 10 厘米。

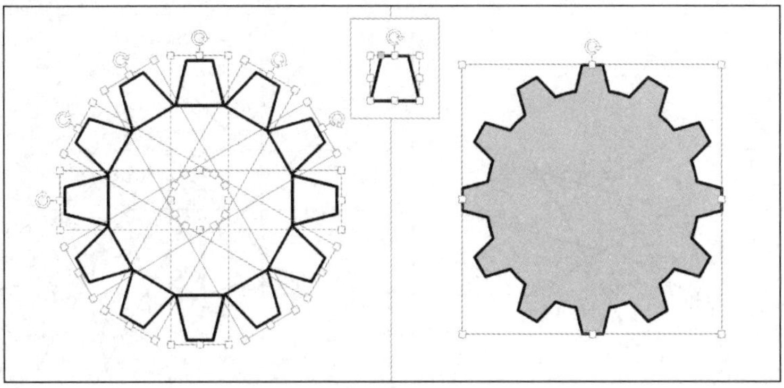

图 2-3-13

3. 自行车辐条图形的绘制

自行车车轮的图形如图2-3-14所示，可以看出其中的辐条是由众多的直线段组合构成的，利用线段直接拼接的常规方法无法实现。它是利用将图形复制后再转动对齐的方法（即转动对称思维）绘制的。

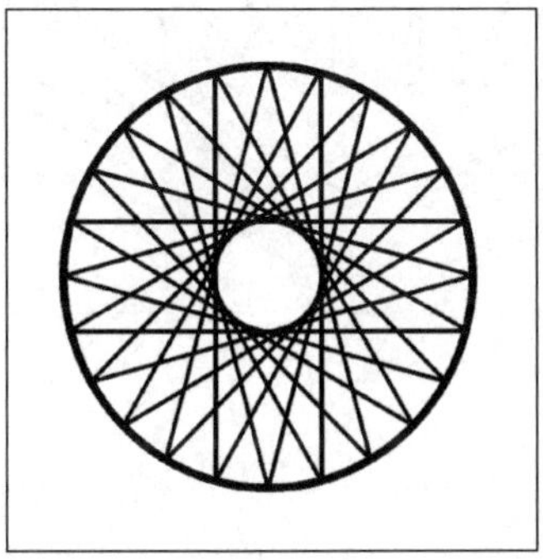

图 2-3-14

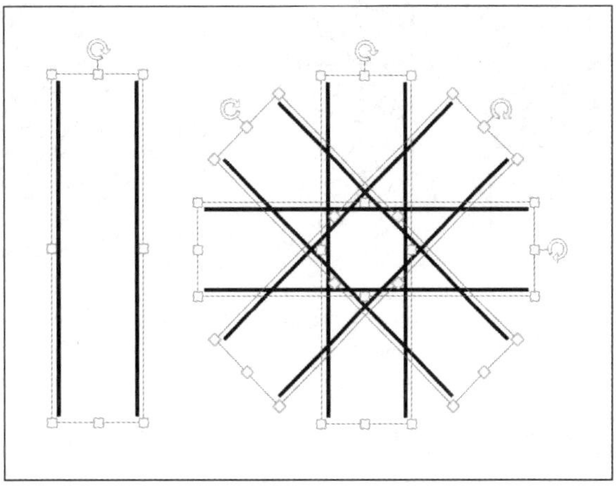

图 2-3-15

（1）绘制车轮辐条图形

绘制一条长 10 厘米、3 磅粗的线段，复制一条后对齐两条线段，组合后得到长 10 厘米、宽 2.4 厘米的图形，再复制出三个，分别转动90°，正、负45°，再利用“水平居中”和“垂直居中”工具对齐排列，如图2-3-15所示，然后组合。

组合后的图形再复制两个，分别转动正、负30°，如图2-3-16所示。

选中全部图形后，再取消组合，目的是方便调整图形的形状，如图2-3-17所示。如果不调整形状，可以不取消组合。

利用“对齐”选项中“水平居中”和“垂直居中”对齐所有图形，得到的图形如图2-3-18所示。再组合起来，即得到车轮辐条图形。

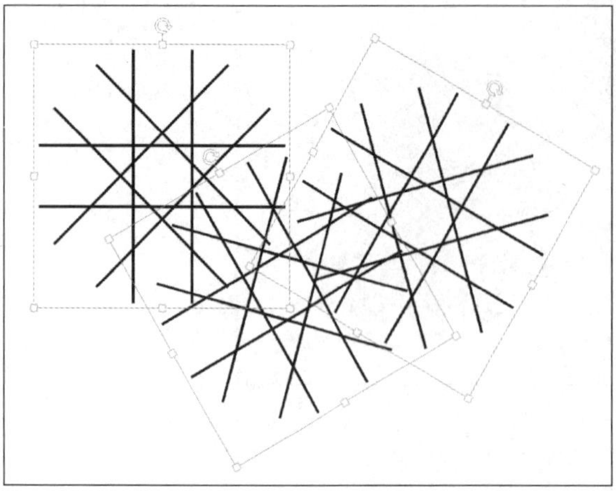

图 2-3-16

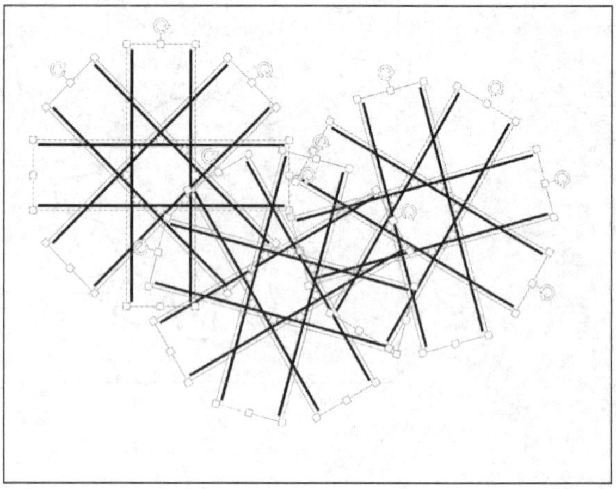

图 2-3-17

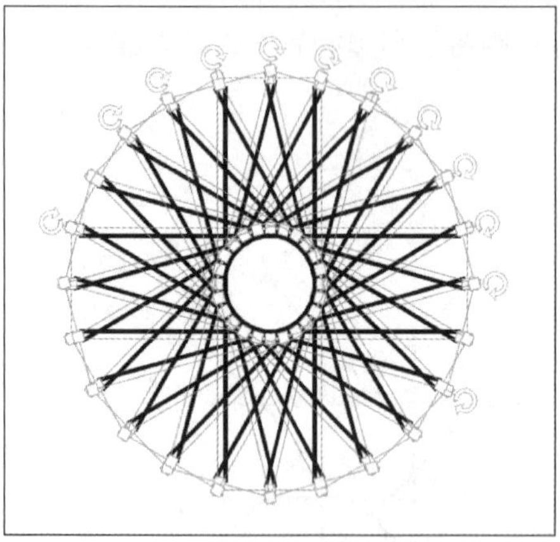

图 2-3-18

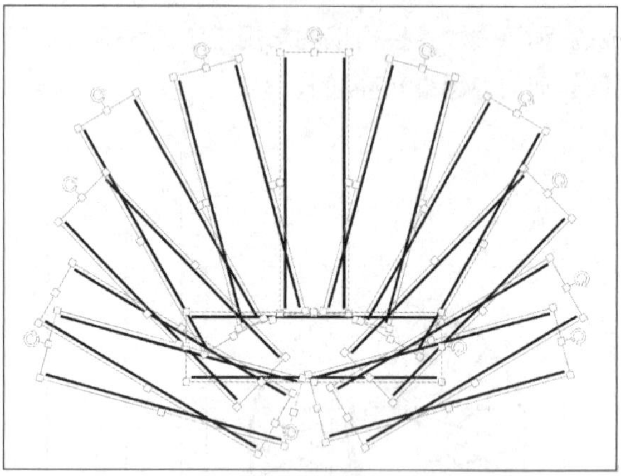

图 2-3-19

(2) 辐条形状的调整

车轮辐条的图形实际上是在图 2-3-15 中左边图形的基础上复制若干个后进行转动，然后对齐排列而得到的，转动的角度分别是正、负15°，正、负30°，正、负45°，正、负60°，正、负75°和90°，如图2-3-19所示。利用“对齐”选项中的“水平居中”和“垂直居中”对齐排列，即可把众多矩形图形排列成图2-3-18所示的车轮辐条图形。

要更改辐条图形边缘处线的交叉点，可以全部选中批量更改所有矩形图形的宽度。如图2-3-20所示，在“设置形状格式”窗格的大小与属性选项中，点击调节“宽度”的上下小三角形按钮，可以观察到图线的变化。调整后再重新利用“对齐”选项分别把图形“水平居中”和“垂直居中”排列。

如果小矩形图形的宽度变宽了，可以看出图形的变化。如图2-3-21所示，宽度由2.4厘米变为2.7厘米。最后添加上一个圆环形图形，即可得到如图2-3-14所示的车轮图形。

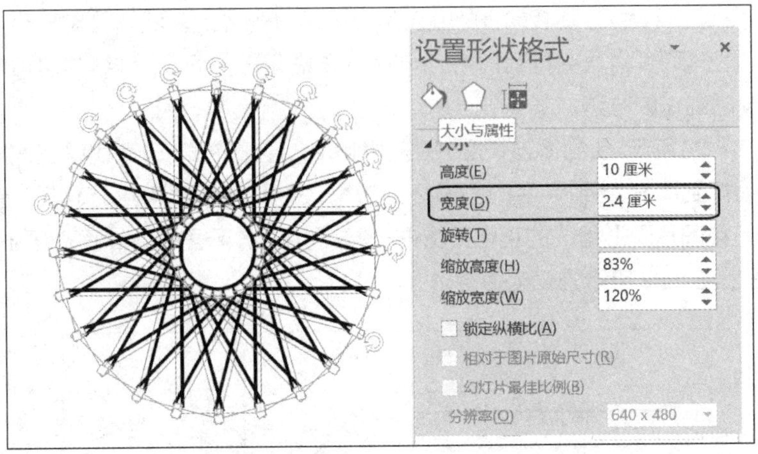

图 2－3－20

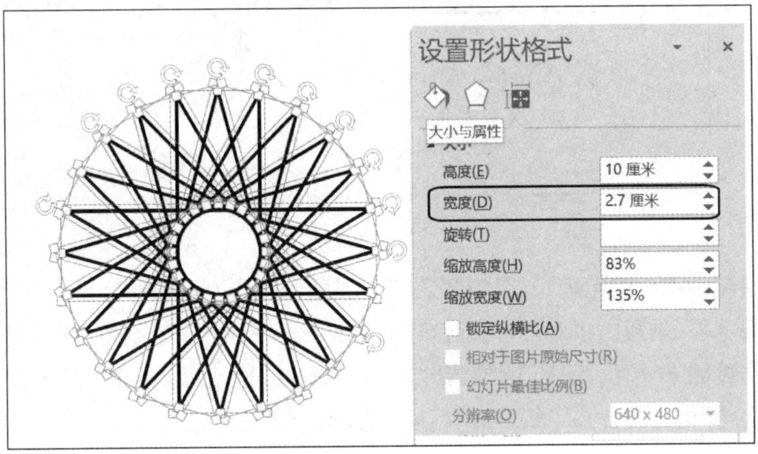

图 2－3－21

4. 电荷的电场线

（1）点电荷的电场线

图 2－3－22 所示的是物理学科教学中使用的点电荷电场线的图形。在一条线段上添

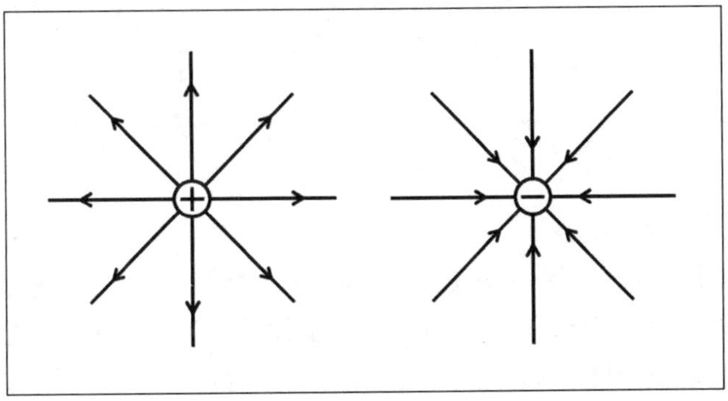

图 2－3－22

加双向箭头，复制三个后，分别转动90°和正、负45°，再对齐排列。然后绘制一个圆形图形和十字线图形，置于顶层，再居中排列即得正电荷电场线图形。同理，可绘制出负电荷电场线图形。下面说明制作的方法。

如图2－3－23所示，绘制适当长度(10 厘米和 7.8 厘米)的 3 磅宽线段和双向箭头如图 A，对齐组合后得到图 B，将组合后的图形复制三个，分别转动90°和正、负45°，得到图 D，与图 C 中短线段和圆形图形组成的正电荷图形一起，利用"水平居中"和"垂直居中"对齐排列后，即得到图 2－3－22 所示的正电荷图形。

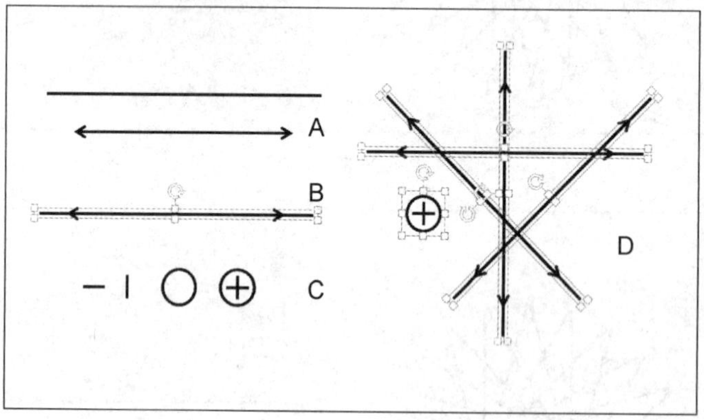

图 2－3－23

如果要绘制负电荷的电场线，可如图2－3－24所示先绘制两个小箭头 A，将两个箭头组合后与直线段水平、垂直居中对齐，再组合起来得到图形 B，绘制负电荷图形 C，将图形 B 复制三个后分别转动90°和正、负45°得到图形 D。将图形 C 置于顶层，并与图形 D 再水平、垂直对齐后组合，即得到图2－3－22所示负电荷电场线图形。

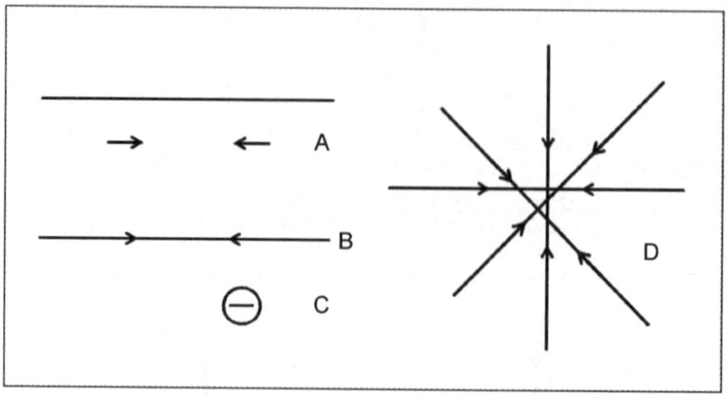

图 2－3－24

(2) 等量异种电荷电场线

利用绘图工具中的弧形工具，通过拉动小黄方块调整控点的位置，并改变图形大小，得到各种不同的曲线，放置在适当位置，即可得到等量异种电荷的电场线，通过类同的方法可以得到等量同种电荷的电场线，如图2－3－25所示。下面说明等量异种电荷的电场线的绘制方法。

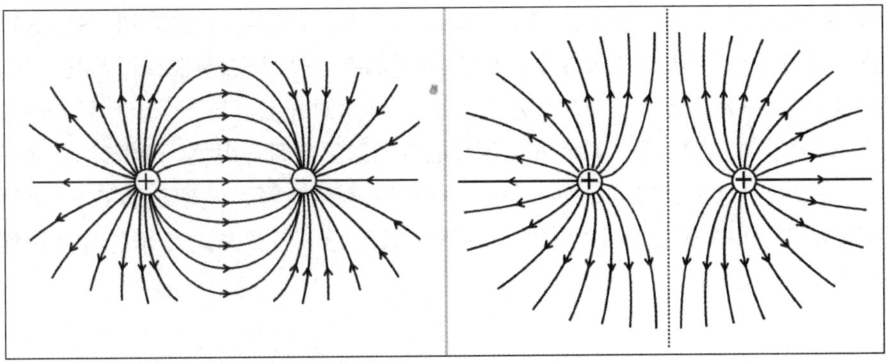

图 2－3－25

绘制一个直径为 7.2 厘米的圆形图形，再复制四个，保证宽度不变，调整第一个图形高度为 11 厘米，最后一个图形高度为 2 厘米，再适当调整其他图形的高度，如图2－3－26所示。

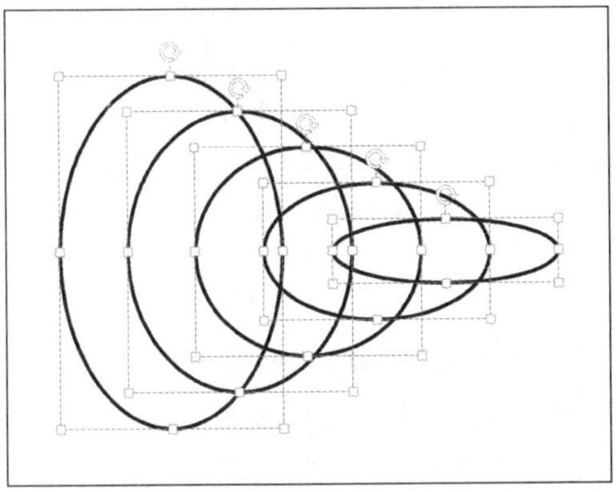

图 2－3－26

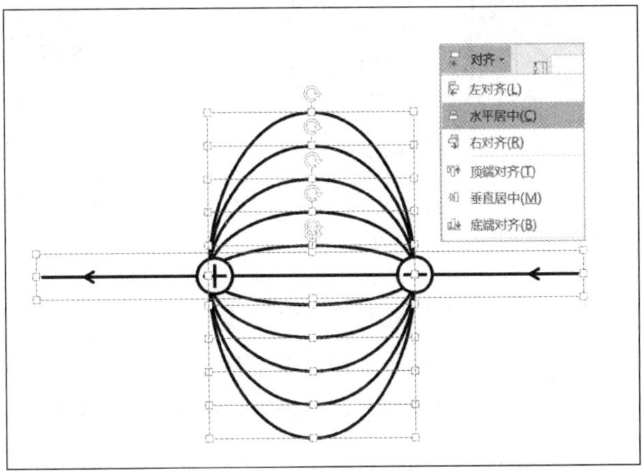

图 2－3－27

绘制一条直线段，再分别添加两个小箭头线段和正、负电荷图形，放置在适当位置，对齐后组合，再与五个椭圆形图形一起全部选中，在“对齐”工具中分别点击“水平居中”和“垂直居中”，对齐后的图形如图2－3－27所示。该图形的详细绘制方法参见第六单元第 1 课 1.“形状组”中综合应用案例中的相关内容。

利用弧形工具绘制弧形图形，调整小黄点位置，得到一条曲线，再复制五条，拉动小黄点适当调整控点位置和图形框的长度，并转动图片上面的旋转柄，使图线转动适当角度，再把这些图形放置在适当位置，得到如图2－3－28所示的图形。

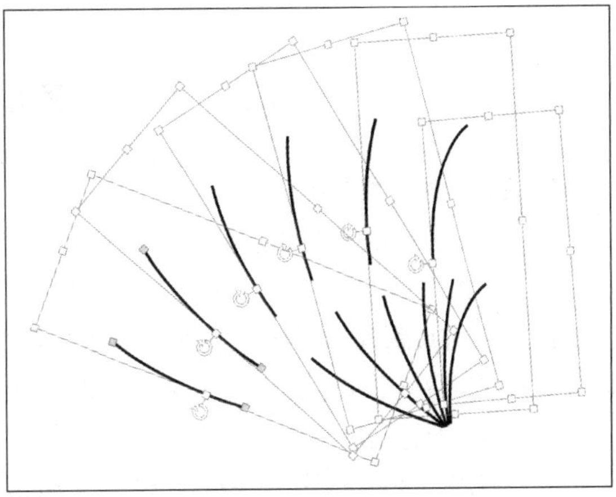

图 2－3－28

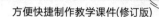

添加小箭头线段，将每个小箭头放置在适当位置，并转动适当的角度(可以在“设置形状格式”窗格“形状选项”的大小与属性中进行角度的微调)，然后与六条曲线组合在一起，复制组合后的图形并“垂直翻转”，放置在下方适当位置，利用对齐工具与五个组合后的椭圆图形对齐排列，如图2－3－29所示。再将左边组合后的图形复制后利用“水平翻转”，放置在右边适当位置，并改变小箭头的方向(选中某一个小箭头，利用“线条”选项下面的“开始箭头类型”和“结尾箭头类型”，改变箭头的方向)，得到如图2－3－25中左边所示的等量异种电荷的电场线图。

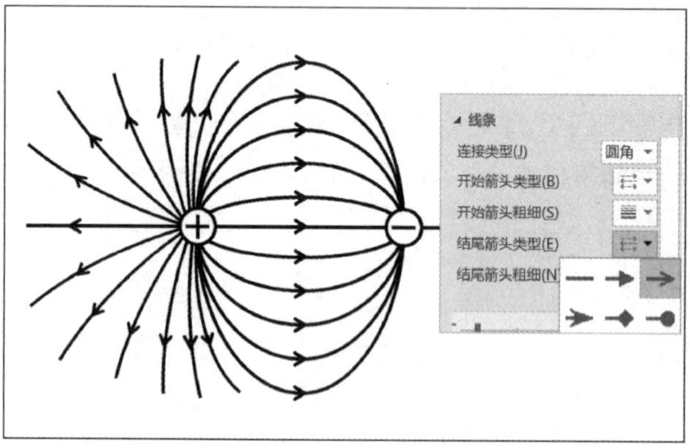

图2－3－29

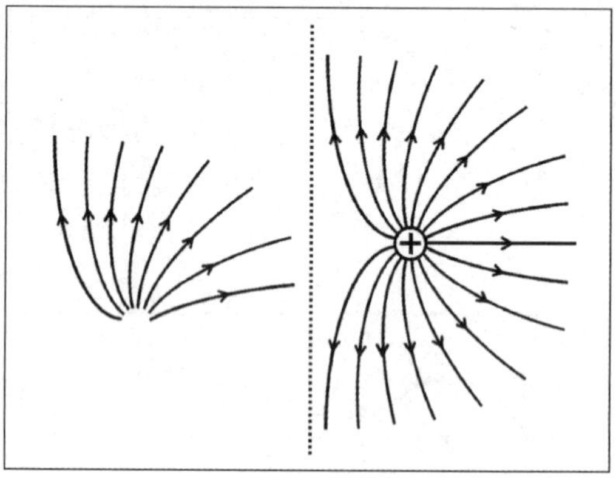

图2－3－30

(3) 等量同种电荷的电场线

仍然利用弧形工具绘制曲线，复制若干个图线，分别旋转并调整小黄方块(控点)位置改变图线的长度，得到八条曲线图形，并放置小箭头，将带箭头的八条曲线组合，如图2－3－30中左边所示。复制该图形，上下翻转180°，放置到下方适当位置，和带一条水平电场线的正电荷图形对齐后组合，如图2－3－30中右边所示。再把右边组合后的图形复制后水平翻转180°，放置到左边适当的位置，最后绘制一条中垂虚线并居中，即得到如图2－3－25中右边所示的等量同种电荷的电场线图形。

第4课　作图中的叠加遮盖思维

1. 绘制交叉小路图形

(1) 绘制曲线并设置格式

如图2－4－1所示，利用“形状”工具中的任意多边形：自由曲线工具，绘制出一条任意曲线A，并设置曲线粗细为“66磅”如图线B，复制并更改设置为“55磅”的白色(为方便辨识设置成灰色)如图线C，B和C对齐排列后组合得到图线D。

(2) 绘制交叉曲线

利用上述相同的方法绘制出交叉曲线，如图2－4－2所示，表示两条立体交叉的小路。

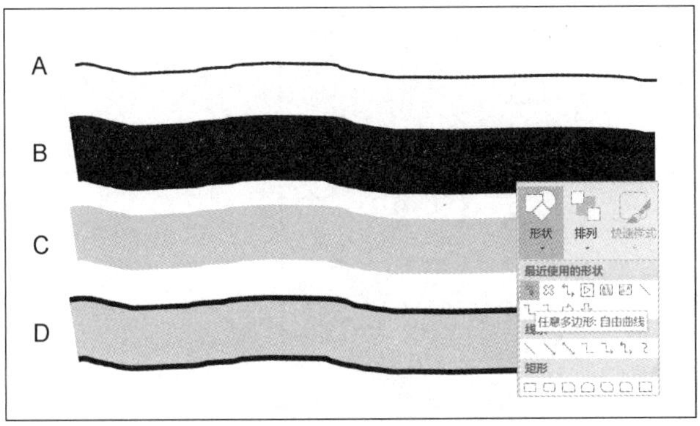

图 2－4－1

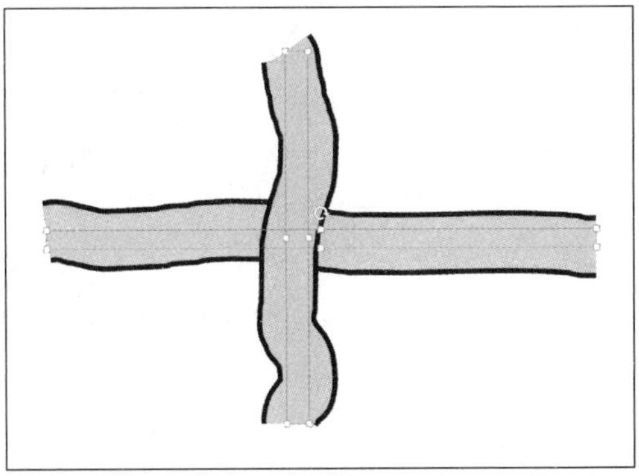

图 2－4－2

（3）设置平面相交小路

要设置平面相交小路，需要把水平白色线条置于顶层。在图 2－4－2 中选中所有图形，取消组合，选中水平白色曲线，在“排列”组中选中“置于顶层”。利用类同的方法可以设置多条相交小路，只要把所有白色线条都“置于顶层”即可，如图2－4－3所示。

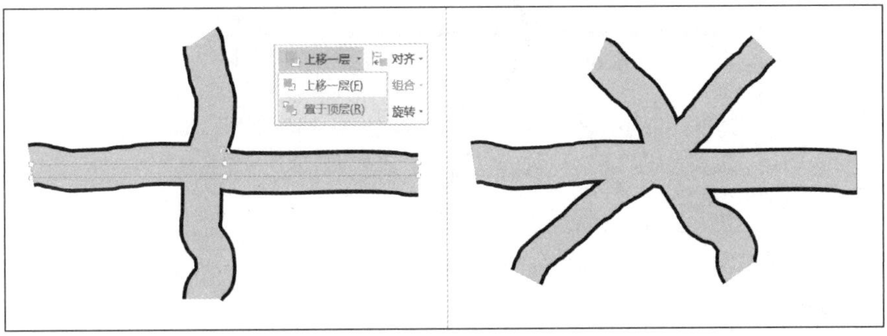

图 2－4－3

2. 钟表表盘刻度线的绘制方法

利用转动对称和叠加遮盖的思维方式，可以做出如图2－4－4所示的标准钟表刻度盘。

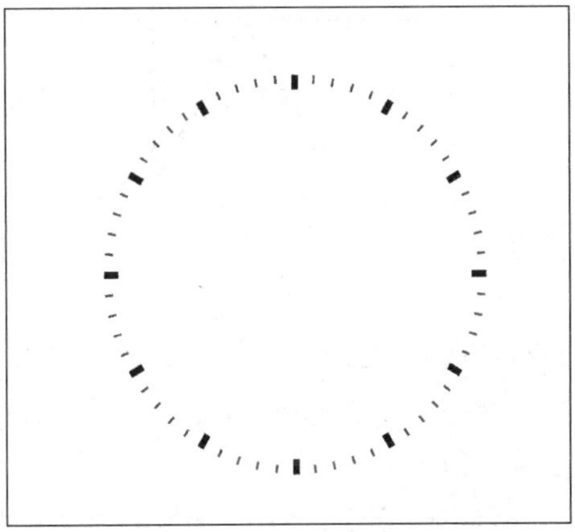

图 2－4－4

（1）复制线段旋转对齐

绘制一条长约 12 厘米、6 磅粗细的黑色水平线段，复制出两条并分别转动正、负60°，如图2－4－5所示。

选中三条线段，利用“对齐”工具中的“水平居中”和“垂直居中”把三条线段居中对齐，如图2－4－6所示。然后把三条线段组合在一起。

（2）复制后再旋转对齐

将图 2－4－6 所示图形复制出一个并转动

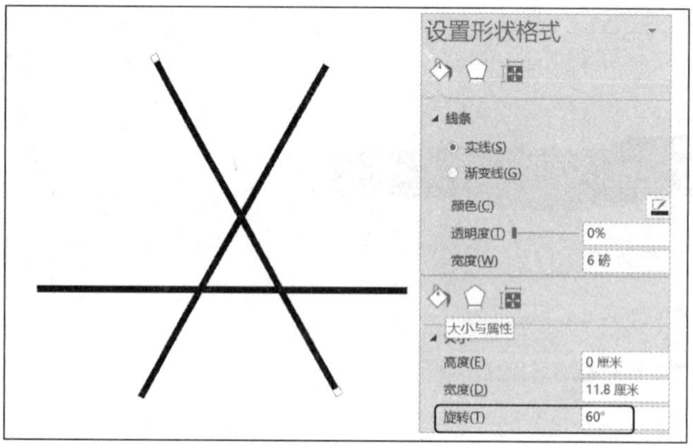

图 2 - 4 - 5

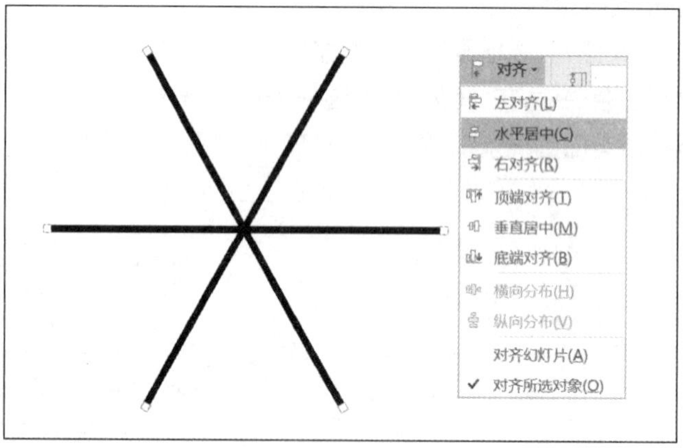

图 2 - 4 - 6

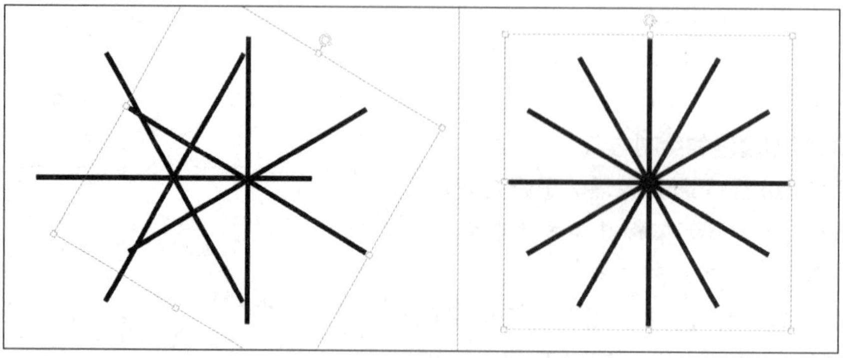

图 2 - 4 - 7

30°,再把两个图形对齐后组合起来,如图2-4-7所示,这样相邻图线间的夹角为30°。

将组合后的图形复制出四个,更改设置为"2 磅"红线,并分别转动6°、12°、18°、24°,如图2-4-8所示。

选中已经旋转了不同角度的四个细线图形,利用"排列"组中的对齐按钮,分别点击"水平居中"和"垂直居中",排列后的图形如图2-4-9所示,然后将其组合。

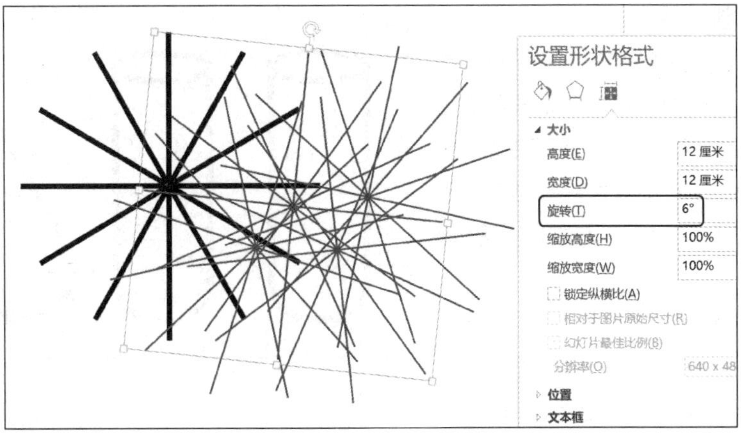

图 2－4－8

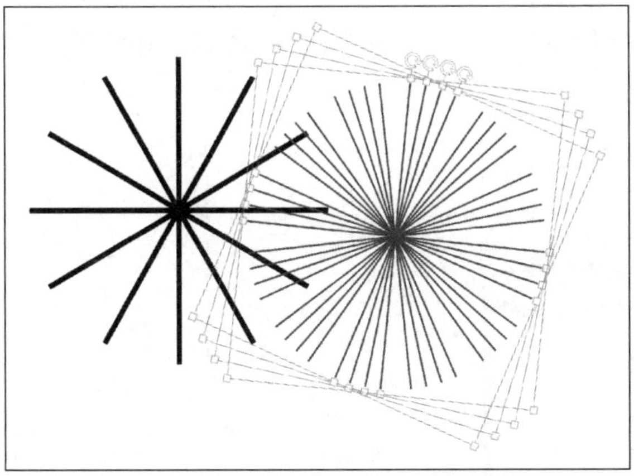

图 2－4－9

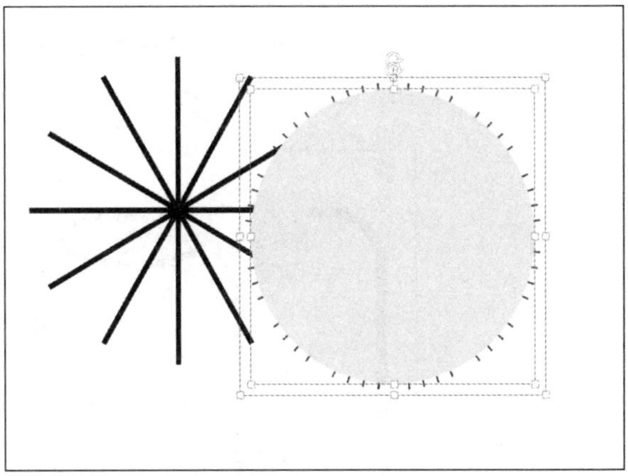

图 2－4－10

(3) 圆形图形遮盖刻度盘

在“形状”选项中，点击椭圆工具按钮，按下 Shift+Ctrl 键，用鼠标从细线图形的中心位置拉动绘制出一个略小于细线图形的圆形图形，“填充”和“边框”均设置为白色(为了便于辨识填充色设置成灰色)，如图2－4－10所示。

将黑粗线组合图形先置于顶层，再复制出一个圆形图形，再置于顶层，为了让黑粗刻度线略长于红细刻度线，可以设置该圆形图形的高度和宽度略小于原来的圆形图形。四个图形叠放的次序如图 2－4－11 所示。再次利用“对齐”工具中的“水平居中”和“垂直居中”功能，将所有图形居中对齐排列后如图2－4－4所示。

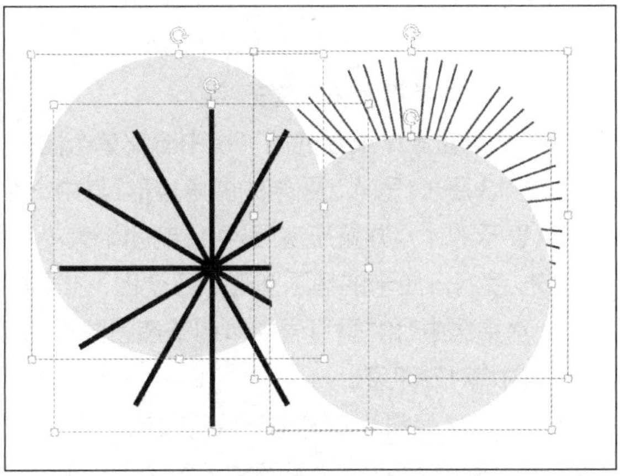

图 2－4－11

3. 试管的绘制

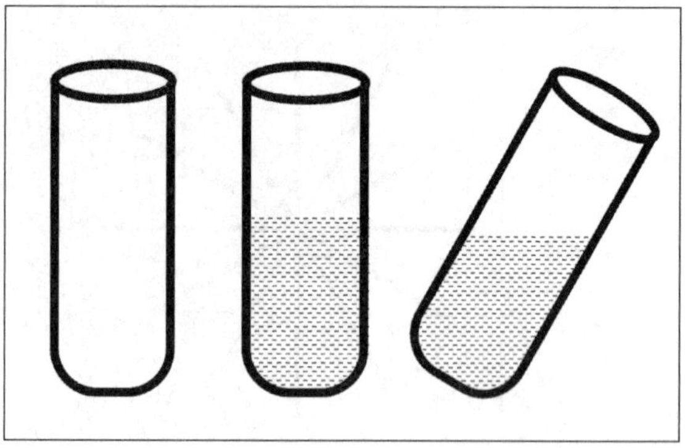

图 2－4－12

教学中需要很多试管图形，如图2－4－12所示是常见的几种试管图。绘制时主要采用叠加遮盖的思维方式，将几个图形按照一定的次序叠放，然后对齐排列即可。下面介绍试管图形的绘制方法。

（1）空试管的绘制

先绘制一个高 13 厘米、宽 4.5 厘米的圆角矩形，再绘制一个适当大小的矩形（为方便阅读设置成灰色），最上面放置一个高 1.5 厘米、宽 4.5 厘米的椭圆形图形，三个图形按层次叠放，调整矩形和椭圆图形的竖直方向的位置，最后全部选中，利用“对齐”工具中的“水平居中”，对齐椭圆和圆角矩形及矩形框图形，如图2－4－13所示。矩形框填充和线条均设置为白色，选中三个图形组合即可。

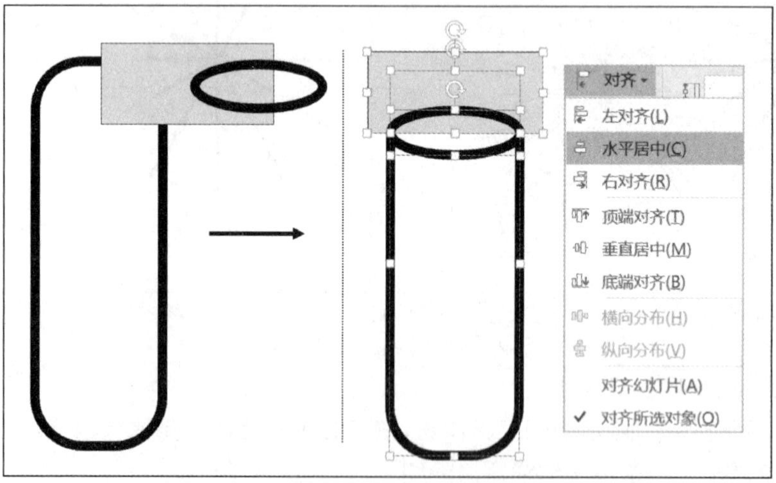

图 2－4－13

（2）半管液体试管的绘制

半管液体试管的图形是由五层单个图形按照一定次序叠放后对齐得到的。两个等大的高 13 厘米、宽 4.5 厘米的圆角矩形，其中一个无线条，填充为“图案”中的横线：交替水平线（表示液体），并置于底层，再绘制两个大小不等的填充和线条均为白色的矩形框和高 1.5 厘米、宽 4.5 厘米的椭圆图形。五个图形按图 2－4－14 中次序叠放，先让两个圆角矩形图形“水平居中”和“垂直居中”，调整椭圆图形的上下高度，并再与两个圆角矩形图形一起“水平居中”对齐即可。

（3）倾斜半管液体试管的绘制

倾角为30°的半管液体试管图形的制作方法与上面的方法类同。由于在倾斜状态下圆角矩形与椭圆对齐不易，所以在如图2－4－15所示原来图形 A 的基础上，把两个圆角矩形、

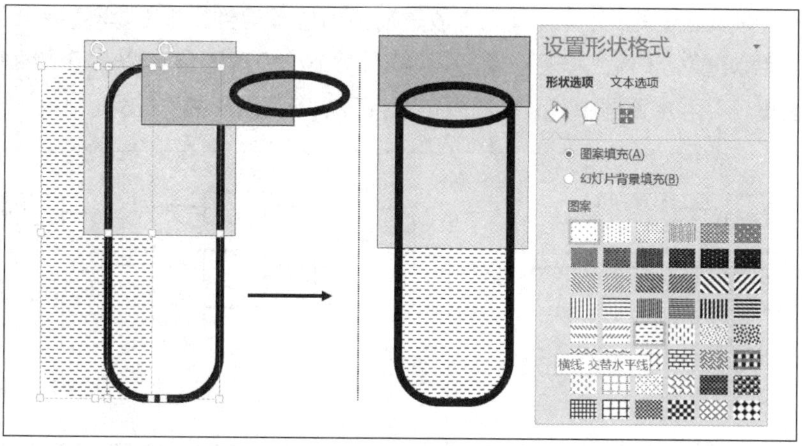

图 2－4－14

一个小矩形和椭圆选中后“组合”起来得到图 B，然后按下 Alt 键，点击右方向键两次使图形向右转动30°得到图 C。最后适当调整大矩形的宽度和位置。

整体转动后全部取消组合，如图2－4－16中图 A 所示，再改变五个图形的叠放次序，将填充为交替水平线的圆角矩形图形置于底层即可得到图 B。

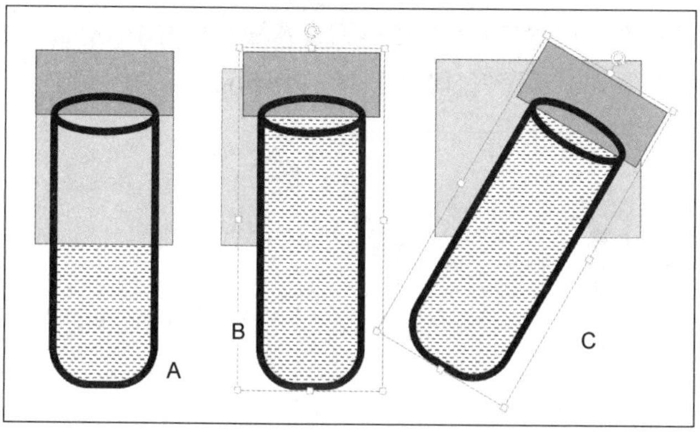

图 2－4－15

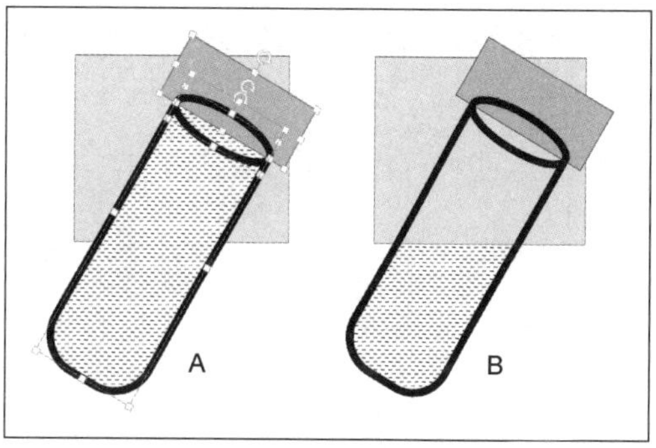

图 2－4－16

4. 纯电阻电路图的绘制

纯电阻电路图的绘制中，需要画大量的导线，一般在纸上绘制电路图时导线是一条线一条线拼接起来的，在计算机上画图要抛开这种纸上作图的传统思维方式，可以用矩形线框代替多条导线，利用多个图形叠加的思维方式，能快速地作出如图2－4－17所示的电路图。

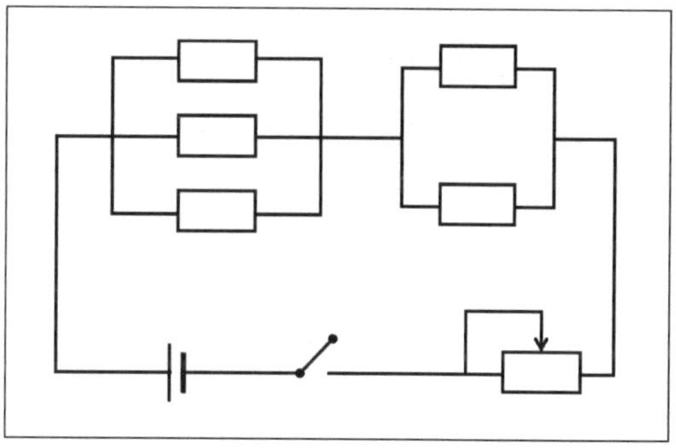

图 2－4－17

（1）用线框替代导线

如图 2－4－18 所示，先绘制出矩形线框 A，

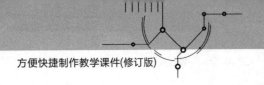

再复制一个无填充色的矩形框，调整大小放置在适当位置得到线框 B，再复制出一个线框，填充色为白色，调整大小得到小矩形图形，再复制两个小矩形得到三个电阻的图形 C，选中三个电阻图形，利用“水平居中”和“纵向分布”，将三个电阻图形整齐排列。

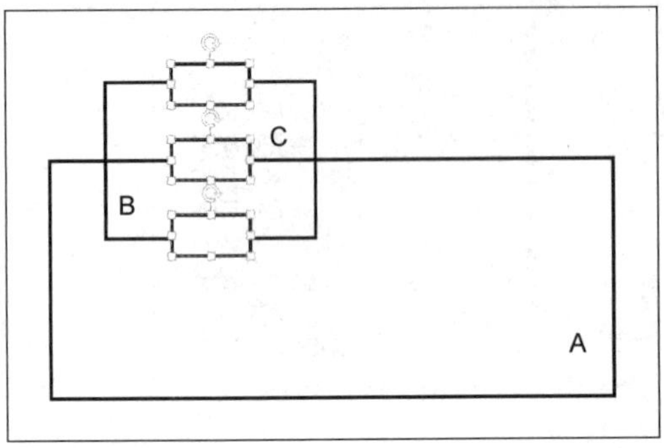

图 2－4－18

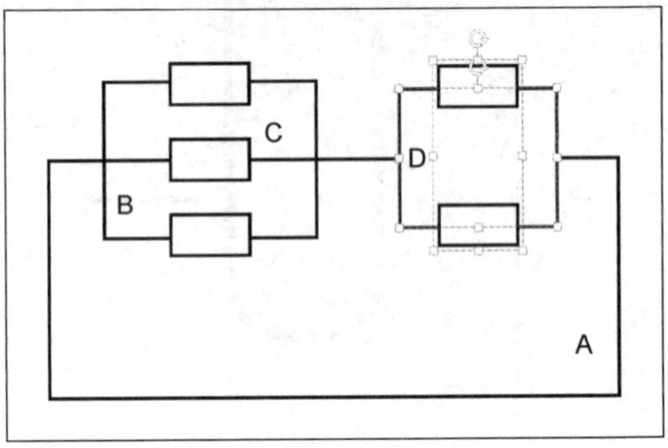

图 2－4－19

（2）绘制电阻图

如图2－4－19所示，利用与上述类同的方法，绘制出白色填充图形 D 和另外两个电阻图形。

（3）绘制电源和开关图形

① 电源图形

绘制两个粗细不同的黑色线段，再绘制一个白色填充（为方便辨识设置成灰色）的小矩形图形，将所有图形放置在适当位置并组合即得到电源图形，如图2－4－20所示。

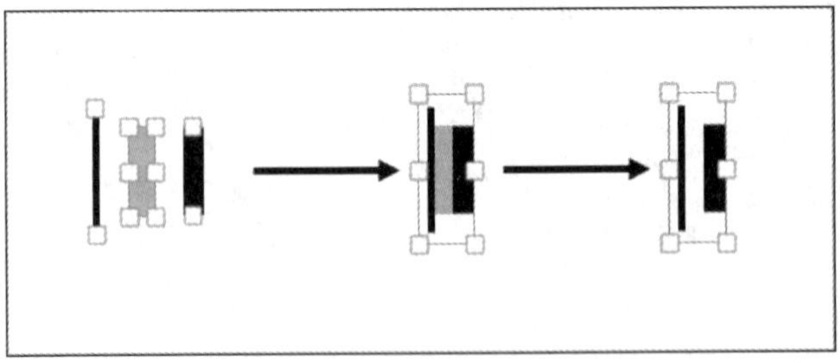

图 2－4－20

② 开关图形

绘制一个线段，在“设置形状格式”窗格中“填充与线条”的“线条”选项中，利用“开始箭头类型”和“结尾箭头类型”设置箭头开始和结尾的形状。再绘制白色矩形框，放置在适当位置并组合即得到开关图形，如图2－4－21所示。

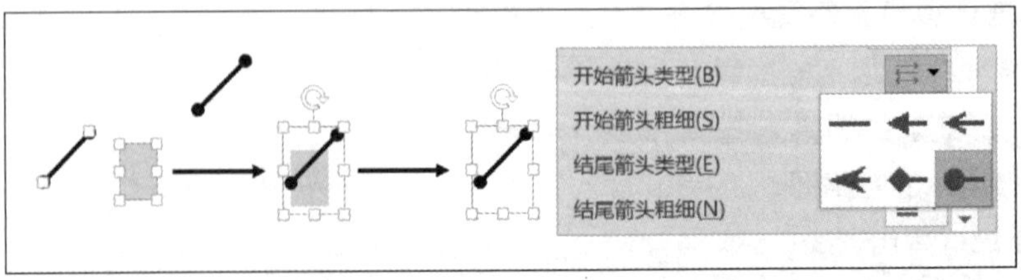

图 2－4－21

（4）绘制滑动变阻器图形

可以用矩形线框代替线段，将表示滑动变阻器的矩形图形“置于顶层”，再添加小箭头线段，三者放置在适当位置，最后添加两个水平小线段即可得到滑动变阻器图形，如图2－4－22所示。

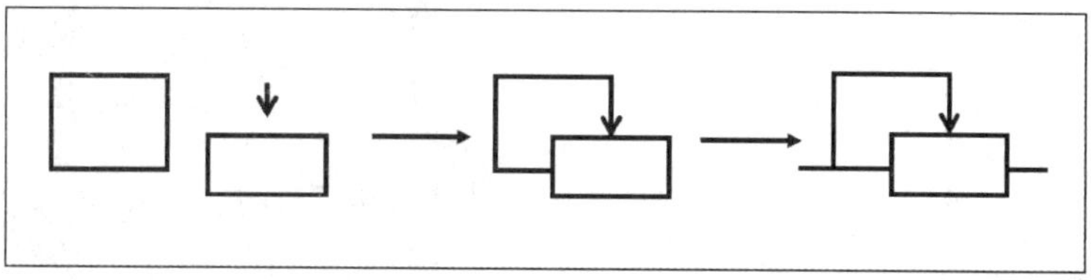

图 2－4－22

也可以利用任意多边形：形状工具绘制折线图形，利用“结尾箭头类型”设置末端为箭头，再绘制矩形图形和线段，将各图形放置在适当位置，即得到滑动变阻器图形，如图2－4－23所示。

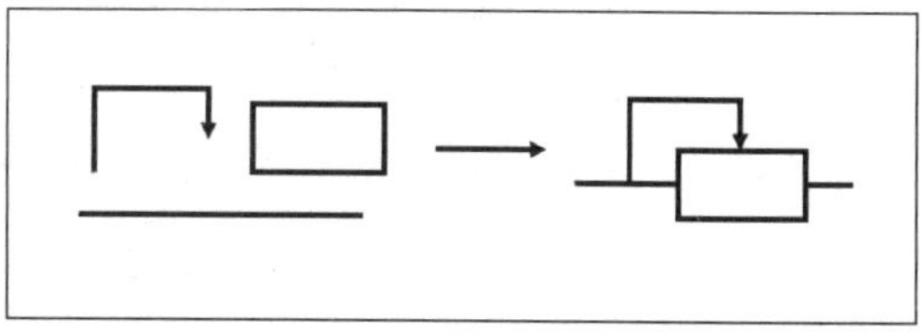

图 2－4－23

5. 螺线管的绘制

在电学教学中，常常用到螺线管图形，可以利用曲线工具和分层叠加遮盖的方法绘制出如图2－4－24所示的各种螺线管图形。

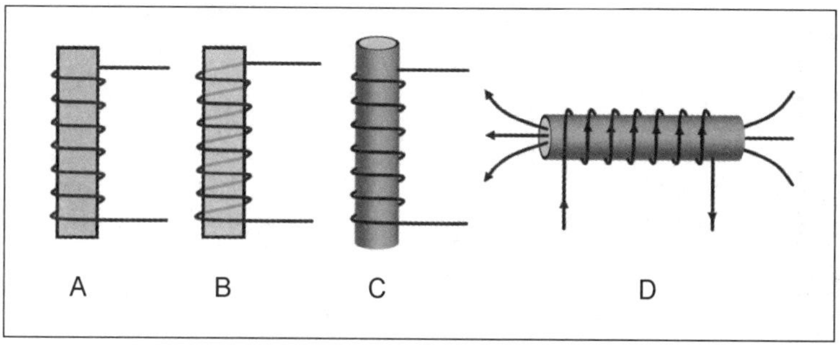

图 2－4－24

（1）螺线管的平面图

先绘制大小适当的矩形框，然后用曲线工具绘制一个弯曲的线段，要尽量使得两端弯曲的部分短一点，如图2－4－25所示。可以把界面放大便于操作调整。

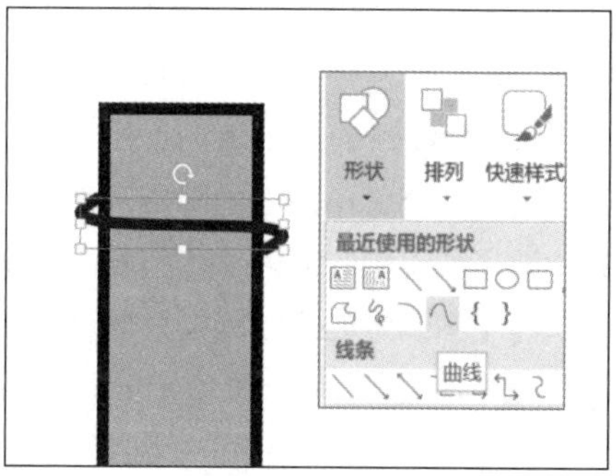

图 2－4－25

选中弯曲线段，右击鼠标，选择“编辑顶点”，如图2－4－26所示，进入曲线段的编辑状态。

在曲线段的编辑状态下，调节曲线上的小黑点和小白点（在小黑点上点击一下，就出现小白点），尽量使得两端的曲线部分短一点,如图2-4-27所示。

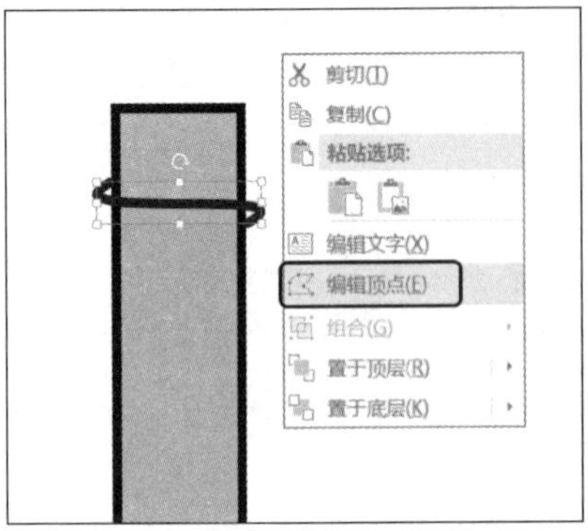

图 2-4-26

图 2-4-27

复制若干个调整好的曲线段,对齐且竖直均匀排列。通过编辑顶点功能调整最下面曲线段右边的小白点和小黑点,使其变为直线段,如图2-4-28所示。上面再添加一个小线段,即可得到图 2-4-24 所示的 A 图形。

要得到图 2-4-24 所示的 B 图形,可在 A 图形基础上添加若干条小短线,且置于底层,再将矩形图形设置为半透明。使曲线段图形在最上层,矩形图形居中,如图2-4-29所示,即得到图 2-4-24 所示的 B 图形。

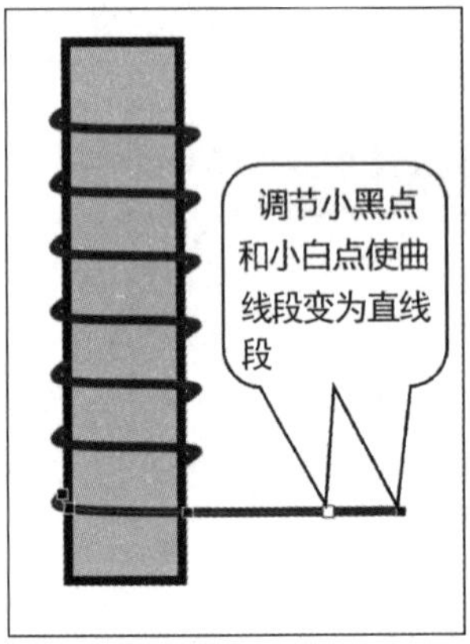

图 2-4-28

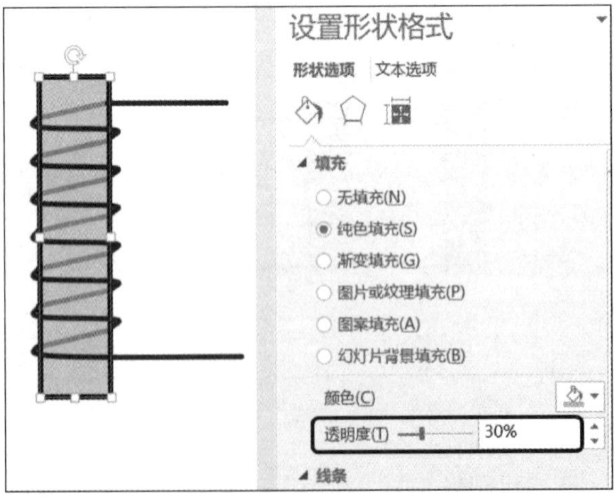

图 2-4-29

(2) 螺线管的立体图

绘制一个大小适当的圆形图形,在“三维格式”中设置“深度”为“200 磅”灰色,在三维旋转中选择预设中的离轴 1: 上,即可得到圆柱体图形,如图2-4-30所示。

将平面图中的曲线段图形整体组合复制过来,将圆柱体图形放置在曲线段图形的下层,调整位置,如图2-4-31所示,即可得到图 2-4-24 所示的 C 图形。

将图 2-4-31 中的 A 图形右转 90°,B 图形左转 90°,调整适当位置即可得到如图 2-4-32所示水平放置的螺线管的立体图。

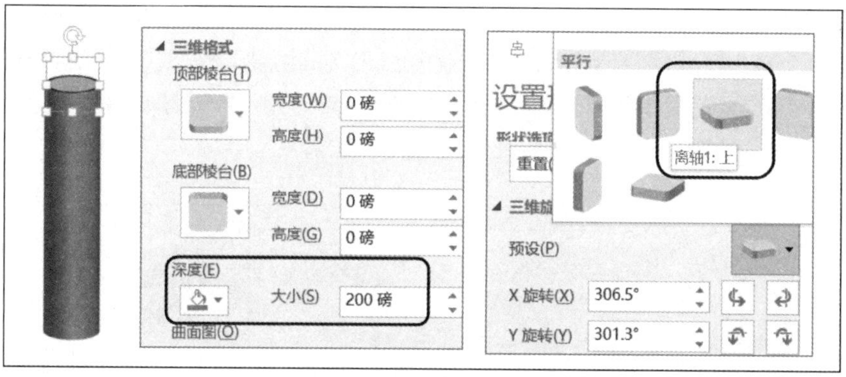

图 2－4－30

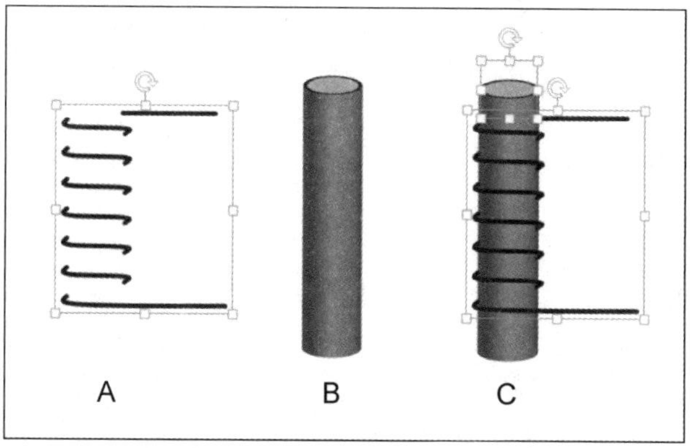

图 2－4－31

如图2－4－33所示，用曲线工具和直线工具绘制图形 A，复制后再左右翻转，得到图形 B，设置箭头效果后，将 A、B 两个表示磁感线的图形放置在图 2－4－32 中的适当位置，并在螺线管上增加表示电流方向的箭头，即可得到图 2－4－24 所示 D 图形。

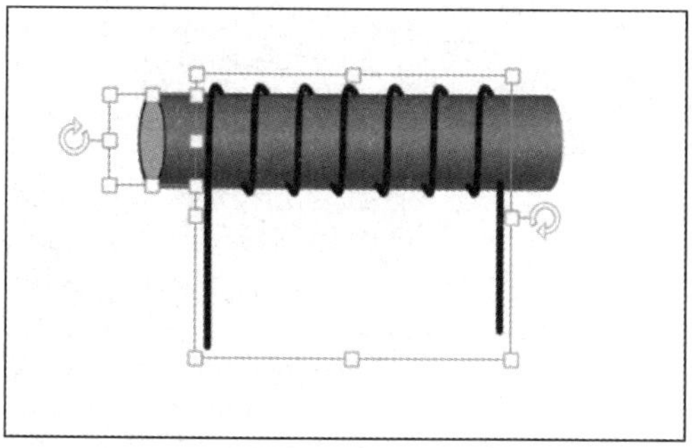

图 2－4－32

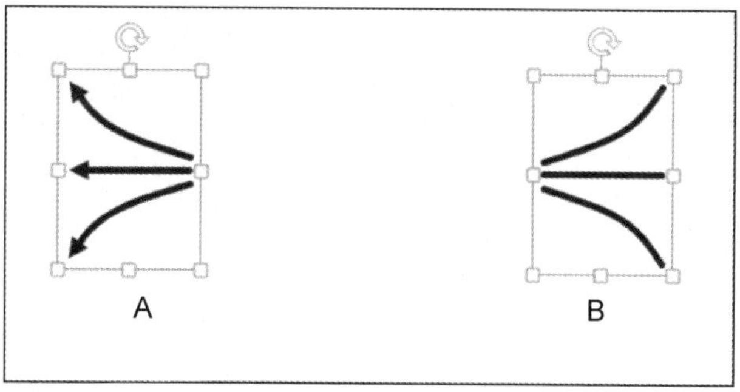

图 2－4－33

6. 几何图形的绘制

在数学教学中，需要绘制很多几何图形，如图2－4－34所示，这些图形可以利用叠加遮盖的思维方式绘制。把几个基本图形分层次叠放，可以得到很多各种形状的几何图形。所需要的基本图形有线段、矩形、饼形、弦形或弧形等。对图形进行精确设置需要使用“对齐”选项中的几个操作工具，若要精确设置饼形图和弦形图的角度，还需要掌握 OK 插件(或 NT 插件)中“控点工具”的简单使用方法(详情参见第六单元第 1 课 1. “形状组”中控点工具相关内容)。下面介绍图 2-4-34 中各几何图形的绘制方法。

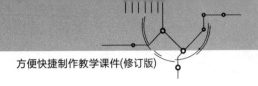

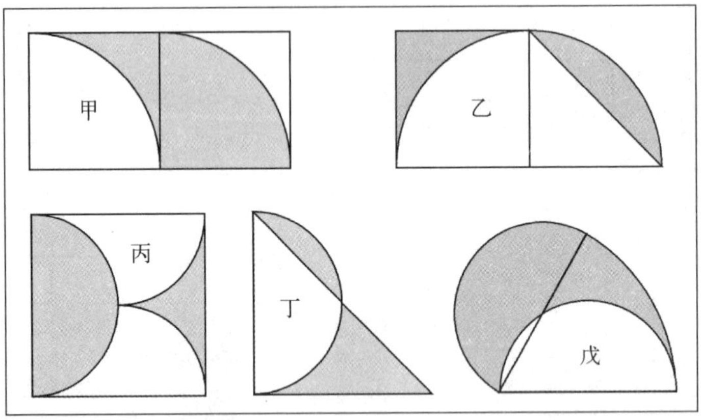

图 2-4-34

(1) 绘制图形甲

在“插入”选项卡“插图”组“形状”中，点击不完整圆工具，按下 Shift 键，绘制一个正饼形图，调整高度、宽度均为 12 厘米，先拉控点到适当位置，再通过控点工具设置控点 1 为“-90”、控点 2 为“0”，得到一个标准的四分之一圆图形，如图 2-4-35 所示。

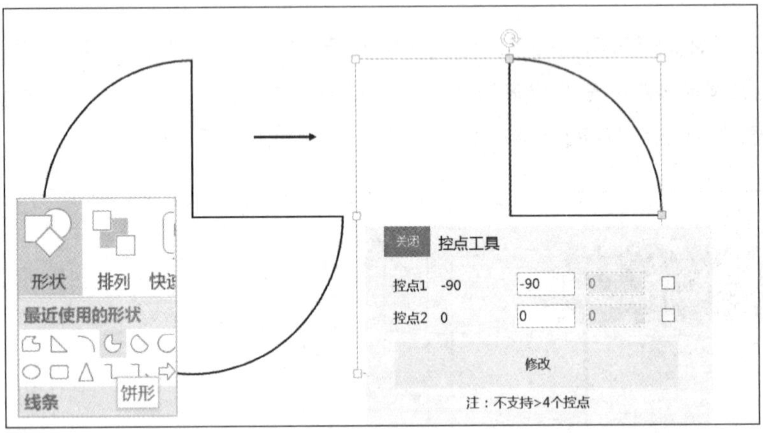

图 2-4-35

绘制边长为 6 厘米的正方形图形 A 和 C，复制图 2-4-35 中图形得到两个四分之一圆的饼形图 B 和 D，A 和 D 填充为灰色，B 和 C 填充为白色，B 和 D 分别置于 A 和 C 的上层，分别选中 A、B 和 C、D，分别使用对齐工具中的“顶端对齐”和“右对齐”，再分别把 A 和 B、C 和 D 组合在一起，如图 2-4-36 所示。然后二者对齐放置，即可得到图 2-4-34 中的几何图形甲。

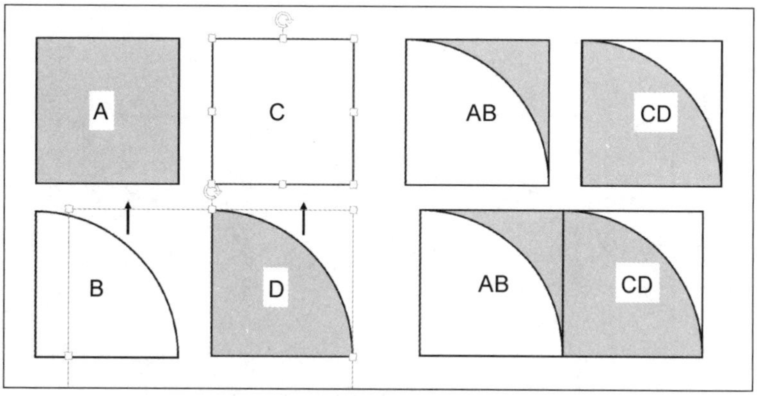

图 2－4－36

（2）绘制图形乙

绘制边长为 6 厘米的正方形图形 A 和宽度、高度均为 6 厘米的直角三角形 D，以及两个直径 12 厘米的四分之一圆的饼形图 B 和 C，A 和 C 填充为灰色，B 和 D 填充为白色，B 和 D 分别置于 A 和 C 的上层，分别选中 A、B 和 C、D 两组图形，分别使用对齐工具中的“顶端对齐”，A、B 再使用“左对齐”，C、D 再使用“右对齐”，如图2－4－37所示。再分别把 A 和 B、C 和 D 对齐后的图形组合在一起，然后二者再对齐放置，即可得到图 2－4－34 中的几何图形乙。

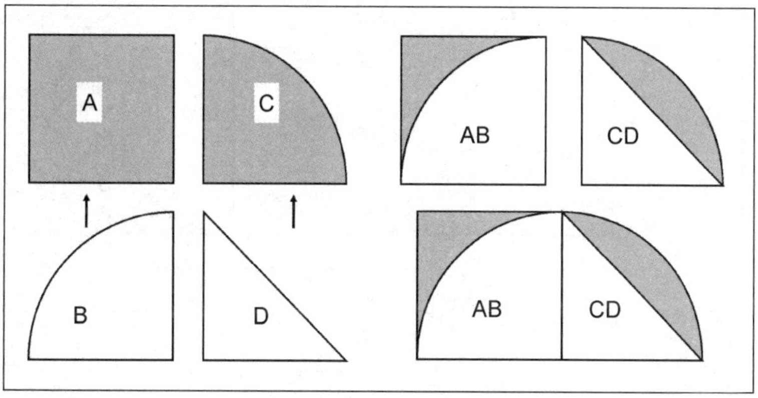

图 2－4－37

（3）绘制图形丙

绘制边长为 8 厘米的正方形图形 D，以及三个直径是 8 厘米的半圆形图 A、B 和 C，A 和 D 填充为灰色，B 和 C 填充为白色，正方形 D 置于底层，B 和 C 分别在中间层，半圆图形 A 置于顶层，半圆图形 B 和 C 对称放置在正方形图形上下两边，半圆图形 A 置于 B、C、D 的上层左侧，如图2－4－38所示。再分别把对齐后的 A、B、C 和 D 四个图形组合在一起，即可得到图2－4－34 中的几何图形丙。

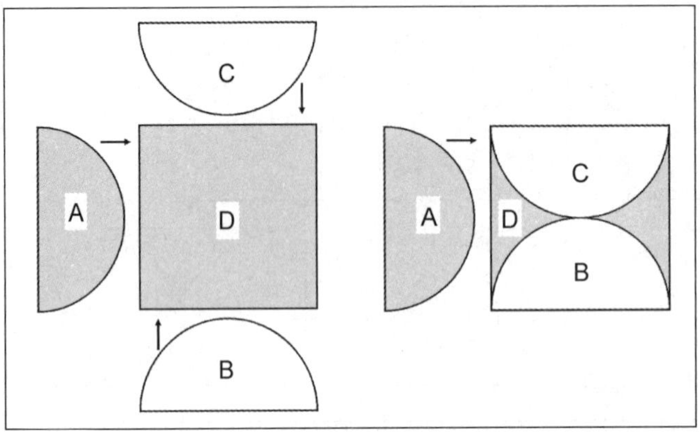

图 2－4－38

(4) 绘制图形丁

绘制宽和高均为 8 厘米的直角三角形图形 B，以及两个直径是 8 厘米的弦形图 A 和 C，A 为半圆形，C 为圆心角为90°的弦形图形(利用控点工具调整控点角度)，B 和 C 填充灰色，A 填充白色，直角三角形 B 置于底层，A 在中间层，小弦形图形 C 置于顶层，半圆的直径与三角形的高重合对齐，如图2－4－39所示。小弦形图形的弦与三角形的斜边重合对齐。再把对齐后的 A、B、C 三个图形组合在一起，即可得到图2－4－34中的几何图形丁。

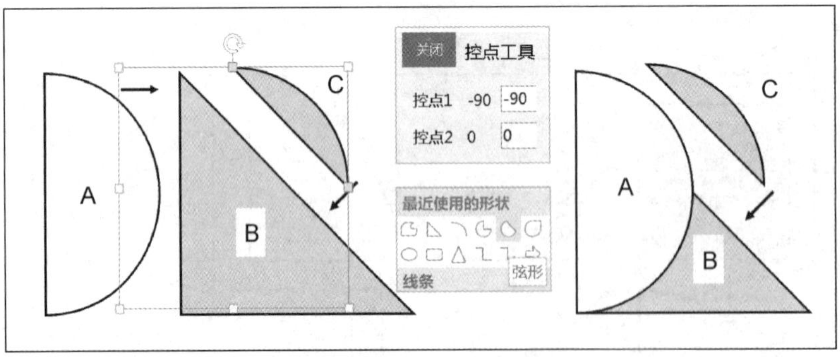

图 2－4－39

(5) 绘制图形戊

绘制三个饼形图形 A、B 和 C(弦形图和饼形图都可以设置为半圆形图形)，A 和 C 的直径均为 8 厘米，B 的直径为 16 厘米，饼形半圆图形 A 的两个控点值分别是“120”和“－60”，即弦线与水平线夹角为60°，饼形图形 B 的两个控点值分别是“－60”和“0”，即图 B 为所对圆心角为60°的扇形图，图形 C 为水平放置的填充色为白色的半圆图形，A 和 B 的填充色为灰色，另有一根长为 8 厘米的 3 磅的线段 D。A、B 置于底层，C 在中间层，A、B 两个图形拼接在一起，半圆形图形 C 底边与扇形图形 B 底边重合，线段 D 与 A、B 两图的交界线重合且置于顶层，如图 2－4－40 所示。再把对齐后的 A、B、C、D 四个图形组合起来，即可得到图 2－4－34中的几何图形戊。

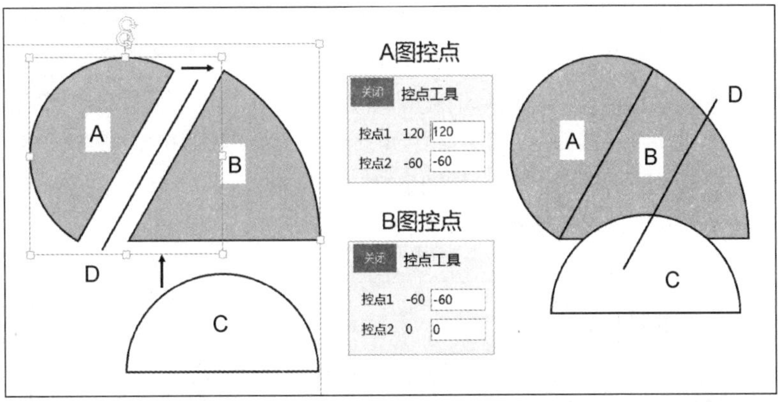

图 2－4－40

第 5 课　图形变为图片格式

在课件制作中常常需要处理“图”的问题，要注意图形和图片是不同的，利用系统自带的“形状”选项绘制的图，叫做“图形”，选中图形时，在“绘图工具”中的“格式”选项卡下面的功能区中有若干个不同的组，可以进行设置图形的填充边框等格式的操作。网络下载的图、截图软件截取的图或插入的照片都称为“图片”，选中图片时，可见界面上“图片工具”中的“格式”选项卡，使用功能区各组中的工具可以设置图片的样式和图片的颜色等格式，特别是利用“裁剪”工具，可以对图片进行裁剪。而绘制的图形是不能裁剪的。如果要裁剪绘制的图形，可以利用“选择性粘贴”的方法改变图形的格式，即将“图形”变为“图片”，然后对图片进行裁剪。下面以套环图片的制作为例进行说明。

1. 制作套环图片

将绘制的圆环形图形改变格式后变为图片再裁剪，然后拼接在一起，可以得到如图 2－5－1所示的套环图片。下面说明制作的方法。

图 2－5－1

（1）绘制两组图形

绘制高度和宽度均为 4.8 厘米且线条为 18 磅粗细的无填充色的圆形图形，复制若干个并设置成不同的颜色，且将右边的图形置于左边图形之上，对齐排列后组合起来。再复制出一个组合后的图形，取消组合后利用“排列”组中的“上移一层”工具把左边的图形依次置于右边图形之上，如图2-5-2所示。即上图为右边图形压左边图形，下图为左边图形压右边图形。分别把两组图形组合起来。在下图中调整上下层叠放次序时，选中图形时一般不可直接点击，可以在某一圆形图形的左上角用鼠标向右下拖动，这样可在不接触图形的情况下选中该图形，以保证下面各图形的位置不变。

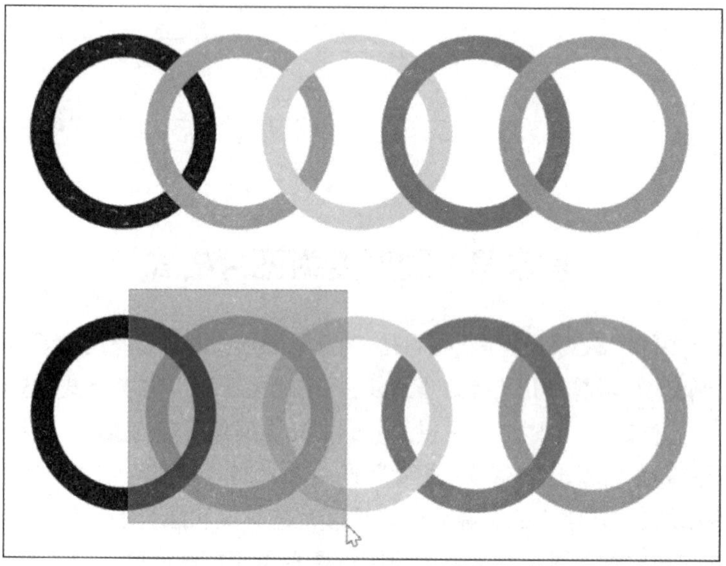

图2-5-2

(2) 选择性粘贴

通过选择性粘贴，可变图形为图片的格式，以便对图片进行裁剪。选中图2-5-2中下面组合后的图形，复制后在“开始”选项卡的“剪贴板”组中，点击“粘贴”按钮，再选中“选择性粘贴”。在“选择性粘贴”对话框中，选取“图片(Windows 元文件)”，如图2-5-3所示。或者选取“图片(增强型图元文件)”等，点击“确定”后即可得到改变了格式的图片。

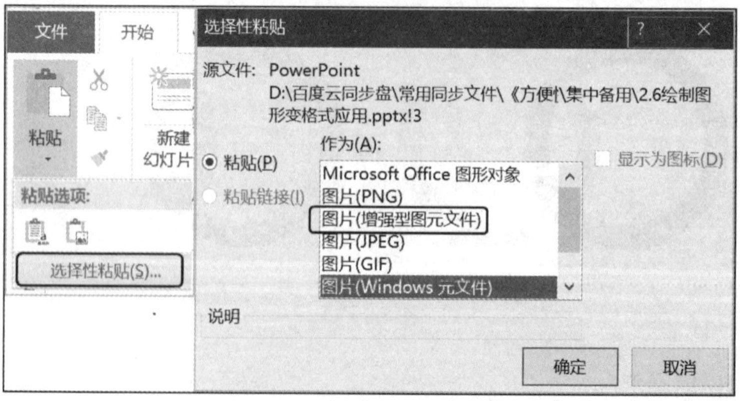

图2-5-3

（3）裁剪图片

选中复制粘贴后的图片，在“图片工具”栏的“格式”选项卡中，点击右边的“裁剪”工具按钮，图片周围出现 8 个裁剪操作柄，将中间上方的裁剪柄向下拉到图片中心位置，即可把图片裁剪掉一半，如图2－5－4所示。裁剪后鼠标在图形外区域点击一下，退出裁剪状态。裁剪图片的操作方法详见第一单元第 5 课 3. 图片的裁剪和切割中的相关内容。

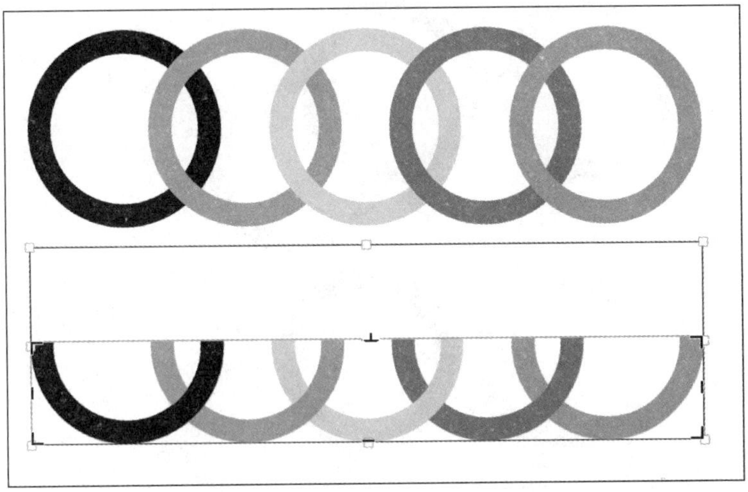

图 2－5－4

（4）组合图片

将裁剪后仅保留下半部分的图片，放在上面右环压左环图形的下部，调整位置对齐放置，再将二者组合在一起，就得到了一个表面上看环环相扣的图片，如图2－5－5所示。

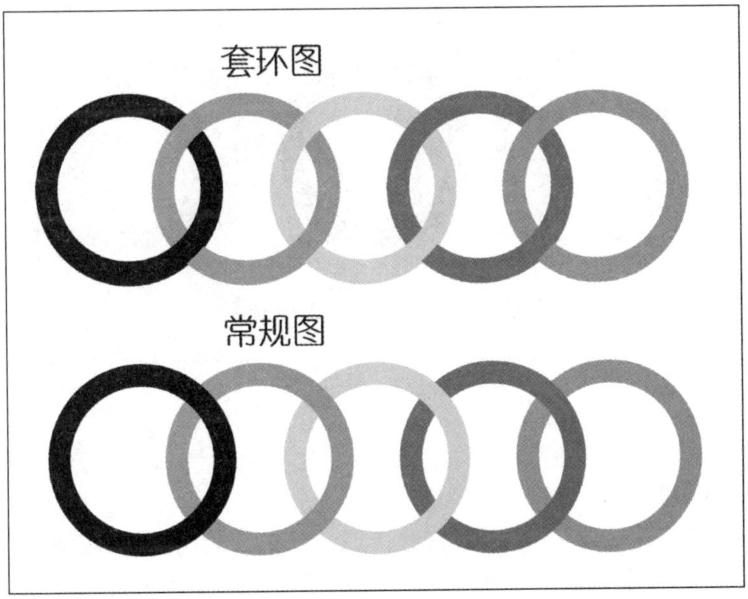

图 2－5－5

（5）制作五环图

如图2－5－6所示，绘制五种颜色的圆环形图形，放置在适当的位置，上图为左边图形压右边图形，将上图组合后复制出一个置于下方，再改变下图中图形的叠放次序，使得下图为右边图形压左边图形，再把下图组合起来。

图 2－5－6

将下面的图形改变格式后裁剪一半仅保留下半部分，放置于上方图形的下部并对齐，得到的五环图如图2－5－7所示。

图 2－5－7

2. 三角函数图线的剪裁

按照在第一单元第 3 课 7. 基本图形的绘制中介绍的三角函数图的绘制方法，可以绘制出如图2－5－8所示的三角函数图线。要得到不同初相位的三角函数图线，可以通过把原图线改变为图片格式后再裁剪的方法实现。

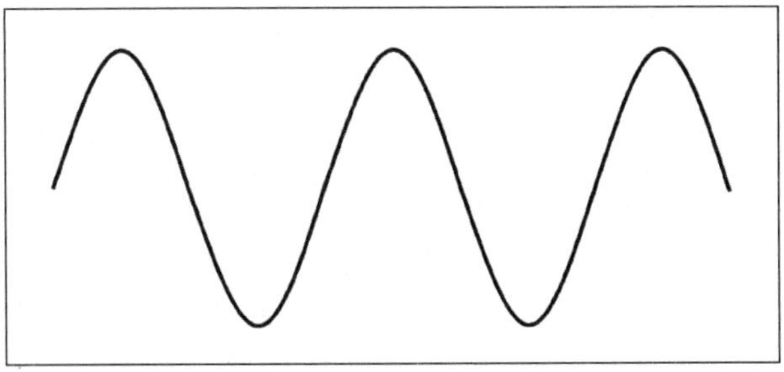

图 2-5-8

（1）裁剪三角函数图线

选中原来的三角函数图线点击“复制”，复制后在“开始”选项卡的“剪贴板”组中，点击“粘贴”按钮，再选中“选择性粘贴”，得到一个改变了格式的图片。选中复制粘贴后的图片，利用“裁剪”工具，将图片的左右部分裁剪后可得到如图2-5-9所示函数图线。

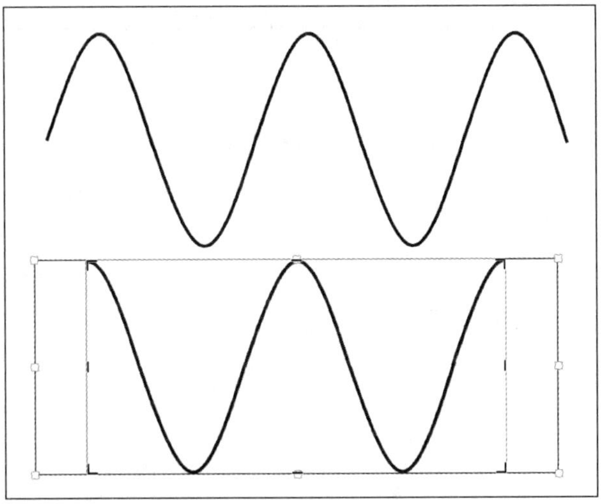

图 2-5-9

（2）制作三相电流图片

把原来的图线复制两个，并改为虚线（也可改为其他颜色），放置在相应位置，如图2-5-10所示。

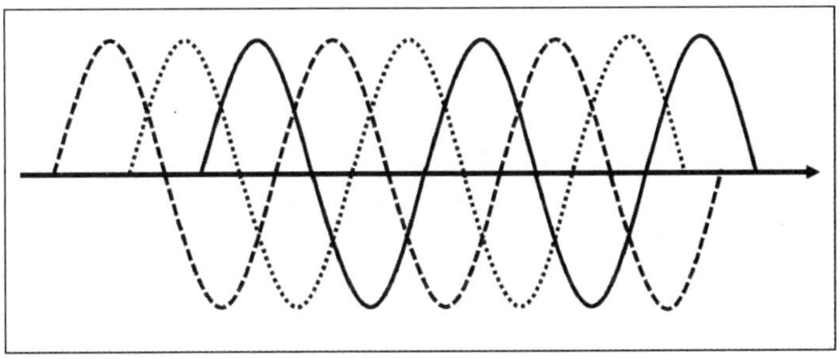

图 2-5-10

复制后利用选择性粘贴将图形改变为图片格式，再对图片的左右两部分分别裁剪，如图2－5－11所示。

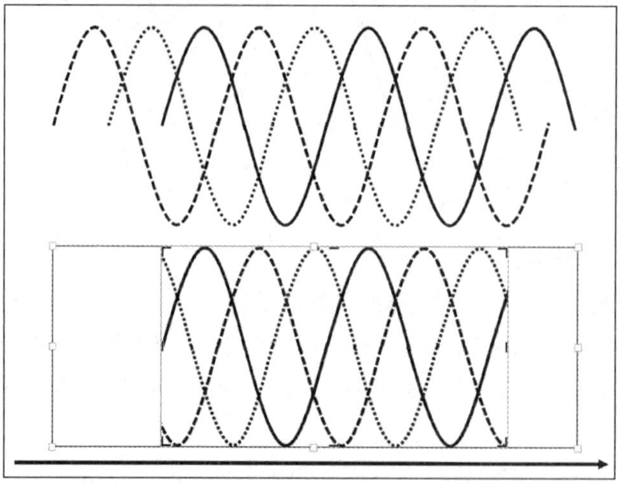

图 2－5－11

添加坐标轴后可以得到三相交流电的图片，如图2－5－12所示。

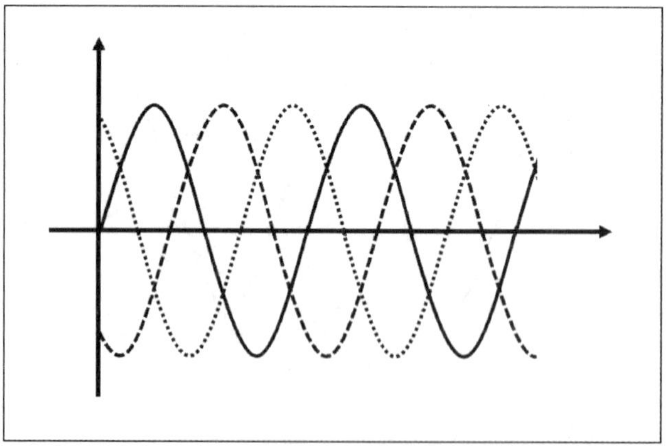

图 2－5－12

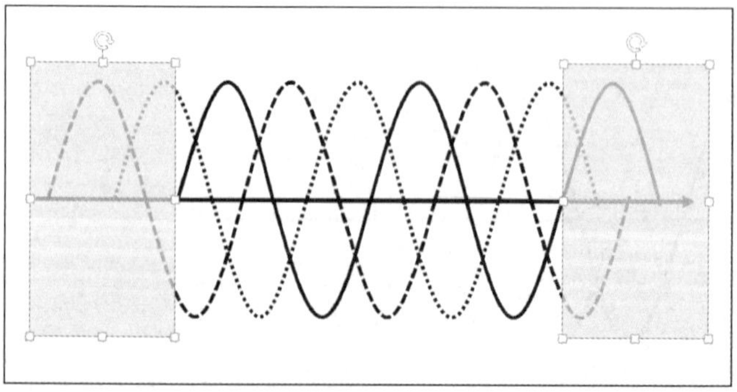

图 2－5－13

(3) 利用遮盖的方法得到图线

前面是利用改变图线格式后裁剪的方法得到任意相位的三角函数图线，也可以利用遮盖的方法，即利用两个白色矩形图形遮盖住两端（为方便辨识设置成半透明的灰色），得到的图片如图2－5－13所示。

3. 半管液体试管的制作

在本单元第 2 课 4. 图案填充的特殊应用中，试管图是利用不同图形填充的方法绘制的，利用改变格式后裁剪的方法也可以得到试管图，如图 2－5－14 所示。绘制方法如下：

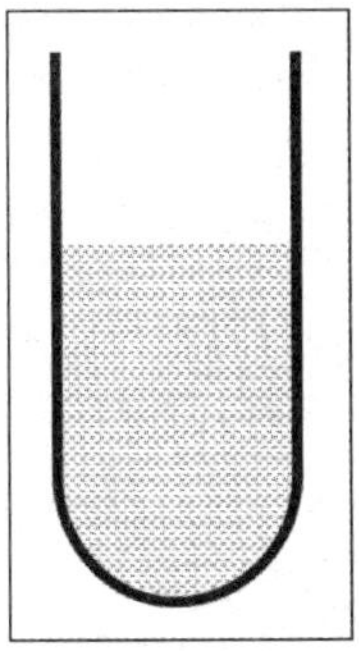

图 2－5－14

（1）制作试管壁

利用“形状”中的矩形圆角工具按钮，绘制一个高 14 厘米、宽 5 厘米、线条 6 磅粗且无填充的圆角矩形图形，调整小黄点（控点）居于上部中间，上下即为半圆形状，如图 2－5－15 所示。

把原来的图形复制（Ctrl+C）后，利用“选择性粘贴”工具转换为图片格式（如 PNG 格式），再利用图片的裁剪工具，剪除掉上半圆部分，如图 2－5－16 所示，即可得到试管壁图片。

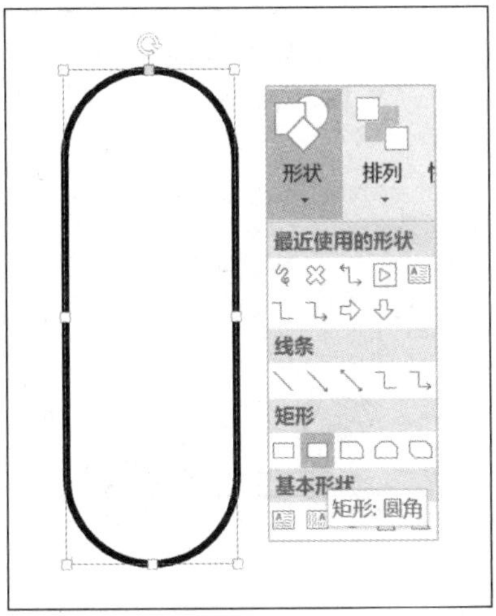

图 2－5－15

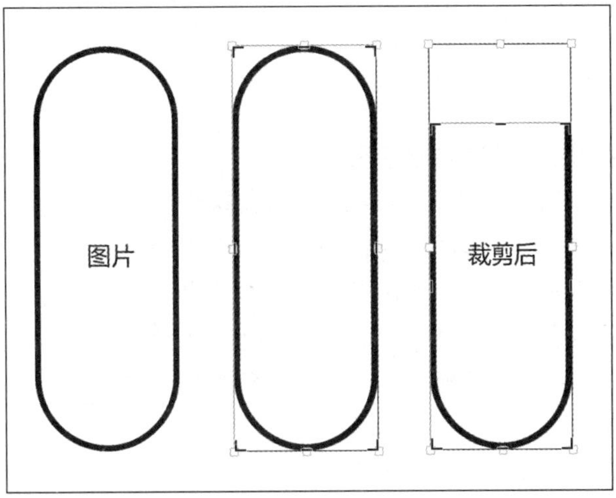

图 2－5－16

（2）制作液体部分

将原来圆角矩形图形（非图片）复制后填充为横线：交替水平线，边框设置为“无线条”，如图 2－5－17 所示。

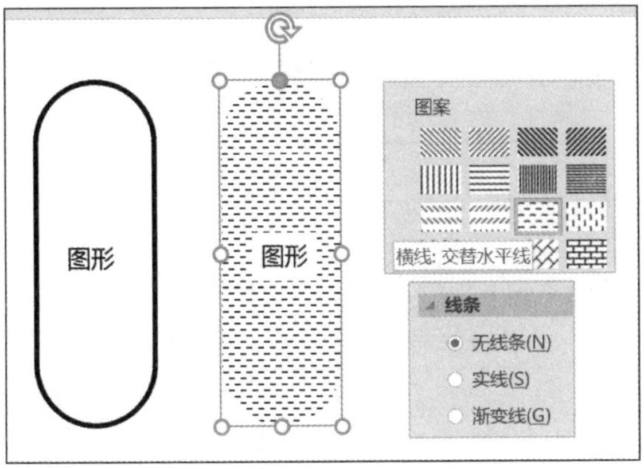

图 2－5－17

把填充后的图形复制（Ctrl+C）后，利用“选择性粘贴”工具转换为图片格式（如 JPEG 格式）（填充样式会有变化），再利用图片的裁剪工具，剪除掉图片上半部分，如图 2－5－18 所示。

（3）组成试管图

将试管壁图片和表示液体的图片（非图形）放置在一起，且令试管壁图片居于上层，利用对齐工具中的“底端对齐”和“水平居中”使得两个图片对齐排列，如图2－5－19所示。对齐排列后组合即可得到如图2－5－14所示的试管图。

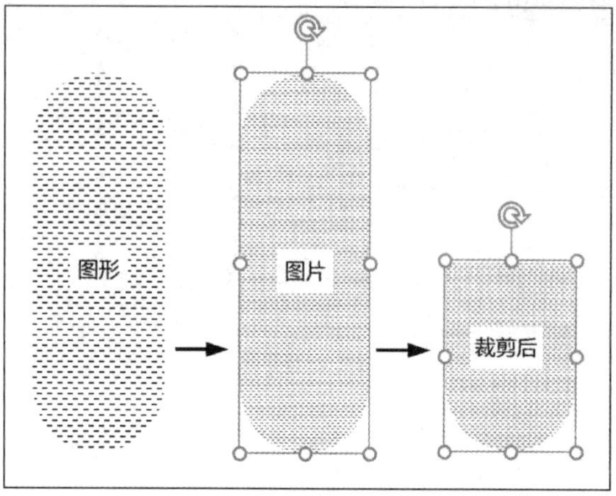

图2－5－18

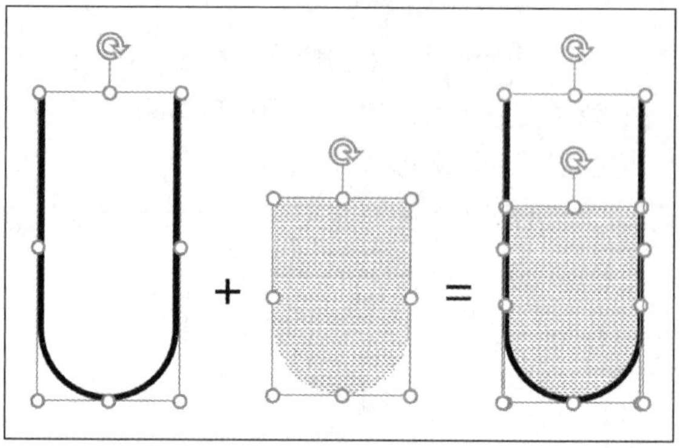
图2－5－19

4. 图形绘制的综合应用

利用任意多边形：图形工具绘制折线，利用“选择性粘贴”改变图形格式后裁剪，利用“流程图”绘制滑轮，使用不同的图案填充，在“插入”选项卡“图标”工具的“车辆”组中，选择汽车图标插入，组合后可以得到如图2－5－20所示的效果图。下面说明各部分绘制的方法。

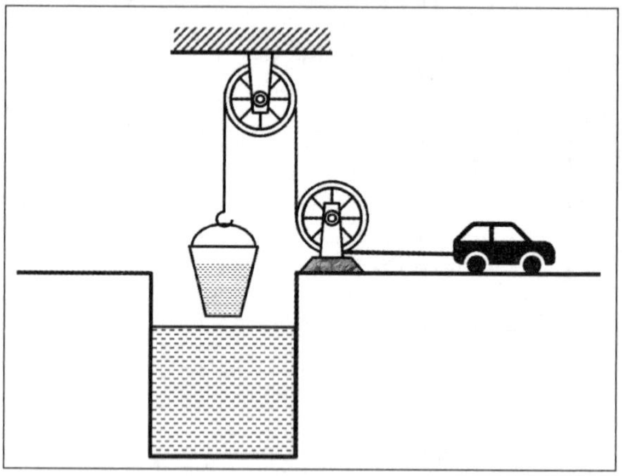
图2－5－20

(1) 绘制井及水图形

用任意多边形：图形工具绘制一条折线，再绘制一个矩形图形并填充为“图案填充”中的横线：交替水平线，然后将矩形图形置于底层，如图2－5－21所示。

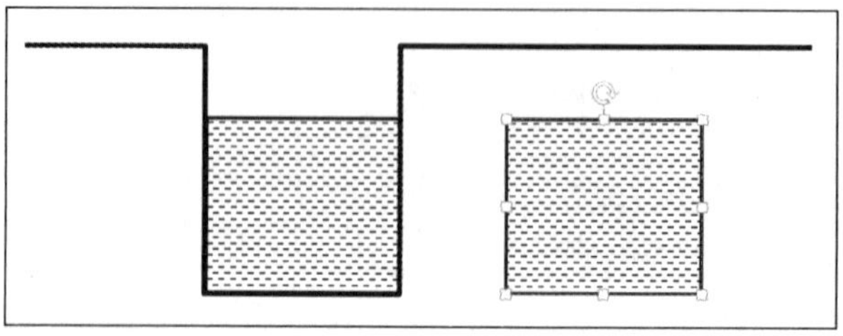
图2－5－21

(2) 绘制水桶及提手图片

如图2－5－22所示，利用绘图工具绘制一个无填充梯形图形A(用鼠标上下拉动可以改变梯形的形状)，复制一个后去掉线框，再用“图案填充”中的横线：交替水平线填充得到图形 B，利用“选择性粘贴”改变原来的图形格式为图片格式，得到图片 C(填充样式会变化)，利用裁剪工具得到图片 D，再把图片 D 放置在图形 A 中，且置于底层，得到半桶水图 E。

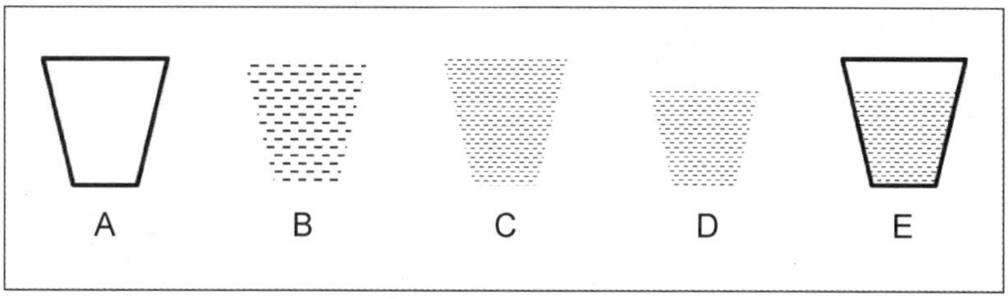

图 2-5-22

如图2-5-23所示，利用绘图工具中的弧形工具，按下 Shift 键用鼠标绘制一个四分之一圆弧，调整控点的位置，得到四分之三圆弧图 A，复制一个后再调整控点的位置得到半圆形图，再适当调整图的高度，得到图 B，缩小图 A，与 B 一起放置在适当位置，添加竖直线，得到提手挂在钩子上的水桶图 C。

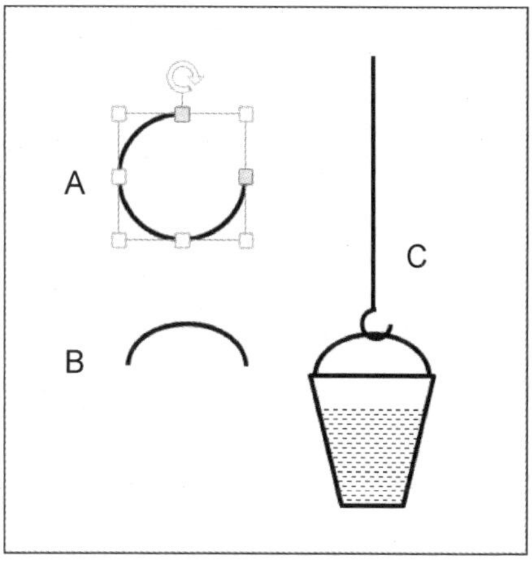

图 2-5-23

(3) 绘制滑轮

如图 2-5-24 所示，绘制矩形图形，用图案中的对角线：宽上对角填充并去掉边框线得到图 A，绘制线段 B，放置在适当位置组合后得到天花板图 C。

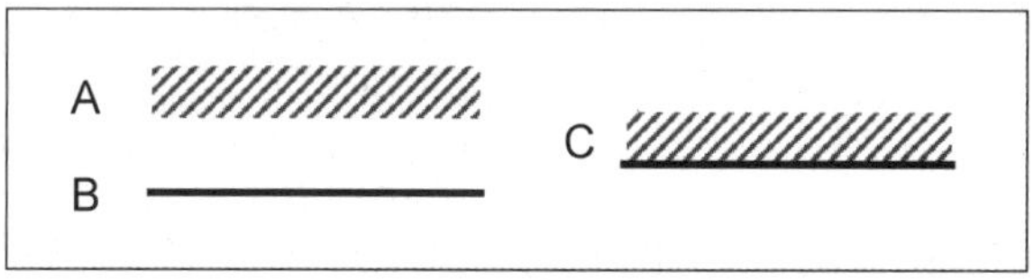

图 2-5-24

如图2-5-25所示，利用绘图工具“形状”中的“流程图”项目中的流程图：或者绘制一个没有填充色的图形 A，复制一个后旋转45°得到图 B，再绘制一个略大的没有填充色的圆形图 C，三者对齐后组合得到轮子图 D。图线均设置为 3 磅。

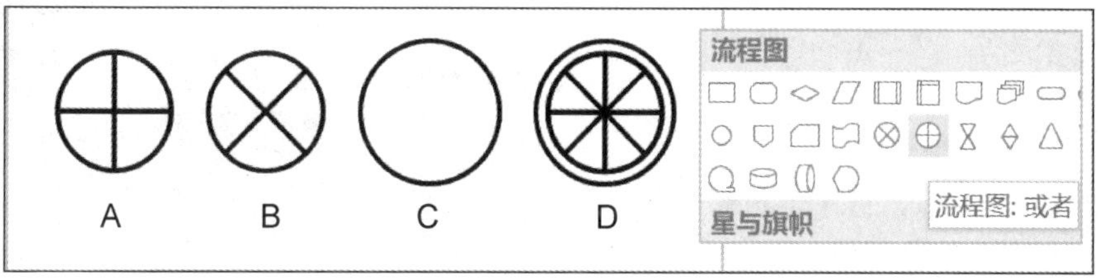

图 2-5-25

如图2－5－26所示，绘制一个梯形图A和同心圆形图B，与轮子、天花板等图形放置在一起后得到图C。

再复制出一个滑轮图形，并将梯形图形翻转后置于适当位置，再绘制一个纹理填充的梯形图形，将所有图形分别放置在适当位置，得到如图2－5－27所示的效果图。再将前面的水井图和在“插入”选项卡中利用“图标”插入的汽车图放置在适当位置，即可得到图2－5－20所示的效果图。

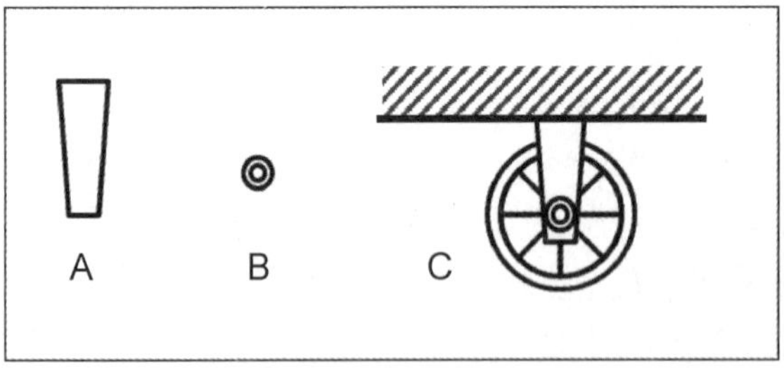

图2－5－26

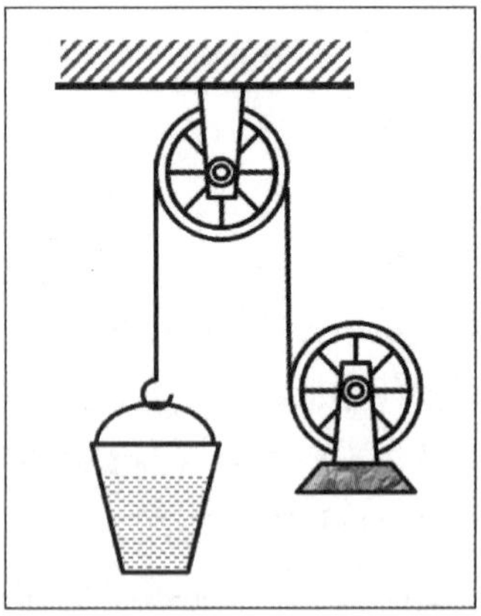

图2－5－27

第6课　合并形状的神奇应用

2013版本以上的合并形状功能，可以用于拼接教学中几乎所有图形，可以对图形（或图片）进行任意裁剪，给课件制作中图形的绘制带来极大的方便。

1. 形状的合并功能

选中多个叠放在一起未组合的图形，在“格式”选项卡的“插入形状”组中，点击“合并形状”按钮，有五个合并形状选项供选用。如图2－6－1所示，圆形图A和矩形图B，放置在一起得到图C，选中图C中的两个图形，可以进行合并形状中的不同选项的操作。各操作分别介绍如下：

①“结合”选项

上层图形与下层图形融为一体，结合后形状的填充色和线条保持顶层图形的格式。2013版本中“结合”叫做“联合”。

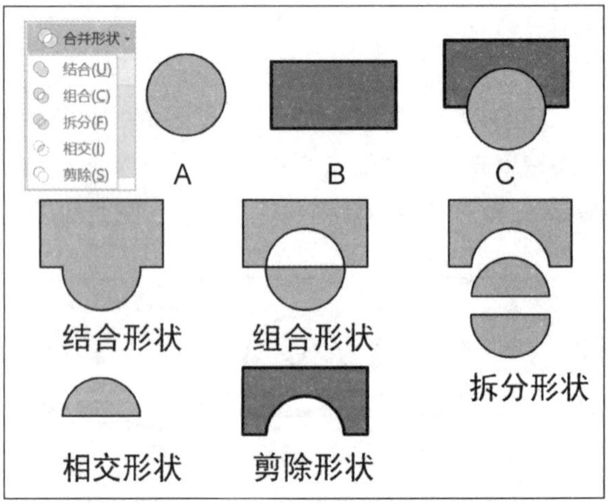

图2－6－1

② “组合”选项

删除上层图形与下层图形的交集后融为一体，组合图形的填充色和线条保持顶层图形的格式。

③ “拆分”选项

多个图形的相交部分相互裁剪，被裁剪的以及相交的部分用鼠标拖动后可各自分离，并保持顶层图形的格式。

④ “相交”选项

留下上层图形与下层图形相交的部分，并保持顶层图形的格式。

⑤ “剪除”选项

在下层图形上裁剪掉与上层图形重合的部分，并保持下层图形的格式。通常适用于两个部分重合的图形。

使用“合并形状”功能时，所有图形不可组合，即每个图形都要以独立图形的形式出现。由于“剪除”选项是在下层图形上裁剪掉与上层图形重合的部分，所以要注意上下层的叠放次序，其他几个图形合并形状的应用不需要过多考虑图形的叠放次序，因为获得的图形的形状是相同的，只是填充和线条不同，但是所有获得的图形都是可以再重新设置填充及线条等格式的。

2. “结合”功能的应用

结合就是把几个图形合为一体作为新的图形，可以对其重新设置填充和线条等格式。

(1) 男女几何拼图的绘制

如图 2-6-2 中图 A、B 所示是男女几何拼图。将图 C 所示几个基本图形放置在适当位置得到图 D，全部选中图 D，点击“合并形状”中的“结合”选项，即可得到图 B；全部选中图 E，点击“结合”选项后，即可得到图 A。新的图形可以重新设置填充和线条等格式。

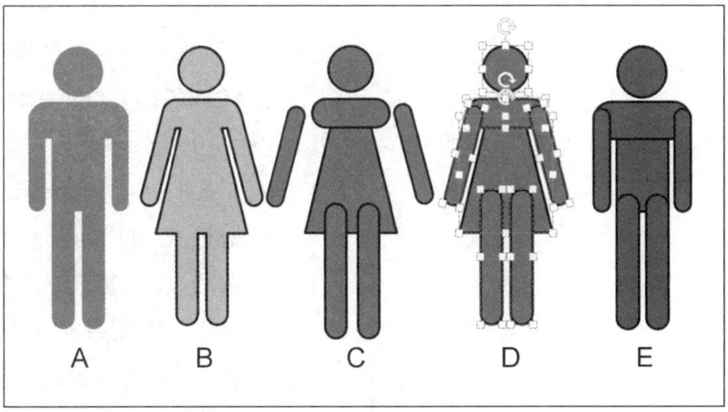

图 2-6-2

(2) 钟表框架图形的制作

任何一个复杂的图形都是由若干个基本几何图形拼接而成的。下面以钟表框架图形为例说明复杂图形的拼接方法。

如图2-6-3所示,绘制直径 1.8 厘米的圆形图形和宽 1.8 厘米、高 1 厘米的椭圆两个图形如图 A;绘制高 5.7 厘米、宽 7.2 厘米的空心弧图形 B,并设置三个控点分别为"-160""-20"和"0.15";绘制高 0.8 厘米、宽分别为 8.8 厘米和 8 厘米的两个圆角矩形如图 C;在"形状"工具中绘制一个宽 1.5 厘米、高 0.8 厘米的矩形:剪去顶角的图形 D,控点分别设置"0.4"和"0";另有两个高 10 厘米、宽 1 厘米的矩形图形,将这些图形按需复制后放置在适当位置,并对齐排列,得到图形 E。

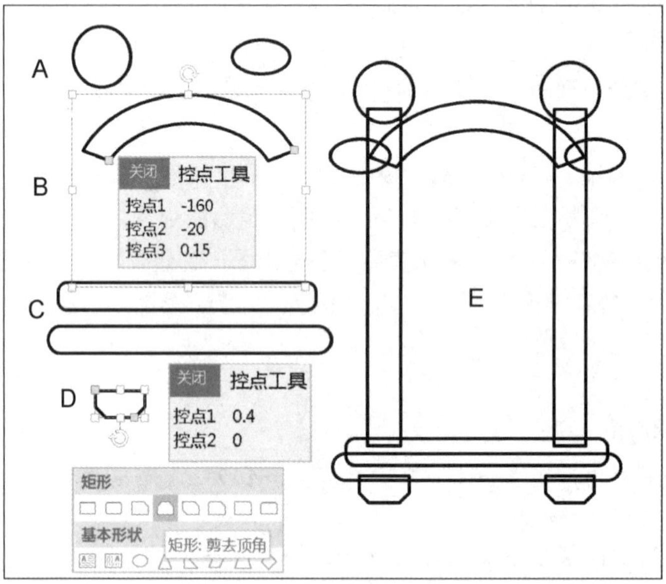

图 2-6-3

如图2-6-4所示,选中对齐放置的所有图形如图 A,在"合并形状"中点击"结合"选项后,得到图 B。

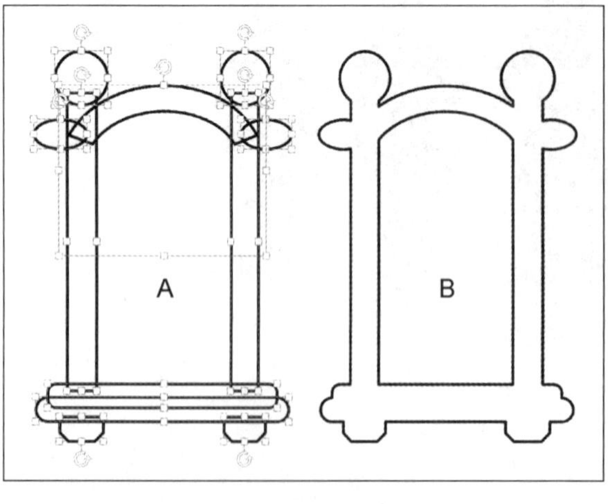

图 2-6-4

可以对合并后的新的图形进行填充及线框等格式的设置,如图 2-6-5 中图 A 所示;还可以设置立体效果,如图2-6-5 中图 B所示。选中图 A,在"三维格式"的"顶部棱台"中选择"草皮"选项,设置宽度为"12 磅",高度为"10 磅"。绘制直径 1.4 厘米的填充色为灰色的无线条圆形图形,在"三维格式"的"顶部棱台"中点击"圆"形选项,设置宽度和高度均为"20 磅",可得到立体球,按需复制后放置在适当位置,得到图 B 的立体钟表框架图。

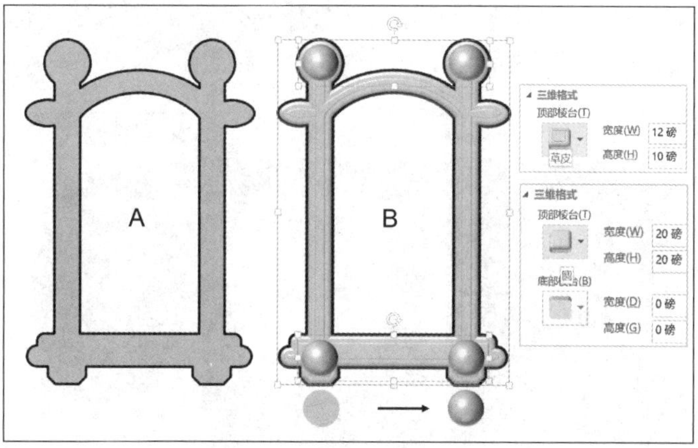

图 2－6－5

3. “拆分”功能的应用

拆分就是将几个相互重叠的图形拆分为单独的图形或图片，可以实现对绘制图形或图片的任意“裁剪”。

（1）截取图片的一部分

课件制作过程中常常需要一幅图中的部分画面，如需要从爱迪生图片中截取头像的部分，如图2－6－6所示。可以利用“拆分”功能很方便地操作。

图 2－6－6

首先绘制一个适当大小的椭圆形图形，放置在图片的适当位置，选中该椭圆形图形置于底层（或选中图片置于顶层），然后用鼠标在空白处点击一下（此步骤不可省略），再按下 Ctrl+A，即全部选中，如图2－6－7所示。

图 2－6－7

全部选中后如图 2－6－8 中图 A 所示，在“合并形状”中点击“拆分”选项，图片即被拆分开来。将截取的图片取出即可得到图 2－6－8 中图 B 和图 C。

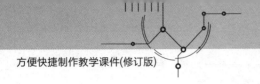

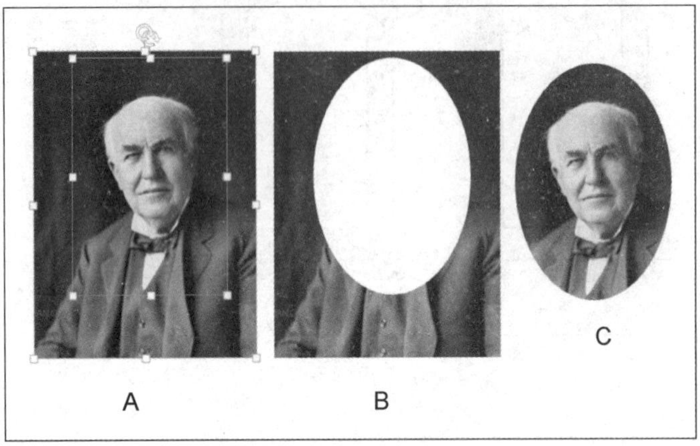

图 2－6－8

(2) 几何作图中的应用案例

数学教学中需要很多几何图形，如果各图形间有重叠的区域需要单独突出显示，如图 2－6－9所示，这些图形单纯使用叠加遮盖思维的方法不易绘制，可以使用“合并形状”中的“拆分”工具将叠放在一起的各图形全部“拆分”，即将所有重叠交叉的区域全部单独截取为独立的小图形，就可以对每个图形单独重新设置填充和线条等格式。在使用“拆分”工具前，要先应用好“对齐”工具将相关的几何图形对齐放置。“拆分”对各图形的叠放次序没有太高要求，拆分后的各图形格式与原来置于顶层的图形格式相同，可根据需要单独设置某一图形的填充线条等格式。如果拆分后出现多余的线条则可以删除。下面分别简单介绍这四个案例图形的绘制方法，为了精确设置圆弧图形，可以使用 OK 插件中的控点工具。

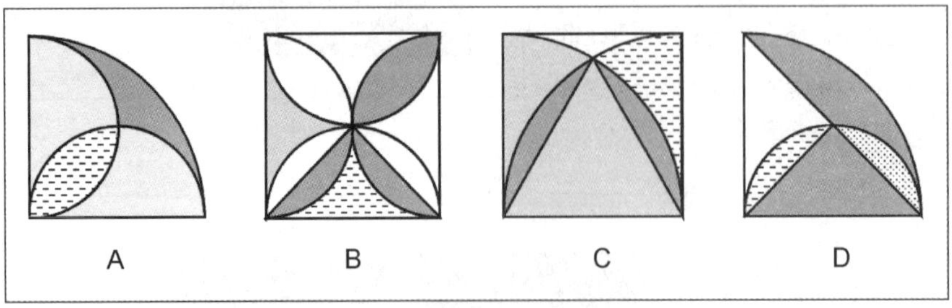

图 2－6－9

① 图 2－6－9 中案例图形 A

如图2－6－10所示，绘制直径为 6 厘米的两个半圆形图形和一个直径为 12 厘米的圆心角为90°的四分之一圆形如图 A，为了显示各图形间的关系，部分图形设置为半透明；利用对齐工具对齐放置各图形后得到图 B；全部选中图 B，点击“合并形状”中的“拆分”工具，各部分全部拆分为独立的图形，对这些图形分别设置填充和线条等格式，即得到图 C；图 D 是把各图形移开后的情况，可以看到每个图形是独立呈现的。

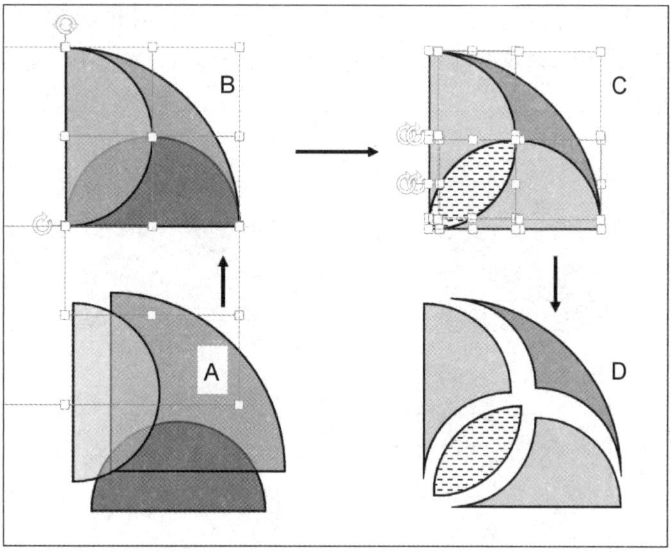

图 2－6－10

② 图 2－6－9 中案例图形 B

如图2－6－11所示，绘制直径为 6 厘米的四个半圆形图形和一个宽 6 厘米、高 3 厘米的等腰三角形图形如图 A，为了显示各图形间的关系，部分图形设置为半透明；利用对齐工具对齐放置各图形后得到图 B；全部选中图 B，点击“合并形状”中的“拆分”工具，各部分全部拆分为独立的图形，如图 C；对这些图形分别设置格式，即得到图 D；图 E 是把各图形移开后的情况，可以看到每个图形是独立呈现的。

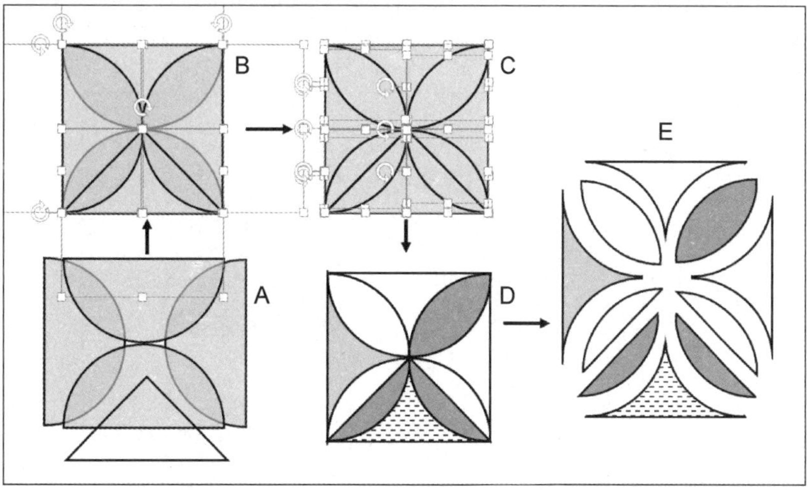

图 2－6－11

③ 图 2－6－9 中案例图形 C

如图2－6－12所示，绘制两个直径为 12 厘米的圆心角为90°的四分之一圆形图形和边长为 6 厘米的正方形以及宽 6 厘米、高 5.2（$3\times\sqrt{3}\approx5.2$）厘米的等腰三角形，如图 A；利用

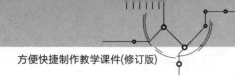

对齐工具对齐放置各图形后得到图 B;全部选中图 B,点击“合并形状”中的“拆分”工具,各部分全部拆分为独立图形,对这些图形分别设置格式得到图 C;各图形独立呈现如图 D。

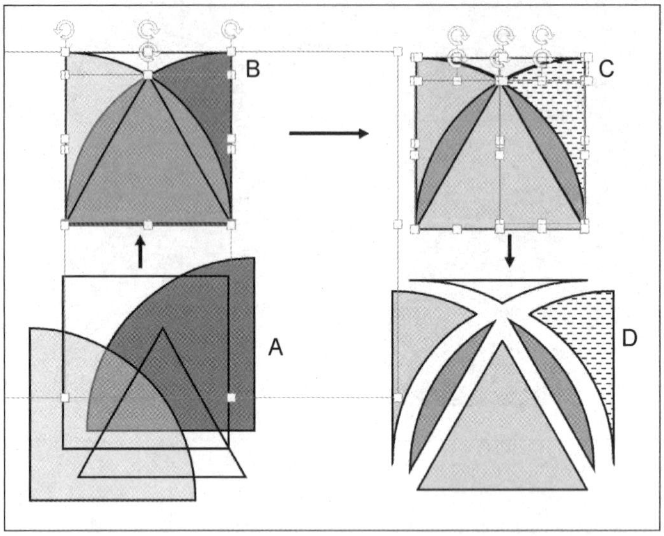

图 2-6-12

④ 图 2-6-9 中案例图形 D

如图2-6-13所示,绘制一个直径为 12 厘米的圆心角为90°的四分之一圆形图形,一个直径为 6 厘米的半圆形图形,以及一个高度和宽度均为 6 厘米的直角三角形和一个高度为 3 厘米、宽度为 6 厘米的等腰三角形,如图 A;按照图示位置放置,利用对齐工具对齐各图形后得到图 B;全部选中图 B,点击“拆分”工具,各部分全部拆分为独立图形,对这些图形分别设置格式,得到图 C;各图形独立呈现如图 D。

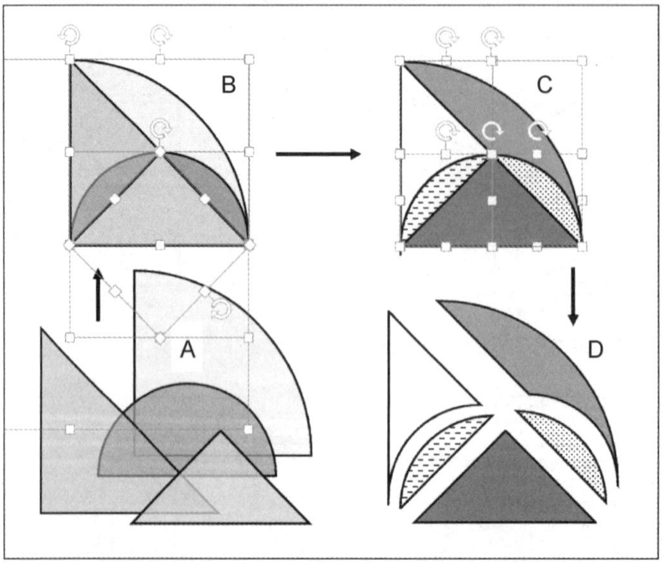

图 2-6-13

(3) 裁切图形或图片

利用“拆分”功能可以对图形或图片任意裁切。

① 直线裁切

利用“拆分”功能使用直线裁切图形时，不可以用线段工具，应使用高度为0.01厘米的矩形框代替线段裁切图形，如图2-6-14所示。

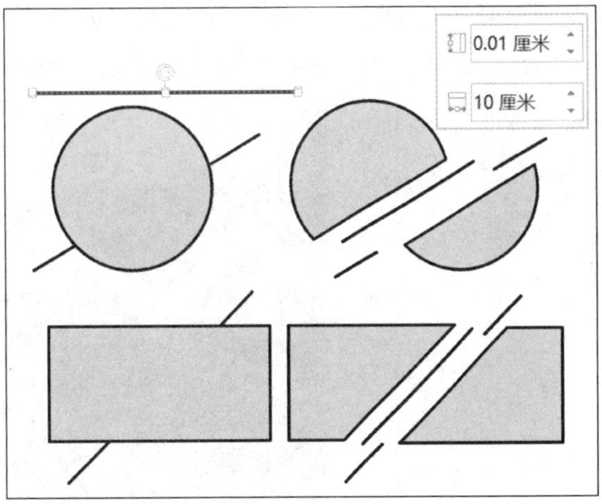

图 2-6-14

利用上述绘制窄矩形的方法也可以裁切图片，如图2-6-15所示。使用若干个水平竖直放置的窄矩形，可以把置于顶层的图片切成若干个小图片。

图 2-6-15

② 任意裁切

利用任意多边形工具绘制一条任意的折线，如图2-6-16所示。

图 2-6-16

将绘制的折线置于底层，利用"拆分"功能可以把图片拆分开，如图2－6－17所示。

图2－6－17

4. "组合"与"相交"

"组合"是剪除掉相交的区域，"相交"是留下相交的区域。

(1) 制作椭圆形肖像

如图2－6－18所示，在图A中，将椭圆形图形置于底层，鼠标在空白处点击一下后，按Ctrl+A选中两图，点击"合并形状"中"组合"选项，图A即变为图B；如果点击"相交"选项，则图A变成图C。

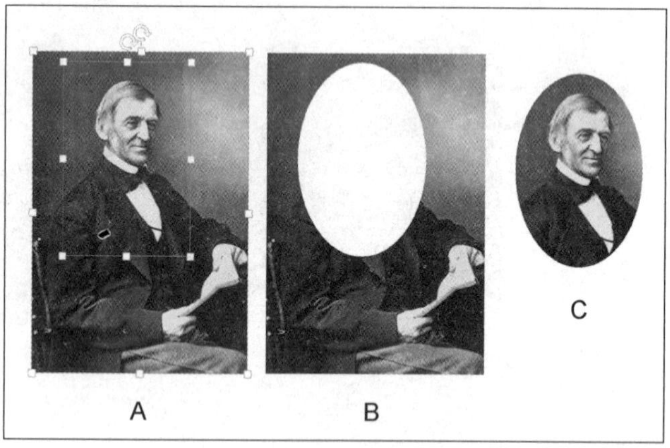

图2－6－18

(2) 打印身份证

拍摄一张规正的身份证照片，添加一个圆角矩形图形，调整大小并置于底层，鼠标在空白处点击一下后，按Ctrl+A选中两个图，点击"相交"选项，即可将照片周围边框及背景去掉，如图2－6－19所示。最后复制粘贴到Word文档中调整大小后打印即可。

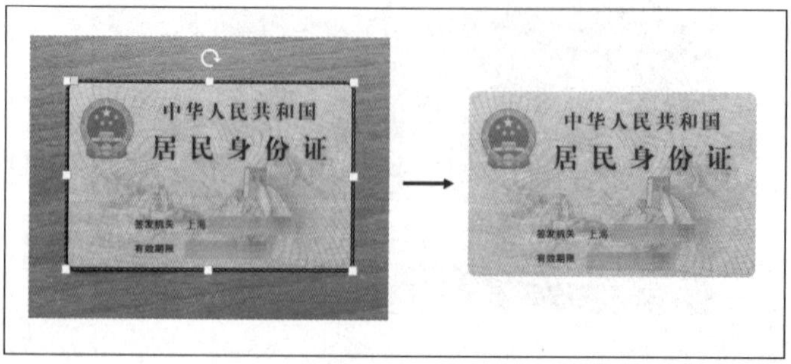

图2－6－19

5. “剪除”及其综合应用

利用“剪除”功能，可以剪除置于底层的图形与上层图形重合的部分，再利用“结合”工具与其他图形拼接，可以绘制出任意需要的图形。

以如图2－6－20所示的拖拉机图形为例，操作方法如下：

如图2－6－21所示，绘制直径分别是 2 厘米和 2.6 厘米的圆形图形各一个和一个高 1.7 厘米、宽 5.2 厘米的矩形图形。将两个圆形图形底部对齐且置于顶层，并放置在适当位置得到图 A。全部选中三个图形，利用“合并形状”中的“剪除”工具剪除掉两个圆形与矩形图形的重合区域得到图 B。

图 2－6－20

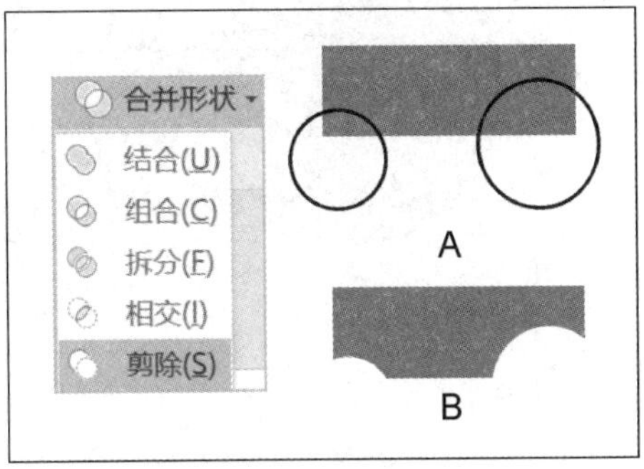

图 2－6－21

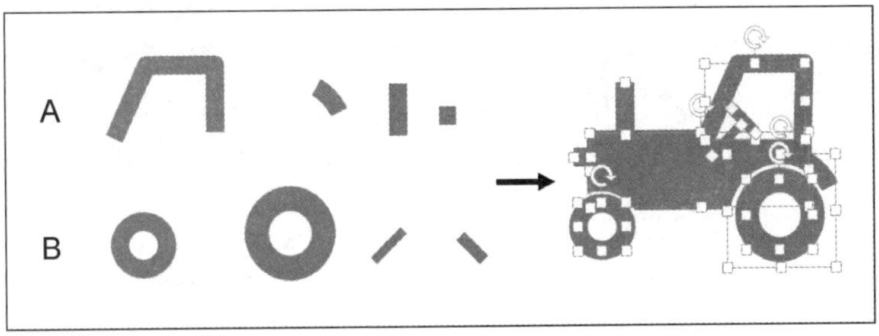

图 2－6－22

如图2－6－22所示，利用折线工具绘制一条折线，按下 Shift 键，利用弧形工具绘制一小段弧线，再绘制两个适当长度的小线段，如图 A，图中折线、弧线和小线段均 12 磅粗。再绘制两个直径分别是 1.1 厘米和 1.6厘米的线条分别为 12 磅和 16 磅粗的小圆环，并绘制两个小线段作为方向盘图形使用，如图 B。把这些图形放置在适当位置并组合起来，即可得到图 2－6－20 所示的拖拉机图形。

利用类同的方法可以绘制货车图形，添加上红色的禁止符后可得到如图 2－6－23所示的交通禁止图。

图 2－6－23

6. 其他应用案例

(1) 应用案例一

如图2-6-24所示,制作一个直径为7厘米的圆形图形和一个宽度、高度均为6厘米的五角星图形,"水平居中"后上下微调五角星的位置,如图A所示;选中两个图形后利用"合并形状"中的"剪除"工具得到图B;在"三维格式"的"顶部棱台"中选中预设的图样样式,"宽度"和"高度"均设置为"12磅",得到图C。

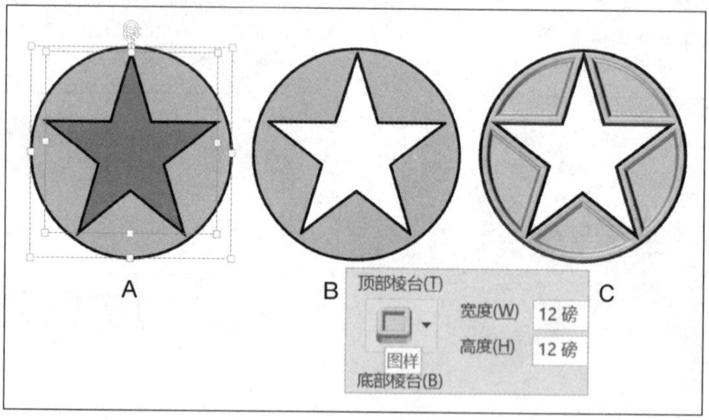

图 2-6-24

如图2-6-25所示,从图2-6-24中复制一个等大的五角星,设置红黄两种颜色的渐变填充,"类型"中选择"路径",得到图A;在"三维格式"的"顶部棱台"预设中选择圆形样式,"高度"和"宽度"均设置为"12磅",得到图B;将设置了立体效果的五角星放置在图2-6-24的图C中,即可得到如图2-6-25图C所示的立体效果的五角星图形。

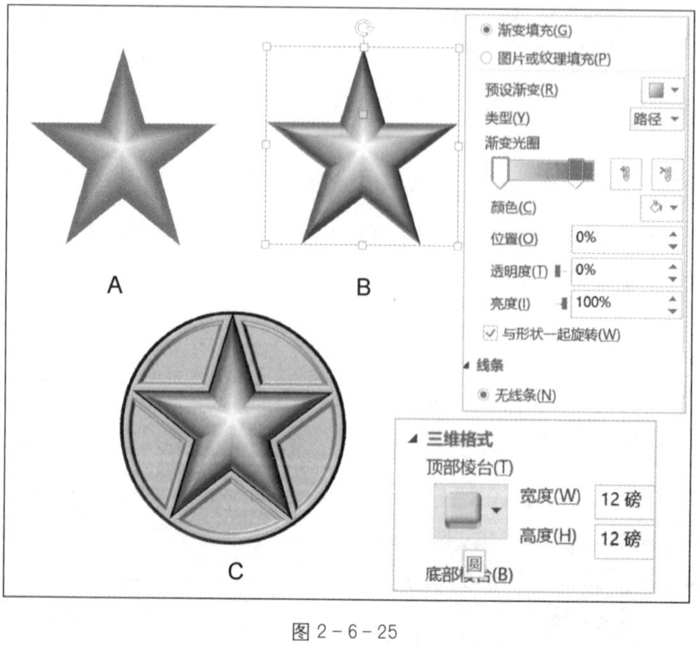

图 2-6-25

（2）应用案例二

如图2－6－26所示，绘制一个直径 6.4 厘米的圆形图形和一个宽度、高度均为 2 厘米的圆角矩形图形，对齐放置得到图 A；利用“合并形状”中的“剪除”工具得到图 B；选择“三维格式”中“顶部棱台”预设的图样样式（“宽度”和“高度”均设置为“12 磅”），可得到图 C。如果在绘制图 A 时添加四条棒状矩形图（长 7.5 厘米、宽 0.13 厘米）并对齐放置，得到图 D；利用“剪除”工具得到图 E；再利用“三维格式”中的“斜面”立体样式（“高度”和“宽度”均为“12 磅”），可得到图 F。

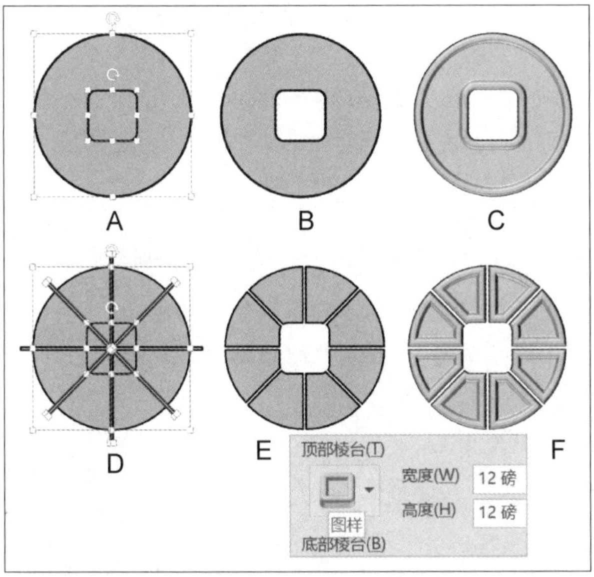

图 2－6－26

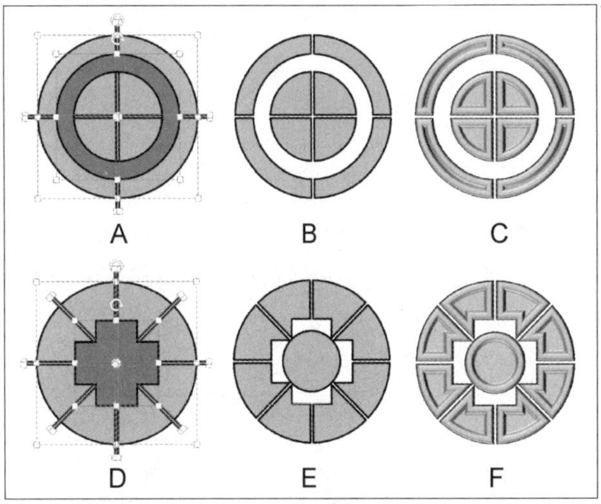

图 2－6－27

如图2－6－27所示，绘制一个直径 6.4 厘米的圆形图形和两条棒状矩形（长 7.5 厘米、宽 0.13 厘米），将两棒状矩形水平和竖直放置，再绘制一个直径为 5 厘米的同心圆图形，全部选中后居中对齐，得到图 A；利用“剪除”形状工具得到图 B；选择“三维格式”中“顶部棱台”预设图样样式，可得到图 C。如果在图 A 中，把两条棒状矩形组成的“十字”图形，组合复制后转动45°，再绘制一个“十字”图形代替图 A 中的同心圆，并调整大小，对齐放置各图形得到图 D；利用“剪除”形状工具得到图 E（并在中间添加一个圆形图形）；选择“三维格式”中“顶部棱台”预设图样样式，可得到图 F。

（3）应用案例三

利用“合并形状”中的“结合”“剪除”功能可绘制如图 2－6－28 所示汽车轮子图形。下面介绍绘制的方法。

① 绘制车轮一

如图2－6－29所示，绘制直径 7 厘米的圆形和高度、宽度均为 5.5 厘米的同心圆形图形各一个，同心圆形图形的控点设置为“0.13”，如图 A 所示，将其居中对齐，得到图 B。选中图 B，在“合并形状”中点击“剪除”选项，剪除同心圆部分。

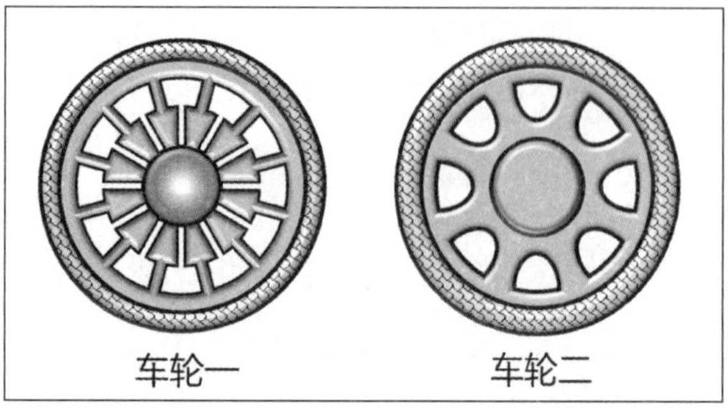

图 2-6-28

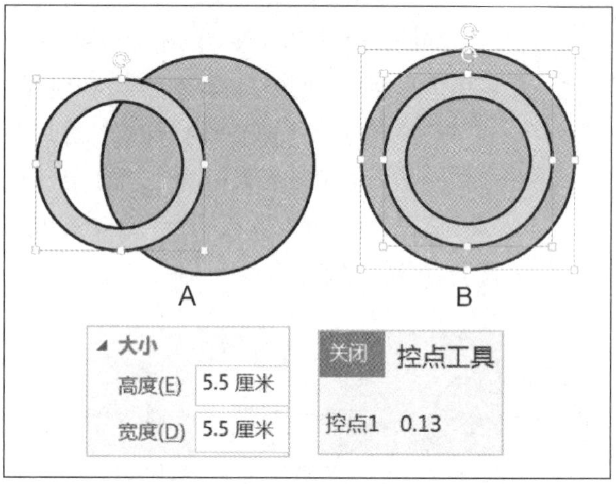

图 2-6-29

如图2-6-30所示，绘制高 4.8 厘米、宽 0.2 厘米的矩形图形 A；复制后转动90°，对齐后组合，然后再复制两个后并分别转动30°和60°，得到图 B；所有图形居中对齐后组合得到图 C；将图 C 放置在已经剪除过同心圆的图形中，并居中对齐得到图 D；选中图 D 取消所有组合后再次利用“剪除”工具，得到图E。

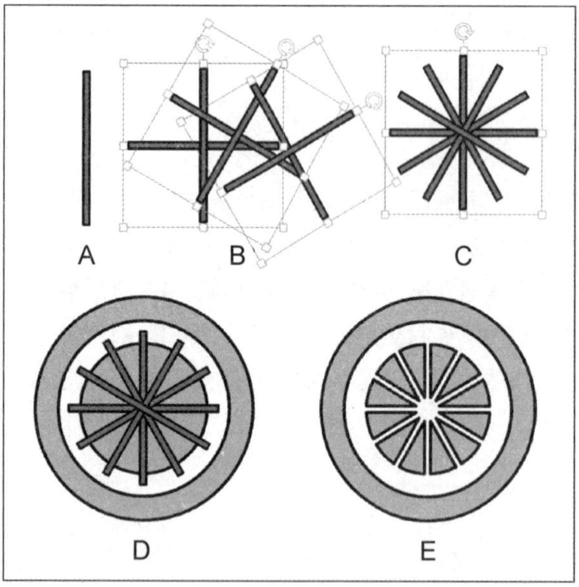

图 2-6-30

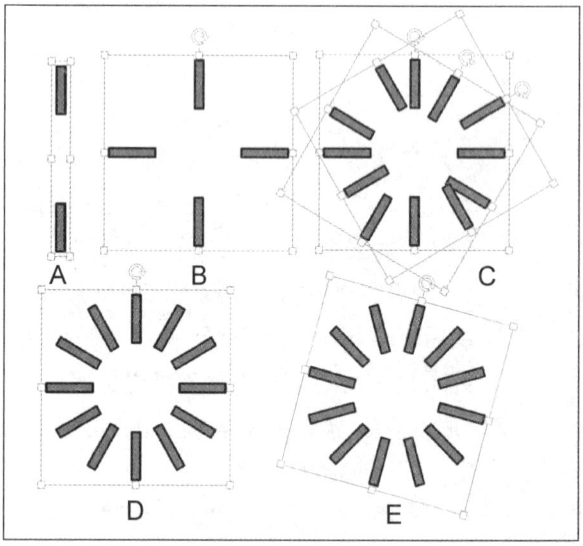

图 2-6-31

如图2-6-31所示，绘制两个高 1.6 厘米、宽 0.3 厘米的矩形图形，对称放置并组合后图形高为 6.2 厘米，如图 A，复制并转动90°后居中对齐组合得到十字形图 B，再复制两个后分别转动30°和60°如图C，居中对齐并组合得到图 D，转动15°后得到图E。

将图 2－6－31 中图 E 放置在图 2－6－30 图 E 中，得到图 2－6－32 中图 A，取消所有组合后利用“合并形状”中的“结合”得到图 B，再绘制一个直径为 2 厘米的圆形图形，与图 B 居中对齐后再次利用剪除工具得到图 C。

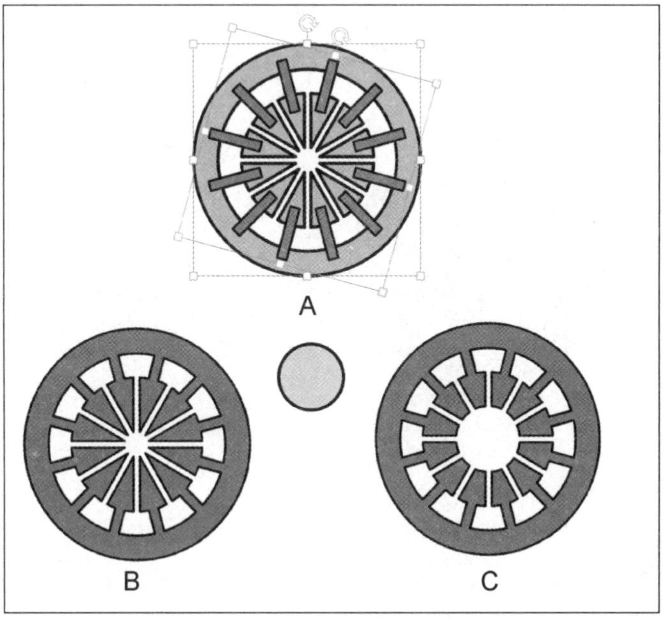

图 2－6－32

在图 2－6－32 图 C 中心位置放置一个直径 2 厘米的圆形图形，全部选中，选择“三维格式”中“顶部棱台”为斜面样式，并修改中间圆形图形的填充为“渐变填充”，“类型”为“路径”，得到如图 2－6－33所示立体图形。

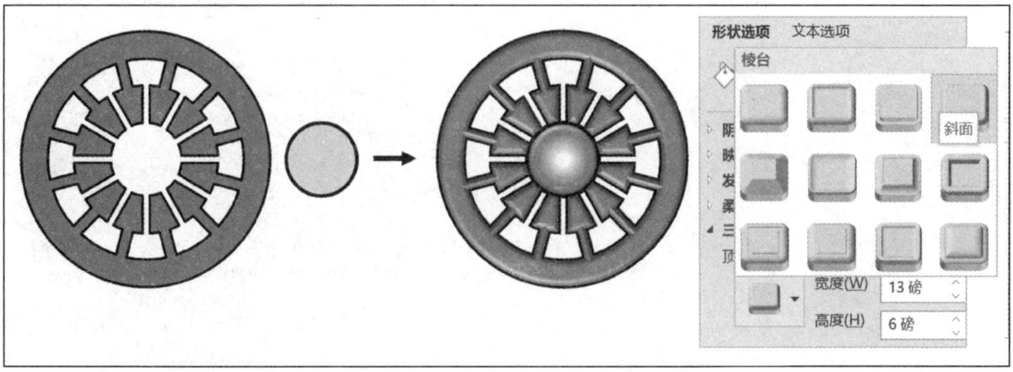

图 2－6－33

如图2－6－34所示，图 A 和图 B 放置在一起得到图 C 的车轮图形。图 B 是一个直径为 8 厘米的同心圆图形，适当调整控点的位置，使用“瓦形”图案填充，并设置“圆形”的顶部棱台。

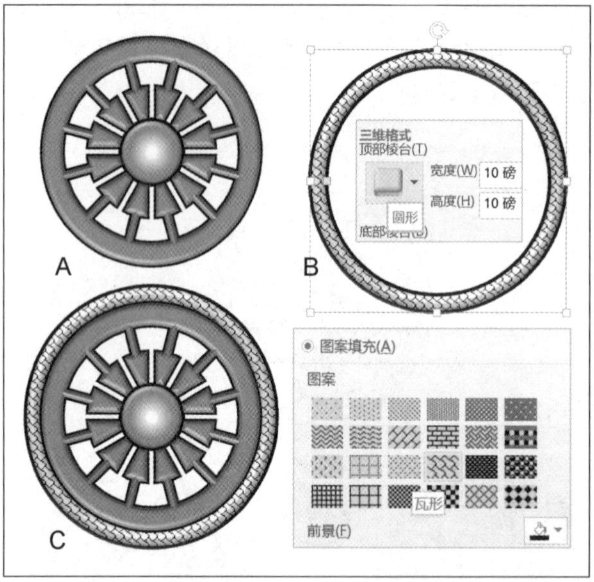

图 2-6-34

② 绘制车轮二

如图2-6-35所示，绘制一个高度2.3厘米、宽度为1.5厘米的椭圆形图形如图A；复制一个后对称放置，组合后得到高度8.8厘米和宽度1.5厘米的图形B；再复制三个后，分别转动90°和正、负45°再居中对齐，再组合得到图C。

将图2-6-35中的图C与直径为7厘米的圆形图形利用对齐工具居中对齐放置后，点击两次“取消组合”，将原图形全部取消组合，然后再次选中所有图形如图2-6-36中图A所示，此时利用“合并形状”中的“剪除”工具，得到图B。

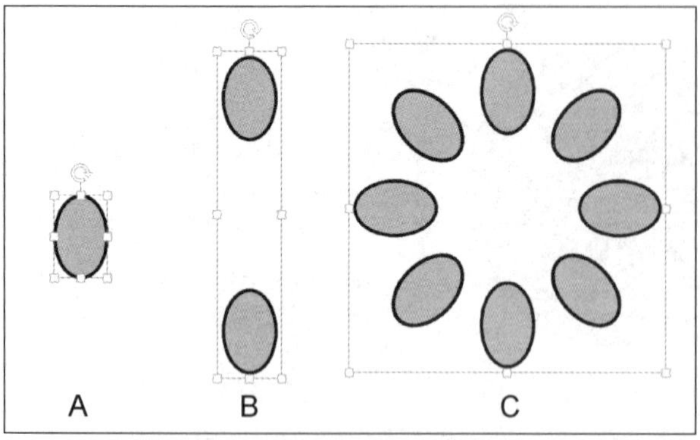

图 2-6-35

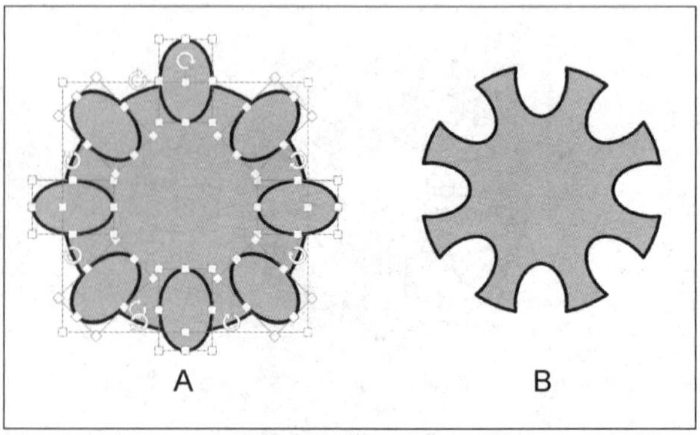

图 2-6-36

如图2-6-37所示，将直径7.7厘米的同心圆图形A(适当调整控点位置，可以设置为0.077)置于图B上层，居中对齐，如图C所示，利用“合并形状”中的“结合”工具得到图D。

在图 2－6－37 中图 D 上，居中放置一个直径为 3 厘米的圆形图形，如图 2－6－38 中图 A 所示；选中图 A 中的两个图形，利用图 2－6－33 所示的“斜面”设置顶部棱台，如图 B 所示；按图 2－6－34 中图 B 所示方法，设置同心圆图 C，将图 C 置于图 B 之上，并居中对齐放置，得到车轮图形如图 D。

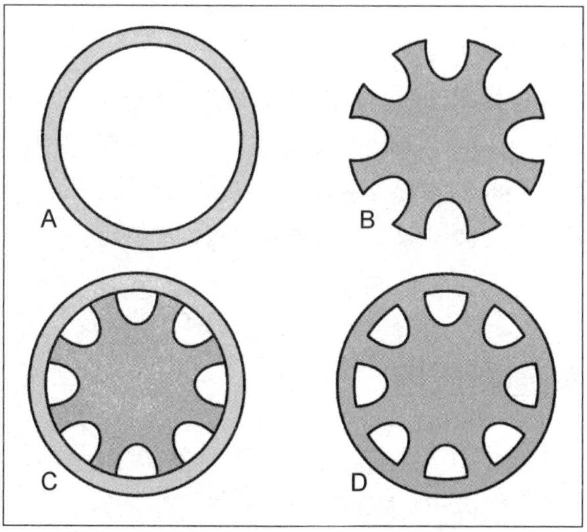

图 2－6－37

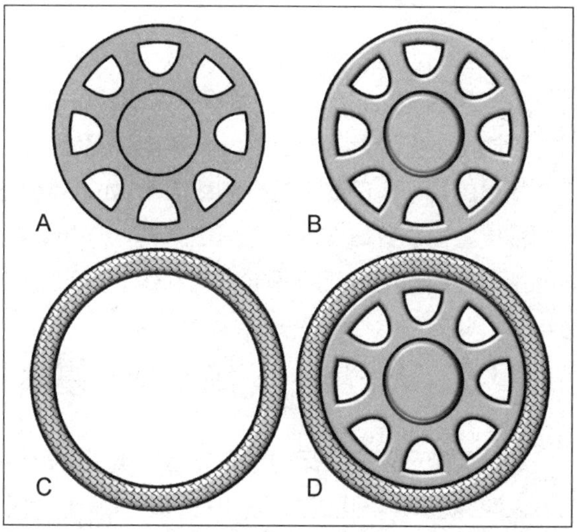

图 2－6－38

在利用“合并形状”功能绘制图形的过程中，主要使用的是“结合”“拆分”和“剪除”，“结合”功能可以将任意多个图形合为一体，“拆分”和“剪除”功能可以对图形进行任意裁剪。结合教学的需要，可以绘制出很多实用的图形。

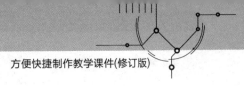

第三单元 创新设置 PowerPoint 动画

利用“动画”功能区中的动画功能，可以设置各种各样的动画。如果仅仅按照几个预设的动画进行设置，效果较单一，不能满足教学课件制作的需要，如果换一种思维方式，将本来简单的几个预设动画进行创新应用，如运用分层叠加思维、对称显半思维、非同步动作思维、视觉暂留及多动作联动等思维方式，可以制作出几乎所有教学课件中需要的动画。本单元主要介绍利用创新的思维方式制作动画的案例。

第 1 课　基本动画创新应用

动画可以分为运动类和非运动类。非运动类动画，如“进入”动画中的“出现”“擦除”“切入”“缩放”等，“强调”动画中的“放大/缩小”“闪烁”等。非运动类的动画相对简单。对于运动类动画，可以利用物理学的思维方式来解决动画中的运动类问题。物理学中的研究表明，自然界中的所有运动可以分为两大类：一类是平动，另一类是转动。只要解决平动和转动这两大问题，即可解决动画中的所有运动类问题。

1. 动画中的运动类问题

（1）平动动画

平动动画的设置使用的工具是“动作路径”。在“动作路径”中，常用的有三个，分别是“直线”“形状”和“自定义路径”。“形状”工具主要用于设置椭圆和圆周运动动画，“自定义路径”工具可以绘制直线、折线以及曲线等动作路径。通常平动包括直线、曲线、折线、椭圆和圆周等运动。图 3－1－1 中的运动均为平动，特别要注意，一根水平棒沿圆形路径做圆周运

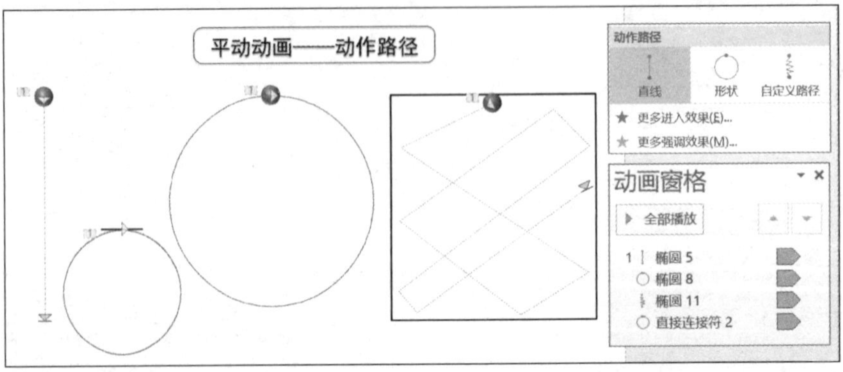

图 3－1－1

动，是平动而不是转动。

（2）转动动画

转动动画的设置使用的是"强调"中的"陀螺旋"，一个"陀螺旋"工具，可以解决所有的转动问题（摆动也是转动的一部分），图 3－1－2 中轮子和棒的转动以及摆球的摆动都可用"陀螺旋"设置，车轮向前滚动是由同时动作的平动和转动共同构成的。

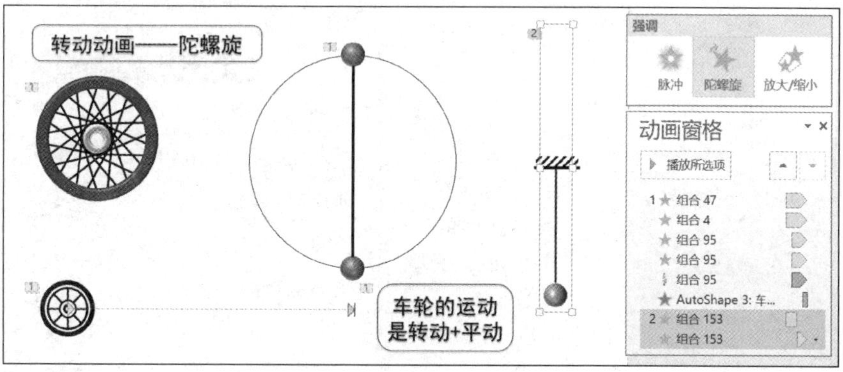

图 3－1－2

2. 重点内容的标注

幻灯片制作中常常要突出显示某些重点内容，利用"进入"中的一些动画效果，可以实现对重点内容的突出和强调。

（1）线条的"擦除"

对线条应用"进入"中的"擦除"动画，可实现在重要文字下面由左到右出现横线以引起注意的效果。

如图3－1－3所示，图中的文字添加了"擦除"动画，四条线段的进入方式也都设置为"擦除"动画。

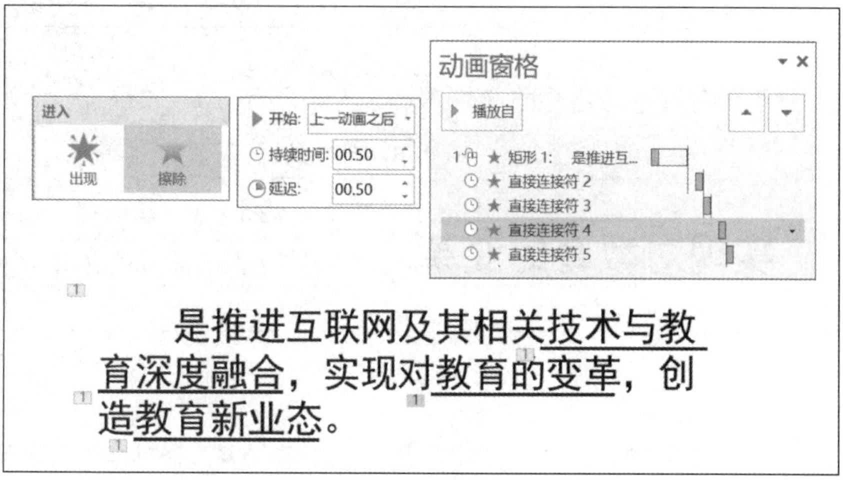

图 3－1－3

四条线段擦除的方向都设为“自左侧”，即从左向右“擦除”，“开始”可以都设置为“上一动画之后”，即四条线段依次出现，也可以设为“单击时”出现，或设置出现的“延迟”时间。“期间”的数值可以根据文字的多少和阅读的速度调整，如图3-1-4所示。

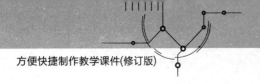

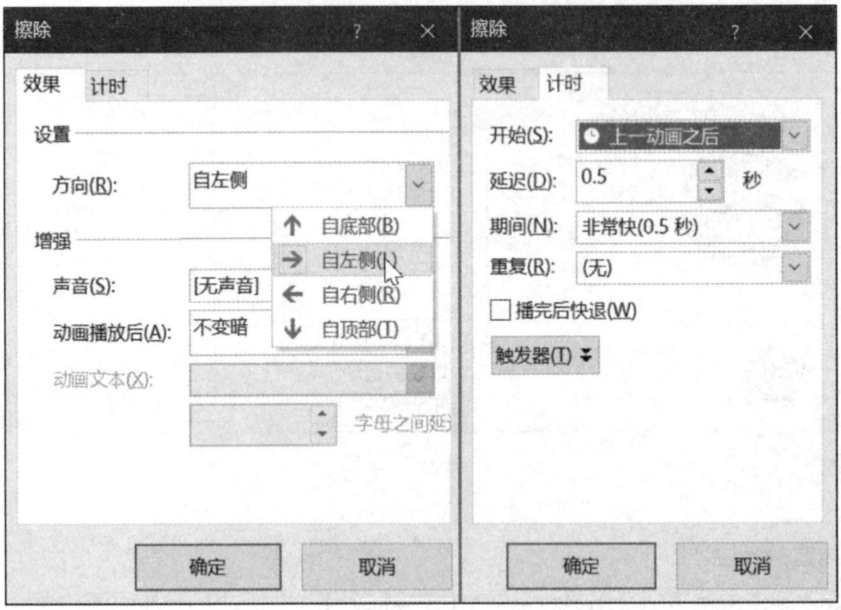

图 3-1-4

(2) 设置圆角矩形“轮子”动画的强调效果

如图3-1-5所示，如果要强调“教育的变革”五个字，可用动画实现将这五个字用红色线框圈起来的效果。方法如下：先绘制一个无填充的圆角矩形图形，“线条”设置为 3 磅粗、红色，在“进入”中设置“轮子”的动画。

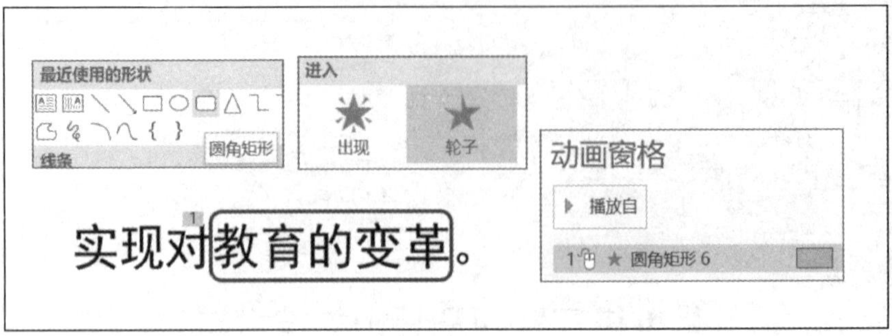

图 3-1-5

在“轮子”动画“效果”选项卡中，“辐射状”选择“1 轮辐图案”，在“计时”选项卡中，“期间”选择“非常快(0.5 秒)”，“重复”选择“2”，如图3-1-6所示。

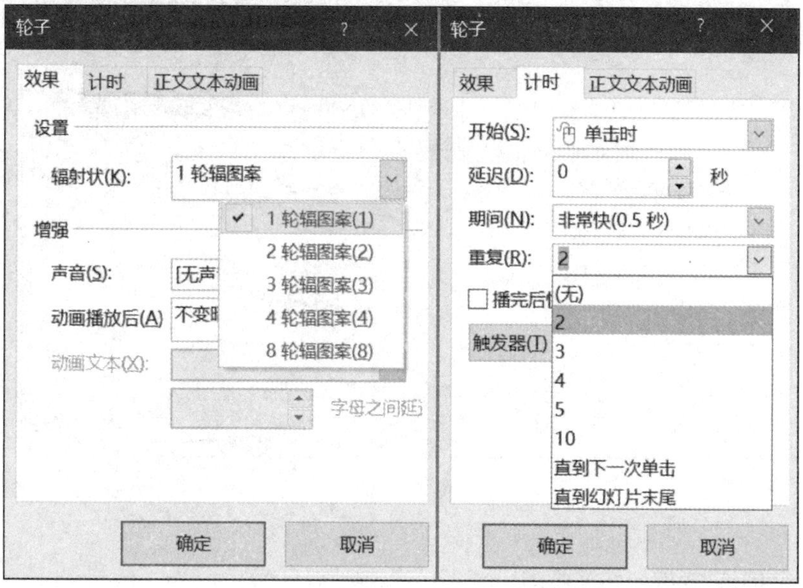

图 3-1-6

(3)“出现”和“闪烁”的强调效果

如图3-1-7所示，如果要突出强调“教师”“学生”“课堂”三个词，可以制作与下面的文字除了字体颜色不同外，其他格式均相同的三个词。添加一个文本框，先设置第一个词“教师”的文字格式，再设置“出现”和“闪烁”两个动画。“出现”的动画效果默认即可，再添加动画“强调”中的“闪烁”，在“闪烁”的“效果”选项卡中使用默认参数即可，在“计时”选项卡中，“开始”选择“与上一动画同时”，即文字出现就开始闪烁，“期间”可以设置为“0.25 秒”，“重复”可以设置为“2”（或“3”），如图3-1-8所示。设置后再复制两个，分别修改文字为“学生”和“课堂”，“学生”和“课堂”两个文本框的“出现”动画均为“上一动画之后”。这样，需要强调的三个词的文本框将先后出现后闪烁两次。

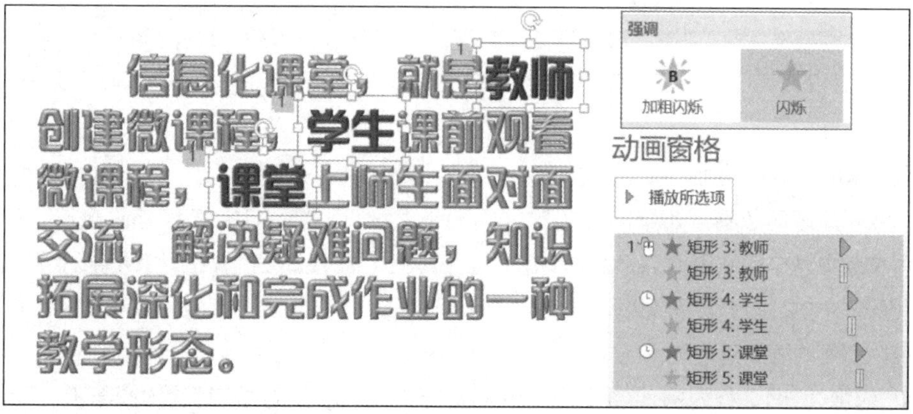

图 3-1-7

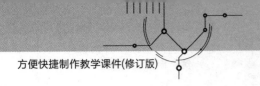

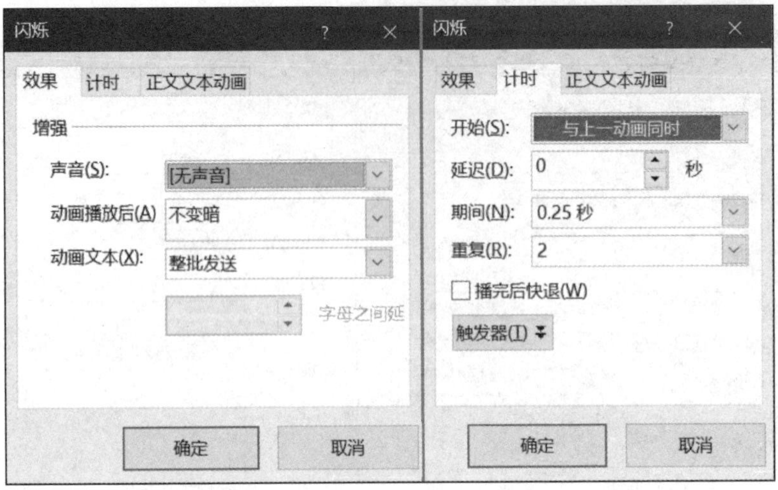

图 3－1－8

3. “强调”中“闪烁”动画的拓展应用

在动画的设置过程中，有时需要让两个对象交替闪动出现，下面以两个箭头的交替闪烁为例说明制作方法：

（1）为两个对象设置“出现”动画

选中两个箭头图线，在“动画”组中，设置两个箭头的“进入”动画为“出现”，如图3－1－9所示。动画“出现”的持续时间是极短的，一般设置为 0.01 秒。

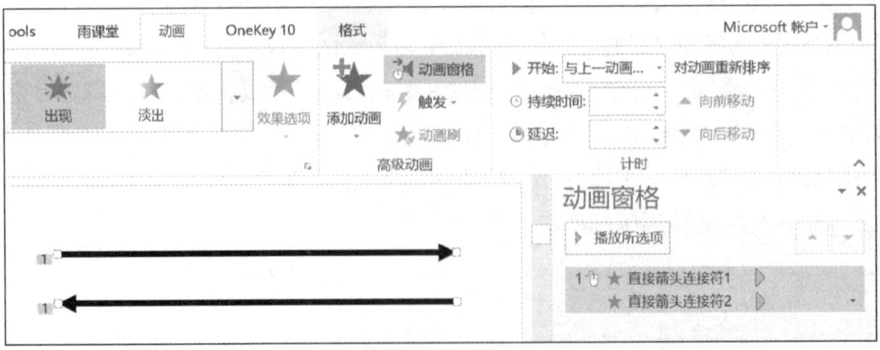

图 3－1－9

（2）添加“闪烁”动画

“闪烁”即忽明忽暗。如果闪烁的时间间隔是 2 秒，则对象初始 1 秒被隐藏，第 2 秒显示。再次选中两个箭头图线，在“高级动画”组中，点击“添加动画”按钮，给两条图线分别添加上“强调”中的“闪烁”动画，如图3－1－10所示。

（3）设置动画的延迟时间

以“闪烁”时间 2 秒为例，这组动画的设置思路如下：所有动画均设置为“与上一动画同时”，即同时出现，但是都有一定的时间延迟。当第一个箭头出现 1 秒后，第二个箭头再出

图 3－1－10

现，所以第二个箭头的出现延迟时间为 1 秒；当第二个箭头出现时，第一个箭头开始闪烁，所以第一个箭头的闪烁延迟时间也是 1 秒，闪烁时间是 2 秒；第二个箭头要在出现 1 秒时开始闪烁，所以第二个箭头的闪烁延迟时间应为 2 秒，闪烁时间间隔是 2 秒。闪烁的重复次数都设置成“直到幻灯片末尾”。在高级日程表中可以看到延迟的时间。如图3－1－11所示是第二个箭头“闪烁”动画的设置。点击“确定”后，放映时两个箭头交替出现。在课件制作时，任何两个需要交替出现的对象均可按此方法设置动画。要想提高闪烁的频率，可以按比例缩短闪烁与延迟的时间。

图 3－1－11

4. “动作路径”中的“形状”应用

利用“动作路径”中的“形状”功能，可以设置小球做匀速圆周运动的动画。

（1）绘置小球并添加动画

绘制小球，选中小球，设置小球“水平居中”，由于是单一对象，小球是相对幻灯片左右居中的。小球居中放置方便操作。

在动画的“动作路径”中点击“形状”，动画播放时小球即做椭圆运动，如图 3－1－12 所示。

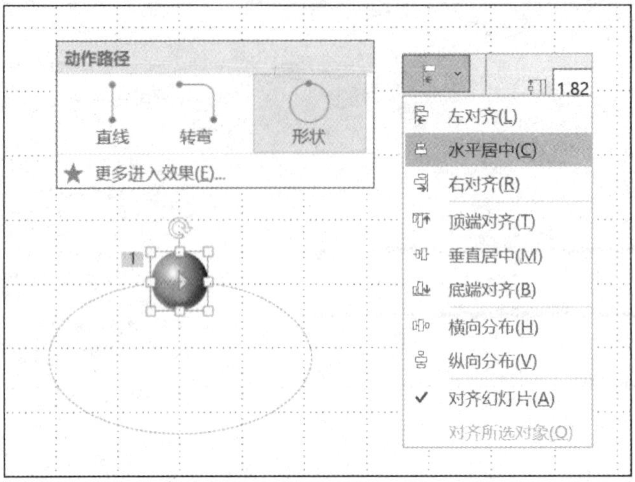

图 3－1－12

(2) 轨迹线的修正

① 轨迹线翻转

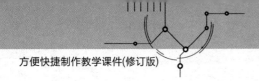

用鼠标点击轨迹线下端,向上拖动,可以改变轨迹线的位置,即令小球由从上端开始顺时针转动改变为从下端开始逆时针转动,如图3－1－13所示。

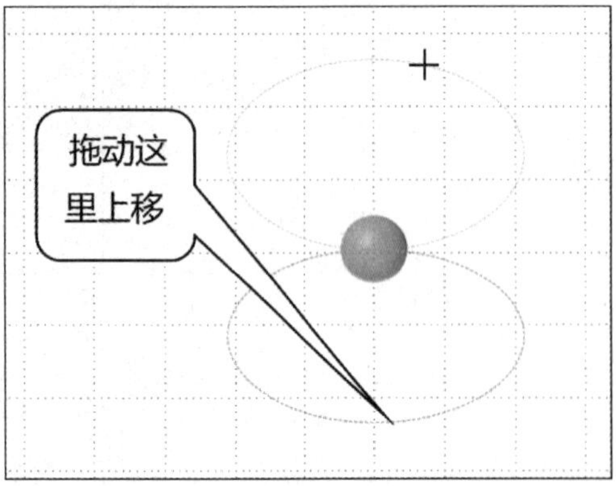

图 3－1－13

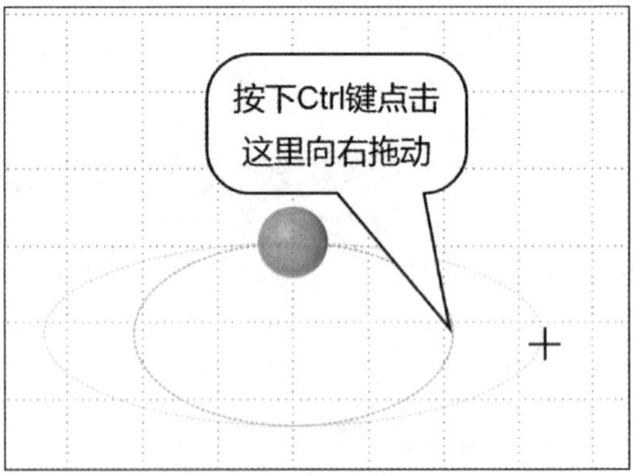

图 3－1－14

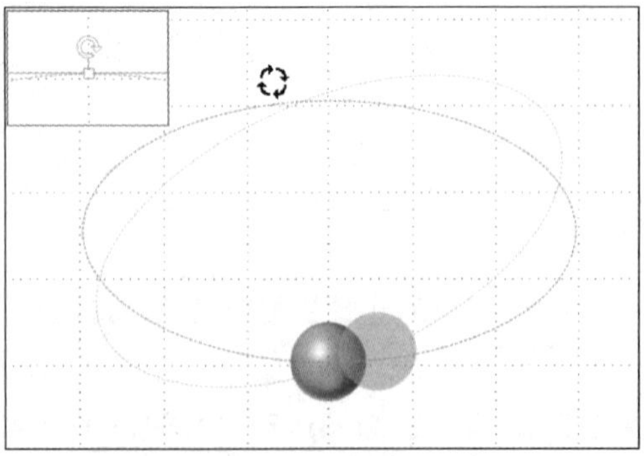

图 3－1－15

② 改变轨迹线形状

按下 Ctrl 键,用鼠标点击轨迹线右端向右拖动,可以左右等比改变椭圆轨迹线的横向长度,如图3－1－14所示。若用鼠标点击轨迹线的下部向下拖动,则可以改变椭圆轨迹线的纵向长度。

③ 改变轨迹线方位

轨迹线上面有一个圆形转动柄,鼠标拖动转动柄,可以改变轨迹线的方位,如图3－1－15

所示。在拖动时如果按下 Shift 键，拖动一次可改变15°。轨迹线方位改变后小球运动的初始位置随之发生变化，需要拖动轨迹线（不是小球）进行调整。

（3）小球做匀速圆周运动

由于“形状”默认的动作路径不是圆形，所以需要借助圆形图形来修正动作路径。

① 绘制圆形图形

绘制无填充色、线条1磅（较细）的圆形图形，上下调整位置，再利用“水平居中”与小球对齐放置，如图3－1－16所示。圆形图形可以作为小球运动的轨道。

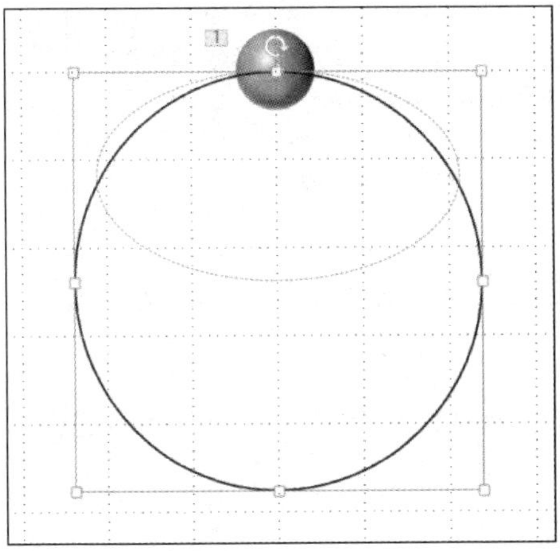

图 3－1－16

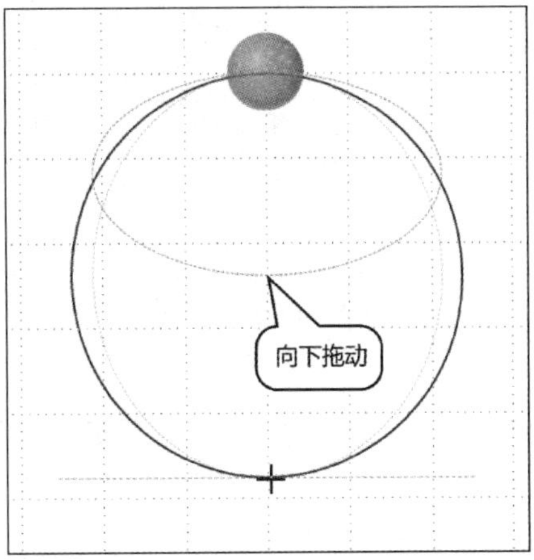

图 3－1－17

② 调整轨迹线

用鼠标拖动动作路径轨迹线，使轨迹线下部与圆形图形重合。当向下拖动时看到水平红虚线，表示已经重合，放手即可，如图3－1－17所示。同理按下 Ctrl 键拖动右边轨迹线，使其与圆形图形重合。

③ 设置动画效果

“形状”动画的默认效果是“平滑开始”和“平滑结束”均不为“0秒”，即默认是慢慢开始和慢慢结束的。在“圆形扩展”动画“效果”设置中“平滑开始”和“平滑结束”均调整为“0秒”，保证小球做匀速圆周运动。在“计时”选项卡中，设置“期间”（即转动的周期），“重复”可以选择“直到幻灯片末尾”，或选择若干次，如图3－1－18所示。在设置“重复”时，如果选择“直到幻灯片末尾”，则在幻灯片预览（非放映）状态下，只能看到一个周期的效果；如果“重复”选择的是次数，在预览状态下可以一直查看完整重复次数的动画效果。

（4）小球从任意位置开始运动

① 小球从右侧开始运动

如图3－1－19所示，选中小球的轨迹线，上面出现一个圆形调节柄，按下 Shift 键，拖动调节柄由位置 A 转动到位置 B，在动画窗格中双击动画图标，在“圆形扩展”对话框的“效果”选项卡中，在“路径”中，将“解除锁定”改变为“锁定”，即轨迹线被锁定，小球移动时轨迹线不动。“锁定”后，拖动小球由位置 A 移动到初始位置 B 即可。小球即从右端

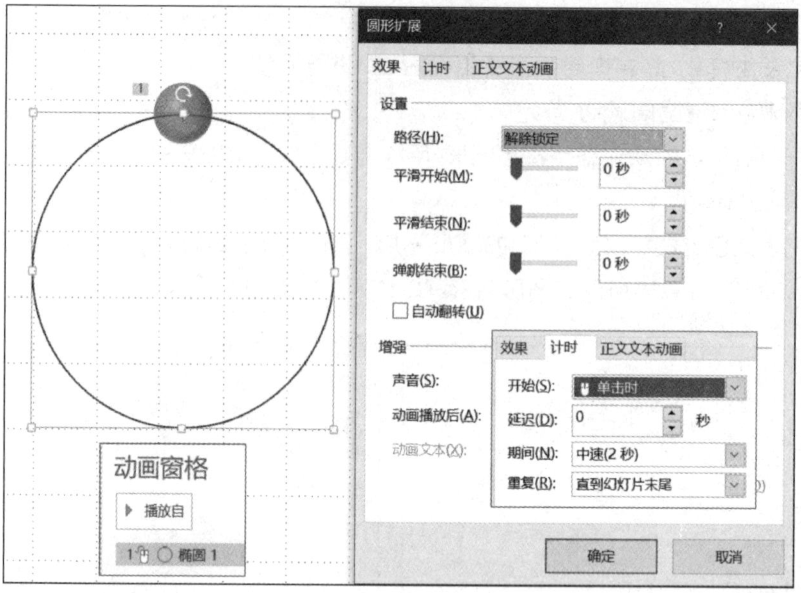

图 3－1－18

开始做顺时针匀速圆周运动。重复的数值可设为小数，可以转动半周（0.5）或四分之一周（0.25）等。

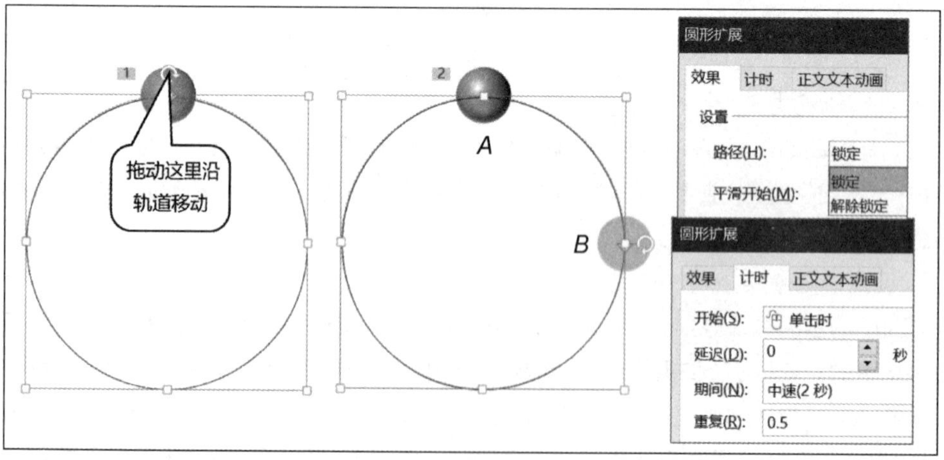

图 3－1－19

② 小球从左侧开始做循环往复的半圆周运动

如图3－1－20所示，选中小球的轨迹线，按下 Shift 键，拖动调节柄由位置 *A* 转动到位置 *B*，在轨迹线“锁定”后，再拖动小球由位置 *A* 移到初始位置 *B*。在轨迹线上右击鼠标，先点击“反转路径方向”，改变转动方向后，再在轨迹线上右击鼠标点击“编辑顶点”，进入轨迹线的编辑顶点状态。

在“编辑顶点”状态下，鼠标在左上角轨迹线处右击，点击“删除线段”，即可删除左上角的圆弧形轨迹线段，如图3－1－21右图所示，即轨迹线为四分之三圆周。

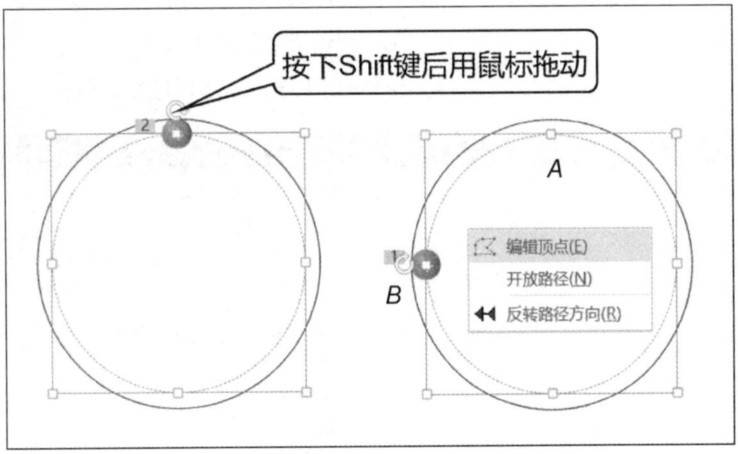

图 3-1-20

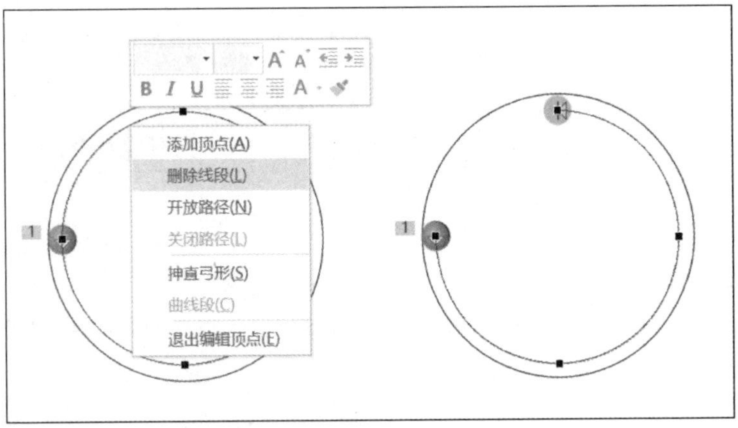

图 3-1-21

在“编辑顶点”状态下，光标置于上面的小黑点上，右击鼠标点击“删除顶点”，在删除顶点的同时，右上方的圆弧形轨迹线被删除，如图 3-1-22 右图所示，即轨迹线变为半圆弧。

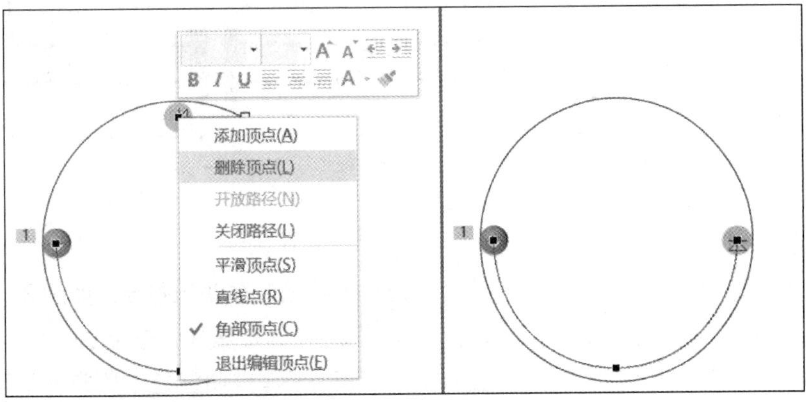

图 3-1-22

在动画窗格中双击动画图标，在“效果”选项卡中，“平滑开始”和“平滑结束”均设置为“1秒”，选中“自动翻转”；在“计时”选项卡中，“期间”设置为“中速（2秒）”，“重复”设置为“直到幻灯片末尾”，如图3-1-23所示。这样小球将在轨道上做循环往复的半圆周运动。

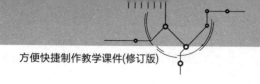

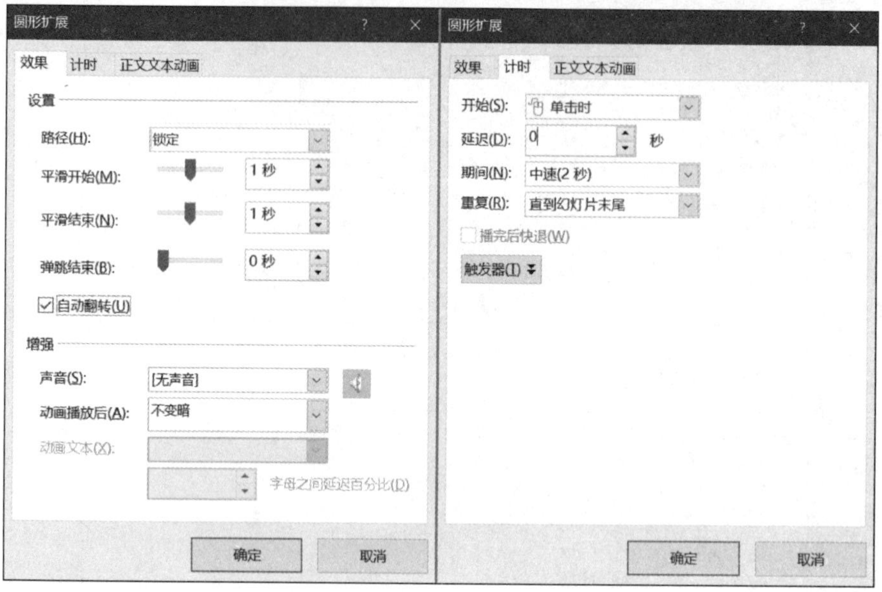

图 3-1-23

③ 小球做四分之一圆周运动

同理，在“编辑顶点”状态下，在右边顶点上右击鼠标，删除该顶点，可以得到小球做四分之一圆周运动的轨迹线，如图3-1-24所示。

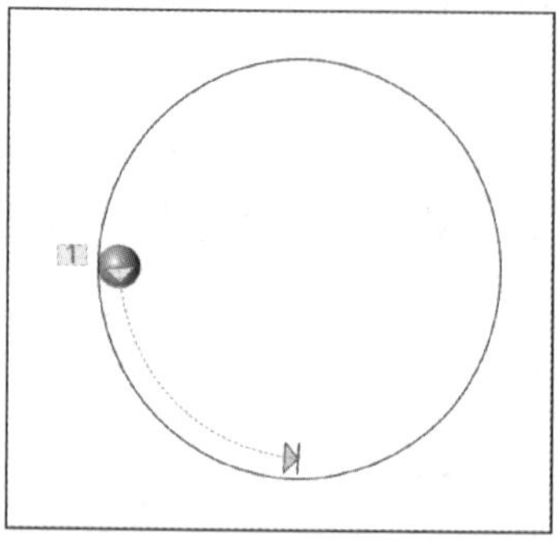

图 3-1-24

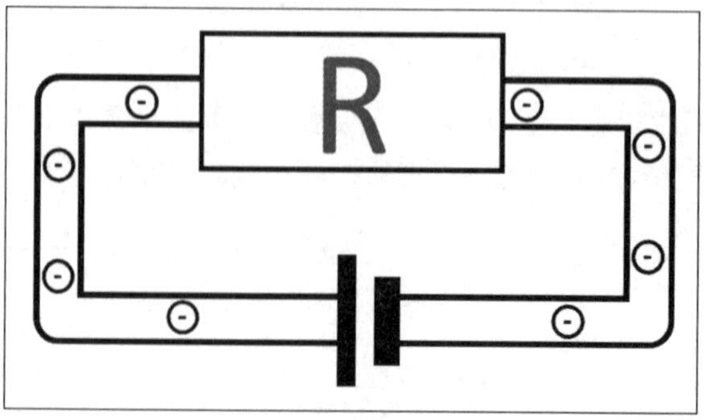

图 3-1-25

5. 自定义动作路径

利用“动作路径”中的“自定义路径”，可以为对象绘制任意动作路径。如图3-1-25所示是电子在导线中运动的模拟动画效果图。此动画制作的方法是：先绘制导线、电阻以及电源图形，然后设置一个电子的运动动画，复制若干个后，再调整延迟的时间即可。具体操作方法如下：

(1) 绘制电源、导线和电阻

① 绘制电源

绘制三个纯色填充的无线条小矩形，一个"高度"和"宽度"分别是 3.4 厘米和 0.4 厘米，黑色填充；另两个"高度"和"宽度"均为 2.3 厘米和 0.6 厘米，其中一个为黑色填充，另一个设置为白色(为方便辨识此处设置成灰色)并置于底层。将三者放置在适当位置，应用"垂直居中"对齐排列，如图3－1－26所示。

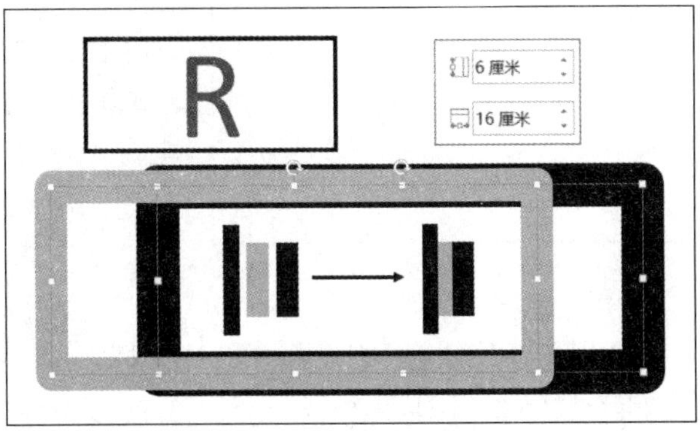

图 3－1－26

② 绘制导线

绘制两个无填充的圆角矩形，"高度"和"宽度"均为 6 厘米和 16 厘米，线条的"宽度"分别为"40 磅"的黑色和"30 磅"的白色(为方便辨识此处设置成灰色)，"线条"的"连接类型"设为"圆角"，如图3－1－26所示。将两个矩形线框对齐排列。

③ 绘制电阻

绘制一个长 8 厘米、宽 3.5 厘米的矩形框，点击 Enter 键后直接输入 115 磅的文字"R"。

(2) 设置运动的电荷

① 绘制电荷图形

绘制直径 0.8 厘米、无填充、线条 3 磅的圆形图形，选中图形并点击 Enter 键后直接输入"－"号，作为电子图形，将图 3－1－26 中的黑色大矩形框复制后设置"线条"的"宽度"为 1 磅，作为绘制电荷动作路径的参考线，如图3－1－27所示。

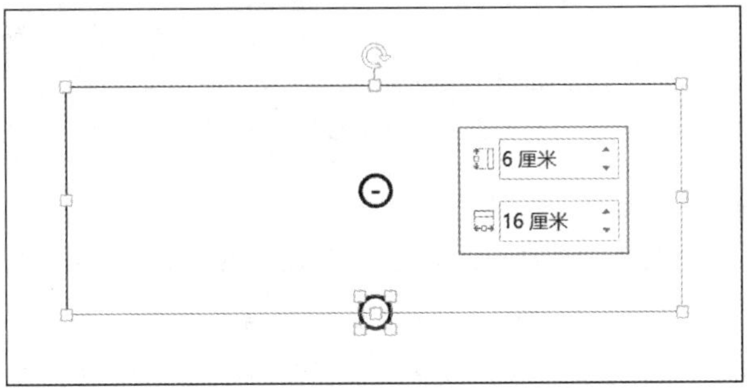

图 3－1－27

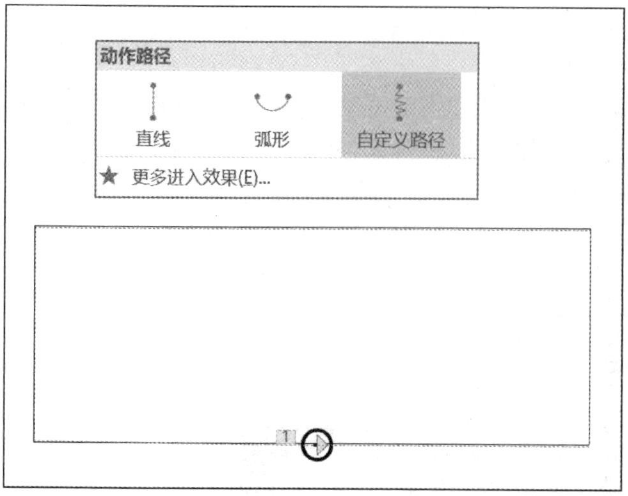

图 3-1-28

② 绘制动作路径

选中电荷图形，在“动画”中的“动作路径”中选择“自定义路径”，此时光标变为十字形，光标先在电荷图形中间点击一下后放开左键，按下 Shift 键，然后用鼠标拖动电荷图形沿着矩形线框逆时针移动，在四个直角转弯处分别单击鼠标左键，继续拖动直到电荷中心处双击退出，如图 3-1-28所示。

③ 设置动画效果

在“自定义路径”对话框中的“效果”选项卡中，“平滑开始”和“平滑结束”均设置为“0 秒”，即表示匀速运动；在“计时”选项卡中，“期间”设置为“非常慢(5 秒)”，即 5 秒运动一周，“重复”设置为“直到幻灯片末尾”，如图3-1-29所示。

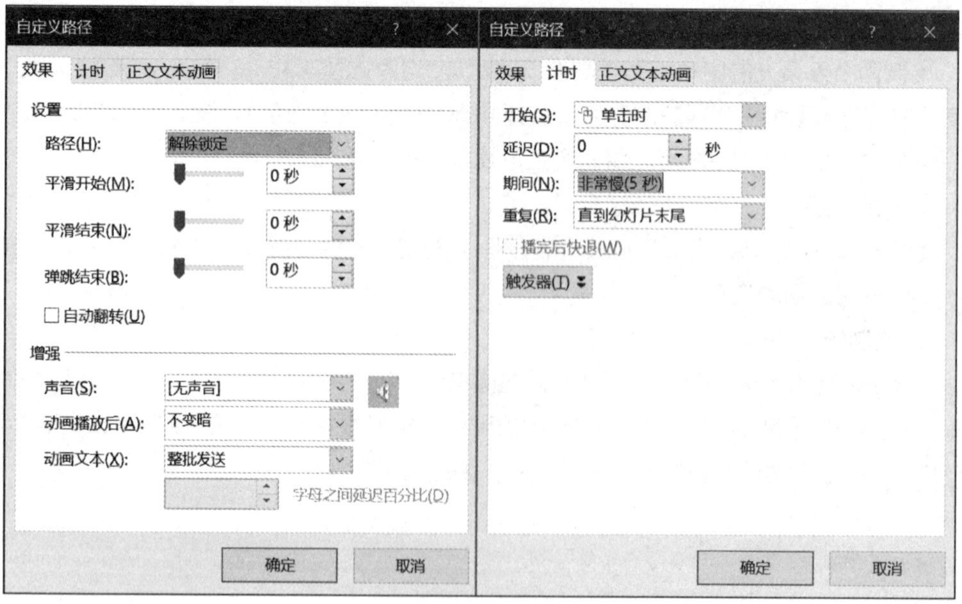

图 3-1-29

④ 复制电荷图形并调整

复制九个设置了动画的电荷图形，调整每个电荷图形出现的延迟时间，分别延迟 0.5 秒、1.0 秒、1.5 秒、2.0 秒、2.5 秒、3.0 秒、3.5 秒、4.0 秒和 4.5 秒。如图3-1-30所示，第十个图形的延迟时间为“4.5 秒”。然后选中十个图形，利用“水平居中”和“垂直居中”对齐图形。

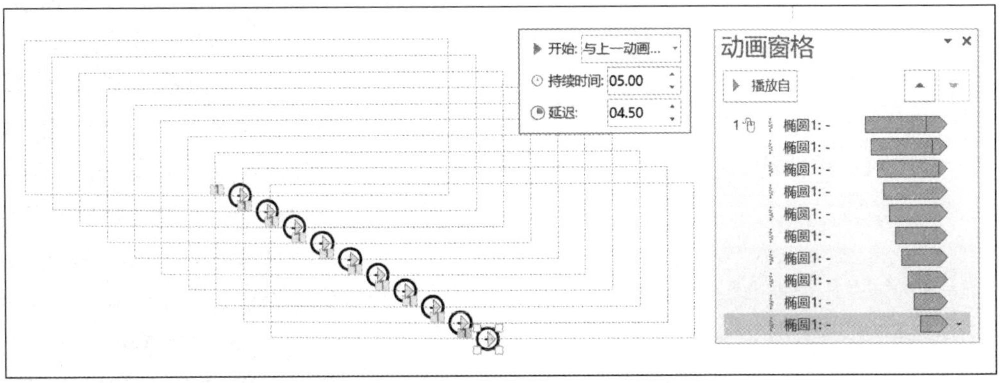

图 3－1－30

(3) 按顺序叠放图形

先将对齐后的十个电荷图形放置在表示导线的矩形线框的上层，再分别将电源图形和电阻图形置于顶层，如图3－1－31所示。注意：电源图形应置于电荷图形上层。运动效果如图3－1－25所示。

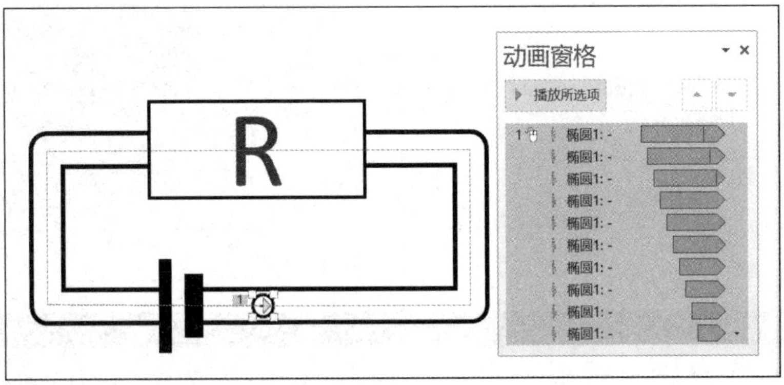

图 3－1－31

6. 非同步动作动画的设置

有些动画在设置时，各对象的动作不需要同步进行，而要延迟一定的时间，如波中质点振动的模拟动画，其中各质点的动作就需要延迟一定的时间进行（上面案例中电子运动的动画中各电荷的动作也不同步）。下面以横波和纵波的模拟动画设置进行说明。

(1) 横波的模拟动画

利用非同步动作的原理，可以设置横波的模拟动画。

① 绘制小球图形

绘制直径 0.5 厘米的圆形图形，"三维格式"中的"顶部棱台"和"底部棱台"均设置为圆形，棱台的宽度和高度均设为 7.1 磅（底部棱台也可不设置）。设置完成后再复制若干个并

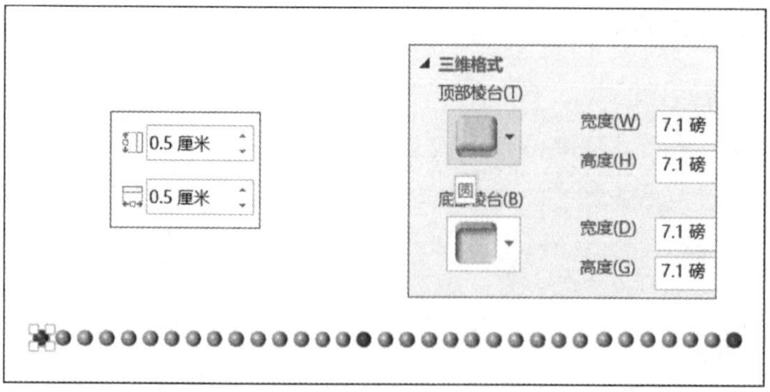

图 3－1－32

排列整齐，如图3－1－32所示。

② 动画的效果设置

选中全部图形，设置“向上”动作路径的动画效果。在“向上”对话框的“效果”选项卡中，“平滑开始”和“平滑结束”设置为“1 秒”，并选中“自动翻转”；在“计时”选项卡中“期间”设置为“中速（2 秒）”，“重复”的次数选择“直到幻灯片末尾”。各图形分别设置延迟时间，如第九个图形的延迟时间为“2 秒”，如图3－1－33和图 3－1－34所示。

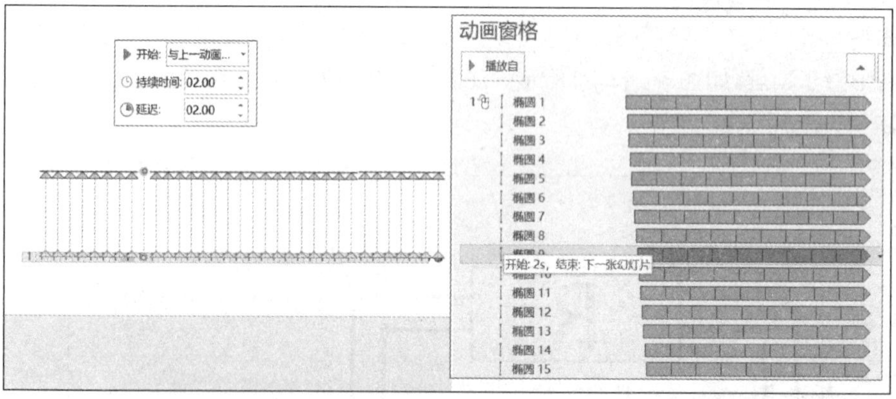

图 3－1－33

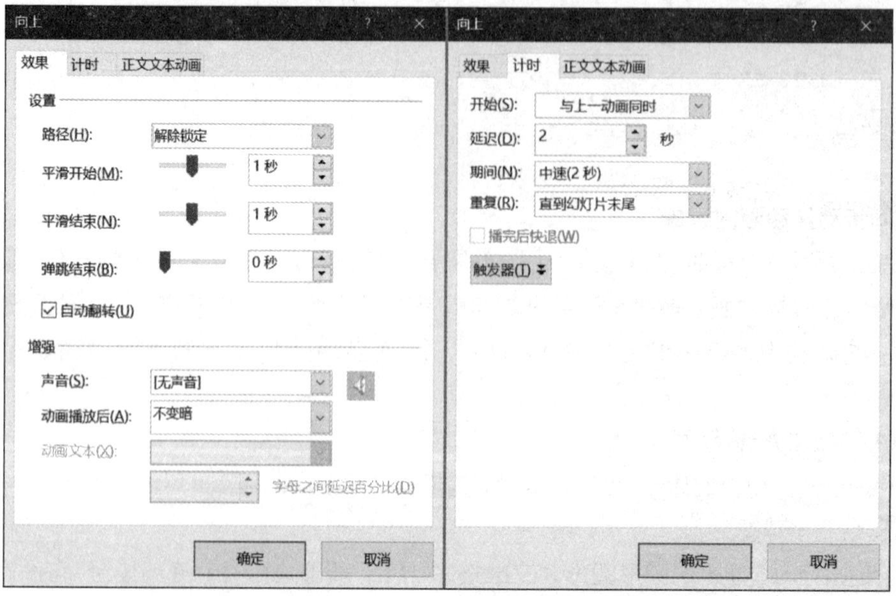

图 3－1－34

③ 播放效果

播放时可以看到各质点不同步地上下运动、波向前传播的动画效果，如图3－1－35所示。

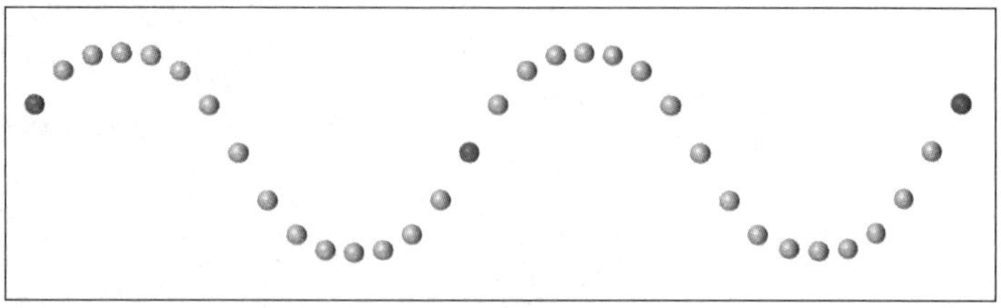

图 3－1－35

(2) 纵波的模拟动画

① 动作路径的设置

按图3－1－32所示绘制一个小球图形，选择“动作路径”中的“直线”，并在“效果选项”的“方向”组中选“右”，然后需将动作路径缩短，路径调整的方法是：点击一下轨迹线，小绿三角和小红三角变成小绿点和小红点，按下Shift键，拖动小红点调整末状态的位置使其变短，如图3－1－36所示。

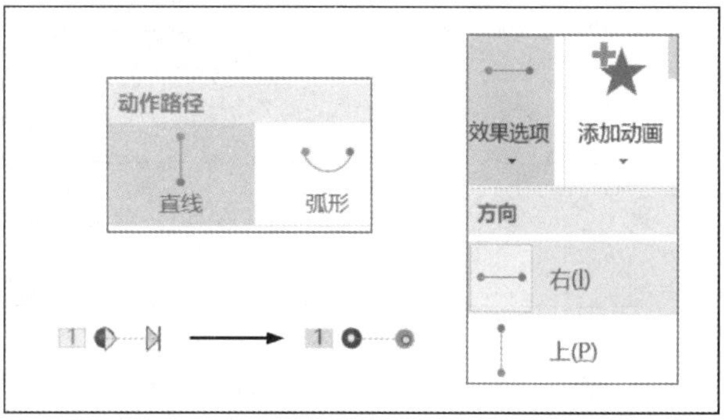

图 3－1－36

② 动画效果的设置

设置“向右”动作路径的动画效果：在“向右”对话框的“效果”选项卡中，“平滑开始”和“平滑结束”均设置为“0.5秒”，并选中“自动翻转”；在“计时”选项卡中“期间”设置为“快速(1秒)”，“重复”选择“直到幻灯片末尾”，如图3－1－37所示。

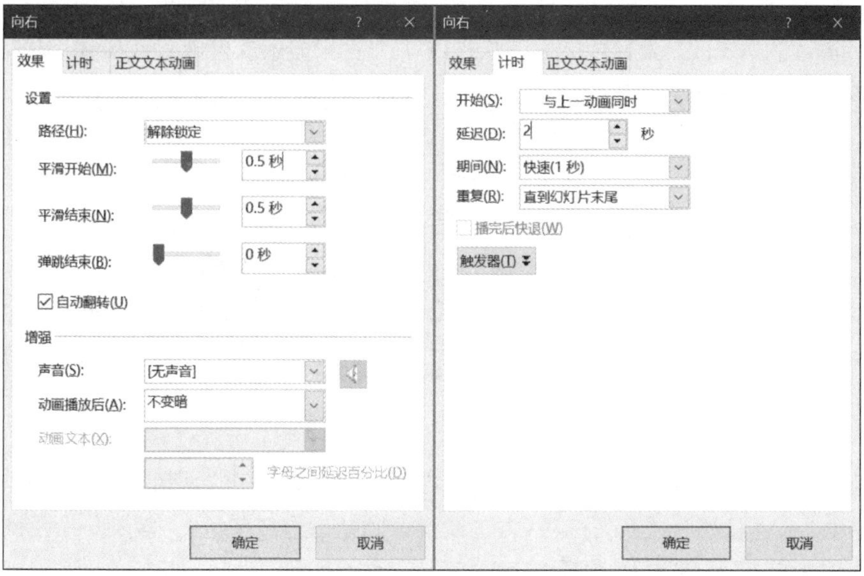

图 3－1－37

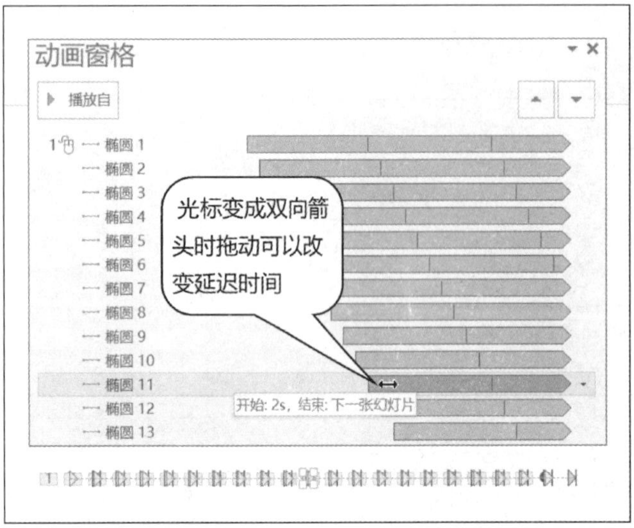

图 3-1-38

③ 复制并设置延迟时间

将设置好的小球图形复制 20 个，各图形分别设置延迟时间，每一个图形较左边图形动画延迟 0.2 秒，也可以在“高级日程表”中改变延迟时间(当光标变成双向箭头时，左右拖动即可改变延迟时间，如图 3-1-38 所示)。图 3-1-37 和图 3-1-38 中所示均为第 11 个图形的延迟时间，即“2 秒”。

④ 播放效果

播放时可以看到各质点不同步地左右运动、波向前传播的动画效果，如图3-1-39所示。

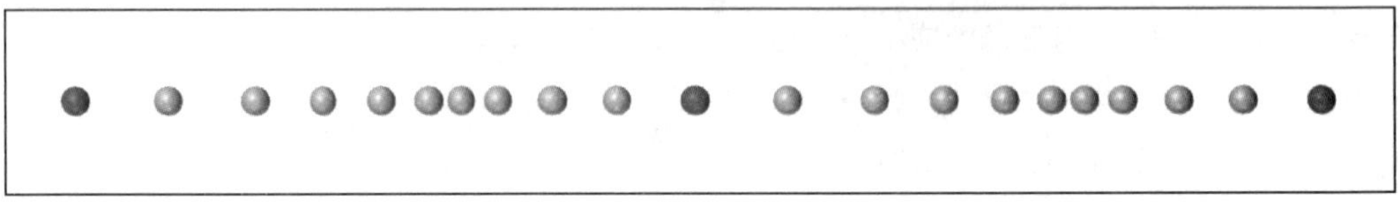

图 3-1-39

第 2 课　分层叠放思维应用

运用图层的概念即分层叠放的思维方式，将几个图形分层次叠放，可以制作出很多新颖别致的有立体感的动画。

1. 直线穿过运动的环

通常两个图片重叠放置时，一个在上层，另一个在下层，如何实现圆环在运动时(或箭头运动时)始终让箭头从圆环的中间穿过呢？可以利用分层次叠放的思维方式，用两个半圆形图形代替一个圆形图形，分三层叠放，下半个圆在顶层，带箭头的直线置于中间，上半个圆在底层，再设置两个半圆图形的动作路径，使其上下运动，就可以看到箭头始终在中间穿过，如图3-2-1所示。制作方法如下：

(1) 绘制两个半圆

利用“形状”选项中的“弧形”工具，绘制高 5 厘米、宽 12 厘米的半圆弧图形，并调节两个控点分别为“180”和“0”，填充为白色(为方便辨识此处设置成灰色)。复制一个后利用“排列”组中的“旋转”工具使图形“垂直翻转”，如图3-2-2所示。

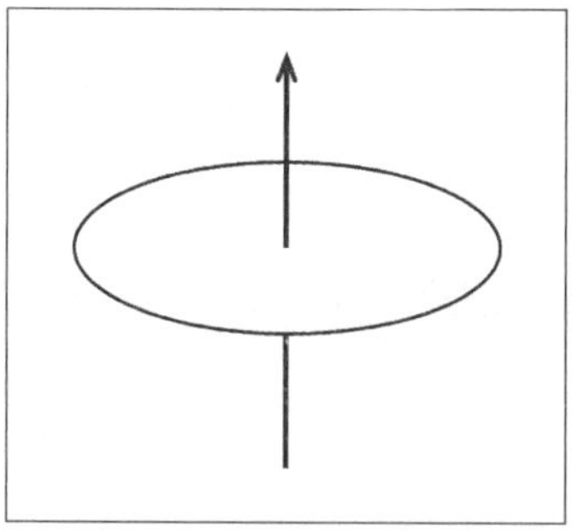

图 3－2－1

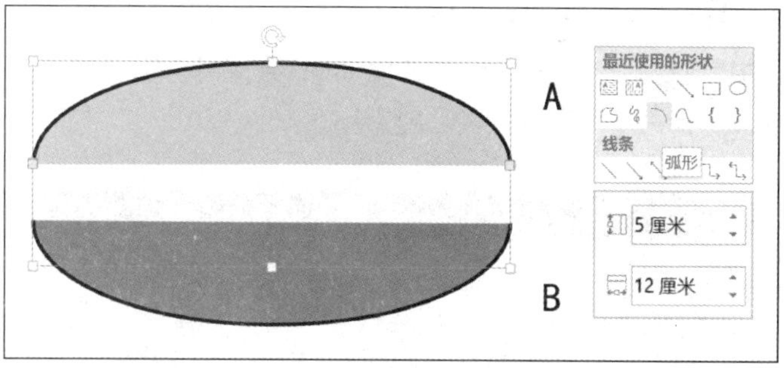

图 3－2－2

（2）设置动画

① 设置两个半圆图形上下运动的动画

利用“垂直居中”和“水平居中”工具对齐两个图形后，选中两个图形，在动画设置的“动作路径”选项中，选择“直线”动作路径，如图3－2－3所示。

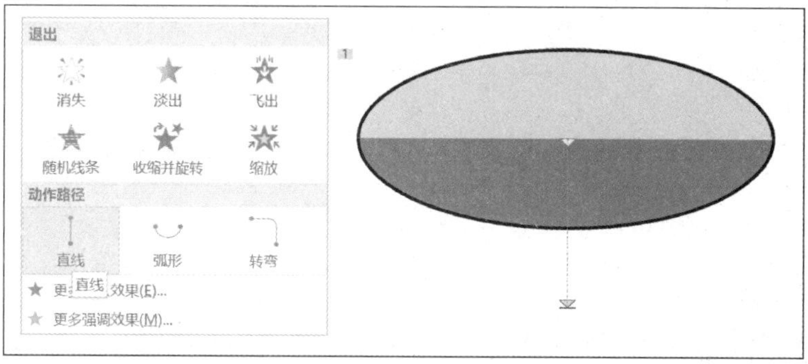

图 3－2－3

② 设置动画效果

同时选中两个图形，在右边“动画窗格”中选中动画的图标，点击小三角下拉箭头，选中“效果选项”，如图3－2－4所示。这样可以同时设置多个对象的动画效果。

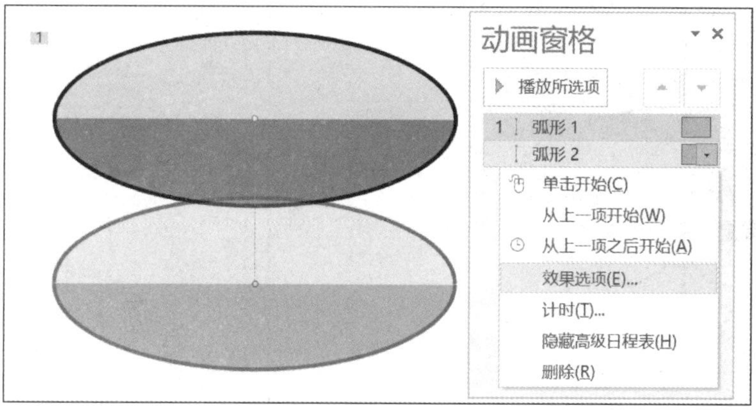

图 3－2－4

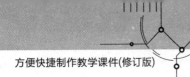

在“向下”对话框的“效果”选项卡中，使用“平滑开始”和“平滑结束”的默认值“1 秒”，并选中“自动翻转”。在“计时”选项卡中，选择“期间”为“慢速(3 秒)”，“重复”的次数选择“直到幻灯片末尾”，如图3-2-5所示。

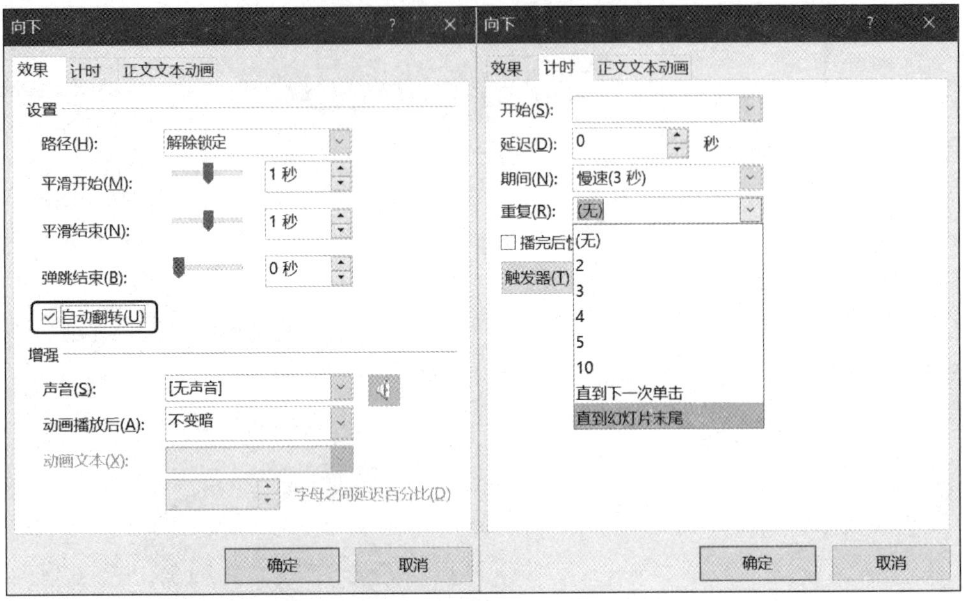

图 3-2-5

(3) 分层叠放

绘制箭头图形，全部选中所有图形，在“绘图工具”的“格式”选项卡下，利用“排列”组中的“对齐”按钮，把选中的对象“水平居中”。再选中下半圆弧图形，在“排列”组中点击“上移一层”按钮，选中“置于顶层”(或者选择“上移一层”)，如图3-2-6所示。这样图形分三层叠放，下半圆弧图形在顶层，箭头置于中间，上半圆弧图形在底层，放映时可以看到圆环上下运动而箭头始终在中间穿过的效果。

利用这种方法，可以制作出磁感线穿过线圈的效果，如图3-2-7所示。

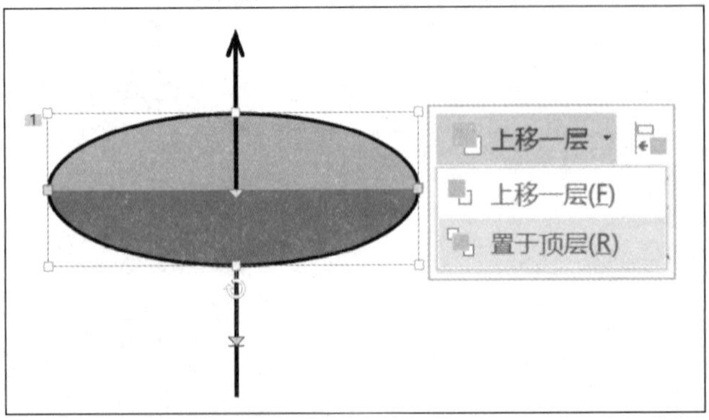

图 3-2-6

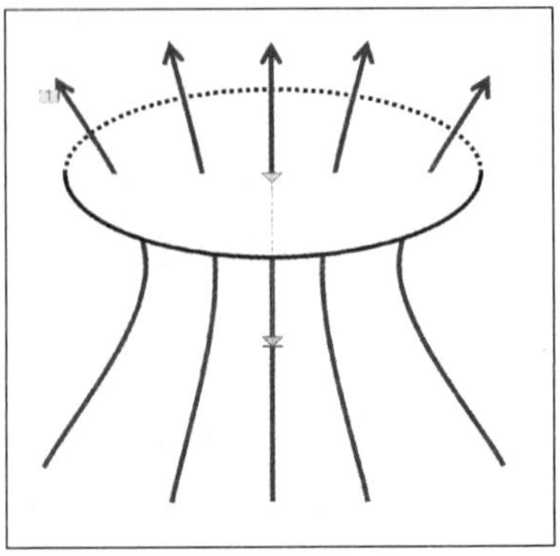

图 3-2-7

2. 运动的小球穿过管子

绘制两个空心弧立体图形，一个置于底层，一个置于顶层，中间放置运动的小球，可以得到小球穿过管子运动的动画效果，如图3－2－8所示。制作方法如下：

（1）绘制立体小球

绘制直径为 1.5 厘米、填充为灰色的无线条的圆形，在“三维格式”中设置“顶部棱台”为圆形，“宽度”和“高度”均为“21.3 磅”(底部棱台可以不设置)，如图3－2－9所示。还可以利用 OK 插件中的“三维工具”中的“一键球体”快速得到小球图形(OK 插件的使用方法详见第六单元第 1 课相关内容)。

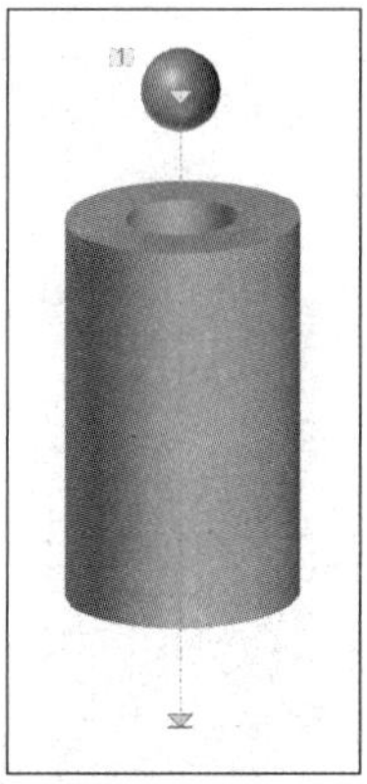

图 3－2－8

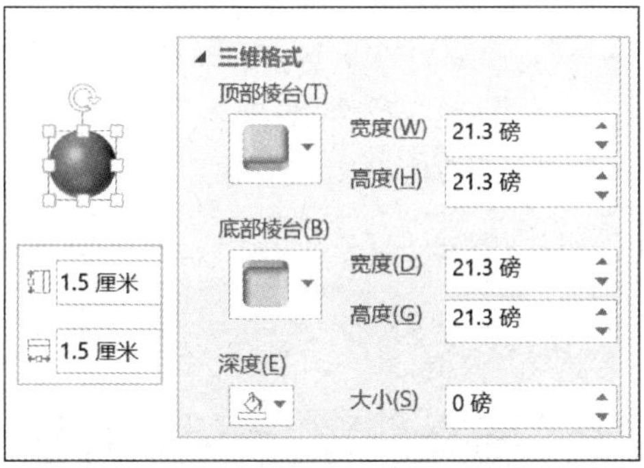

图 3－2－9

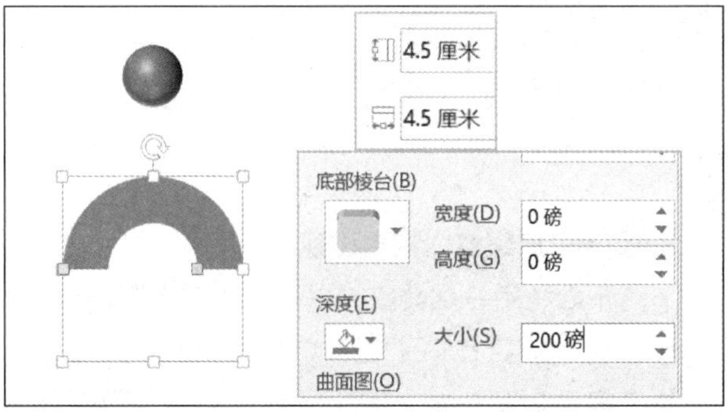

图 3－2－10

（2）绘制管子

绘制高和宽均为 4.5 厘米的空心弧图形，无线条且填充为灰色，在“三维格式”中设置“深度”为“200 磅”，如图3－2－10所示。

在“三维旋转”中的“预设”选项中，选中离轴 1：上，得到立体图形，如图3－2－11所示。

复制空心弧立体图形，在“旋转”工具中点击“垂直翻转”，得到如图3－2－12所示的图形。

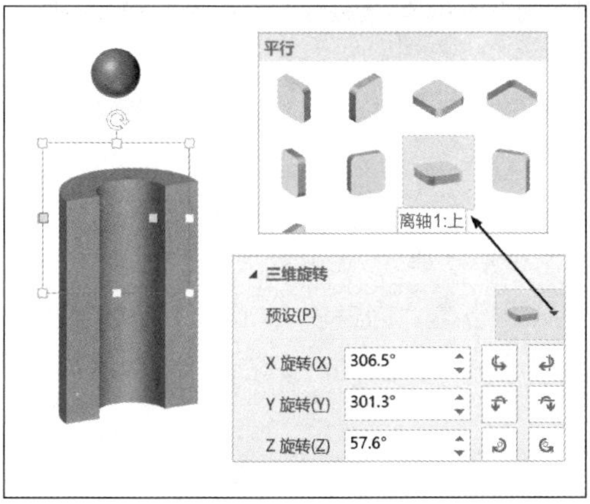

图 3－2－11

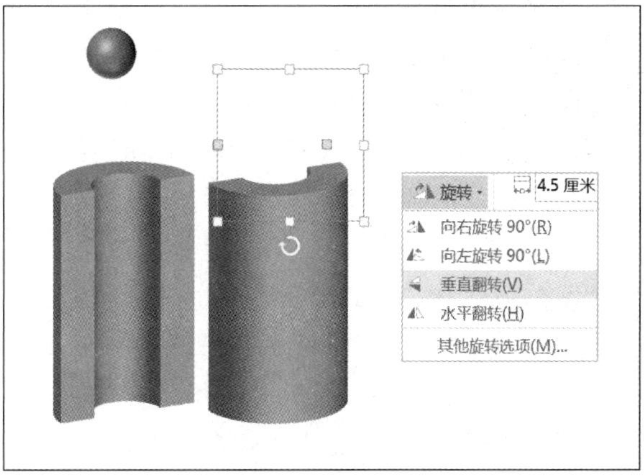

图 3－2－12

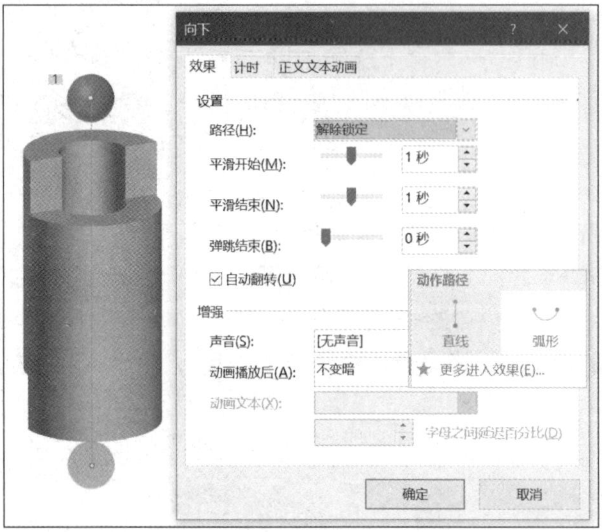

图 3-2-13

(3) 设置小球动画

选中小球，在“动画”功能区的“动作路径”选项中，点击“直线”，再点击一下运动轨迹线，小绿三角和小红三角变成小绿点和小红点，拉动小红点调整小球末状态的位置。在动画“效果”选项中适当设置“平滑开始”和“平滑结束”的时间，选中“自动翻转”，如图 3-2-13 所示。在“计时”选项卡中设置“期间”为“中速(2 秒)”，“重复”的次数为“10”次。小球置于中间层，两个半圆形立体图形对齐放置，即可得到如图 3-2-8所示的动画效果。

3. 文字以探照灯的效果出现

下面利用分层叠放的思维方式制作跟随探照灯照射出现文字的动画效果，即让探照灯照在一串文字上来回“扫射”，光照到的地方呈现文字。把文字和幻灯片背景设置为相同的颜色，利用“绘图”中的“叠放次序”，将渐变色圆形图形放置于文字和背景之间，这样，因为文字与背景同色，所以会看不出文字，而当圆形图形运动到文字下层时，文字则会显露出来。放映的效果如图 3-2-14 所示。制作方法如下：

图 3-2-14

(1) 设置背景色

在幻灯片上单击鼠标右键，点击“设置背景格式”。在右边出现的“设置背景格式”窗格中，设置幻灯片的背景颜色为红色。

(2) 圆形图形(探照灯)的设置

绘制一个直径为 8 厘米的圆形图形，在右边的“设置形状格式”窗格的“形状选项”卡的“填充”选项中，选择“渐变填充”，利用渐变光圈设置 0% 位置处为白色，100% 位置处为红色，在“类型”中选择“路径”，在“线条”中选择“无线条”，这样就会出现中间白色周围红色的渐变填充效果，如图3-2-15所示。

选中圆形图形，在动画设置中的“动作路径”中选择“自定义路径”，然后用鼠标绘制一条直线作为动作路径，如图3-2-16所示。

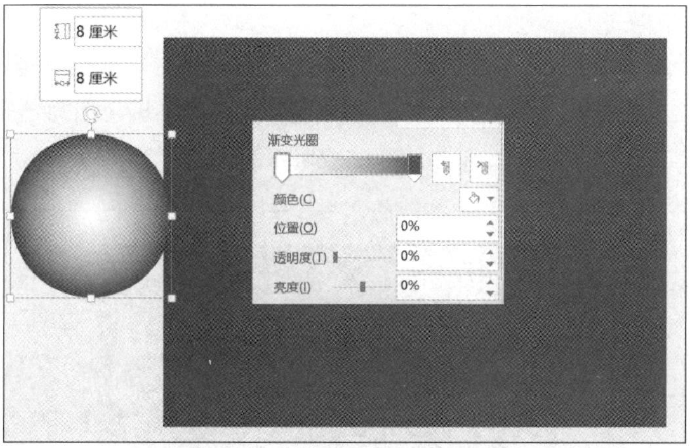

图 3-2-15

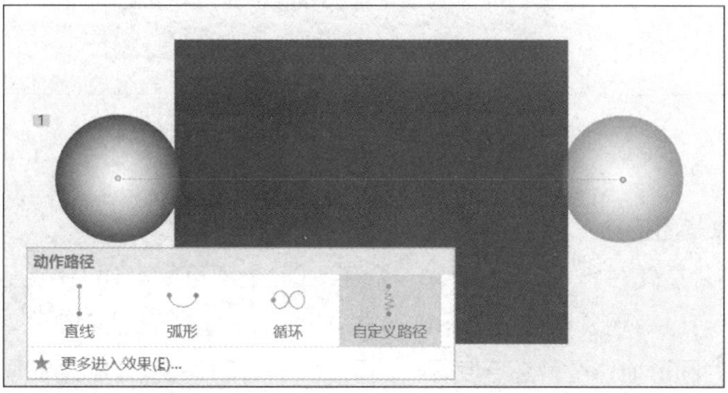

图 3-2-16

在右边动画窗格中双击动作路径图标，在“自定义路径”对话框中的“计时”选项卡中，“期间”选择“非常慢(5 秒)”，“重复”选择“直到幻灯片末尾”。在“效果”选项卡中，“平滑开始”和“平滑结束”时间均为“1.5 秒”，选中“自动翻转”，如图 3-2-17所示。

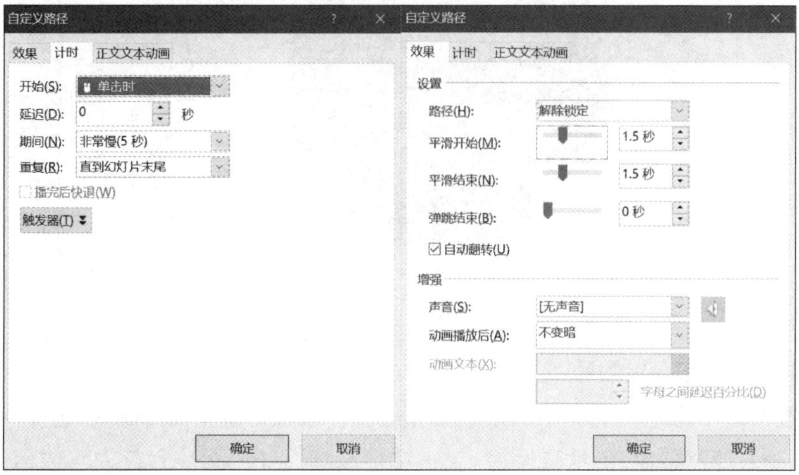

图 3-2-17

(3) 设置文字格式

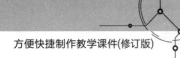

插入文本框，输入文字“光传播的规律”，字体颜色设置为红色(为方便辨识此处设置成灰色)，如图3-2-18所示。文字置于顶层，由于背景色与文字颜色相同，当渐变色圆形图形处于文字下面时，文字才能显示出来。放映的效果如图3-2-14所示。

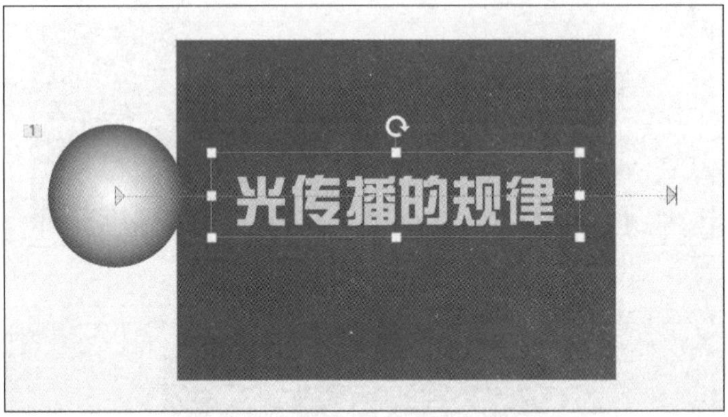

图 3-2-18

4. 卫星绕到地球背面运动

由于两张图片重叠时，一张在上面另一张在下面，是不可能实现卫星绕到地球背面转动的效果的。但是可以利用分层叠放的思维方式，截取地球图片的上半部分，并将截取的图片置于顶层，完整的圆形地球图片置于底层，设置卫星的转动动画，并利用动画“强调”中的“放大/缩小”功能，设置卫星远小近大的动画效果，这样可以得到卫星绕着地球转动且卫星远离时变小的动画效果。转动的效果如图3-2-19所示。制作方法如下：

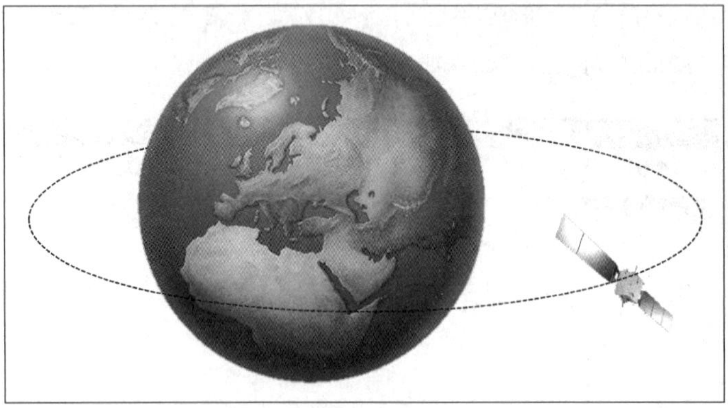

图 3-2-19

(1) 准备地球和卫星图片

在搜索引擎中输入“地球”，在“图片”搜索中即可搜索到很多地球图片，选中一张背景色为白色(便于去掉背景色)的地球图片，单击鼠标右键，点击“图片另存为”(或点击“复制图片”，直接粘贴到 PowerPoint 中)，将图片保存后备用。再搜索一张卫星图片保存备用。

（2）去掉图片背景色

地球和卫星两张图片均要加工成没有背景色的图片。利用图片工具栏中的“删除背景”功能，可以删除图片的背景。详情参见第一单元第 5 课 4. 删除图片背景中的内容。

（3）裁剪图片

选中地球图片，在“图片工具”的“格式”选项卡中的“大小”组中，点击“裁剪”按钮，将图片的下半部裁剪掉，如图3－2－20所示。裁剪后鼠标在图片外点击一下，退出裁剪状态后再移动被裁剪后的图片。

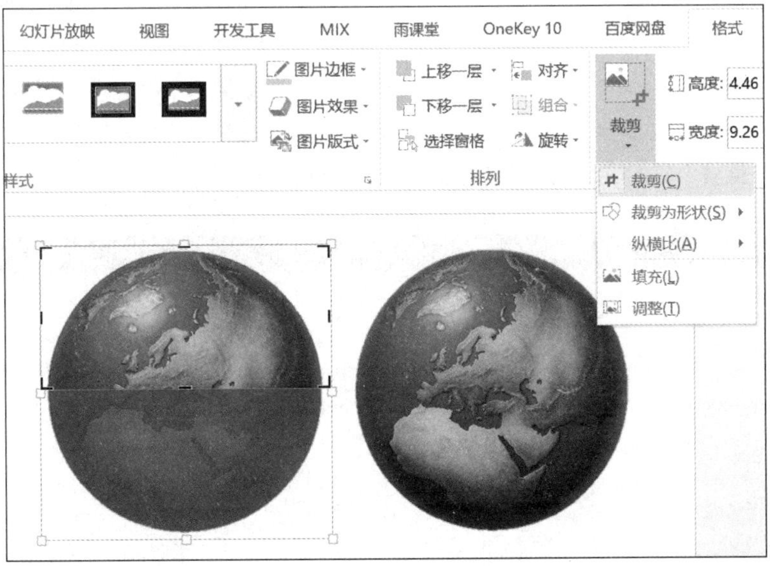

图 3－2－20

（4）卫星的转动动画

① 选择卫星动作路径

选中卫星图片，在动画中的“动作路径”组中选择“形状”，卫星图片就会出现一个椭圆形动作路径轨迹线，如图3－2－21所示。

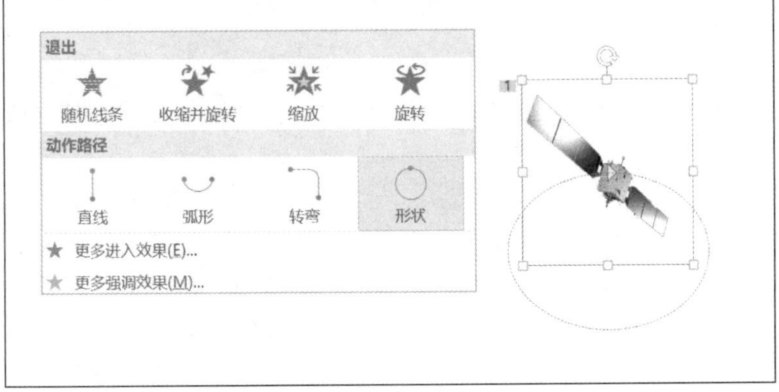

图 3－2－21

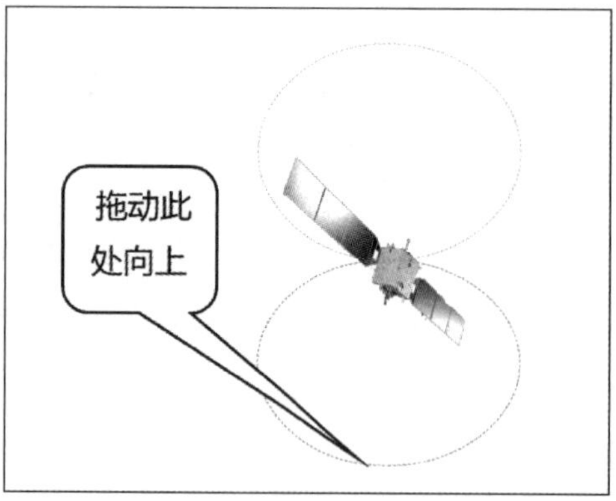

图 3-2-22

② 调整轨迹线

选中椭圆形轨迹线，用鼠标选中图线的下面向上拖动，可以改变转动的方向，由原来的顺时针转动改变为从下方开始的逆时针转动，如图3-2-22所示。详情参见本单元第 1 课 4.“动作路径”中的“形状”应用。

③ 设置动画效果

双击右边“动画窗格”下的动画图标，在“圆形扩展”对话框中的“效果”选项卡中，“平滑开始”和“平滑结束”时间均设为“0 秒”，“自动翻转”不选中。在“计时”选项卡中，“期间”直接输入“10 秒”，“重复”选择“直到幻灯片末尾”，如图3-2-23所示。

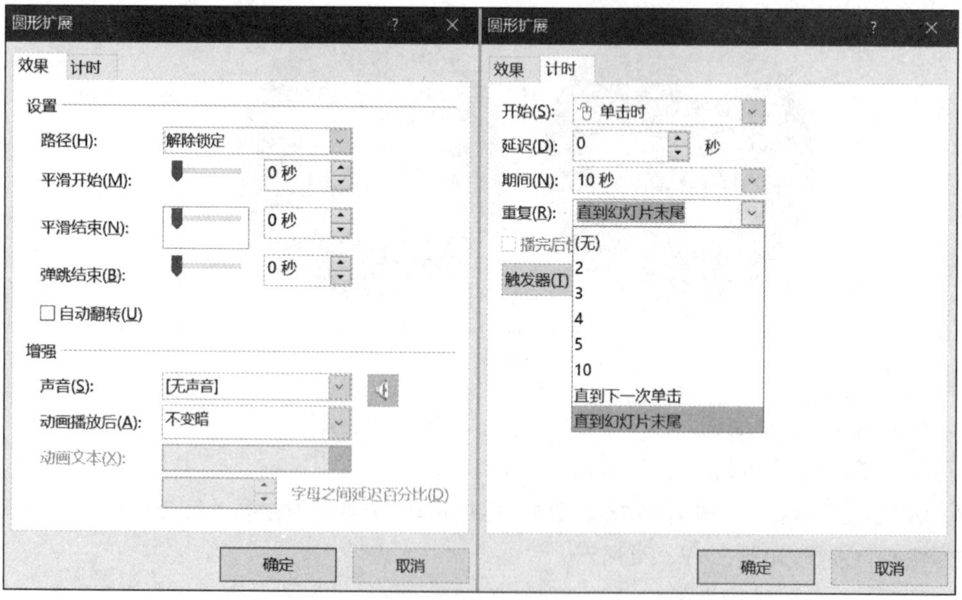

图 3-2-23

(5) 卫星远小近大的效果设置

选中卫星图片，在“高级动画”功能区中，点击“添加动画”，在“强调”中选中“放大/缩小”，如图3-2-24所示。

在“动画窗格”下面双击强调动画图标，在“放大/缩小”对话框的“效果”选项卡中，将“尺寸”中的“自定义”改为“10%”，然后按 Enter 键。在“计时”选项卡中，“开始”选择“与上一动画同时”，表示两个动作同时进行，“期间”选择“非常慢(5 秒)”(是前面卫星动画设置的“期间”10 秒的一半)，“重复”选择“直到幻灯片末尾”。再在“效果”选项卡中设置“平滑开始”和“平滑结束”分别为“2 秒”，并选中“自动翻转”，如图 3-2-25 所示。

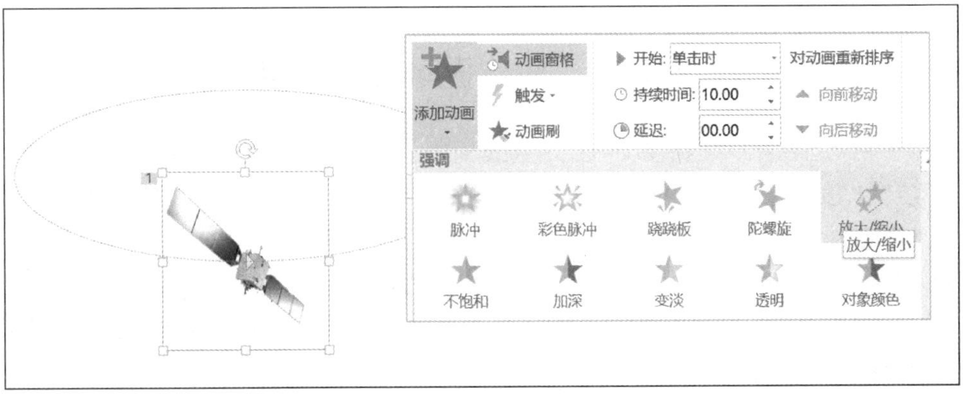

图 3－2－24

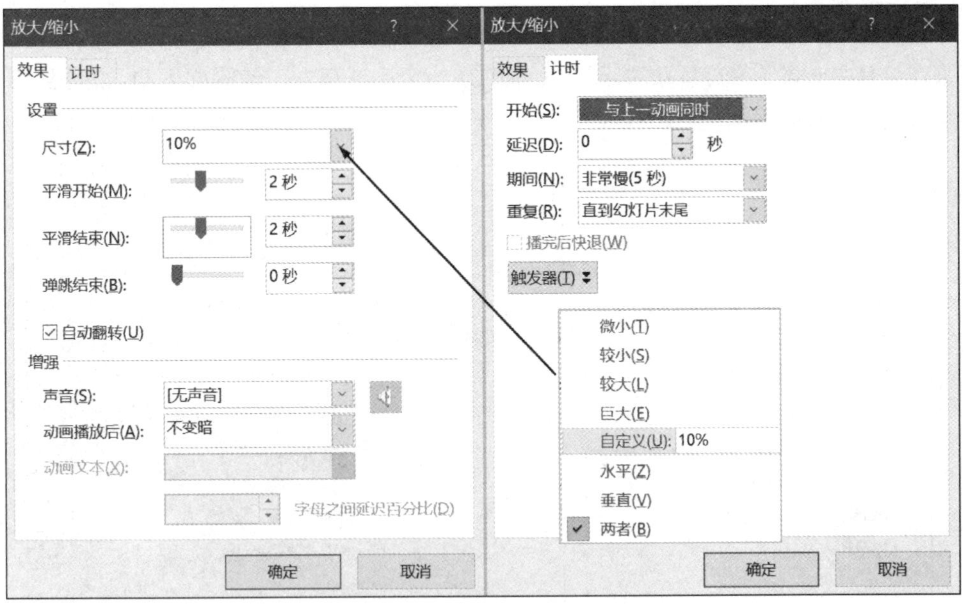

图 3－2－25

（6）设置叠放次序

将地球图片“置于底层”，将半圆地球图片“置于顶层”，如图 3－2－26 所示。然后将所有图片放置在适当位置，再添加椭圆形轨迹线并置于适当位置后调整叠放次序，即可得到如图 3－2－19 所示的动画效果。

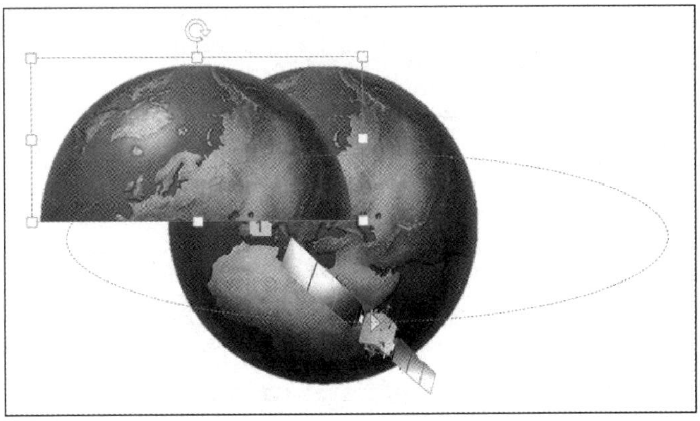

图 3－2－26

第3课　对称显半思维应用

由于PowerPoint中的很多动画都是围绕对象的中心点进行动作的，比如强调动画中的“陀螺旋”和“放大/缩小”等动画。利用对称显半的思维方式，可以将图形的一半填充和线条设置为透明的，使得此部分图形虽然存在，但是不可见，只显示出另一半的动画效果。下面分别以“陀螺旋”动画和“放大/缩小”动画为例说明对称显半思维的应用。同时在动画设置中，为了完成复杂的运动效果，常常需要多个动画联合动作，即多动画联动。后面的多个案例都涉及多动画联动的应用。

1. 做圆周运动的小球

利用对称显半思维，制作上下两个小球，其中一个小球填充后设置成透明的，当两个小球整体绕其中心做陀螺旋运动时，显示出来的是一个小球在做匀速圆周运动，如图3-3-1所示。制作方法如下：

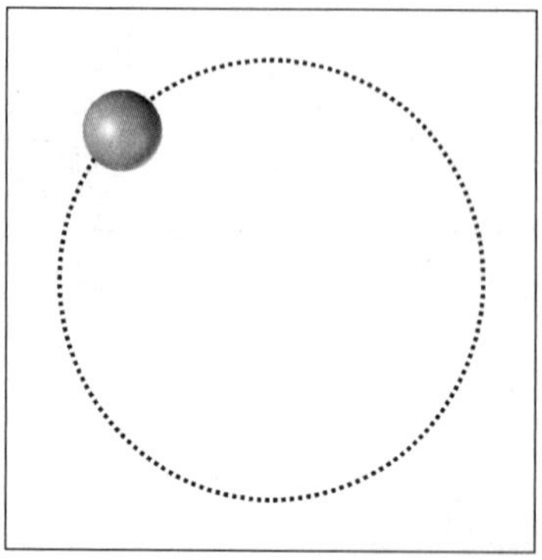

图3-3-1

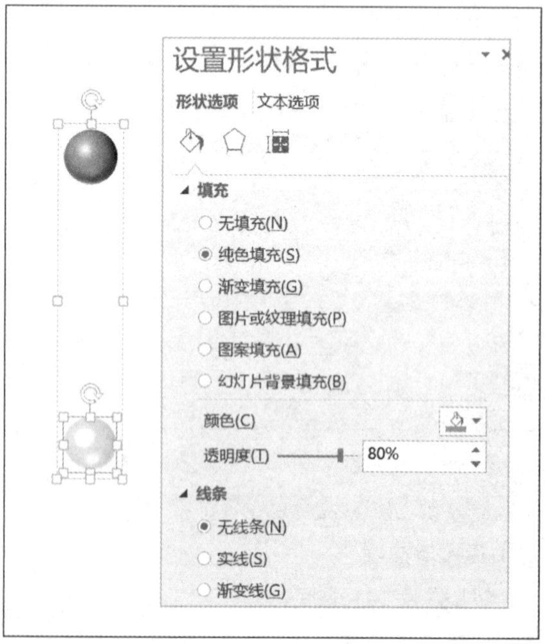

图3-3-2

（1）绘制图形

绘制一个无线条的圆形图形，填充色为灰色，将“三维格式”中的“顶部棱台”和“底部棱台”设置为圆形样式并调整棱台的宽、高，或者直接利用OK插件中“三维工具”中的“一键球体”快速得到小球图形。再复制出另一个图形，并把该图形“填充”中的“透明度”设置为“100%”，即全透明(为方便辨识此处“透明度”设置成80%)，再把两个图形对齐后组合起来，如图3-3-2所示。

绘制一个圆形图形，其直径与两球圆心距离相等，设置为虚线并置于底层，作为小球的运动轨道。再利用“排列”组中的“对齐”工具按钮，分别选中“水平居中”和“垂直居中”，如图3-3-3所示。将两个图形对齐排列。

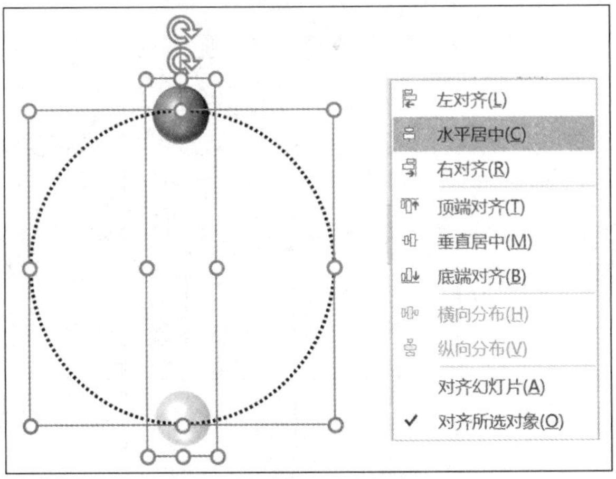

图 3-3-3

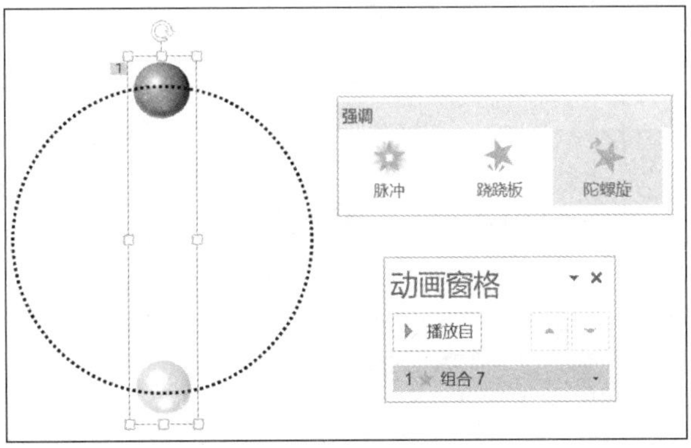

图 3-3-4

（2）设置动画

选中组合后的两个小球图形，在“动画”功能区中，设置该图形的动画为“强调”中的“陀螺旋”，如图3-3-4所示。

双击动画窗格中的动画图标，在“陀螺旋”动画设置的“效果”选项卡中，“平滑开始”和“平滑结束”均设置为“0秒”，即保持小球做匀速圆周运动，“自动翻转”不选中。在“计时”选项卡中，“期间”设置为“非常慢(5秒)”，“重复”设置为“直到幻灯片末尾”，如图3-3-5所示。设置完毕后，放映时可以看到小球做匀速圆周运动。

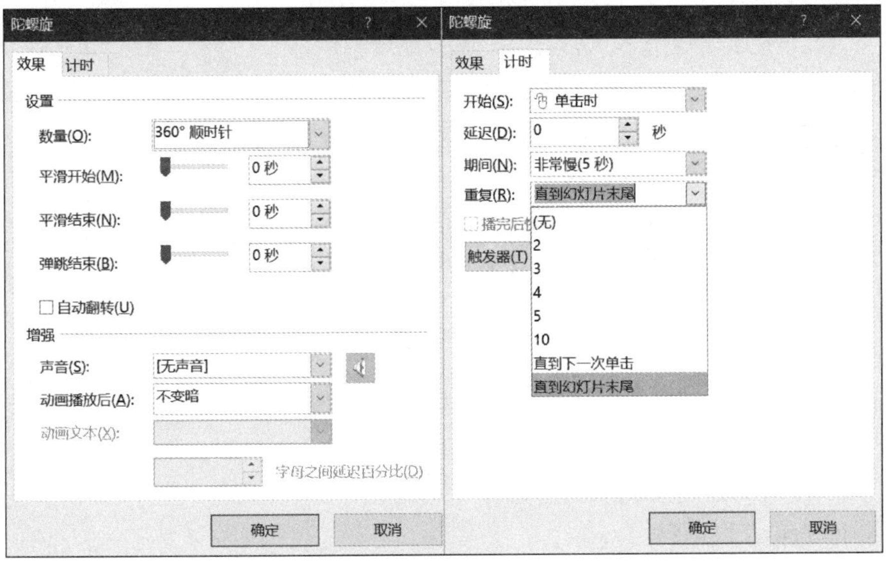

图 3-3-5

注意：利用陀螺旋设置的小球圆周运动与本单元第 1 课 4."动作路径"中的"形状"应用中介绍的利用"动作路径"中的"形状"设置的圆周运动是不同的，如图3－3－6所示。如果 A 和 B 两个图形都是圆形图形，两种设置的转动效果表面上是看不出区别的，如果 A 和 B 都是椭圆形图形，可以看出左图中是形状中的圆周运动，右图中是陀螺旋的转动效果，B 图形对面还有一个设置为透明的图形。即利用"形状"设置的动作是对象的公转运动，"陀螺旋"设置的动作是对象的自转运动。

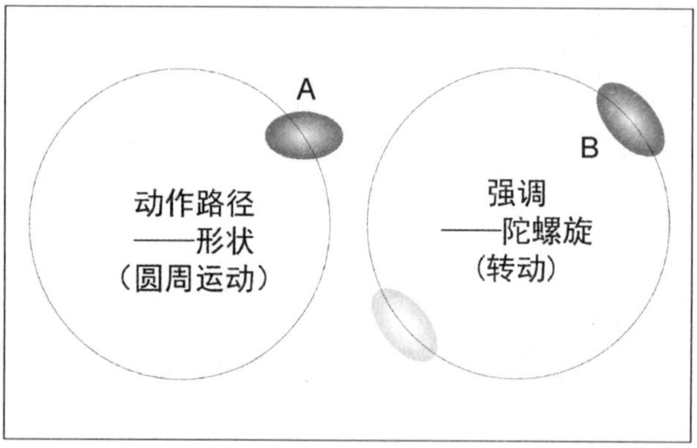

图 3－3－6

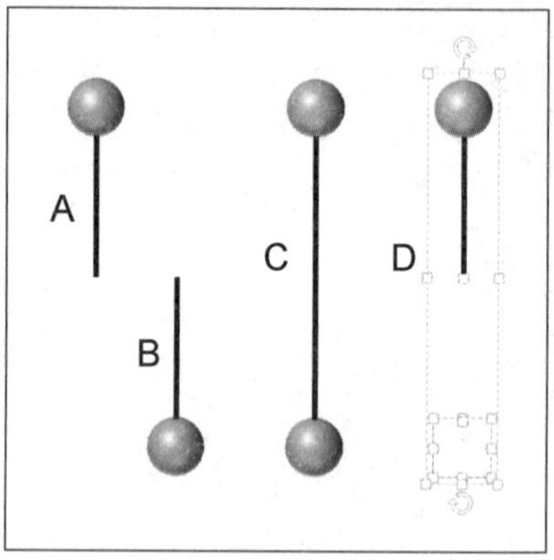

图 3－3－7

（3）有拉线的小球做圆周运动

小球被线拉着做匀速圆周运动的动画设置方法如下：

绘制小球和细线的图形 A，复制后再翻转得到图形 B，把图形 A 和 B 对齐后组合起来得到图形 C，选中 C 后再选中下半部分图形（即局部选中），将该图形的填充和线条均设置为完全透明，得到图形 D，如图3－3－7所示。

绘制一个大圆图形作为小球运动轨道并设置为虚线且置于底层，再绘制一个小圆形图形填充为黑色作为圆心，然后设置中间两个小球的组合图形的动画为"陀螺旋"，并对陀螺旋动画的效果进行设置，得到的结果如图3－3－8所示。小球做匀速圆周运动的效果图略。

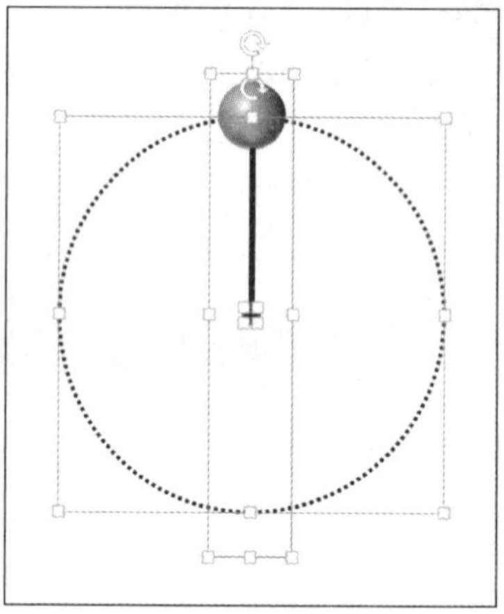
图 3－3－8

2. 摆动球的制作

利用对称显半思维可以制作上下两个摆球，上面的图形填充色和线条均设置为透明，利用动画"强调"中的"陀螺旋"动画功能，对图片设置两个先后动作的陀螺旋动画，当幻灯片播放时可以显示出小球左右摆动的动画效果。

（1）绘制图形

利用绘图工具绘制出图形 A，复制后再翻转得到图形 B，把图形 A 和 B 对齐后组合起来得到图形 C，选中 C 后再选中上半部分图形（即局部选中），该图形的填充和线条均设置为透明的得到图形 D，如图3－3－9所示。

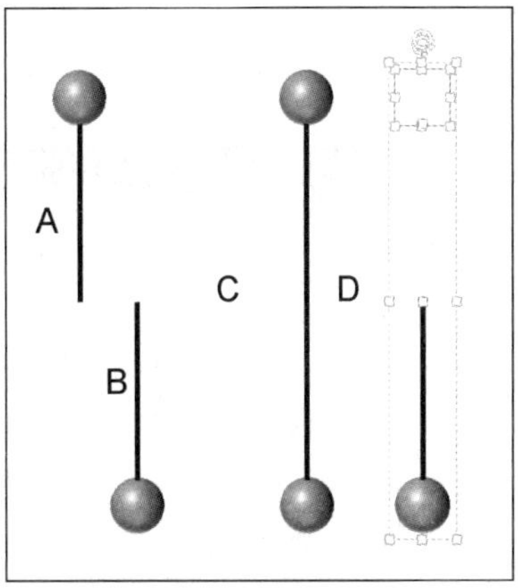

图 3－3－9

（2）设置动画效果

选中图形，在"动画"功能区中的"动画"组中，在"强调"组中设置"陀螺旋"动画。在"陀螺旋"对话框的"效果"选项卡中，"平滑开始"和"平滑结束"时间可均设置为"0.5 秒"，"自动翻转"不选中，在"数量"设置中，直接在"自定义"中输入"30°"且选中下方的"顺时针"，然后按 Enter 键。"计时"选项卡中的"期间"设置为"快速（1 秒）"，"重复"设置为"（无）"，如图3－3－10所示。

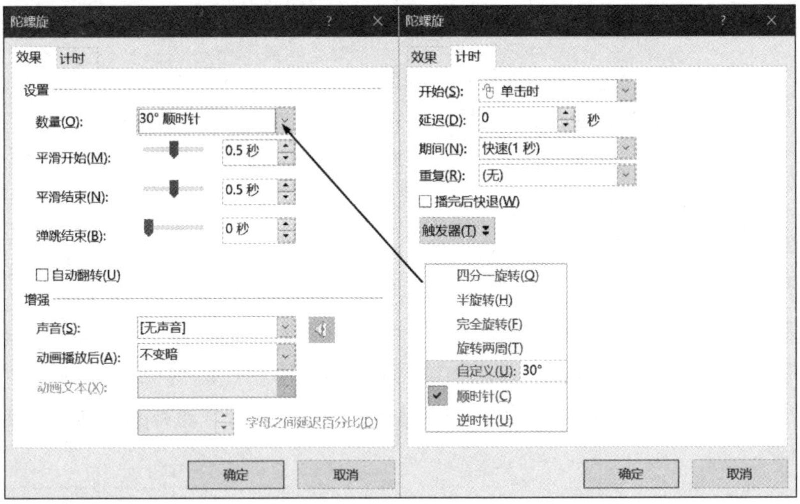

图 3－3－10

（3）添加动画

选中对象，在"动画"功能区的"高级动画"组中，点击"添加动画"，再次添加"强调"中的"陀螺旋"动画，如图3－3－11所示。

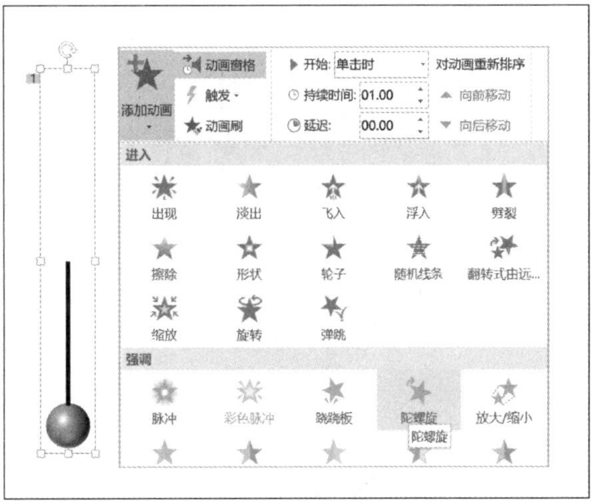

图 3－3－11

双击"动画窗格"中第二个动画图标，在"陀螺旋"对话框中的"效果"选项卡中，在"数量"设置中，直接在"自定义"中输入"60°"，且选中下方的"逆时针"，然后按 Enter 键，"平滑开始"和"平滑结束"都设置为"1 秒"，并选中"自动翻转"。在"计时"选项卡中，"开始"选择"上一动画之后"，"期间"选择"中速（2 秒）"，"重复"选择"直到幻灯片末尾”,如图3－3－12所示。本例动画的设置思路是使摆球先顺时针摆动30°,接着开始逆时针摆动60°,然后自动翻转,重复摆动。摆动效果图略。

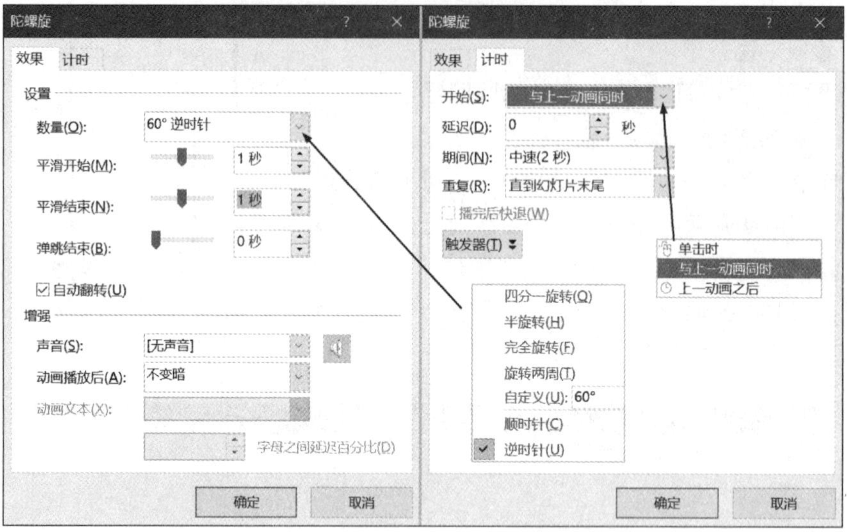

图 3－3－12

3. 钟表的制作

（1）梅花样式钟表的制作

首先利用分层叠放思维绘制出表盘刻度,再利用对称显半思维,制作转动的表针,然后添加表盘文字和其他附属图形,可以制作出如图3－3－13所示的梅花样式钟表。本案例在表针的制作及动画的设置过程中使用了对称显半的思维,而三个表针的动画是同步动作的,是相互联动的关系。

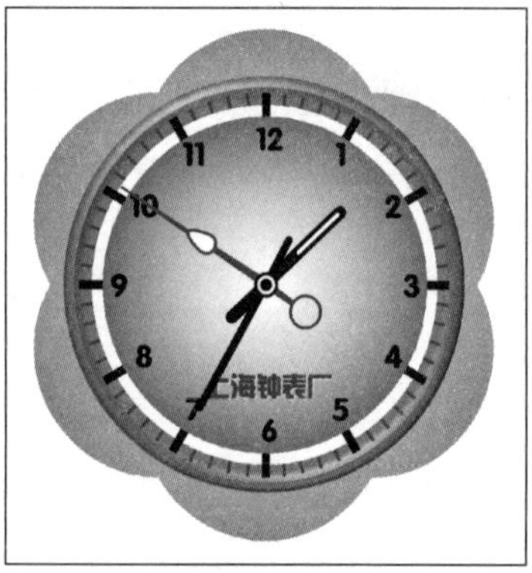

图 3－3－13

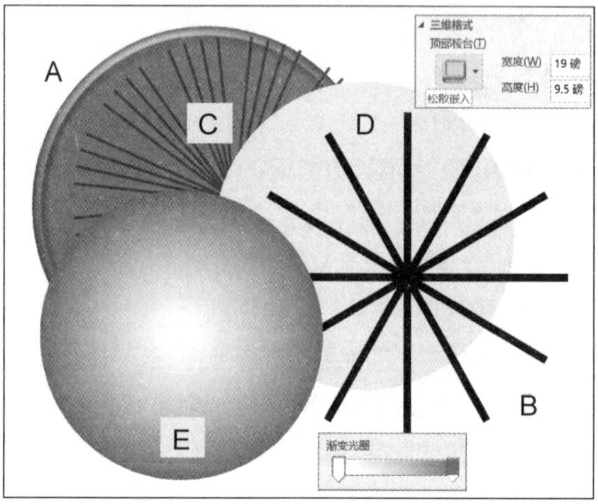

图 3－3－14

① 绘制表盘刻度

如图3－3－14所示,绘制直径为 13 厘米的圆形图形 A,并在“三维格式”中设置松散嵌入型的顶部棱台。利用转动对称思维绘制由长度 12 厘米、黑色的 8 磅线条组成的图形 B，在此基础上复制、修改设置得到图形 C（线条为红色 3 磅）。再绘制直径 11.2 厘米的圆形图形 D 和直径 10.5 厘米的圆形图形 E，图形 E 为渐变填充，中间为白色，外围为褐色。按照如图3－3－14所示的顺序放置。表盘刻度的绘制参见第二单元第 4 课 2. 钟表表盘刻度线的绘制方法。

选中图 3－3－14 中的所有图形，利用对齐工具中的“水平居中”和“垂直居中”，将所有图形对齐排列得到图 3－3－15 图 A，添加文本框输入刻度值，并放置在适当的位置，得到图 B，然后选中所有对象组合在一起。

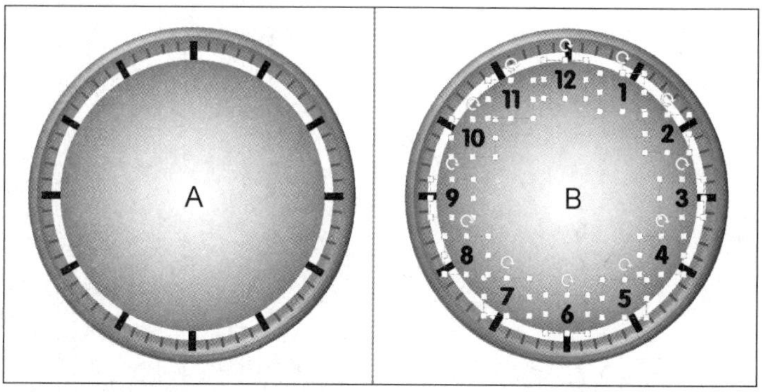

图 3－3－15

② 制作秒针

如图3－3－16所示，分别绘制圆形图形变形后的图形 A，直径为 1 厘米的圆形图形 B，倒置的梯形图形 C，底边很小的等腰三角形图形 D，组合后得到高度 7.6 厘米、宽度为 1 厘米的秒针图形 E。

图 3－3－16 中的图形 A 的绘制方法：如图 3－3－17 所示，选中圆形图形 A，右击鼠标点击“编辑顶点”，拉动顶端的小黑点到适当位置如图 B，可以得到变形了的图形 C，再按下 Shift 键等比例缩小即得到图形 D。可以借助网格线来保证图形对称。

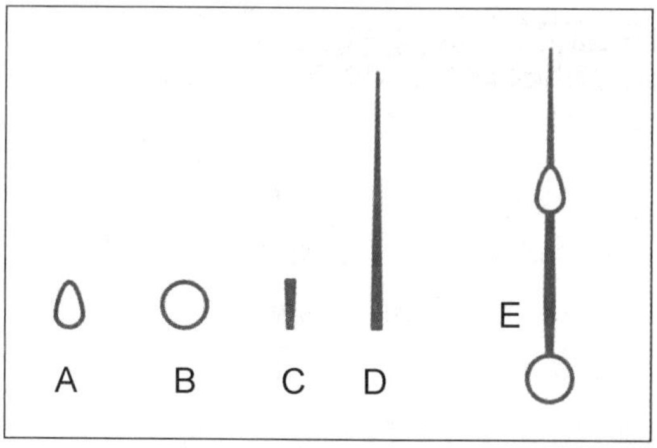

图 3－3－16

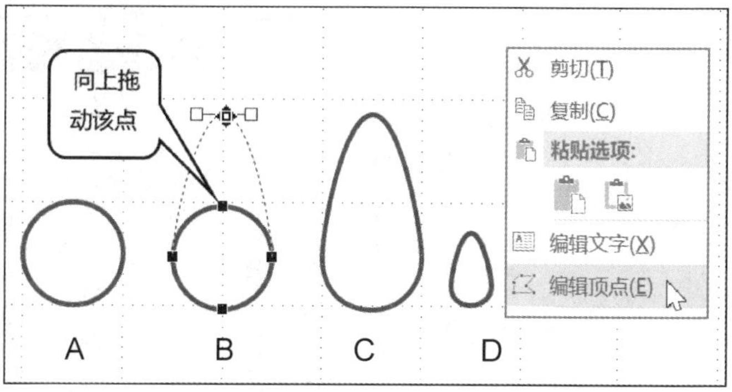

图 3－3－17

利用对称显半思维的方法，把图 3－3－16 中的图形 E 复制过来作为图 3－3－18 中的图形 A，复制后再倒置得到图形 B，将两个图形部分重合（重合部分约 3.2 厘米）对齐后，把下面的图形设置为完全透明（为方便辨识此处设置成半透明）得到图形 C，最后组合得到高为 11 厘米的秒针图形 D。

利用动画“强调”中的“陀螺旋”为秒针设置动画：在“陀螺旋”对话框的“计时”选项卡中，在“期间”直接输入“01：00 秒”，或者“60 秒”（可更改默认值），其余参数如图3－3－19所示。

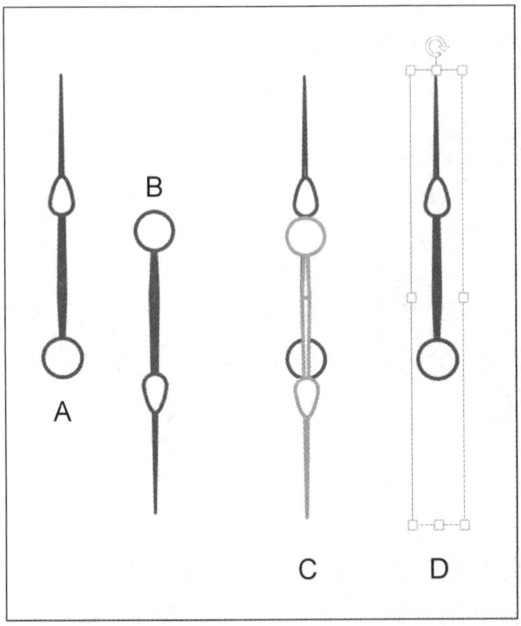

图 3－3－18

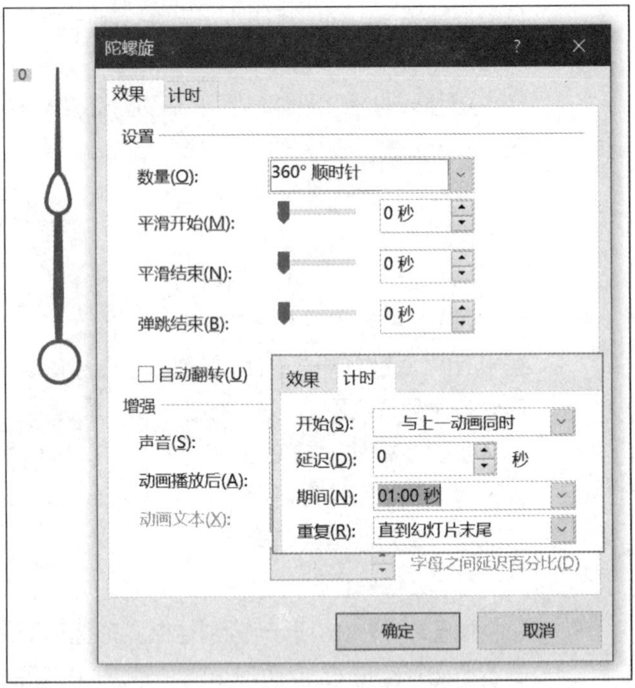

图 3－3－19

③ 制作时针

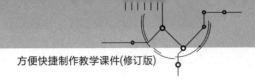

如图3－3－20所示，绘制填充色为白色的圆角矩形图形 A(高度 2 厘米、宽度 0.2 厘米、2 磅粗细)，再绘制填充色为黑色的圆角矩形图形 B(高度 5 厘米、宽度 0.3 厘米)，组合后得

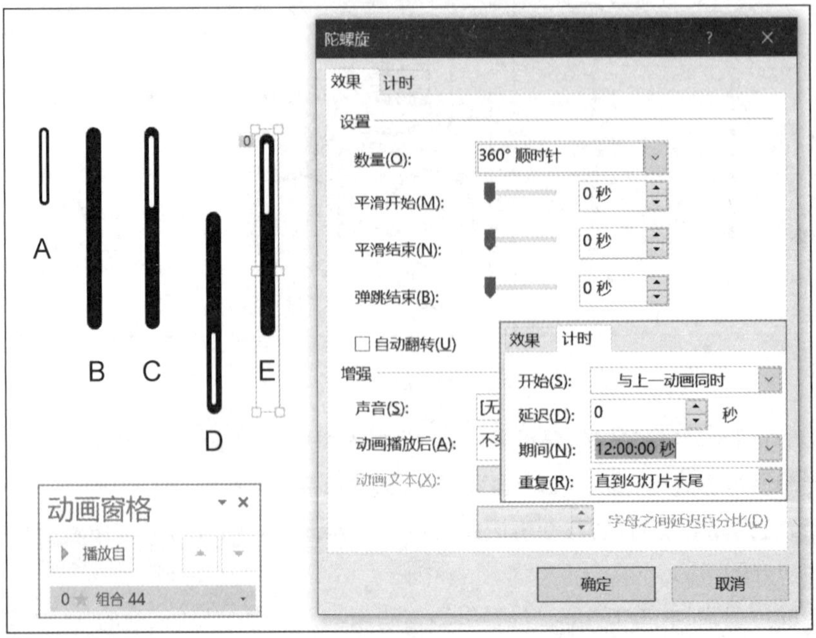

图 3－3－20

到图形 C，再复制一个上下翻转后得到图形 D，图形 C 和 D 部分重合（重合部分约 3 厘米）后组合在一起，并设置下半部分的填充和边框均为透明，得到高约 7 厘米的图形 E。

再对图形 E 设置“陀螺旋”动画，“期间”设置为“12：00：00 秒”（即周期为 12 小时）。“重复”设置为“直到幻灯片末尾”，如图 3－3－20 所示。（由于在 2013 及以上版本中“期间”的数值不能超过 10 分钟，所以在设置陀螺旋转动周期超过 10 分钟的动画时，需在 2003 版本中设置好动画，再用 2013 版本打开该文件，可对设置好的幻灯片进行复制等操作）

④ 制作分针

如图3－3－21所示，绘制填充色为黑色的圆角矩形图形 A（高度 6 厘米、宽度 0.15 厘米），复制一个得到图形 B，两个图形部分重合（重合部分约 3.3 厘米）后对齐组合，且下半部分填充和边框均设置为透明，得到高约为 9 厘米的图形 C，并设置图形 C 的动画为“陀螺旋”，周期设置为“1：00：00 秒”（或者直接输入“3 600 秒”，仍然是先在 2003 版本中设置），“重复”设置为“直到幻灯片末尾”。

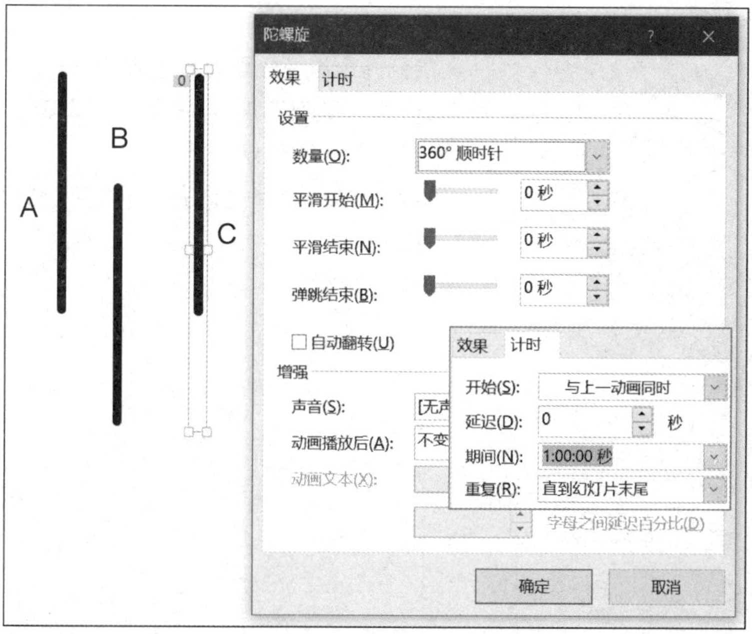

图 3－3－21

⑤ 三个表针对齐放置

如图3－3－22所示，绘制小圆形图形 A（直径 0.3 厘米）和 B（直径 0.7 厘米、线条宽度 3 磅），组合得到图形 C，把前面的三个设置好动画的表针复制过来分别为 D、E、F，与图形 C 一起，按照从下到上为 D、E、F、C 的顺序放置，并利用对齐工具对齐所有图形（不可组合）后得到图形 G。动画窗格中图形的重命名（方便识别），是利用“开始”选项卡右边“编辑”组中的“选择窗格”来实现的。参见第一单元第 1 课 2.（3）幻灯片的选中和复制中的相关内容。

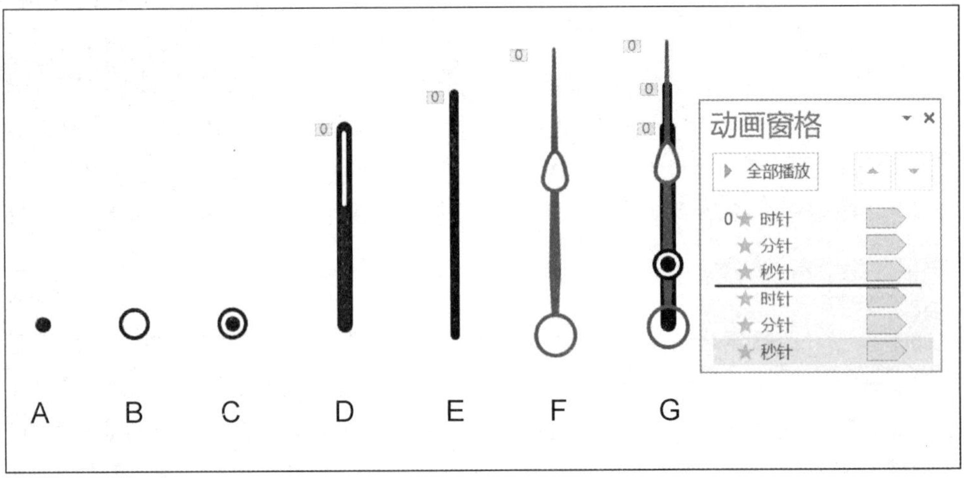

图 3-3-22

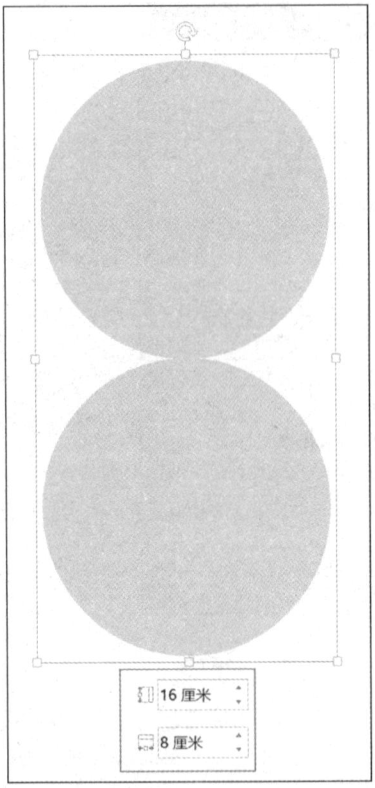

图 3-3-23

⑥ 绘制梅花型表盘

绘制两个直径分别为 8 厘米的圆形图形，上下对齐放置，组合后得到高度为 16 厘米、宽度为 8 厘米的图形，如图3-3-23所示。

将两个圆组合后的图形，复制两个后分别转动±60°。利用对齐工具中的"水平居中"和"垂直居中"将三个图形对齐，如图3-3-24所示。

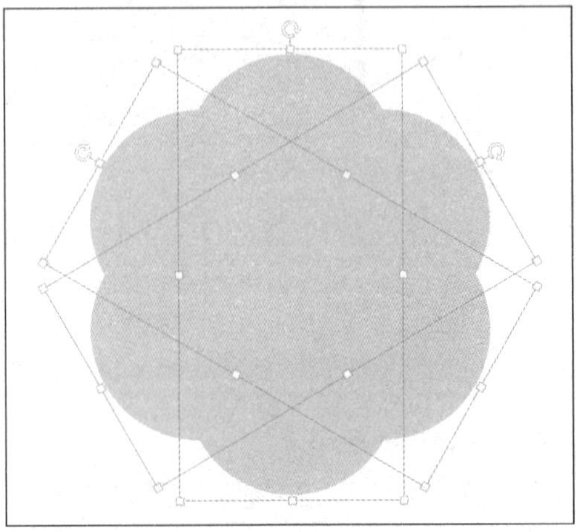

图 3-3-24

将对齐后的图形全部取消组合，利用"合并形状"中的"结合"工具，将各图形合为一体。再将图形填充设置成中间为白色，周围为暗红色的"渐变填充"，如图3-3-25所示。

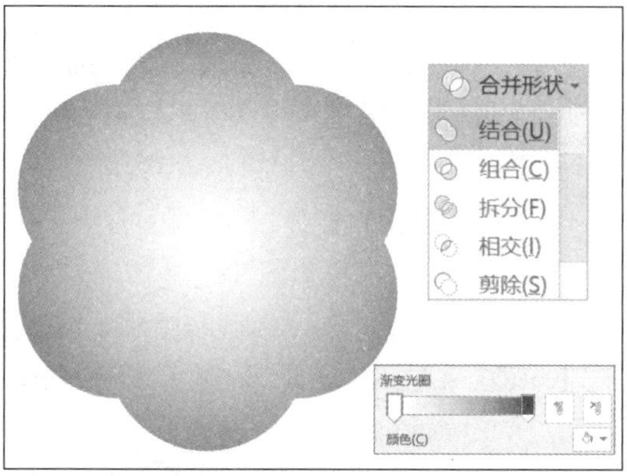

图 3－3－25

图 3－3－26

⑦ 对齐所有图形

把图 3－3－15 右边组合后的的表盘刻度图形复制过来，再把图 3－3－22 中的 G 图形整体复制过来，按照次序叠放，然后将所有图形利用对齐工具中的“水平居中”和“垂直居中”对齐排列，即可得到如图3－3－26所示的梅花样式钟表。指针转动效果如图3－3－13 所示。

（2）座钟的制作

制作座钟需要制作座钟的外框、表盘、表针、钟摆和相关附件。

① 绘制座钟的外框

座钟外框如图 3－3－27 所示。绘制方法参见第二单元第 6 课 2.“结合”功能的应用中相关内容。

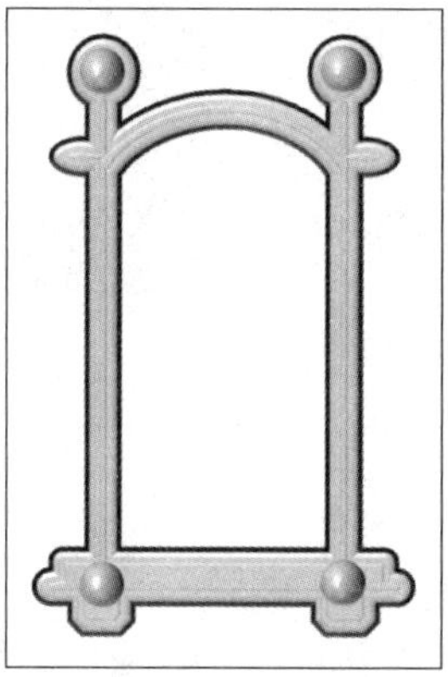

图 3－3－27

② 制作表盘

如图3－3－28所示，利用转动对称和叠加遮盖思维制作直径 3.6 厘米的表盘图形 A，详情参见第二单元第 4 课 2. 钟表表盘刻度线的绘制方法。也可利用 NT 插件的“环形复制”功能制作表盘刻度（详情参见第六单元第 2 课 3.“环形复制”）。利用文本框添加文字图形 B，将文字的文本框放置在适当位置，得到座钟刻度盘图形 C。

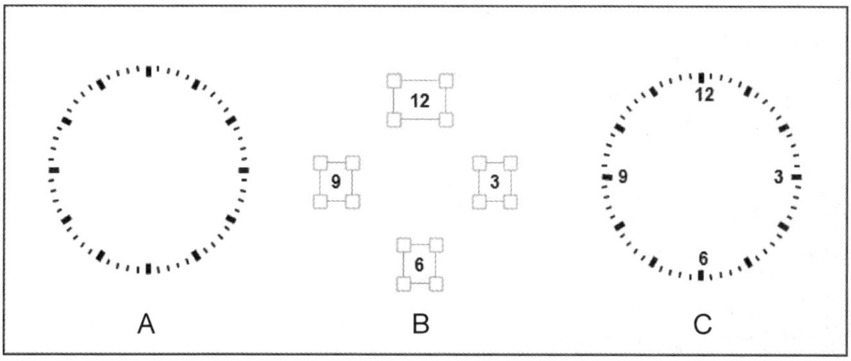

图 3－3－28

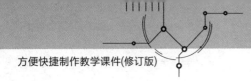

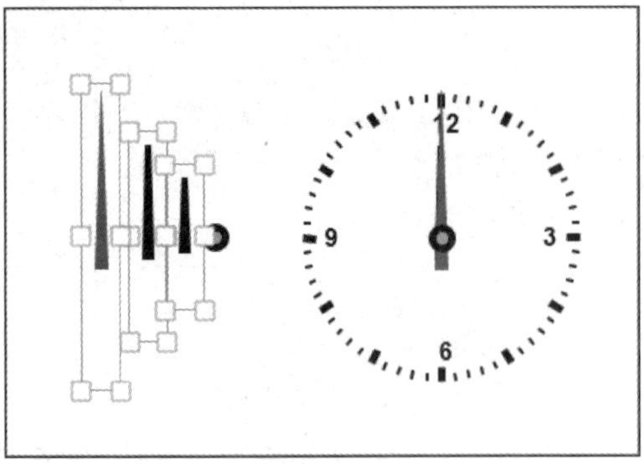

图 3-3-29

③ 制作表针

绘制表针图形,设置表针动画。表针动画详情参见前文梅花样式钟表制作中时、分、秒针的制作方法。制作完成后将表针放置在表盘的适当位置,如图3-3-29所示。

④ 添加其他图片附件

如图3-3-30所示,绘制边长4厘米的正方形图形,设置“渐变填充”和立体边框,边框线条10磅,在“三维格式”中的“顶部棱台”中选中图样样式,可得到边框的立体效果图A。绘制宽0.5厘米、长5.4厘米的装饰条。装饰条与表盘刻度一起作为图形B。图形A、B一起放置在适当位置后可得到图形C。

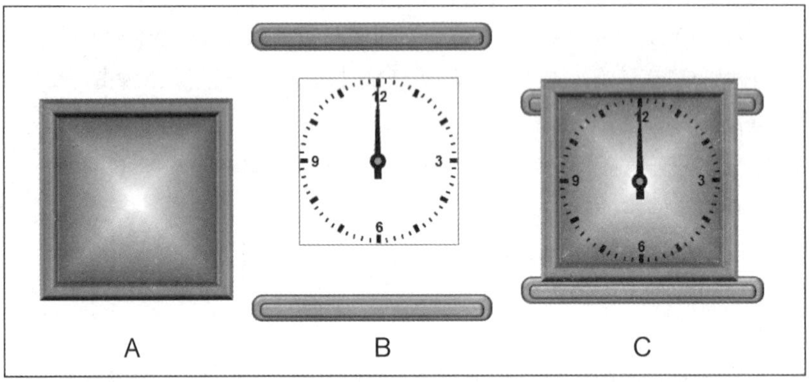

图 3-3-30

⑤ 制作钟摆

如图3-3-31所示,绘制若干个小图形如图A,对各图形设置填充及线条,然后放置在适当位置并组合得到图形B,复制后翻转得到图形C,对齐后组合得到图形D,最后将图形D的上半部分的填充和线条均设置为透明,可得到钟摆图形E。

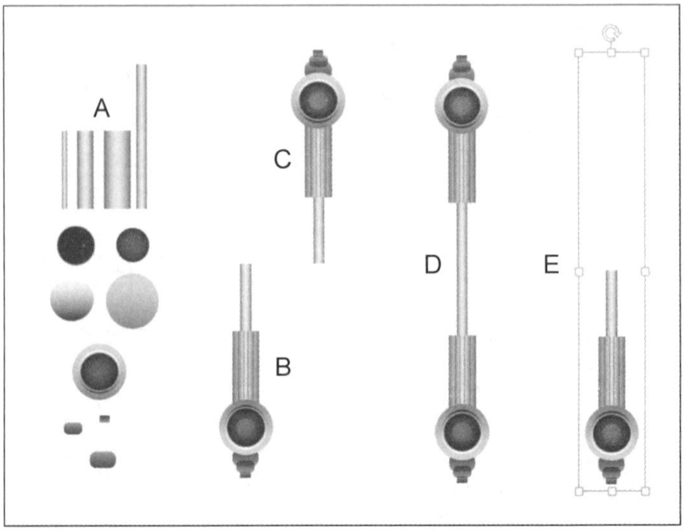

图 3-3-31

⑥ 设置钟摆图形的动画

利用“陀螺旋”动画设置钟摆的动画,首先选中钟摆图形,设置“陀螺旋”动画,在“效果”选项卡中,设置逆时针转动10°,“自动翻转”不选中；在“计时”选项卡中，“期间”设置为 0.5 秒，且不重复。再添加“陀螺旋”动画，在“效果”选项卡中，设置顺时针转动20°，选中“自动翻转”；在“计时”选项卡中，“开始”项目中设置“与上一动画同时”但是“延迟”0.5 秒(也可以设置“上一个动画之后”不延迟)。“期间”设置为 1 秒，“重复”设置为“直到幻灯片末尾”。两动画的“平滑开始”与“平滑结束”按如图 3 - 3 - 32所示设置。详情参见本课 2. 摆动球的制作。

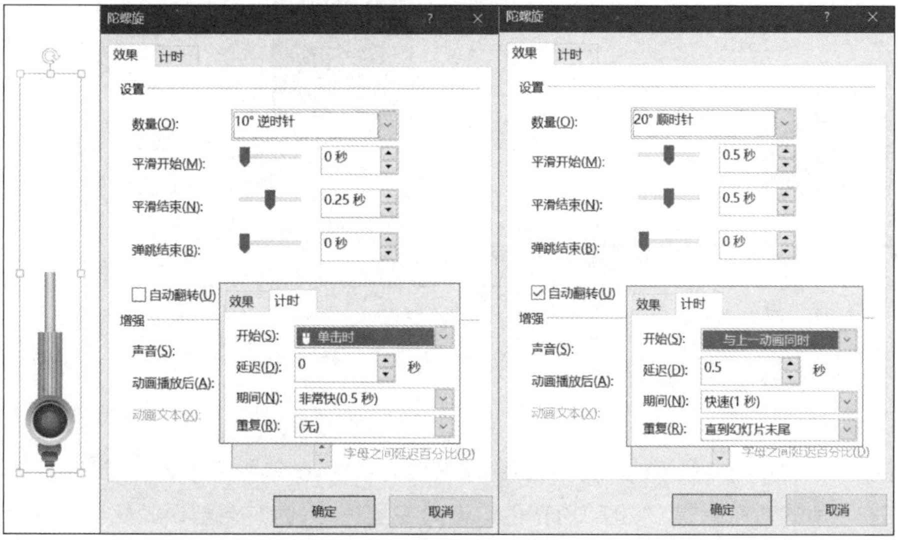

图 3 - 3 - 32

⑦ 绘制附件

如图3 - 3 - 33所示，绘制高 4 厘米、宽 4.7 厘米的矩形图形 A，绘制附属图形 B，与钟摆图形 C 对齐放置，得到图形 D。

⑧ 组成座钟图形

把上述多个图形放置在适当位置，可得到含有时、分、秒针转动和钟摆摆动动画的座钟图形，放映效果如图3 - 3 - 34所示。

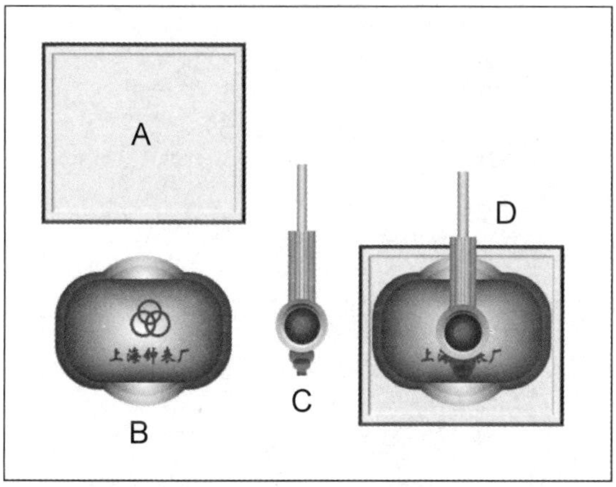

图 3 - 3 - 33

图 3 - 3 - 34

4. 翻动的正方形图形

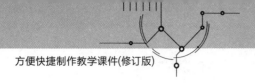

利用对称显半思维的方式绘制图形，再利用“陀螺旋”设置动画，可以制作在地面上翻动的正方形图形。翻动的效果如图3-3-35所示。制作方法如下：

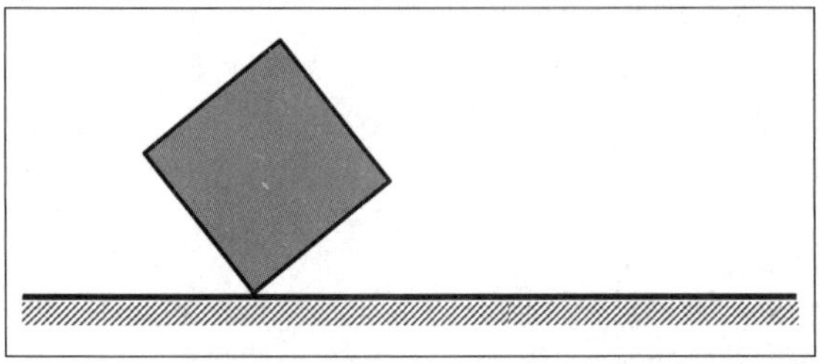

图 3-3-35

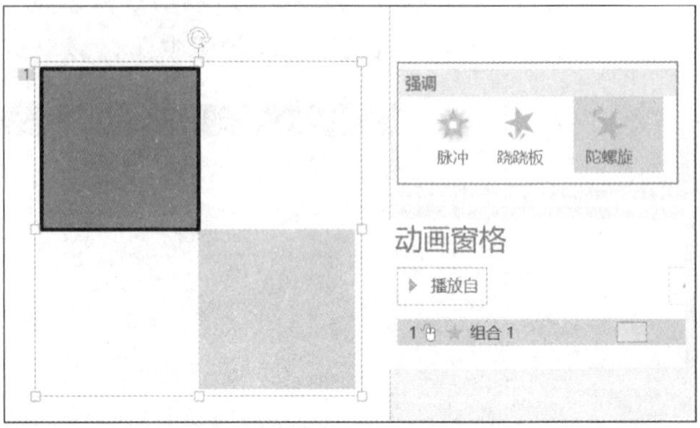

图 3-3-36

（1）绘制对称图形并设置动画

① 绘制对称图形

绘制一个边长为4厘米的正方形图形，填充色为蓝色，线条宽度为3磅，复制出一个后，放置在右下角的对称位置，边框和填充色均设为完全透明（为方便辨识此处设置为灰色）。将两个图形对齐后组合起来，再设置“陀螺旋”动画，如图3-3-36所示。

② 设置动画效果

在“陀螺旋”对话框的“效果”选项卡中，设置“四分一旋转”的顺时针转动效果，“平滑开始”“平滑结束”设置为0秒，“自动翻转”不选中，“动画播放后”选中“播放动画后隐藏”。在“计时”选项卡中，“期间”设置为“中速(2秒)”且不重复，如图3-3-37所示。

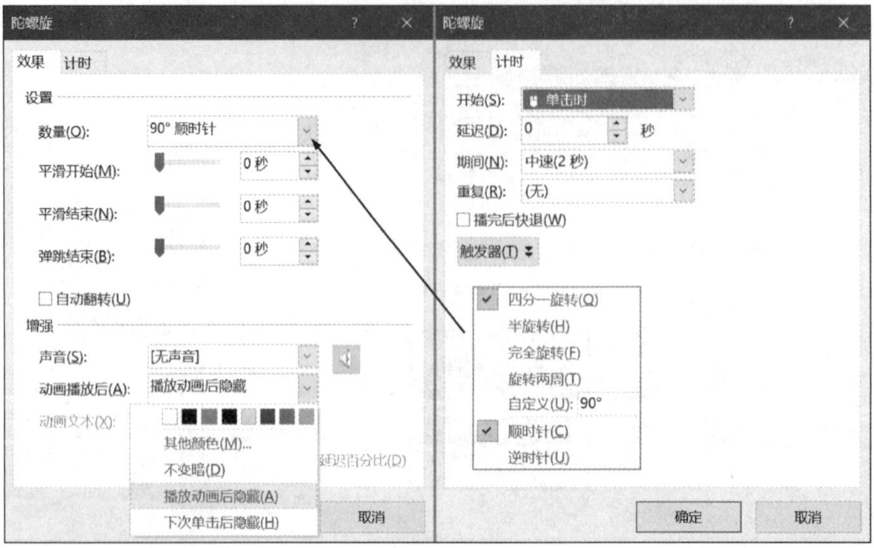

图 3-3-37

(2) 复制图形

选中图形，在右边“设置形状格式”窗格的“形状选项”中的大小与属性选项中，在“位置”选项中，幻灯片的“水平位置”设置为 3 厘米、“垂直位置”设置为 4 厘米(均从“左上角”)，如图3－3－38所示。

再复制图形，并为复制后的图形添加“出现”的动画效果，调整动画顺序，将此图形的“出现”动画置于“陀螺旋”动画之前，“出现”的动画“开始”设置为“上一动画之后”，且“陀螺旋”动画的“开始”设置为“与上一动画同时”，即该图形“出现”时即开始转动，并设置该图形的“水平位置”为 7 厘米、“垂直位置”为 4 厘米，如图3－3－39所示。

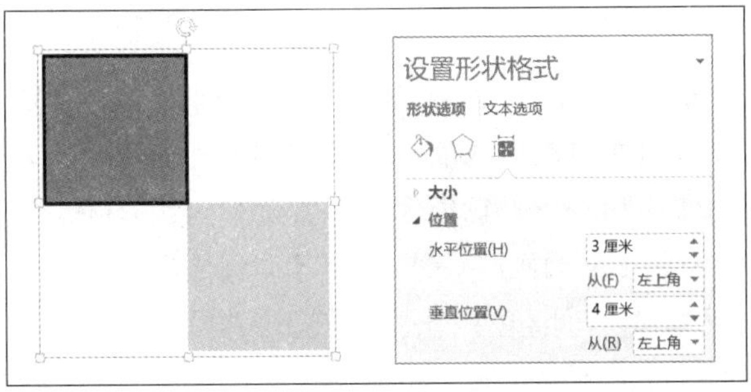

图 3－3－38

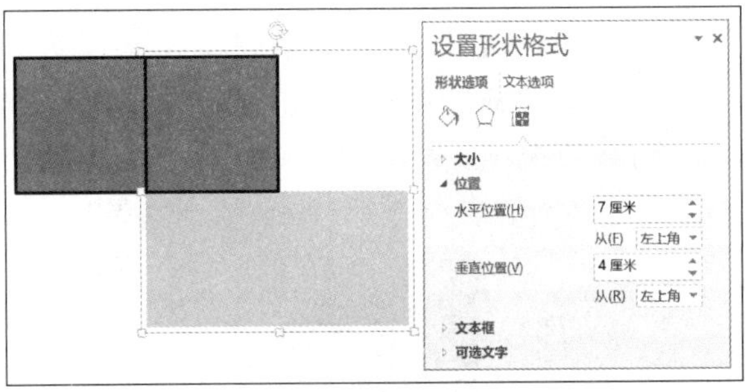

图 3－3－39

将设置好“出现”和“陀螺旋”动画的图形再复制两个，水平位置分别设置为“11 厘米”和“15 厘米”。设置好的动画如图3－3－40所示。

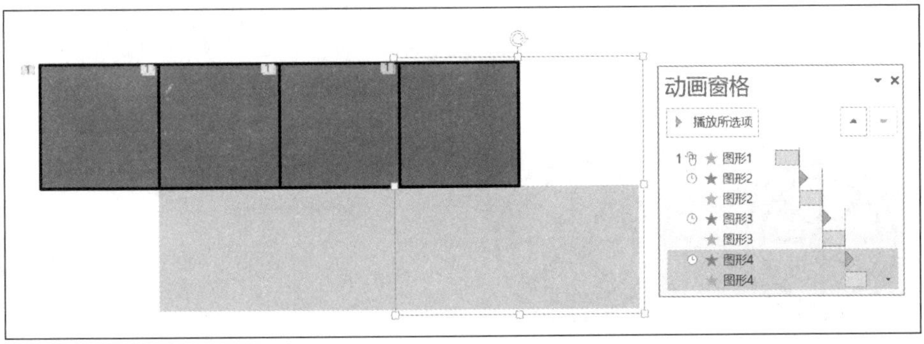

图 3－3－40

双击动画窗格中最下面的动画图标，将最后一个图形的“陀螺旋”动画“效果”中“动画播放后”设置为“不变暗”，参见图 3－3－37 所示。增加代表地面的图形后，最后放映的效果如图3－3－35所示。

(3) 扩展应用——翻动的三角形

如果图形为三角形，转动的角度应设置为“顺时针120°”。利用上面类同的方法可以设置三角形的翻动效果动画，如图3－3－41所示。

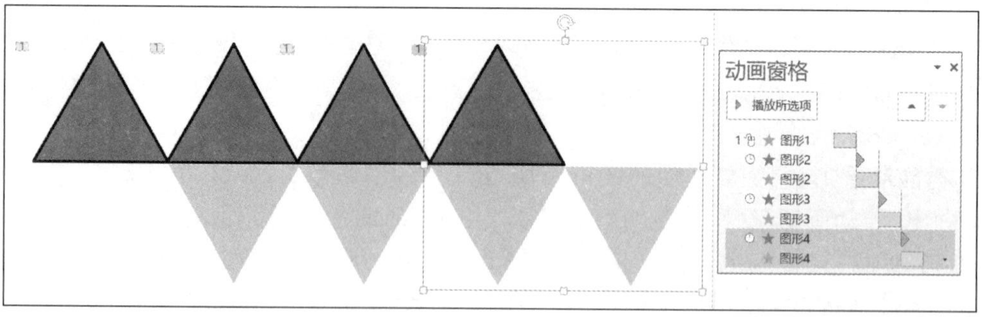

图 3－3－41

5. 货车上的物体翻倒的动画

利用对称显半思维可制作物体翻倒的动画。设置车轮转动的“陀螺旋”动画，可利用批量操作的方法设置动作路径为“直线”。此动画应实现当车突然启动时物体翻倒的动画效果。货车与物体如图3－3－42所示。本案例车上物体图形的绘制及翻倒的动画的设置，使用了对称显半的思维，而车上物体、车厢和两个轮子，这四个对象的动画设置要相互协调，应存在联动的关系。

图 3－3－42

(1) 设置车轮动画

利用第二单元第 5 课 4. 图形绘制的综合应用图 2－5－25 所示的方法绘制两个车轮，在“动画”功能区中，同时设置两个车轮的“陀螺旋”动画，如图3－3－43所示。

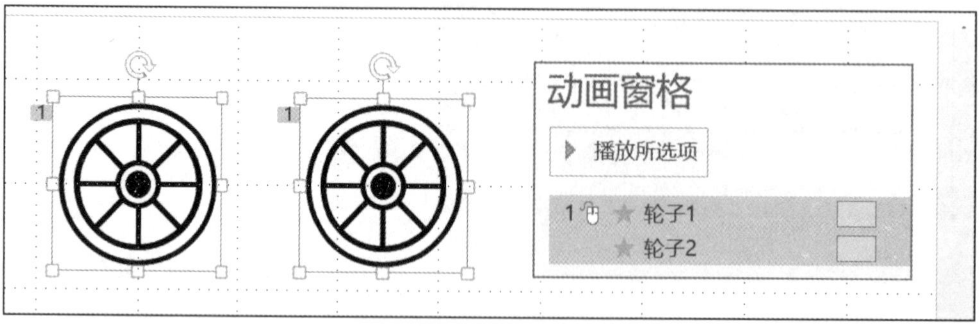

图 3－3－43

在“陀螺旋”对话框中的“效果”选项卡中，“平滑开始”设置为 0 秒，“平滑结束”设置为 1 秒，即可实现车突然启动慢慢停下的动画效果。

(2) 设置物体的陀螺旋动画

根据前面介绍的方法，利用对称显半思维，绘制并设置一个物体翻倒的动画。“陀螺旋”的“效果”选项卡中，“数量”选“四分一旋转”“逆时针”，“平滑开始”和“平滑结束”的时间均设为“0 秒”，如图3－3－44所示。“计时”选项卡中的“期间”设置为“非常快(0.5 秒)”(图中的左下方矩形图形应设置成透明的，为方便辨识此处设置为半透明)。

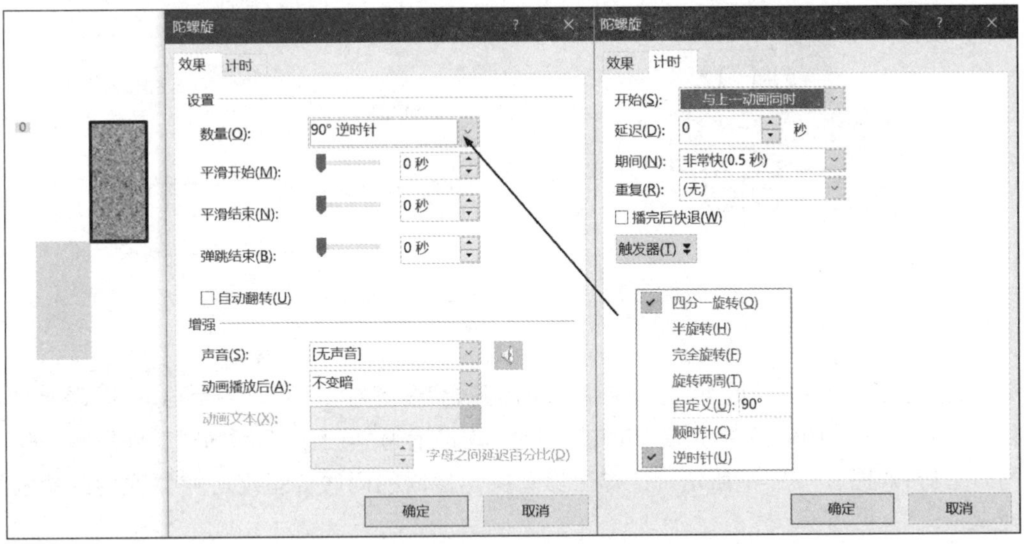

图 3－3－44

(3) 设置整体运动路径

把前面设置好动画的车轮图形，放置在利用第二单元第 6 课 5.“剪除”及其综合应用中所介绍的方法绘制的汽车图形中，然后全部选中，在“动画”功能区的“动画”组中，点击“动作路径”中的“自定义路径”，光标在任意位置时用鼠标左键点击一下后放开，再按下 Shift 键，用鼠标从左拉到右双击后退出。拉动的长度大约等于车轮直径的三倍多(π 倍)，即等于车轮的周长，如图3－3－45所示，即可得到多个图形的动作路径。如果每个图形单独设置动作路径，很难保证路径的长度相同。

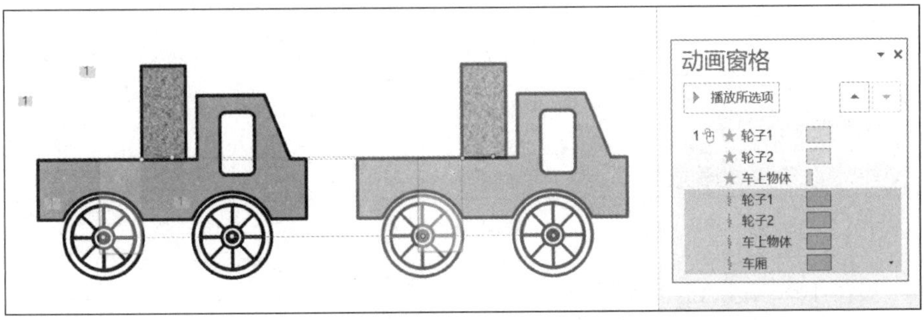

图 3－3－45

在右边的“动画窗格”下面，选中除“车上物体”外的六个动画(或者在幻灯片中按下 Ctrl+A 后全部选中，再按下 Ctrl 键，在“动画窗格”中点击“车上物体”的动画图标，即不选中此动画)的图标，点击右边的小三角形打开下拉菜单，选择“效果选项”，如图3－3－46所示，即可整体设置动画效果。

图 3-3-46

在“效果选项”中的“效果”选项卡中，“平滑开始”设置为“0 秒”，“平滑结束”设置为“1 秒”。除第一个动画外，其余所有动画的“开始”均设置为“与上一动画同时”，即所有动作同时进行，如图3-3-47所示。这样在货车突然启动的同时会呈现出物体翻倒的动画效果。

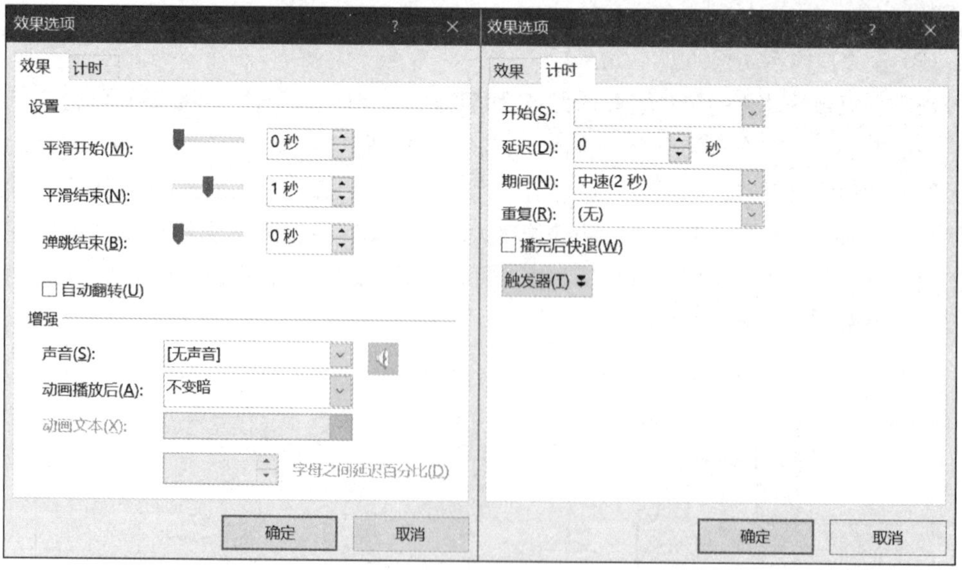

图 3-3-47

(4) 设置小车前进后退的动画

如果仅让车轮和车厢一起前进再后退进行来回运动，可以作如下设置：

选中车轮和车厢对应的五个动画图标，点击右边小三角形打开下拉菜单，选择“效果选项”，如图3-3-48所示。

在“效果”选项卡中，“平滑开始”和“平滑结束”均设置为“1.5 秒”，选中“自动翻转”；“计时”选项卡中的“期间”设置为“慢速(3 秒)”，“重复”设置为“直到幻灯片末尾”，这样小车就能前进后退左右来回运动了。

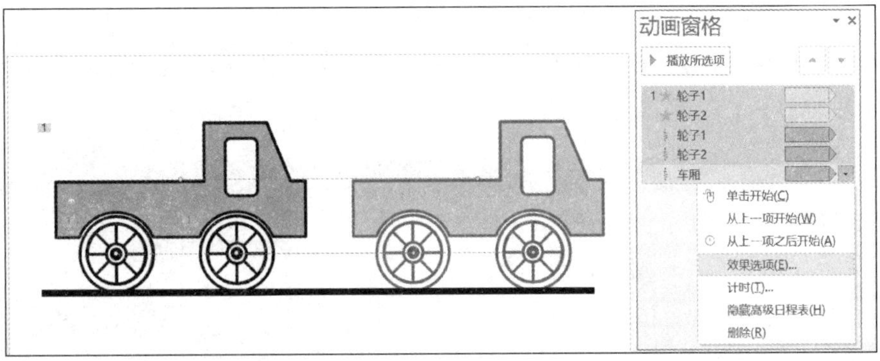

图 3－3－48

6. 弹簧振子的制作

利用对称显半思维方式可制作弹簧振子。弹簧上面放置一个小球，当小球向下运动时，弹簧先被压缩，然后整体一起上下振动。本案例在弹簧的制作及动画的设置过程中使用了对称显半的思维，而弹簧与小球二者动画的设置要相互协调，应存在相互联动的关系。

（1）绘制弹簧图形

在文档中显示网格线可以方便作图。如图3－3－49所示，利用“形状”工具中的“任意多边形”工具，在文档中绘制折线图形 A，将图形 A 上下压缩一半后复制并对齐、组合后得到图形 B，同理可得到图形 C 和 D。

将图 3－3－49 中图 D 所示弹簧复制一个，并与原图 D 上下排列，再绘制两短一长共三条直线段，按如图3－3－50所示对齐放置，并将下方的弹簧和短直线段的线条设置为透明的（为方便辨识此处设置为半透明），然后选中两弹簧和两短直线段，组合为一个图形。

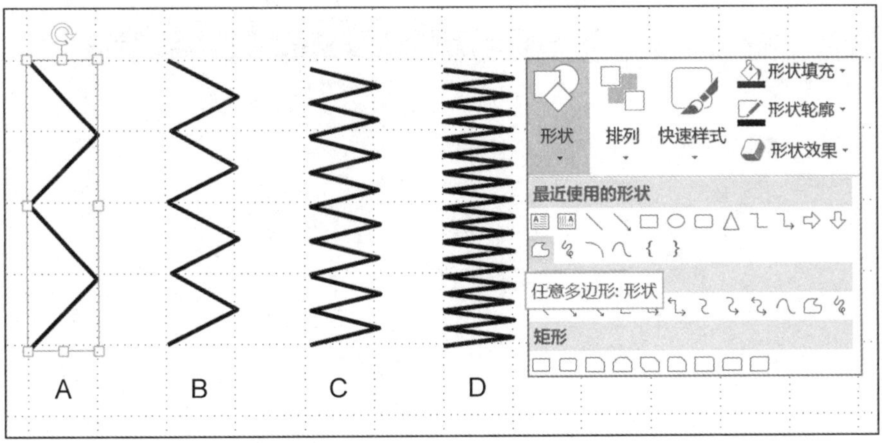

图 3－3－49

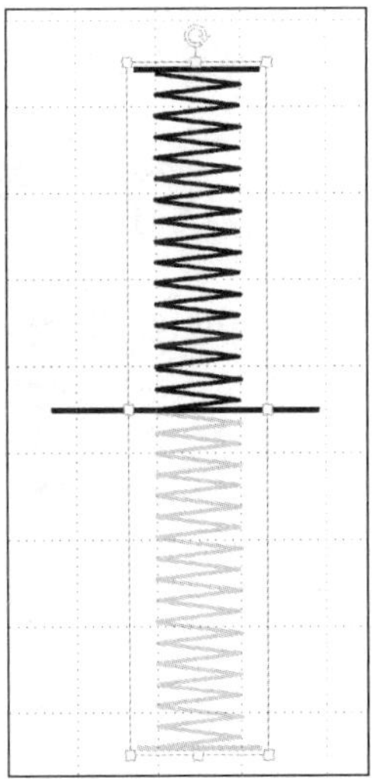

图 3－3－50

（2）弹簧的动画设置

选中组合后的弹簧，在“动画”功能区的“强调”中选中“放大/缩小”动画，再打开“放大/缩

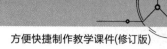

小”动画设置对话框，在“效果”选项卡中，在“尺寸”中选中“较小”(50%)，并选中“垂直”，再设置“平滑开始”和“平滑结束”均为“1 秒”，并选中“自动翻转”。在“计时”选项卡中，“期间”设为“中速(2 秒)”，“重复”选择“直到幻灯片末尾”，如图3－3－51所示。

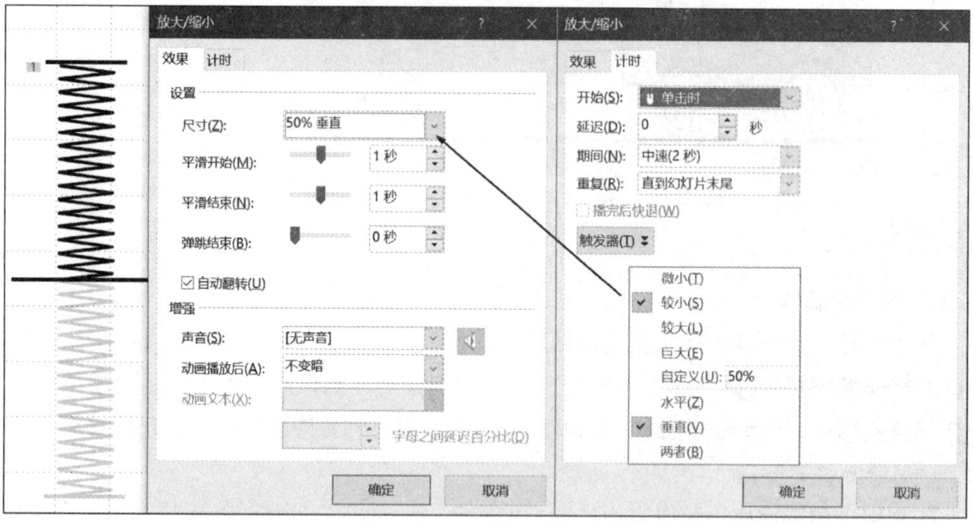

图 3－3－51

(3) 设置小球动画

绘制小球，设置小球的动作路径。选中小球，在“动画”中的“动作路径”中选择“直线”，并调整动作路径的长度至弹簧长度的二分之一(因为弹簧缩短 50%，若弹簧长为 4 格，则小球动画路径长度应为 2 格)。在“效果”选项卡中，设置“平滑开始”和“平滑结束”均为“1 秒”，并选中“自动翻转”，即与弹簧同步。在“计时”选项卡中，“期间”设置为“中速(2 秒)”，“重复”选择“直到幻灯片末尾”，如图3－3－52所示。

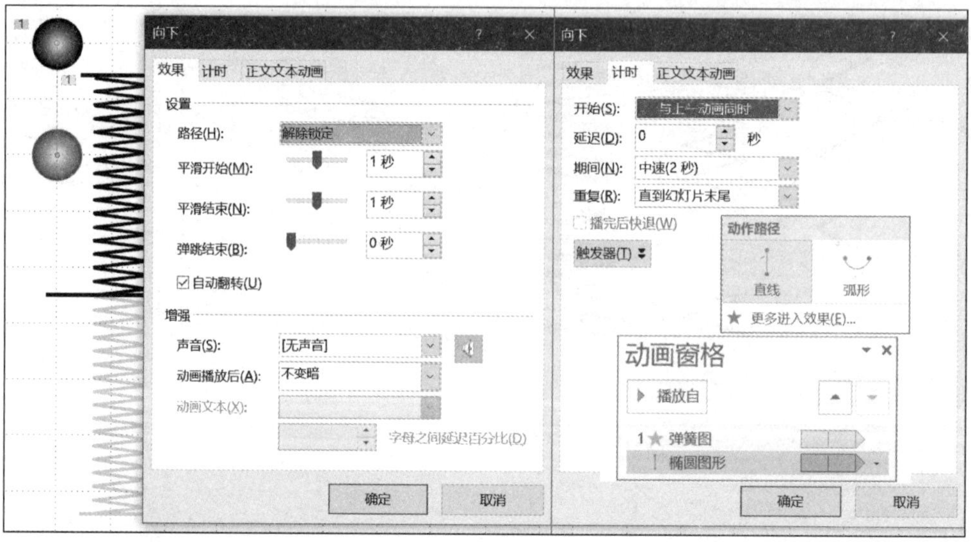

图 3－3－52

（4）设置好的动画如图3－3－53所示。放映时小球压缩弹簧上下运动。

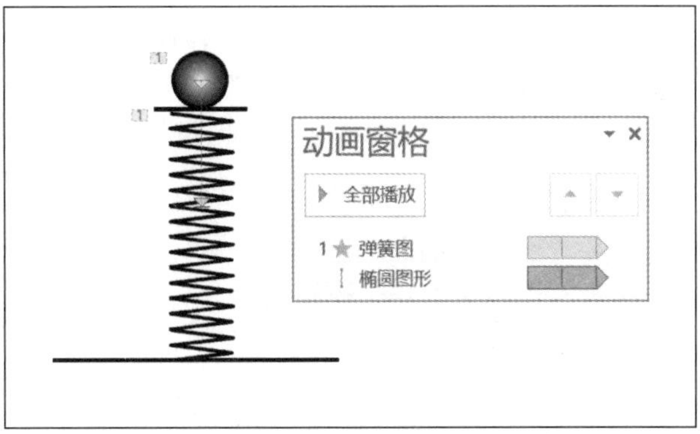

图 3－3－53

第 4 课　视觉暂留现象的应用

什么是视觉暂留？我们的眼睛能够看见物体，是因为物体在眼睛视网膜上成了像，当物体突然消失时，人眼还能将影像保留 0.1—0.4 秒的时间，这就是视觉暂留。利用这个原理，可以实现图形或图片循环运动的动画效果。

1. 认识视觉暂留的动画效果

（1）绘制图形

绘制边长为 4 厘米的等边三角形图形若干，并输入文字编号以示区别，对齐组合后，再复制一个并组合，如图3－4－1所示。

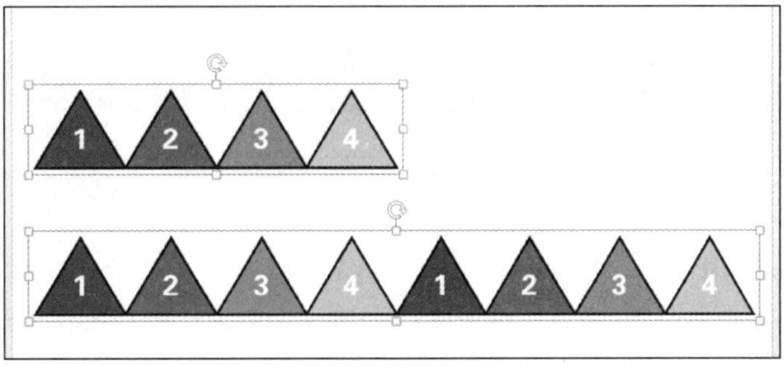

图 3－4－1

（2）设置动画

① 对组合图形设置直线路径动画，并在“效果选项”中调整方向为“右”。在“动画窗格”下面双击动画图标，在“向右”动作路径设置对话框的“效果”选项卡中，“平滑开始”和“平滑结束”均设置为“0 秒”，在“计时”选项卡中，“期间”设置为“慢速（3 秒）”，“重复”设置为“直到幻灯片末尾”，如图3－4－2所示。

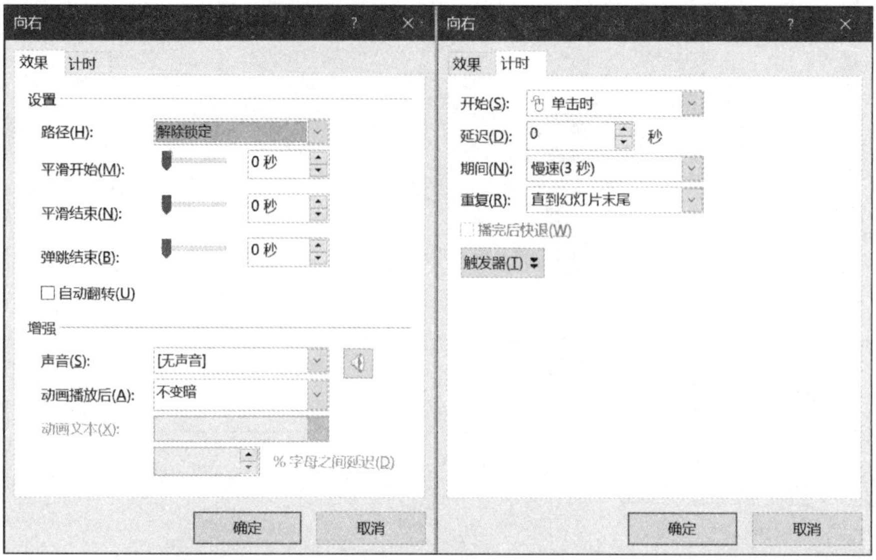

图 3-4-2

② 点击一下轨迹线，小绿三角和小红三角变成小绿点和小红点，按下 Shift 键，拉动小红点调整路径末状态位置，使路径长度等于四个三角形图形的长度，如图3-4-3所示。

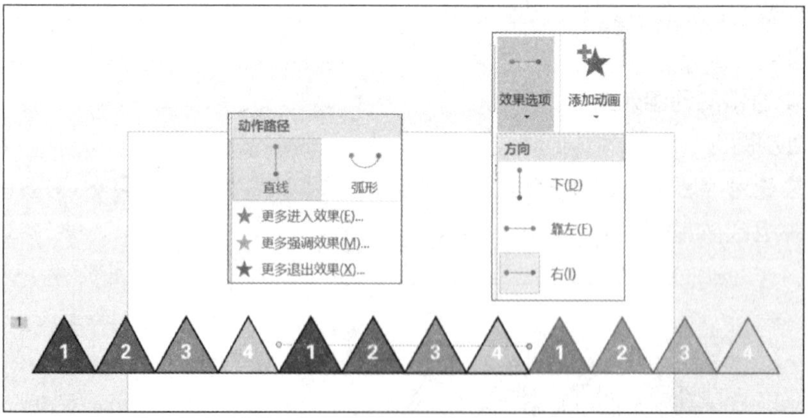

图 3-4-3

(3) 添加矩形图形

添加两个白色矩形图形(为方便辨识此处设置成半透明灰色)，两个矩形图形间距小于或等于组合图形的一半长度，将组合图形右边的四个小三角形图形置于两个矩形图形之间。两个矩形图形的宽度以能够遮盖住左右两边幻灯片空白区域为宜，如图3-4-4所示。

(4) 放映效果

放映时，当左边四个三角形图形运动到两个矩形框中间突然消失时，右边四个三角形图形马上替换了左边消失的四个三角形图形，左右两边图形相同，由于视觉暂留的生理现象，眼睛感觉不到左边图形已经被右边图形替换了，所以看到的是四个三角形图形从左到右循环运动的动画效果。

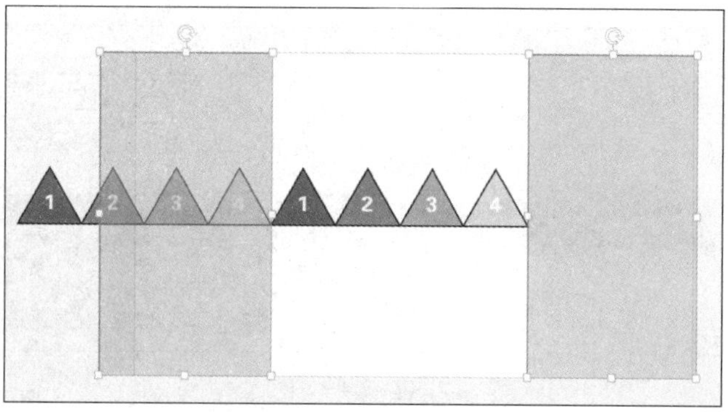

图 3－4－4

2. 多个图片的循环运动

（1）插入图片

插入多张图片，调整图片的大小，使图片组合后的总长度约等于幻灯片的宽度，如图3－4－5所示。

图 3－4－5

复制后将两组图片组合，如图3－4－6所示。

图 3－4－6

（2）设置动画

设置组合图形的“动作路径”为“直线”，并调整方向为向右。拖动路径右端的小红点，调整路径长度等于组合图形总长度的一半，如图3－4－7所示。

图 3-4-7

(3) 可调大图片

按照上面的方法设置时如果感觉图片太小,可以把图片调大,使两个图片的总长约等于幻灯片的宽度,如图3-4-8所示。放映时可以看到图片从左到右循环运动的动画效果。

图 3-4-8

3. 波的干涉动画的制作

利用动作路径设置小圆形图形及波形图形的平动动画,利用视觉暂留的思维方式,设置波形图形的循环运动的动画效果,放映时可以看到波的干涉现象原理的模拟动画。

(1) 绘制波形图形

利用曲线工具,可以绘制波形图形,如图3-4-9所示。绘制的方法参见第一单元第3课7. 基本图形的绘制中的相关内容。

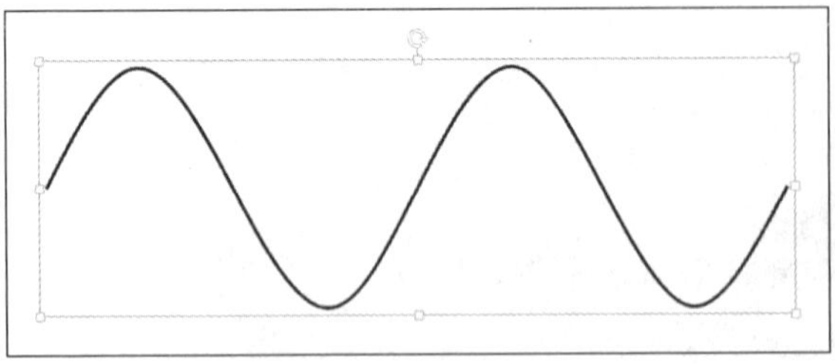

图 3-4-9

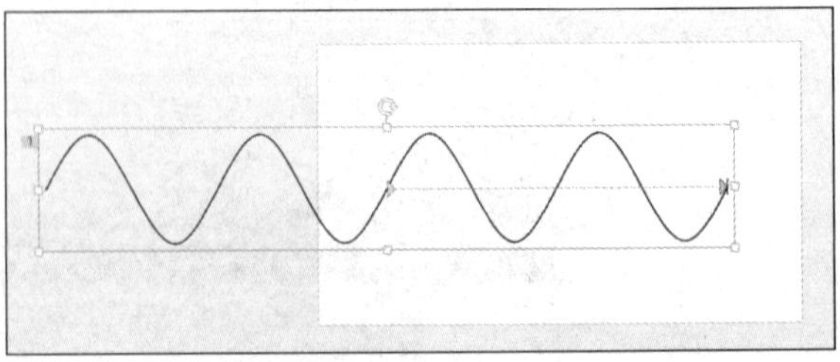

图 3-4-10

(2) 设置波形图形的动画

复制波形图形后组合,设置水平向右的平动动画,点击一下轨迹线,小绿三角和小红三角变成小绿点和小红点,拉动小红点调整末状态的位置,使其动作路径的长度为组合图形长度的一半,如图3-4-10所示。

在“动画窗格”中双击动画图标，在“向右”动作路径设置对话框的“效果”选项卡中，“平滑开始”和“平滑结束”均设置为“0 秒”，在“计时”选项卡中，“期间”设置为“20 秒”（运动两个周期的时间，也可以设置为 12 秒等其他数值），“重复”设置为“直到幻灯片末尾”。如图 3-4-11所示。

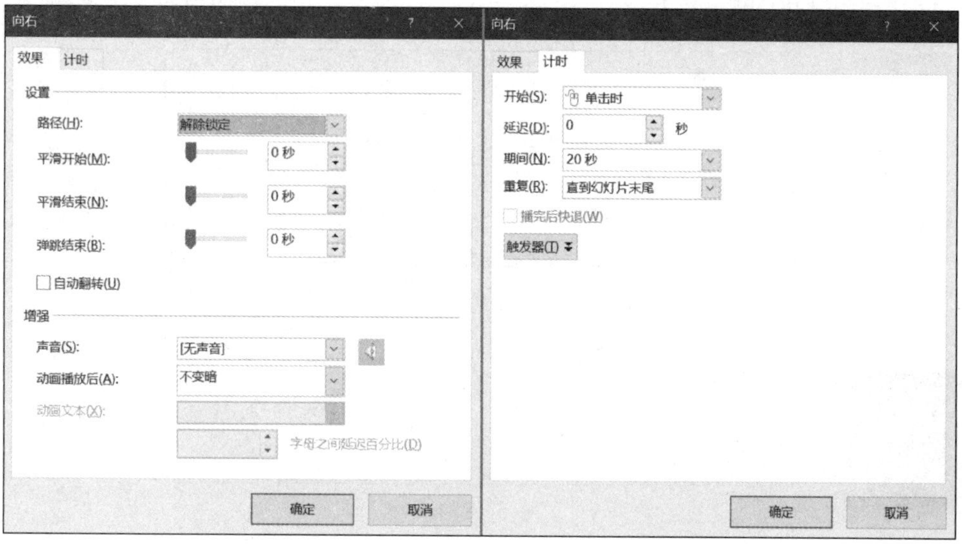

图 3-4-11

如图3-4-12所示，将设置好动画的图 A 复制一个后并改变图线的颜色（如红色）得到图 B，并设置向左的动作路径，路径的长度为组合图形长度的一半。

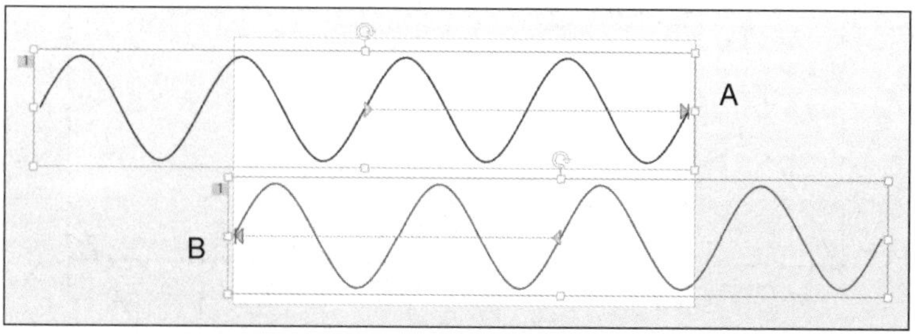

图 3-4-12

将两个图形的一半重合放置，并绘制水平线段，如图3-4-13所示。

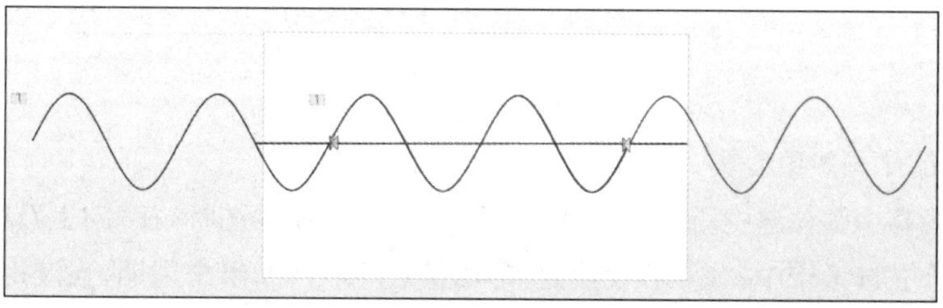

图 3-4-13

(3) 设置小圆形图形的动画

① 绘制代表质点的小圆形图形

先绘制一个波形图线作为参考线，波形参考图线的最大高度约等于原波形图形最大高度的二倍，绘制若干个小圆形图形，作为质点放置在适当位置，并利用对齐工具使各质点小圆形水平均匀排列，如图3－4－14所示。

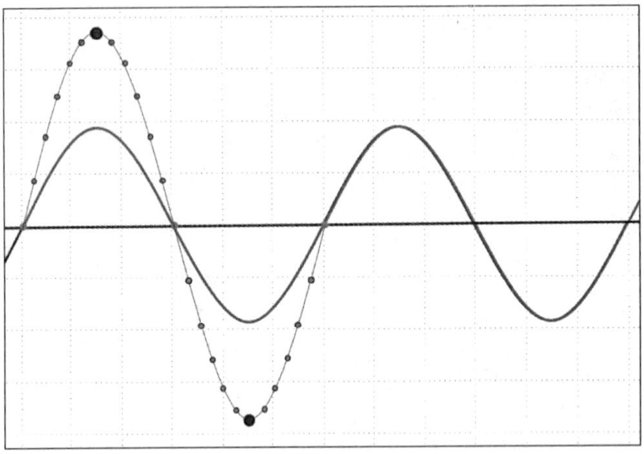

图 3－4－14

② 设置各质点图形的动画

除了水平轴上的质点图形以外，设置其余表示各个质点的小圆形图形的上下动作路径动画，并根据参考波形图线，调整各质点动画路径的长度，如图3－4－15所示。

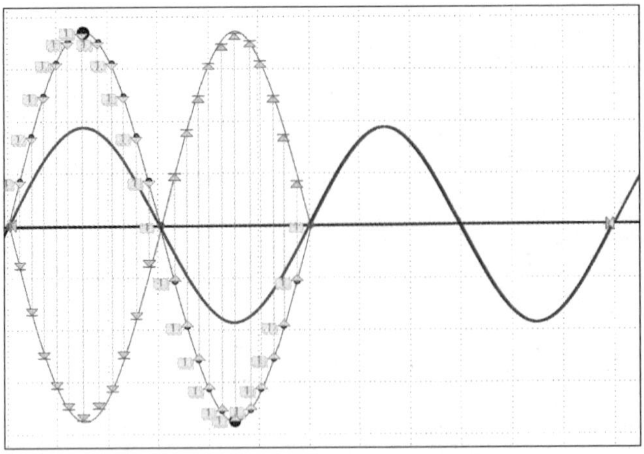

图 3－4－15

③ 质点的动画效果设置

在动画窗格中整体选中所有上下运动的动作路径的动画图标，在“向上”动作路径设置对话框的“计时”选项卡中，“期间”设置为“非常慢(5 秒)”(即半个周期，当波形图线水平运动的时间设置为 12 秒时，此处可以设置为 3 秒，此处时间应该为波形图线运动时间的四分之一)，“重复”设置为“直到幻灯片末尾”；在“效果”选项卡中，“平滑开始”和“平滑结束”均设置为“2.5 秒”，并选中“自动翻转”，如图3－4－16所示。

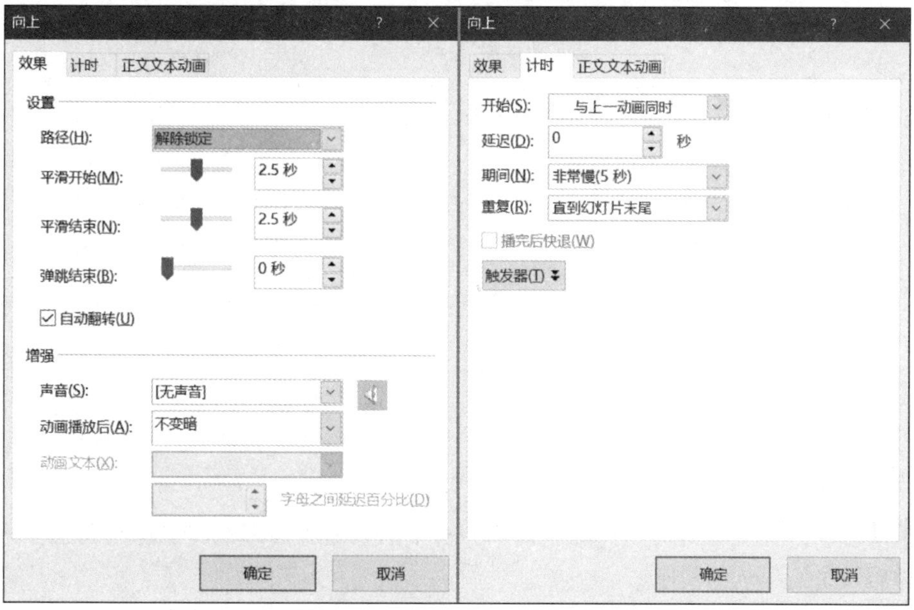

图 3－4－16

④ 复制并调整

将前面设置好的各质点全部选中并复制，适当调整质点的位置，设置好后如图3－4－17所示。

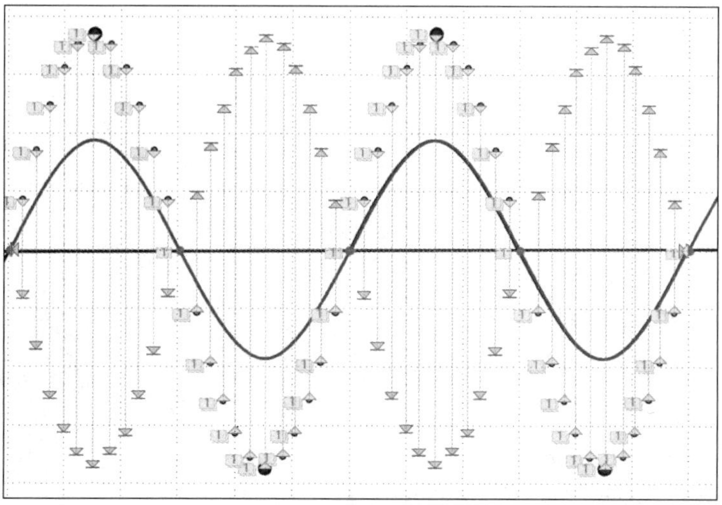

图 3－4－17

(4) 添加辅助件

可在图中添加表格线。利用插入的方法插入一个 2 行 8 列的表格，表格无填充效果(可置于底层),左右两边添加两个填充色为白色的矩形图形(为方便辨识此处设置成半透明灰色),如图3-4-18所示。

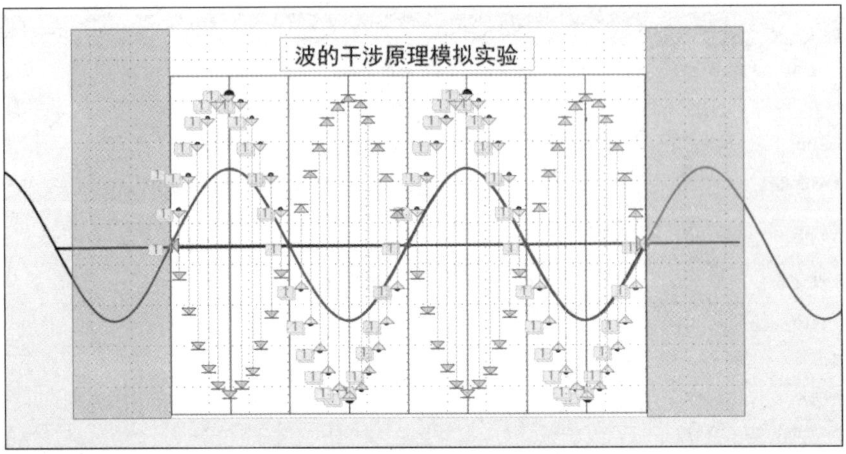

图 3-4-18

放映时,两个波形图线分别向左、右运动,各个质点随着波形的左右运动而上下运动。动画效果如图3-4-19所示。

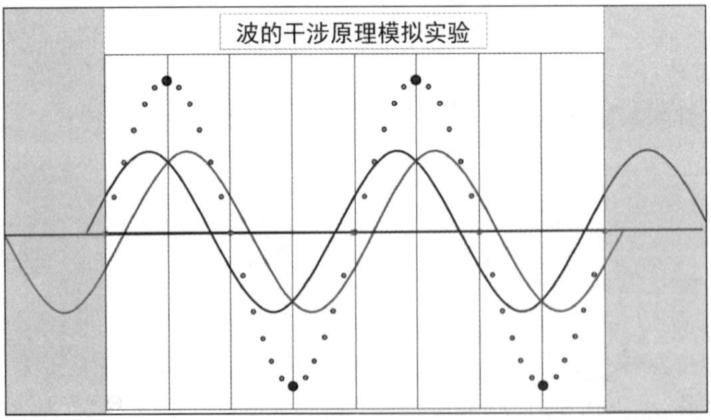

图 3-4-19

4. 地球仪转动效果的动画制作

本案例中制作的地球仪转动的动画效果,实际上是通过将地球平面图片在水平平动的过程中快速交替替换实现的。由于视觉暂留现象及思维定势,此动画在我们的视觉上就产生了地球转动的动画效果。利用“绘图工具”中的“合并形状”工具,和“动画”中的“动作路径”功能,以及设置不同图片的叠放次序,可以制作出地球仪转动效果的动画,如图3-4-20所示。制作方法如下:

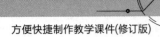

图 3-4-20

（1）准备地球平面图片

在图片搜索引擎中直接搜索“地球展开平面图”，选择合适的图片，然后右击鼠标，选中“复制图片”即可，如图3－4－21所示。

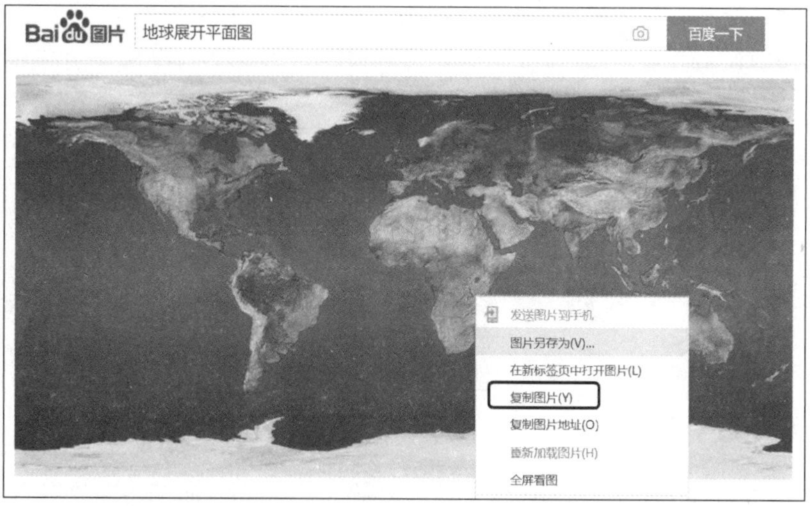

图 3－4－21

如图3－4－22所示，直接把图片粘贴到 PPT 文档中，也可以裁剪掉不需要的边框，调整图片的大小，得到图片 A，复制出一张相同的图片并把两张图片对齐后组合在一起得到图片 B。

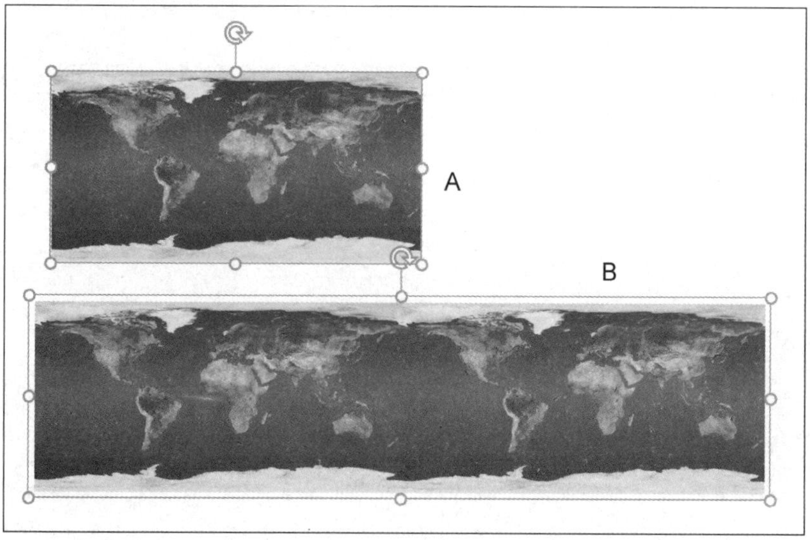

图 3－4－22

（2）准备中空矩形图片

绘制矩形图形和圆形图形。矩形图形的宽度要大于或等于幻灯片的宽度，矩形图形的高度要大于地球图片的高度。圆形图形的直径略小于或等于地球图片的高度。两图形对齐放置在适当位置。选中两个图形，在“绘图工具”中的“格式”选项卡的“插入形状”组中，点击

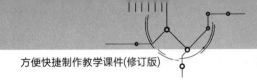

“合并形状”工具按钮,选中“组合”(或者利用“剪除”),即可得到一个中间挖去一个圆形形状的矩形图形,如图3-4-23所示。再设置图形的填充颜色为白色,去掉图形的边框。

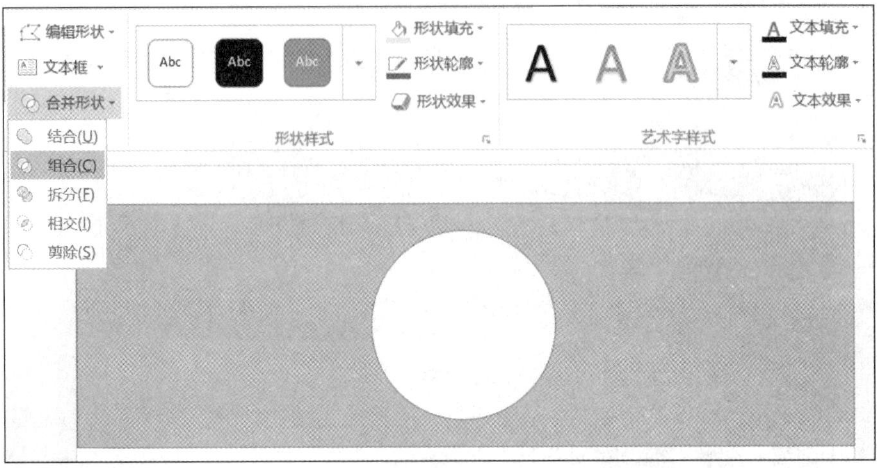

图 3-4-23

(3) 设置地球图片的动画

① 为地球图片设置向右的动作路径的动画

在“动画”功能区的“动画”组中,选中“直线”的动作路径,方向设置为向“右”,点击一下轨迹线,小绿三角和小红三角变成小绿点和小红点,拉动小红点调整末状态的位置,将其调整到图片的右端,如图3-4-24所示,即动作路径的长度等于整个图片宽度的一半。

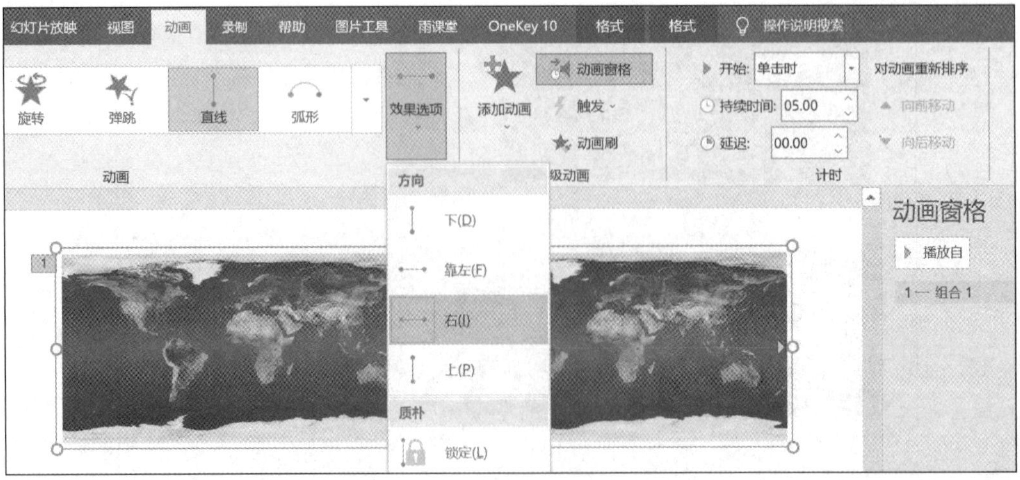

图 3-4-24

② 设置动画效果

双击“动画窗格”中地球图片动画的图标,在向“右”的动画效果设置对话框中,在“效果”选项卡中,“平滑开始”和“平滑结束”均设置为“0秒”;在“计时”选项卡中,“期间”设置为“非常慢(5秒)”,“重复”设置为“直到幻灯片末尾”。

（4）矩形图形与地球图片叠放在一起

将中空矩形图形与地球图片放在一起。地球图片置于底层，且靠左端放置，即地球图片的右端与中空圆的右边对齐或略偏右，如图3－4－25所示。这样图片在周期性地从左到右运动的过程中，当左边图片突然消失时，右边图片可马上来代替。由于两边被遮盖，通过中间圆形孔观察时会觉得地球在转动。

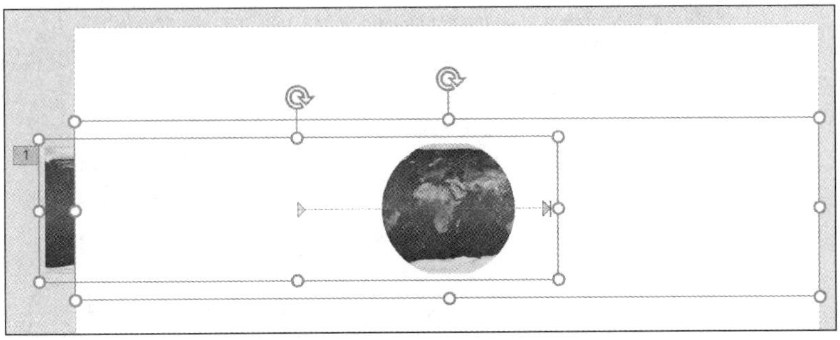

图 3－4－25

（5）制作附件

① 制作圆形附件

为了产生更加逼真的地球转动的效果，可以绘制一个与中空圆等大的圆形图形，并设置中间亮（即白色）周围暗的渐变填充效果。“类型”设置为“路径”，“渐变光圈”左边设置为白色，右边设置成蓝色，白色的透明度设置为“40%”，蓝色的透明度设置为“80%”。这样，平面的圆看起来更像球体，如图3－4－26所示。然后把该图形放置在图 3－4－25 中的圆孔上。

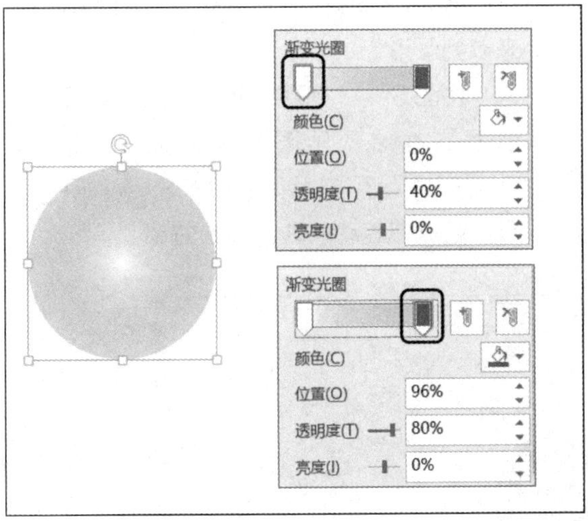

图 3－4－26

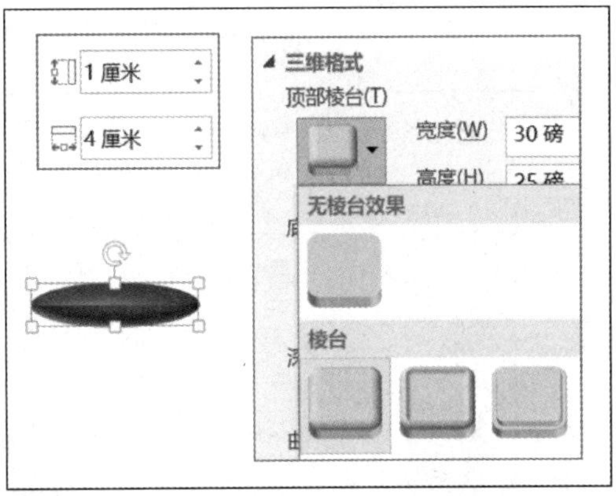

图 3－4－27

② 制作底座

绘制一个高度为 1 厘米、宽度为 4 厘米的椭圆，且在“设置形状格式”窗格的“三维格式”选项中，“顶部棱台”选择圆形，并且“宽度”设置为“30 磅”，“高度”设置为“25 磅”，如图3－4－27所示。

设置"三维旋转"的"Y 旋转"为"290°",得到的椭圆立体图形如图3－4－28所示。

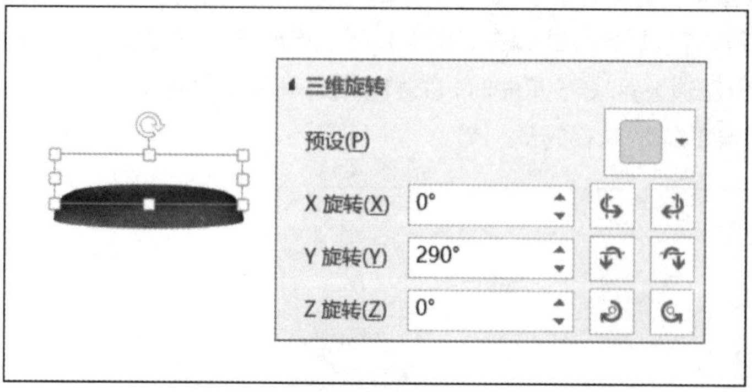

图 3－4－28

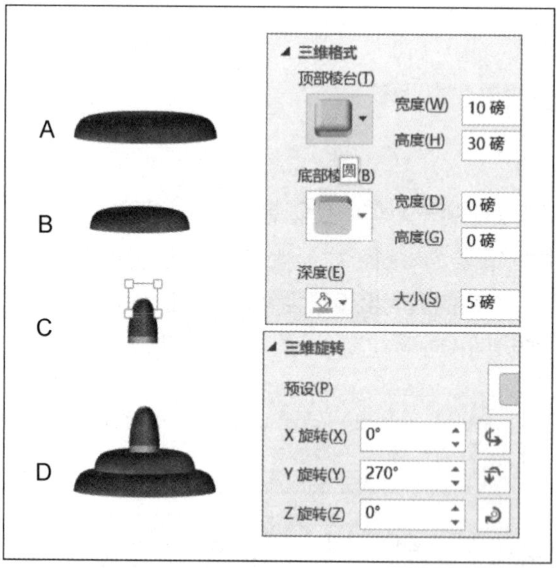

图 3－4－29

如图3－4－29所示,图形 A 为图3－4－28中已设置好的图形,复制一个并调整高度为 0.7 厘米、宽度为 2.8 厘米得到图形 B。再绘制一个直径为 0.8 厘米的圆形图形,在"三维格式"的"顶部棱台"中选择圆形,设置"宽度"为"10 磅","高度"为"30 磅","深度"设置为"5 磅"且为黄色,并且设置"三维旋转"的"Y 旋转"为"270°",得到立体图形 C。然后把 A、B、C 三个图形对齐、组合起来得到图形 D。

将图3－4－29中的图形 D 放置在前面的地球动画图片的下端,如图3－4－30所示,最后得到如图3－4－20所示地球仪转动的动画放映效果。

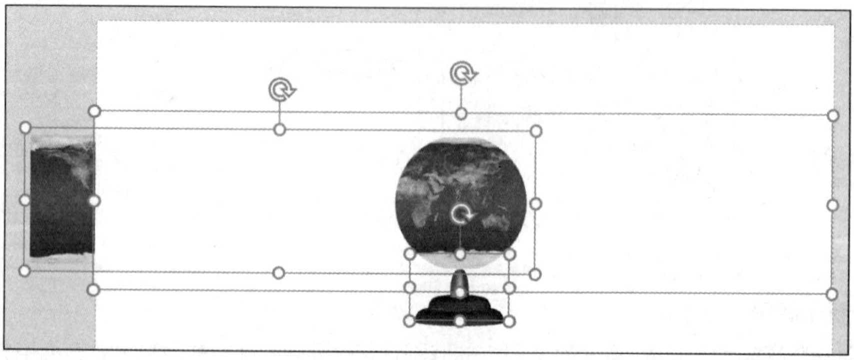

图 3－4－30

第 5 课　动画综合应用案例一

PowerPoint 的最大特点是简单，但是通过几个简单的预设动画工具，经过创新的设置和联动（几个动画同时或先后动作）可以呈现出很多复杂的动画效果。前面的很多案例，如本单元第 2 课 4. 卫星绕到地球背面运动中的远小近大效果的设置，第 3 课 5. 货车上的物体翻倒的动画和 6. 弹簧振子的制作等，不少也是通过对预设动画的创新设置和联动得到了奇特的动画效果，下面再介绍几个含一个或多个图形、几个动画同时动作或先后动作的动画效果的案例。

1. 触发器与超链接的创新应用

（1）文本框中文字动画的触发器应用

在幻灯片放映时，表格中的内容有时需要一个一个地分别独立出现，而不是一下子全部出现。通过触发器可实现在表格中点击一下文字出现，再次点击文字消失，并可以反复点击的动画效果。动画设置的操作方法如下：

① 设置文本框中文字的动画

先插入一个表格，再插入一个文本框并输入文字，调节文本框的大小，略小于表格单元格的大小，然后设置文字的格式和大小。在设置文字动画时，要选中文本框中的文字（不是选中文本框）。在“动画”功能区的“动画”组中，设置文字的“进入”动画为“缩放”。再次选中文字，在“高级动画”组中点击“添加动画”，添加一个“缩放”的退出动画。两个动画添加后的效果如图3－5－1所示。

图 3－5－1

② 设置动画的触发器功能

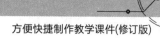

选中动画窗格中的两个动画图标，点击右边的三角形下拉按钮，在“效果选项”对话框的“计时”选项卡中，设置“文本框 2：欢天喜地”为动画的触发器，如图3-5-2所示。也可以先设置一个动画的触发功能，再拉动另一个动画图标到触发器标识下面。

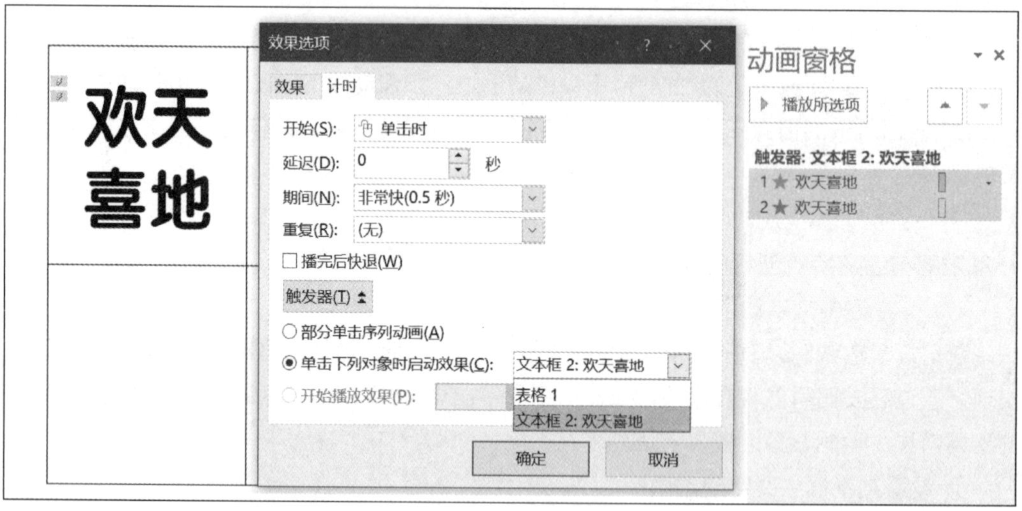

图 3-5-2

③ 复制文本框

选中已经设置好格式和动画效果的文本框“欢天喜地”，复制若干个，改变文本框中的文字，得到图 3-5-3 所示的文档。放映时，鼠标置于单元格(实际上是文本框)处时，光标由箭头变成小手，点击小手，则文字出现，再次点击时，则文字消失。可以让文字反复出现和消失。

图 3-5-3

(2) 点小图呈现大图

在同一张幻灯片上，点击下方的小图，上方可以呈现大图。下面以四个图片为例说明操作方法：

① 添加动画

插入四张图片，全部选中后复制，缩小后放置在下端并对齐排列，排列时注意保持图片的顺序不变，图片 1、2、3、4 为原图片，图片 5、6、7、8 为复制缩小后的图片。选中图片 1、2、3、4 四张图片，先设置“进入”的“出现”动画，再连续三次添加“退出”的“消失”动画，如图3－5－4所示。

图 3－5－4

② 设置触发器效果

分别选中四张图片设置“出现”的触发器效果。图片 1 用画面相同的图片 5 触发，图片 2 用图片 6 触发，图片 3 用图片 7 触发，图片 4 用图片 8 触发。再拖动“消失”的动画图标到相应的触发器下面，注意“消失”的动画均应设置为“与上一动画同时”，即一张图片出现的同时其他三张图片一起消失。动画触发器的设置如图3－5－5所示。再把上方四张图片对齐放置即可。播放过程中点击下方的小图片则上方出现相应的大图片。

图 3－5－5

2. 两个基本动画同时进行

（1）平动与缩放同时进行

制作气泡从水池底部上升同时体积变大的动画效果，需先设置一个小球的缩放动画效果，再添加曲线路径的动画。动画效果如图3－5－6所示，气泡上升的过程中体积逐渐变大。制作方法如下：

① 绘制小球图形并设置动画

绘制一个直径2.4厘米的小球，在"进入"动画中选择"基本缩放"(可以在"更多进入效果"中找到"基本缩放")，如图3－5－7所示。

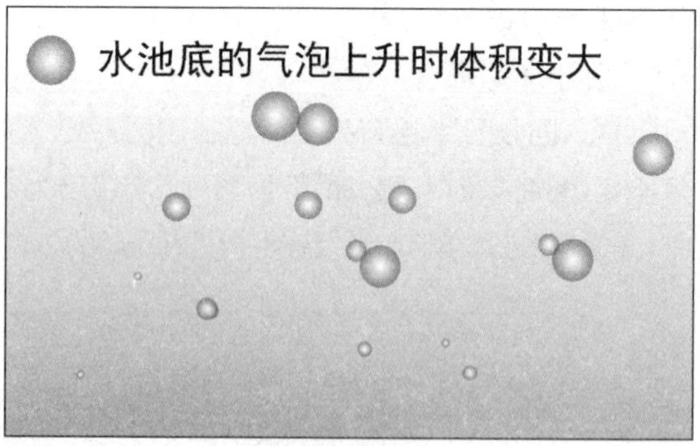

图3－5－6

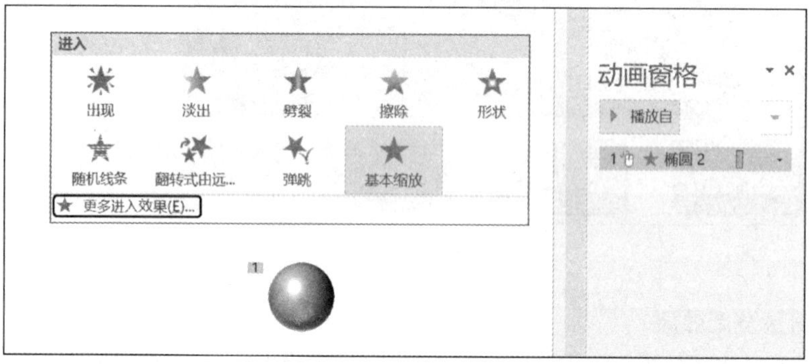

图3－5－7

选中小球，在"添加动画"中，添加"动作路径"中的"自定义路径"动画。点击"自定义路径"后，光标在小球中间点击一下，然后按下Shift键，鼠标向上拖动到适当位置后双击退出，即可绘制一条直线的动作路径，如图3－5－8所示。

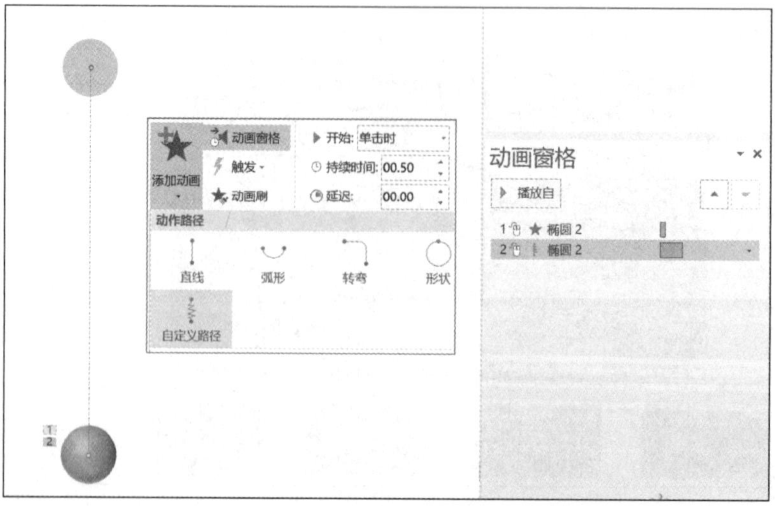

图3－5－8

② 修改路径轨迹线

在“动画”窗格中，选中“自定义路径”的动画图标，在“效果选项”中，点击“曲线”工具，可重新绘制曲线轨迹线。光标置于下面图形中间点击一下，松开鼠标左键，拖动光标到适当位置，再点击一下，然后拖动到适当位置，重复多次，即可绘制出曲线轨迹线，如图3－5－9所示。绘制出曲线轨迹线后，在轨迹线上右击鼠标，点击“编辑顶点”，可以继续修改曲线的轨迹线。

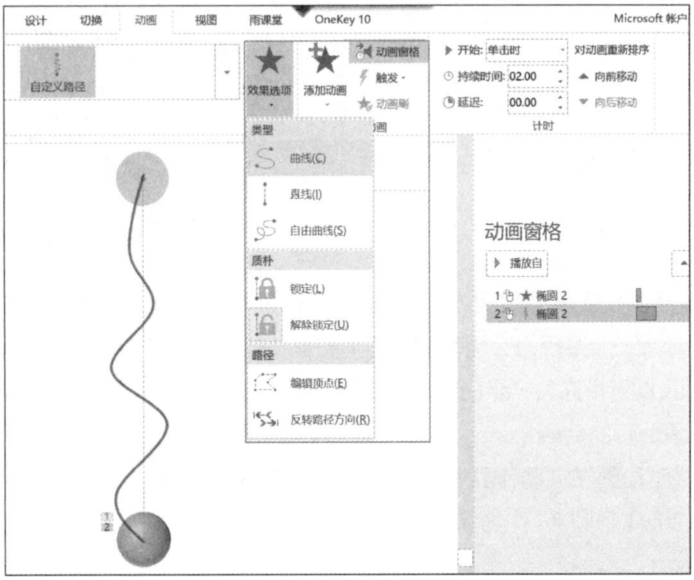

图 3－5－9

③ 重新设置动画效果

设置“自定义路径”动画与“基本缩放”动画同时进行。“自定义路径”动画的“效果”选项卡中，“平滑开始”和“平滑结束”均设置为“0 秒”，两个动画的“期间”均设置为“非常慢(5秒)”，“基本缩放”动画其余设置采用默认值即可，如图3－5－10所示。

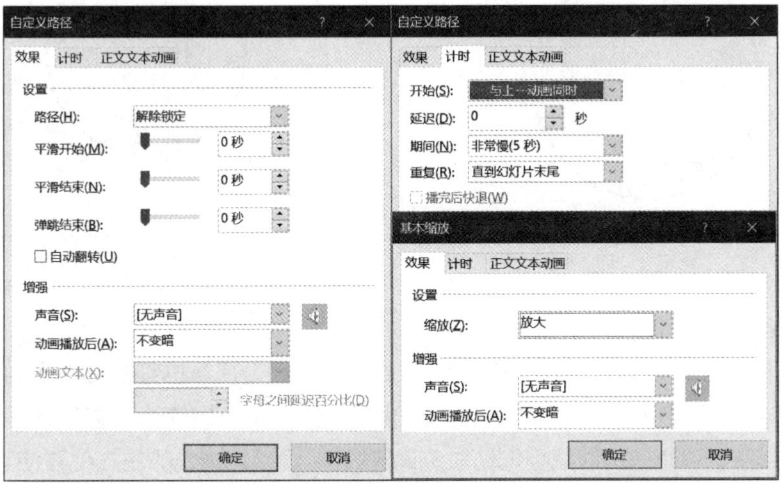

图 3－5－10

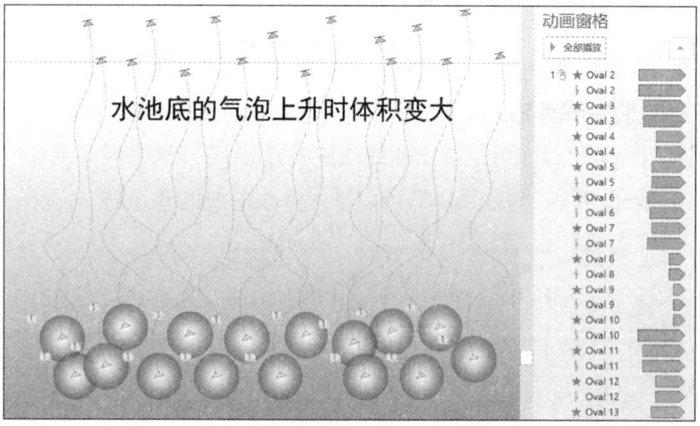

图 3－5－11

将设置好的小球复制若干个,利用“编辑顶点”功能调整各小球的动作路径,所有动画均设置为同时进行,适当设置各小球出现的延迟时间,如图3－5－11所示。放映时将呈现各小球一边放大一边做曲线运动上升的动画效果,如图3－5－6所示。

(2) 自转与公转同时进行

制作圆形图形绕着大圆外切做匀速圆周运动的动画。

① 绘制图形

绘制一个直径为6厘米、填充为灰色的线条3磅粗的圆形图形,使用“形状”的“流程图”组中的流程图:或者添加一个直径为2厘米的小圆形图形(使用“流程图”便于识别转动),利用渐变填充的方法将小圆形图形填充为一半白色一半灰色,便于观察转动的效果,如图3－5－12所示。

② 设置小圆公转的动画

选中小圆,在“动画”的“动作路径”中点击“形状”,得到小圆运动的公转轨迹线,绘制一个直径8厘米的细线条圆环,作为调整圆形轨迹的参考线,如图3－5－13所示。

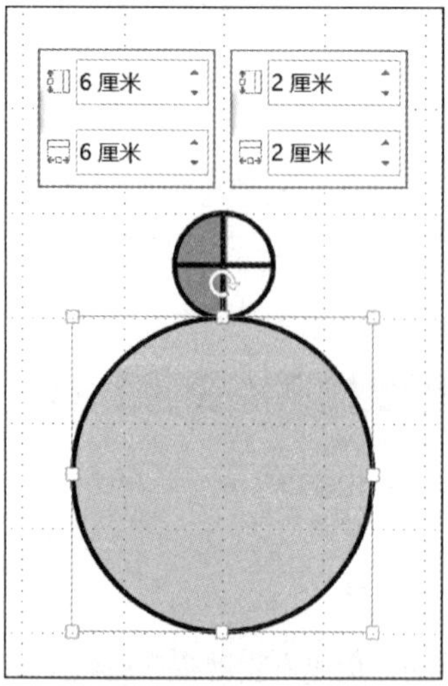

图 3－5－12

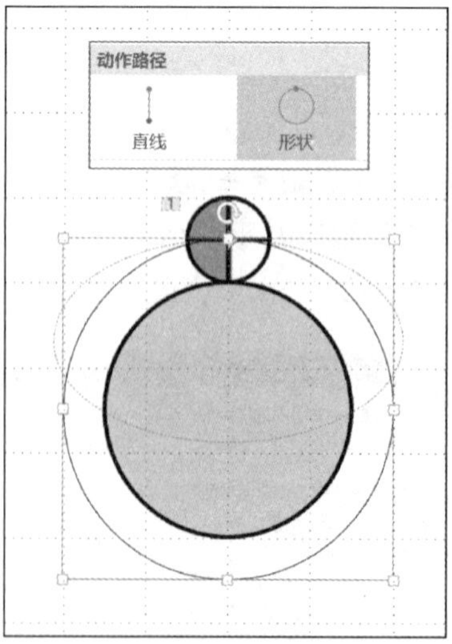

图 3－5－13

③ 调整轨迹线

点击“形状”后添加的轨迹线为椭圆形,以绘制的直径8厘米的细圆环图形为参考线,用鼠标从轨迹线的下端中间向下拖动,当出现细红虚线时,表示轨迹线与圆形参考线重合,放手即可。同理按下Ctrl键,用鼠标拖动轨迹线的右侧,调整轨迹线的左右位置使其与圆形参考线重合,如图3－5－14所示。

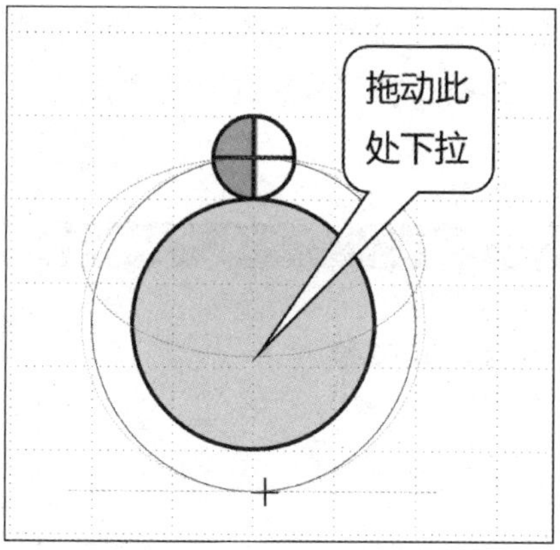

图 3－5－14

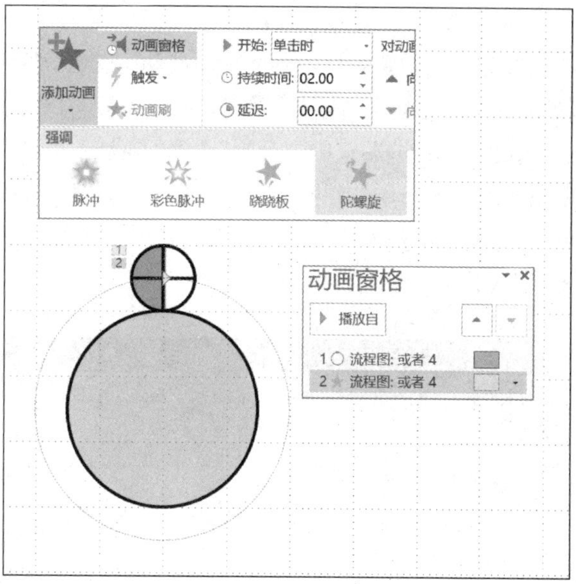

图 3－5－15

④ 添加“陀螺旋”的自转动画效果

选中小圆，在“高级动画”组中点击“添加动画”，选择“强调”中的“陀螺旋”，如图3－5－15所示。

⑤ 设置公转动画效果

双击右侧动画窗格中的“形状”动画的图标，在“圆形扩展”对话框的“效果”选项卡中，“平滑开始”和“平滑结束”均设置为“0 秒”，“自动翻转”不选中；在“计时”选项卡中，“开始”选择“单击时”，“期间”设置为“6 秒”（直接输入数值“6”），“重复”设置为“4”（直接输入“4”）或选择“直到幻灯片末尾”，如图3－5－16所示。

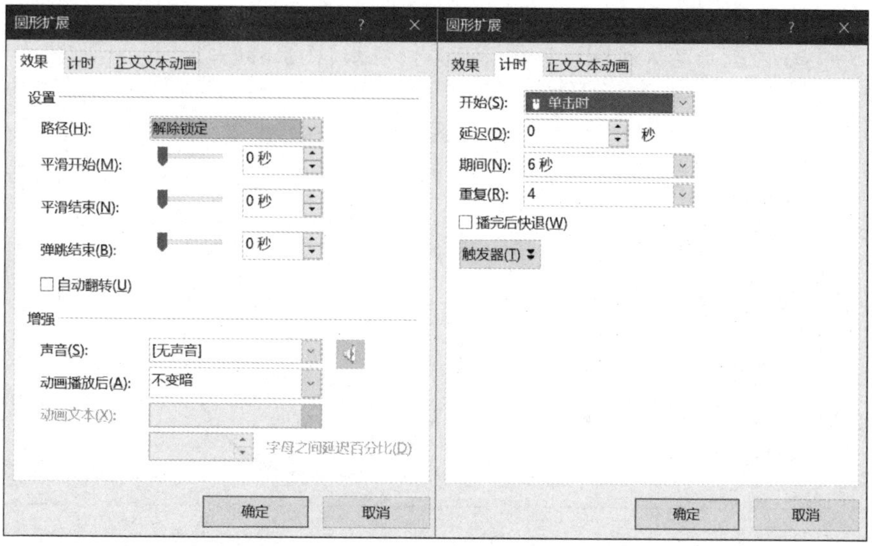

图 3－5－16

⑥ 设置自转动画效果

双击右侧动画窗格中的“陀螺旋”动画图标，在“陀螺旋”对话框的“效果”选项卡中，“数量”采用默认值，即“360°顺时针”，“平滑开始”和“平滑结束”均设置为“0 秒”，“自动翻转”不选中；在“计时”选项卡中，“开始”选择“与上一动画同时”。由于大圆的周长是小圆的 3 倍，所以小圆公转一周的时间应是小圆自转一周所用时间的 3 倍，小圆公转 4 周，则自转 12 周，所以，“期间”设置为“中速(2 秒)”，“重复”设置为“12”(直接输入“12”)，或选择“直到幻灯片末尾”，如图3-5-17所示。

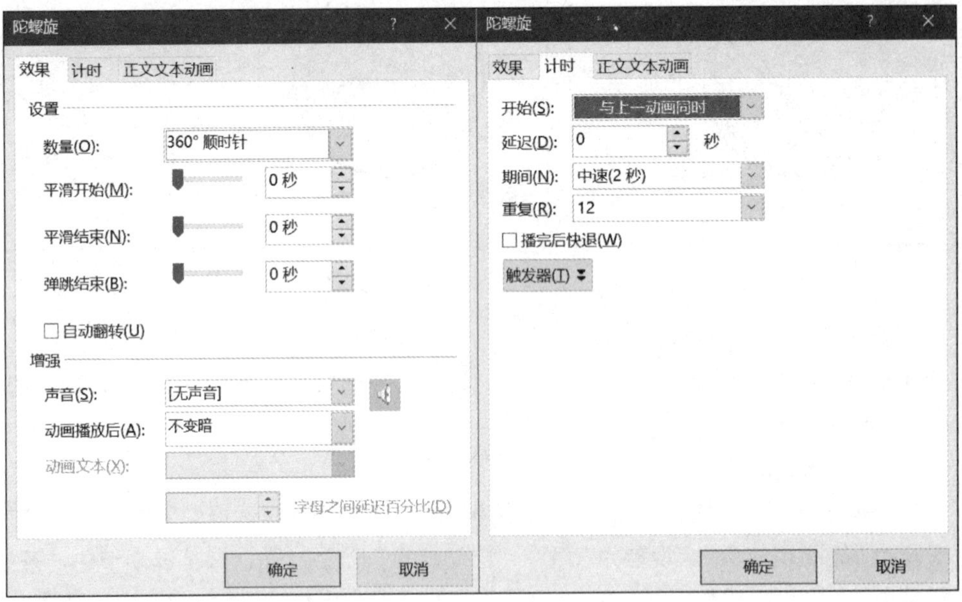

图 3-5-17

⑦ 转动的动画效果

放映时，小圆图形与大圆图形外切，同时进行自转和公转的圆周运动，如图3-5-18所示。

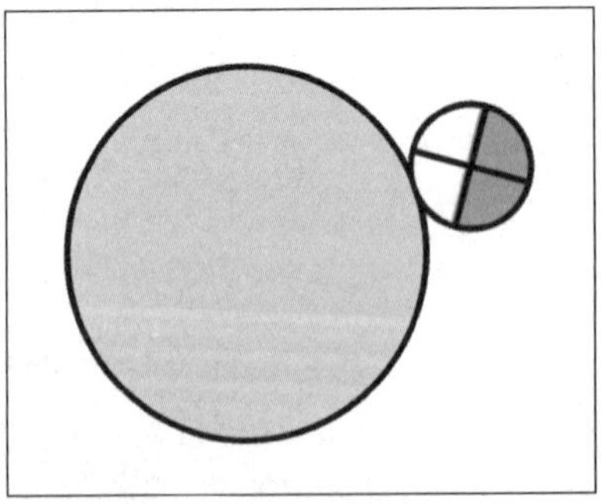

图 3-5-18

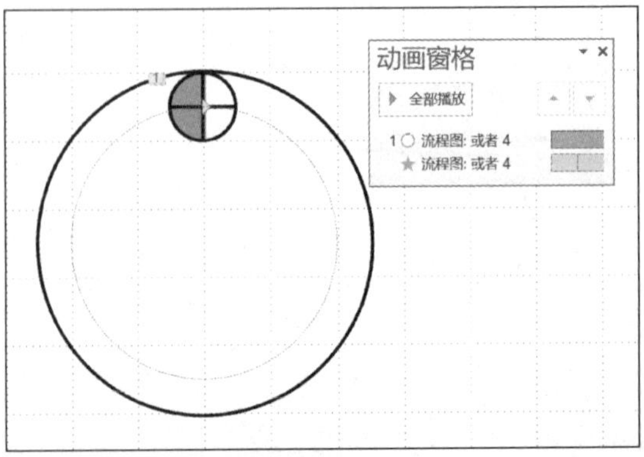

图 3-5-19

⑧ 内切圆运动效果

同理可以制作出内切圆运动效果的动画。

绘制直径 2 厘米的小圆和直径 10 厘米的大圆，并为小圆设置“陀螺旋”的自转动画和“形状”的公转动画，如图3－5－19所示。

自转的“陀螺旋”动画设置如下：在“陀螺旋”对话框的“效果”选项卡中，在“数量”中设置“360°逆时针”；在“计时”选项卡中，“期间”设置为“中速（2 秒）”，“重复”设置为“10”次。公转的“形状”动画设置如下：在“圆形扩展”对话框的“计时”选项卡中，“期间”设置为“10 秒”，“重复”设置为“2”次，如图3－5－20所示。

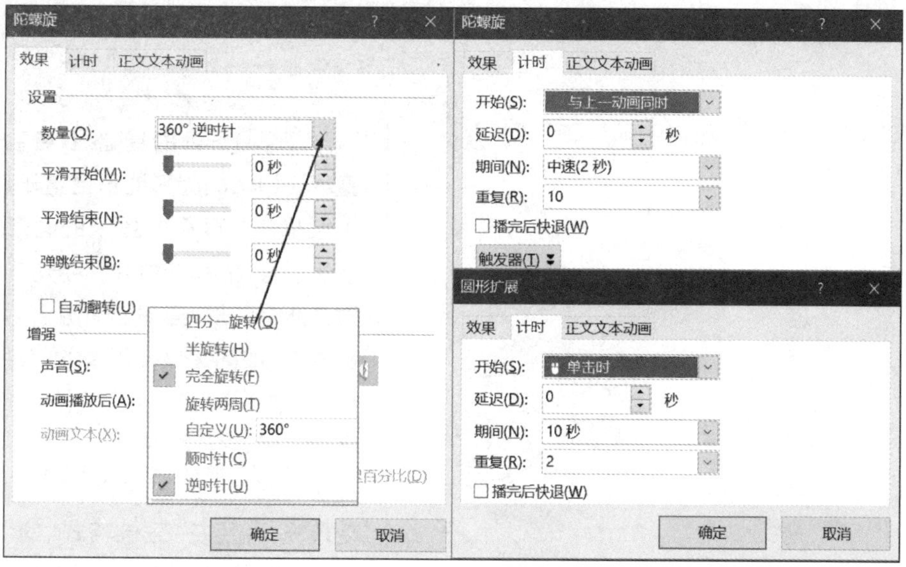

图 3－5－20

还有很多两个动画同时进行的案例，如在本单元第 3 课 5. 货车上的物体翻倒的动画设置中，车轮的转动和平动是同时进行的；本单元第 2 课 4. 卫星绕到地球背面运动中的卫星“动作路径”动画与“放大/缩小”同时进行。

3. 皮带传动与齿轮传动

皮带传动和齿轮传动动画制作时应注意使两个轮子转动的速度相协调，即要根据两个轮子的半径设置陀螺旋转动的周期，转动周期与轮子半径成正比。

（1）皮带传动

① 绘制轮子图形

如图3－5－21所示，绘制直径约 1.5 厘米的圆形图形，在图形上右击鼠标，点击“编辑顶点”，再拖动下面的小黑点到适当位置，如图 A 所示，拖动后图形变为图 B，复制后再翻转对齐组合后，得到图 C。图 C 的高度约 7.4 厘米。

将图 3－5－21 中的图 C 复制两个，分别转动60°和－60°，利用对齐工具中的“水平居中”和“垂直居中”，将三个图形对齐，如图3－5－22所示，然后组合。

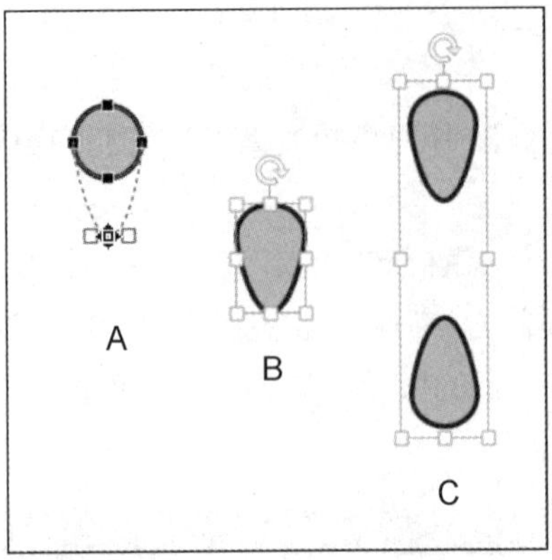

图 3-5-21

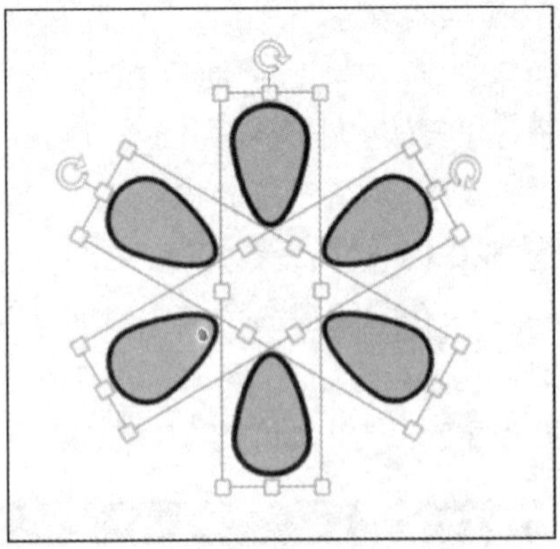

图 3-5-22

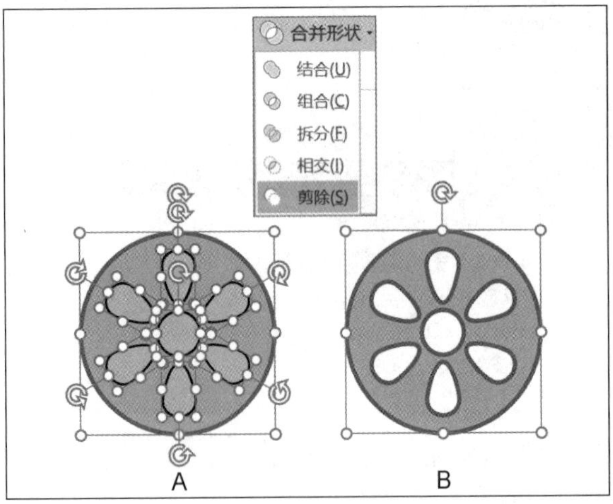

图 3-5-23

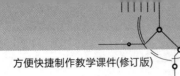

在组合图形的基础上，绘制一个直径 9 厘米的圆形图形且置于底层，再绘制一个直径 2 厘米的圆形图形置于顶层，全部选中并利用对齐工具对齐所有图形，全部取消组合后再全部选中，如图 3-5-23 中图 A 所示，利用“合并形状”中的“剪除”(或“组合”)工具，得到图 B。

对图 3-5-23 中的图 B 设置渐变填充，然后在“三维格式”的“顶部棱台”中选择图样样式，“高度”和“宽度”均为 10 磅，如图 3-5-24 所示。

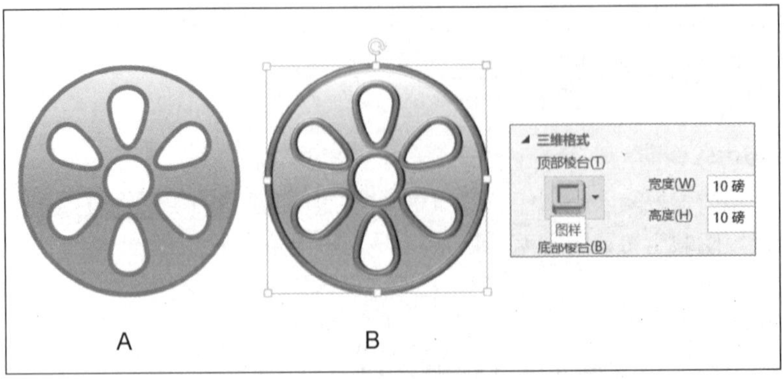

图 3-5-24

② 设置动画

将图 3-5-24 中图 B 复制一个后，调整第二个图形的直径为 6 厘米，并添加两条立体线段。然后选中两个圆形图形，添加“陀螺旋”动画，如图 3-5-25 所示。

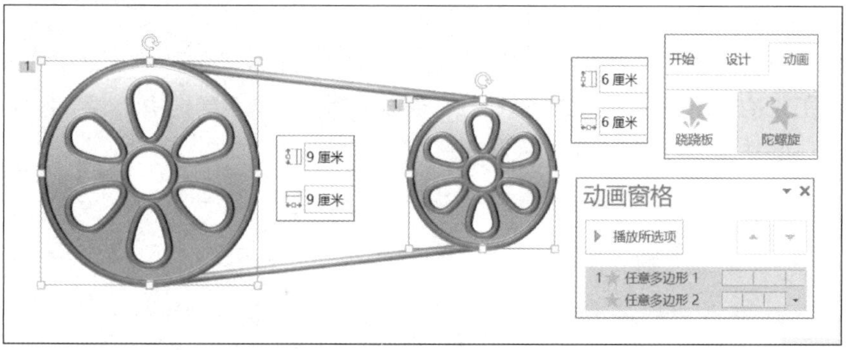

图 3－5－25

动画设置：由于两个圆形半径之比为 9∶6(即 3∶2)，则转动的周期比也应该为 3∶2。若设大圆转动周期(即“期间”)为 4.5 秒，则小圆转动周期应设为 3 秒。两圆做同方向的顺时针转动，如图3－5－26所示。

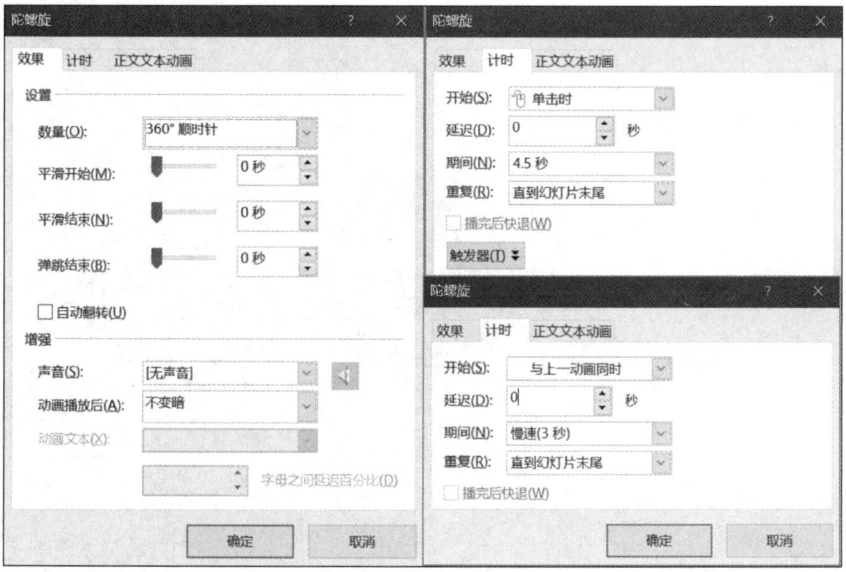

图 3－5－26

(2) 齿轮传动

① 绘制齿轮图形

如图3－5－27所示，绘制一个高度和宽度均为 1 厘米的的梯形图形，复制后上下翻转，调整好适当位置并对齐，如图 A 所示，组合后得到图 B，图 B 的高度为 11 厘米，复制一个后旋转90°，对齐组合后得到图 C。

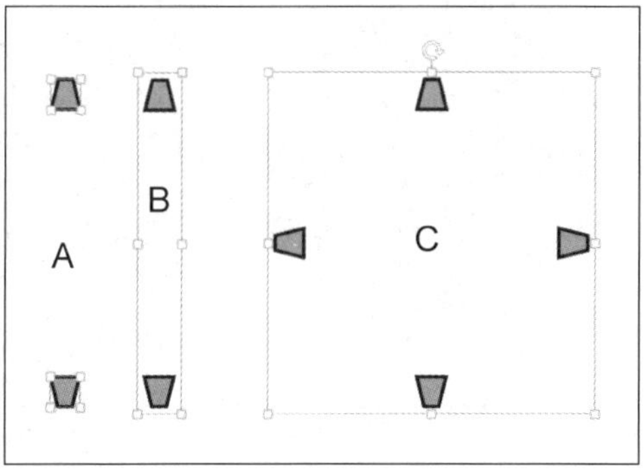

图 3－5－27

将图 3－5－27 中的图 C 复制三个，分别转动22.5°、45°、－22.5°，如图 3－5－28 中图 A

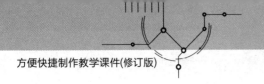

所示，对齐组合后得到图 B。齿轮的齿共 16 个。

将图 3－5－24 中的图 B 复制后作为图 3－5－29 中图 B，将图 3－5－28 中图 B 复制后作为图 3－5－29 中的图 A，二者对齐放置，全部取消组合后再全部选中，利用“合并形状”中的“结合”工具，得到图 3－5－29 中的图 C。

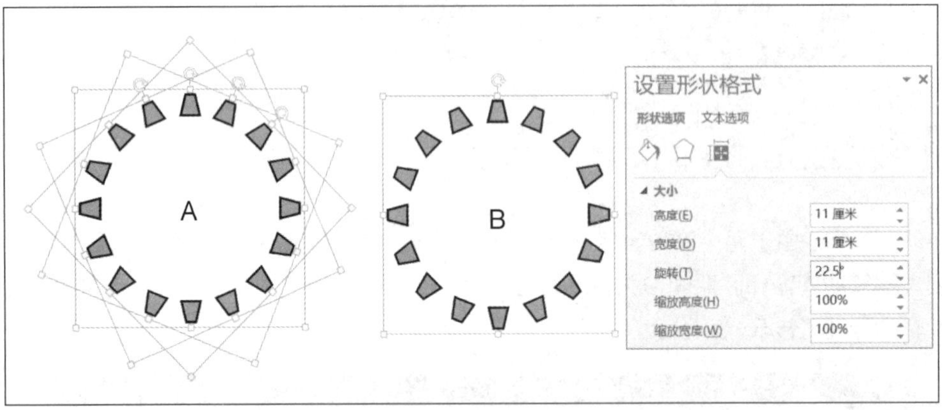

图 3－5－28

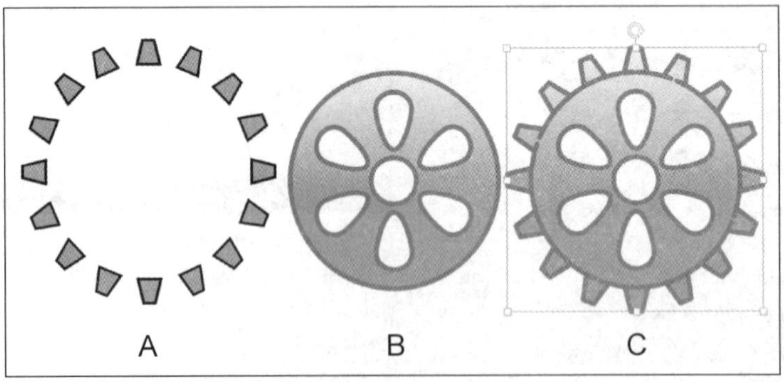

图 3－5－29

设置图形的填充为“渐变填充”，然后在三维格式中，选中“顶部棱台”中的“凸圆形”，高度和宽度均设置为 10 磅，如图 3－5－30 所示。

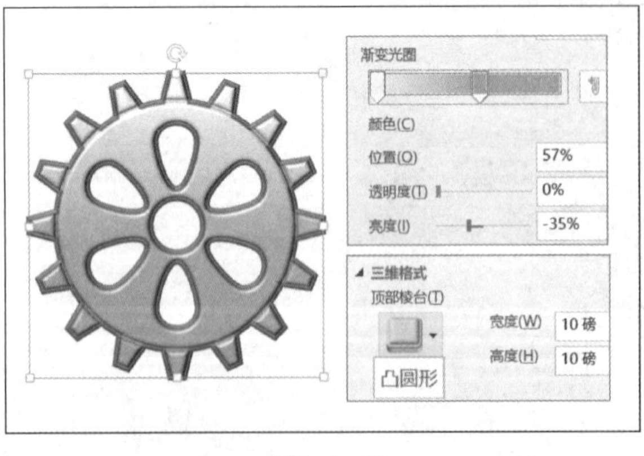

图 3－5－30

② 动画设置

利用相同的方法制作 12 齿的齿轮，齿数虽少，但是齿的大小不变。大齿轮 16 个齿。

选中两个齿轮图形，添加“陀螺旋”动画，如图 3－5－31 所示。两个“陀螺旋”动画的转动方向相反。

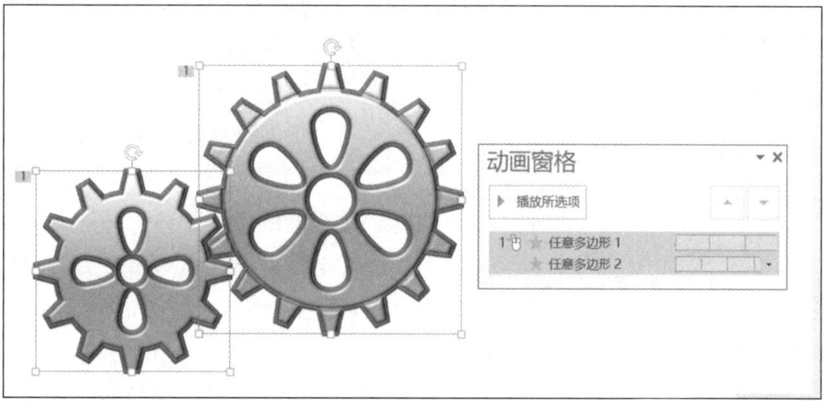

图 3-5-31

大齿轮图形动画设置如下：在“陀螺旋”动画设置对话框的“效果”选项卡中，“平滑开始”和“平滑结束”的时间均设为“0 秒”；在“计时”选项卡中，“期间”设置为“非常慢(5 秒)”，“重复”设置为“直到幻灯片末尾”，如图3-5-32所示。

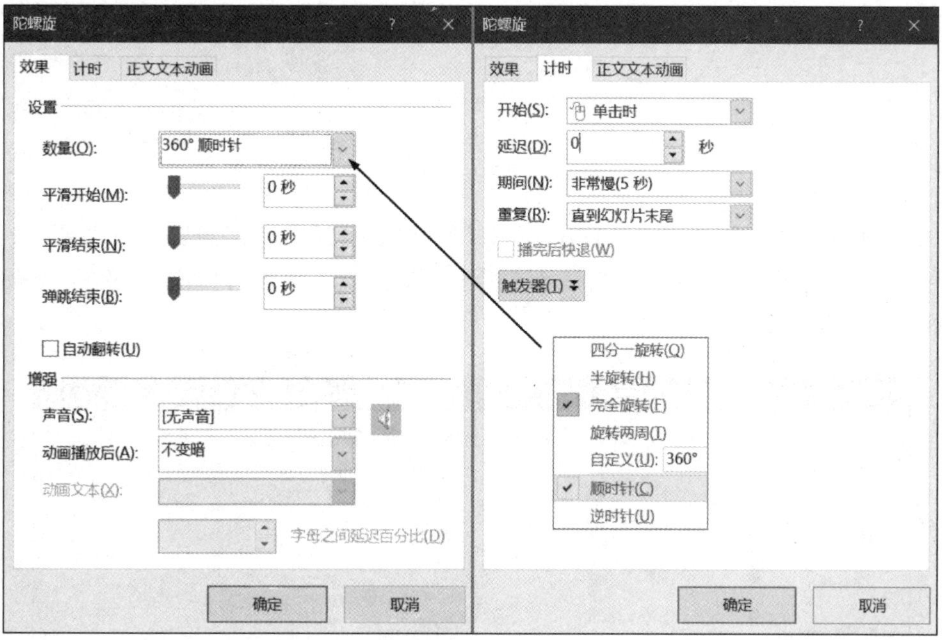

图 3-5-32

小齿轮图形动画设置如下：在“陀螺旋”动画设置对话框的“效果”选项卡中，“平滑开始”和“平滑结束”的时间均设为“0 秒”；在“计时”选项卡中，“期间”设置为“3.75 秒”(5∶3.75=16∶12)，“重复”设置为“直到幻灯片末尾”。

4. 转动平动按顺序先后进行

一个对象可以先后分别进行不同的运动，即多个动作分别连续进行。可以让小球从 A 开

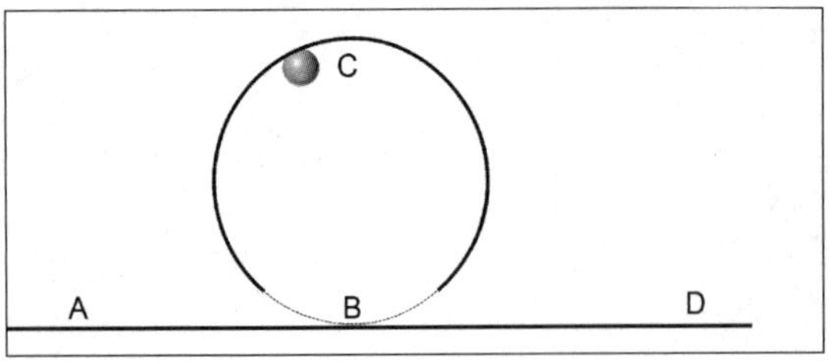

图 3－5－33

始运动到B，做圆周运动到C后再经过B，然后运动到位置D，如图3－5－33所示。制作方法如下：

（1）绘制并设置小球圆周运动的动画

如图3－5－34所示，绘制直径为7.7厘米的细虚线圆环形图形A，再绘制与图A半径大小相同的弧形图形，调节控点位置（精确设置两个控点值分别为“130”和“50”），得到图B。图A和B作为小球运动的轨道。绘制小球，利用本单元第1课4.“动作路径”中的“形状”应用中介绍的方法，设置小球从下端开始逆时针做圆周运动的动画，如图C，注意动作路径轨迹线直径应略小于圆环轨道直径，并将三个图形对齐放置。

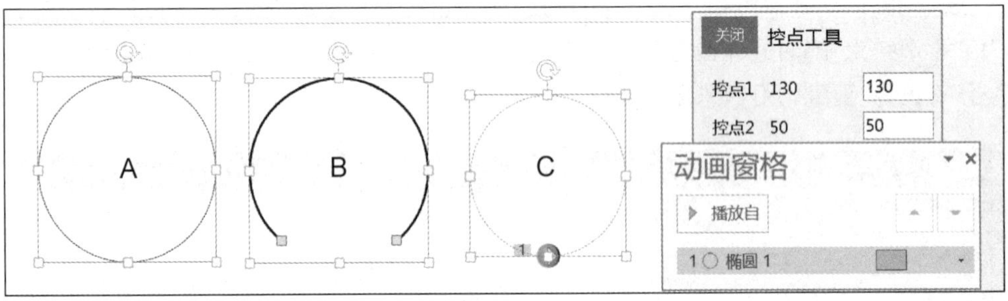

图 3－5－34

在动画窗格中双击动画图标，打开“圆形扩展”对话框，在“效果”选项卡中，“平滑开始”和“平滑结束”时间均设置为“0 秒”；在“计时”选项卡中，期间设置为“中速（2 秒）”，无重复，如图3－5－35所示。

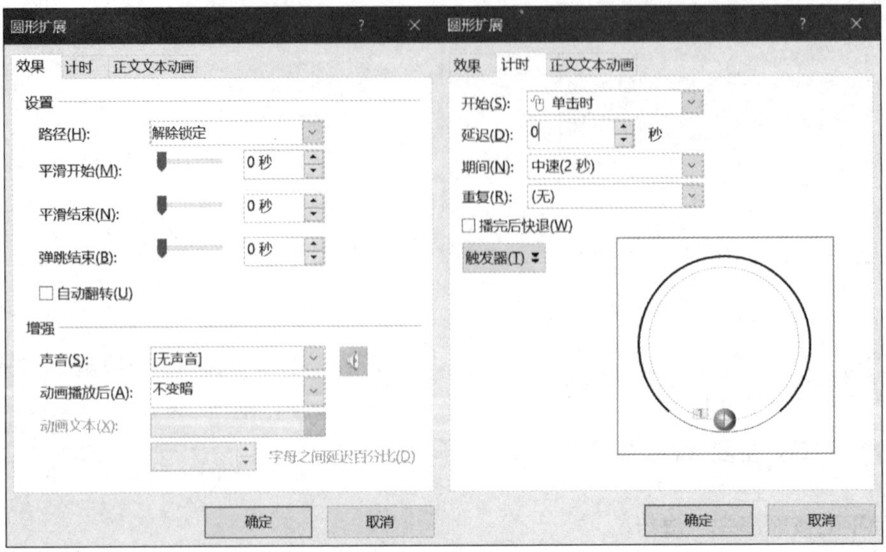

图 3－5－35

（2）添加动画

选中小球，在“添加动画”中选择“直线”，并在“效果选项”中将“方向”改为向“右”，如图3－5－36所示。

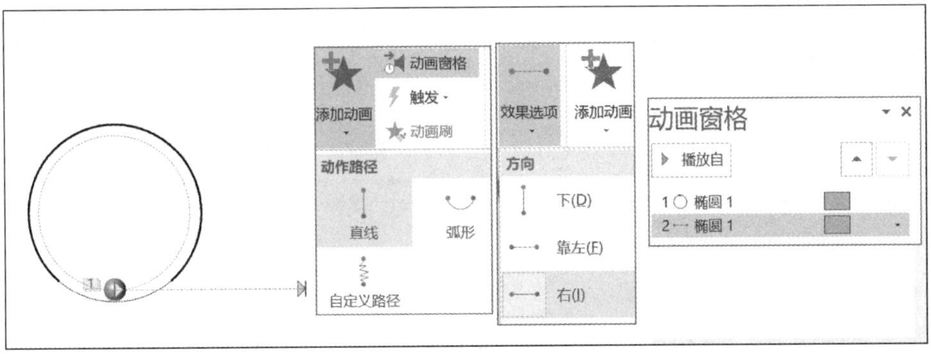

图 3－5－36

选中轨迹线，水平向左移动，使其水平运动的末状态与圆周运动的初状态重合，并在动画窗格中拖动动画图标改变播放顺序，即先直线运动，再圆周运动，圆周运动动画的“开始”设置为“上一动画之后”，如图3－5－37所示。

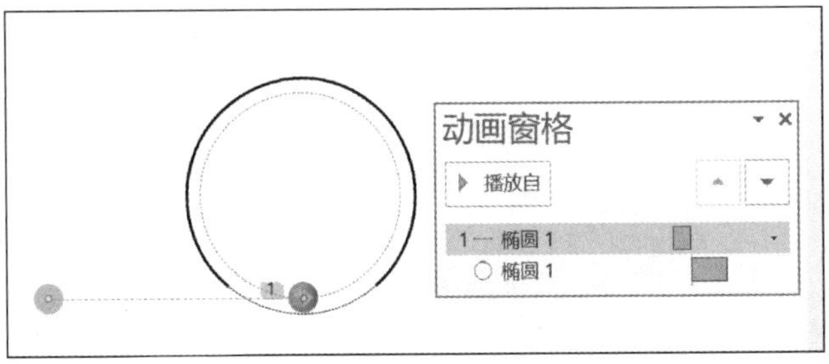

图 3－5－37

在动画窗格中双击直线运动的动画图标，在“向右”对话框中，在“计时”选项卡中，“期间”设置为“快速（1 秒）”，无重复；在“效果”选项卡中，“路径”设置为“锁定”，“平滑开始”设置为“0.5 秒”，“平滑结束”设置为“0 秒”，如图3－5－38所示。

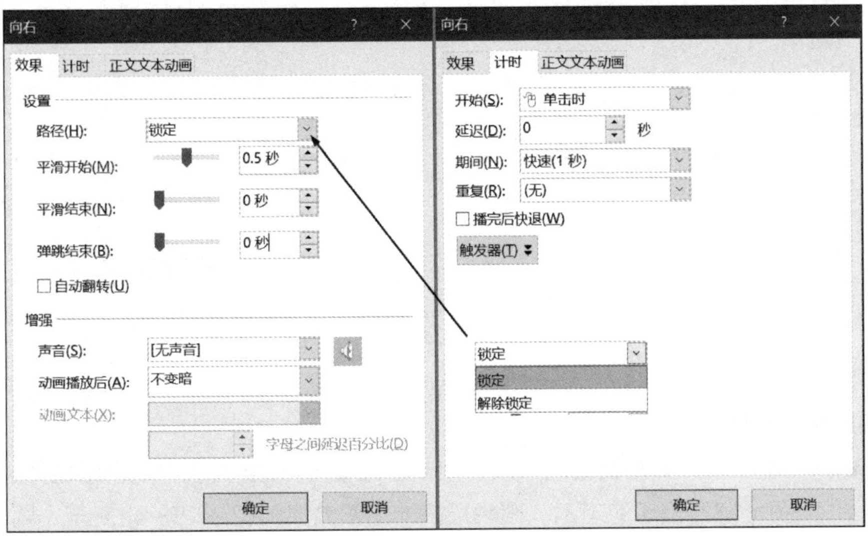

图 3－5－38

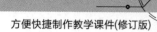

同理再添加第三段的水平运动的动画，持续时间为 2 秒，设置“上一动画之后”开始动作，如图3-5-39所示。

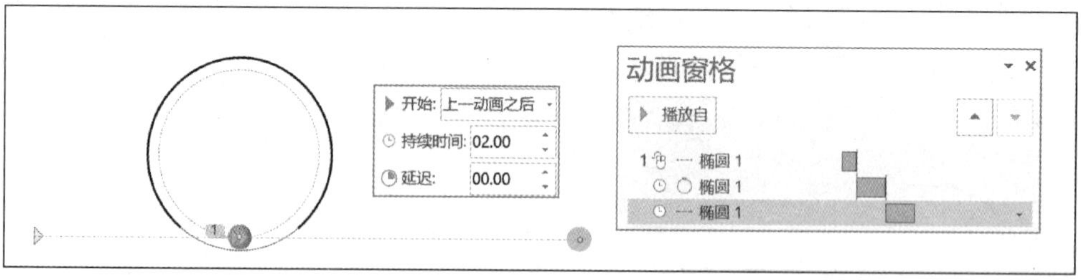

图 3-5-39

(3) 锁定轨道调整小球位置

三个动画均设为“锁定”状态，即锁定轨道，移动小球时轨迹线不动，然后移动小球到最左端的初始位置并绘制直线段作为水平轨道。三个动画分别按顺序播放，如图3-5-40所示。播放效果如图3-5-33所示。

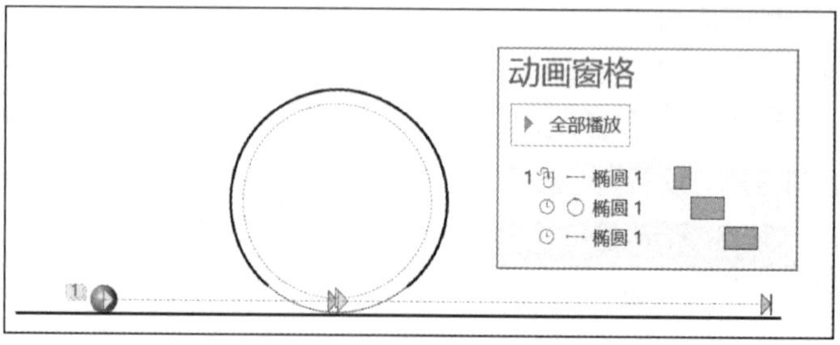

图 3-5-40

(4) 扩展应用

同理可以设置小球先做直线运动，再做四分之一圆周运动，再做直线运动，如图3-5-41所示。

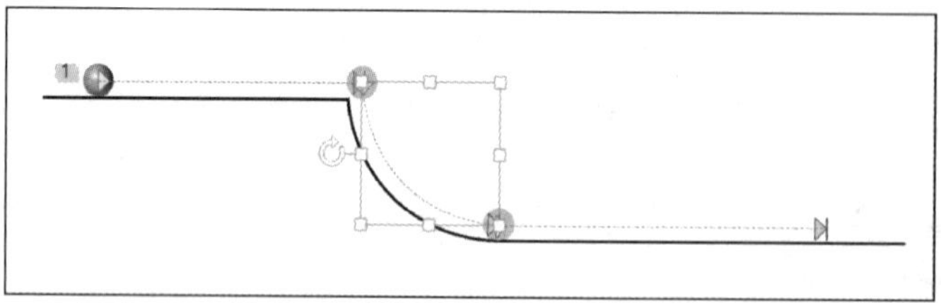

图 3-5-41

5. 画轴展开动画的制作

在展示一幅图画时，添加画轴后可以利用动画的设置，让画面从中间慢慢向两边展开，避免发生整幅画作突然呈现的现象。画轴展开的动画效果如图3-5-42所示。制作方法如下：

图 3－5－42

（1）绘制画轴图形

如图3－5－43所示，利用绘图工具，绘制两个小椭圆图形 A、B，再绘制两个小圆柱形图形 C、D，以及拉长的圆柱形图形 E 和 F，图形 C、D、E、F 均设为“渐变填充”，然后把这些图形对齐放置后组合成画轴图形 G。

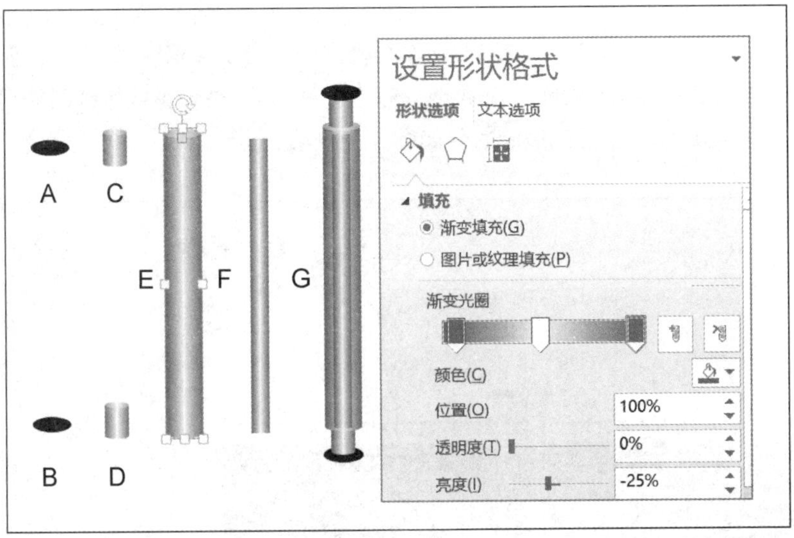

图 3－5－43

（2）插入图画并设置动画

在“插入”选项卡的“图像”组中，点击“图片”按钮，插入一张图画。为了有较好的艺术效果，可以在图画的上、下添加边框。

要让图画慢慢展开，可以在动画的“进入”选项中选中“劈裂”进入的动画。在“劈裂”动画的“效果选项”中，选中“中央向左右展开”（或双击动画图标进行设置），并设置动画的“持续时间”为 5 秒，如图3－5－44所示。

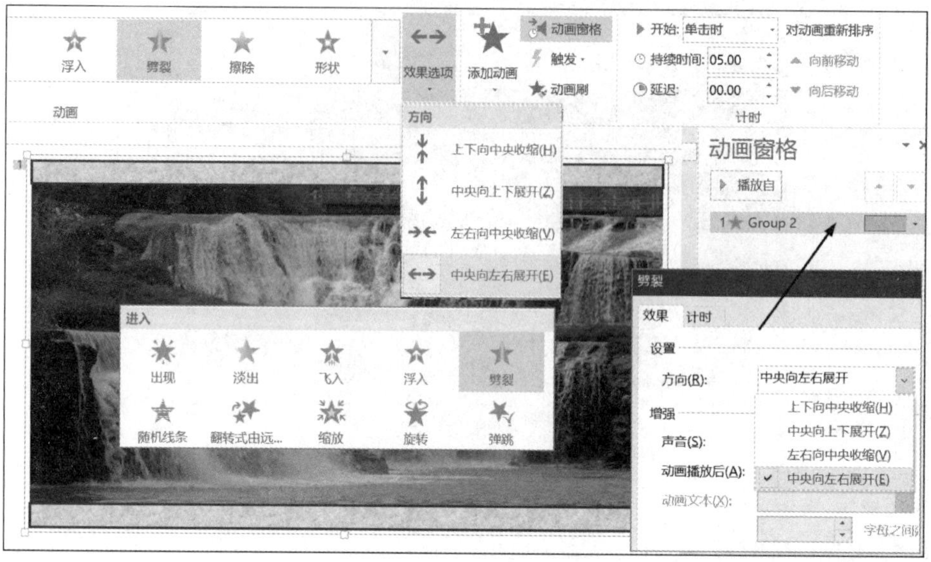

图 3－5－44

（3）设置画轴动画

复制两个画轴粘贴在图画上的中部适当位置，再选中两个画轴和图画，利用对齐工具将三个对象“垂直居中”对齐排列。

为两个画轴分别添加向左和向右的“动作路径”中的“自定义路径”动画。画轴动画与图画动画同时进行，且持续时间相同。如果放映效果不理想，画轴位置或持续时间可以略作调整，如图3－5－45所示。最后的放映效果如图3－5－42所示。

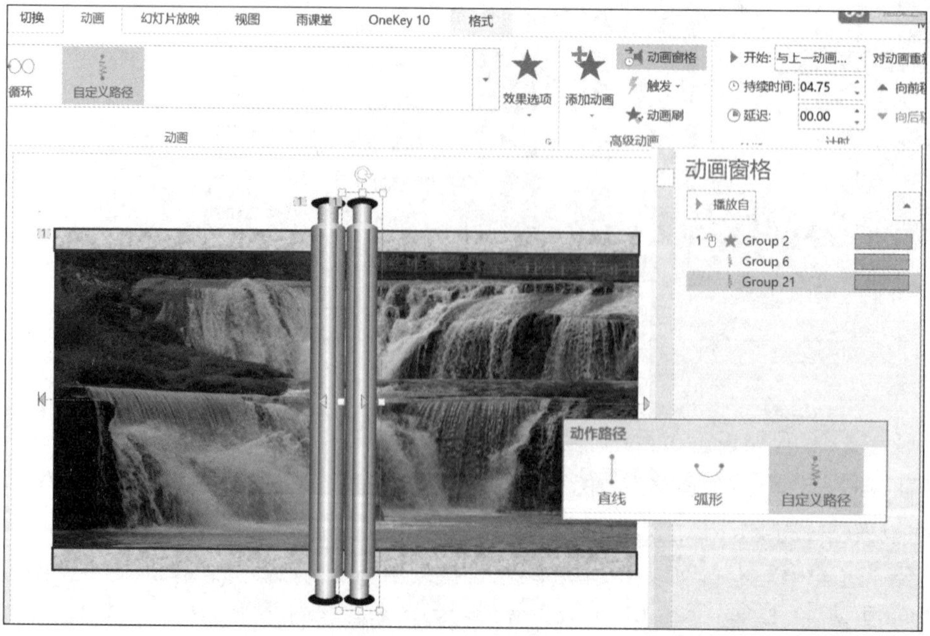

图 3－5－45

（4）利用擦除法制作图画展开动画

图画展开动画的另一种制作方法：为两个白色图片设置向两边"擦除"样式的"退出"（与画轴的动作路径动画同步）动画，慢慢让图画显示出来。

画轴的动画设置与前面动画设置相同。仍然设置为分别向两边运动的直线动作路径的动画。

设置图形动画步骤如下：

绘制两个大小适中的白色图形，为方便辨识可在制作时设置成半透明的，两个图形的宽度之和约等于图画的长度。

为两个白色图形设置"擦除"的"退出"动画，方向分别向左和向右，如图 3－5－46 所示。画轴的动作路径的动画时间与白色图形的擦除动画的时间相同，根据实际情况动画的动作时间可以略做调整。

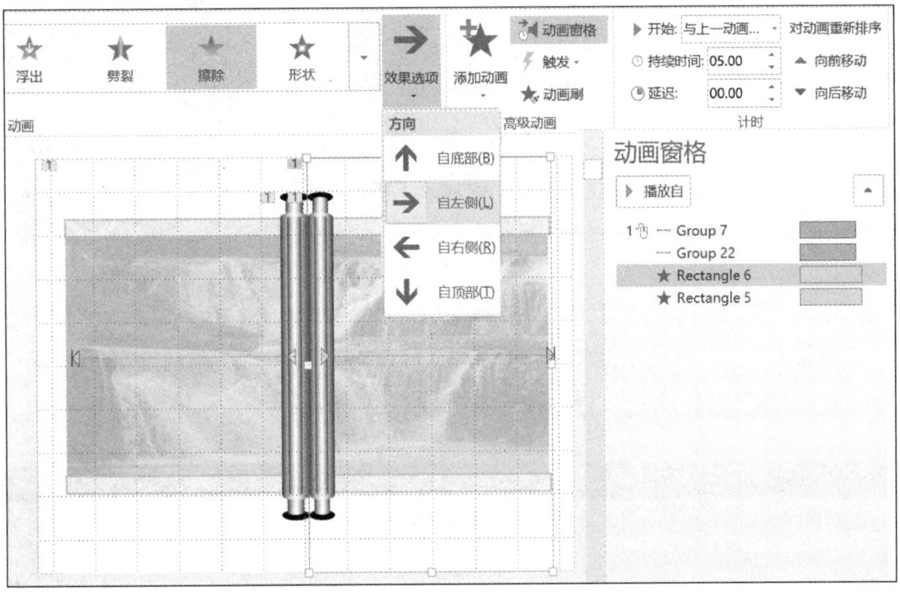

图 3－5－46

6. 天体中三球的运动

利用本课 2. 两个基本动画同时进行中的自转和公转的设置思路，可以制作天体中三球运动的动画效果。利用对称显半思维，结合陀螺旋动画的设置，绘制月球绕地球转动的动画效果；再利用"动作路径"中的"形状"工具设置地球和月球的组合图形绕太阳运动的公转动画，同时绘制一个椭圆轨道图形表示运动的轨迹。再利用渐变光圈绘制一个发光的太阳图形。如图 3－5－47 所示，是地球带着月球绕太阳以椭圆轨道运动的效果图。制作方法如下：

（1）绘制图形

利用绘图工具绘制两小一大三个圆形图形，小圆图形表示月球，大圆图形表示地球；选中三个圆形图形，利用对齐中的"水平居中"和"纵向分布"工具，可以把三个圆形图形按如图 3－5－48 所示方式排列；排列后再组合起来。

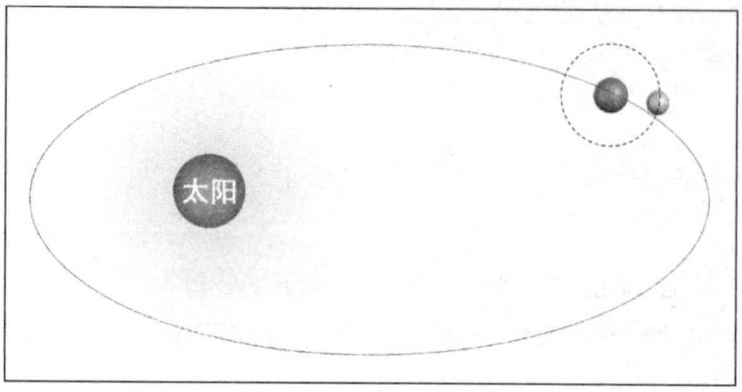

图 3－5－47

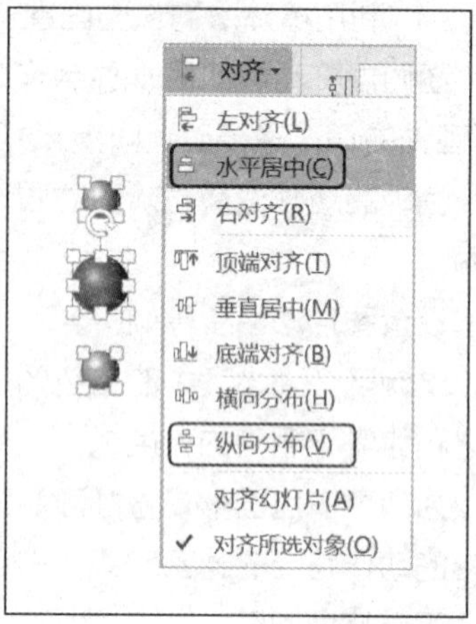

图 3－5－48

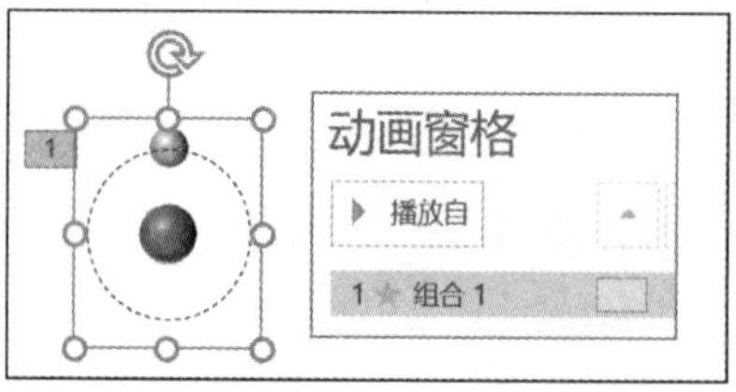

图 3－5－49

(2) 设置动画

绘制一个圆形图形作为月球运行的轨道图形，并将所有图形组合。再将下面的小圆形图形填充和线条均设置为透明，再选中组合后的图形，在"动画"功能区的"动画"组中，在"强调"中选择"陀螺旋"的动画，如图3－5－49所示。

双击动画窗格下面的动画图标，在"陀螺旋"对话框的"效果"选项卡中，"平滑开始""平滑结束"均设置为"0秒"，"自动翻转"不选中。在"计时"选项卡中，在"期间"中直接输入"10秒"(或其他数值)，"重复"次数为"直到幻灯片末尾"，如图3－5－50所示。点击"确定"，这样

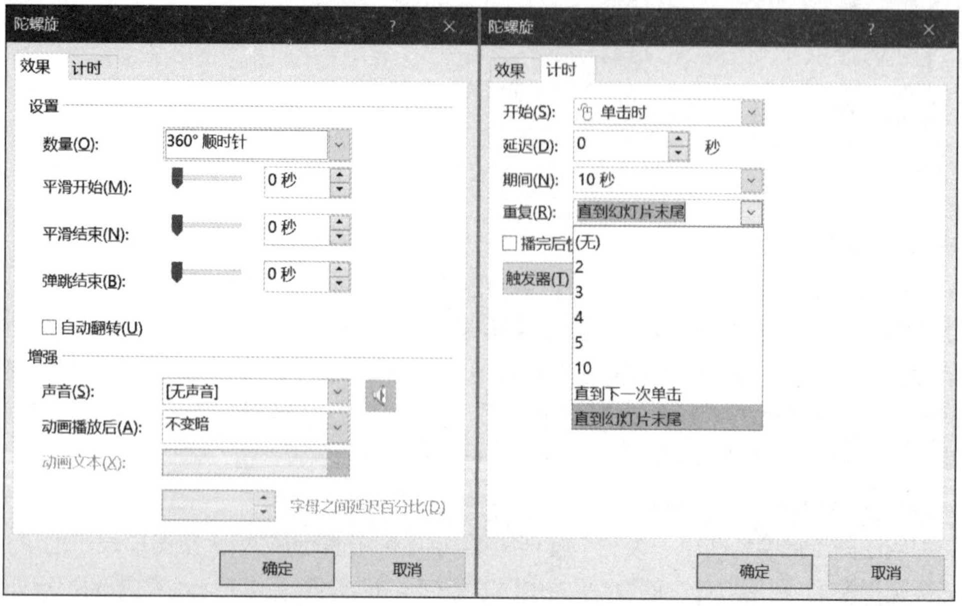

图 3－5－50

就制作成了月球绕地球转动的动画。

选中该图形，在“高级动画”组中，点击“添加动画”，选中“动作路径”动画中的“形状”动画，得到的效果如图3－5－51所示，即为图形添加了公转效果动画。

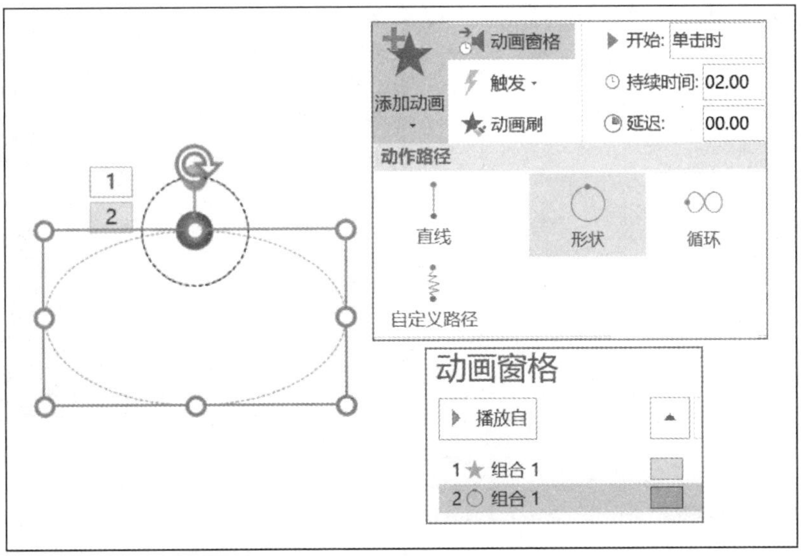

图 3－5－51

选中动作路径中的椭圆形动作路径，按下 Ctrl 键，用鼠标拉动右边中间的小点，改变其形状，如图3－5－52所示。再拉动下面的小点继续调整。

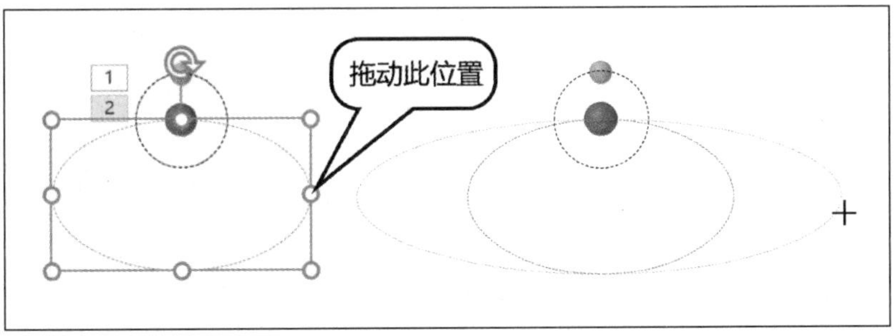

图 3－5－52

双击动画窗格下面的“形状”动画图标，在“效果”选项卡中，“平滑开始”“平滑结束”均设置为“0 秒”，“自动翻转”不选中。在“计时”选项卡中，“开始”设置为“与上一动画同时”，“期间”设置为“20 秒(非常慢)”(或其他数值)，“重复”设置为“直到幻灯片末尾”，如图3－5－53所示。

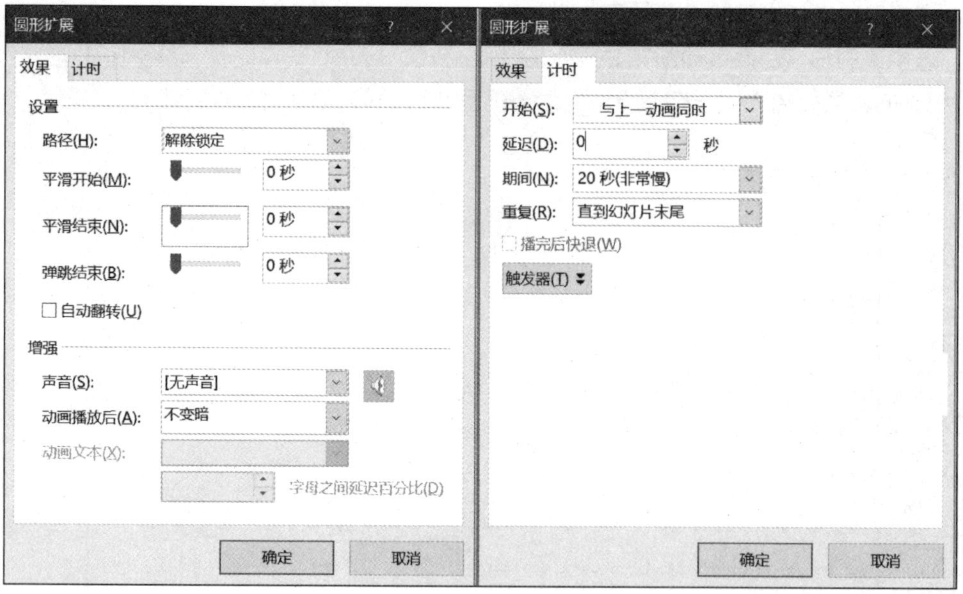

图 3－5－53

(3) 绘制轨道图形

在绘图工具中选中"椭圆"工具，鼠标在动作路径椭圆的中间点击一下后，再按下 Ctrl 键，从中间部位拉动鼠标，绘制出一个与动作路径基本重合的椭圆形图形，再通过调整椭圆形图形的大小和形状使二者重合，如图3－5－54所示。(为方便辨识此处二者位置错开了)

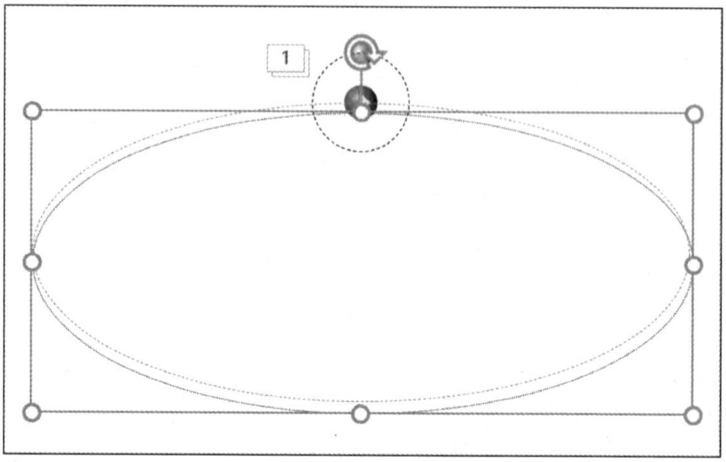

图 3－5－54

(4) 绘制太阳图形

绘制一个圆形图形作为"太阳"，在"设置形状格式"窗格中，利用"渐变光圈"设置太阳图形的渐变填充效果，为"太阳"绘制发光的效果，如图3－5－55所示。利用"陀螺旋"动画功能，还可以设置"太阳"的转动效果，或在太阳图形上添加文字。将太阳图形放置在适当位置，放映时即可得到如图3－5－47所示的天体运动的动画效果。

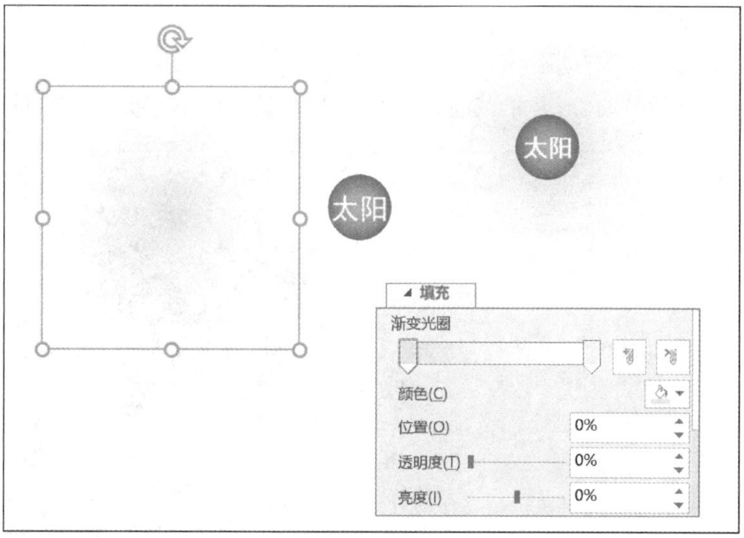

图 3－5－55

7. 蝴蝶飞舞动画的制作

利用多个动画的联动，可以设置蝴蝶飞舞的动画效果。本案例的特点是一个对象要同时完成三个动画：翅膀扇动动画，远小近大效果的动画，蝴蝶在空中整体飞舞的动作路径动画。制作方法如下：

（1）准备蝴蝶图片

在网上搜索出一张蝴蝶图片，直接复制到 PPT 文档中，并删除图片的背景。删除方法参见第一单元第 5 课 4. 删除图片背景中的内容。

选中图片，在“图片工具”的“格式”选项卡的“大小”组中，点击“裁剪”按钮，用鼠标拖动图片上的黑色边框，裁剪掉图片周围的空白区域，如图3－5－56所示。

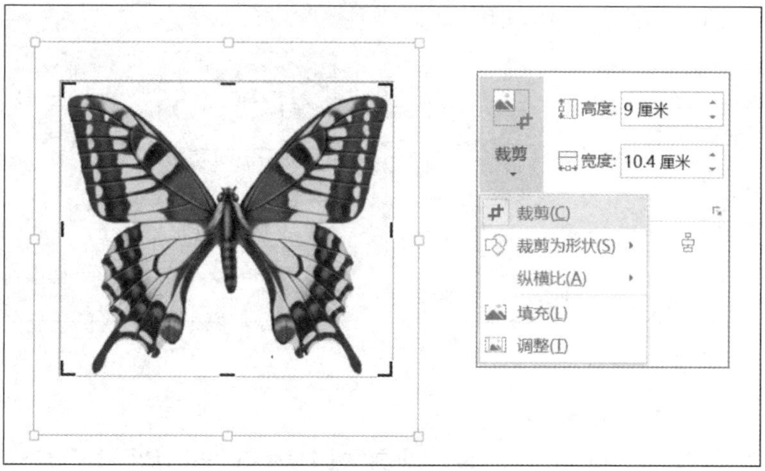

图 3－5－56

（2）设置蝴蝶翅膀扇动动画

① 设置“放大/缩小”的动画

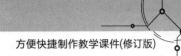

选中图片，在“动画”选项卡中的“强调”选项中，选择“放大/缩小”的动画，如图3－5－57所示。

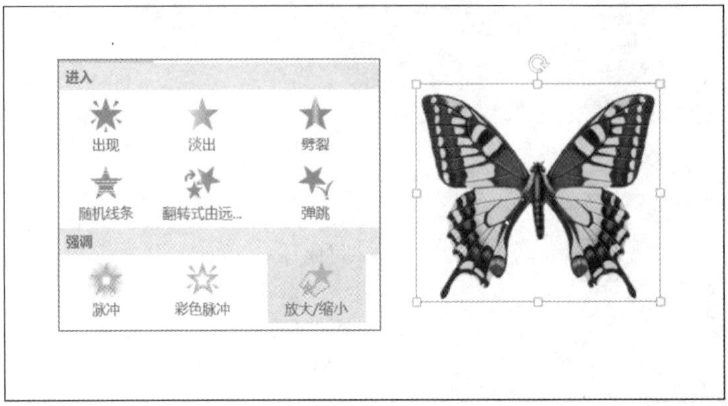

图 3－5－57

② 设置动画效果

点击右边“动画窗格”下面的动画图标，在“放大/缩小”对话框的“效果”选项卡中，在“尺寸”中选择“水平”，并在“自定义”中设置“10%”（输入后要按 Enter 键），“平滑开始”和“平滑结束”均设置为“0.05 秒”，并选中“自动翻转”。在“计时”选项卡中，“期间”直接输入“0.1 秒”，“重复”选择“直到幻灯片末尾”，如图3－5－58所示。

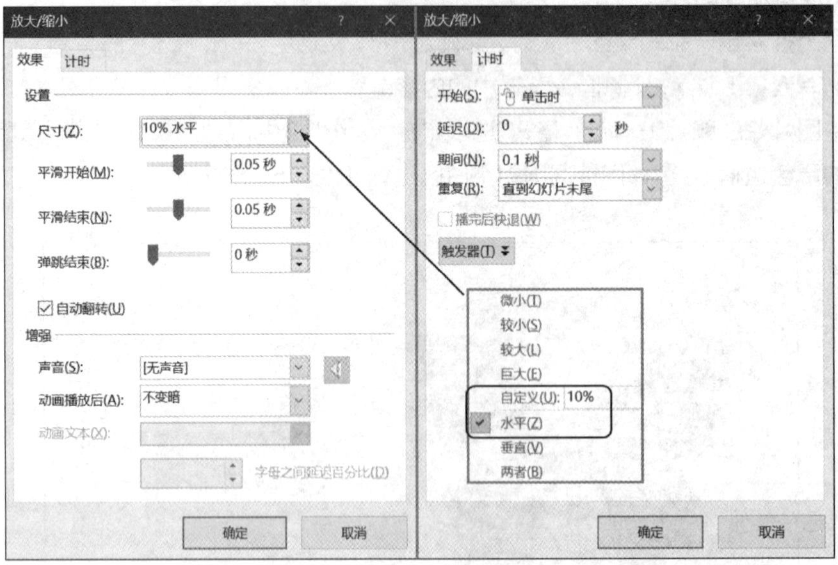

图 3－5－58

（3）设置远小近大效果的动画

选中图片，在“动画”功能区中的“高级动画”组中，点击“添加动画”，添加一个“放大/缩小”的强调动画，并在“放大/缩小”对话框的“计时”选项卡中，“期间”设置为“慢速（3 秒）”，

“重复”选择“直到幻灯片末尾”；在“效果”选项卡中，在“尺寸”中输入“20%”，“平滑开始”和“平滑结束”均设置为“1.5 秒”，并选中“自动翻转”，如图 3－5－59 所示。

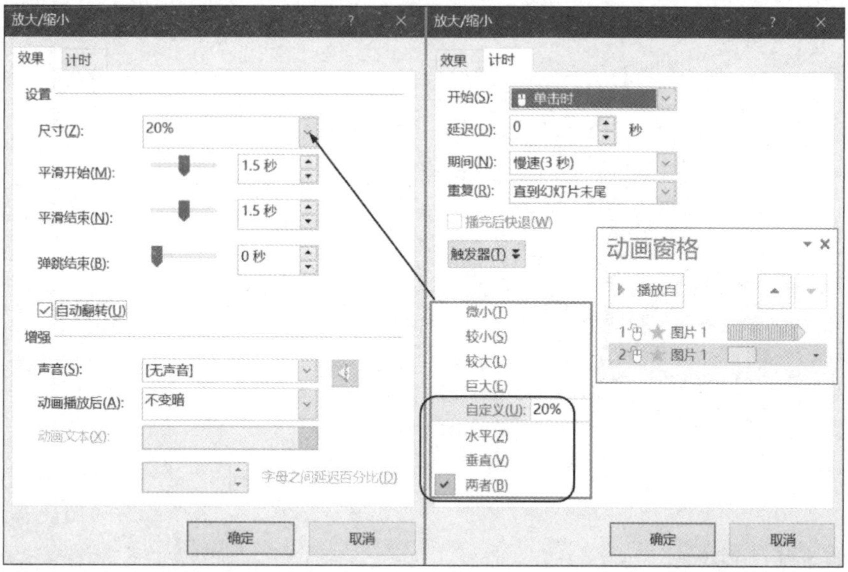

图 3－5－59

（4）设置蝴蝶整体平动动画

① 添加动画

选中图片，在“动画”功能区的“高级动画”组中，点击“添加动画”，在下面选中“其他动作路径”，在打开的“添加动作路径”对话框中，选中“十字形扩展”，在右边“动画窗格”中出现“十字形扩展”动画图标，如图 3－5－60 所示。

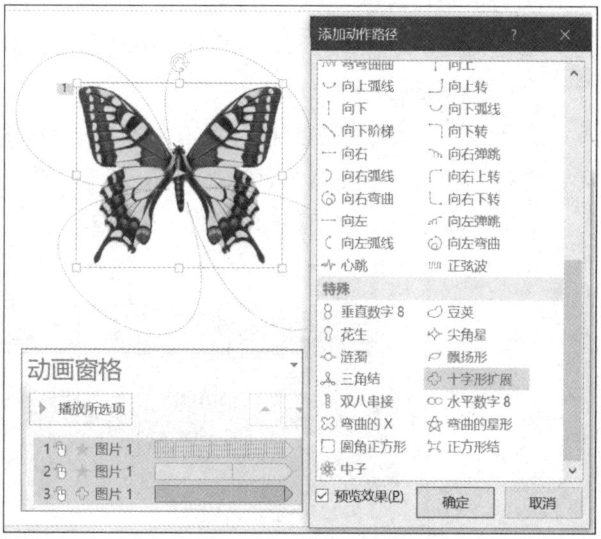

图 3－5－60

② 设置动画效果

双击“动画窗格”下面的“十字形扩展”动画图标，在“十字形扩展”对话框的“计时”选项卡中，“期间”设置为“5 秒”，“重复”选择“直到幻灯片末尾”。在“效果”选项卡中，“平滑开始”和“平滑结束”均设置为“2.5 秒”，并选中“自动翻转”。

（5）添加背景图片调整动作路径

设置三个动画同时进行。再选中十字形扩展动作路径，按下 Shift+Ctrl 键，在路径边框的右下角拉动十字形扩展动作路径的边框，调大动作路径，并旋转适当的角度。再插入一个花开的背景图片，如图 3－5－61 所示。这样，可以得到蝴蝶翅膀扇动、远小近大且整体飞舞的动画效果。

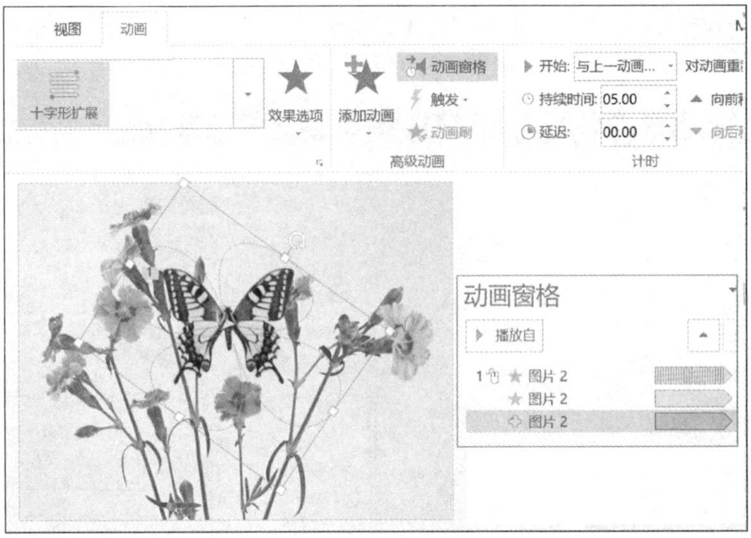

图 3－5－61

8. 幼儿教学课件制作

幼儿的心理与生理特点决定了幼儿园的教学活动应该采用直观的教学方式。由于年龄太小等原因,幼儿对外部世界的接触和感知有很大局限性,而多媒体技术的运用,可以让孩子更多地观察到五彩缤纷的世界。教育信息技术的应用可以使幼儿教学形象化、生动化、具体化。

(1) 图片展现大千世界

从网络上下载需要的教学图片,以形象生动地反映五彩缤纷的大千世界。这些图片不需要填充,为了增强艺术效果,可以为其设置边框格式。

绮丽的春天和炎热的夏天,如图3－5－62所示。

图 3－5－62

金色的秋天和寒冷的冬天，如图3－5－63所示。

下面以图 3－5－62 中左下角图为例，说明边框的设置方法。

选中图片，在“图片工具”的“格式”选项卡的“图片样式”组中，点击“圆形对角，白色”，如图3－5－64所示，即将图片设为白色线条的圆形对角样式。

图 3－5－63

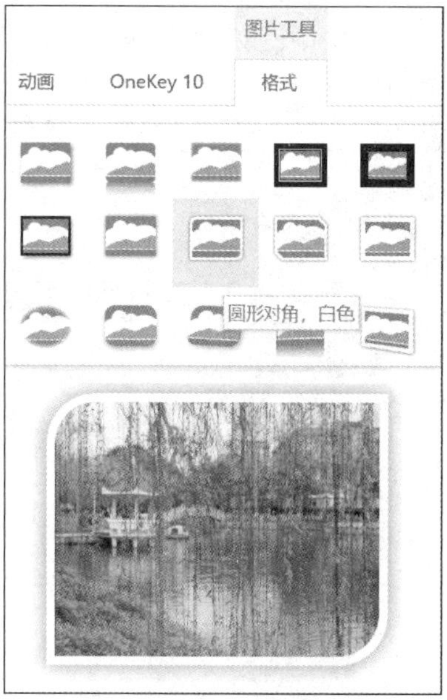

图 3－5－64

选中图片，调节控点（即小黄点）位置，可以改变图片的形状，如图3－5－65所示。

选中图片，在“设置图片格式”中将边框（即线条）“宽度”设为“8 磅”，在“三维格式”中设置“顶部棱台”为图样，且将“宽度”设为“10 磅”，“高度”设为“6 磅”，如图3－5－66所示，即可得到图片的立体边框。

图 3－5－65

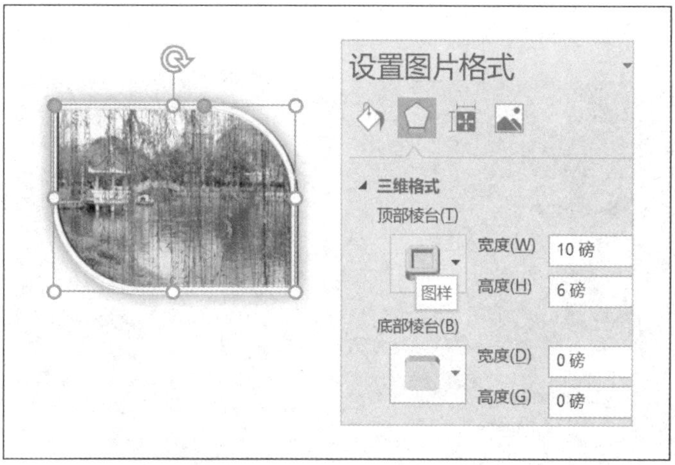

图 3－5－66

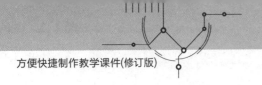

现以图 3－5－63 中下方左图为例，说明图片的艺术效果设置方法。

选中左下角图片，在“图片工具”的“格式”选项卡的“图片样式”组中，点击“棱台左透视，白色”。在“设置图片格式”的“三维旋转”中使用默认设置，即“X 旋转”为“35°”，“Y 旋转”为“9°”，如图 3－5－67 所示，图片被设为白色线条的棱台左透视样式。

调整图片的“X 旋转”角度为“325°”（360°－35°= 325°），设置边框线条为“8 磅”，在“三维格式”中设置“顶部棱台”为图样样式，“宽度”为“10 磅”，“高度”为“6 磅”，如图 3－5－68 所示。

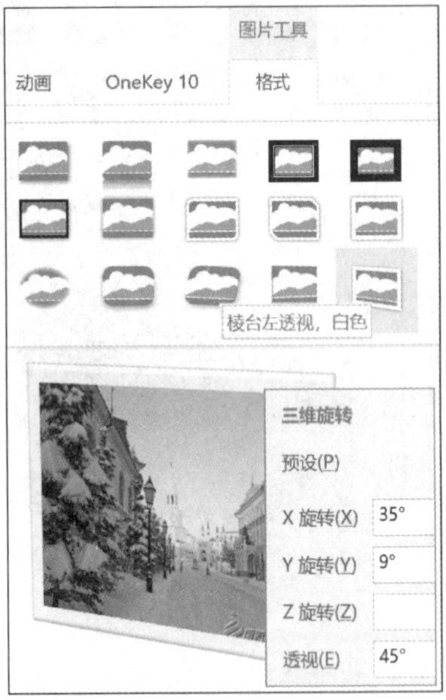

图 3－5－67

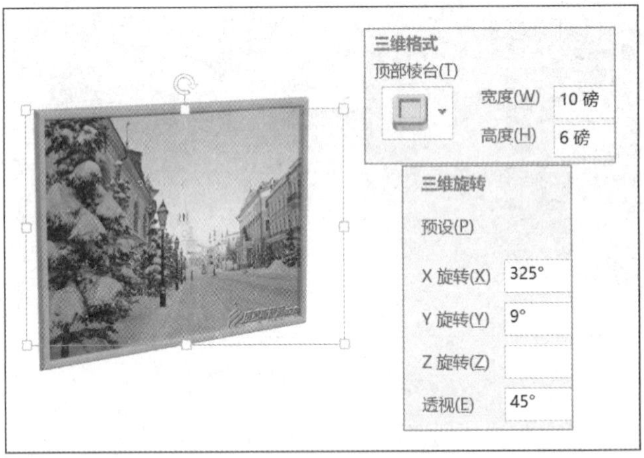

图 3－5－68

（2）多张图片去背景后叠放在一起

从网络上下载教学中需要的图片，去掉背景后，重新放置在新的背景图片上，可得到一幅新的图画。

图 3－5－69

① 森林中的动物

从网络上下载老虎、大象、小鸟等动物图片，删除图片的背景后，放置在森林图片上，还可以把前面的蝴蝶飞舞的动画放置在适当位置，得到如图 3－5－69 所示的森林中有大象、老虎、小鸟等动物的画面。

以大象图片为例，选中大象图片，在“图片工具”中的“格式”选项卡的左边的“调整”组中，点击“删除背景”按钮，在出现的“背景消除”选项卡中，利用“标记要保留的区域”按钮调整需要保留的区域，或利用“标记要删除的区域”按钮调整要删除的区域，然后点击“保留更改”即可，如图3-5-70所示。在网上选择需要去除背景的图片时，尽量选择背景色为浅灰色或乳白色的图片，即背景色较单调的图片，便于删除背景。

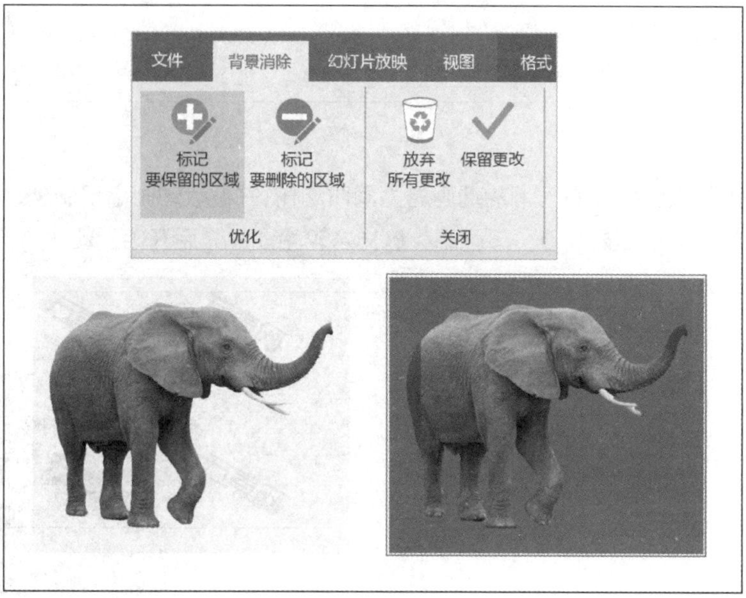

图 3-5-70

② 海面上的飞机轮船

从网络上下载飞机、轮船和大海图片，分别将飞机、轮船图片去除背景后，调整大小放置在大海图片的适当位置，可以得到海面上有多艘轮船、空中有多架飞机的画面，如图3-5-71所示。

图 3-5-71

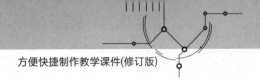

(3) 海面上多艘轮船航行的动画

将轮船图片去背景后，调整大小，置于幻灯片最右端，设置从右向左的直线运动的动画，设置持续时间为 10 秒，如图3-5-72所示。"重复"设置为"直到幻灯片末尾"。

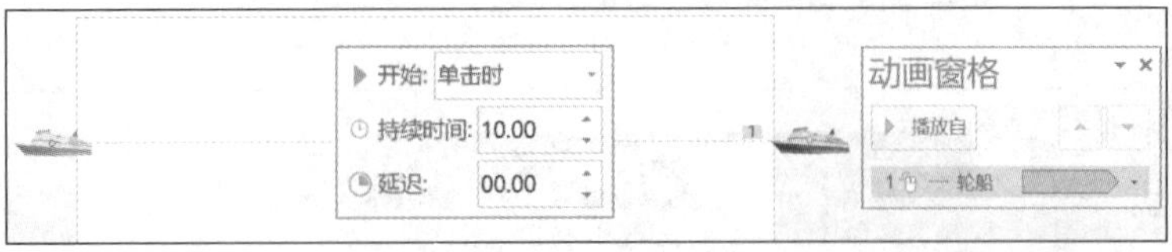

图 3-5-72

复制四个轮船图片，设置它们的动画均为同时动作，并设置动画出现的延迟时间分别为2 秒、4 秒、6 秒、8 秒，如图3-5-73所示。这样各轮船图片先后开始运动。

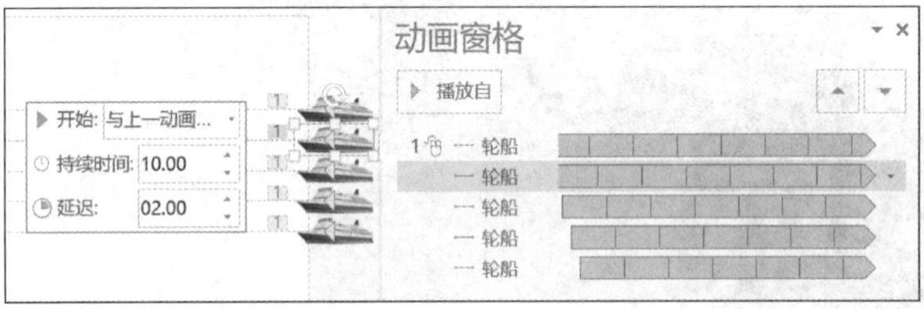

图 3-5-73

添加大海图片且置于底层，调整轮船图片的大小，放置在幻灯片右端同一位置，也可以放置在右端上、下不同的位置，放映时可显示出壮观的海上船队航行的画面，如图3-5-74所示。还可以用类同的方法添加飞机动画，也可以下载轮船、飞机的声音添加到画面上。

图 3-5-74

第 6 课　动画综合应用案例二

1. 两个小球的碰撞

物理学科教学中需要使用两个小球碰撞的动画，可以通过先对两个小球分别设置动作路径的动画，再协调二者的运动快慢和前后的时间顺序，来实现不同质量的小球碰撞后的不同运动效果。

（1）两个质量相等的小球碰撞

等质量的两个小球碰撞后交换速度，即碰撞后运动的小球静止，静止的小球则开始运动，且碰撞后的运动小球的速度大小等于碰撞前运动小球的速度大小。

首先绘制一个直径 2 厘米的圆形图形，利用“三维格式”中的“圆形”工具设置圆形图形为立体球形（或者利用第六单元第 1 课 2. 一键变立体工具设置），并为小球设置水平向右的直线运动动画，如图3－6－1所示。

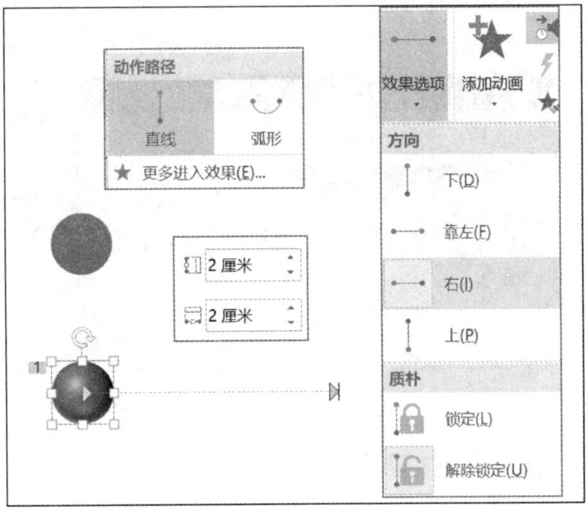

图 3－6－1

如图3－6－2所示，复制出一个设置了动画的小球 B，两小球球心间距约 10.5 厘米，并设置球 B 的“开始”为“上一动画之后”，即球 A 动画结束后球 B 才开始运动，并调整两球的位置等高。

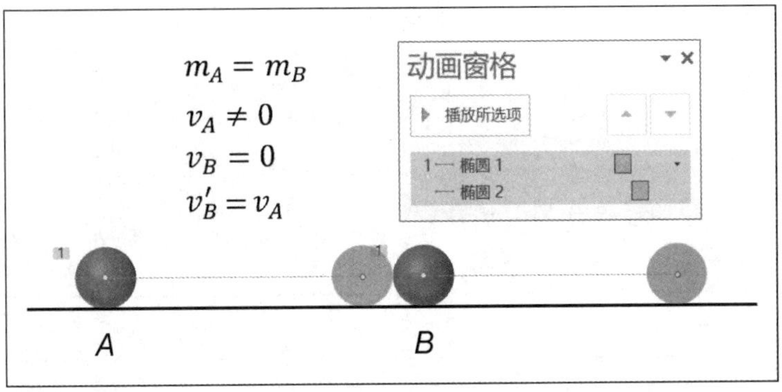

图 3－6－2

设置两个小球的动画效果中“期间”、路径长度均相同。球 A 的动画“平滑开始”时间为“0.5 秒”，“平滑结束”时间为“0 秒”，即慢慢开始突然结束；球 B 的动画“平滑开始”时间为“0 秒”，“平滑结束”时间为“0.5 秒”，即突然开始慢慢结束，并设置球 B 动画的声音为“单击”，如图3－6－3所示。

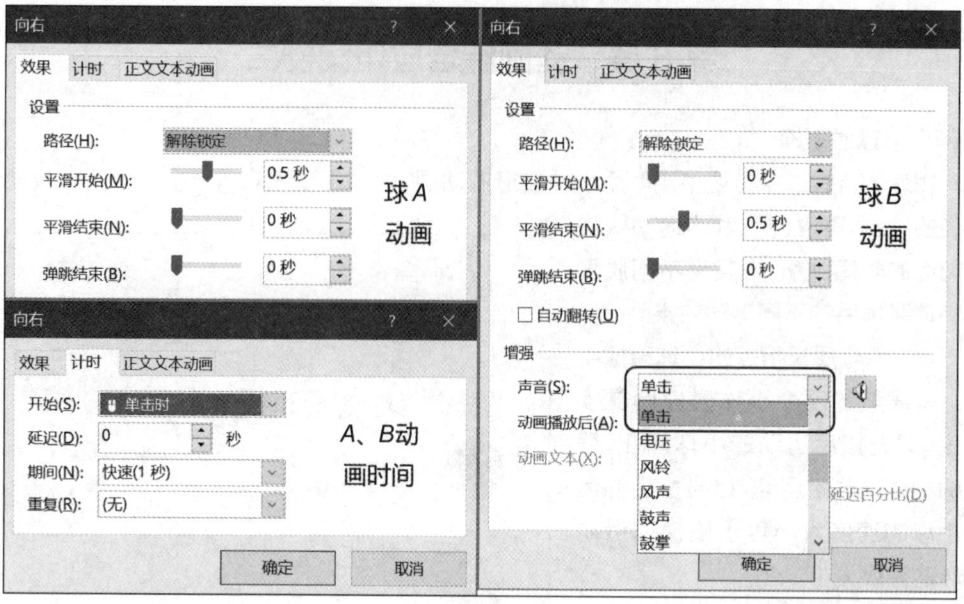

图 3-6-3

(2) 质量大的球碰撞质量小的球

质量大的球碰撞质量小的球,大球继续以较小的速度运动,小球也将运动起来。

大小球水平放置且球心间距约 10.5 厘米,设置大球 A 碰撞前后两个水平动作路径的动画,设置小球 B 的向右动作路径的动画,球 A 碰撞后的动画和球 B 被碰后的动画同时进行,均在球 A 碰撞前的动画之后开始,在设置碰撞后 A、B 两球的动作路径长度时注意:若碰前球 A 路径长度是 8 厘米,碰后球 A 的路径长度要小于 8 厘米,球 B 的路径长度一般大于 8 厘米,如图3-6-4所示。

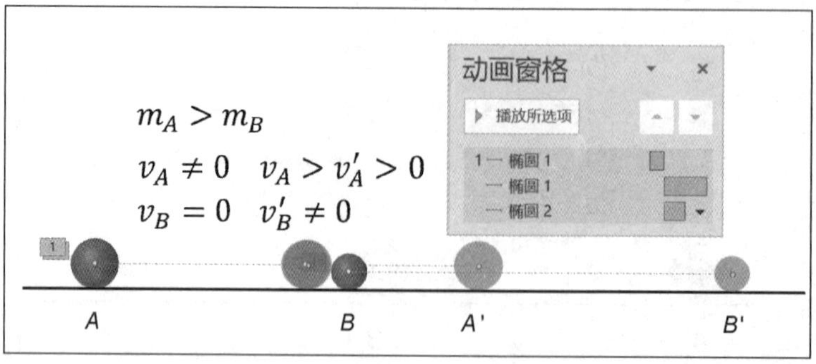

图 3-6-4

设置球 A 的动画效果:球 A 碰撞前的动画“期间”为“快速(1 秒)”,“平滑开始”时间为“0.5 秒”,“平滑结束”时间为“0 秒”,即慢慢开始突然结束;碰撞后的动画“期间”为“慢速(3 秒)”,“平滑开始”时间为“0 秒”,“平滑结束”时间为“1.5 秒”(碰后球 A 速度变小),即突然开始慢慢结束,如图3-6-5所示。

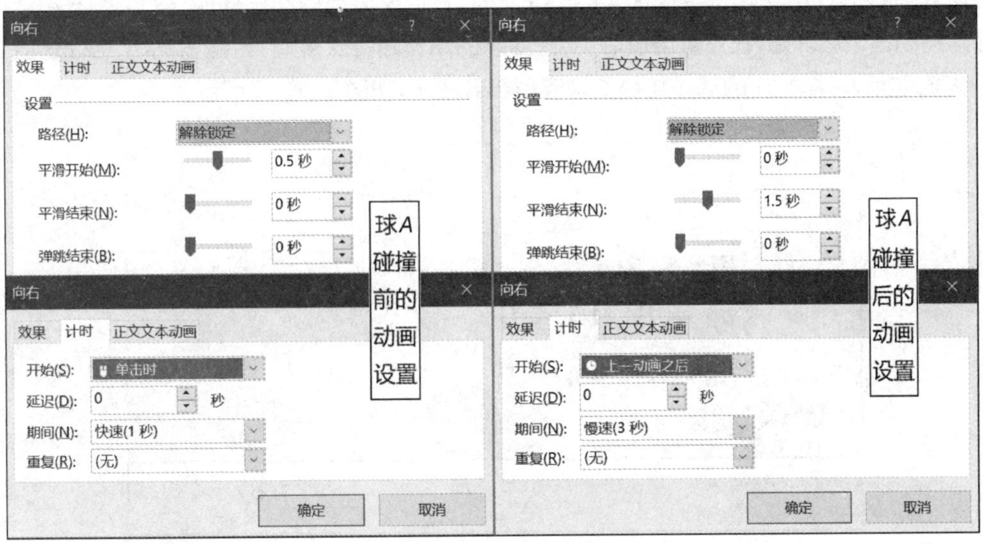

图 3 - 6 - 5

设置球 B 被碰后的动画效果：球 B 被碰撞后的动画"期间"为"1.5 秒"，"平滑开始"为"0 秒"，"平滑结束"为"0.75 秒"，即突然开始慢慢结束，"声音"为"单击"，如图 3 - 6 - 6所示。

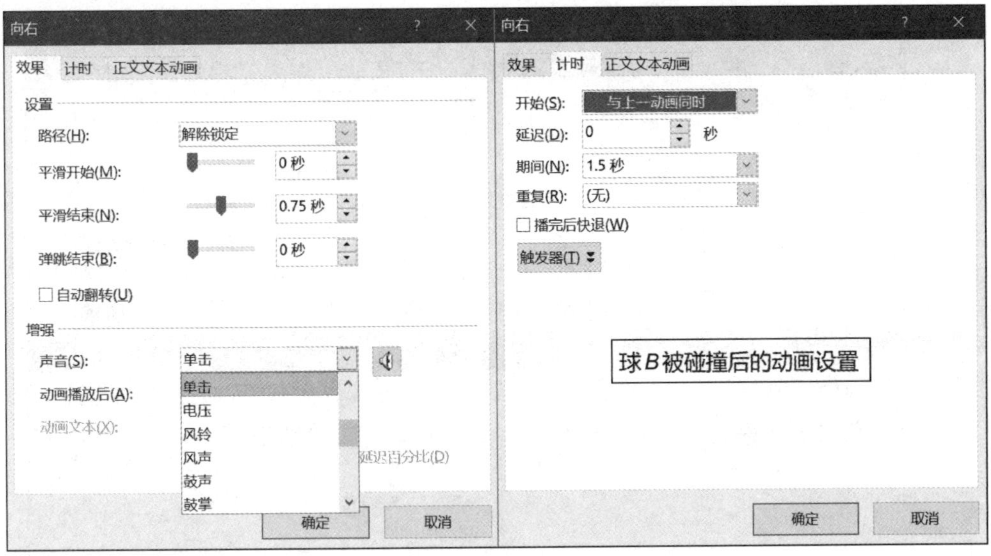

图 3 - 6 - 6

(3) 质量小的球碰撞质量大的球

质量小的球碰撞质量大的球，碰撞后小球反向以较小的速度运动(即反弹)，大球被碰后以更小的速度运动起来。

设置小球 A 和大球 B 的向右直线运动的动画，并设置小球 A 碰撞后的反向运动的动

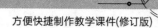

画，小球 A 碰撞后反向运动的动画与大球 B 的向右直线运动的动画同时进行，且在 A 球碰撞前的动画之后开始，在设置碰撞后 A、B 两球的动作路径长度时，若碰前球 A 路径长度是 8 厘米，碰后两球 A、B 的动作路径长均应小于 8 厘米，如图3－6－7所示。

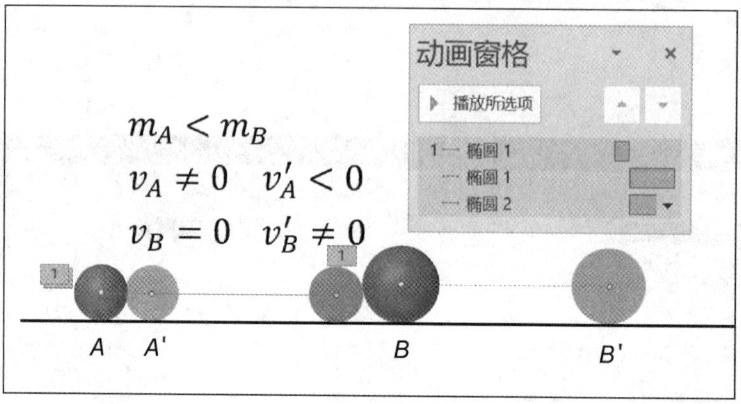

图 3－6－7

设置小球 A 的动画效果：球 A 碰撞前的动画“期间”为“快速(1 秒)”，“平滑开始”时间为“0.5 秒”，“平滑结束”时间为“0 秒”，即慢慢开始突然结束；小球 A 碰撞后反向运动的动画“期间”为“慢速(3 秒)”，“平滑开始”时间为“0 秒”，“平滑结束”时间为“1.5 秒”，即突然开始慢慢结束，如图3－6－8所示。

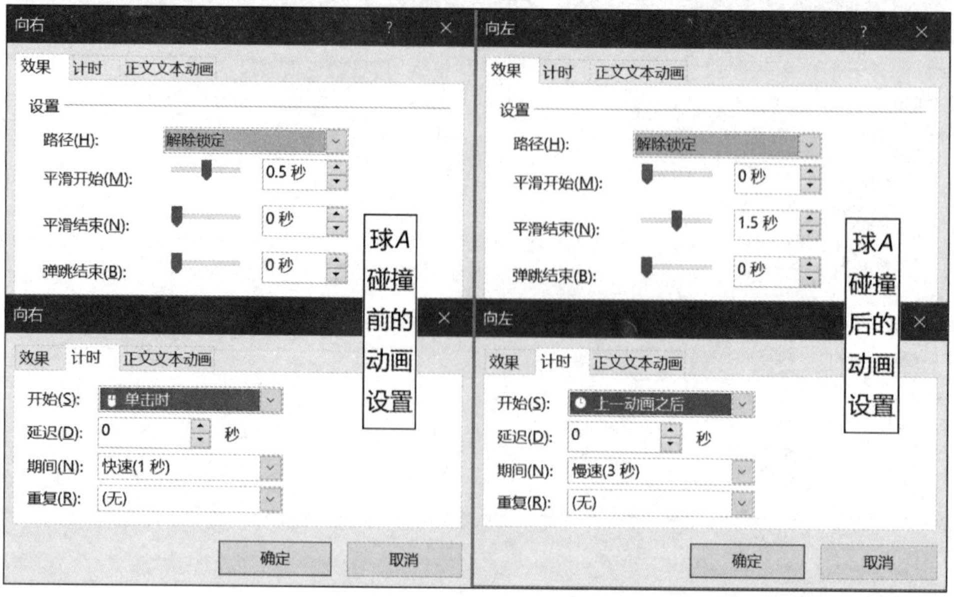

图 3－6－8

设置球 B 被碰后的动画效果：小球 B 被碰后的动画“期间”为“非常慢(5 秒)”，“平滑开始”时间为“0 秒”，“平滑结束”时间为“2.5 秒”，即突然开始慢慢结束，声音为“单击”，如图3－6－9所示。

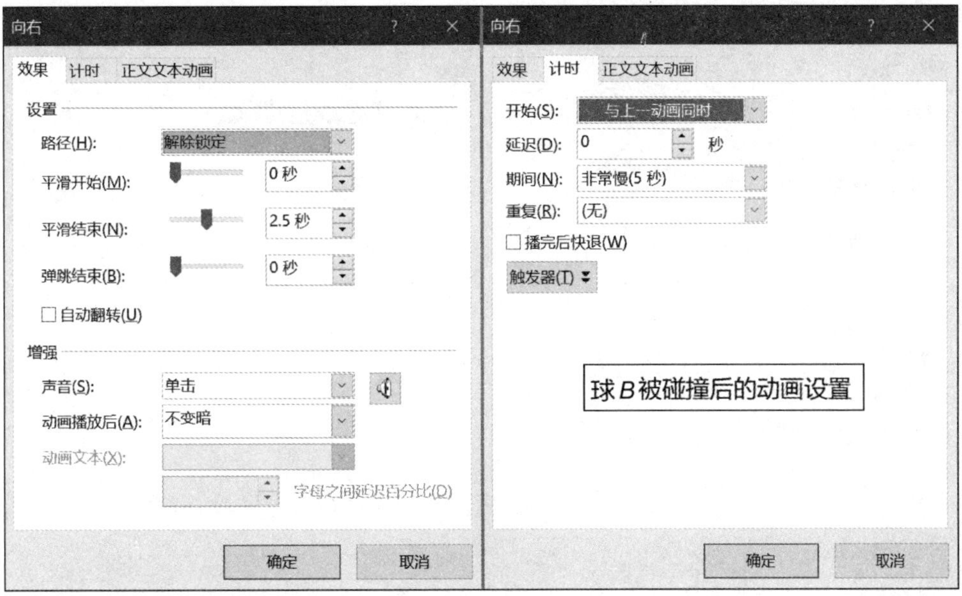

图 3－6－9

（4）摆动的小球与静止的小球的碰撞

摆动的小球 A 与静止的等质量的小球 B 碰撞后交换速度。制作好的图形和动画如图 3－6－10所示。

① 摆球 A 动画的设置

按照在本单元第 3 课 2. 摆动球的制作中介绍的方法绘制摆球图形，再顺时针转动45°。利用“动画”选项卡“强调”中的“陀螺旋”设置摆球的摆动动画，如图3－6－11所示。

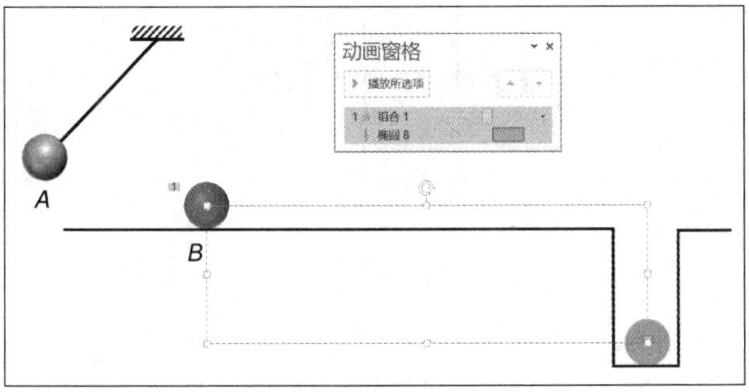

图 3－6－10

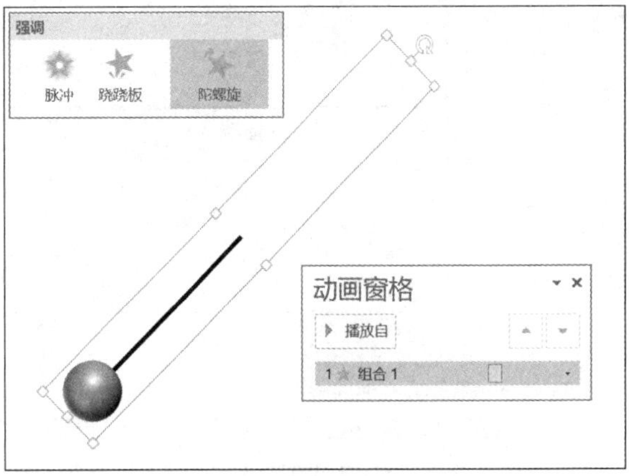

图 3－6－11

双击动画图标，在“陀螺旋”对话框的“计时”选项卡中，“期间”设置为“快速（1 秒）”；在“效果”选项卡中，“数量”设置为“45°逆时针”，“平滑开始”时间为“1 秒”，“平滑结束”时间为“0 秒”，即慢慢开始突然结束，如图3－6－12所示。

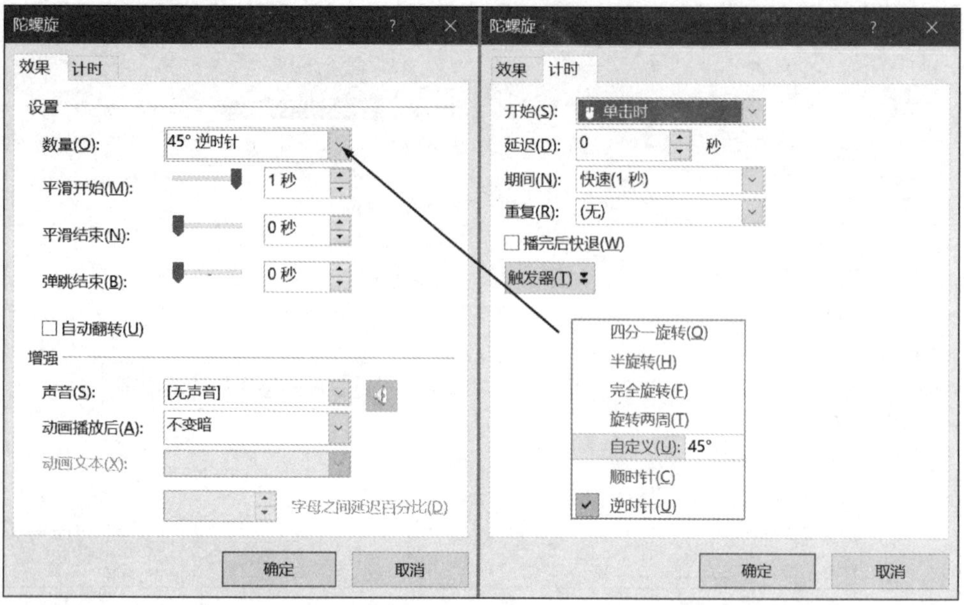

图 3－6－12

② 球 *B* 被碰后动画的简化设置

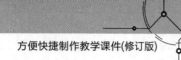

利用"动作路径"中的"自定义路径"工具，绘制小球 *B* 的折线路径的动画，如图 3－6－13所示。

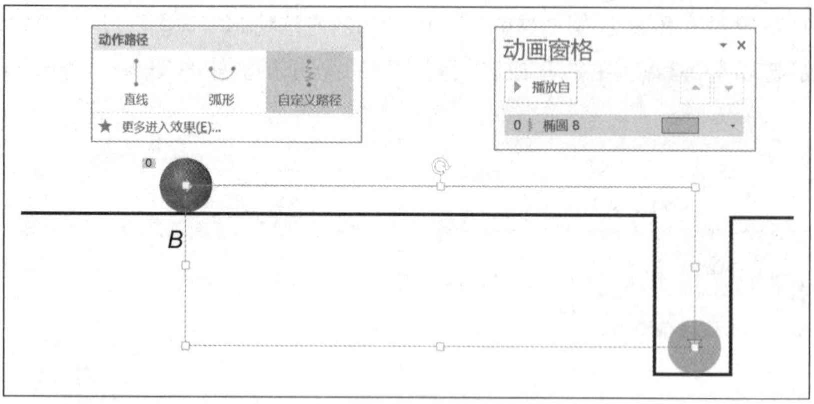

图 3－6－13

在"自定义路径"对话框的"计时"选项卡中，"期间"设置为"慢速（3 秒）"；在"效果"选项卡中，"平滑开始"和"平滑结束"时间均为"0 秒"，即匀速运动（匀速运动的设置与实际运动情况并不符，此处作出简化以方便动画设置），如图3－6－14所示。

③ 球 *B* 被碰后动画的分段设置

为了使得碰撞后球 *B* 的运动接近真实的运动，即水平运动是匀速的，竖直下落的运动是加速的，可以对该运动进行分段设置。

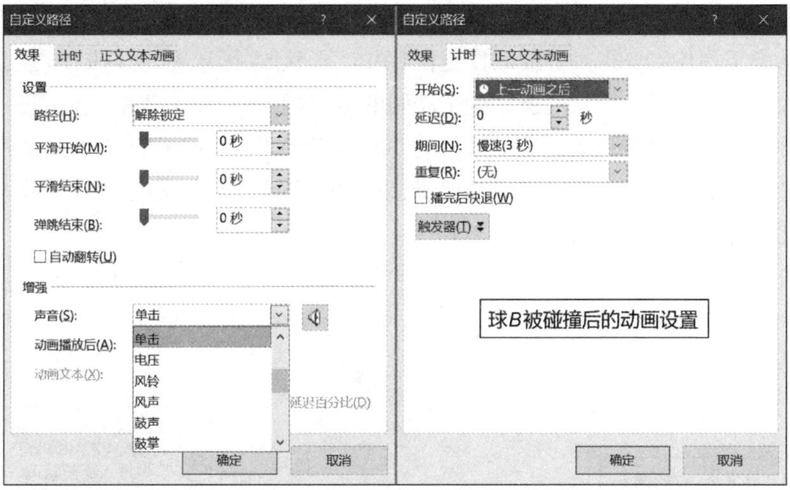

图 3－6－14

如图3－6－15所示，球 *B* 运动到 *P* 点过程为水平匀速运动，*P* 到 *Q* 的运动是加速运动。

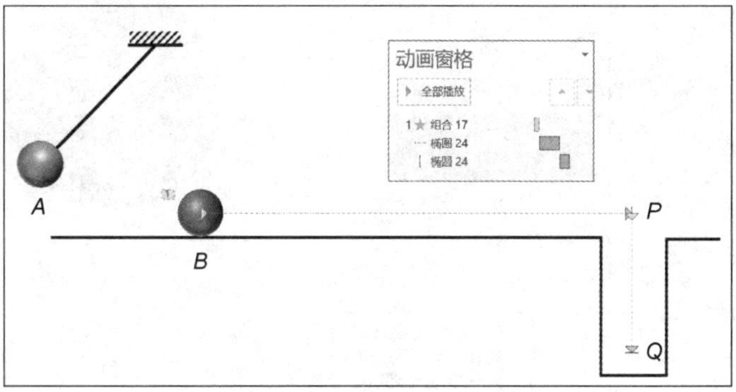

图 3－6－15

球 *B* 被碰后动画的设置：水平向右到 *P* 点的运动“期间”设置为“中速(2 秒)”，“平滑开始”和“平滑结束”时间均设置为“0 秒”，即匀速运动，并设置动画“声音”为“单击”；*P* 到 *Q* 段的运动动画“期间”设置为“快速(1 秒)”，“平滑开始”时间为“1 秒”，“平滑结束”时间为“0 秒”，即加速向下运动，并设置“开始”为“上一动画之后”，如图3－6－16所示。

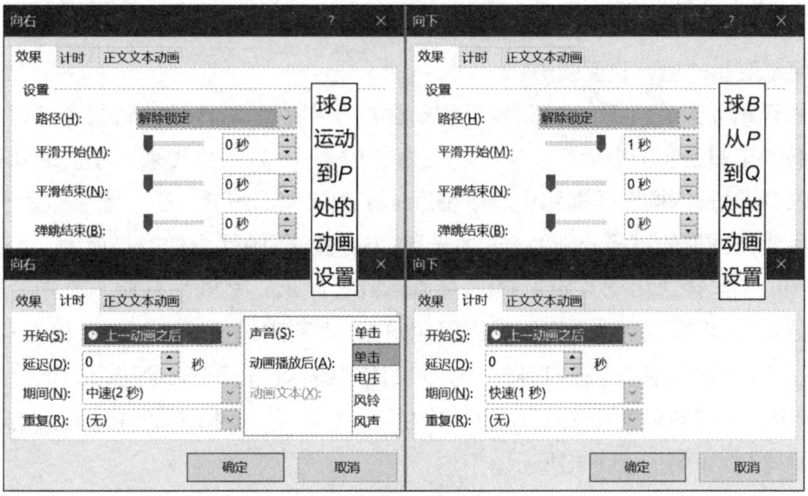

图 3－6－16

2. 卫星发射过程的模拟动画

利用绘图工具绘制图形，利用"动作路径"中的"形状"动画功能，可以制作出卫星绕地球运动以及改变轨道运行的模拟动画。这个动画的特点是，一个对象要先后完成三个动作，此过程还会伴随其他附件的进入。卫星运行的动画效果如图3－6－17所示。卫星先沿小圆轨道做匀速圆周运动，然后在 P 点加速并沿椭圆轨道运动到 Q 点，最后进入大圆轨道运动。制作过程如下：

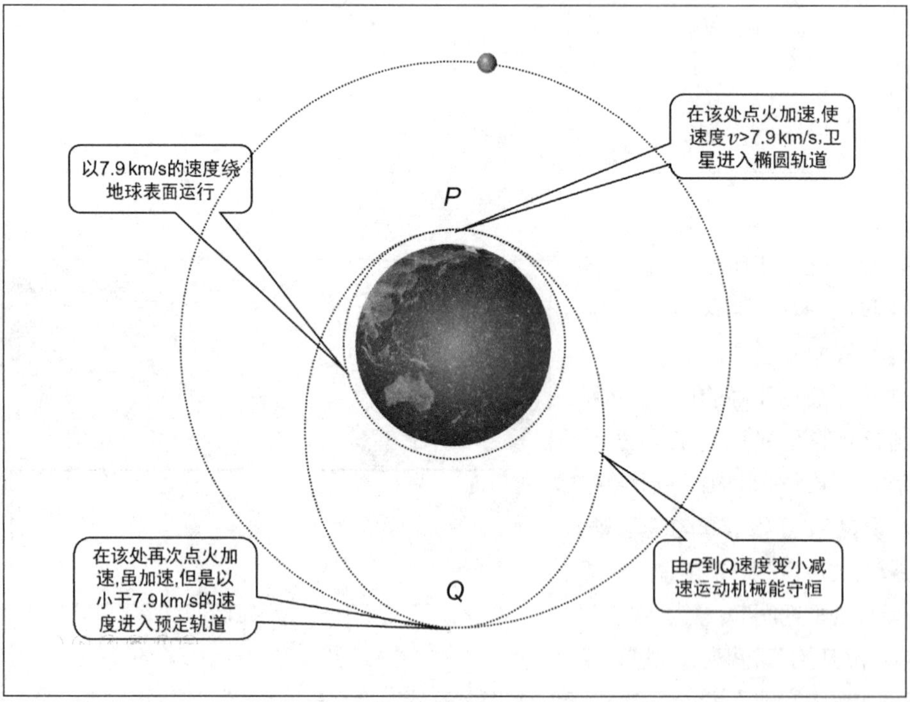
在该处点火加速，使速度v>7.9 km/s，卫星进入椭圆轨道
以7.9 km/s的速度绕地球表面运行
P
在该处再次点火加速，虽加速，但是以小于7.9 km/s的速度进入预定轨道
Q
由P到Q速度变小减速运动机械能守恒

图 3－6－17

(1) 绘制卫星的运行轨道图形

把本单元第 4 课 4. 地球仪转动效果的动画制作中的地球转动的动画复制过来。利用绘图中的椭圆工具绘制卫星运行过程中的三个轨道图形，分别是代表卫星近地轨道的小圆图形、代表转移轨道的椭圆图形和代表高空远地轨道的大圆图形。三个图形的大小分别是：小圆图形和大圆图形的直径分别为 6.8 厘米和 16.8 厘米，椭圆图形的高度为 11.8 厘米(即两个圆形图形的半径之和，3.4 厘米+8.4 厘米=11.8 厘米)、宽度为 9 厘米。先令小圆和椭圆图形顶端对齐，椭圆图形和大圆图形的底端对齐，再利用选择工具(在"开始"选项卡右边的"选择"下点击"选择窗格"，在打开的"选择"窗格下面双击某一对象可以对该对象进行重命名，便于识别不同的对象)选中三个图形(按下 Ctrl 键，可以用鼠标选中不连续的对象)，使其水平居中排列，如图3－6－18所示。

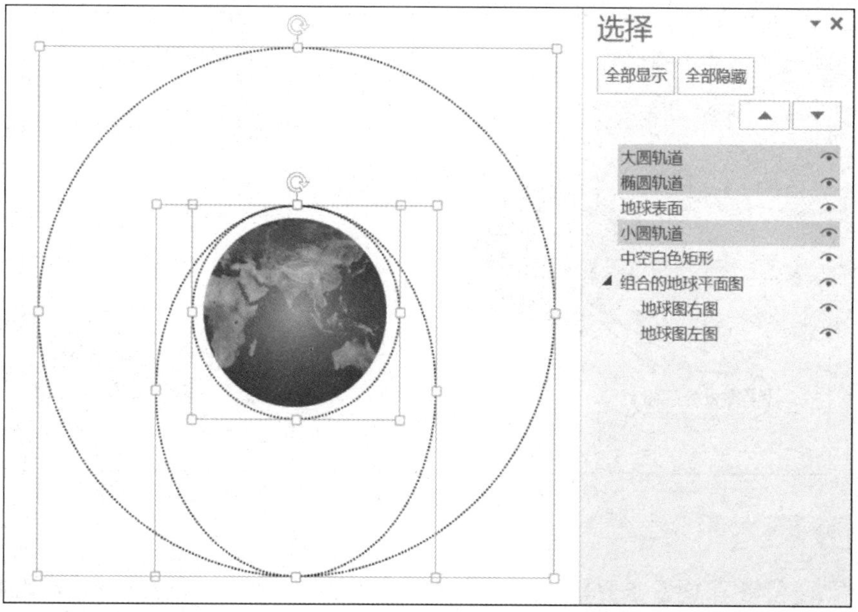

图 3－6－18

(2) 设置小球(卫星)沿小圆轨道的动作路径

绘制直径为 0.6 厘米的圆形图形，并利用三维格式中的“圆形”将其设置为球形。为小球设置“切入”的“进入”动画，“期间”设置为“非常快(0.5 秒)”，无重复，如图 3－6－19 所示。

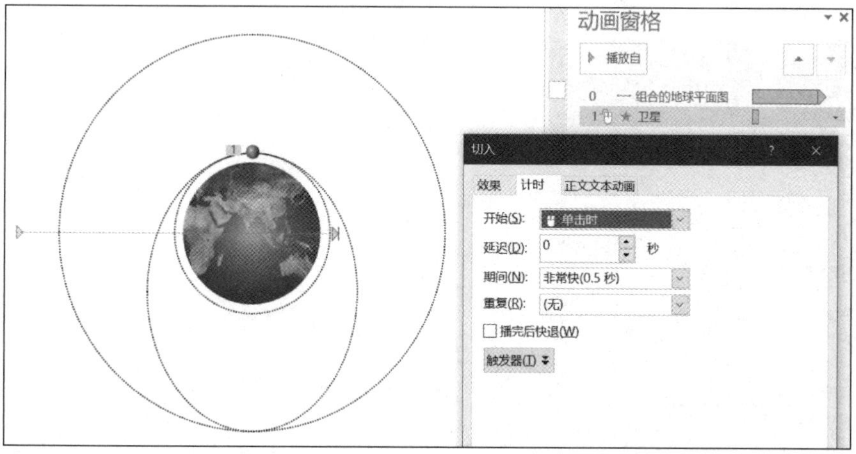

图 3－6－19

选中小球，在“动画”功能区中的“高级动画”组中，点击“添加动画”，在“动作路径”中，给小球添加一个“形状”的动作路径(即圆形轨道)，并调整动作路径轨迹的形状，使其与绘制的小圆图形重合，如图 3－6－20 所示，即为小球添加了小圆周运动的动作路径。

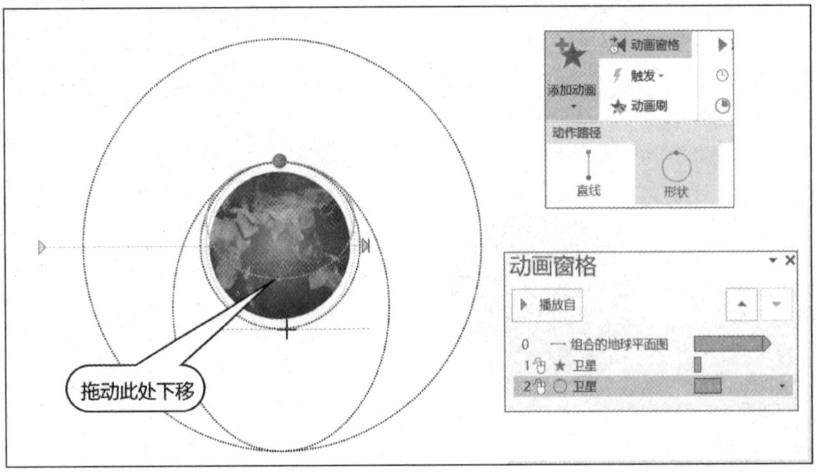

图 3－6－20

在“动画窗格”下面双击卫星小圆周运动的动作路径图标，在“圆形扩展”对话框的“计时”选项卡中，“期间”设置为“中速(2 秒)”，“重复”设置为“4”；在“效果”选项卡中，“平滑开始”和“平滑结束”均设置为“0 秒”，如图3－6－21所示。

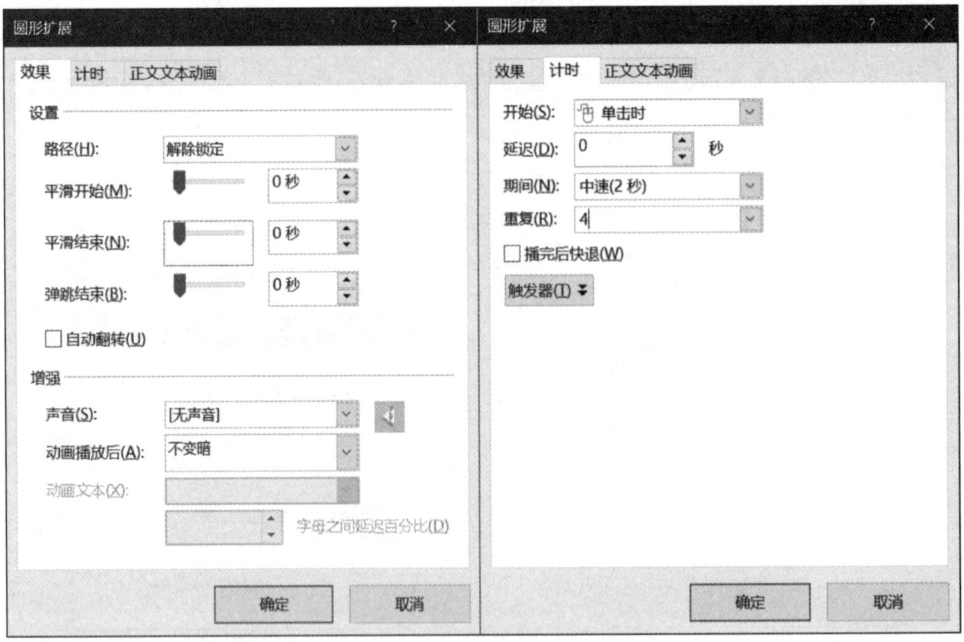

图 3－6－21

选中小圆轨道，添加一个“轮子”的“进入”动画，并在“效果选项”中选择“1 轮幅图案(1)”，“开始”设置为“与上一动画同时”，“持续时间”设置为 2 秒，可以适当“延迟”，如图3－6－22所示，且无重复。

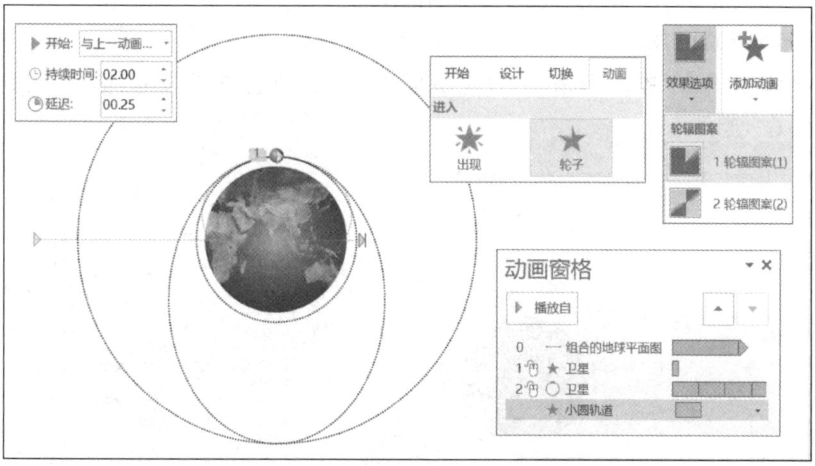

图 3－6－22

(3) 添加小球沿椭圆轨道运动的动作路径

选中小球，在“高级动画”组中点击“添加动画”，给小球添加一个“形状”的动作路径，并调整动作路径的形状，使其与绘制的椭圆图形重合，如图3－6－23所示。

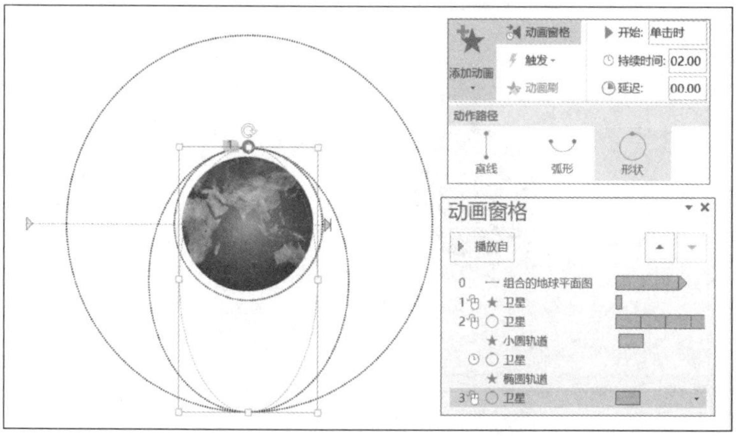

图 3－6－23

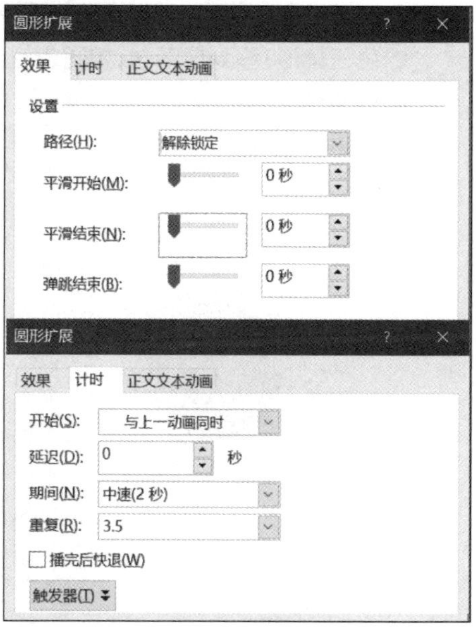

图 3－6－24

在“圆形扩展”对话框的“计时”选项卡中，“期间”设置为“中速(2 秒)”，“重复”设置为“3.5”(即小球运动三圈半到达椭圆的最低位置时该运动结束)；在“效果”选项卡中，“平滑开始”和“平滑结束”均设置为“0 秒”，如图3－6－24所示。然后对椭圆轨道图形添加“轮子”的“进入”动画，并在“效果选项”中选择“1 轮辐图案(1)”，“持续时间”设置为 2 秒且无重复。椭圆轨道动画设置参见图 3－6－22 所示。

(4) 添加小球沿大圆轨道运动的动作路径

① 添加动作路径并翻转

为小球添加"形状"的动作路径,并用鼠标选中动作路径的下边框,拖动下边框向上翻转,如图3-6-25所示。

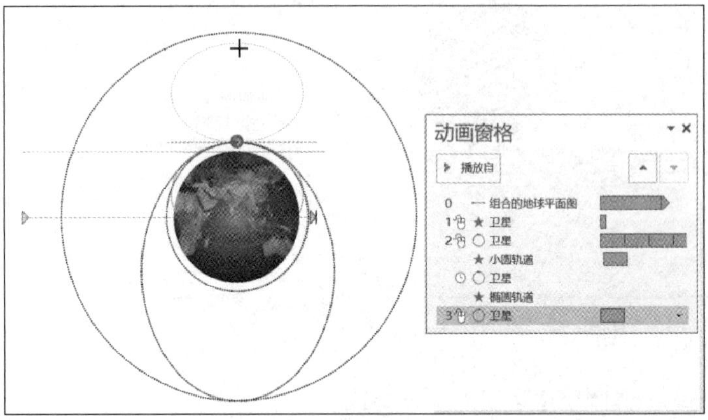

图 3-6-25

② 拖放动作路径调整动画的初始位置

选中动作路径,当光标变成双向十字箭头时,将该动作路径拖放到下面,即将出发点(小绿色三角形)移到最下端,如图3-6-26所示。然后调整动作路径的大小,使其与大圆轨道图形重合。

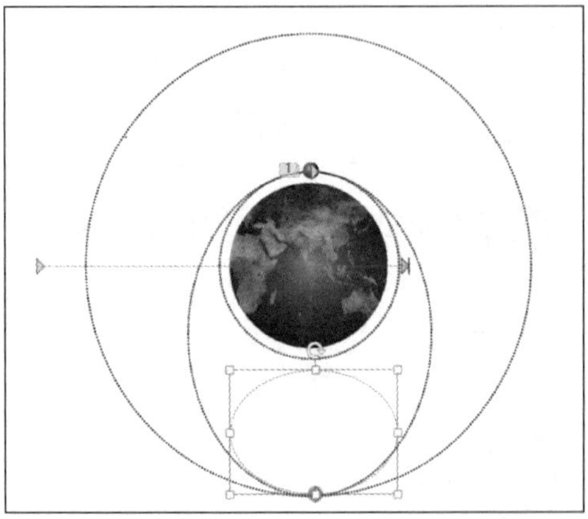

图 3-6-26

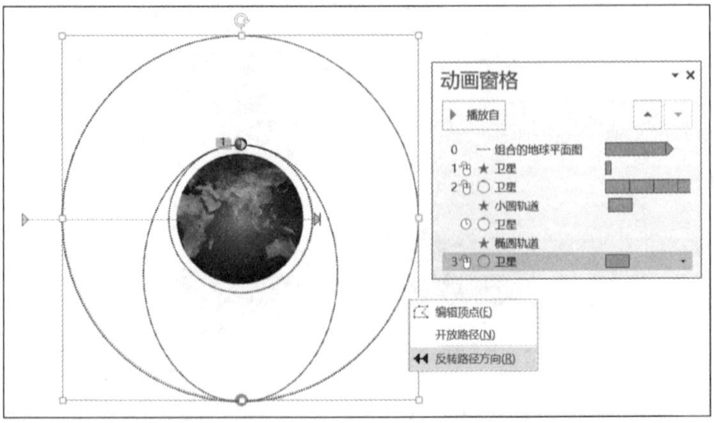

图 3-6-27

③ 改变转动方向

由于动作路径翻转后转动方向变成了逆时针,需要改变转动方向。在"动画窗格"下面选中此动画对应的图标,然后在动作路径边框上右击鼠标,选中"反转路径方向",如图3-6-27所示。这样就改变了小球转动的方向,使小球在三个轨道上都保持顺时针方向转动。

④ 设置动画

在"动画窗格"中用鼠标双击此动画对应的图标,在"圆形扩展"对话框的"计时"选项卡中，“期间”设置为“非常慢（5 秒）”，“重复”设置为“直到幻灯片末尾”；在“效果”选项卡中，“平滑开始”和“平滑结束”均设置为“0 秒”。

⑤ 添加轨道的动画

选中大圆轨道，添加一个“轮子”的“进入”动画，并在“效果选项”中选择“2 轮幅图案(2)”，“期间”设置为“2 秒”且无重复。

(5) 添加其他附件

① 添加两个文字文本框及其切入动画

插入文本框，输入文字 P 和 Q，设置“切入”的动画，两个动画均“与上一动画同时”出现，从底部切入，且“期间”为“0.5 秒”，并放置在适当的位置，如图 3－6－28所示。

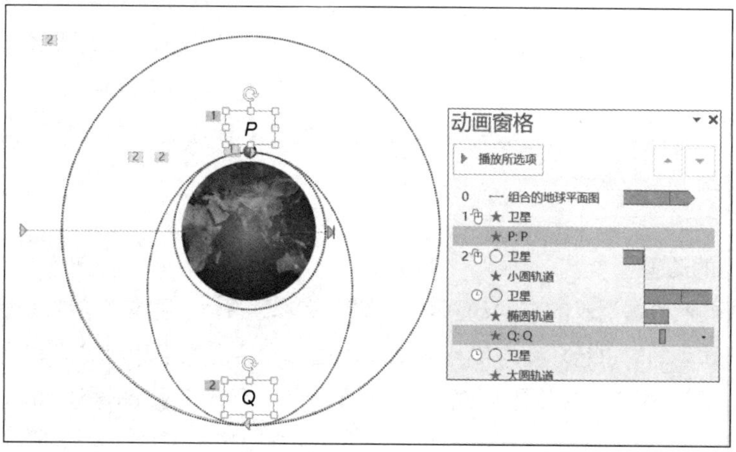

图 3－6－28

② 添加动画的文字说明标注

在“插入”对话框的“插图”组中，点击“形状”选项，插入一个标注，输入文字，复制若干个，并为这些标注设置“擦除”方式进入的动画。再将各标注放置在适当的位置，得到的结果如图 3－6－29所示。

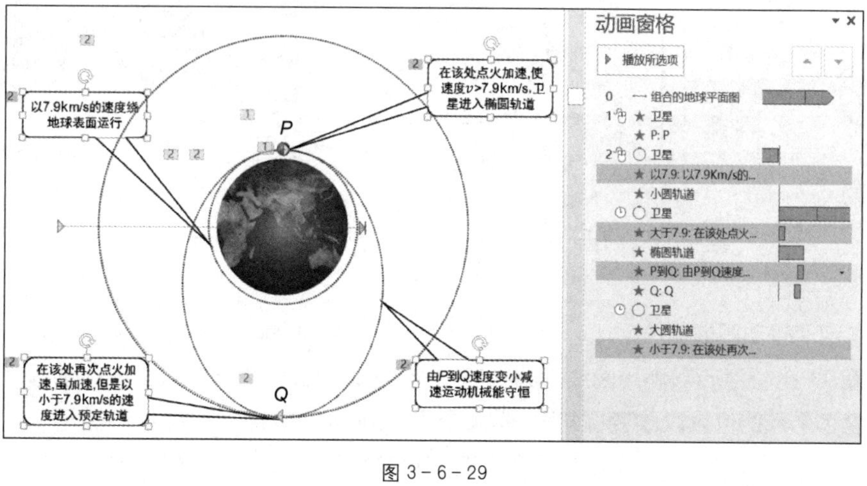

图 3－6－29

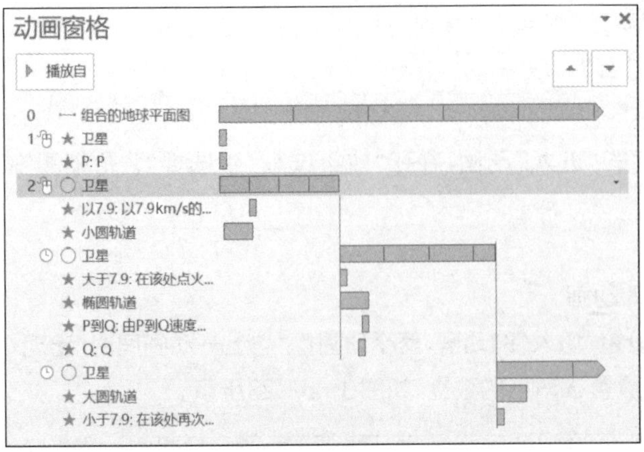

图 3-6-30

(6) 各对象动画的时间关系

按如图3-6-30所示动画的高级日程表调整各动画顺序及开始时间。放映时地球平面图向右平动，呈现地球转动的效果；点击鼠标后，卫星小球图形和文本框 P 同时出现；再点击鼠标，小球做圆周运动，同时小圆轨道出现，文字标注在适当时间出现，小球运动 4 周后做椭圆运动，文本框 Q 较卫星的椭圆运动延迟 1.25 秒出现；小球做椭圆运动 3.5 周后，接着进入大圆轨道上一直做圆周运动，同时大圆轨道图形和文字标注文本框也相应出现。最后放映的效果如图3-6-17所示。

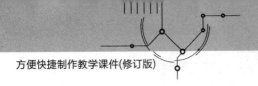

3. 滑轮组的动画

利用"陀螺旋"设置滑轮的转动动画可制作定滑轮动画，利用"陀螺旋"动画与上下平动的"动作路径"动画同时进行还可以制作动滑轮动画。令定滑轮与动滑轮联动可以制作滑轮组动画。滑轮组动画放映的效果如图3-6-31所示。定滑轮和动滑轮动画的制作方法如下：

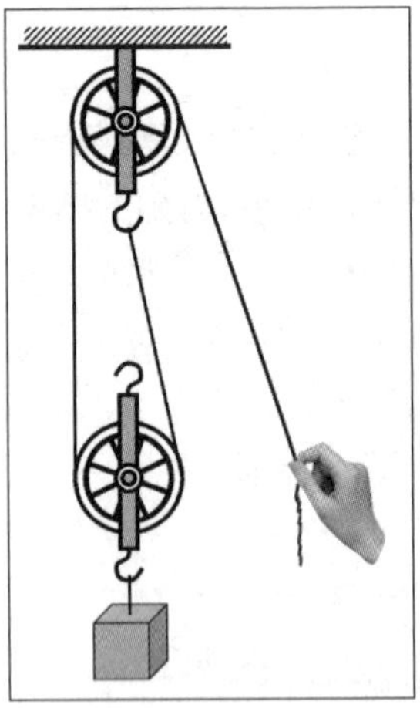

图 3-6-31

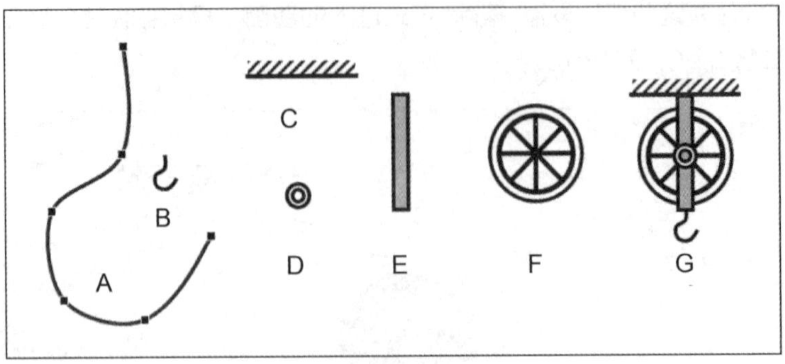

图 3-6-32

(1) 定滑轮动画的制作

如图3-6-32所示，利用曲线工具绘制图形 A，绘制后在图线上右击鼠标选择"编辑顶点"，调整小黑点的位置以改变图形的形状，按下 Shift 键，等比缩小后得到图形 B；绘制高 0.4厘米、宽 3 厘米的矩形图形，用"图案填充"中的"对角线：宽上对角"填充并去掉边框线，再添加水平线段组合后得到天花板图形 C；绘制直径为 0.6 厘米、线条为 3 磅的填充色为白色的同心圆图形 D；绘制高 3 厘米、宽 0.4 厘米的矩形图形 E；利用在第二单元第 5 课 4. 图形绘制的综合应用中绘制的滑轮图形绘制图形 F，各图形对齐且按照层次叠放（不可组合），即可得到定滑轮图形 G。

如图 3－6－33 所示，绘制正方体图形后添加一根 2.25 磅的竖直线条，组合后得到图形 A；绘制竖直线条 B；图形 A 和图形 B 对齐放置（不可组合）得到图 C。组合图形 A 将上下运动，线段 B 静止。

在网络上寻找一张一只手拉绳的图片如图 3－6－34 中图 A（相近即可，也可自制）所示，绘制线段 B（线段 B 与图 A 中上部线段平行），二者对齐放置如图 C 所示。

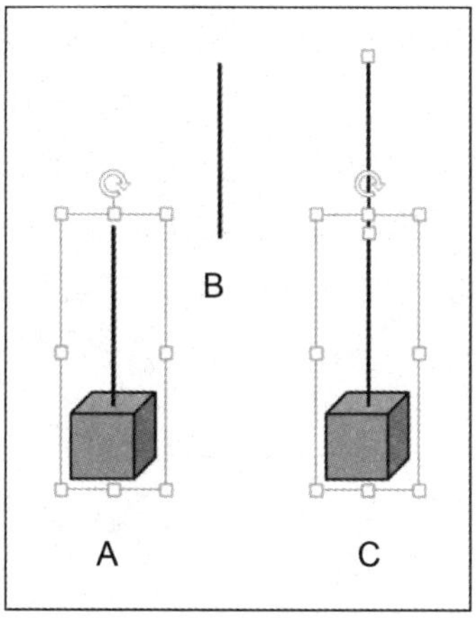

图 3－6－33

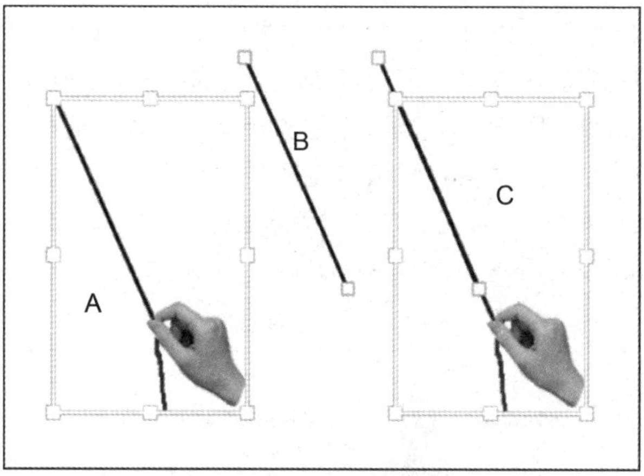

图 3－6－34

将上述三组图形放置在适当位置，并分别设置三个动画：滑轮顺时针转动的“陀螺旋”动画，物体向上运动的“动作路径”动画，手斜向下运动的“动作路径”动画，如图 3－6－35 所示。当手拉动绳子斜向下运动时，滑轮顺时针转动，物体上升；反之，滑轮逆时针转动，物体下降。

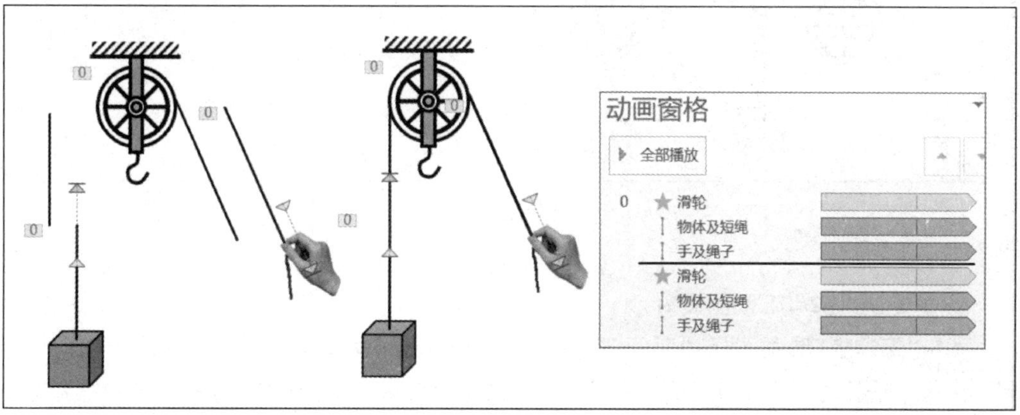

图 3－6－35

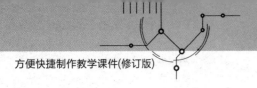

① 设置“陀螺旋”动画

双击“陀螺旋”动画图标,期间设置为“慢速(3秒)”,“重复”设置为“直到幻灯片末尾”,默认360°顺时针转动,“平滑开始”和“平滑结束”均设置为“1.5秒”,选中“自动翻转”。

② 设置物体向上运动和手斜向下运动的动画

两动画的动作路径要等长,原则上滑轮转动一周运动路径长度等于滑轮的周长。两个动画设置方法相同。分别双击“动作路径”动画图标,期间设置为“慢速(3秒)”,“重复”设置为“直到幻灯片末尾”,“平滑开始”和“平滑结束”均设置为“1.5秒”,选中“自动翻转”。

(2) 动滑轮动画的制作

将绘制好的图形放置在适当位置。分别对四个对象设置五个动画:滑轮逆时针转动的“陀螺旋”动画和向上平动的“动作路径”动画,物体和滑轮架组合的图形、运动的线段图形和手及绳子图形这三个图形分别向上平动的“动作路径”动画,四个向上平动的动画其动作路径长度要相同(长度适当即可,原则上滑轮转动一周运动路径长度等于滑轮周长。设置时可以选中四个对象,利用“动作路径”中的“自定义路径”整体设置向上的动作路径),如图3-6-36所示。幻灯片放映时手向上运动、滑轮逆时针转动,同时滑轮、物体及滑轮架向上运动。反之,这些对象向下运动。

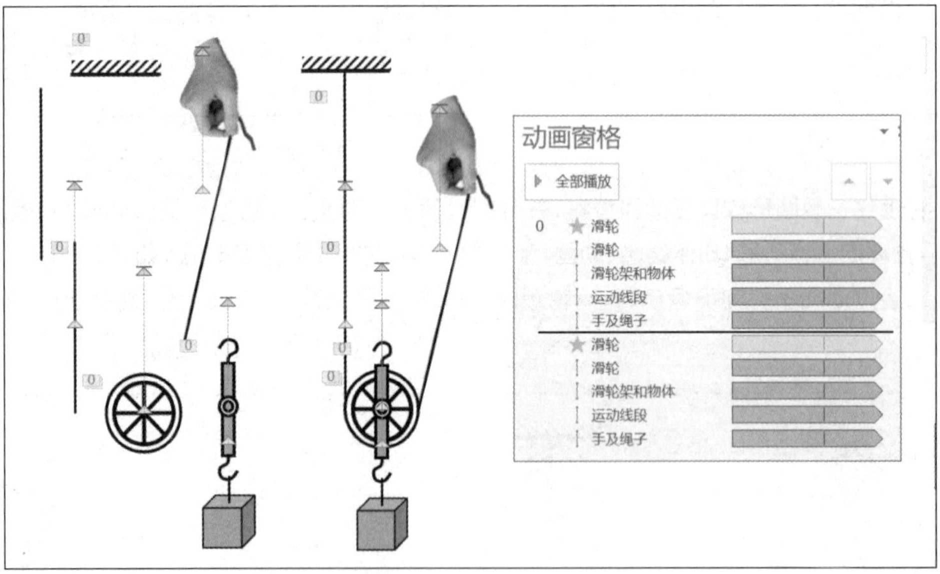

图 3-6-36

① 滑轮的“陀螺旋”动画设置

双击“陀螺旋”动画图标,“期间”设置为“慢速(3秒)”,“重复”设置为“直到幻灯片末尾”,设置“数量”为“360°逆时针”,“平滑开始”和“平滑结束”均设置为“1.5秒”,选中“自动翻转”,如图3-6-37所示。

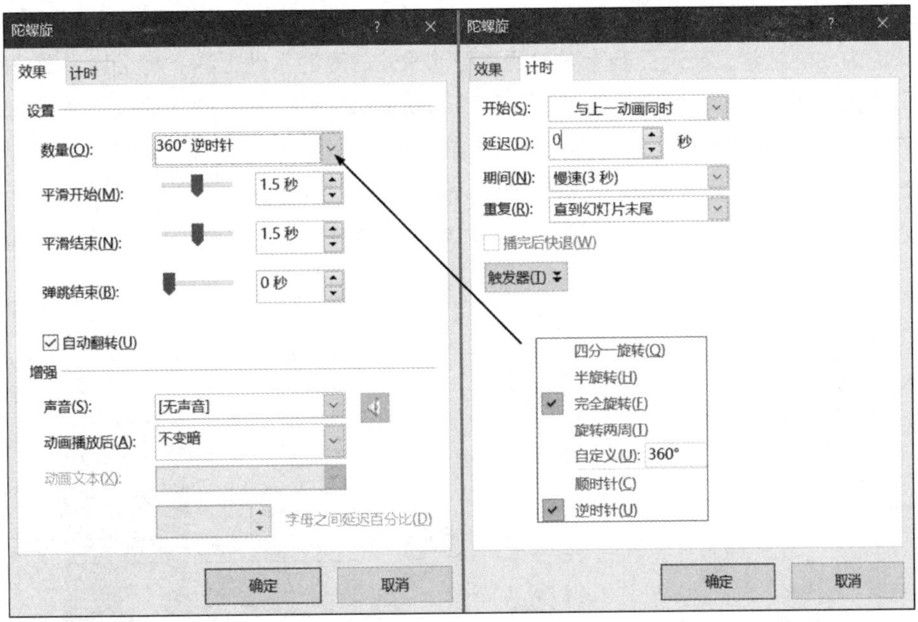

图 3-6-37

② 四个对象平动动画的设置

选中四个对象，由于滑轮已经设置了“陀螺旋”的动画，所以要在“添加动画”中直接选择“直线”(或者利用自定义路径整体设置路径长度)，再改变运动的方向向上，如图3-6-38所示。

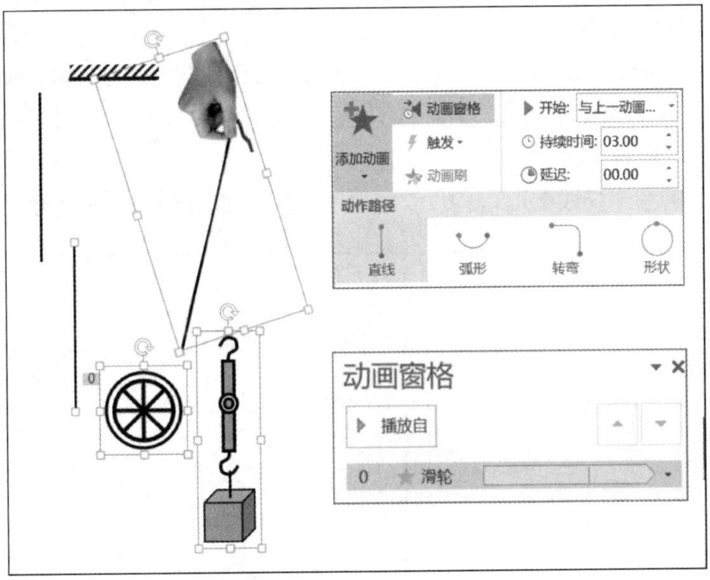

图 3-6-38

在右边动画窗格中选中四个平动动画，整体设置动画的效果。“期间”设置为“慢速(3秒)”，“重复”设置为“直到幻灯片末尾”，“平滑开始”和“平滑结束”均设置为“1.5 秒”，选中“自动翻转”。

(3) 滑轮组动画的制作

滑轮组动画是建立在前面的定滑轮动画和动滑轮动画的基础上的。将上述设置好动画的图形放置在适当位置。定滑轮的“陀螺旋”转动动画和手斜向下运动的动画不变，动滑轮、运动的线条、滑轮架与物体的组合图形动画与前面相同，只需要把动滑轮动画改为顺时针的“陀螺旋”动画，再添加上下缩放的“线条”动画，如图3-6-39所示。幻灯片放映时，当手斜向下运动，两个滑轮在顺时针转动的同时，动滑轮、物体及滑轮架向上运动。反之三者向下运动。

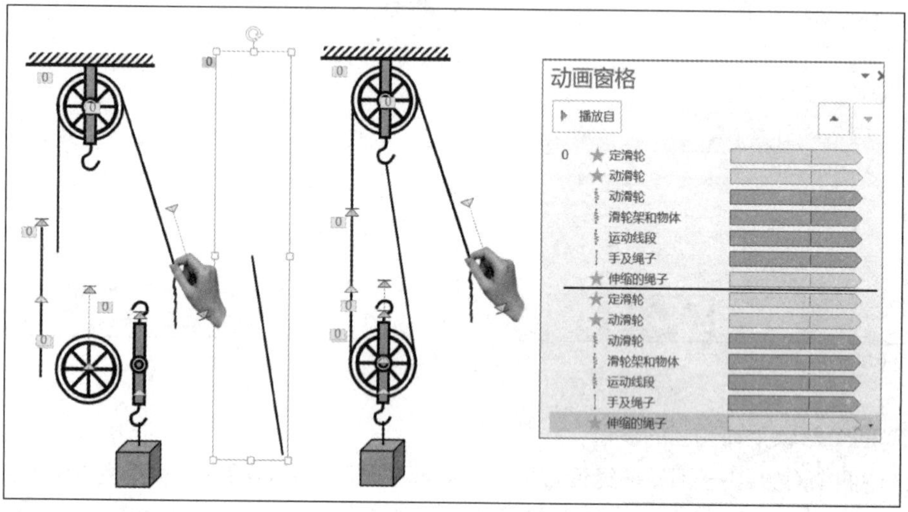

图 3-6-39

① 绘制线条收缩图形

如图3-6-40所示，以动滑轮的圆心 O 与 A、B 两点组成的三角形的斜边长度和倾角为基准，绘制两条线段，对齐后组合起来。上面的线段设置为透明的(为方便辨识此处设置成灰色)。

② 设置线条收缩动画

选中组合后的两个线段图形，设置“放大/缩小”动画，如图3-6-41所示。

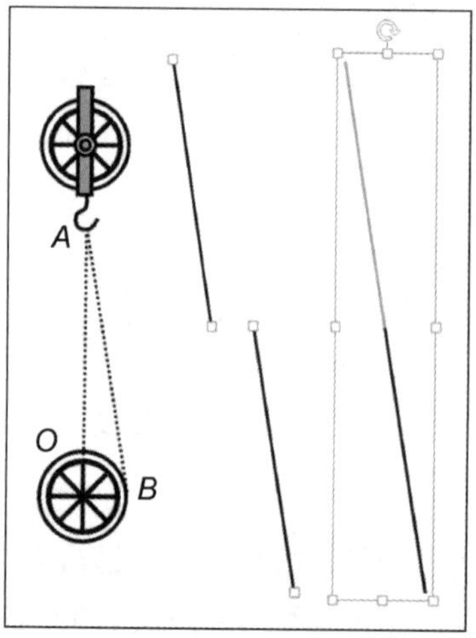

图 3-6-40

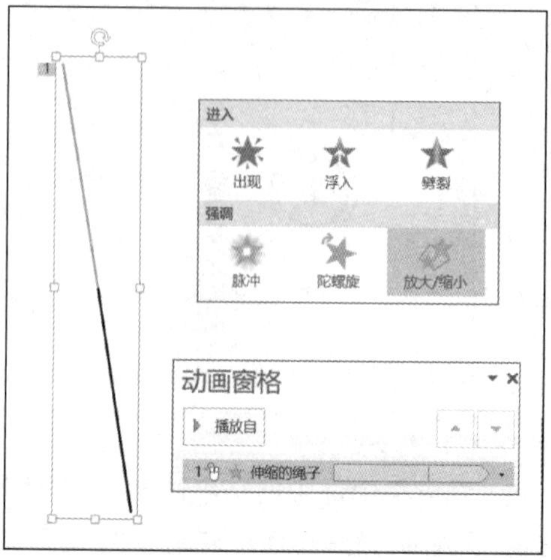

图 3-6-41

双击动画窗格中此“放大/缩小”动画的图标，设置“垂直”缩小的比例为“60%”（此数据不必严格计算，可通过多次调试确定），“期间”设置为“慢速（3 秒）”，“重复”设置为“直到幻灯片末尾”，“平滑开始”和“平滑结束”均设置为“1.5 秒”，选中“自动翻转”，如图 3－6－42 所示。播放的效果如图 3－6－31 所示。

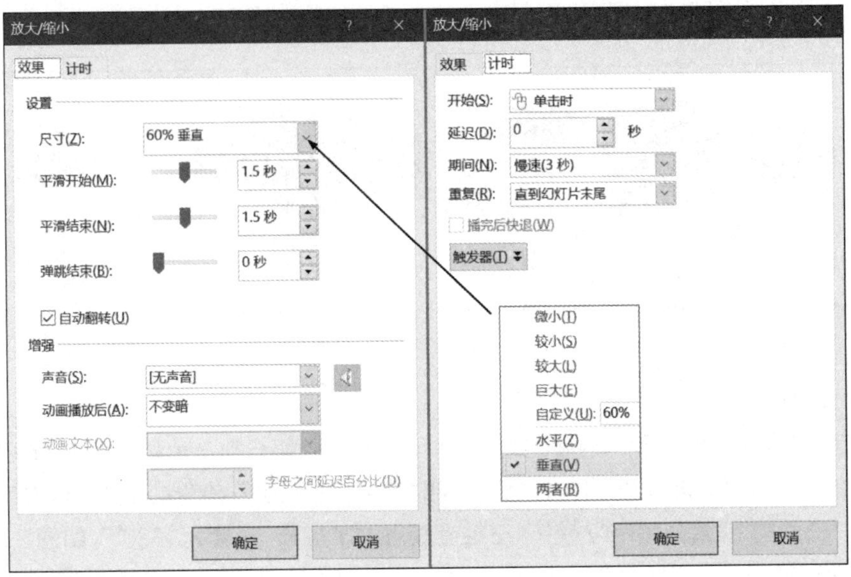

图 3－6－42

4. 阿尔法粒子散射实验模拟动画

高中物理教学中的阿尔法粒子散射实验模拟动画的制作，需要绘制显微镜图形、圆盘及其附件图形，设置相关动画，并进行整体联动。

（1）绘制显微镜图形

绘制一个直径 3.5 厘米的同心圆图形，“顶部棱台”和“底部棱台”的“宽度”和“高度”均设置为“4 磅”，“深度”设置为“60 磅”，在“三维旋转”中，“X 旋转”为“70°”，如图 3－6－43 所示，即可得到圆柱体图形。

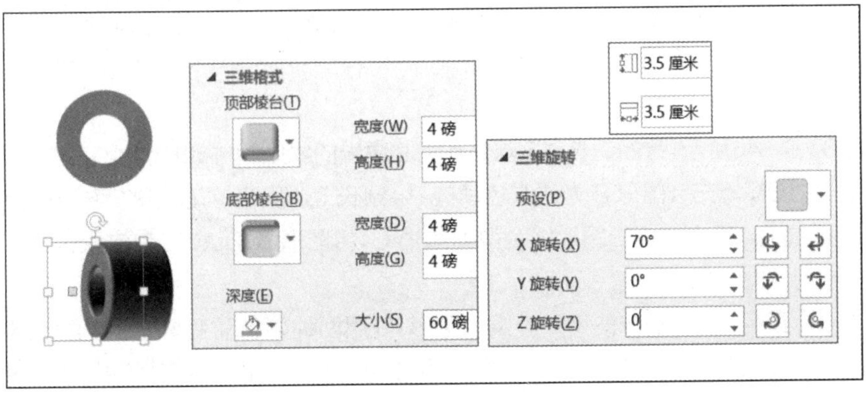

图 3－6－43

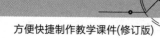

将图 3－6－43 中设置好的图形作为图 3－6－44 中的图形 B，复制两个，记为图形 A 和 C，将图形 A 和 C 的直径分别设置为 2 厘米和 1.5 厘米。绘制圆形图形，直径为 1 厘米，在“三维格式”中设置深度为“40 磅”，在“三维旋转”中直接选择预设旋转样式中的“离轴 1：上”即可得图形 D。将四个图形放置在适当位置并组合，得到图形 E，选中图形 E，复制后，利用“选择性粘贴”将图形变为图片，然后等比缩小，即得到显微镜的图片 F。

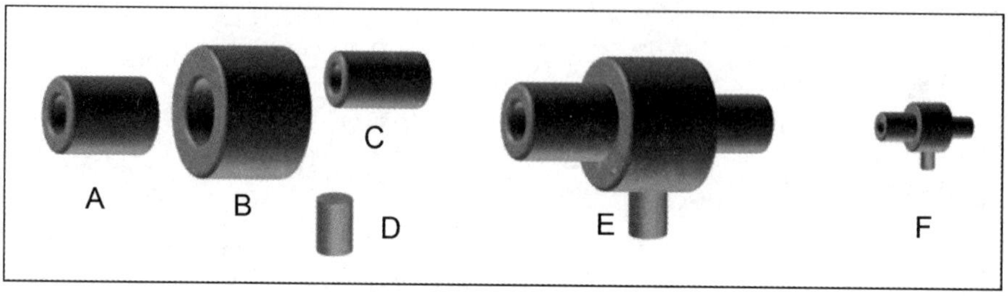

图 3－6－44

（2）绘制圆盘及附件

绘制高 4 厘米、宽 15 厘米的椭圆图形，利用渐变光圈填充为灰色和白色的渐变色，“三维格式”的“顶部棱台”选择图样样式，“宽度”和“高度”分别为“6 磅”“45 磅”，“深度”设置为“25 磅”，“曲面图”设置为黑色“2 磅”。“三维旋转”的“Y 旋转”设置为“330°”，如图 3－6－45 所示，即可得到一个椭圆盘图形。

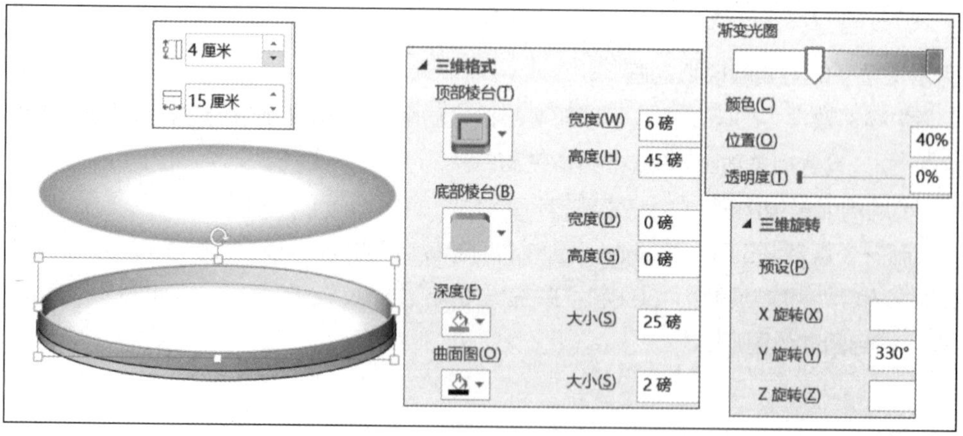

图 3－6－45

如图 3－6－46 所示，绘制边长 1.5 厘米和 0.9 厘米的线条粗 4 磅的两个正方形图形 A、B，图形 A 为“图案填充”，图形 B 为浅灰色填充；绘制长 0.4 厘米、4 磅粗的两条线段和一个宽 0.6 厘米、高 0.4 厘米的矩形图形组合得到图形 C，将图形 A、B、C 三者放置在适当位置，即可得到放射源盒子图形 D。

绘制一个直径为 1.2 厘米的无线条圆形图形，并用两种颜色渐变填充，利用“三维格式”中的“圆形”将其设置为立体的球形(也可以利用 OneKey 10 的“三维工具”中的“一键球体”进行设置)。复制若干个，设置两种渐变填充颜色，分别表示两种粒子，然后“堆集”起来，组

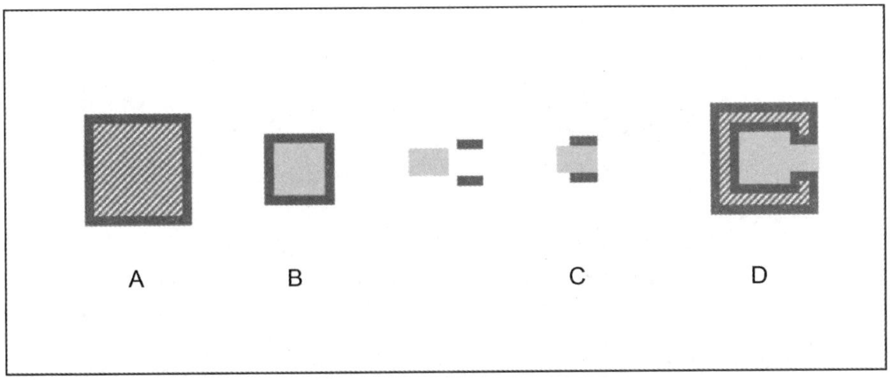

图 3-6-46

合后改变为图片格式。再选中图片，按下 Shift 键，整体缩小至宽度、高度均约 1 厘米，即可得到放射源图形，如图3-6-47所示。

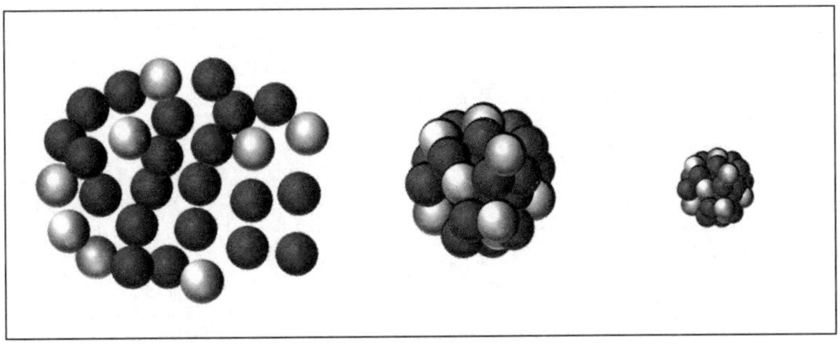

图 3-6-47

如图3-6-48所示，绘制立体图形 A 和 B，组合后得到图形 C，利用“选择性粘贴”，将图形变为图片，按下 Shift 键等比缩小后得到图片 D。

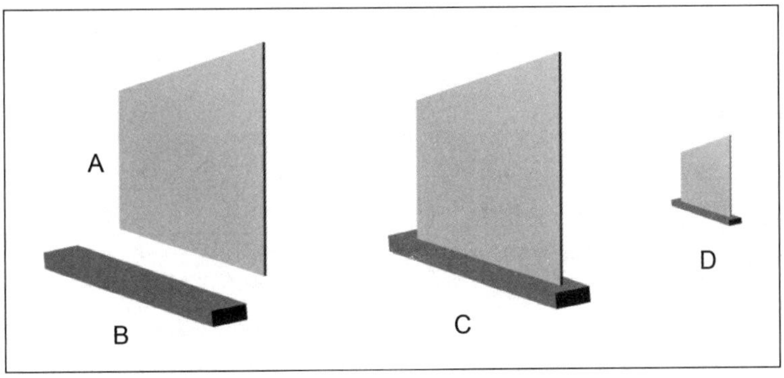

图 3-6-48

图 3-6-48 中图形 A 的绘制：绘制高 6 厘米、宽 9.5 厘米的无线条的矩形图形，填充色为灰色，在“三维格式”中“深度”设置为“2 磅”，在“三维旋转”预设样式中的角度选项中选择“透视：左”，在“X 旋转”中设置为“60°”，“透视”中设置为“90°”，如图3-6-49所示。

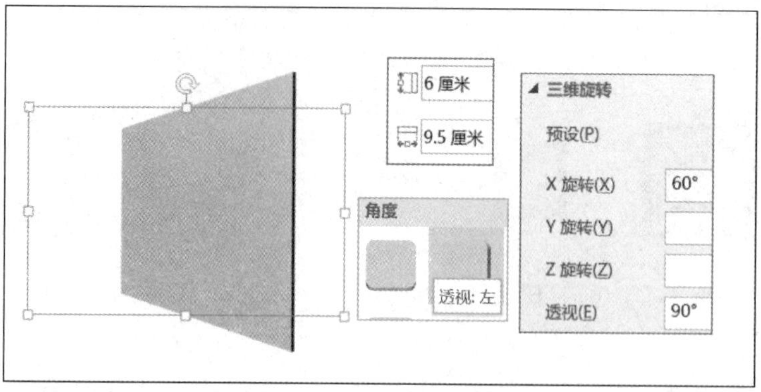

图 3-6-49

图 3-6-48 中图形 B 的绘制：绘制高 1.5 厘米、宽 12 厘米的无线条的矩形图形，填充色为灰色，“三维格式”中“深度”设置为“16 磅”，“三维旋转”中的“X 旋转”设置为“75°”，“Y 旋转”设置为“333°”，“Z 旋转”设置为“282°”(根据图形的情况各角度可以微调)，如图 3-6-50所示。

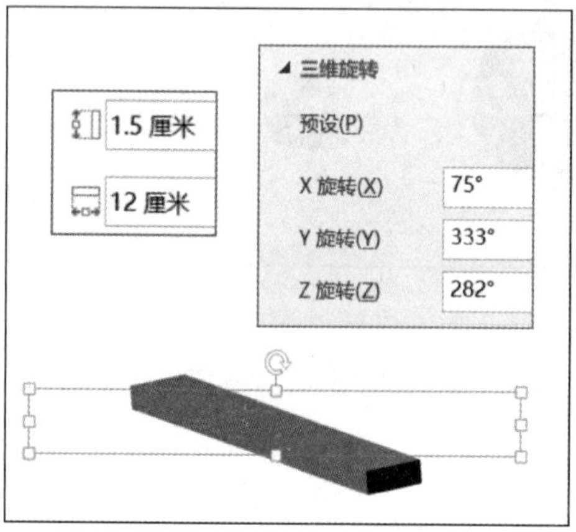

图 3-6-50

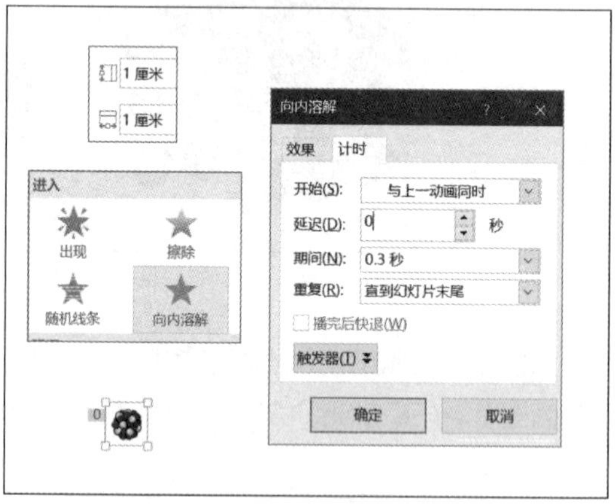

图 3-6-51

(3) 设置动画

① 放射源动画

放射源图形的“进入”动画设置为“向内溶解”，“期间”设置为“0.3 秒”，重复设置为“直到幻灯片末尾”，如图3-6-51所示。

② 射线动画

绘制两个红色箭头图形，“进入”动画都设置为从左到右的“擦除”，“持续时间”设置为 0.4 秒，第二个箭头的出现“延迟”为 0.2 秒，“重复”设置为“直到幻灯片末尾”，如图3-6-52所示。放映时两个箭头交替重复出现。

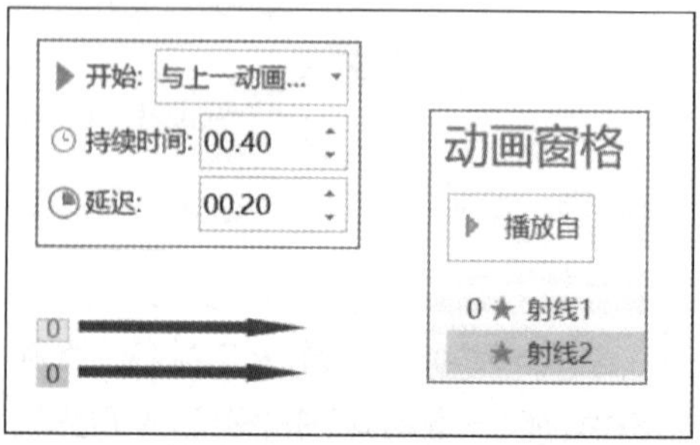

图 3-6-52

③ 散射后粒子运动的动画

绘制若干个带箭头的虚线段，动画设置均为“擦除”，且同时开始动作，“期间”设置为“0.3 秒”，如图3－6－53所示。应注意各线段需设置不同的延迟时间。

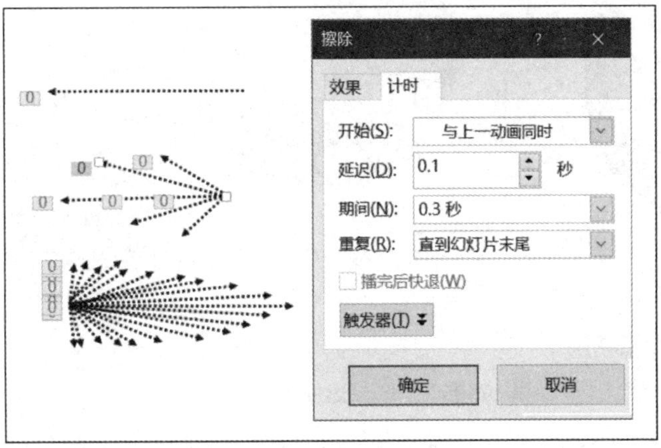

图 3－6－53

(4) 整体联动

将上述各图形放置在适当位置，所有动画同时进行，动画设置如图3－6－54所示。

放映效果如图3－6－55所示。

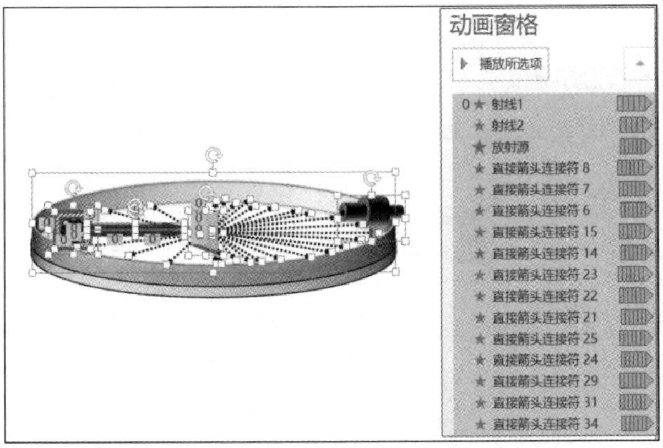

图 3－6－54

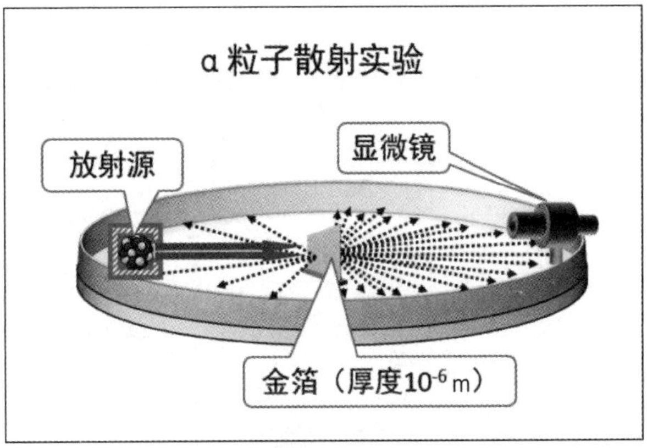

图 3－6－55

5. 阿尔法粒子散射实验模拟动画(俯视)

根据前面绘制的图形和相关动画，可以制作阿尔法粒子散射实验(俯视)的模拟动画。本案例重点是制作转动的显微镜动画。放映的效果如图3－6－56所示。显微镜在转动的过程中，粒子运动，放射源闪烁。

(1) 绘制圆盘

绘制直径 11 厘米的圆形图形，填充为灰色渐变填充，线条为 12 磅，“线条”的“复合类型”选择三线，如图3－6－57所示。

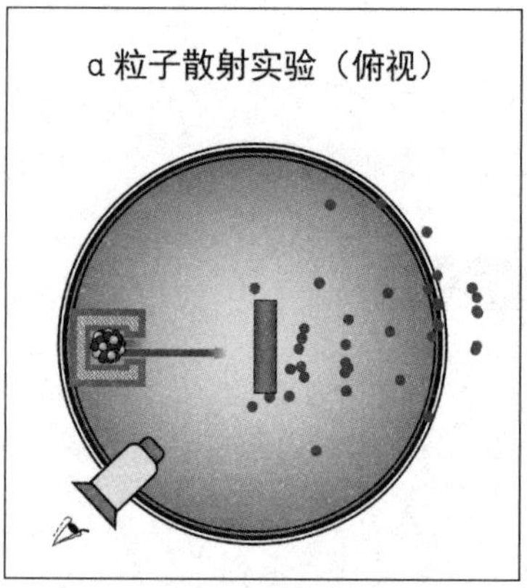

图 3－6－56

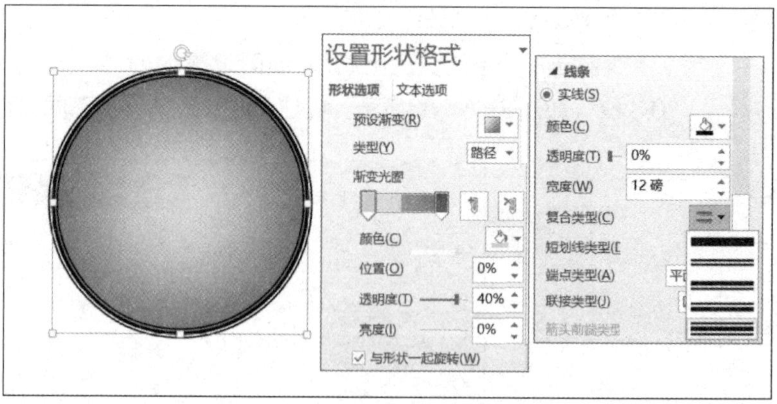

图 3－6－57

（2）绘制显微镜图形

利用基本图形绘制显微镜，如图 3－6－58 所示。

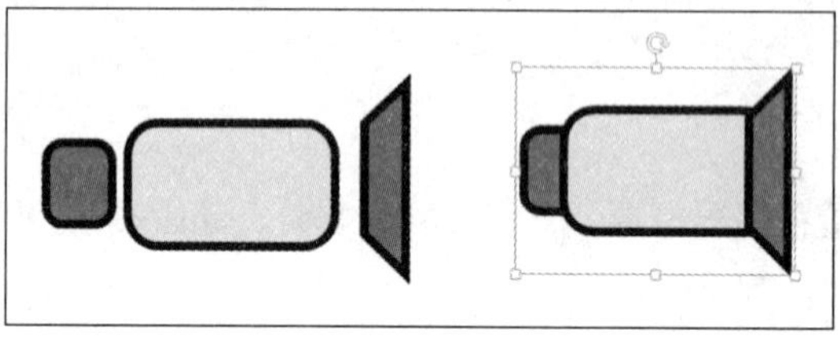

图 3－6－58

利用曲线和椭圆工具绘制眼睛图形，如图 3－6－59 所示。

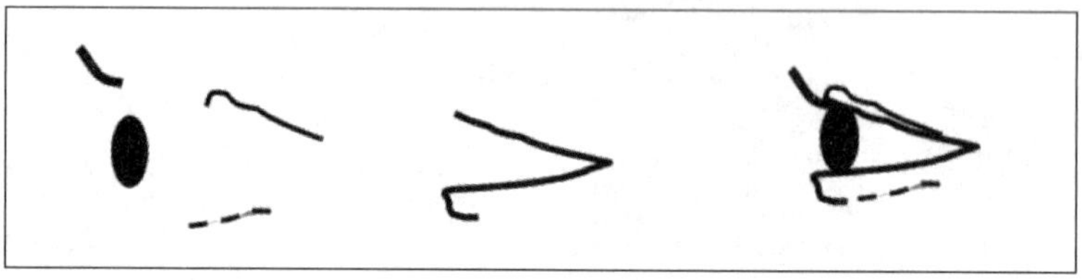

图 3－6－59

（3）设置显微镜动画

利用图 3－6－58 及图 3－6－59 中图形组成眼睛看显微镜的图形如图 3－6－60 中图形 B，复制后“上下翻转”再“左右翻转”，得到图形 A。图形 A、B 对称放置并将二者组合。

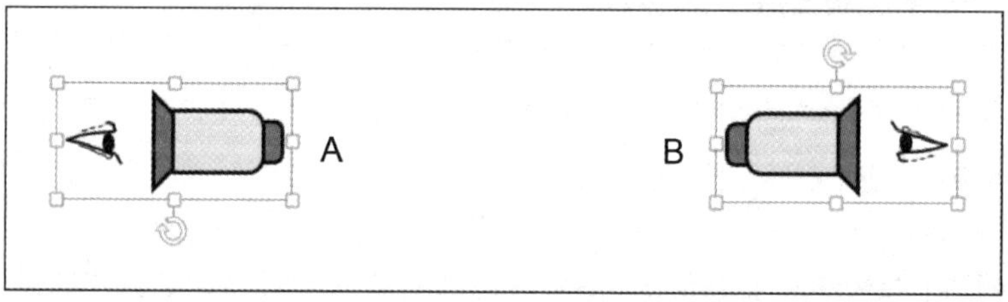

图 3－6－60

然后将组合后图形的左半部分设置为完全透明，如图3－6－61所示。

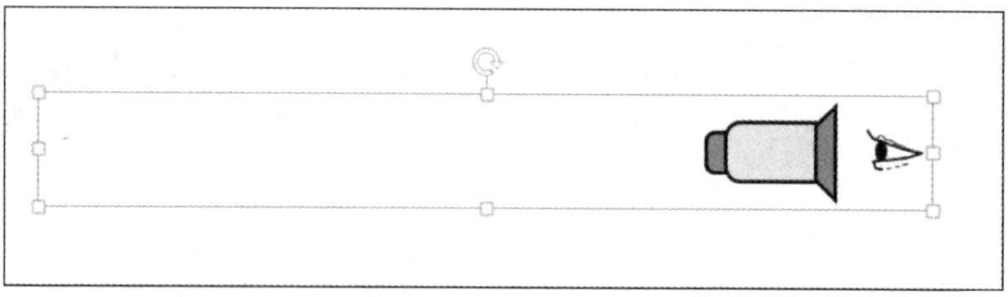

图 3－6－61

选中组合后的图形，设置“陀螺旋”动画，“平滑开始”和“平滑结束”均设为“0 秒”，“期间”设置为“15 秒”，“重复”设置为“直到幻灯片末尾”。

（4）设置粒子运动动画

如图 3－6－62 所示，绘制直径 0.25厘米的圆形图形 A，为圆形图形设置“持续时间”为 0.5 秒的直线的动作路径动画 B，将设置好动画的圆形图形复制若干个再调整运动的方向，设置“延迟时间”分别为 0.1 秒、0.2 秒、0.3 秒、0.4 秒等，把各个圆形图形排成一列如图 C，显示的动画轨迹如图 D。

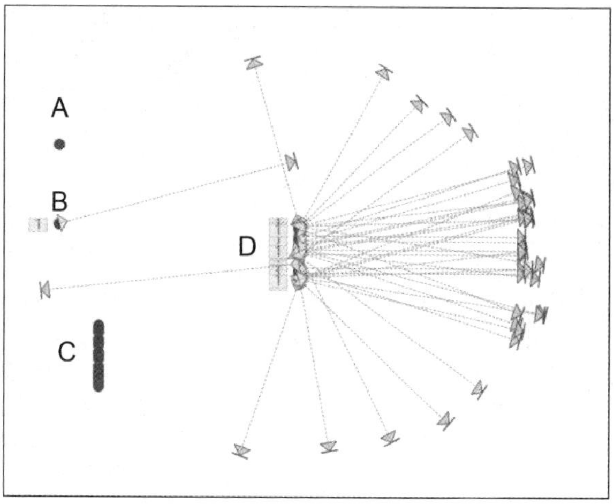

图 3－6－62

把绘制好的放射源盒子、放射源以及箭头复制过来，添加相关附件，放置在适当位置，即可得到如图3－6－56所示的动画。

6. 楞次定律实验模拟动画一

制作课件时常常需要两个对象交替出现的动画效果，可以利用动画“强调”中的“闪烁”效果，让两个对象交替出现，详情参见本单元第 1 课 3.“强调”中“闪烁”动画的拓展应用。

在电磁感应现象中，当磁铁 N 极靠近线圈时，线圈中产生逆时针方向的感应电流，当磁铁 N 极远离线圈时，线圈中产生顺时针方向的感应电流。放映时的动画效果如图 3－6－63所示。本案例的制作重点是两个箭头交替出现的动画以及整体平动动画的协调动作。制作方法如下：

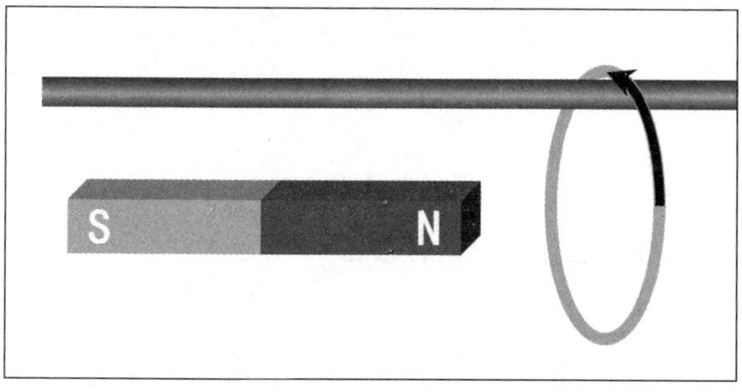

图 3－6－63

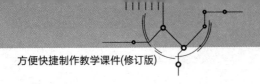

(1) 两个弧形箭头交替出现的动画效果

① 绘制弧形箭头

利用绘图中的弧形工具绘制两个直径为9.5厘米的四分之一圆的弧形图形。分别选中两个图形,利用“线条”中的“开始(或结尾)箭头类型”设置两个图形的箭头类型,如图3-6-64所示。

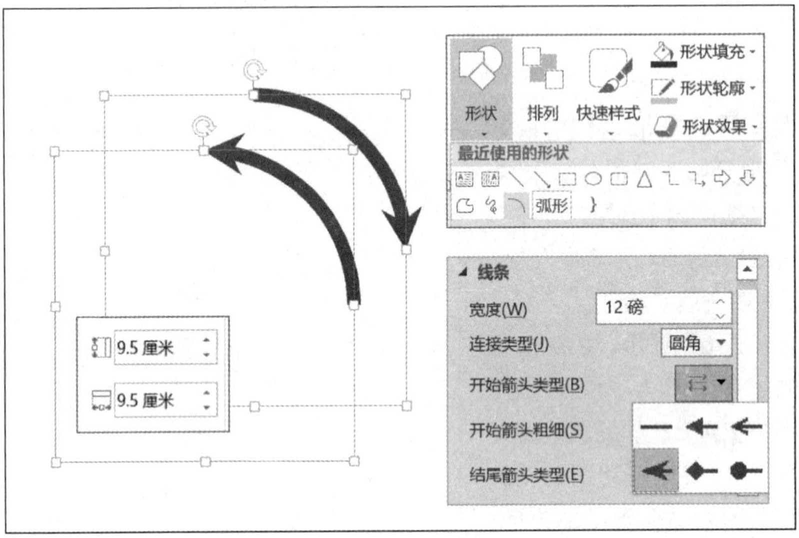

图 3-6-64

② 设置动画效果

选中两个图形,设置两个图形的“进入”动画为“出现”,如图3-6-65所示。

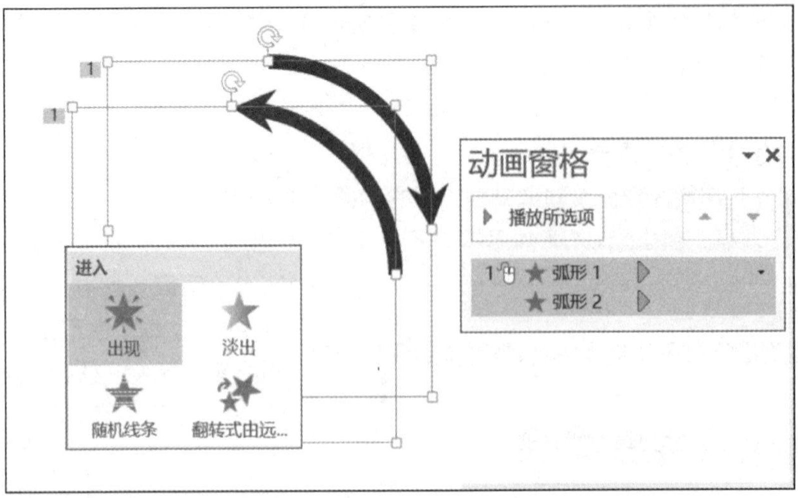

图 3-6-65

然后选中两个图形,在“动画”选项卡的“高级动画”组中点击“添加动画”,进入“更多强调效果”,选择“闪烁”,如图3-6-66所示。

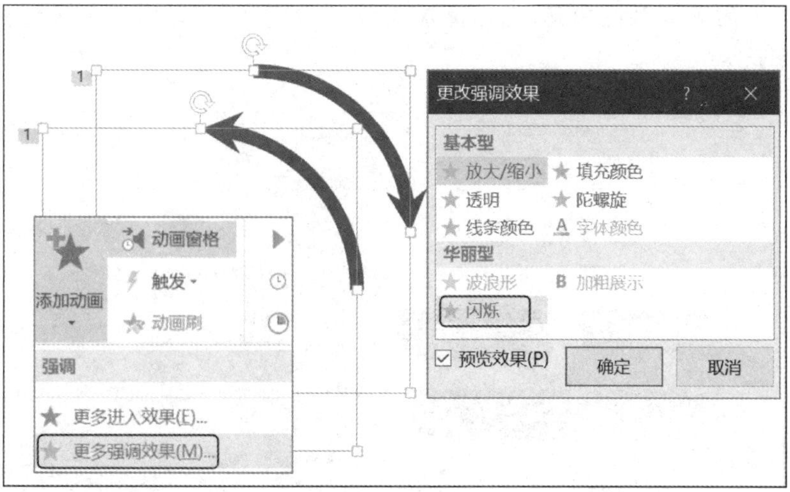

图 3－6－66

设置“闪烁”动画效果：在“动画窗格”中，用鼠标拖动调整四个动画的播放顺序，再分别双击弧形 1 和弧形 2 的“闪烁”动画图标，“开始”都设为“与上一动画同时”，“期间”均设置为“中速（2 秒）”，“重复”均设置为“直到幻灯片末尾”。双击弧形 1 的“闪烁”动画图标，“延迟”设置为“1”秒，即弧形 1 出现 1 秒后再“闪烁”；双击弧形 2“出现”的动画图标，在“开始”中设置“与上一动画同时”，“延迟”设置为“1”秒，即在弧形 1 出现 1 秒后弧形 2 再“出现”；再双击弧形 2 的“闪烁”动画图标，“延迟”设置为“2”秒，即弧形 2 出现 1 秒后（即弧形 1 出现 2 秒后）再开始“闪烁”，如图3－6－67所示。

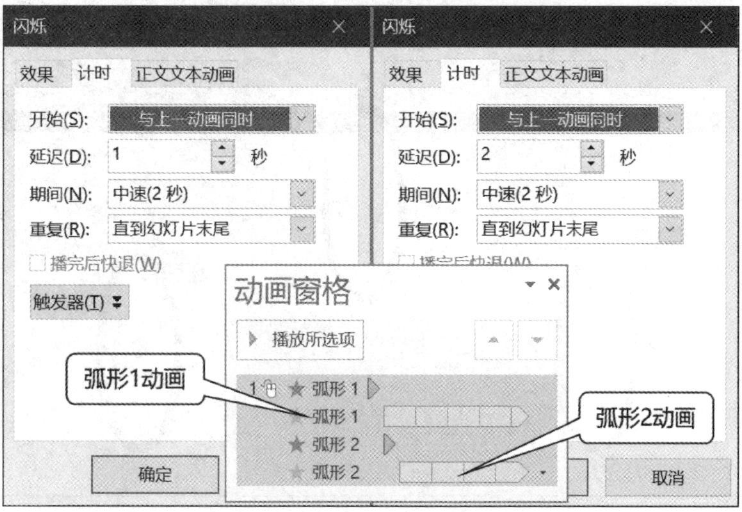

图 3－6－67

（2）绘制磁铁和线圈图形

绘制宽度和高度分别为 4.5 厘米和 1.1 厘米的矩形图形，在“三维格式”中设置“深度”为“60 磅”，在“三维旋转”中的“预设”效果中的“倾斜”中选择“倾斜：右上”预设旋转。复制后再把两个矩形用不同颜色填充,然后添加文字对齐放置,即得到一个条形磁铁,如图3-6-68所示。

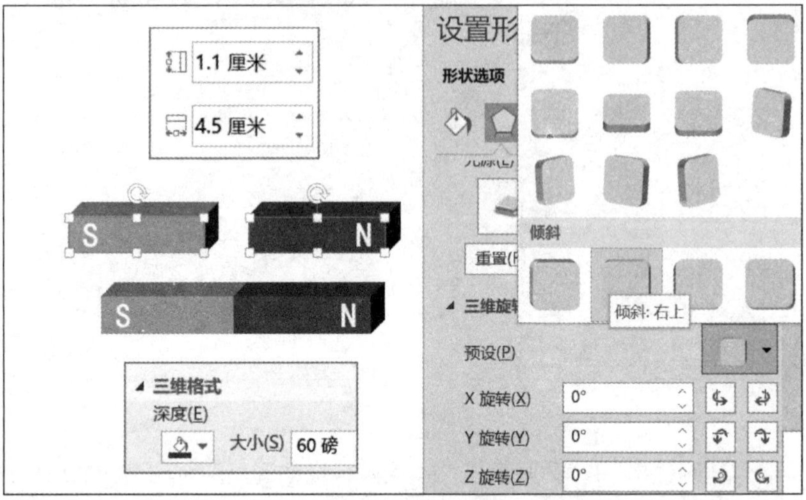

图 3-6-68

如图3-6-69所示,绘制矩形图形A和高度、宽度分别为6厘米和2.5厘米的椭圆图形B,二者组合得到图形C;绘制长矩形图形D并与图形C对齐放置(不组合)后得到图形E,如图3-6-69所示。图形A和图形D填充、线条等格式相同。图形C要可在图形D上左右自由滑动。

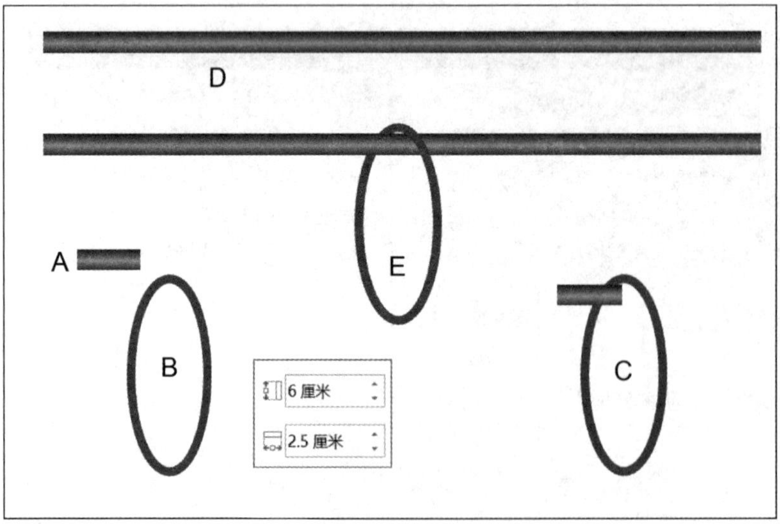

图 3-6-69

(3) 设置动画

① 绘制图形,并添加动画

利用绘图工具中的弧形工具,绘制一个高度和宽度分别为6厘米和2.5厘米的与椭圆图形大小相同的弧形图形如图 3－6－70 中图形 1，并设置箭头；将其复制并垂直翻转后再水平翻转，且改变箭头的方向，得到带箭头的弧形图形 2。参照图 3－6－67 的方法设置两个弧形的“进入”和“闪烁”动画。

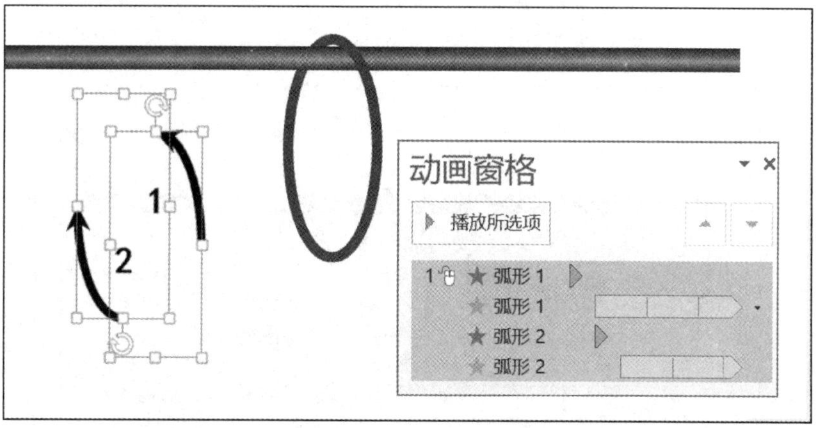

图 3－6－70

② 设置图形的动画效果

分别双击弧形 1 和弧形 2 的“闪烁”动画图标，“开始”都设为“与上一动画同时”，“期间”均设为“慢速(3 秒)”，“重复”均设为“直到幻灯片末尾”。双击弧形 1 的“闪烁”动画图标，“延迟”设置为“1.5”秒，即弧形 1 出现 1.5 秒后再动作；双击弧形 2 的“出现”动画图标，在“开始”中设置“与上一动画同时”，“延迟”设置为“1.5”秒，即弧形 1 出现 1.5 秒后弧形 2 再出现；再双击弧形 2 的“闪烁”动画图标，“延迟”设置为“3”秒，即弧形 2 出现 1.5 秒后(即弧形 1 出现 3 秒后)再开始动作，如图 3－6－71 所示。

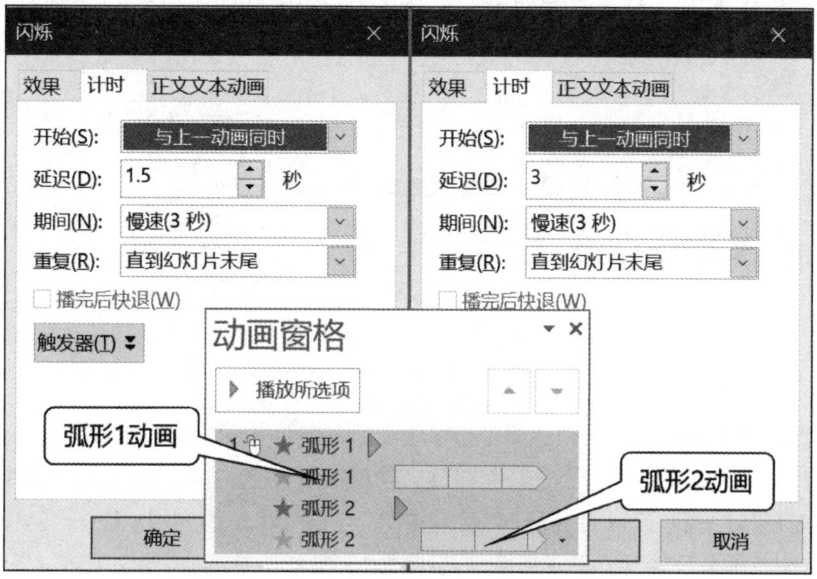

图 3－6－71

③ 设置“动作路径”动画

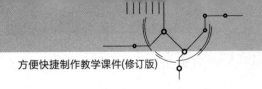

把磁铁图形与两个箭头图形放置在适当位置，然后选中除长矩形图形外的全部图形，一次性批量设置动作路径。即选中这些图形，在“高级动画”功能区中点击“添加动画”，点击“动作路径”中的“自定义路径”，光标在适当位置点击一下，按下 Shift 键，鼠标向右拖动到适当位置双击退出，绘制出一条水平轨迹线，如图3-6-72所示。

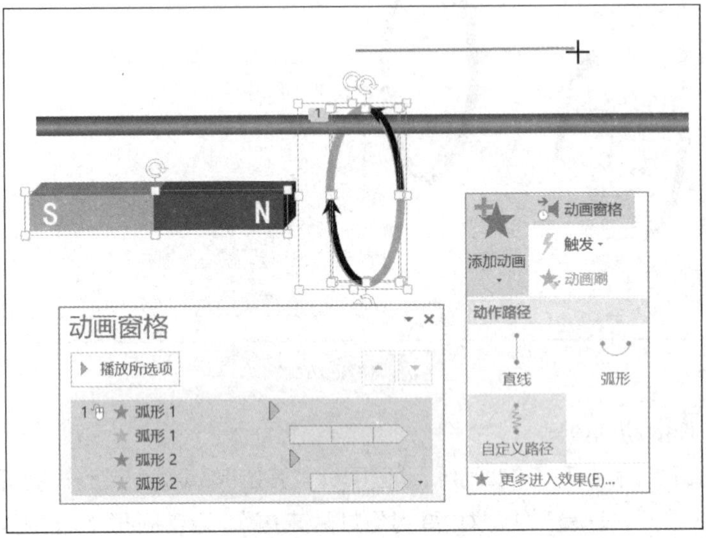

图 3-6-72

用上面的方法绘制出的动作路径长度相同，实际情况中需要让磁铁的动作路径略长一点。点击一下磁铁运动的轨迹线，此时表示初末状态的两个小三角形会变为小绿点和小红点，当光标置于表示末状态位置的小红点上变为斜双向箭头时，按下 Shift 键，拉动小红点向右移动到适当位置，得到的效果如图3-6-73所示。当磁铁靠近圆环时，二者相对间距变小，反之相对间距变大。

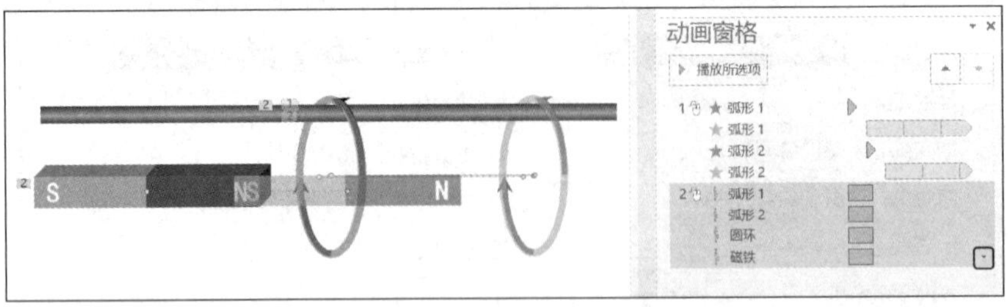

图 3-6-73

对添加的动作路径设置动画效果：选中已经添加的四个动作路径的动画图标，点击右边的小三角下拉菜单，选中“效果选项”，在“自定义路径”对话框的“计时”选项卡中，“期间”设置为“1.5 秒”，“重复”设置为“直到幻灯片末尾”且“开始”设置为“与上一动画同时”。“效果”选项卡中，“平滑开始”和“平滑结束”均设置为“0.75 秒”，并选中“自动翻转”(即可以来回运动)。动画设置如图3-6-74所示。

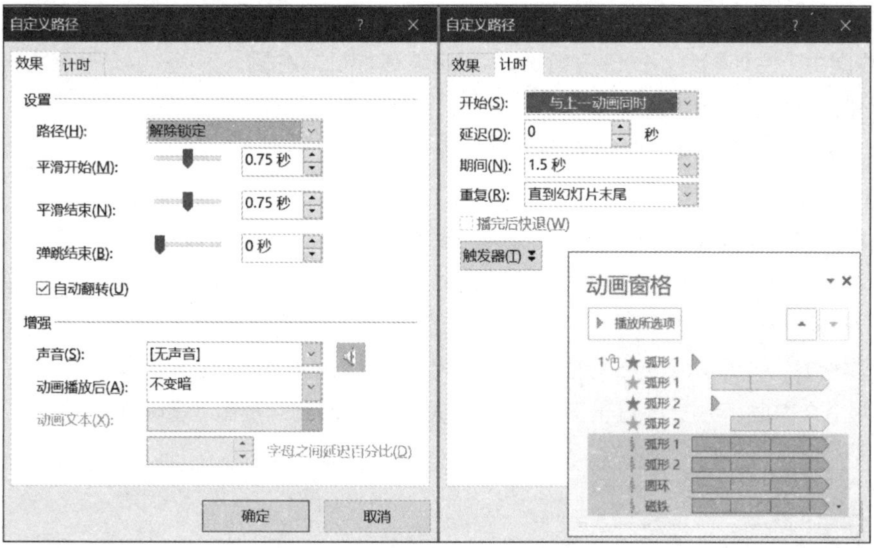

图 3－6－74

在“动画窗格”中可以看到设置好的动画，如图3－6－75所示。点击“全部播放”即可自动播放，磁铁靠近圆环时产生逆时针方向的感应电流，磁铁远离圆环时产生顺时针方向的感应电流。播放效果如图3－6－63所示。

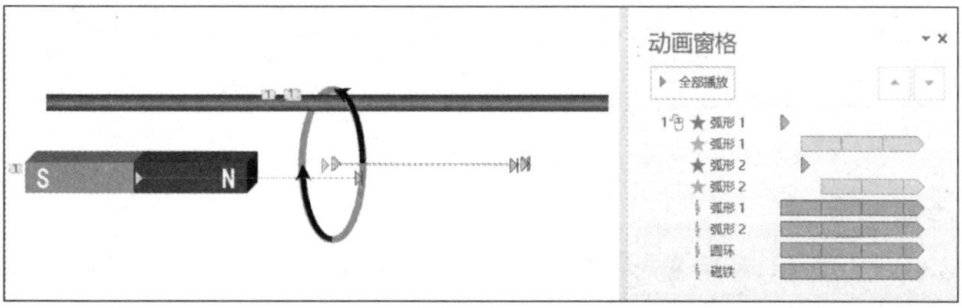

图 3－6－75

7. 楞次定律实验模拟动画二

利用多个动画的联动，可以制作如图 3－6－76 所示的楞次定律实验模拟动画，当磁铁上下运动时，线圈中产生方向周期性变化的电流。这个动画制作时既需要绘制条形磁铁以及磁感线图线并设置上下运动的“动作路径”的动画 A，又需要绘制线圈图形及利用闪烁功能设置方向周期性变化的箭头的动画 B，还需要利用“陀螺旋”动画设置指

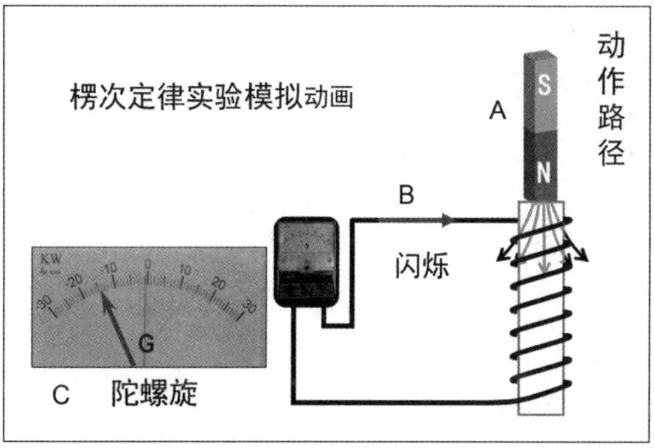

图 3－6－76

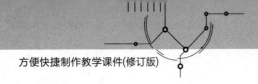

针左右摆动的动画 C。整个动画的关键是，A、B、C 三部分动画要协调动作。即磁铁抽出时，在线圈中产生如图所示的感应电流，同时电流表指针向左偏。下面对 A、B、C 三部分动画的制作方法分别进行说明。

(1) 磁铁和磁感线图形的绘制及动画设置

① 绘制磁铁图形

利用在第二单元第 1 课 5. 磁铁图形的绘制中介绍的方法可以绘制磁铁图形。如图 3-6-77所示，先绘制边长为 0.9 厘米、填充为红色的正方形图形，在“三维格式”中设置“深度”为“70 磅”，在“三维旋转”中选中“预设”中的“离轴 1：上”的旋转样式，得到图形 A，复制后得到图形 B，A、B 两图的“深度”颜色分别设置为红色和蓝色，再放置文字分别为“S”和“N”的两个文本框。将图 B 置于下层，放置在适当位置得到条形磁铁图形 C。

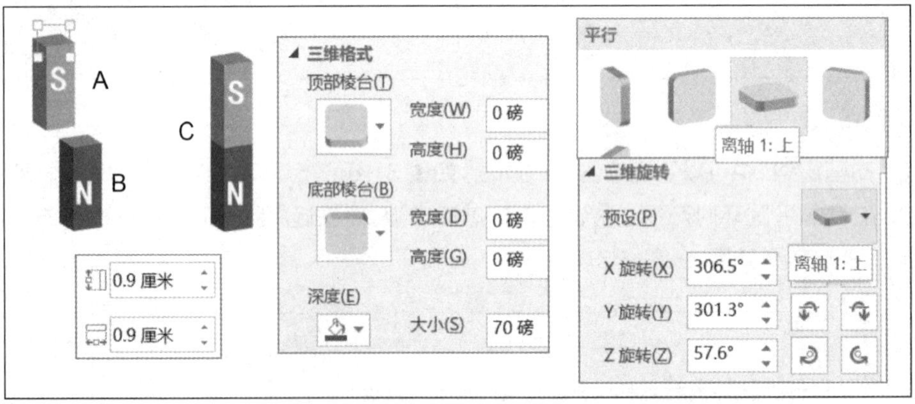

图 3-6-77

② 绘制磁感线

如图3-6-78所示，利用弧形工具绘制一个宽、高均为 2.7 厘米带箭头的圆心角为90°的弧形 A；垂直翻转后适当拉长(高 6.7 厘米、宽 4 厘米)，并调节控点的位置，得到图形 B；复制后将其旋转15°，得到图形 C；将 B、C 放置在一起得到图形 D；组合后复制一个，再水平翻转，并添加竖直的带箭头线段，放置在适当位置，组合后得到磁感线图形 E。

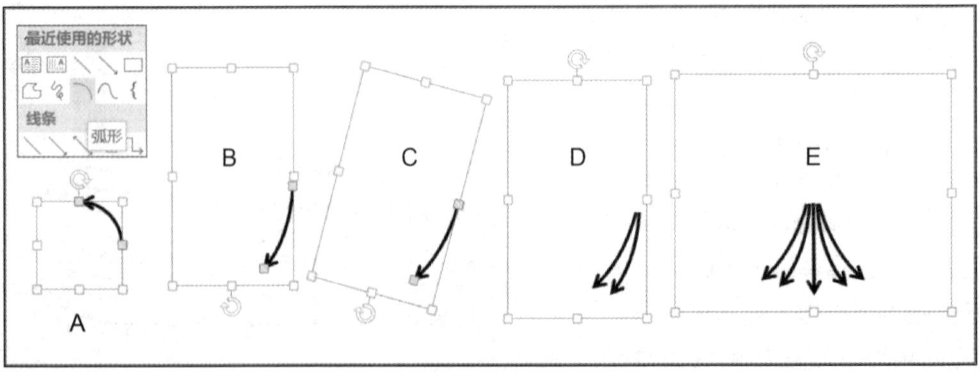

图 3-6-78

③ 设置动画

磁铁和磁感线放置在一起并组合。先将磁铁的“进入”动画设为“出现”，再添加“动作路径”动画中向下的“直线”，适当调整路径的长度，两个动画同时进行，如图3－6－79所示。当磁铁出现时即向下运动。

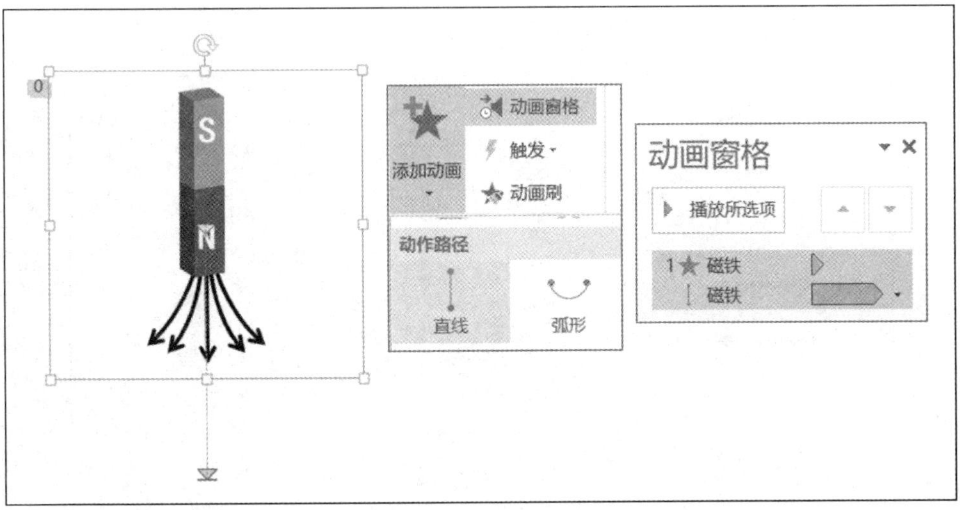

图 3－6－79

双击“动画窗格”中动作路径的动画，在“向下”的对话框的“计时”选项卡中，“期间”设置为“中速(2 秒)”，“重复”设置为“直到幻灯片末尾”；在“效果”选项卡中，“平滑开始”和“平滑结束”均设置为“1 秒”，选中“自动翻转”。

(2) 线圈的绘制及电流方向动画的设置

① 线圈的绘制

利用第二单元第 4 课 5. 螺线管的绘制中的方法绘制线圈图形。如图3－6－80所示，绘制高 7 厘米、宽 1.6 厘米的半透明矩形框，在此矩形框上利用曲线工具绘制一个曲线段图形 A，复制若干个曲线段并均匀排列得到图形 B，利用“编辑顶点”功能，调整下面曲线段的末端形状并在上端添加短横线得到图形 C。

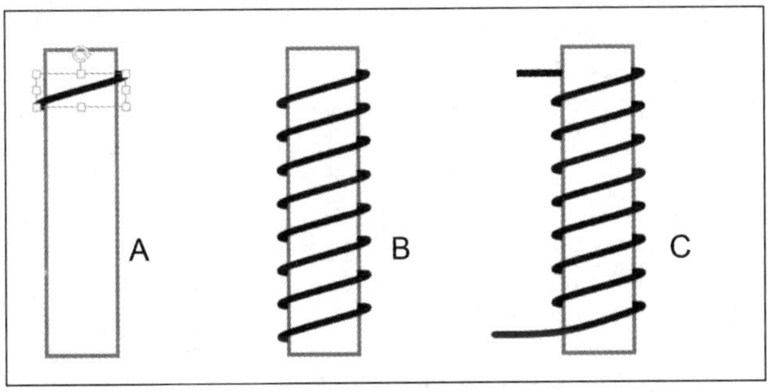

图 3－6－80

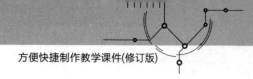

② 设置电流方向的动画

利用本单元第1课3.“强调”中“闪烁”动画的拓展应用中介绍的方法，设置表示电流方向交替变化的两个箭头的动画。箭头(直接箭头连接符)1和箭头2的“出现”动画同时开始，但箭头2延迟2秒，为两个箭头分别添加“闪烁”动画，“持续时间”均为“4秒”，均是“与上一动画同时”开始，“重复”均为“直到幻灯片末尾”，且箭头1“闪烁”动画延迟2秒，如图3-6-81所示。箭头2“闪烁”动画延迟4秒。

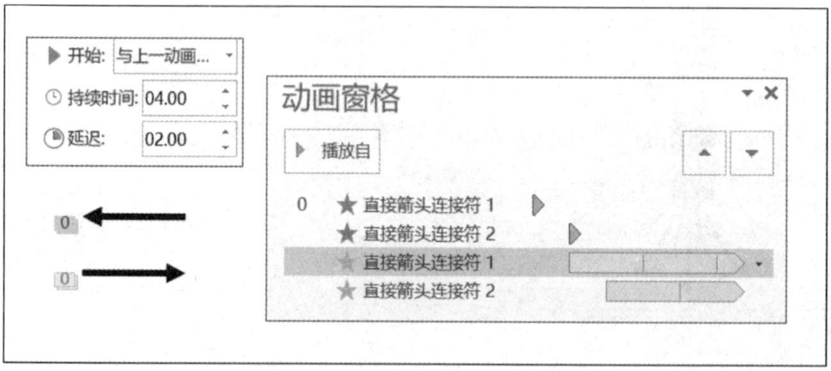

图3-6-81

将磁铁、线圈及表示电流方向的两个箭头(箭头为红色)等图形放置在适当位置，磁铁的组合图形置于底层，所有动画同时播放，并调整动画的播放顺序，如图3-6-82所示。

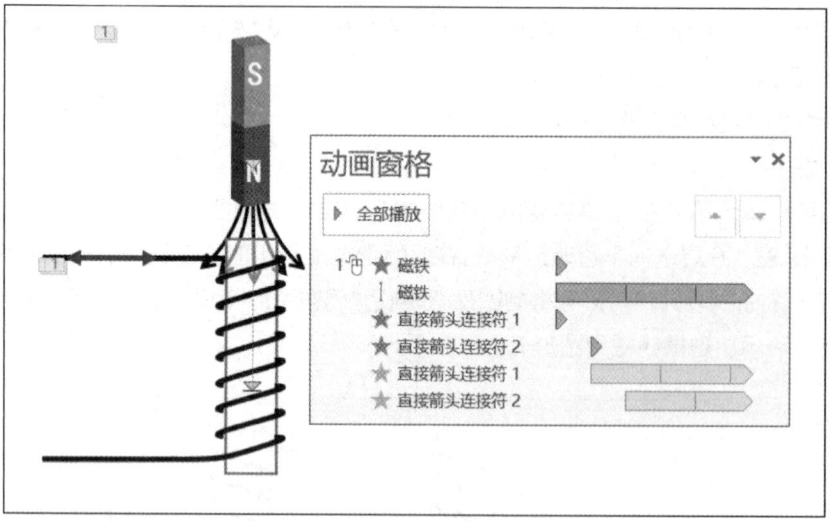

图3-6-82

(3) 指针周期性转动动画的制作

① 绘制指针图形

绘制粗细为4.5磅的两个箭头和一个线段，对齐后组合起来，然后把下面的一个箭头和直线段设置为透明的，如图3-6-83所示。

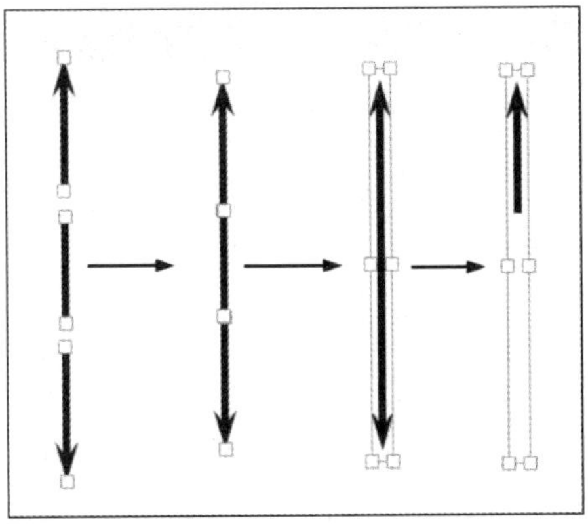

图 3－6－83

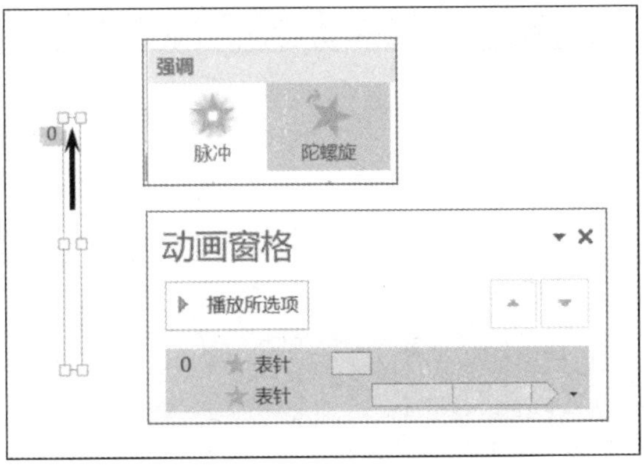

图 3－6－84

② 设置指针的转动动画

为表针设置两个“陀螺旋”动画，同时出现，且持续时间都是 2 秒，但是后者有延迟，如图3－6－84所示。

第一个“陀螺旋”动画的设置：在“计时”选项卡中，“期间”设置为“中速（2 秒）”，“重复”设置为“（无）”。在“效果”选项卡中，设置顺时针转动35°，“平滑开始”和“平滑结束”均设置为“1 秒”，如图3－6－85所示。

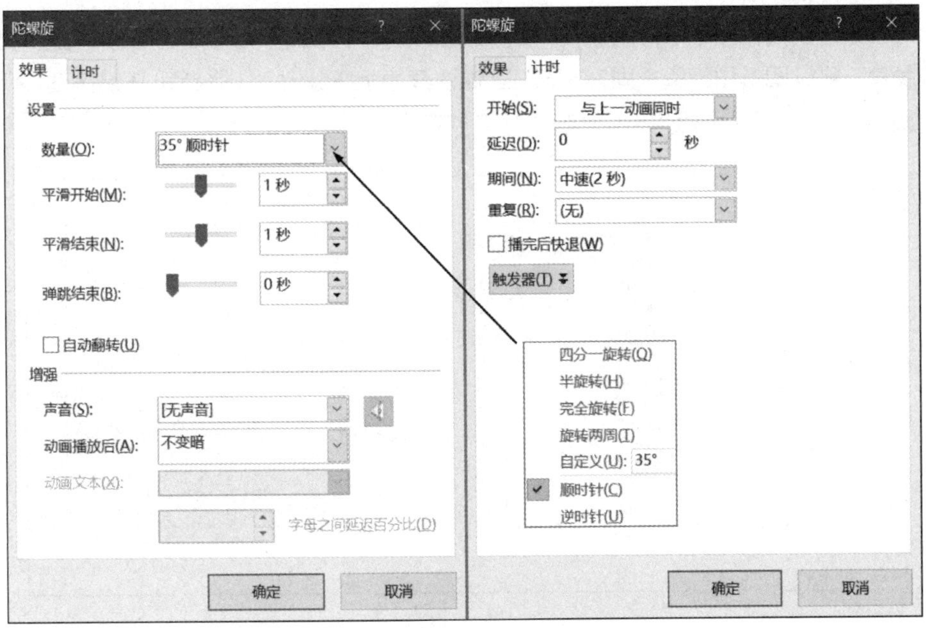

图 3－6－85

第二个“陀螺旋”动画的设置：在“计时”选项卡中，“期间”设置为“中速（2 秒）”，“延迟”时间“2”秒，“重复”为“直到幻灯片末尾”。再在“效果”选项卡中设置逆时针转动70°，“平滑开始”和“平滑结束”均设置为“1 秒”，选中“自动翻转”，如图3－6－86所示。

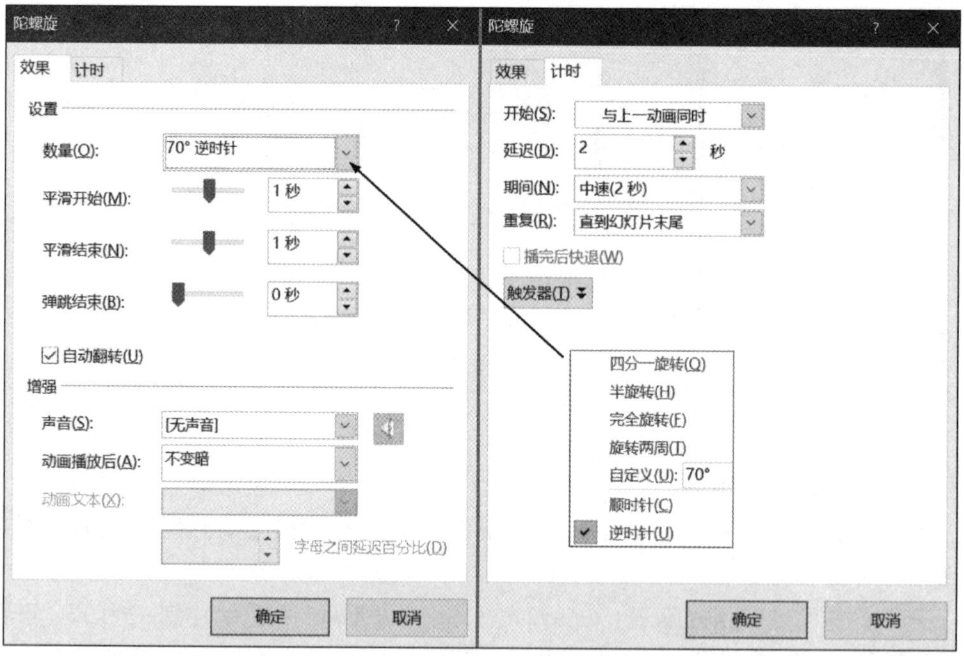

图 3－6－86

(4) 协调各对象的动画

将设置好动画的各个组件放置在一起,在动画窗格中用鼠标拖动动画图标,调整动画的播放顺序。磁铁图形和箭头 1 同时出现,当磁铁开始上下运动时,指针即开始摆动,2 秒后指针反向运动,且第 2 个箭头出现,如图3－6－87所示。

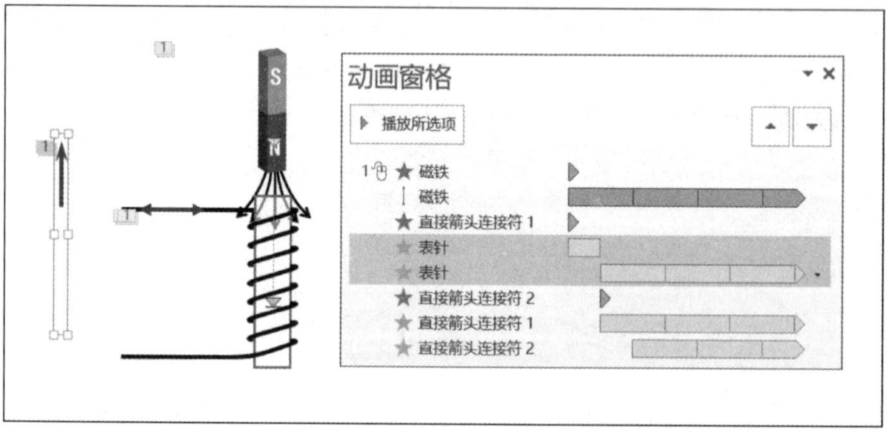

图 3－6－87

幻灯片放映的时候,当磁铁插入线圈时,产生向左方向的感应电流(上方的向左箭头);当磁铁从线圈中抽出时,产生向右方向的电流(上方的向右箭头),且指针按不同的方向摆动,如图3－6－88所示。

添加上表盘照片、辅助线及说明文字,即可看到如图3－6－76所示的动画放映效果。

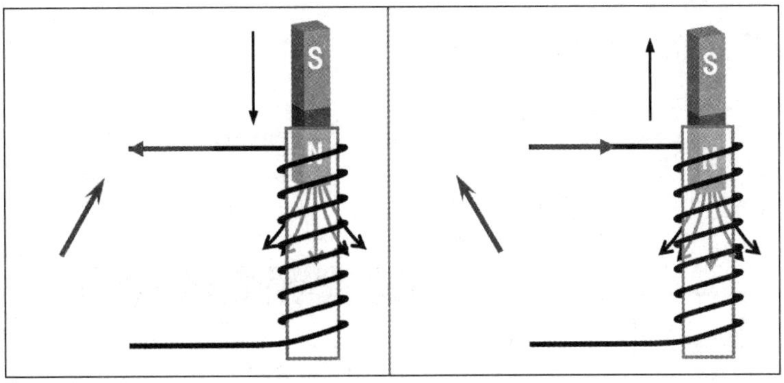

图 3－6－88

8. 开关门及翻书动画的制作

联合应用动画“进入”中的“伸展”和“退出”中的“层叠”两个功能，可以制作出开关门（“伸展”相当于开门，“层叠”相当于关门）以及翻书动画。开关门动画在幼儿教学课件制作中会有很大的用处。

（1）认识“伸展”和“层叠”动画

① “伸展”动画

绘制矩形图形 1，打开“动画”组的下拉菜单，点击“更多进入效果”。在“更改进入效果”选项卡中，点击“伸展”，如图3－6－89所示。

在“伸展”动画的“效果选项”中，选择方向“自左侧”，如图3－6－90所示。该动画可实现开门的效果。

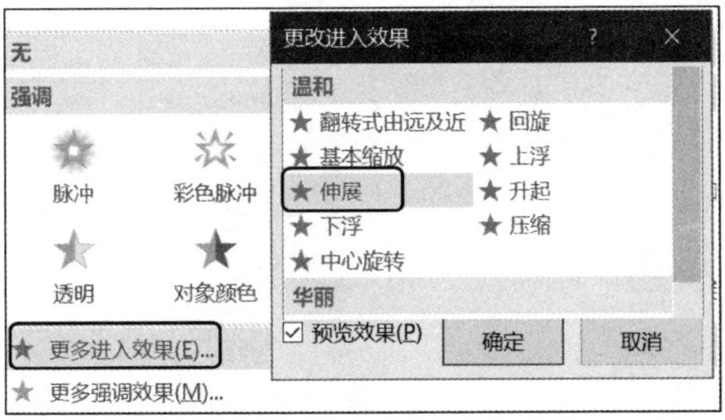

图 3－6－89

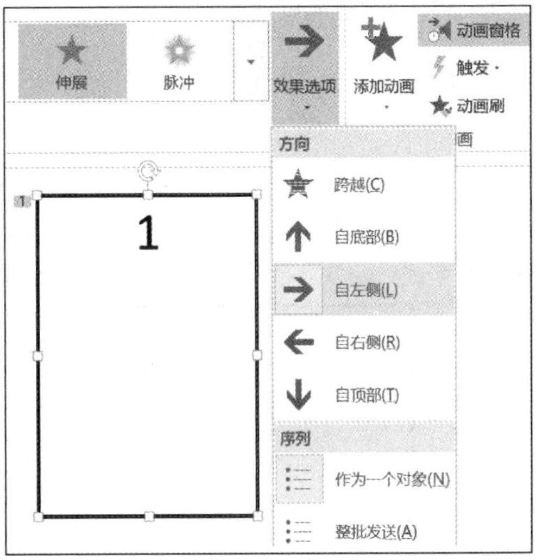

图 3－6－90

② 层叠动画

选中图形 1，在“高级动画”组中点击“添加动画”，选择“更多退出效果”，在“添加退出效

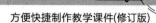

果”对话框中选择“层叠”动画，然后在“层叠”动画的“效果选项”中选择“到左侧”，如图3-6-91所示。该动画可实现关门的效果。

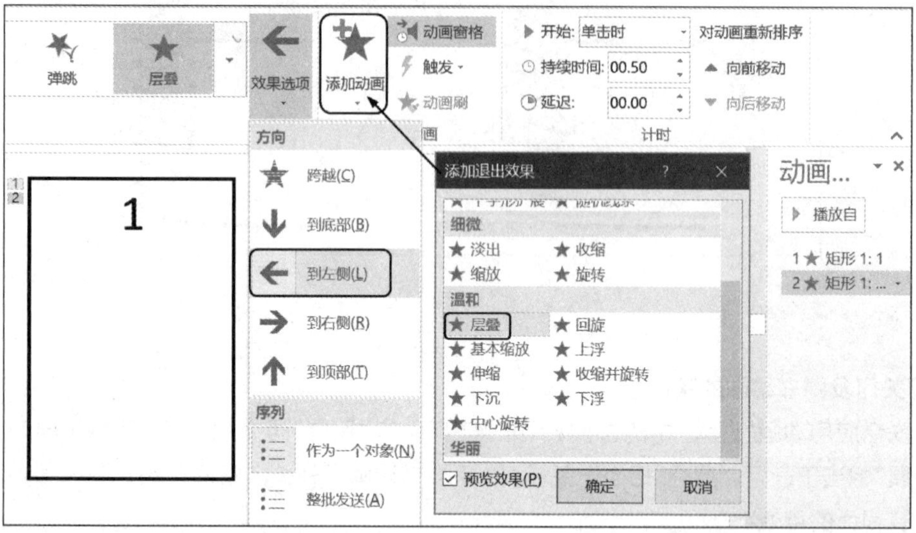

图 3-6-91

③ 两个图形联动实现开关门动画效果

复制一个矩形图形2，两个图形对齐放置。为图形1设置“退出”的“层叠”动画，“效果选项”设置为“到左侧”，即从右到左；为图形2设置“进入”的“伸展”动画，“效果选项”中方向为“自右侧”，如图3-6-92所示。且图形2的动画“开始”设置为“上一动画之后”，即上一个动画结束后第二个动画开始，这样，当图形1向左退出后，接着出现图形2向左伸展进入的动画，即开关门的动画效果。

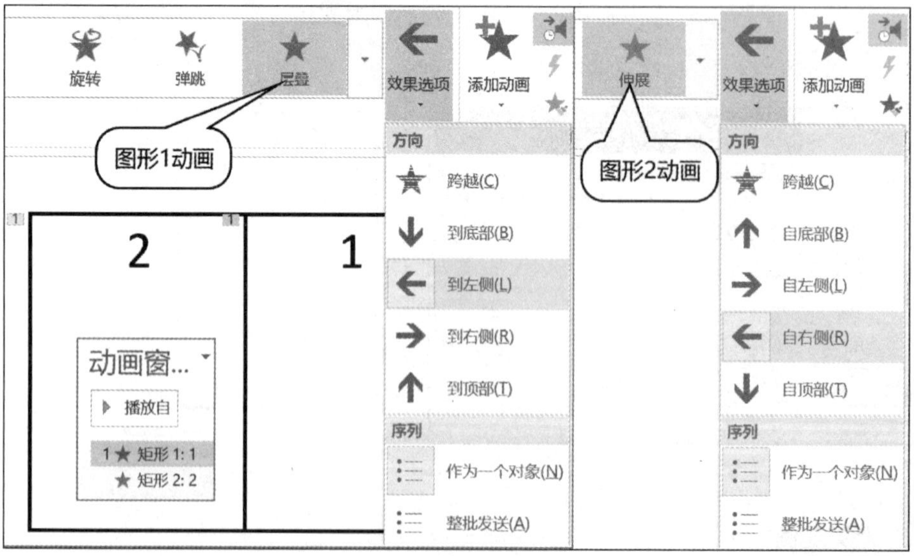

图 3-6-92

(2) 制作开关门动画

① 单扇门开关的动画效果

根据上面图形动画的原理，改变两个图形（高 8.5 厘米、宽 6 厘米，边框线条 12 磅）的填充颜色分别作为门的正面和背面，图形四角可以利用线条的“连接类型”为“圆形”来设置。按照图 3－6－92 所示的方法，对图“1 正面”和图“2 反面”分别设置“层叠”和“伸展”方向均自右向左的动画。再对图形 2 添加“到右侧”的“层叠”“退出”动画，对图形 1 添加“自左侧”的“伸展”“进入”动画，与上面设置的动画“效果选项”中的方向相反。这样，鼠标第一次点击时，图“1 正面”向左层叠退出，接着图“2 反面”向左伸展进入，再次点击鼠标，图“2 反面”向右层叠退出，接着图“1 正面”向右伸展进入，实现开门和关门的动画效果，如图 3－6－93所示。在右边“动画窗格”中可以看到四个动画间的关系，前两个表示开门，后两个表示关门。

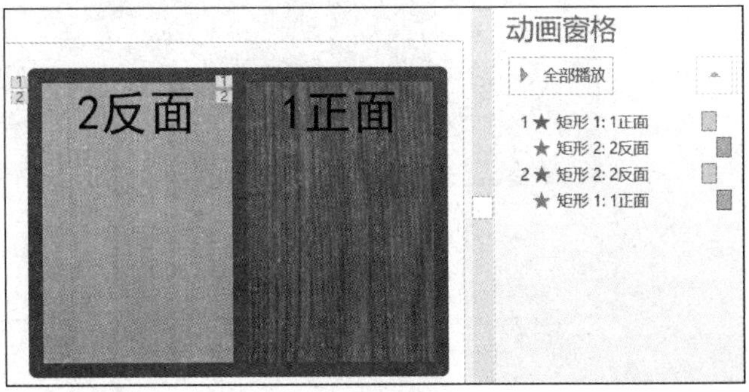

图 3－6－93

② 添加触发器

添加触发器后可以通过点击图形本身达到反复开关门的动画效果。选中右边动画窗格中的上面两个动画图标，点击右边小三角下拉菜单，在“效果选项”对话框的“计时”选项卡中，点击“触发器”，选中“单击下列对象时启动效果”，在右边下拉菜单中选中“矩形 1：1 正面”。即点击矩形 1 启动动画。同理设置另外两个动画的触发器效果。设置后如图 3－6－94所示。放映时可以通过点击两个图形实现多次开关门的动画效果。

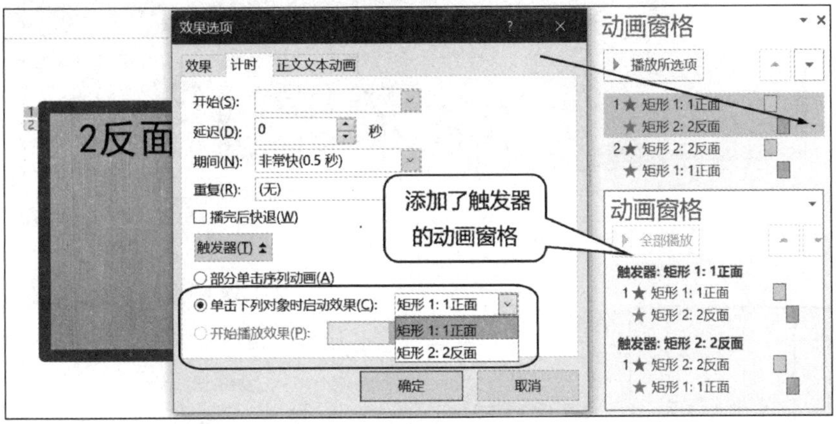

图 3－6－94

③ 双扇门开关动画的制作

将图形 1 和 2 复制后，得到图形 3 和 4，更改图形 3 和 4 的动画方向，同时调整图形 3 和 4 的动画播放顺序，即第一次点击鼠标，图形 1 和 3 同时分别向左、右“层叠”退出，接着图形

2和4分别向左、右“伸展”出现。再次点击鼠标,图形2和4分别向右、左“层叠”退出,接着图形1和3分别向右、左以“伸展”方式进入。这样就看到了开关门的动画效果。接着分别添加图形3和图形4作为触发器触发两个动画,如图3-6-95所示。图中添加了门的边框,并把动画的持续时间都调整为1秒。

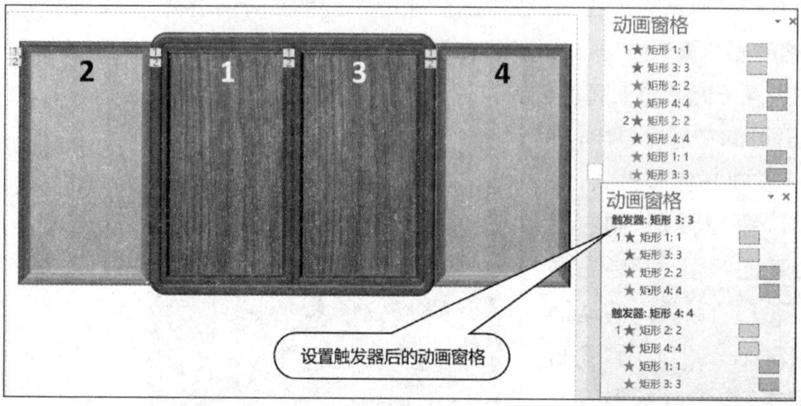

图 3-6-95

④ 从门里渐变出现“老虎”

在开门的同时,可以让老虎图片从门里出现。设置老虎图片置于顶层,为“缩放”的“进入”动画,并与开门的动画同时进行,即开门时,从门里“缩放”出现老虎图片。注意设置动画的触发器效果。设置后的动画如图3-6-96所示。这个动画可以增强幼儿教学的趣味性。

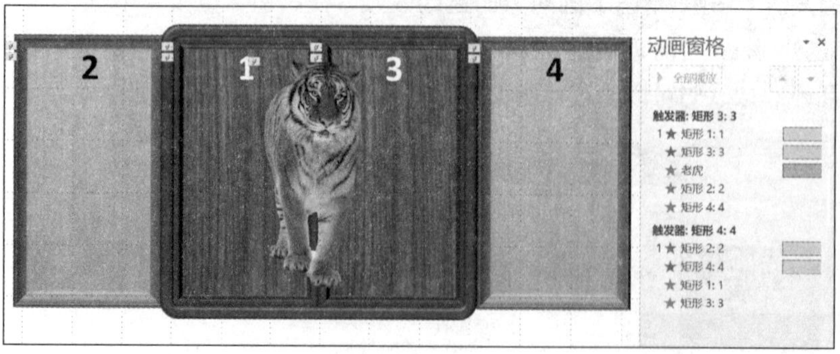

图 3-6-96

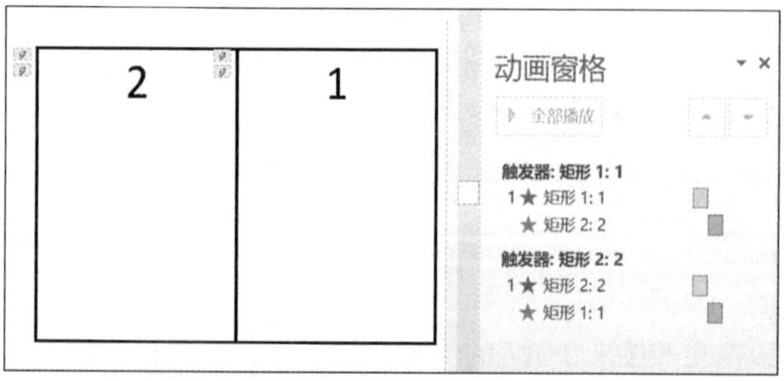

图 3-6-97

(3) 制作书页翻动效果动画

① 制作翻页动画

按照图 3-6-94 中的设置方法,设置图形1和2的有触发器的动画。如图3-6-97所示。图形1触发开门,图形2触发关门。

将上述图形复制若干个,复制后的在上面,顺序不要搞错,并分别命名为 3、4、5、6、7、8。复制图形的同时将所有动画（包含触发器）全部复制，如图 3－6－98 所示。

利用绘图工具栏中“格式”选项卡的“排列”组中的工具，分别选中图形 5、图形 3 和图形 1，分别点击“置于顶层”，改变右边四个图形的叠放次序。重新排列后如图 3－6－99 所示。即右边四个图形从上层到底层分别变为 1、3、5、7。

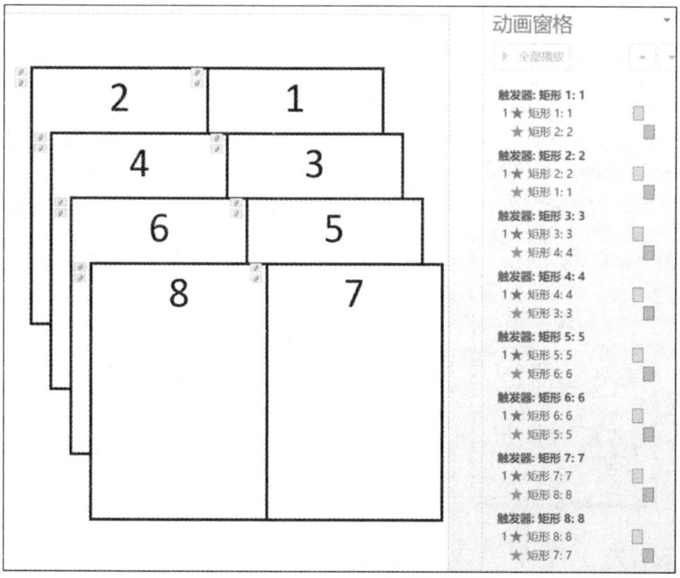

图 3－6－98

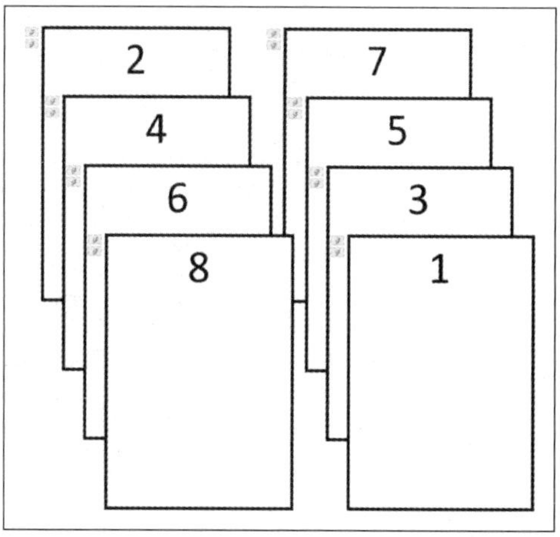

图 3－6－99

利用对齐工具，将左右两边的图形分别“水平居中”和“垂直居中”对齐，如图 3－6－100 所示。这样放映时光标置于图形上后变成手形，点击鼠标就可以看到书页翻动的动画效果。

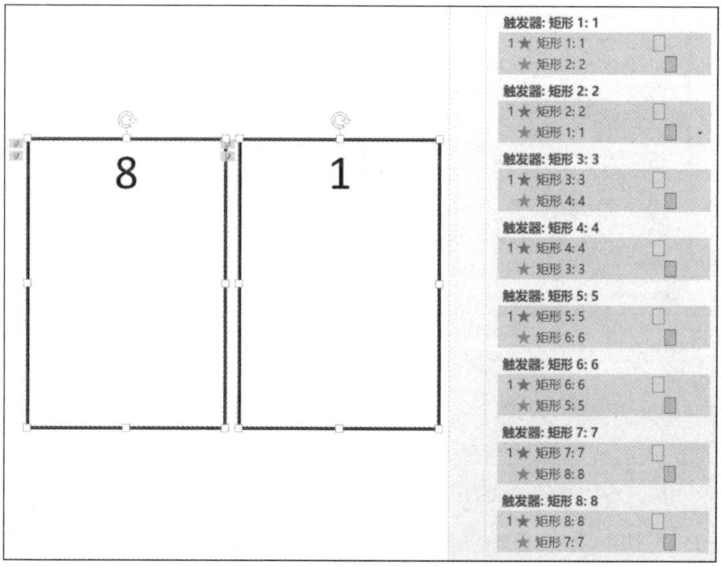

图 3－6－100

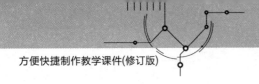

② 填充图片制作翻书效果

在图 3－6－99 中，分别选中需要填充图片的图形，在“设置图片格式”窗格下面的“填充”中，选中“图片或纹理填充”，再点击“文件”，找出电脑中的图片，填充到图形中，每个图形都利用这种方法填充图片，图 1 和图 8 分别作为封面和封底，可以添加文字并设置格式。填充和设置后的效果如图3－6－101所示。

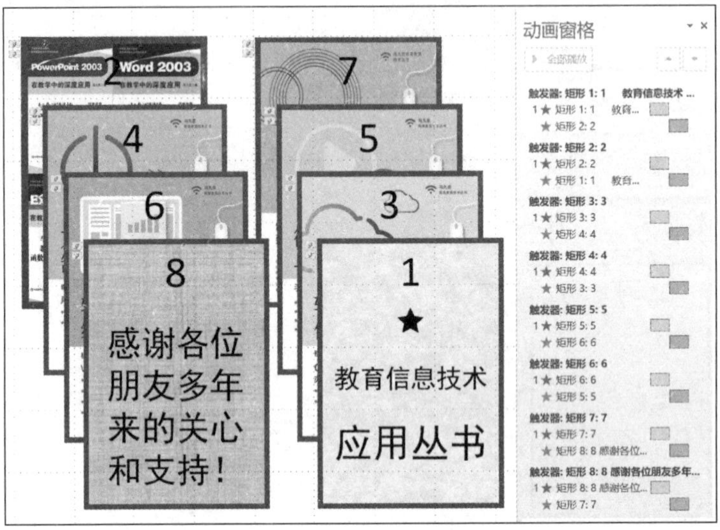

图 3－6－101

将填充了图片的图形排列整齐后，放映时鼠标点击图形即可呈现翻书的动画效果，如图3－6－102所示。

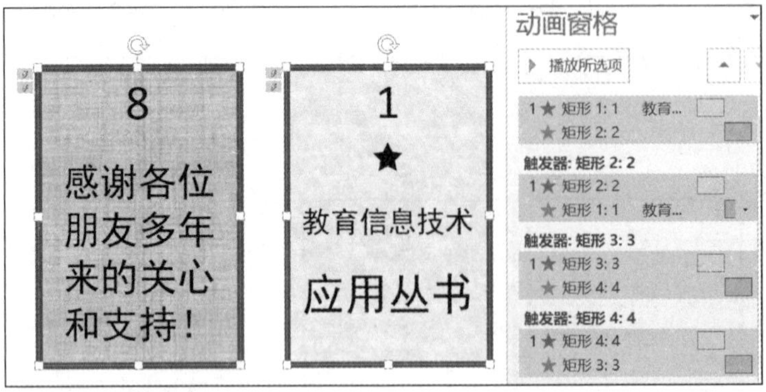

图 3－6－102

③ 添加附件进一步美化效果

绘制画轴、圆环、边孔等附件图形，将圆环、左边孔、右边孔图形分别组合，并设置左、右两个边孔图形的“进入”和“退出”的动画。左边孔图形随着图形 2 的出现而出现，随着图形 1 的出现而退出。右边孔图形随着图形 7 的出现而出现，随着图形 8 的出现而退出，如图3－6－103所示。

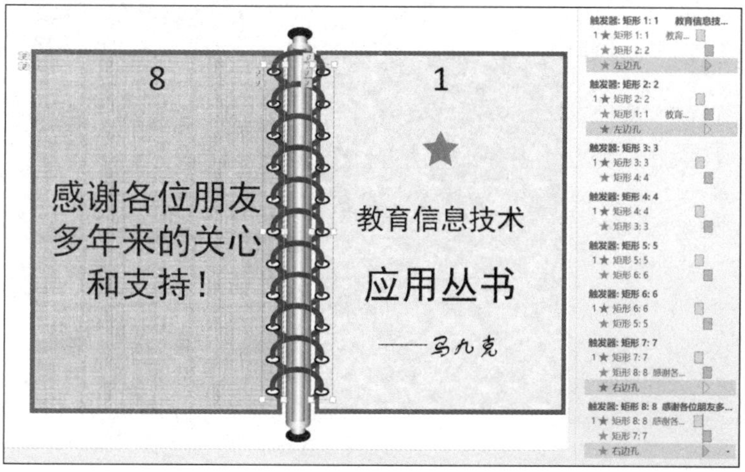

图 3－6－103

在放映开始前，只显示右边一半，点击右边图片，则自动翻页，如图3－6－104所示。放映效果如图3－6－105所示。

图 3－6－104

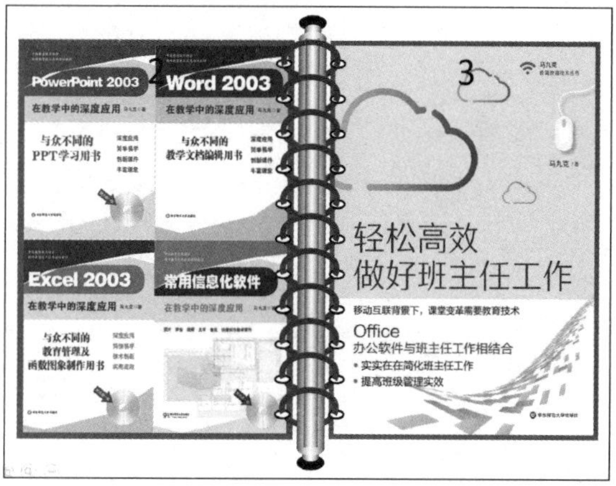

图 3－6－105

进阶提高篇

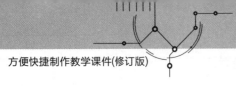

第四单元 图片和文字的艺术效果

第1课 图片的艺术效果设置

图片不是图形，图片指的是网络上下载的或拍摄的照片。

1. 图形填充的透明度及应用

(1) 认识图片透明度

置于图片或图形上的图形，可以设置不同透明度的填充效果。图形的填充默认是不透明的，选中该图形，在右边“设置形状格式”窗格中的“形状选项”卡填充与线条项目中的“填充”下，调整“透明度”右边的小滑块或者数值，可改变填充色的透明度。如图4－1－1所示是图形灰色填充后不同透明度的比较效果图。

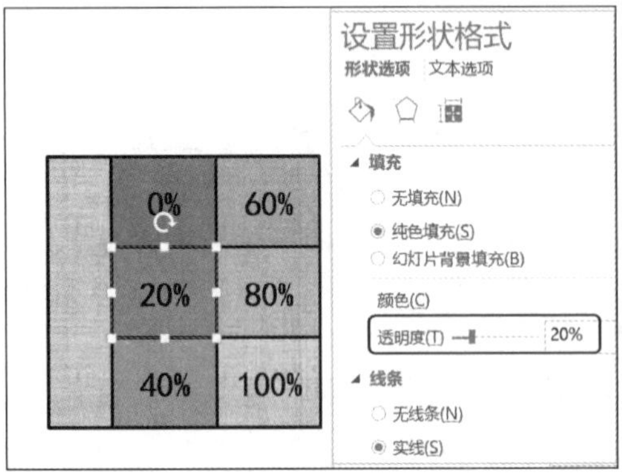

图4－1－1

(2) 叠加半透明遮盖制作朦胧图片

直接使用图片作为背景时，若图片太鲜艳则可能会冲淡主题，可以利用叠加半透明遮盖的方法，在图片上添加一个图形，改变图形填充色的透明度，使下层的图片(或图形)呈现虚幻或渐变的朦胧效果。

① 利用半透明图形遮盖图片

色彩鲜艳的图片作为背景使用时，可以绘制一个设置一定透明度的白色填充的矩形图形覆于其上，使图片色彩变淡。如图4－1－2所示左边是原图片，右边是上面遮盖了一个半

图4－1－2

透明（透明度 50%）的白色矩形图形后得到的效果图。

② 左右渐变透明

为图形设置“渐变填充”，利用“渐变光圈”中的调节柄，可以设置渐变透明的效果。添加多个调节柄，将矩形图形的左边设置为完全透明（100%），右边设置为不透明（0%），中间几处设置不同的透明度，得到的图片效果如图 4－1－3 中右图所示。

图 4－1－3

③ 上下渐变透明

为图形设置上下不同透明度的渐变并遮盖在背景图片上，得到的效果如图 4－1－4所示。

图 4－1－4

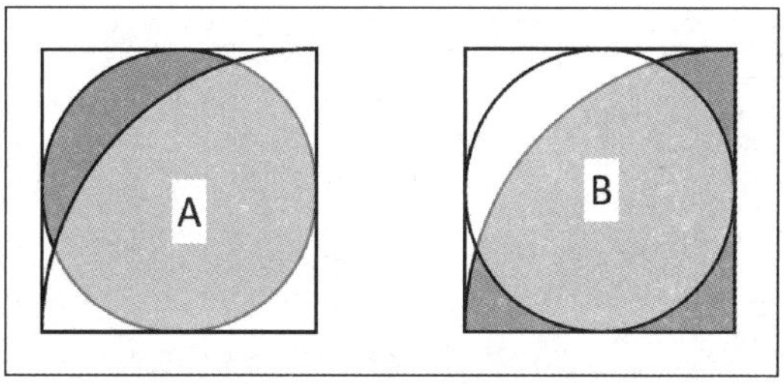

图 4－1－5

（3）利用半透明填充绘制几何图形

两个图形相交时重合部分往往需要作特殊处理以突出显示。可以改变图形填充颜色的透明度达到需要的效果。直径 8 厘米的圆形图形和半径 8 厘米的四分之一圆图形相交，设置不同的透明度，可得到如图 4－1－5所示效果。其中正方形为边长 8 厘米无填充的图形。

直径为 8 厘米的圆形图形填充色设为深灰色并置于底层，四分之一圆图形的填充色设为白色，透明度设置为 50%，置于顶层，对齐放置，如图 4－1－6所示，即可得到图 4－1－5 中左图效果。

四分之一圆图形填充色设为深灰色并置于底层，圆形图形的填充色设为白色，透明度设置为 50%，置于顶层，对齐放置，如图 4－1－7所示，即可得到图 4－1－5 中右图效果。

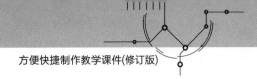

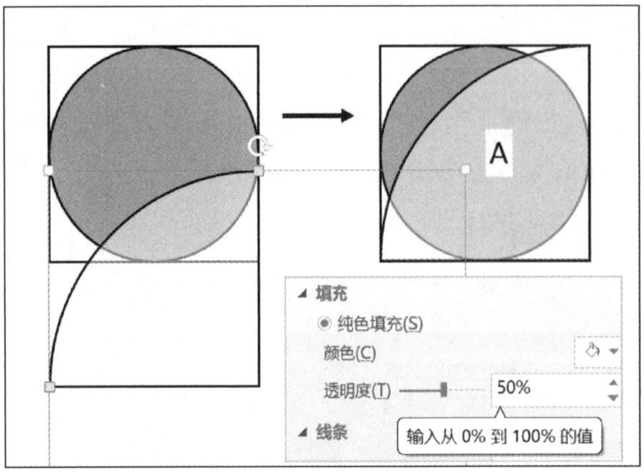

图 4－1－6

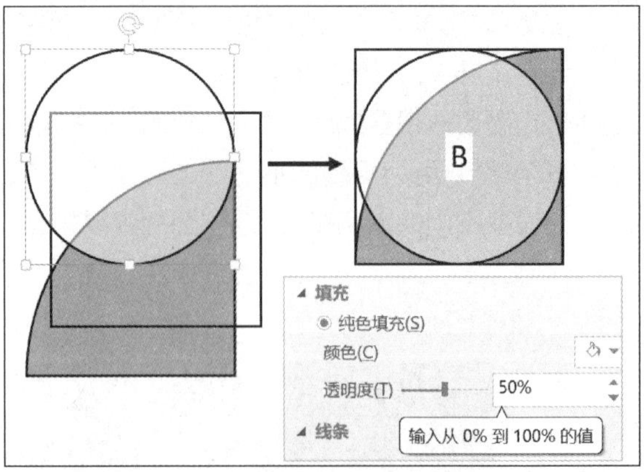

图 4－1－7

2. 使用表格切割图片

利用图片填充表格，再利用“选择性粘贴”改变图片的性质后，取消组合，可将图片按表格行、列数进行切割。操作方法如下：

先插入图片并调整大小，再在“插入”选项卡中点击“表格”，插入 3 行 3 列的表格，如图4－1－8所示。

用鼠标拖动表格右下角，调节表格大小与图片相同，并将表格置于底层，如图4－1－9所示。再将图片“剪切”(直接按下 Ctrl+X)。

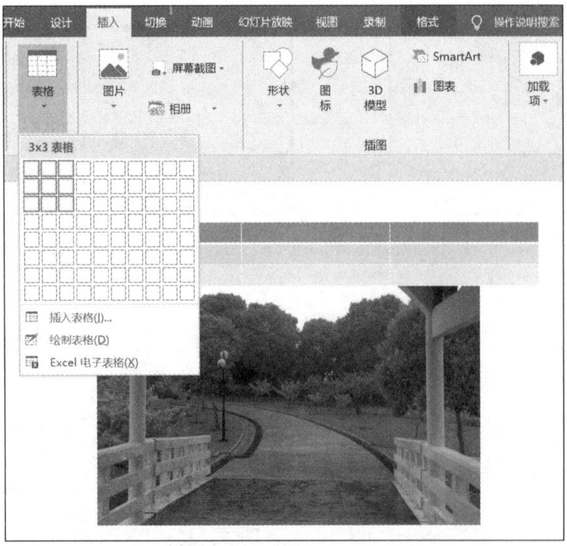

图 4－1－8

图 4－1－9

选中整个表格，在右边的“设置形状格式”窗格中，选择“图片或纹理填充”后，点击“剪贴板”，将图片填充到表格的所有单元格中，如图4－1－10所示，再选中下面的“将图片平铺为纹理”。

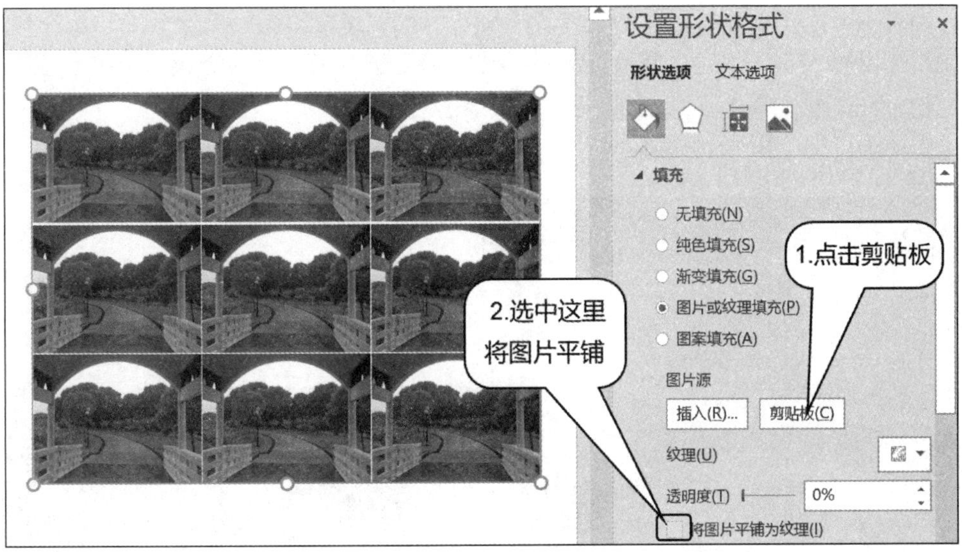

图 4－1－10

图片在表格中平铺后，在“表格工具”的“设计”选项卡中，点击“边框”，选择“无框线”，如图4－1－11所示。

全选并剪切(或按下 Ctrl+X)，在“开始”选项卡的“剪贴板”组中点击“粘贴”，选择“选择性粘贴”，点击“图片(增强型图元文件)”，如图4－1－12所示，以改变图片的性质。

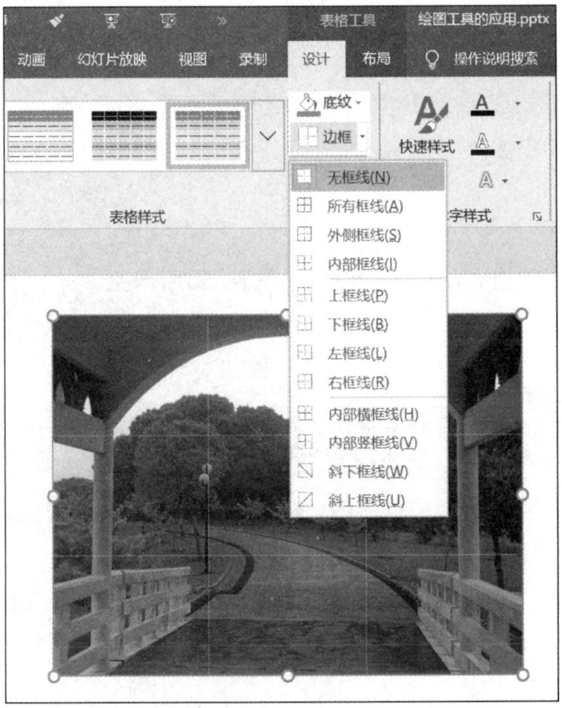

图 4－1－11

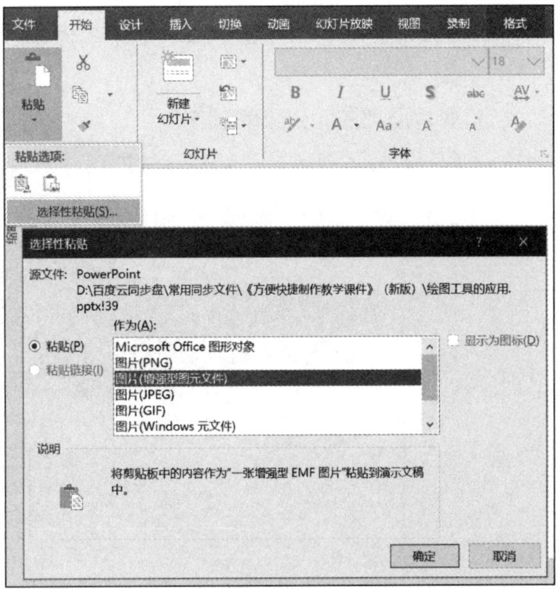

图 4－1－12

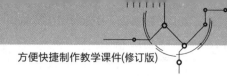

再选中图片,在"图片工具"的"格式"选项卡下面的"排列"组中,点击"组合",选择"取消组合",当出现"这是一张导入图片,而不是组合。是否将其转换为 Microsoft Office 图形对象?"时,点击"是",如图4-1-13所示。再次点击"取消组合"。

取消组合后,图片就按照表格的行、列数被切割开来,如图4-1-14所示。

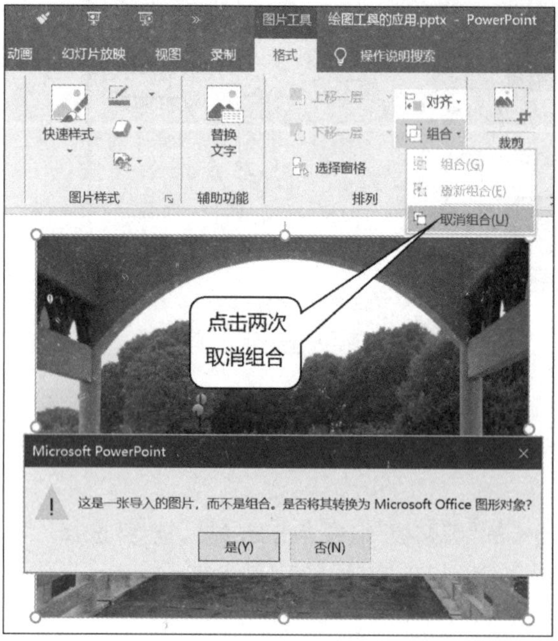

图 4-1-13

图 4-1-14

也可以利用第二单元第6课3."拆分"功能的应用中介绍的方法,绘制若干个水平、竖直放置的窄矩形,把置于底层的图片截成若干个小图片。

3. 图片局部放大效果的制作

有时为了突出显示某一部分内容,需要将局部放大,放大效果如图4-1-15所示。

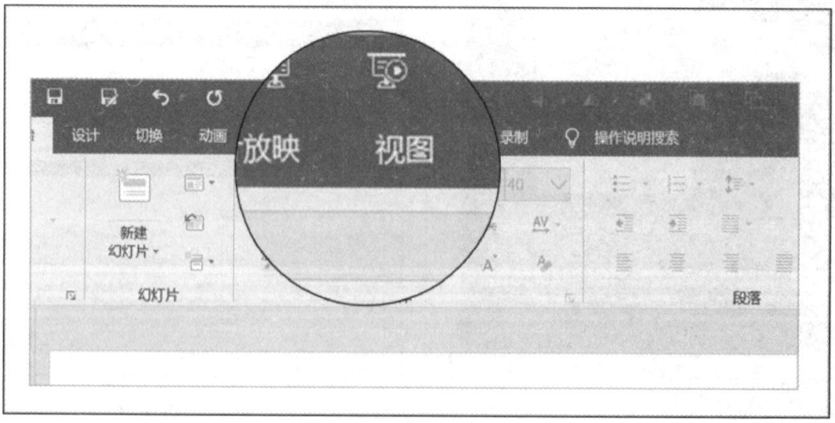

图 4-1-15

（1）制作方法一

① 复制图片并裁剪

将原图片复制一个，点击“裁剪”工具后，手动调整放大的区域，再在“裁剪”中选中“纵横比”为“1∶1”，如图4－1－16所示。然后鼠标在图片外区域点击一下，退出裁剪状态。

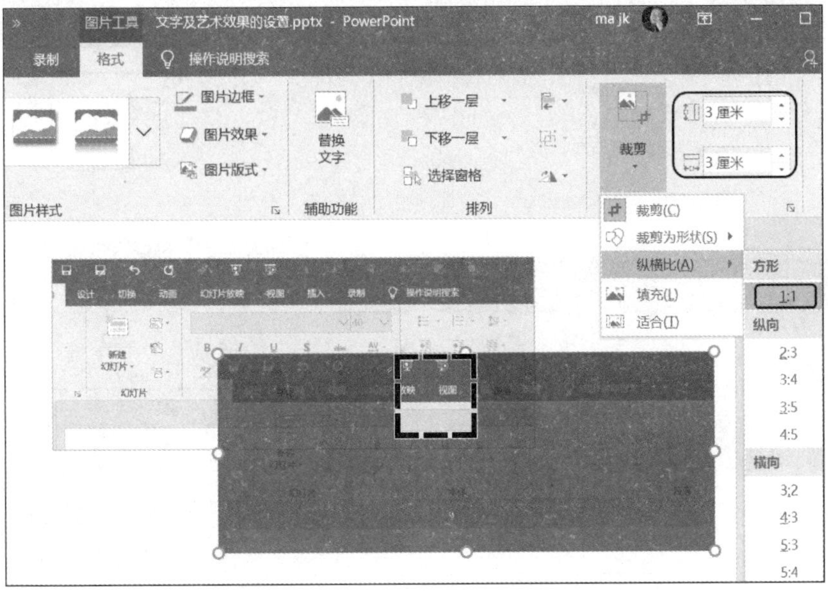

图 4－1－16

② 插入圆形图形

在“插入”选项卡中绘制一个圆形图形，如图4－1－17所示。

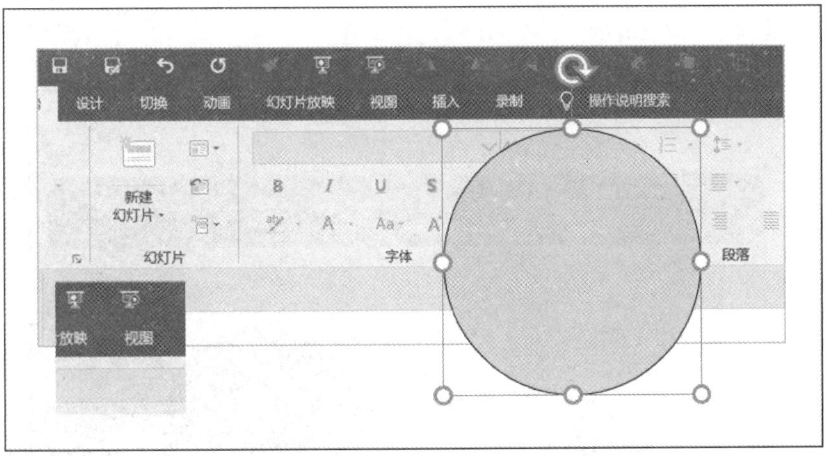

图 4－1－17

③ 以图片填充图形

先选中裁剪后的小图片“复制”（或“剪切”），再选中圆形图形，在右边“设置形状格式”窗格（填充后变为“设置图片格式”窗格）的“形状选项”下面的“填充”中，选择“图片或纹理填充”，点击

“剪贴板”,左边的方形图片就被填充到大圆形图形中。注意:要达到放大的效果,圆形图形的直径要大于正方形图片的边长,如原来的正方形图片边长为 3 厘米,圆形图形的直径为 6 厘米,这样原图片的长宽将各放大一倍,如图4-1-18所示。再调整圆形图形至适当位置即可。

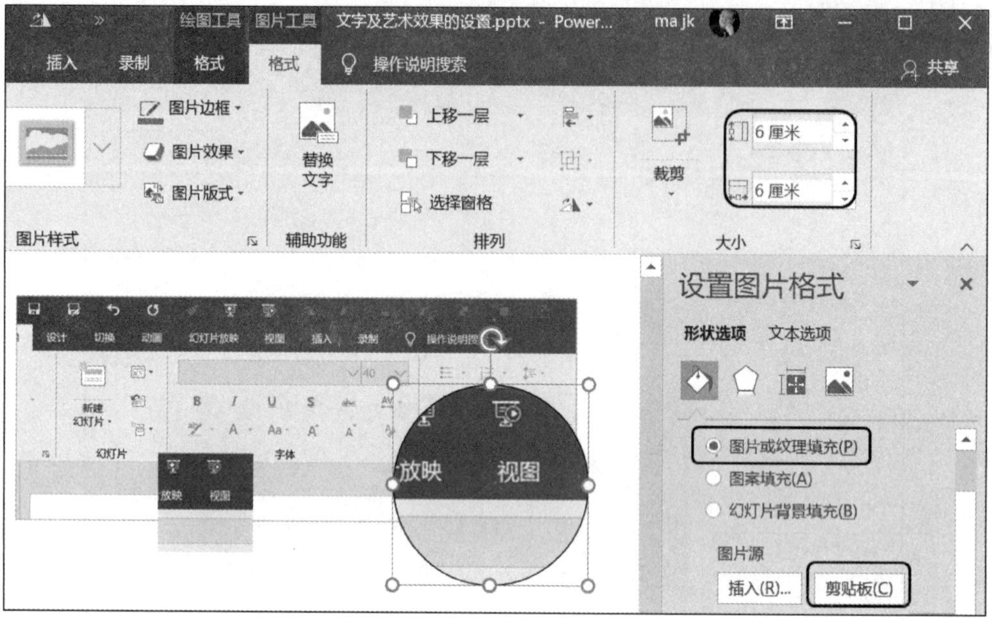

图 4-1-18

(2) 制作方法二

绘制一个圆形图形,置于图片的底层,利用“合并形状”中的“拆分”或“相交”,得到一个与圆形等大的图片,将该圆形图片拖动放大,添加边框线,然后将放大后的图片放置在适当位置即可,如图4-1-19所示。

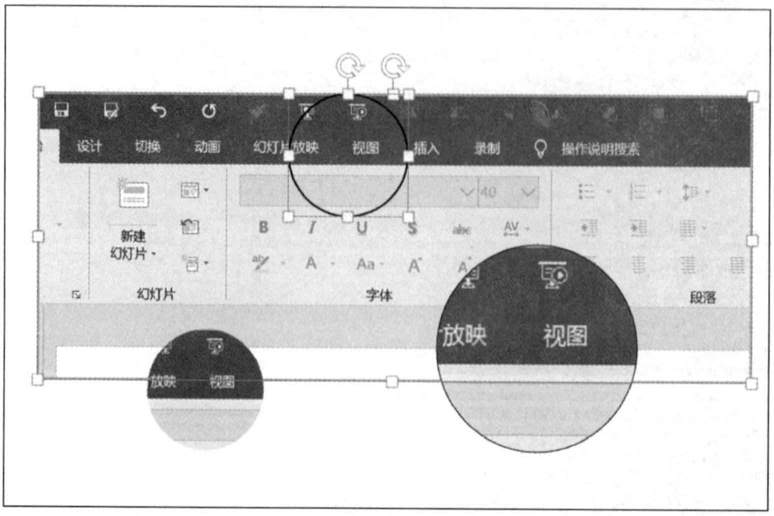

图 4-1-19

4. 图片的透明度调整

在使用图片的过程中，有时需对其调整透明度。插入的图片是不能够直接调整透明度的，可以利用图片填充的方法来实现。

（1）插入图片

如果要在幻灯片上对插入的图片调整透明度，需要先绘制一个与图片纵横比相同的图形，用图片对图形填充。先选中绘制的图形，在“绘图工具”的“格式”选项卡下面的“形状样式”组中，点击右下角的对话框启动器，打开“设置形状格式”窗格，在“形状选项”的“填充”下面点击“图片或纹理填充”（此时“设置形状格式”窗格变为“设置图片格式”窗格），点击“文件”，如图4－1－20所示。选择电脑中的图片插入即可（如果图片被复制，此处可点击“剪贴板”）。

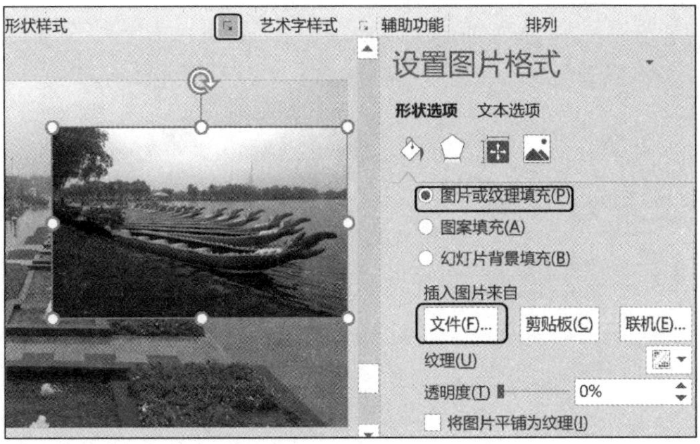

图 4－1－20

（2）设置透明度

填充了图片后，仍在“设置图片格式”窗格下调整“透明度”即可，如图4－1－21所示。

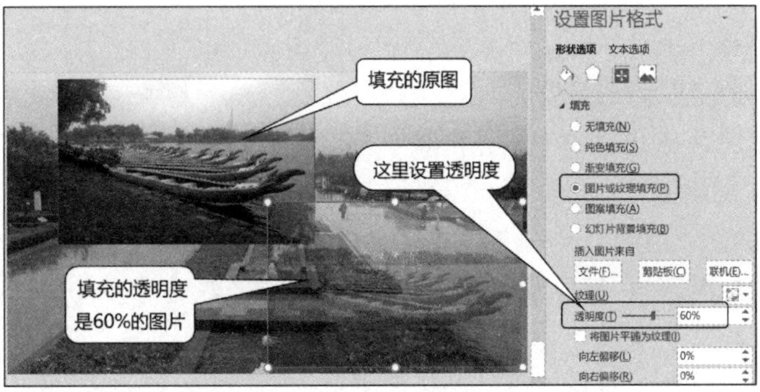

图 4－1－21

5. 制作镂空文字

利用图片“颜色”中的“设置透明色”可以制作镂空的文字。

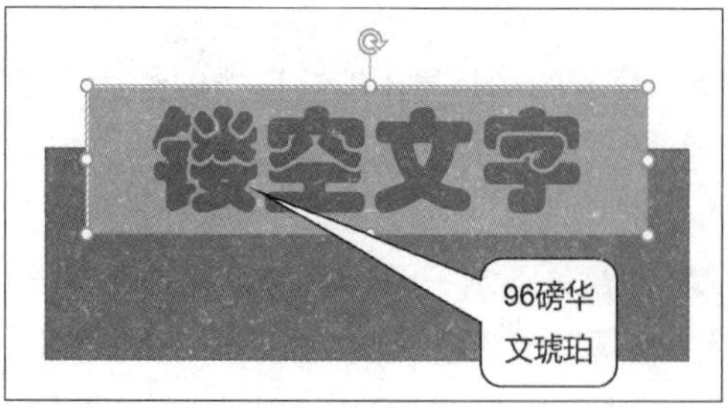

图 4－1－22

（1）镂空文字

插入文本框，设置文字格式。图中的文字格式为“96 磅”“华文琥珀”，如图 4－1－22 所示。

选中文本框剪切后利用“选择性粘贴”，改变对象的性质，即将其变为图片。具体操作参见本节课中图 4－1－12 所示。

应用“选择性粘贴”得到图片后，在“图片工具”的“格式”选项卡左边的“调整”组中点击“颜色”按钮，点击“设置透明色”，光标旁边会多出个笔样图标，在文字上点击一下，文字填充部分即变透明，如图4－1－23所示。

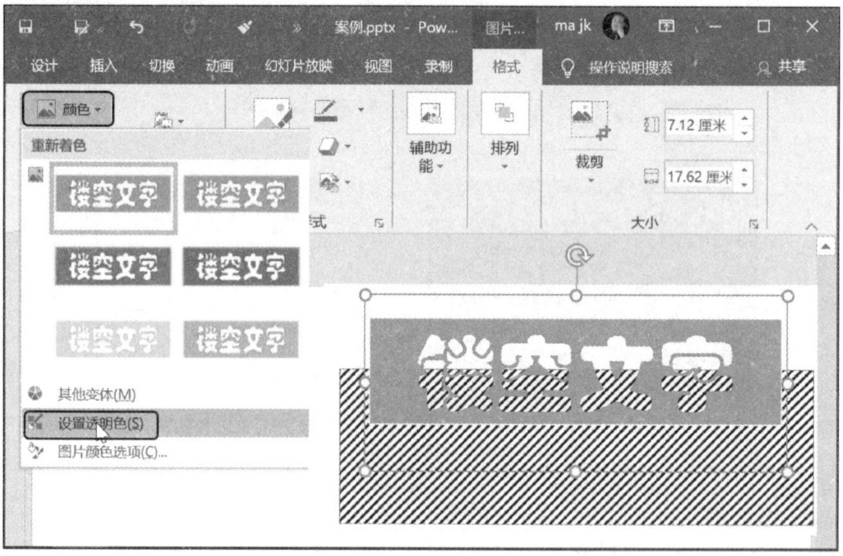

图 4－1－23

（2）“抠”文字

对白纸上的签名进行扫描或拍照，得到背景是白色的图片如图 4－1－24中图 A，利用图 4－1－23 中“设置透明色”的方法，用鼠标点击一下文字周围的白色区域，得到图 4－1－24中图 B，相当于把文字“抠”出来。在“颜色”中的“重新着色”下点击不同的颜色样式，可以得到不同颜色的签名，如图 C。也可以利用“删除背景工具”删除图 A 中的白色区域得到图 4－1－24 中图 D。

图 4－1－24

第2课　文字艺术效果及图章的制作

1. 汉字拼音的标注

低年级语文教学中，常要对汉字进行拼音的标注，可以在 Word 中把汉字标注拼音后，再复制到 PowerPoint 文档中。

（1）在 Word 中标注汉字的拼音

在 Word 中输入汉字，如“汉语拼音的标注方法”，复制后再选中第二行文字，点击“字体”选项卡中的拼音按钮，打开“拼音指南”对话框，如图4－2－1所示。

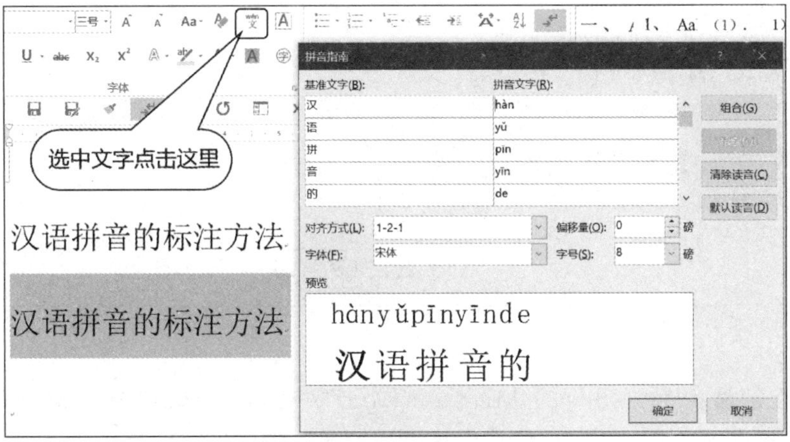

图4－2－1

在“拼音指南”对话框中点击“确定”后，汉字被添加上了拼音。选中添加了拼音的第二行文字，按下 Ctrl+C 键复制，光标置于第三行按下 Ctrl+V 粘贴，此时在右下角的粘贴选项中，选择“只保留文本”，得到如图4－2－2所示的效果。

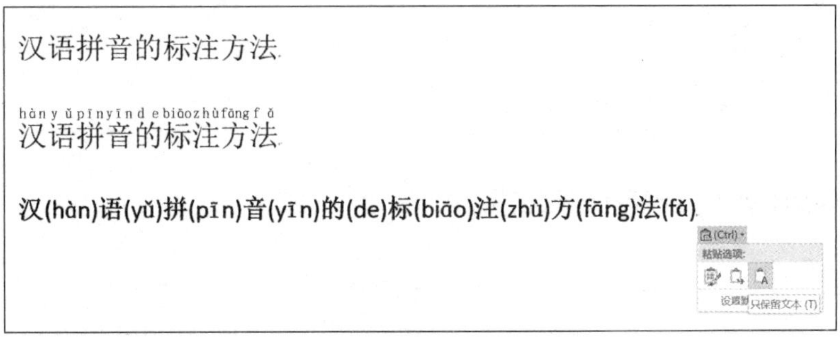

图4－2－2

现在需要在文本中批量删除汉字和括号。如果文字较少可以手工删除，文字较多时可以利用查找和替换批量删除。删除方法如下：

选中第一行文字“汉语拼音的标注方法”复制，再选中拼音与汉字混合的第三行文字，

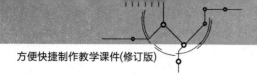

按下 Ctrl+H 键，在出现的“查找和替换”对话框的“替换”选项卡中，光标置于“查找内容”后的方框中，按下 Ctrl+V 键，将“汉语拼音的标注方法”的文字粘贴至此。并在该行文字的首尾添加英文状态下的方括号“[]”，此处的方括号是通配符，意思是查找含有每一个独立的汉字，并选中下方的“使用通配符”，即告诉电脑此处方括号是通配符，如图4-2-3所示。

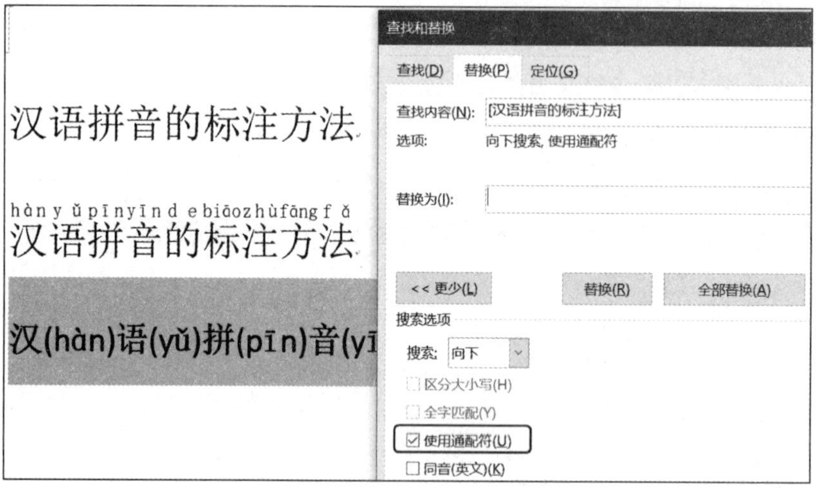

图 4-2-3

点击“全部替换”后，在出现的“Microsoft Word”对话框中，选择“否”，即只替换选中的区域。这样被选中的区域中含有的“汉”“语”“拼”“音”“的”“标”“注”“方”“法”会被全部删除，如图4-2-4所示。

图 4-2-4

选中两个反向括号“)(”并复制，再选中第三行去掉了汉字的含有括号的拼音，按下 Ctrl+H，将复制后的反向括号粘贴到“查找内容”中，点击“全部替换”后，当出现“Microsoft Word”对话框时选择“否”，即可删除第三行中的所有反向括号，如图4-2-5所示。

图 4－2－5

这样第三行中除首尾两处括号外，其余括号全部被删除，如图4－2－6所示。

（2）在 PowerPoint 中编辑汉字和拼音

将 Word 中的汉字和拼音分别复制到 PowerPoint 文档中的两个文本框中，如图4－2－7所示。不过汉字和拼音往往长度不等，无法对齐。

选中汉字所在的文本框，在“开始”选项卡中的“字体”组中，点击右下角的字体对话框启动按钮，在“字体”对话框中的“字符间距”选项卡中，“间距”选择“加宽”，“度量值”输入适当的数值，然后点击“确定”，即可使汉字与拼音对齐，如图4－2－8所示。

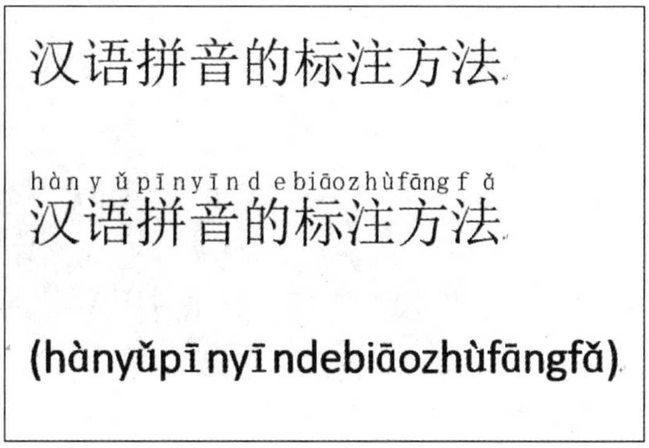

图 4－2－6

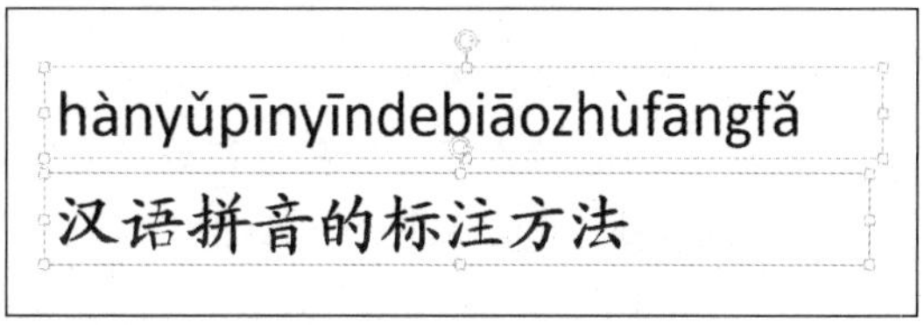

图 4－2－7

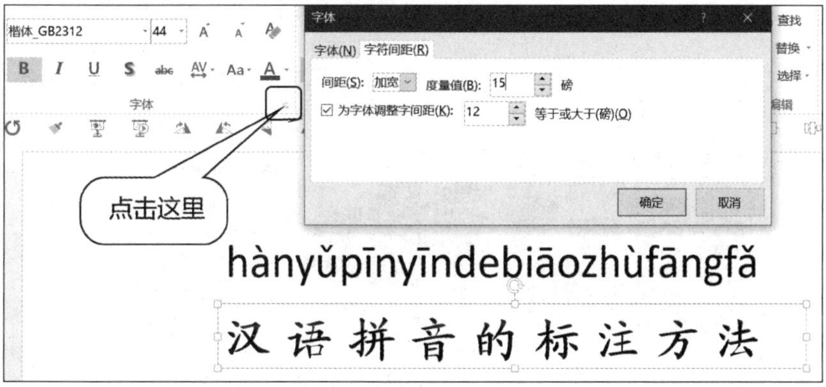

图 4－2－8

2. 变形艺术字

通过设置文字的格式，可得到文字的艺术字效果。

在“绘图工具”的“格式”选项卡下“艺术字样式”组中，利用“文本效果”工具可以设置文字的艺术效果。

(1) 正三角形艺术字

对文本框设置文字的填充和边框等格式后，在“绘图工具”的“格式”选项卡下，在“艺术字格式”组中点击“文本效果”按钮，在“转换”中选择正三角形艺术字样式，得到的正三角形艺术字效果如图4－2－9所示。

图 4－2－9

(2) 左近右远形艺术字

在“转换”中选择左下方的左近右远形艺术字样式，得到的艺术字效果如图4－2－10所示。还可以选择其他众多艺术字样式。

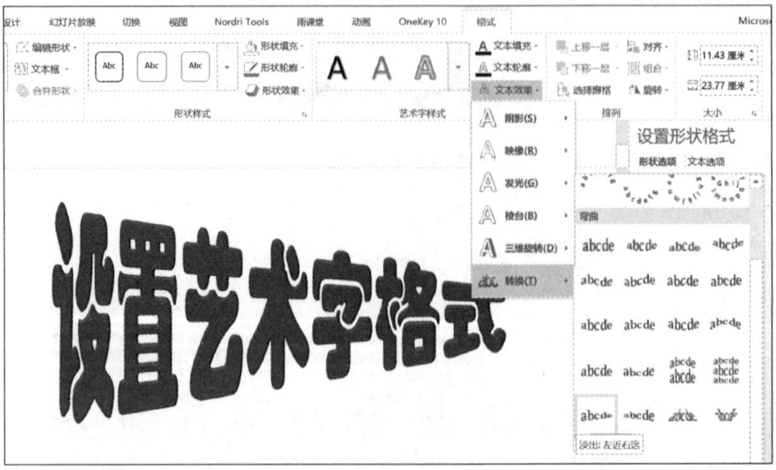

图 4－2－10

3. 不同填充的艺术字

（1）文字的图片和纹理填充

文字不仅可用颜色填充，还可以用图片或者纹理进行填充。

① 图片填充

选中文本框，在右边的“设置形状格式”窗格的“文本选项”中，在“文本填充”中选中“图片或纹理填充”，再点击“文件”按钮，选择电脑中一个图片文档打开即可，如图4－2－11所示。

② 纹理填充

在图4－2－11中也可以选择“纹理”，找出一种纹理图案样式填充即可，再设置文字的“三维格式”和“三维旋转”，可以得到如图4－2－12所示的艺术字效果。

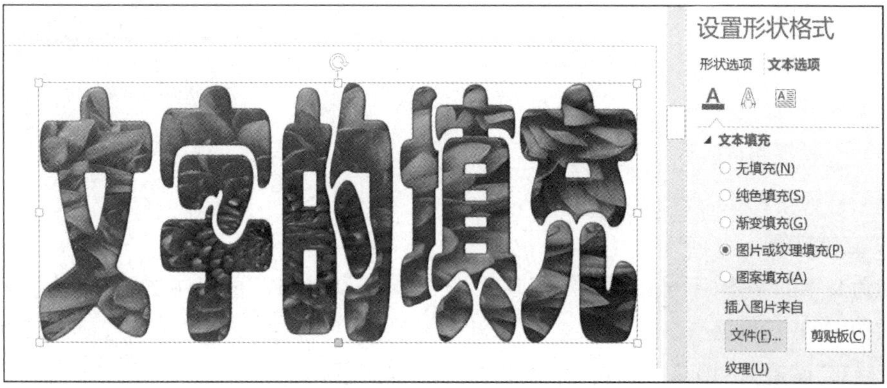

图4－2－11

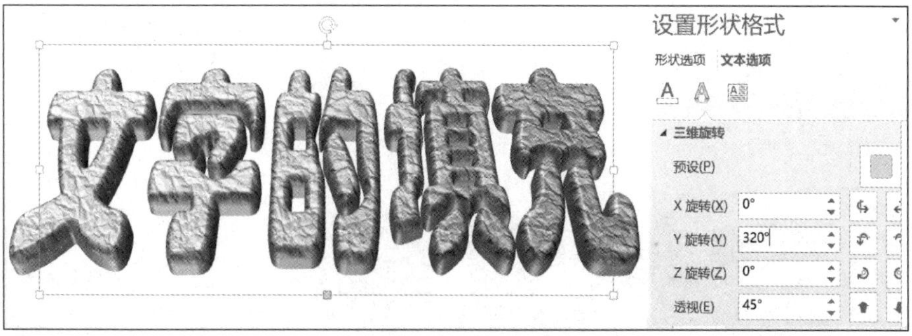

图4－2－12

（2）双色填充立体艺术字

① 双色填充

使用渐变光圈时可以自定义设置渐变的颜色，从而得到双色填充。在“文本填充”中选中“渐变填充”，在“渐变光圈”中，移动光圈调节柄的位置（或者通过更改“位置”中的百分数进行微调），让两种颜色的光圈调节柄重合，即可得到如图4－2－13所示的双色填充的艺术字。利用这种方法还可以得到更多种颜色填充的艺术字。在“渐变光圈”的上边可以通过改变“角度”值来改变填充颜色边界线的角度。还可以调节下面的“透明度”和“亮度”等选项。

图 4-2-13

② 立体文字

设置文字的字体、字号和填充等格式后，在“设置形状格式”窗格中的“文本选项”中，在格式效果下的“三维格式”中，如图4-2-14所示设置“顶部棱台”和“深度”；在“三维旋转”中，“Y 旋转”设置为“10°”。立体文字如图4-2-14所示。

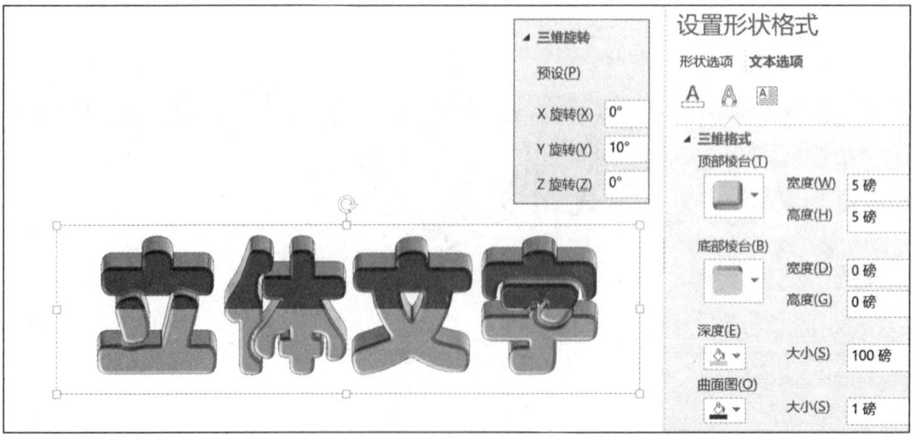

图 4-2-14

4. 阴影和倒影艺术字

（1）阴影艺术字

在“设置形状格式”窗格的“文本选项”选项卡下，在“文字效果”的“阴影”中，可以选择某一个“预设”的阴影样式，设置阴影的“颜色”，调整“透明度”“大小”“模糊”“角度”“距离”等选项，阴影的艺术字效果如图4-2-15所示。

图 4－2－15

（2）倒影艺术字

倒影即映像。在“文字效果”的“映像”中，可以选择某一个“预设”的映像样式，调整映像的“透明度”“大小”“模糊”“距离”等选项，改变映像的样式，得到倒影艺术字。如果要改变倒影字的颜色，可以单独设置一个内容相同的文本框，字体、字号、填充设置好后，在文本的“三维旋转”中设置“Y 旋转”角度为“180°”，如图4－2－16所示。

图 4－2－16

（3）文字的任意翻转

在“三维旋转”的设置中，单独设置某一维度的角度值，可以得到各种翻转的艺术字，如图4－2－17所示。

图 4－2－17

5. 图章图片的制作

（1）绘制圆形图形

绘制一个直径 12 厘米的无填充的圆形图形。在“形状选项”的“线条”中，设置“实线”线条，“颜色”为红色，

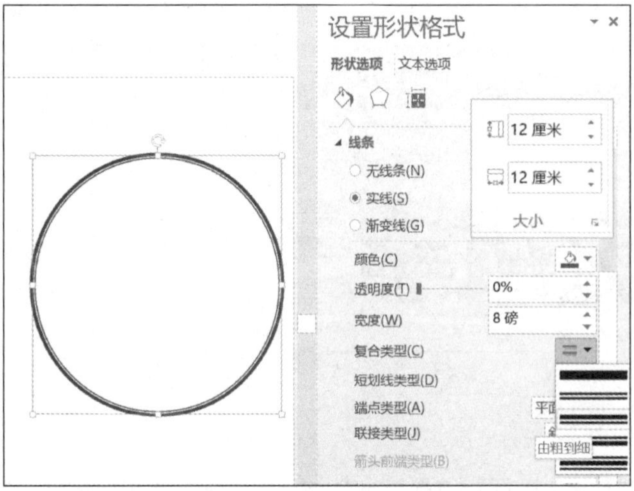

图 4－2－18

“宽度”为 8 磅，“复合类型”为由粗到细，如图4－2－18所示。

(2) 插入艺术字

如图4－2－19所示，插入文本框输入文字“上海新镇中学教育集团”，设置文字为红色的“宋体”“54”号字，如图 A。根据文字的多少，文字间可以有一定的间距。文字间距的设置方法是：在“开始”选项卡的“字体”组中，点击右下角的对话框启动器，在“字体”窗口的“字符间距”选项卡中，“间距”选择“加宽”，本例中“度量值”设置为“8”磅。加宽后的文本框如图 B。应注意，在“设置形状格式”窗格中“文本选项”中的“文本框”下，“形状中的文字自动换行”不选中，保证文字在一行出现，如图4－2－19所示。

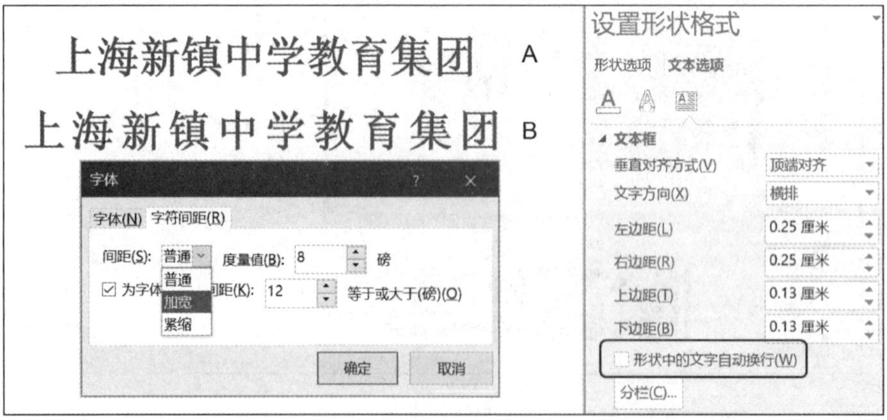

图 4－2－19

(3) 设置文字艺术效果

① 设置弧形文字艺术效果

选中文本框，在“绘图工具”的“格式”选项卡下“艺术字样式”组中，点击“文本效果”按钮，在“转换”中选择“拱形：弯”选项，同时设置文本框的宽、高均为 11.5 厘米(略小于圆形图形)，如图4－2－20所示。

② 设置横排文字形状

将图 4－2－20 中的弧形文字复制后得到图 4－2－21 中的图 A；选中后，在“文本效果”的“转换”中，选择“正方形”，得到图 B；调整矩形框的长和宽，改变文字内容及大小，得到图 C。

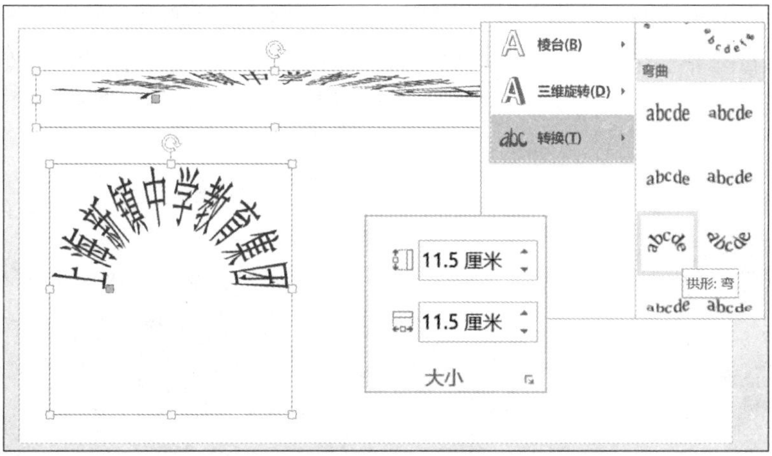

图 4－2－20

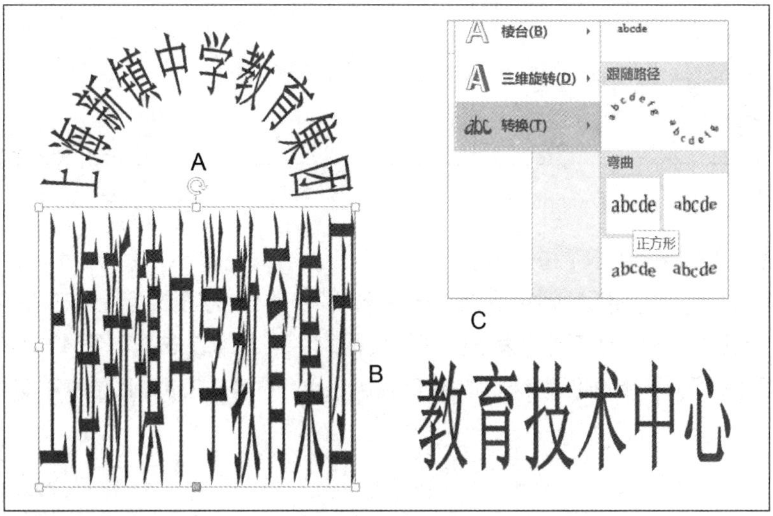

图 4－2－21

③ 各图形对齐组合

绘制大小适当的五角星，选中大圆图形、弧形文字和五角星，利用“水平居中”和“垂直居中”对齐排列（五角星也可以略微上移），组合后再选中横排文字，利用“水平居中”使其对齐，得到如图4－2－22所示的图章组合图形。

（4）图章图形的使用

① 在 PowerPoint 文档中使用

图章图形组合后可以直接复制使用。

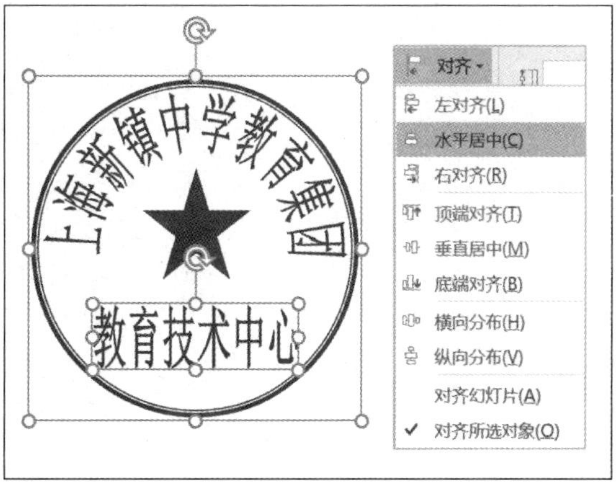

图 4－2－22

② 保存为图片格式

用鼠标右键单击组合后的图形,选择"另存为图片",可以把组合后的图形保存为 PNG 格式的图片,如图4-2-23所示。也可以复制图章图形后,在 Word 文档中以图片格式粘贴使用。

图 4-2-23

图 4-2-24

③ 图片插入到 Word 文档中

在 Word 文档中插入图章图片后,在"布局选项"中选择"浮于文字上方",即可把图章图片放置在文字上方,注意调整图片大小(一般宽、高均为 4 厘米左右),如图4-2-24所示。

本案例图章图片的制作仅为练习使用 PowerPoint 的操作工具,此图章不可做他用。

第五单元　音视频及其他对象的插入

第1课　插入音视频文件

1. 添加声音文件

（1）插入声音文件

① 直接插入电脑中的声音文件

在“插入”选项卡的“媒体”组中，点击“音频”按钮，再点击“PC 上的音频”，如图5－1－1所示。在打开的“插入音频”对话框中，找到声音文件的位置。声音文件有不同的格式，如“mp3”“wav”“wma”等，这些格式的文件都可以插入到 PowerPoint 文档中。

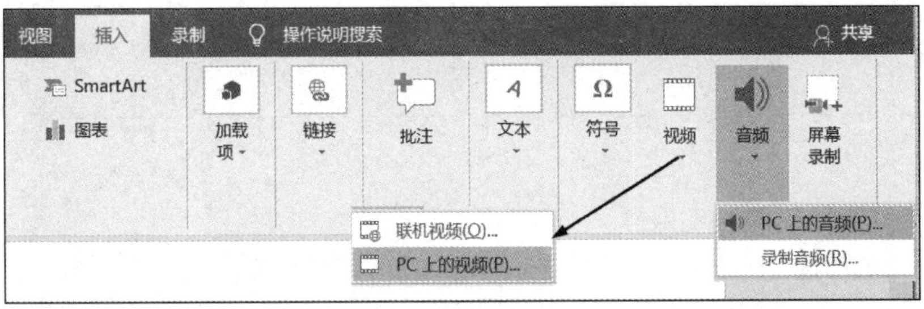

图5－1－1

找到音频文件后，如果点击“插入”，默认的操作是把音频文件嵌入到文档中，如果音频文件较大，为了减小 PowerPoint 文件的大小，可以选择“链接到文件”，如图5－1－2所示。这样音频文件只是链接到文档中，不会过多增大 PowerPoint 文件的大小。应注意被链接的音频原文件的名称和位置不可随意变化。

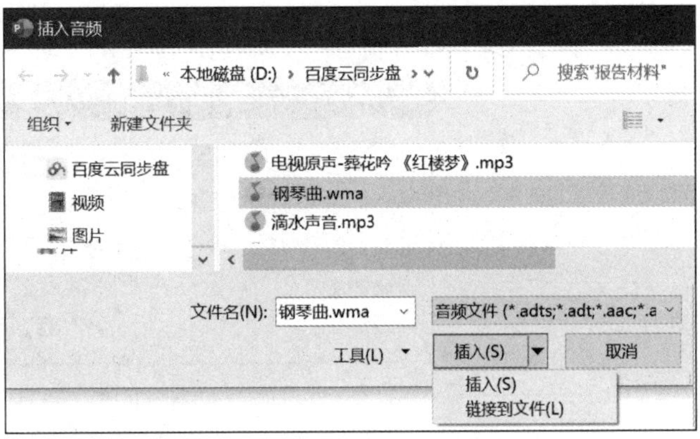

图5－1－2

② 插入录制文件

也可以直接利用 PowerPoint 录制音频文件。在如图5－1－1所示界面点击“录制音频”。点击红色圆点录制按钮即可开始录制声音文件。录制完成后点击“确定”，即可把录制的声音文件插入到 PowerPoint 文档中。

(2) 声音播放的设置

不论插入电脑中的是已有的音频文件还是录制的声音文件,选中声音图标,在功能区上面会出现“音频工具”栏,在“播放”选项卡中有多个声音播放工具。插入的音频文件默认“无样式”且自动播放,即播放幻灯片时自动播放声音,并且只在本页幻灯片中播放声音。如果让下一页幻灯片继续播放声音,则要选择“跨幻灯片播放”。若声音文件较短,可以选中“循环播放,直到停止”,这样可以循环播放声音文件。如果选中“在后台播放”,则“跨幻灯片播放”“循环播放”及“放映时隐藏”均被选中,“音频选项”组中的“开始”播放默认为“自动”,也可以将其修改为“单击时”,如图5-1-3所示。

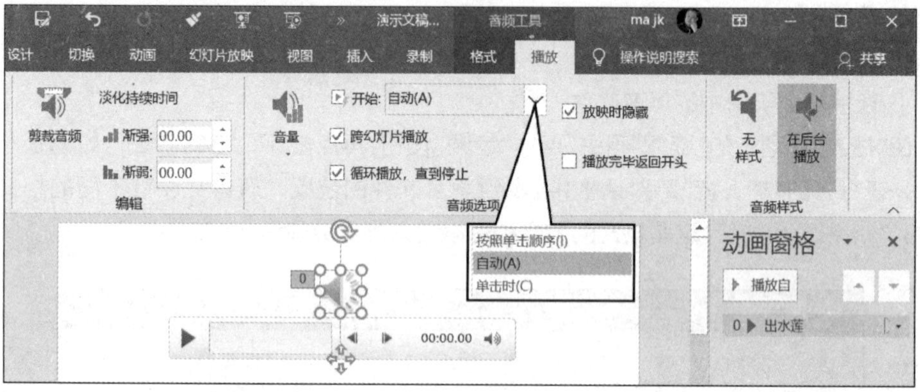

图5-1-3

(3) 文件的剪裁、压缩和保存

① 文件的剪裁

在图5-1-3的“编辑”组中,点击“剪裁音频”。在图5-1-4所示的“剪裁音频”对话框中,移动左右两边的绿色和红色游标,设置播放的“开始时间”和“结束时间”,这样可以只播放声音文件的某一部分。

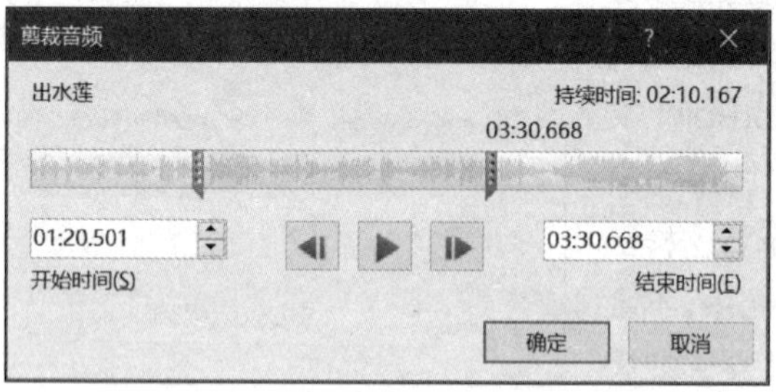

图5-1-4

② 文件的压缩

“剪裁音频”后再“另存为”并不会改变文件的大小,只有把文件压缩才能删除剪裁掉的部分,保存后原文件才会变小。

在主界面点击“文件”进入后台,在“信息”选项中点击“压缩媒体”,选择所需媒体质量,如图5-1-5所示。

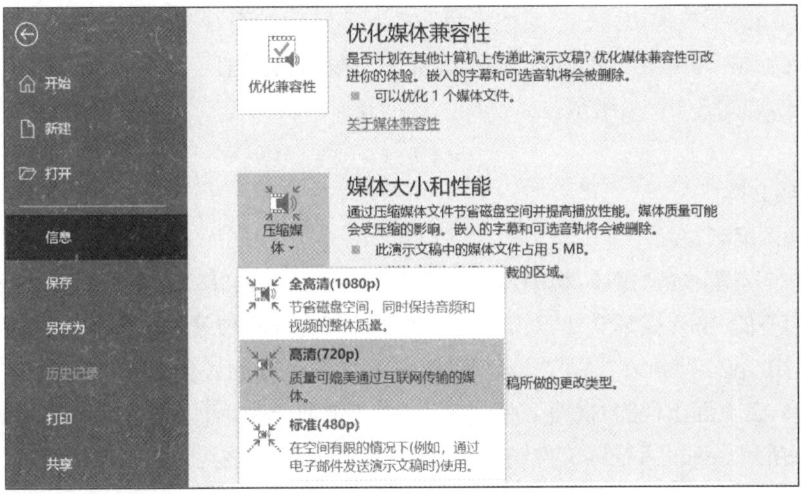

图 5－1－5

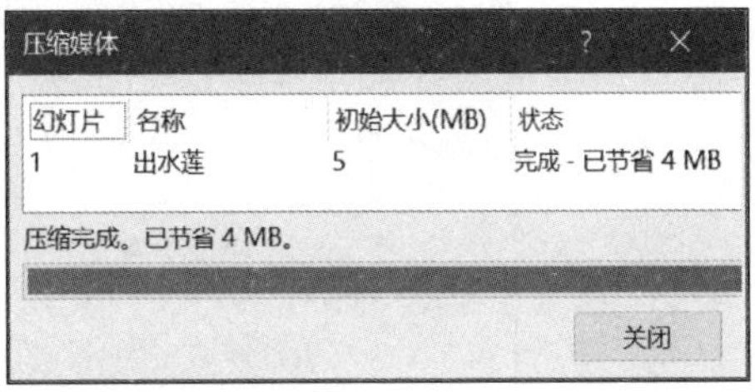

图 5－1－6

如选择“高清(720p)”，则文件被压缩，如图 5－1－6所示，可以看到被剪裁掉的部分已被删除(即压缩)。

③ 声音文件的保存

要保存录制的声音文件(或保存剪裁并压缩后的声音文件)，在文件的小喇叭图标上右击鼠标，点击“将媒体另存为”，如图 5－1－7所示。选择保存位置即可把声音文件保存在电脑上。

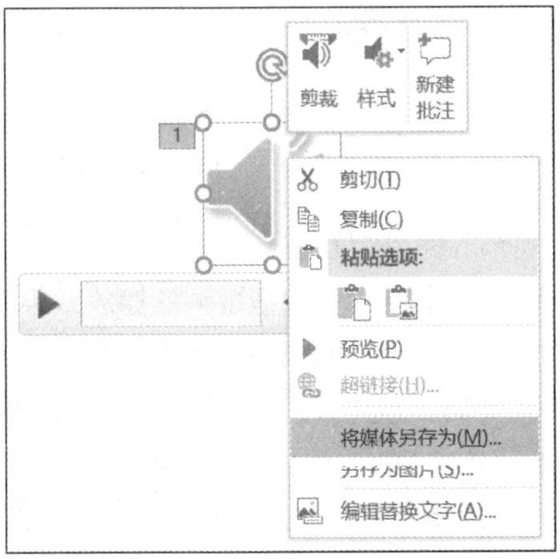

图 5－1－7

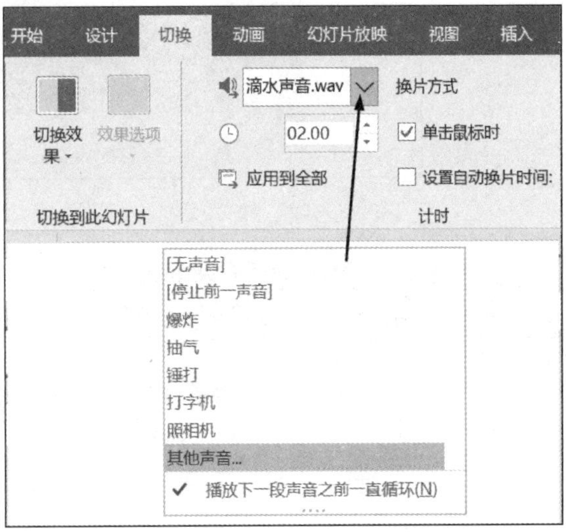

图 5－1－8

(4) 在“切换”中插入声音文件

可以在“切换”中插入声音文件。在第一张幻灯片中，在“切换”选项卡的“计时”组中，点击“声音”右边的下拉按钮，选中“其他声音”，找到电脑中的声音文件（注意这种方法插入的声音文件必须是“wav”格式的），再选中“播放下一段声音之前一直循环”，这样声音文件就会反复播放，如图5－1－8所示。

2. 插入视频文件

（1）插入视频文件

在“插入”选项卡的“媒体”组中，点击“视频”按钮，再点击“PC 上的视频”，如图5－1－1所示。在打开的“插入视频文件”对话框中，找到视频文件的位置插入即可。视频文件有不同的格式，如“mp4”“wma”“avi”“swf”等，这些格式都可以插入到 PPT 文档中。选中插入的视频文件，在上面出现的“视频工具”栏的“播放”选项卡中，可以进行视频的播放设置，如图5－1－9所示。在插入视频文件时，与插入声音文件类同，也可以选择“插入”或者“链接”。

图 5－1－9

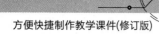

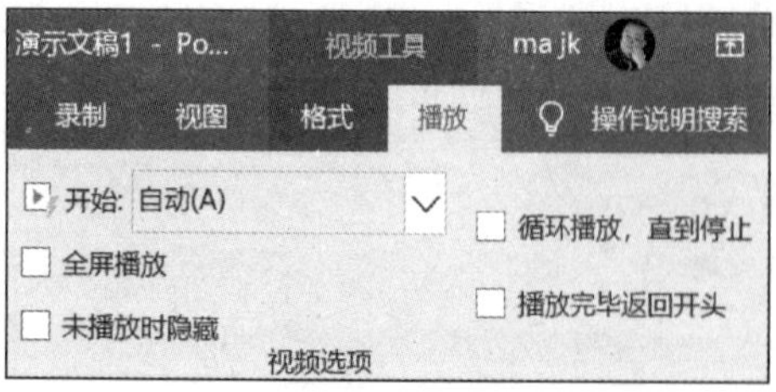

图 5－1－10

（2）视频的播放设置

在“视频选项”组中可设置视频的播放效果，如图5－1－10所示。一般可使用默认设置。

“开始”选项，分为“单击时”播放和“自动”播放以及“按照单击顺序”播放三种。“单击时”是指在 PowerPoint 播放状态下，单击鼠标可播放视频。“自动”是指当视频所在 PowerPoint 页面处于播放状态时，视频会自动开始播放。

“循环播放，直到停止”：当 PowerPoint 处于播放状态时，当前页面的视频会不断循环播放，直到单击鼠标停止播放视频。

“全屏播放”：当 PowerPoint 处于播放状态时，当前页面的视频会以全屏的方式进行播放。

“未播放时隐藏”：当 PowerPoint 处于未播放状态时，该视频会被隐藏。

（3）剪裁视频与压缩保存

① 剪裁视频

在图 5－1－9 的“编辑”组中，点击“剪裁视频”，在图 5－1－11 所示的“剪裁视频”对话框中，拖动绿色和红色两个游标，可以选择某一段视频进行播放。

② 压缩和保存

视频文件的剪裁、压缩和保存可以参考本课中的声音文件的剪裁、压缩和保存。

图 5－1－11

3. 音视频文件的动画设置

通常的图形、文本框、图片等的动画设置工具中共有四大类选项，分别是“进入”“强调”“退出”和“动作路径”，如果插入音视频文件，动画设置中则会增加“播放”“暂停”“结束”等动画按钮。

（1）插入视频的动画

视频插入后，在播放时会出现播放工具条，可以“播放”“暂停”等。同时在“动画窗格”中可以看到，默认自动添加了触发器（2013 版本与 2019 版本界面有差别），如图 5－1－12 所示。幻灯片播放时在画面上或工具条上用鼠标点击都可以“播放”或“暂停”。

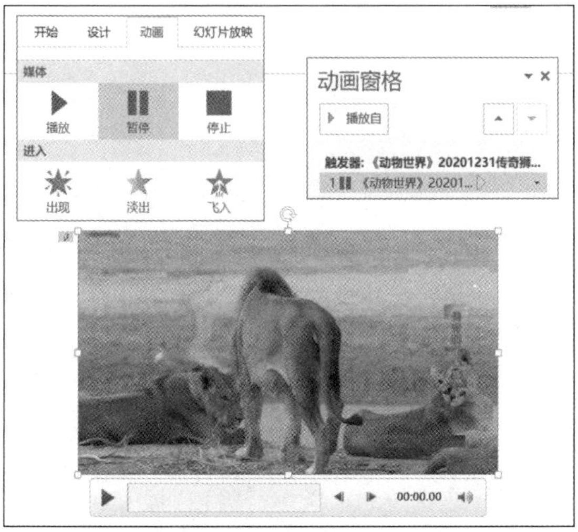

图 5－1－12

图 5－1－13

选中插入的视频,如果在“动画”组中点击一下“播放”按钮,则可以更改原来的动画效果,将原来的有触发器的“暂停”动画改为“播放”动画,如图5-1-13所示。这样在幻灯片播放时在画面外点击一下即开始播放视频,在画面上点击可以重复从头开始播放,播放工具条上的“播放”和“暂停”功能不变。

一张幻灯片上可以插入多个视频,选中所有视频,在“动画”的“媒体”中选择“播放”,在播放时,鼠标在画面外点击一下,所有视频则同时播放,如图5-1-14所示。

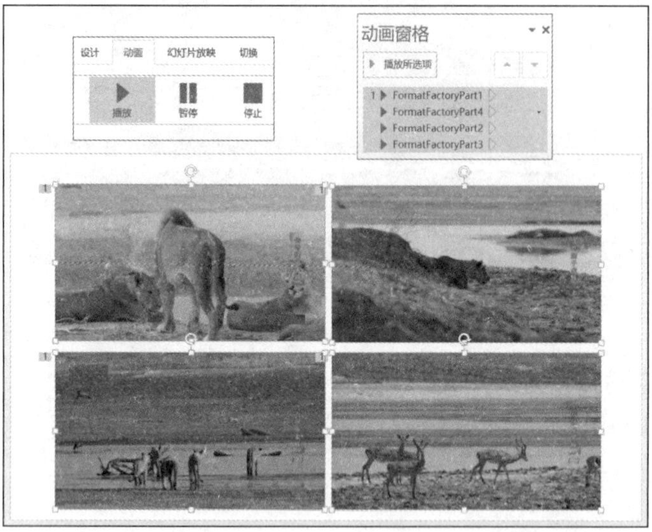

图5-1-14

(2) 声音文件的动画

插入声音文件后,在“动画窗格”中会显示“触发器”,可以删除“触发器”,也可以改变声音文件的动画效果,如图5-1-15所示。

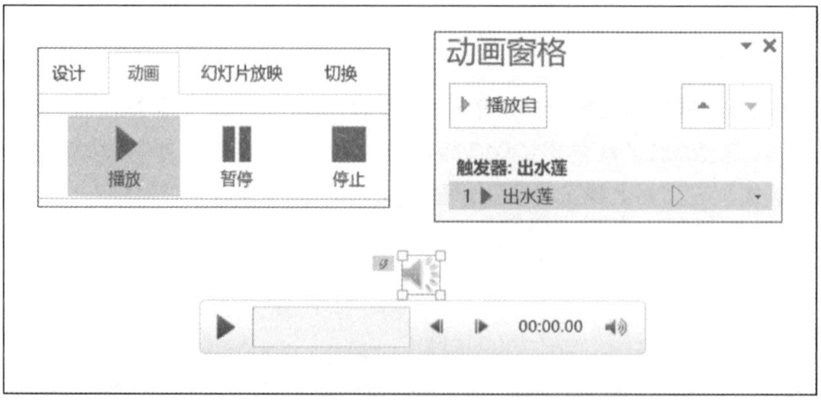

图5-1-15

第2课 插入表格和图表

1. 表格的应用设置

(1) 插入表格

在“插入”选项卡的“表格”组中,点击“表格”按钮,用鼠标左键拉动出所需行数和列数即可插入表格。点击下面的“插入表格”工具按钮,在对话框中输入行、列数,也可以插入表格,如图5-2-1所示。

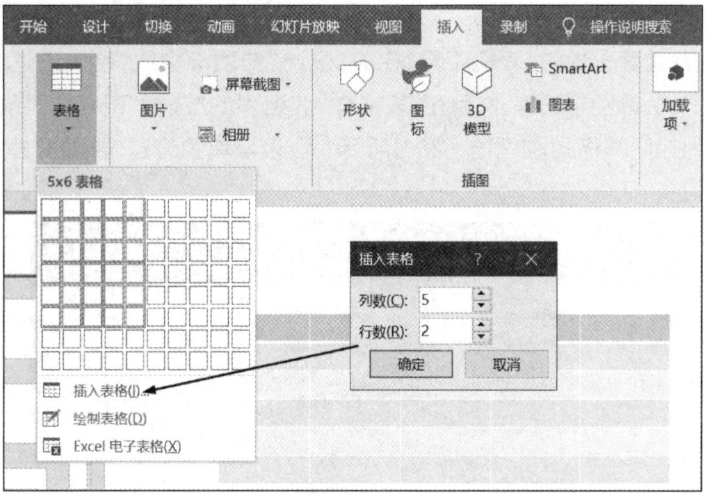

图 5-2-1

(2) 设置表格格式

① 设置表格底纹

光标置于表格右下角拖动，可以改变表格的大小。选中表格（光标置于边框线上，当光标变成双十字箭头后点击一下），在上面出现的“表格工具”的“设计”选项卡的“表格样式”组中，点击“底纹”按钮，可以设置表格底纹的颜色，如图5-2-2所示。

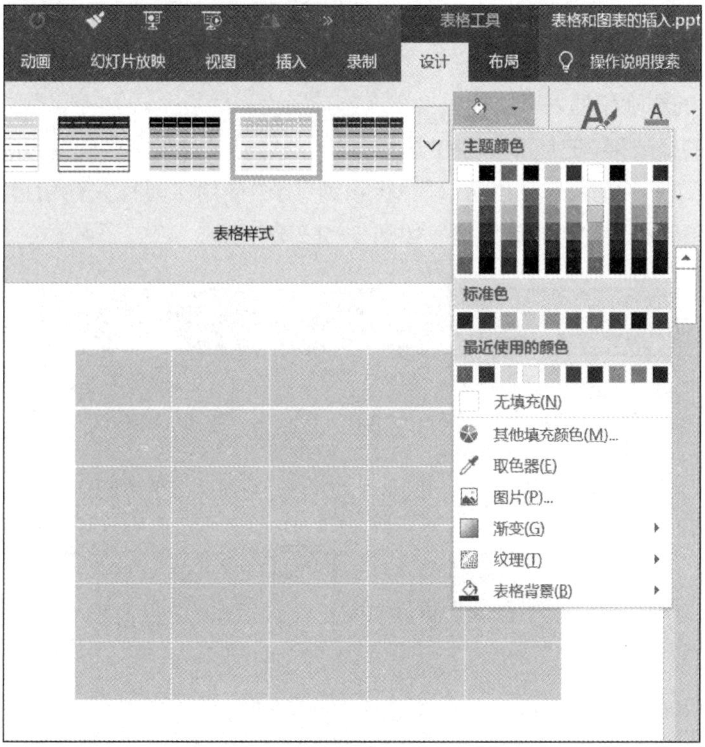

图 5-2-2

② 设置表格边框格式

选中表格，在上面出现的“表格工具”栏的“设计”选项卡中的“绘制边框”组中，可设置“笔颜色”和笔样式、笔画粗细等，然后在“表格样式”组中的“边框”下点击“所有框线”，则所有框线都设置为相同的格式，如图5－2－3所示。也可以单独设置表格的“外侧框线”和“内部框线”等。

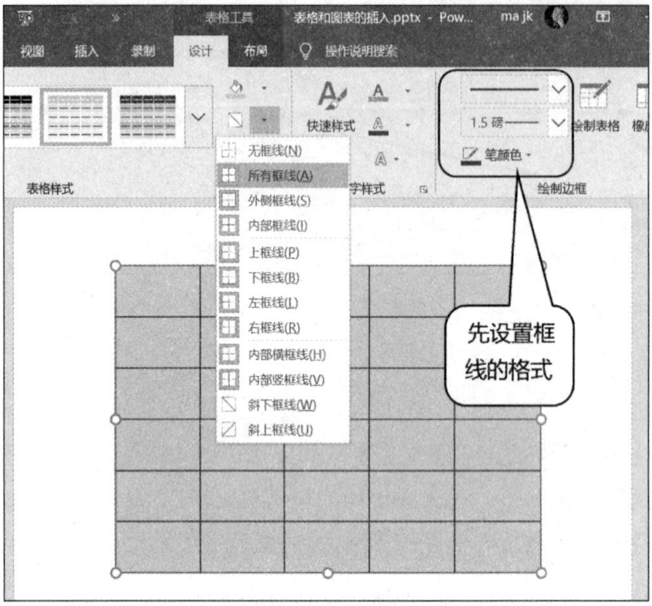

图 5－2－3

(3) 行、列的删除和插入

选中表格的行或列，在上面出现的“表格工具”的“布局”选项卡中的“行和列”组中，点击“删除”按钮，可以删除列和行。也可以在“行和列”组中使用工具插入列和行，还可以在“合并”组中“合并单元格”和“拆分单元格”，如图5－2－4所示。

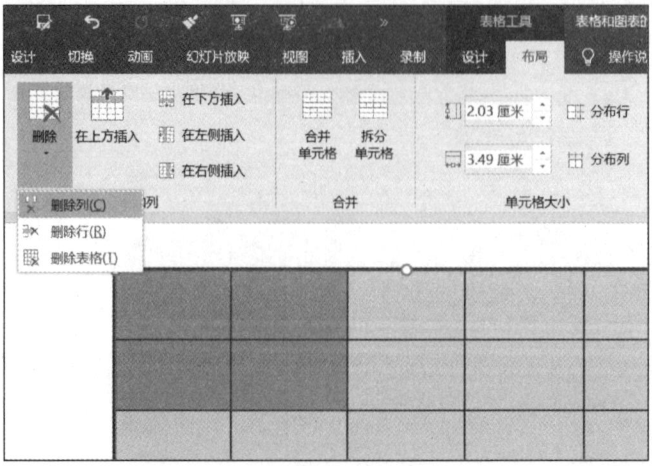

图 5－2－4

(4) 用表格制作方格坐标图

① 添加坐标轴

绘制表格,添加两个坐标轴,如图5-2-5所示。界面显示网格线方便作图。

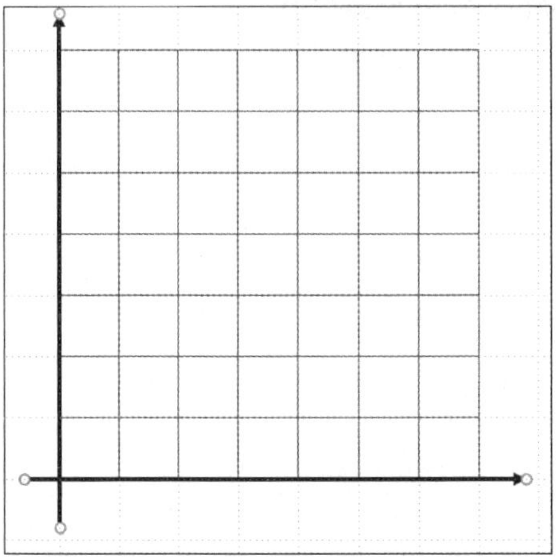

图 5-2-5

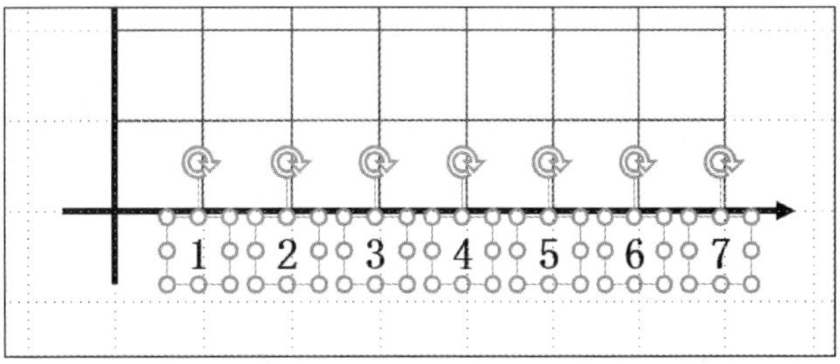

图 5-2-6

② 设置横坐标刻度值

插入文本框输入文字,复制若干个后,将首末两个文本框放置在适当位置,利用对齐功能,将多个文本框先"顶端对齐",再"横向分布",如图5-2-6所示,然后组合起来。

③ 设置纵坐标刻度值

将图5-2-6中的文本框组合后的水平刻度值复制后逆时针旋转90°,放置在纵坐标轴旁,再"取消组合",然后再整体顺时针转动90°,然后再将其组合,如图5-2-7所示。这样就得到了有刻度值的方格坐标图。如果纵坐标的刻度数与横坐标不同,需改变坐标刻度数量后将首末两个文本框放置在适当位置,利用"左对齐"和"纵向分布"工具按钮对齐排列这些文本框。

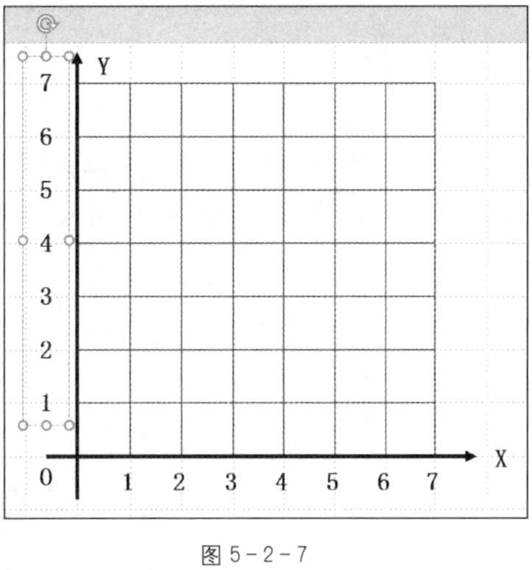

图 5-2-7

2. 图表的插入

(1) 图表的插入

在 PowerPoint 文档的编辑过程中,常常要把一些图表数据插入到幻灯片中,在幻灯片中插入图表的方法如下:

① 插入图表

在"插入"选项卡的"插图"组中,点击"图表",在"插入图表"对话框中,选择一个图表样式插入即可,如图5-2-8所示。

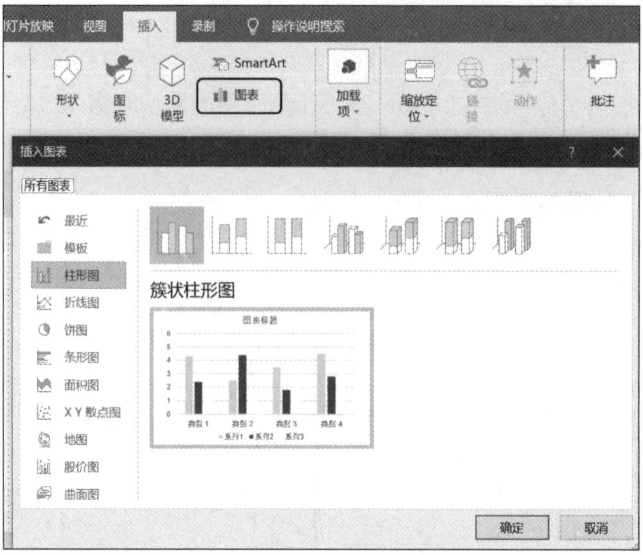

图 5－2－8

插入图表后默认会出现表格数据编辑栏，如图5－2－9所示。也可以点击“数据”组中的“编辑数据”，调出数据编辑栏。

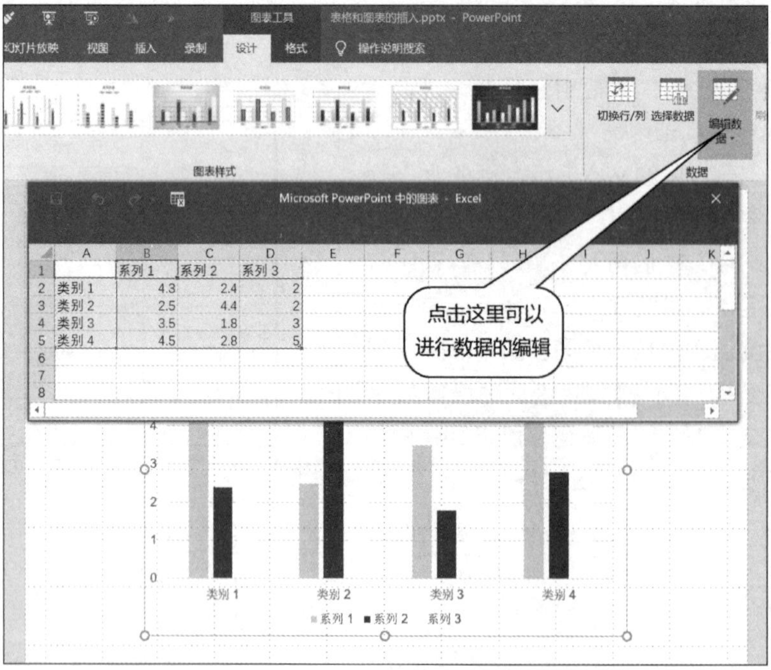

图 5－2－9

② 编辑图表数据

在表格数据编辑栏中，可以直接编辑表格中的数据，也可以在 Excel 的工作表中将编辑好的数据直接复制过来，如图5－2－10所示。

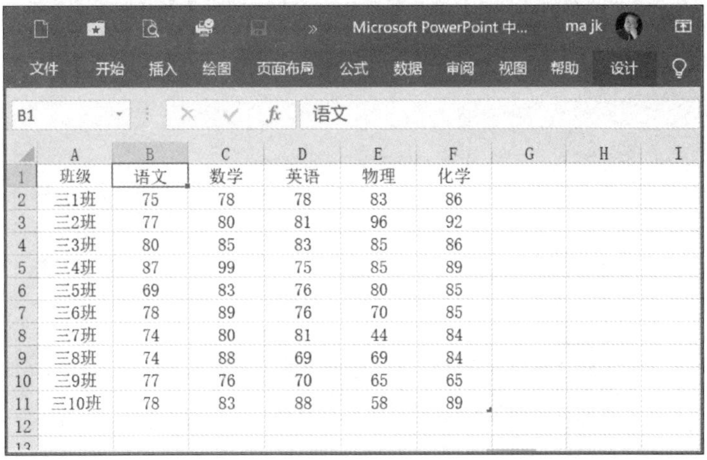

班级	语文	数学	英语	物理	化学
三1班	75	78	78	83	86
三2班	77	80	81	96	92
三3班	80	85	83	85	86
三4班	87	99	75	85	89
三5班	69	83	76	80	85
三6班	78	89	76	70	85
三7班	74	80	81	44	84
三8班	74	88	69	69	84
三9班	77	76	70	65	65
三10班	78	83	88	58	89

图 5－2－10

（2）图表的格式设置

添加后的图表还需要进一步设置格式，才能达到自己满意的效果。图表中有图表区、绘图区、图例、坐标轴等元素，需要设置哪个项目的格式，就在该项目上单击鼠标右键，选中相应项目进行格式设置。设置完成后的图表如图5－2－11所示。

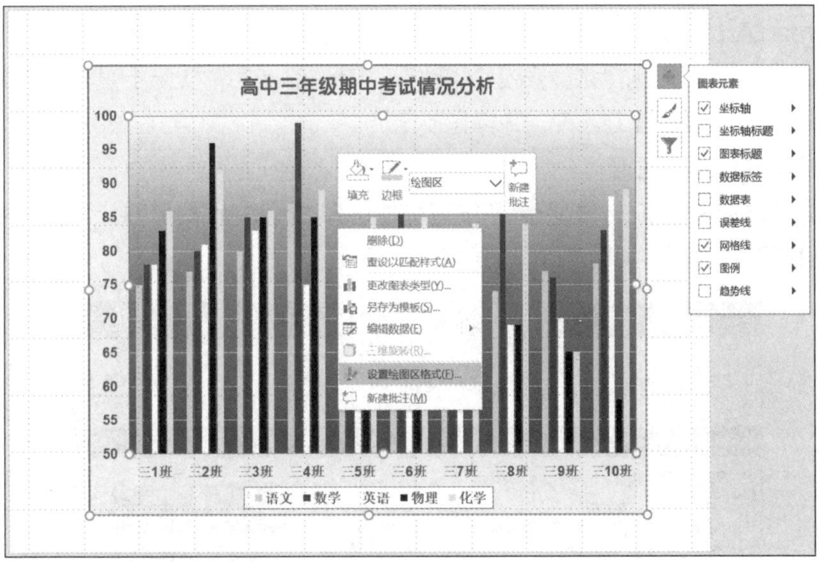

图 5－2－11

（3）图表的动画设置

设置图表的动画时，可以让整个图表同时出现，也可以让图表中的每一个元素一个一个地出现，设置方法如下：选中图表，在“动画”功能区的“动画”组中，设置一个“进入”的“擦除”（或“切入”“出现”等）动画。点击“动画”组右下角的对话框启动器，打开“擦除”对话框，除可在“计时”和“效果”选项卡中进行常规的设置外，还可以在“图表动画”选项卡的“组合图表”中选择“按系列”“按分类”等，如图5－2－12所示。

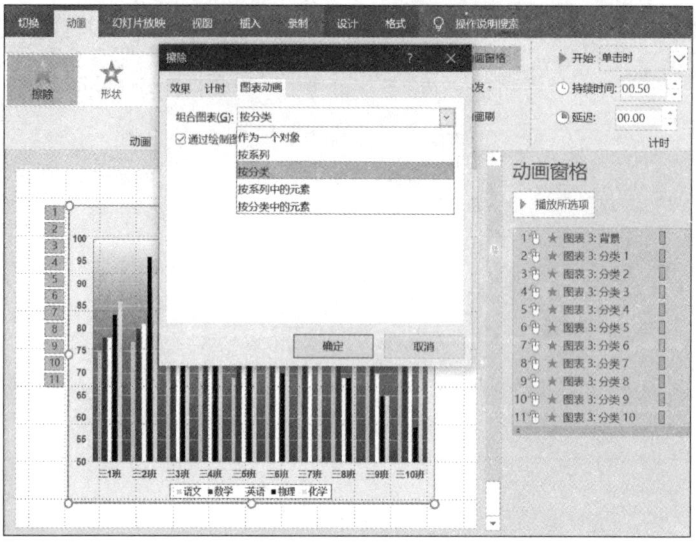

图 5－2－12

第 3 课　插入 SmartArt 图形、图标和 Flash 动画

1. 插入 SmartArt 图形

利用 SmartArt 可以创建各种预设好的图形。SmartArt 图形实际上是预设好的多个单个图形的集合，作为整体呈现方便用户操作使用。

（1）插入 SmartArt 图形

在“插入”选项卡中点击“SmartArt”按钮，在“选择 SmartArt 图形”对话框中，根据左边的分类，选择需要的图形，如图 5－3－1 所示。

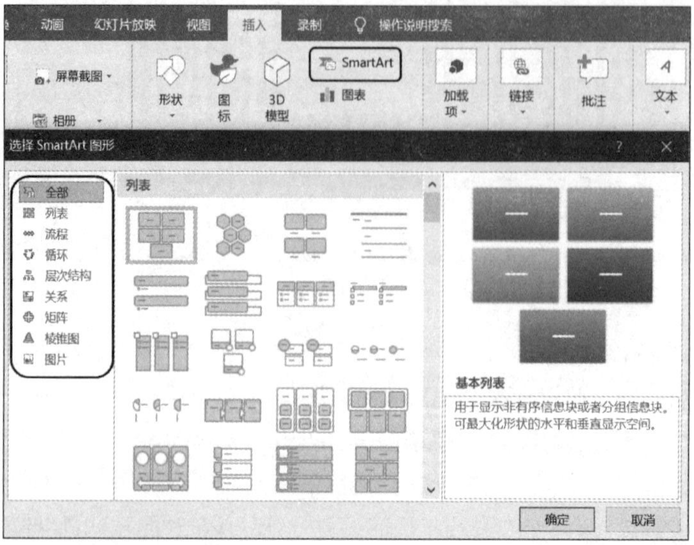

图 5－3－1

在“层次结构”类别中选择“组织结构图”。插入后自动出现文本输入编辑框，如图5-3-2所示。在此可以输入文字。

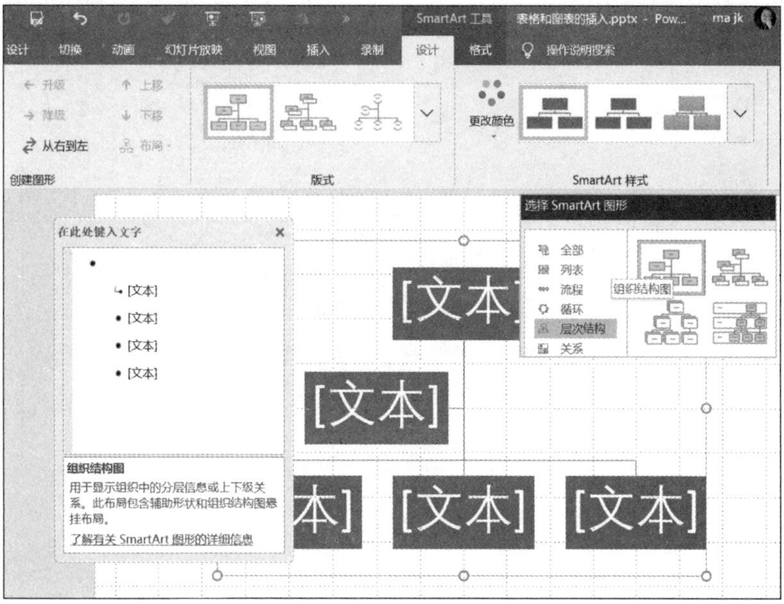

图 5-3-2

(2) 文字的编辑及图形的添加

① 文字的编辑

光标置于文本编辑区域，直接输入文字即可，如图5-3-3所示。在文字编辑时按回车键，会添加同级的图形。

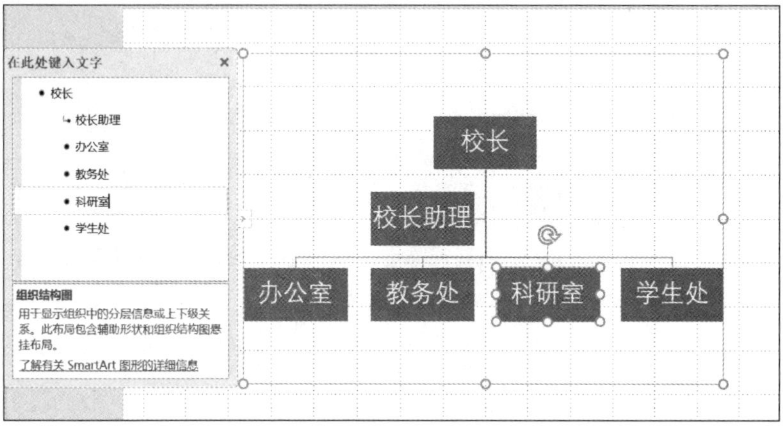

图 5-3-3

② 图形的添加

选中某一个图形，在“创建图形”组的“添加形状”选项中，可以选择添加图形的级别，如图5-3-4所示。

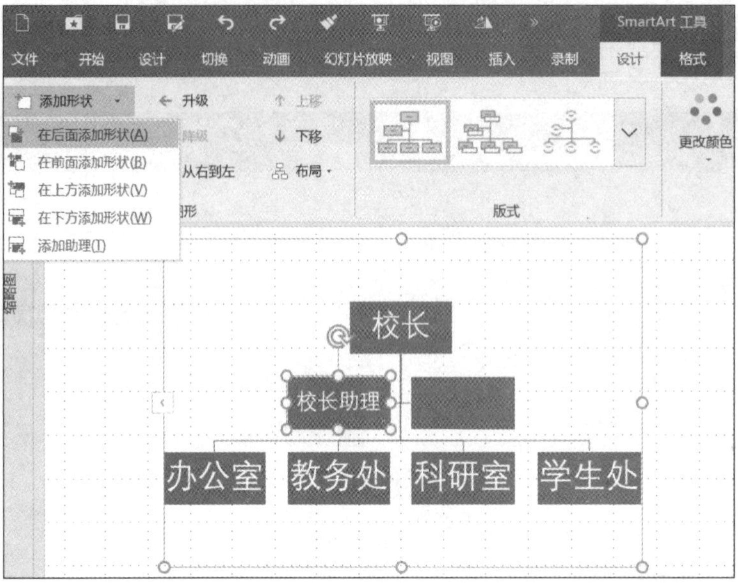

图 5 - 3 - 4

（3）格式的设置

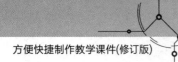

在“SmartArt 样式”组中，可以设置图形的样式，在“更改颜色”选项中，还可以选择不同的图形颜色，如图 5 - 3 - 5 所示。

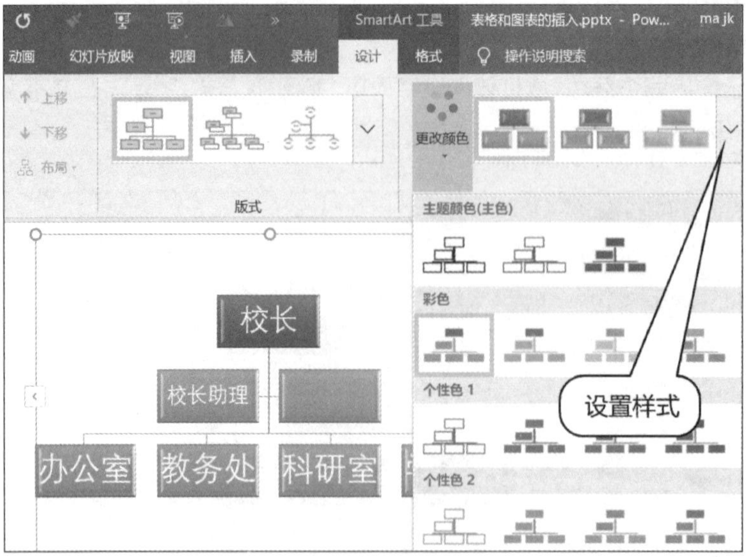

图 5 - 3 - 5

选中整个图形可以设置全部图形的格式，选中某一个图形可以单独设置该图形的填充边框以及字体、字号等格式，如图 5 - 3 - 6 所示。通过 SmartArt 图形的两次取消组合，可以看出 SmartArt 图形是多个单独图形的组合。因此，SmartArt 图形格式的设置与组合图形的格式设置类同。

图 5－3－6

2. 插入图标

（1）插入图标

在“插入”选项卡中的“插图”组中，点击“图标”按钮（2019 版本有此功能），可以看到众多图标供选用，左边有图标的分类，方便查找，如图5－3－7所示。

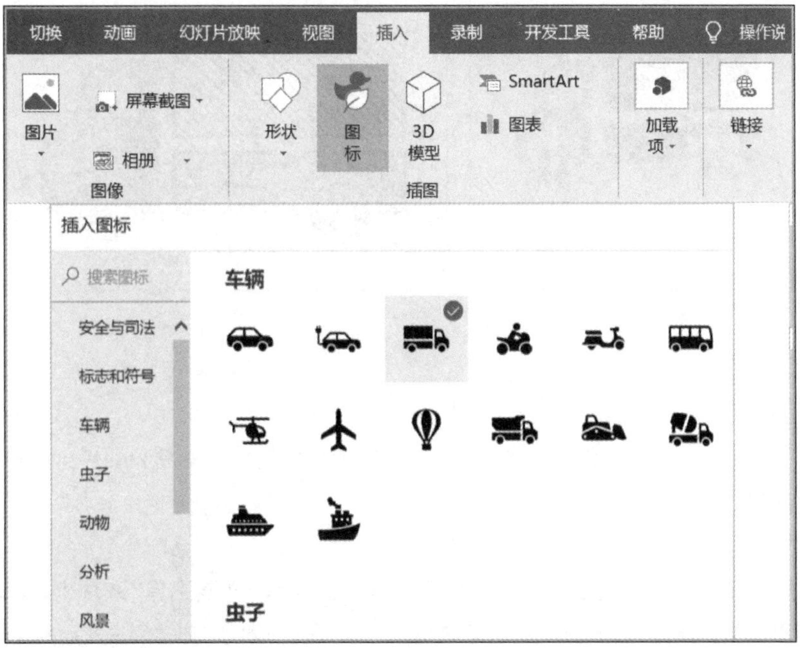

图 5－3－7

图 5-3-8

(2) 更改图标

插入的图标是矢量图，把插入的图标放大，不会改变其清晰度。插入的图标实际上是多个图形的组合。通过取消组合，可以对图形进行局部修改。

① 拆分图标

选中图标，在“图形工具”的“格式”选项卡下的“排列”组中，在“组合”选项中点击“取消组合”，当出现“这是一张导入的图片，而不是组合。是否将其转换为 Microsoft Office 图形对象?”框时，选择“是”，如图 5-3-8 所示。

再次“取消组合”，即可把图标拆分为单个图形，如图5-3-9所示。

② 更改图标中的图形

选中拆分后的某一图形，可以设置单个图形的填充、边框等格式。然后再把这些图形组合起来，可得到新的组合图形，如图5-3-10所示。

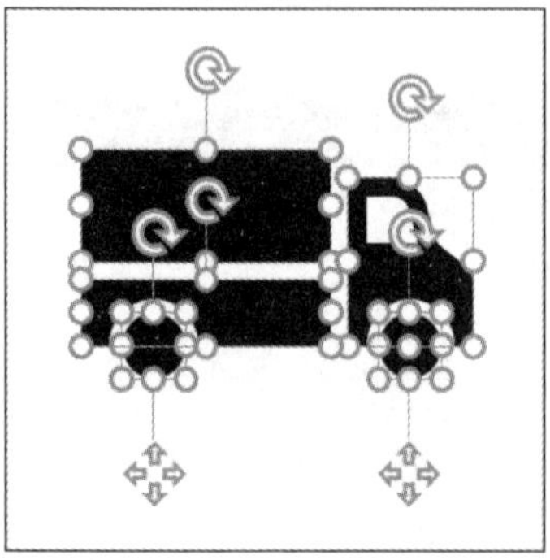

图 5-3-9

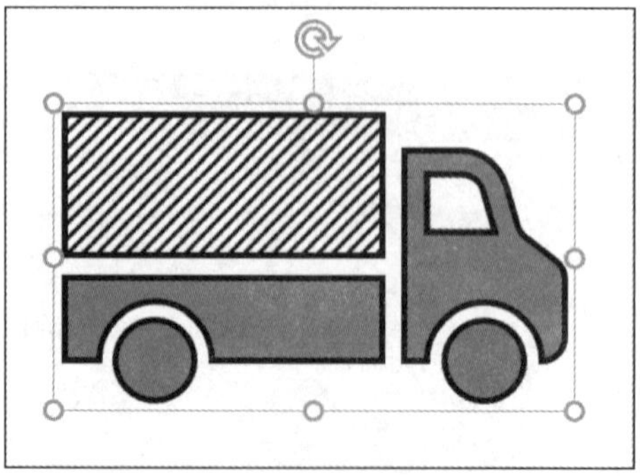

图 5-3-10

3. 插入 Flash 动画

在制作 PowerPoint 课件时，常常需要插入 Flash 动画，在 PowerPoint 文档中插入 Flash 动画的方法如下：

(1) 直接插入 Flash 动画

首先调出“开发工具”选项卡。默认情况下界面上没有“开发工具”选项卡，可以通过“自定义功能区”调出“开发工具”选项卡，方法是：点击左上角的“文件”进入后台，再点击“选项”，在“PowerPoint 选项”对话框中，选中“自定义功能区”，在右边的“自定义功能区”中找到“开发工具”选项并选中，如图5－3－11所示。这样 PowerPoint 界面上就会出现“开发工具”选项卡。

图 5－3－11

在“开发工具”选项卡的“控件”组中，点击右下角的其他控件按钮，在“其他控件”对话框中，找到“Shockwave Flash Object”命令并点击，然后“确定”，如图5－3－12所示。此时光标变成十字形。

用光标在幻灯片上画出一个大小合适的矩形区域，以便在其中插入 Flash 动画，此区域可以根据 Flash 画面大小再调整。用鼠标右键单击画出的矩形区域，在打开的菜单中，点击“属性表”命令，如图5－3－13所示。

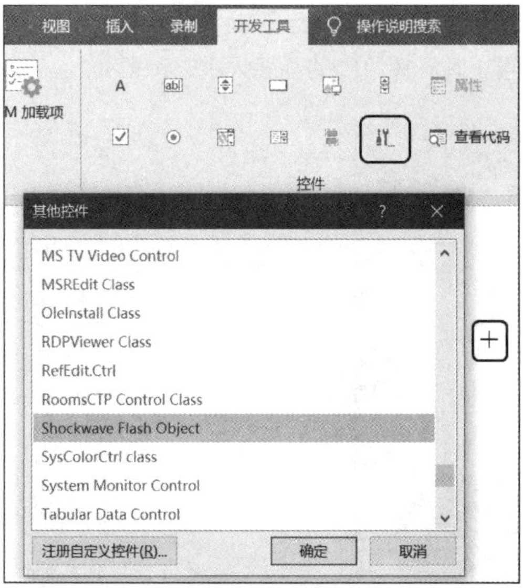

图 5－3－12

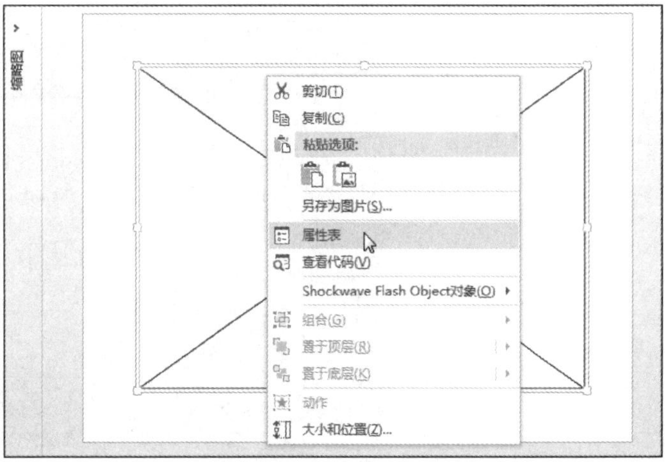

图 5－3－13

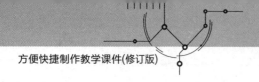

在“属性”窗口中,在“Movie”中直接输入 Flash 文件的路径,输入时要注意 Flash 文件的后面要有完整扩展名“.swf”。如果想把文件嵌入到文档中,可以把“EmbedMovie”属性设置成“True”,如图5-3-14所示。如果 Flash 文件没有嵌入(仅是链接)到 PowerPoint 文档中,当文档复制到其他电脑上播放时 Flash 动画将无法播放。

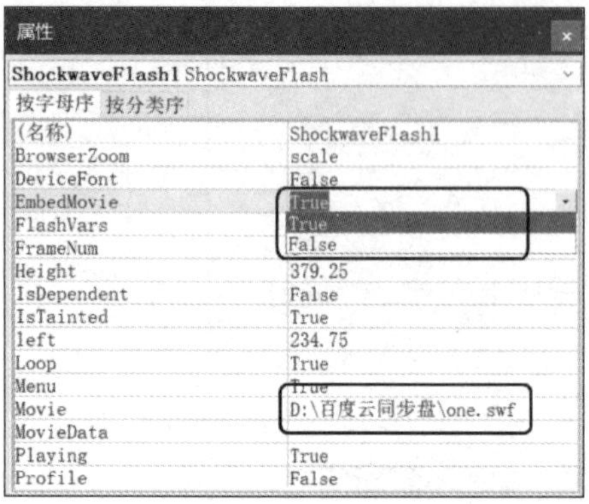

图 5-3-14

图 5-3-15

(2) 复制文件的路径

常常输入文件的完整路径不方便,可以采用复制路径的方法。鼠标右键单击准备插入的 Flash 文件,选中“打开方式”,点击“Internet Explorer”,在网页浏览器中打开,如图5-3-15所示。

图 5-3-16

在打开的网页浏览器的地址栏中,可以看到完整的文件路径、文件名称和文件的扩展名,如图5-3-16所示。将其复制到图5-3-14中的“Movie”栏目中即可。

(3) Flash 动画的放映

如果打开文档放映时没有显示 Flash 动画,在动画上用鼠标右键单击,点击“播放”即可,如图5-3-17所示。用鼠标拖动动画四周的边框,可以调整 Flash 播放时的画面大小。

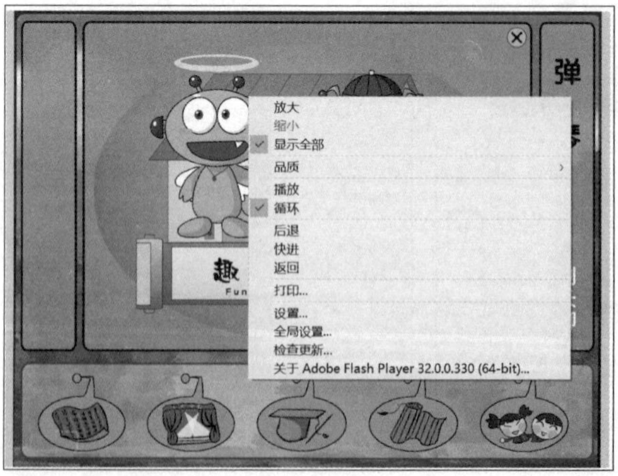

图 5-3-17

以后其他幻灯片中需要插入 Flash 文件时，只需复制该幻灯片，把文件的路径和文件名修改即可。但是嵌入文件中的 Flash 动画，不可以通过直接复制该幻灯片再更改路径的方法来插入新的 Flash 文件中。

第 4 课　录制视频课程

1. 认识录制功能区

（1）录制功能区

在 2019 版本“录制”选项卡对应的功能区中，有四个组，分别是：“录制”“内容”“自动播放媒体”和“保存”。

（2）各组功能与其他选项卡中功能的对应关系

2019 版本把 2013 版本中已经具有的分散在各选项卡中的功能集中在一起，更加方便微课程的录制，如图 5－4－1 所示。本课程以 2019 版本为例，2013 及其他版本可以参照操作。

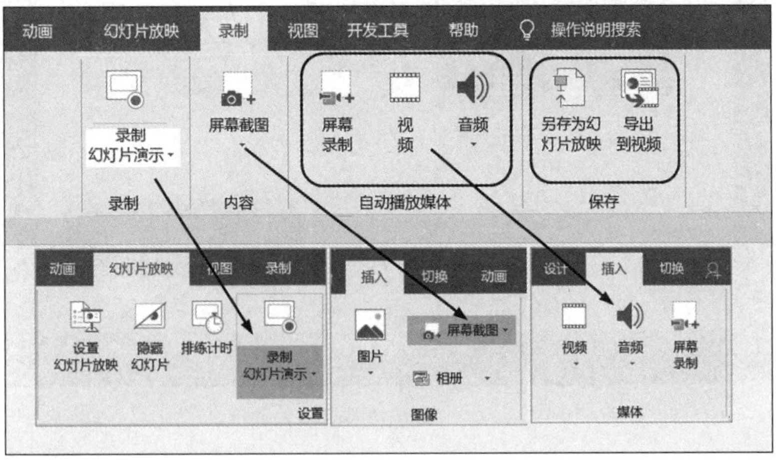

图 5－4－1

“录制”组中的“录制幻灯片演示”与“幻灯片放映”选项卡中的“录制幻灯片演示”是相同的。

“内容”组中的“屏幕截图”与“插入”选项卡中的“屏幕截图”相同。

“自动播放媒体”组中的各项与“插入”选项卡中的“媒体”组中各项相对应，且操作方法相同。

“保存”中的两项分别与“另存为”“保存类型”中的“PowerPoint 放映”和“MPEG－4 视频”中的相关项目相对应。

2. 录制幻灯片演示

（1）录制幻灯片

打开准备录制视频课程的 PowerPoint 课件，在“录制”选项卡下面点击“录制幻灯片演

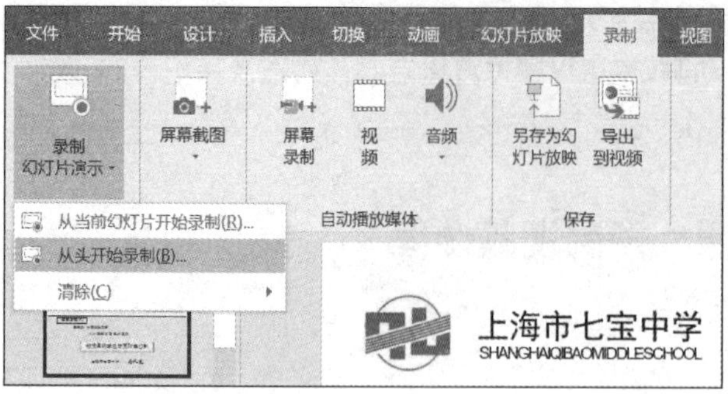

图 5－4－2

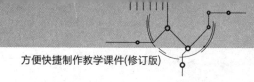

示”，选择“从头开始录制”(或“从当前幻灯片开始录制”)，如图5－4－2所示。点击后进入录制前的界面。

界面的左上角有录制控制按钮，点击红色圆形按钮即开始录制。界面的右下角可以设置录制时声音及视频画面是否显示。如果有多个录音及录像设备，可在右上角的“设置”中选择(单一设备一般使用默认设置即可)，如图5－4－3所示。

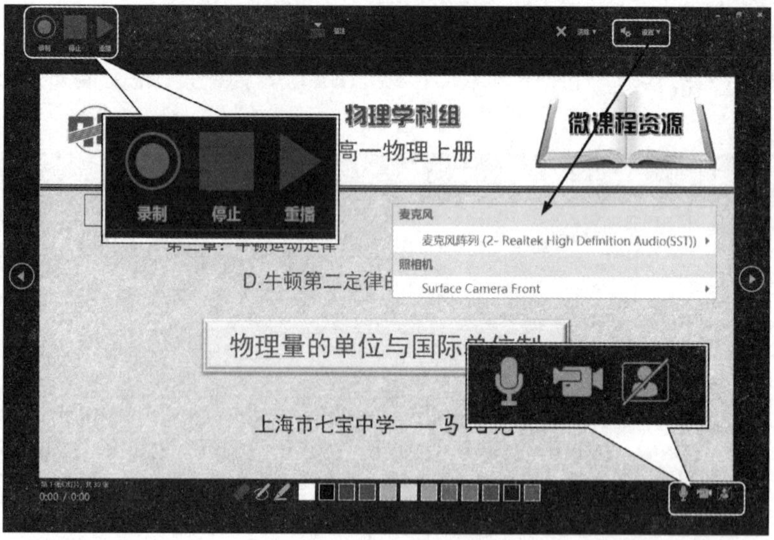

图 5－4－3

在录制的过程中，可以暂停或继续录制，录制完毕“停止”后，点击界面右上角的关闭按钮，幻灯片录制完成后，会在已录制的幻灯片页面的右下角添加一个音频文件图标，如果开启了摄像功能会出现视频文件图标。在幻灯片页面上可以移动或调整视频画面的位置和大小。

注意：由于录制幻灯片演示过程中把每一张幻灯片作为一个画面单元，每一张幻灯片都单独有一个音视频文件，所以在一张幻灯片上要把一句完整话说完再切换到下一张幻灯片上，不能在录制某一句话过程中切换幻灯片。

由于每一张幻灯片是一个单元，所以如果一张幻灯片录制有错误，可以单独重新录制该幻灯片，或添加一张幻灯片单独录制。

(2) 录制后的幻灯片文件

录制好的幻灯片演示文件，每张幻灯片右下角都添加了一个音频(或视频)文件图标，在幻灯片播放时声音图标(只有音频)默认隐藏。

在“切换”选项卡的功能区右边，可以看到根据录屏的时间长短自动添加的换片时间，如图5-4-4所示，以实现幻灯片的自动播放。

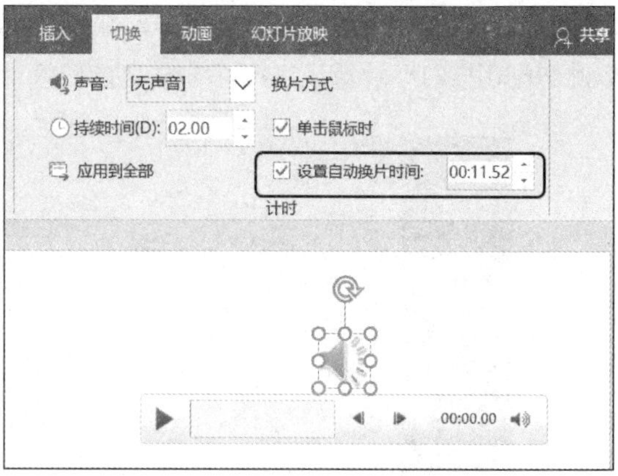

图5-4-4

对于录制好的幻灯片演示文件，可以像保存普通PowerPoint文件一样重新“另存为”，这样该文件可作为生成视频前的原始文件进行保存，当打开该PowerPoint文档进行播放时，会像播放视频文件一样自动播放。还可以在文档中进行修改，或在任意位置插入某一张幻灯片单独录制，即对录制的原始文档可以重新进行个别补录或修改。

录制好的幻灯片演示文档，可以删除声音及自动计时的设置，恢复原状。在“录制幻灯片演示”下的“清除”中，可以选择清除所有幻灯片中的计时或旁白，如图5-4-5所示。清除计时即删除自动切换的时间设置，清除旁白即删除幻灯片上的音视频文件。

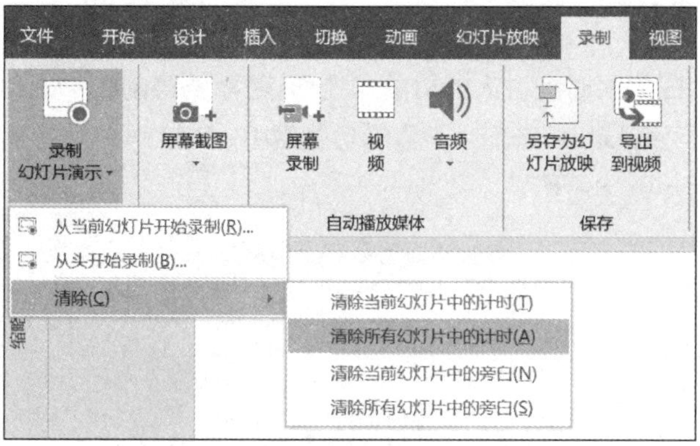

图5-4-5

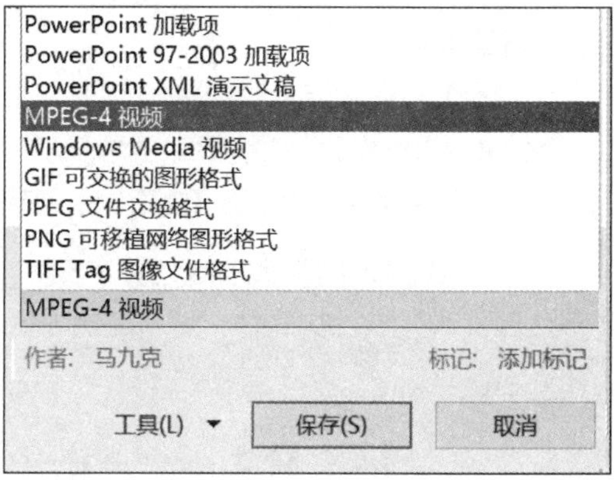

图5-4-6

（3）导出视频文件

要把录制好的幻灯片演示文件保存为MPEG-4的普通视频格式，有以下两种方法。

① 直接另存为视频文件

在录制好的PowerPoint文件中，点击“另存为”后，选择“MPEG-4视频”，点击“保存”即可，如图5-4-6所示。默认的视频保存格式为1920×1080的全高清视频。

② 导出创建视频

利用“创建视频”可以自定义输出视频文件的质量。在“录制”选项卡功能区的右边点击“导出到视频”，直接进入视频导出的界面。在PowerPoint界面左上角点击“文件”，选择“导出”，选择“创建视频”也可以进入此界面。在“创建视频”下面可以选择视频文件的输出质量，默认为1920×1080的全高清视频格式，与前面使用“另存为”保存的视频质量是相同的。点击下面的“创建视频”即可，如图5-4-7所示。点击“创建视频”后又返回到了另存为视频的保存状态。

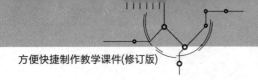

如图5-4-7所示界面中的"放映每张幻灯片的秒数",指的是如果有多余幻灯片没有录制,会以此时间切换幻灯片,所以对于没有录制的幻灯片,要隐藏起来,这样就无需关心此处数值了。

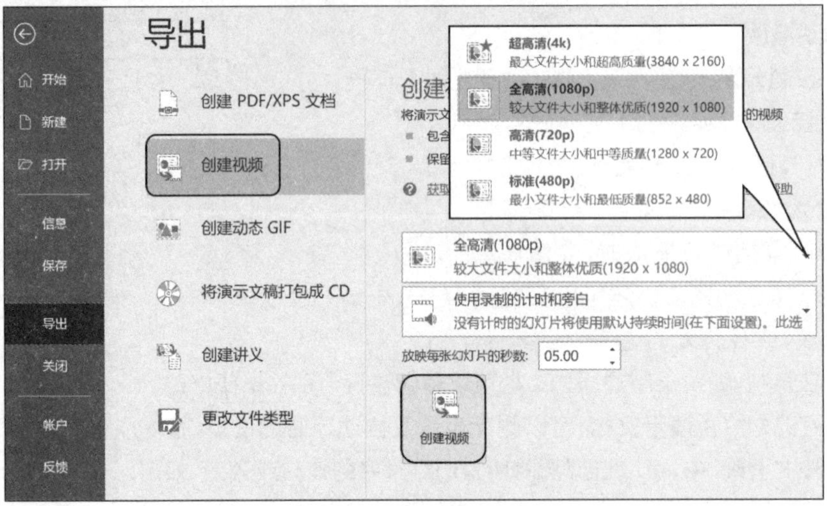

图 5-4-7

3. 屏幕录制

"录制幻灯片演示"录制的仅仅是幻灯片在放映时主讲人的讲解与操作,若需要录制电脑屏幕的操作界面,需要用到"屏幕录制"功能,在"录制"选项卡下面的功能区中,点击"屏幕录制",在界面上方将出现录制工具条,如图5-4-8所示。

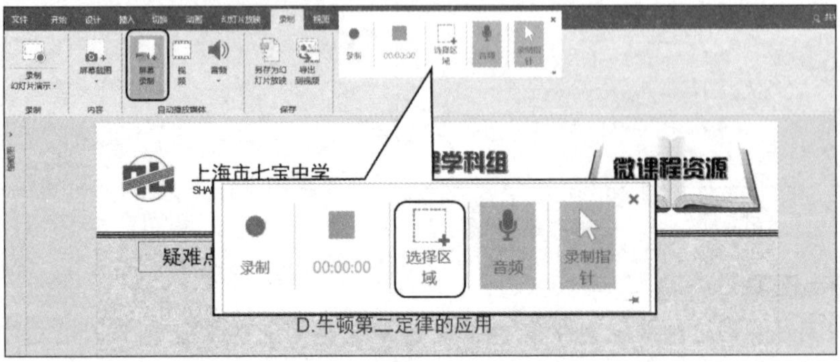

图 5-4-8

(1) 录制前的设置

① 选择区域

点击"屏幕录制"后上面出现录制工具栏,2019 版本默认录制区域为全屏,点击红色圆形按钮即可开始全屏录制。也可以单击"选择区域"按钮自定义录制区域。如果需要切换到其他软件的界面,可以通过点击 Windows 键切换到其他界面后再进行录制区域的选择。

② "音频"和"录制指针"

"音频"和"录制指针"默认处于激活状态,点击可以退出。

（2）屏幕录制

单击工具条中的录制按钮，倒计时3秒钟，然后开始录制屏幕，此时工具栏呈如图5－4－9所示录屏状态。录制时该界面隐藏，当鼠标移到界面上方时工具栏自动出现。可以“暂停”，也可以重新开始。右下角有一个固定到前端的按钮可选用。

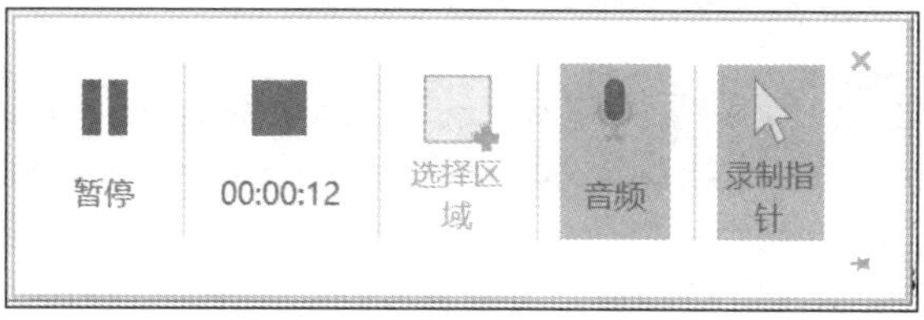

图5－4－9

当屏幕录制完毕后，稍停顿两秒钟，鼠标移到界面上方，出现录制工具栏，注意此画面也会被录制，为了不出现工具栏画面，可以利用结束录制的快捷键：Windows（徽标键）+Shift+Q。这样可以避免画面上出现录制工具栏。录制好的视频会自动插入到当前PowerPoint页面中，如图5－4－10所示。点击下面的播放按钮可以预览录制好的视频画面。通过屏幕录制所得视频与在PowerPoint上面利用“插入”选项卡插入PowerPoint中的视频其播放等操作方法相同。

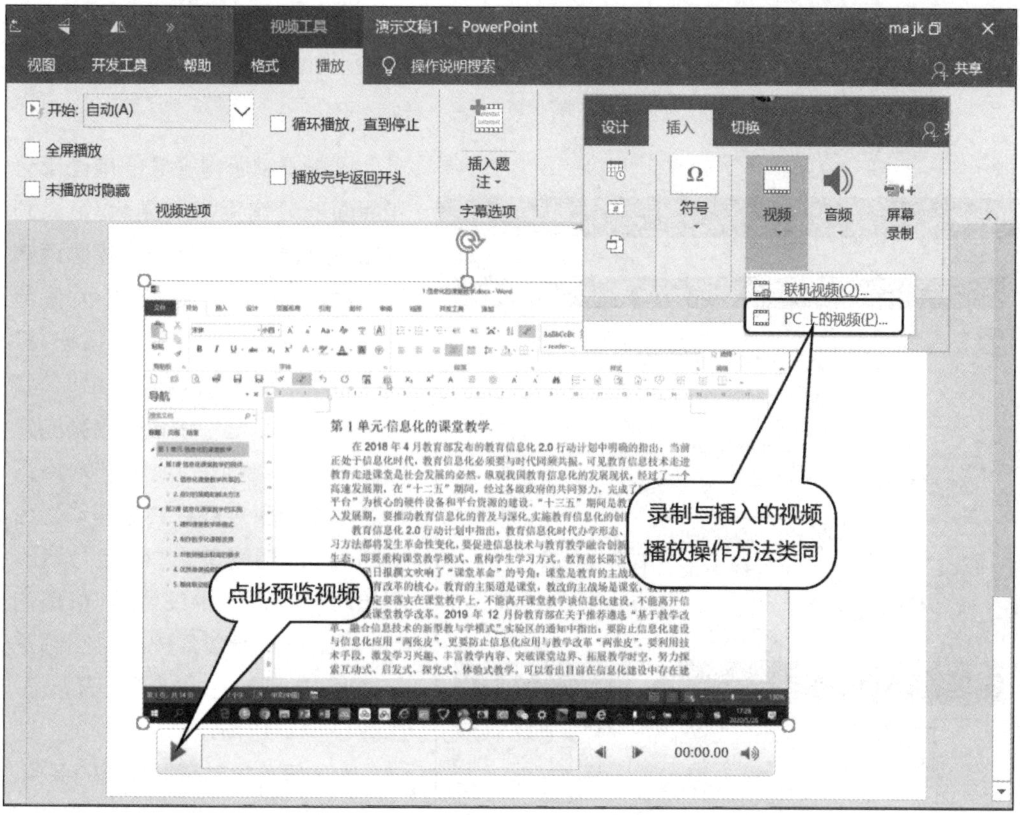

图5－4－10

（3）屏幕录制所得视频的剪辑

视频录制完毕并插入到当前页面后，点击选中视频，打开“视频工具”的“播放”选项卡，如图5-4-11所示，可对视频进行“剪裁”“淡入”“淡出”“音量”等设置。在“设置视频格式”窗格中还可以对其他参数进行设置。

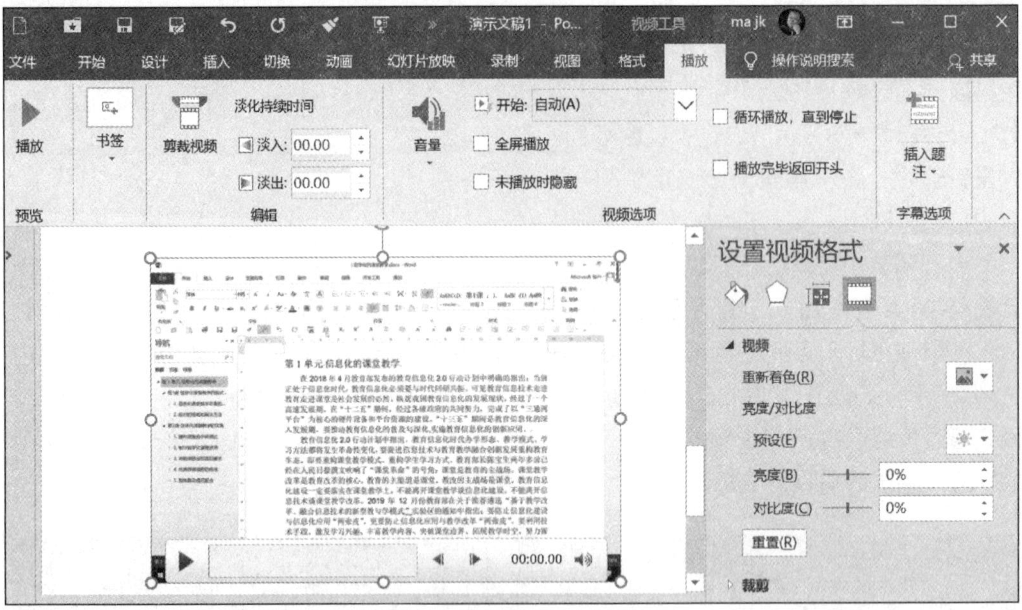

图5-4-11

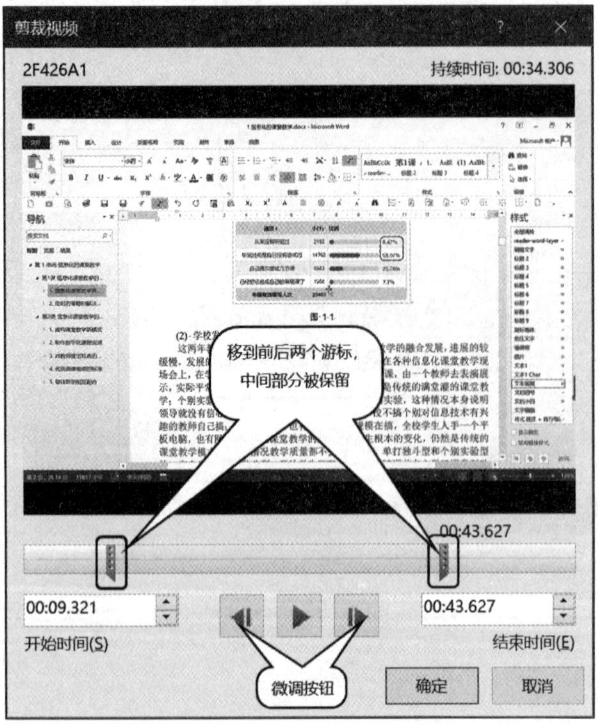

图5-4-12

屏幕录制所得视频的前面部分和后面部分常常需要删除，可以利用“剪裁视频”功能完成对视频两端的剪裁，在播放时只播放中间保留的部分。单击“剪裁视频”按钮，打开“剪裁视频”界面，在“开始时间”和“结束时间”框中设置好视频的开始时间和结束时间，或将开始点绿色游标和结束点红色游标移动到合适的位置，然后单击“确定”按钮。若要对视频进行精细调整，可单击上一帧、下一帧微调按钮对视频进行微调，然后单击“确定”按钮即可，如图5-4-12所示。

（4）屏幕录制所得视频的保存

在图5-4-12中对视频进行剪裁后，虽然播放时前后被剪裁掉的内容不再播放，但是剪裁掉的部分并没有真正被删除，如果直接保存，文件不会变小。可以采用压缩的方式，删除被剪裁掉的部分。视频文件的剪裁、压缩和保存参见本单元第1课1.（3）文件的剪裁、压缩和保存。

屏幕录制所得视频进行简单的剪裁并压缩后，可以导出为MPEG-4视频文件。直接在录制好的视频界面右击鼠标，点击“将媒体另存为”，如图5-4-13所示，将媒体文件保存即可。

图5-4-13

4. 屏幕截图

利用屏幕截图功能，可快速截图并插入到当前PowerPoint页面上。在“录制”选项卡中单击“屏幕截图”按钮，下端出现“可用的视窗”和“屏幕剪辑”，如图5-4-14所示。操作方法与“插入”选项卡中的“屏幕截图”类同。

图5-4-14

（1）可用视窗截图

若要截取一个视窗图，可使用“可用的视窗”功能。单击“可用的视窗”下的某一个视窗，即可完成视窗屏幕截图，所截图片将自动插入到当前PowerPoint页面中。

（2）屏幕剪辑截图

若只需要截取屏幕上的某一部分，可使用“屏幕剪辑”截图功能。单击“屏幕剪辑”，选取需要截取的屏幕内容，即可完成截图及自动插入到当前PowerPoint页面中的操作。

第六单元 插件的应用及幻灯片设计艺术

由于PowerPoint的基本使用方法已经被广大用户所熟悉，因此很难有类似的产品来代替它，但是有不少的插件可以进一步完善PowerPoint的功能。虽然插件的功能都很强大，但是多数功能用处不太大，下面介绍两个PowerPoint插件中的几个基本功能。

第1课　插件OneKey的应用

OneKey插件主要用于图形格式设置，有“形状组”“颜色组”“三维组”和“图形组”等，如图6-1-1所示。

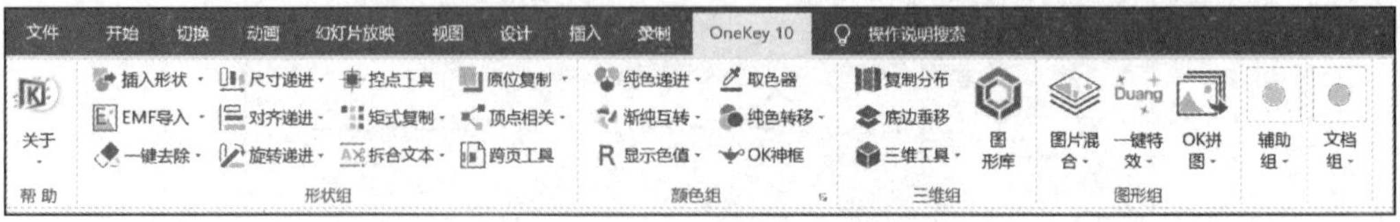

图6-1-1

1. “形状组”

(1) “尺寸递进”和“对齐递进”

① “尺寸递进”

选中两个以上图形，在“尺寸递进”中点击“相同大小”，则所有图形变为相同大小，如图6-1-2所示。

如果按下Ctrl+A选中全部图形，则以第一个绘制的图形为标准统一大小；如果按下Ctrl键用鼠标点击分别选中多个图形，则以第一个选中的图形为标准统一大小。

如果按下Ctrl键再点击“相同大小”，则所有图形等宽度；如果按下Shift键再点击“相同大小”，则所有图形等高度。

复制若干图形，设置好第一个和最后一个的形状大小(注意复制的顺序)，点击“居中对齐”(参见图6-1-5)，再点击“从大到小”(或“从小到大”)，所有图形在最大和最小间大小渐变均分排列，效果如图6-1-3所示。

点击“相同线宽”，则所选图形的线条宽度将统一。

② “对齐递进”

“对齐递进”中的各项操作，是对多个图形而言的。

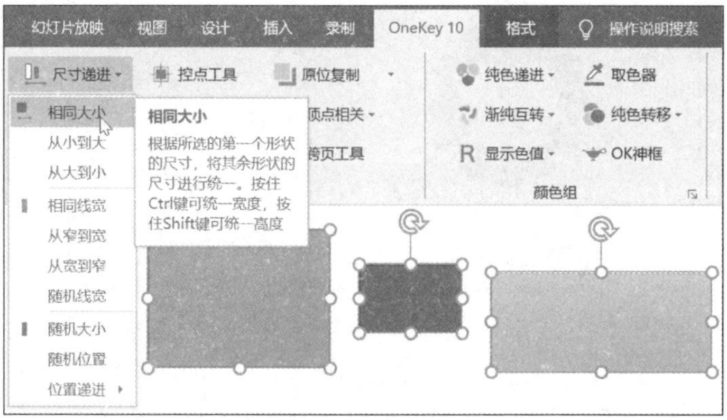

图 6－1－2

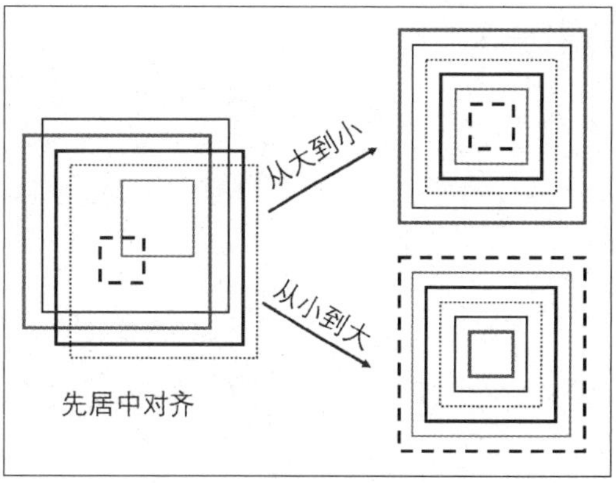

图 6－1－3

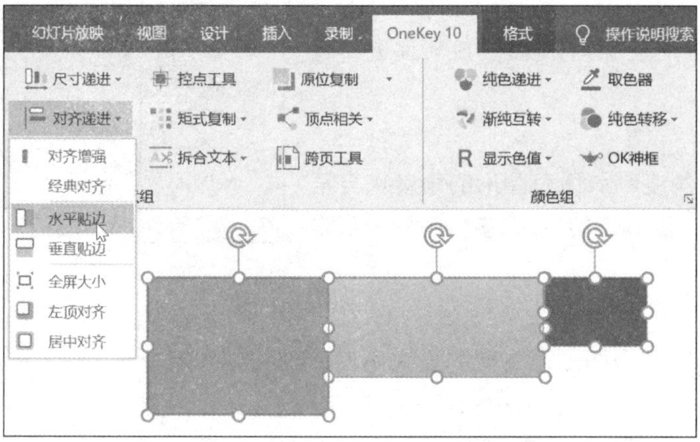

图 6－1－4

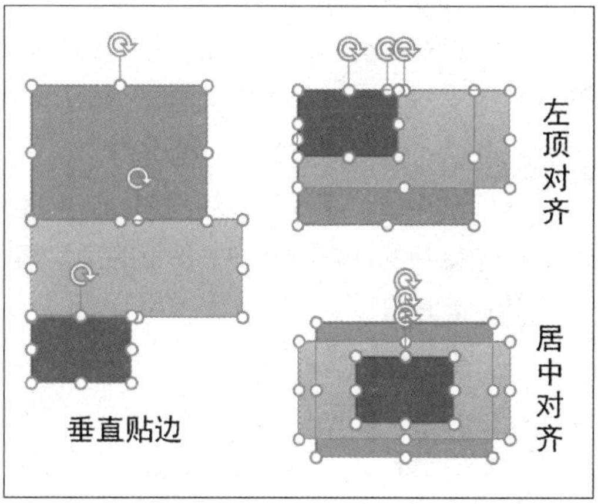

图 6－1－5

“水平贴边”：所选图形顶端对齐且左图的右边线与右图的左边线紧贴，如图6－1－4所示。

“垂直贴边”：所选图形左端对齐且上图的下边线与下图的上边线紧贴。

“左顶对齐”：是常规的左对齐和顶端对齐的结合体。

“居中对齐”：是常规的水平居中和垂直居中的结合体，如图6－1－5所示。

“对齐增强”：包含两种操作，分别是“瀑布流分布”和“弧形分布”。

A. “瀑布流分布”。选中若干个相同图形(可以按下 Ctrl+D 复制)，在对齐增强中的“瀑布流”选项下面，指定列数或行数，可以调整行、列的间距，点击“瀑布流分布”后，所有图形整齐排列，如图6－1－6所示。

B. “弧形分布”。选中若干个相同的图形或线段，设置直径和终止角度的大小，点击“弧形分布”后，效果如图6－1－7所示。此功能可以让若干个图形在圆周上整齐排列。

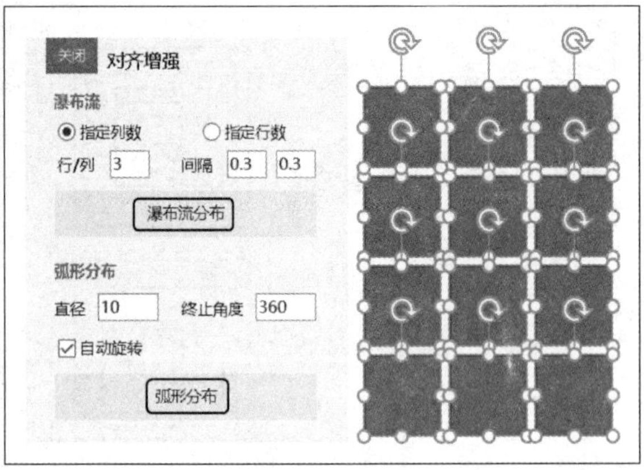

图 6－1－6

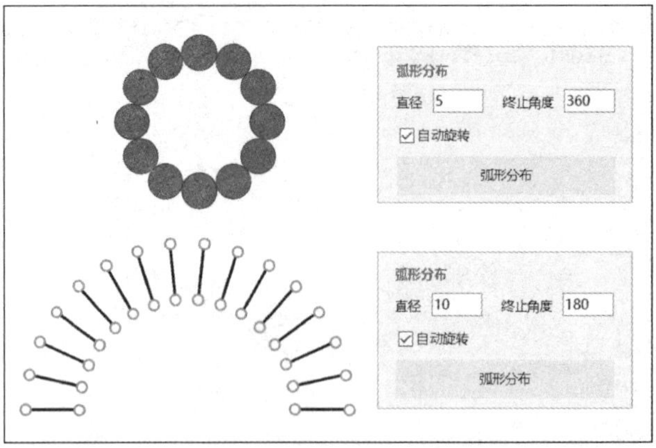

图 6－1－7

(2)“旋转递进”

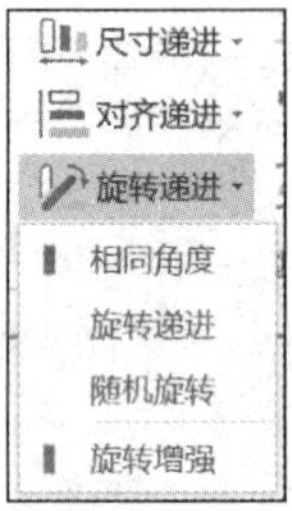

图 6－1－8

“旋转递进”选项中有四个工具按钮，分别是“相同角度”“旋转递进”“随机旋转”和“旋转增强”，如图6－1－8所示。

① “相同角度”和“随机旋转”

选中多个不同角度的图形，点击“相同角度”后，所有图形的角度均与第一个绘制的(或先选中的)图形的角度相同。“随机旋转”是对多个图形分别旋转任意角度。

② “旋转递进”

绘制一个图形后，复制若干个，调整最后一个图形至需要的最大角度，全部选中，点击“旋转递进”后，所有图形旋转的角度在第一个图形和最后一个图形角度间平均分布。如图6－1－9所示，绘制一个矩形图形，通过复制后得到另外四个图形(为了便于区分，各图形设置为不同的填充)，调整最后一个图形的旋转角度为60°，选中五个图形，点击“旋转递进”后再分别点击“左对齐”和“顶端对齐”，即可得到右边图形。

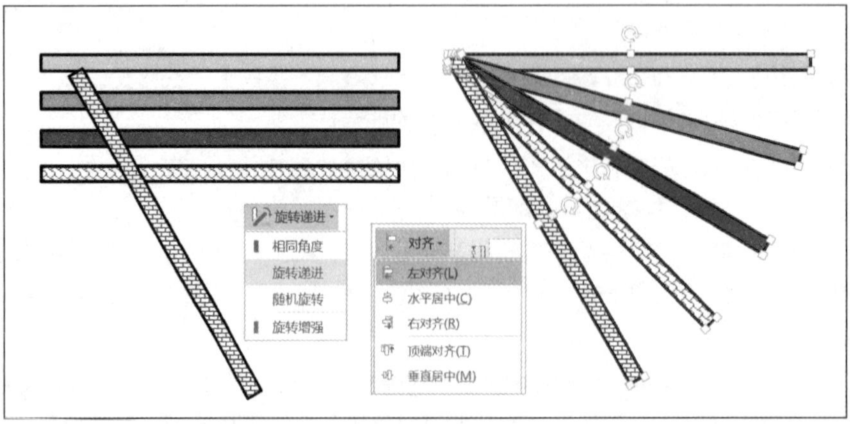

图 6－1－9

下面利用“旋转递进”和对齐中的“水平居中”与“垂直居中”绘制表盘刻度。

A. 绘制一条长 8 厘米、3 磅粗的线段，按下 Ctrl 键后，反复按下 D 键，复制 30 条（共 31 条）线段，最后一条线段旋转180°（不是“水平翻转”），为了清楚各线段转动的角度关系，可利用“渐变光圈”设置渐变线，“类型”选择“线性”，“角度”为“0°”，线段的两端分别为两种不同颜色，如图6－1－10所示。

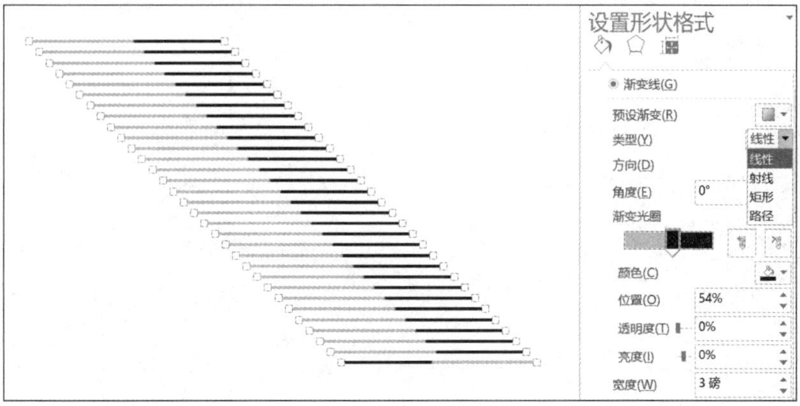

图 6－1－10

B. 选中所有图形，点击“旋转递进”，可以看出，除首末两条线段的旋转角度不变外，其他 29 条线段的旋转角度平均分布在 0～180°之间，相邻线段间旋转递进6°，如图6－1－11所示。

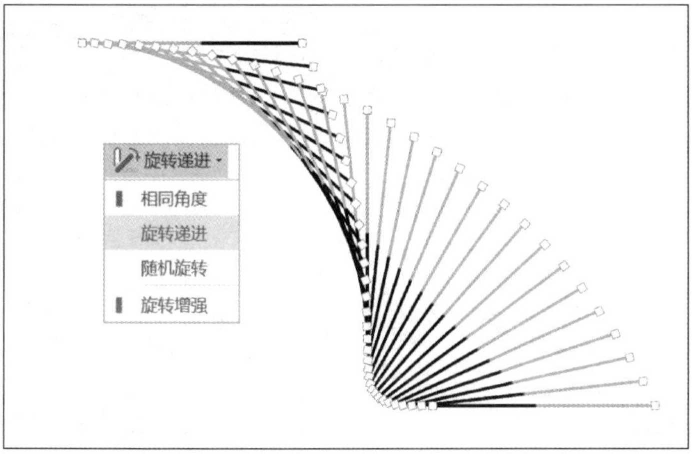

图 6－1－11

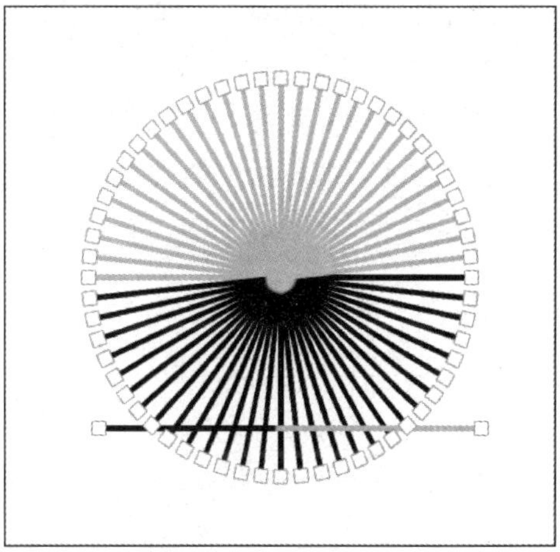

图 6－1－12

C. 选中所有图形，点击“对齐”工具中的“水平居中”和“垂直居中”，则各线段将等角度差均匀排列，中间添加一个圆形图形，即可得到表盘的刻度线图形（参见第二单元第 4 课 2. 钟表表盘刻度线的绘制方法）。水平线有重合可删除一条，如图6－1－12所示。

③ “旋转增强”

“旋转增强”窗格含上下两部分，上部分用于“修改角度”，下部分为“递进”和“复制”设置。

A. “修改角度”。选中一个或多个图形，在“修改为”的空格里输入角度值，点击“修改角度”后，所有图形的旋转角度均更改为该角度值，角度值可以精确到小数点后四位。如图

6－1－13所示，点击“同”，所有图形以第一个图形为标准旋转相同的角度；点击“180°”，所有图形的旋转角度均为180°；点击“0°”，所有图形的旋转角度均变为0°。

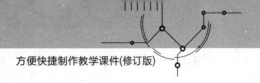

B. “递进”功能。“递进”设置中的“递进度数”是第一个图形旋转的角度，以后各图的旋转角度均以“步长/个数”中的角度递增。如绘制五个线段并选中，递进度数设置为30°，步长为 15，点击“递进”后，再分别点击对齐工具中的“左端对齐”和“顶端对齐”，可得到如图6－1－14所示的图形。

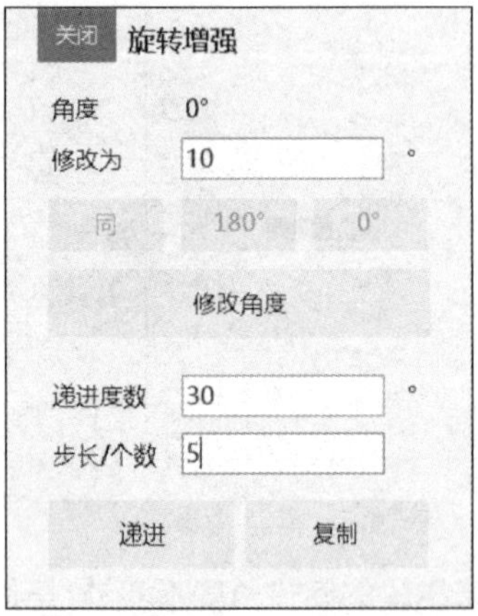

图 6－1－13

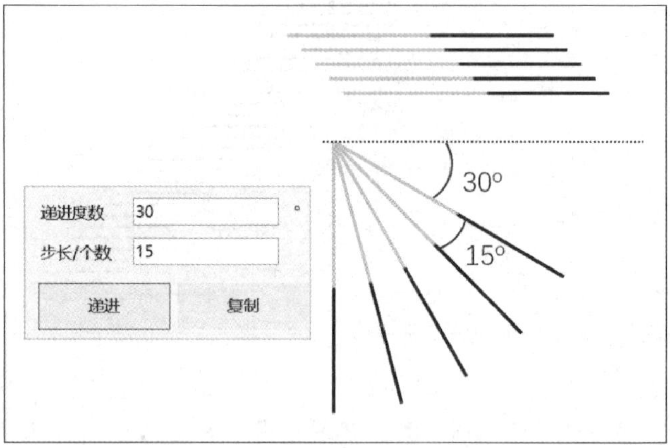

图 6－1－14

C. “复制”功能。利用“复制”功能可以制作教学中需要的图形。如在图 6－1－15 中选中横线 A，“递进度数”和“步长/个数”(此处使用个数)分别为“30”和“5”，即复制 5 条图线，每条图线转动角度为30°。点击“复制”，可以得到图 B，如果上下两个数分别为“6”和“5”，点击 6 次“复制”按钮，可以得到多条线段均匀圆周排列的图形 C(最后一条水平线是重合的可以删除)。在此基础上，利用叠放遮盖的方法可以制作钟表盘的刻度线。

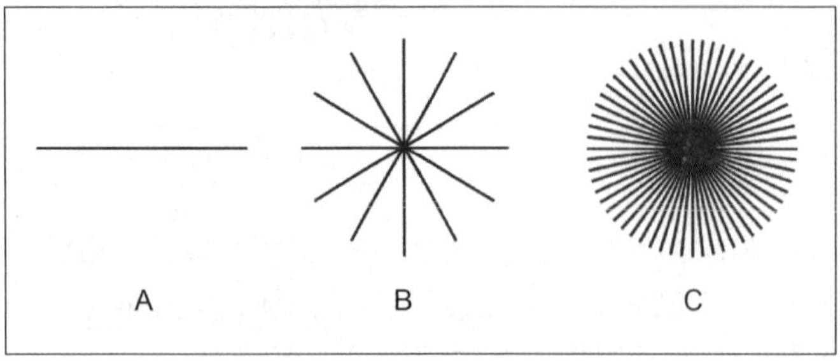

图 6－1－15

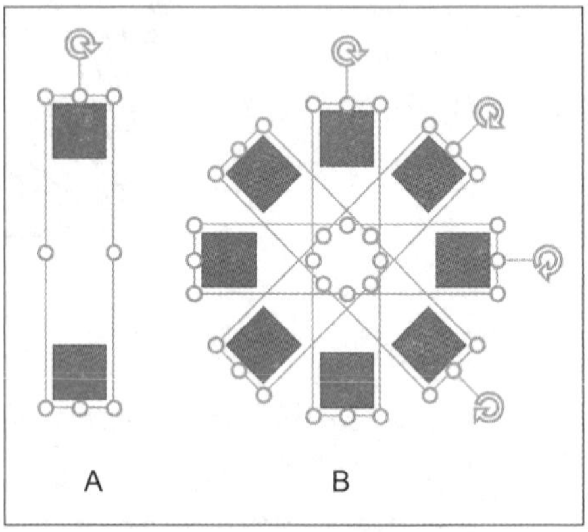

图 6－1－16

如图6－1－16所示，选中两个矩形框组合成的图形 A，“递进度数”和“步长/个数”分别设为“45”和“1”，点击 3 次“复制”，可以得到图 B。

利用“旋转递进”功能得到的图形的效果，与利用转动对称思维绘制的图形效果类同。

(3) “控点工具”

① 认识控点

绘图时常常需绘制带控点的图形。控点就是图形上带有的一个或多个小黄点，如圆角矩形有一个控点，弧形有两个控点。在“控点工具”中显示的数值有的是按比例，有的是按角度。

A. 圆角矩形有一个控点。绘制一个圆角矩形，出现一个控点（小黄点），点击“控点工具”，看到的数据是按比例显示的，在 0 到 0.5 之间，数据 0.5 表示以绘制的圆角矩形的高度的 0.5 倍为半径绘制圆角，如图6－1－17所示。

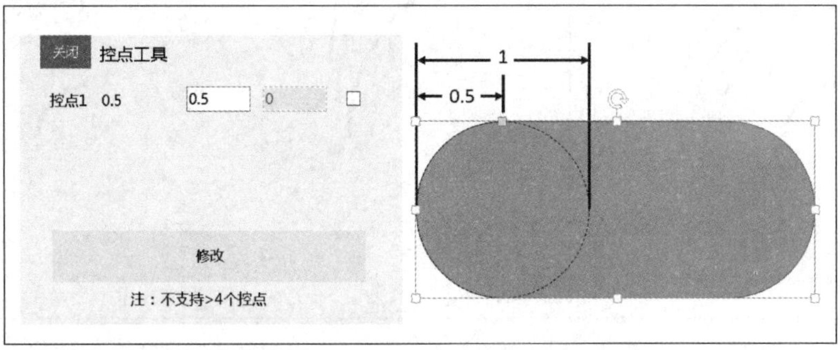

图 6－1－17

B. 弧形有两个控点。点击“控点工具”，可以看到弧形两个控点位置的具体角度值，如图6－1－18所示。控点 1 位于 270°（即−90°）处，控点 2 位于0°处。在“控点工具”中输入控点位置的角度值，点击“修改”，即可精确设置控点的位置。此功能经常用于精确设置教学中需要的圆弧线的角度。

C. 不完整圆图形有两个控点。绘制不完整圆图形，调整两个控点的数据，可以得到精确的所对圆心角为60°的扇形图形，如图6－1－19所示。

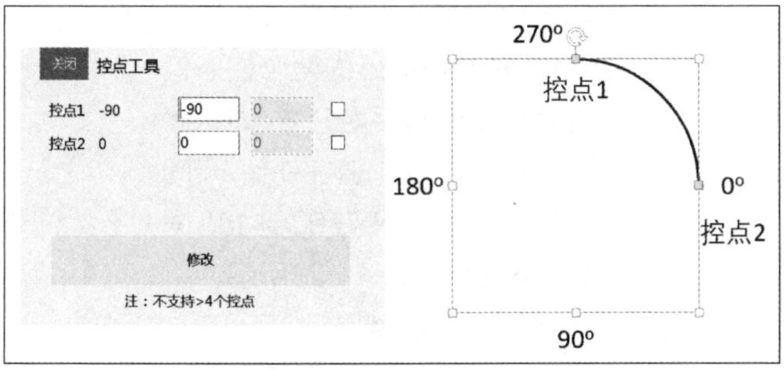

图 6－1－18

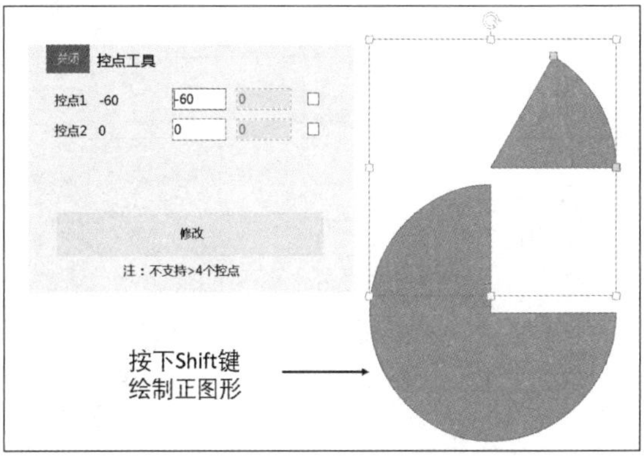

图 6－1－19

② 多图形控点递进

控点递进需要有三个以上相同图形才可以进行设置。

如图6－1－20所示，绘制(或复制)几个大小不等的正圆弧，为方便辨识，各圆弧设置为不同的颜色和粗细。注意大小顺序，此图中第一个为虚线大圆弧，最后一个是实线小圆弧。

参考图6－1－3，在“尺寸递进”工具中，点击“从小到大”，得到图6－1－21中图A，点击“从大到小”，得到图B，图A与图B中各圆弧大小尺寸递进。在图B中再分别点击“水平居中”和“垂直居中”，所有图形均匀排列。

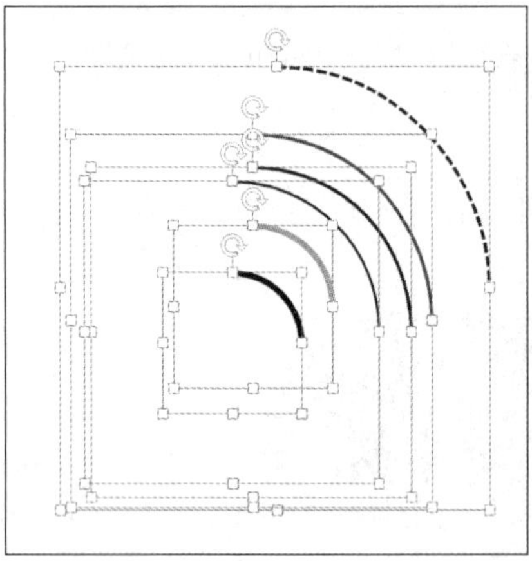

图6－1－20

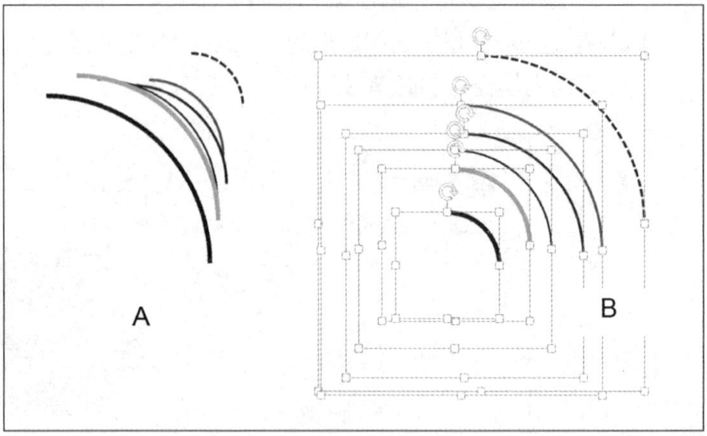

图6－1－21

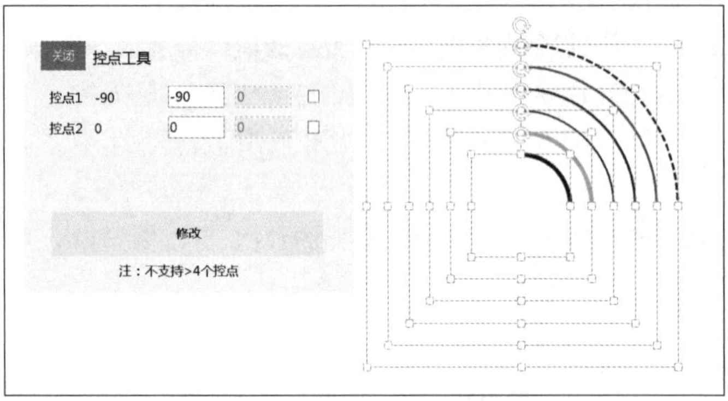

图6－1－22

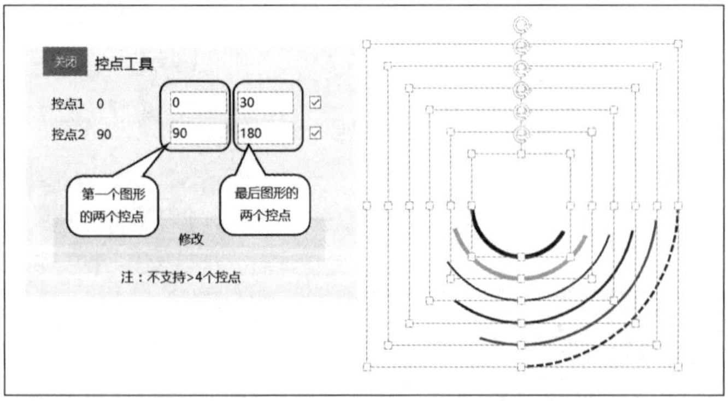

图6－1－23

打开“控点工具”，可以看到控点1(上面的控点)的前两个值均为－90，控点2(右边的控点)的值均为0，如图6－1－22所示。

在“控点工具”中选中右边两个小方框，表示进入递进状态，输入两组数据，左边一组数据0和90表示最外层最大的图形两个控点的位置，右边一组数据30和180表示最内层最小的图形两个控点的位置，其他各图形的两个控点值在这两组数据间平均分布，即中间四个图形的控点1值在0到30间平均分布，控点2值在90到180间平均分布，如图6－1－23所示。

(4) “矩式复制”

在“矩式复制”中有多个复制选项。有“矩式复制”“环式复制”“路径复制”和“尺寸复制”等，如图6－1－24所示。

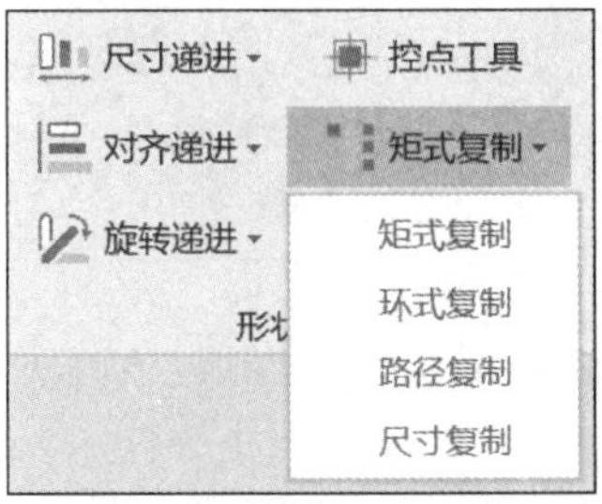

图 6－1－24

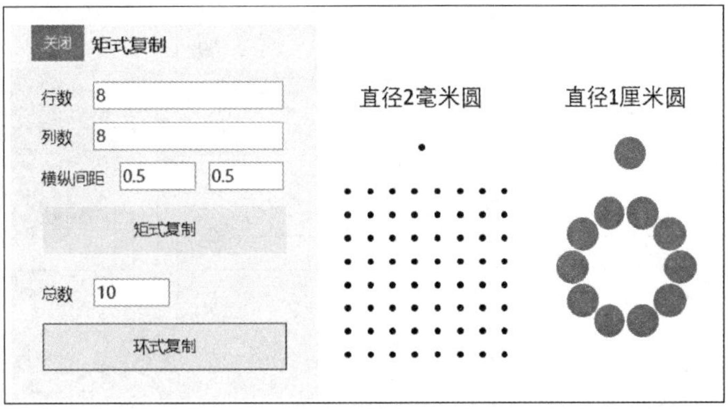

图 6－1－25

① “矩式复制”

绘制一个小圆，在“矩式复制”中设置“行数”和“列数”以及“横纵间距”，选中小圆后，点击“矩式复制”，可以得到一个点阵图，可用于绘制磁场。绘制一个圆形图形，在“矩式复制”窗格中设置“环式复制”的“总数”为“10”，选中圆形图形后，点击“环式复制”，根据绘制的圆形图形的大小和需复制的个数，可用小圆形自动排列出一个大环形图形，如图6－1－25所示。

② “环式复制”

绘制一个大圆(其他正图形也可以)，再绘制一个小圆，先选中大圆，再选中小圆，点击“环式复制”，得到一个根据大圆及小圆的大小，自动排列的如图6－1－26所示的图形。

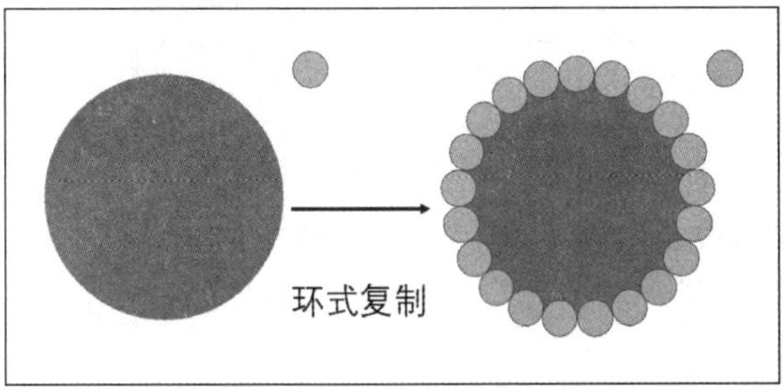

图 6－1－26

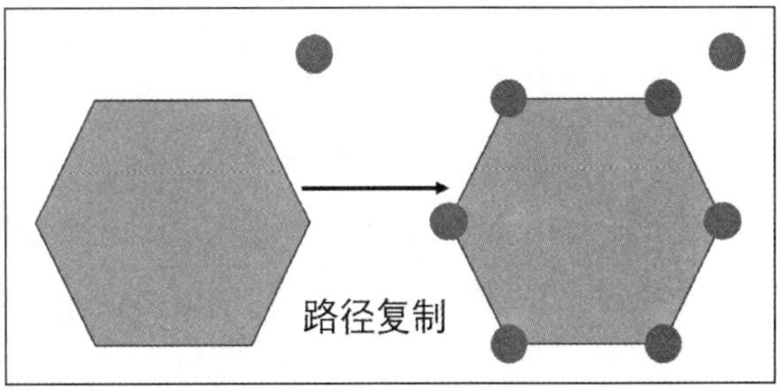

图 6－1－27

③ “路径复制”

绘制一个小圆图形，再绘制一个大的正几何图形，如正六边形(或正方形)，先选中大正六边形，再选中小圆，点击“路径复制”，即可把小圆放置在大正六边形图形的各顶点上(左边小圆会重复一个)，如图6－1－27所示。

也可以利用“任意多边形”工具，绘制一个任意折线的图形，先选中折线图形，再选中小圆，点击“路径复制”后小圆图形将排列在折线的各转折处，如图6－1－28所示。

④ “尺寸复制”

选中大圆(或其他正几何图形)，再选中小圆，点击“尺寸复制”，小圆可以均匀排列在大圆图形所占范围内，如图6－1－29所示。如果想让小圆充满大圆图形所占矩形区域，大圆的直径应是小圆直径的整数倍。

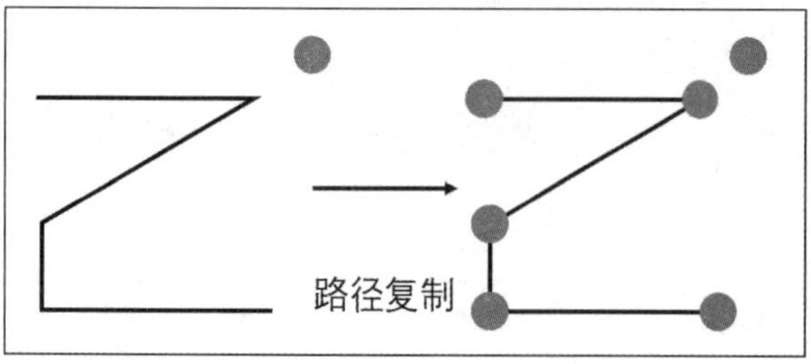

图 6-1-28

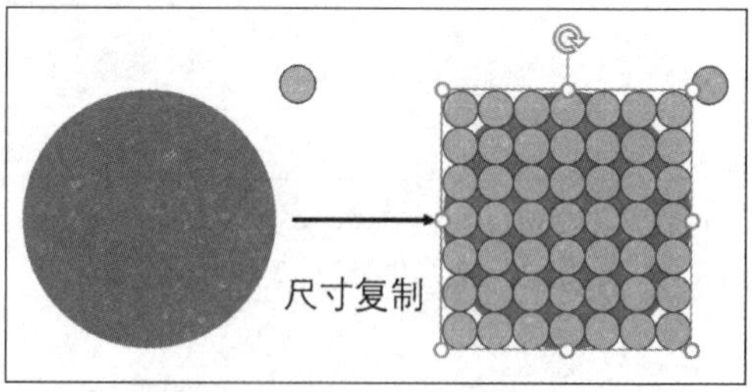

图 6-1-29

(5) “超级折线”

在“顶点相关”工具中，利用“超级折线”工具，如图6-1-30所示，可以绘制多边形图形。

如图6-1-31所示，在“超级折线”对话框中，长度设置为 2 厘米，角度设置为120°，直接点击 6 次“左”，即可得到正六边形图 A；角度设置为135°，点击 8 次“左”即可得到正八边形图 B；角度设置为150°，点击 12 次“左”即可得到正十二边形图 C。

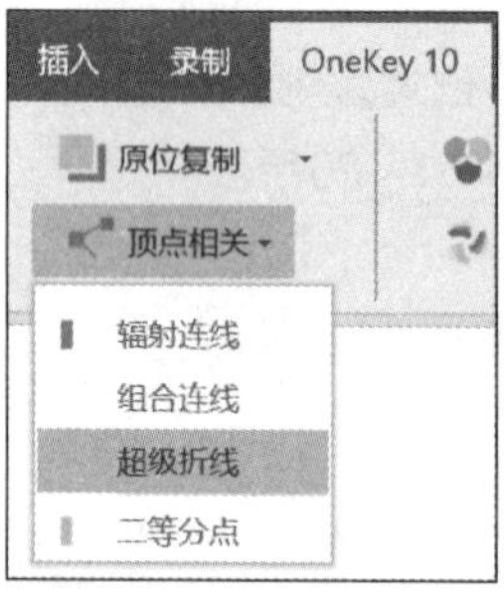

图 6-1-30

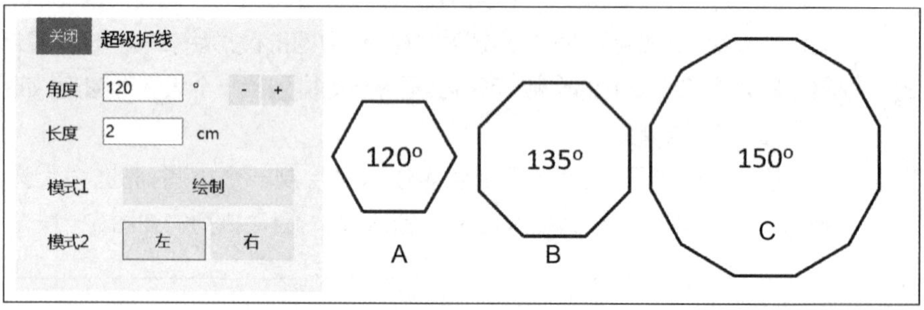

图 6-1-31

利用超级折线工具还可以绘制很多其他图形。如图6-1-32所示，角度设置为120°，长度设置为 1 厘米，点击 6 次“左”，再点击 5 次“右”，再点击 5 次“左”……即得到图形 A；若点击 3 次“左”，再点击 3 次“右”，再点击 3 次“左”……即得到图形 B。再对图形 B 使用复制、翻转和对齐等工具，可得到图形 C。

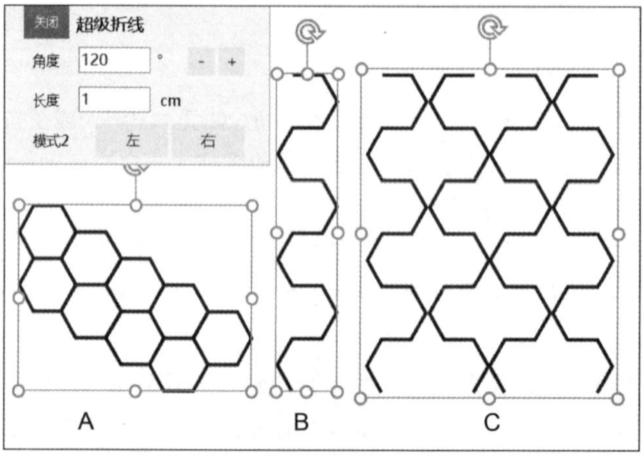

图 6-1-32

长度设置为 6 厘米，角度分别设置为 20°、30°、40°和 50°，多次点击“左”，直到图形封闭，得到的图形如图6－1－33所示。

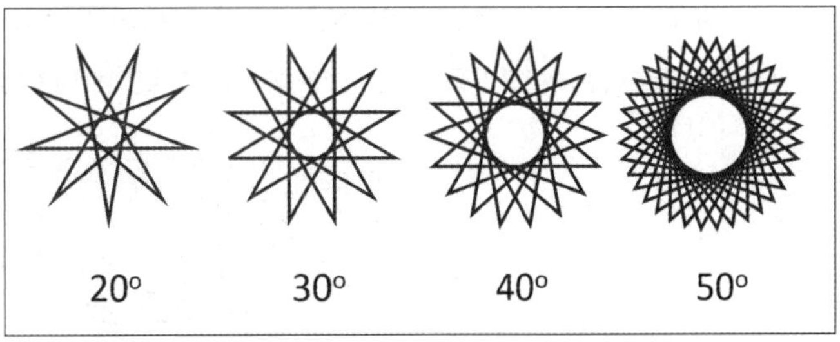

图 6－1－33

(6) 综合应用案例

利用“控点工具”“尺寸递进”“居中对齐”等工具可以制作出很多图形。

① 应用案例一

下面介绍如图6－1－34所示图形绘制的方法。

绘制若干个半圆，控点 1 和控点 2 均分别设为0°和180°。设置并调整第一个和最后一个半圆弧的大小，如图6－1－35所示。

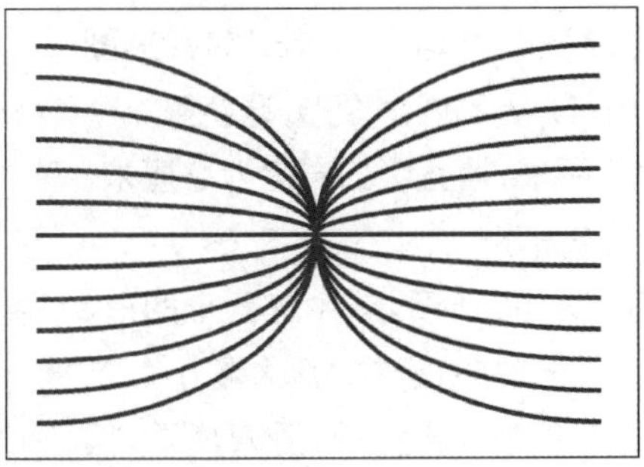
图 6－1－34

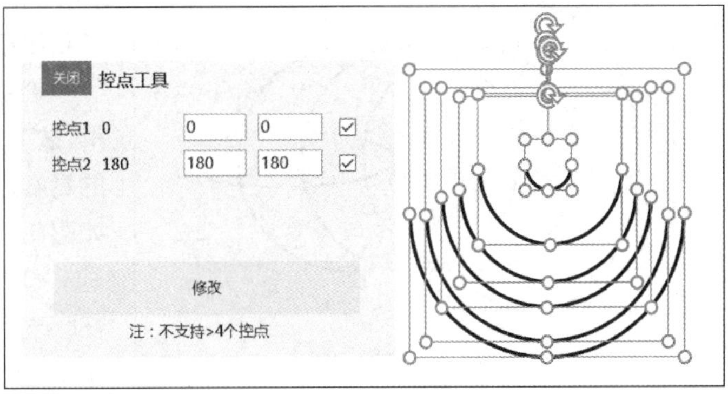

图 6－1－35

全部选中，在“尺寸递进”工具中点击“从大到小”(效果如图6－1－3所示)，在“对齐递进”工具中点击“居中对齐”(效果如图6－1－5所示)，得到的最终效果如图6－1－36所示。

按下 Shift 键再点击“相同大小”，则所有图形等高度(参见图 6－1－2)。再点击“底端对齐”，效果如图6－1－37所示。

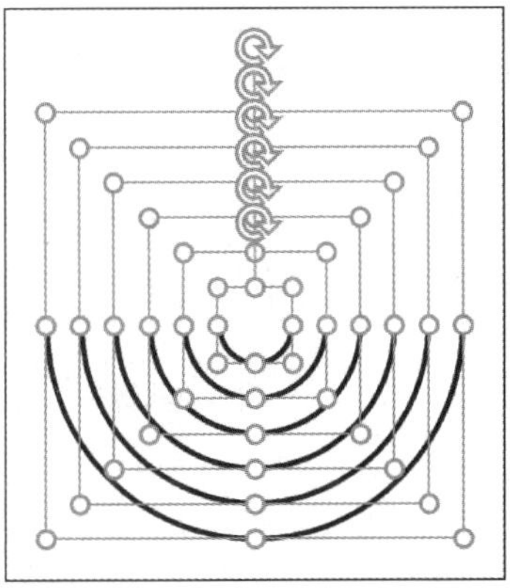
图 6－1－36

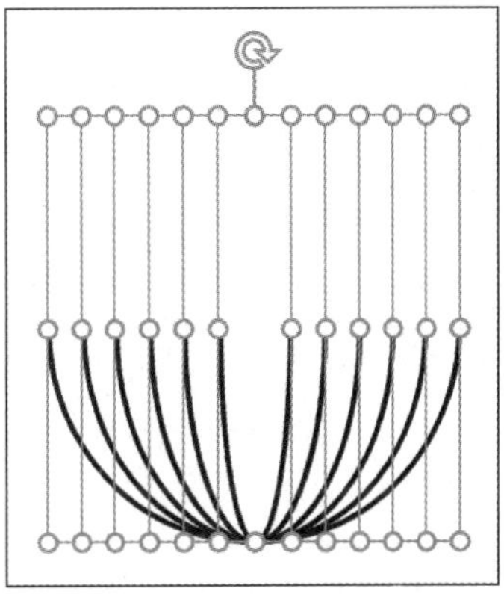
图 6－1－37

把图 6－1－37 中所有图形组合后，适当纵向拉长，翻转90°后再复制一个，将复制后的图形左右翻转，两图形对齐后在中间添加横线，即可得到如图6－1－38所示图形。

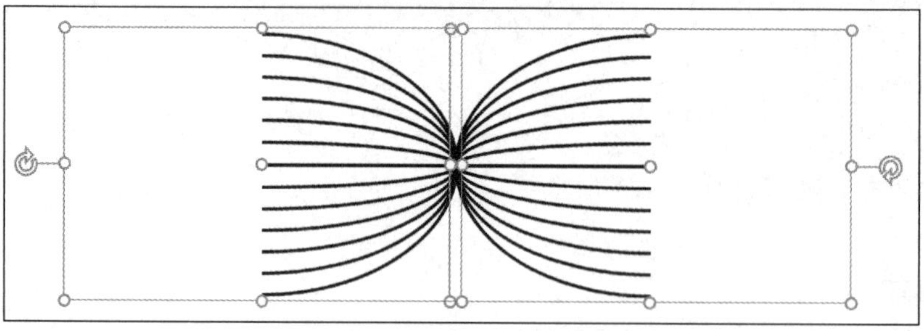

图 6－1－38

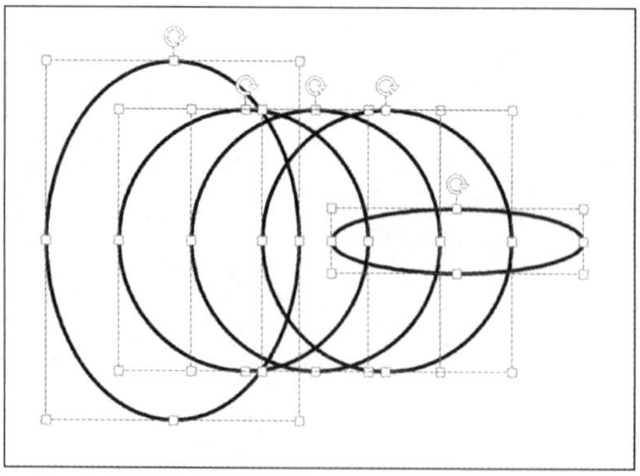

图 6－1－39

② 应用案例二

利用“尺寸递进”和“居中对齐”等工具可制作灯笼图形。

绘制宽度和高度均为 8 厘米的圆形图形，按下 Ctrl+D，复制四个图形，调整第一个的高度为 11 厘米，第五个的高度为 2 厘米，如图6－1－39所示。

如图6－1－40所示，选中这五个图形，在“尺寸递进”选项中，选择“从大到小”，五个图形的高度将均匀调整，如图 A 所示；接着在“对齐递进”选项中点击“居中对齐”，则所有图形居中对齐排列，得到图 B，然后将图 B 中所有图形组合起来。

如图6－1－41所示，将组合后的图形向左旋转90°，中间添加一条竖直线段，对齐排列后得到图 A，如果把图 A 中的所有图形均设置为红色填充、黄色线条，再添加上相关的辅助图形，可得到灯笼图形 B。

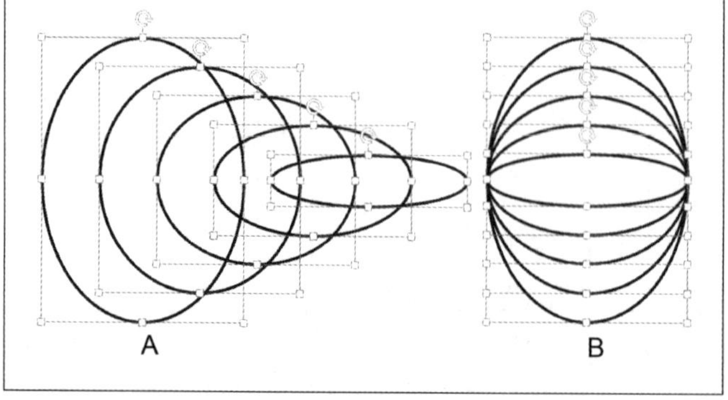

图 6－1－40

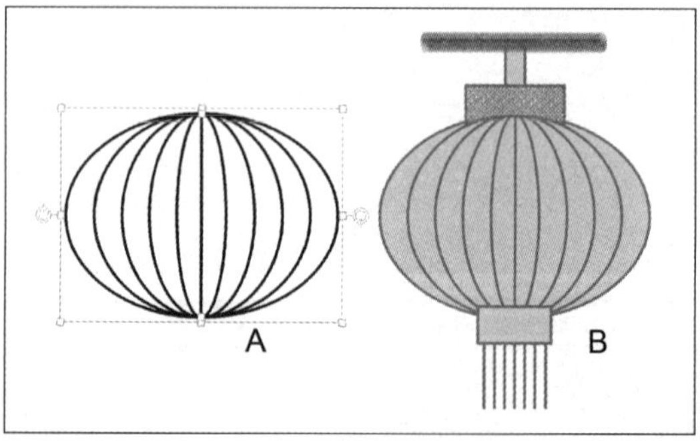

图 6－1－41

2. 一键变立体

利用“三维组”中的“三维工具”，可以实现将图形一键变立体，如图6－1－42所示。

（1）“一键球体”

绘制一个大小适中的圆形图形，在“三维工具”中点击“一键球体”，则圆形图形立即变成一个球体，在“三维格式”中可以看到，根据圆形的大小，程序自动设置了“顶部棱台”和“底部棱台”的宽度和高度。

（2）“一键立方体”

绘制一个大小适中的正方形，在“三维工具”中点击“一键立方体”，正方形图形立即变成一个立方体图形，在“三维格式”中可以看到根据正方形的大小，程序自动设置了“顶部棱台”和“底部棱台”的宽度和高度。在“三维旋转”中可以利用三维旋转轴改变立体图形的方位。

（3）“一键水晶体”

若选中正方形图形，点击“一键水晶体”，则正方形立即变成水晶体图形，如图6－1－43所示。

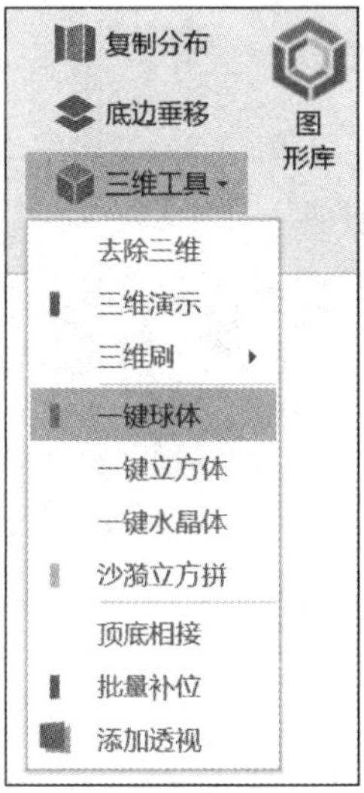

图 6－1－42

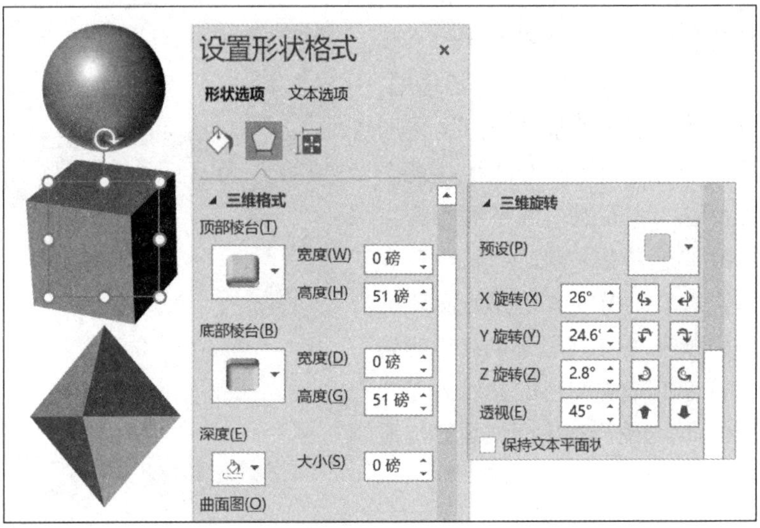

图 6－1－43

3. “沙漪立方拼”

（1）三面拼接

绘制三个正方形图形并设置填充格式。选中三个正方形图形 1、2、3，在如图6－1－42所示界面中点击“沙漪立方拼”，然后在“形状选项”的“三维旋转”中，“X 旋转”的右边转动按钮和“Y 旋转”左边的转动按钮处分别点击若干次（如 6 次），即可得到图 6－1－44 中立体图 A。把三个面分别拿开，或增大“距底边高度”，让三个图形分开，可得到图 B。单击某一图形，在“三维旋转”中可以看到图形自动转动的角度。

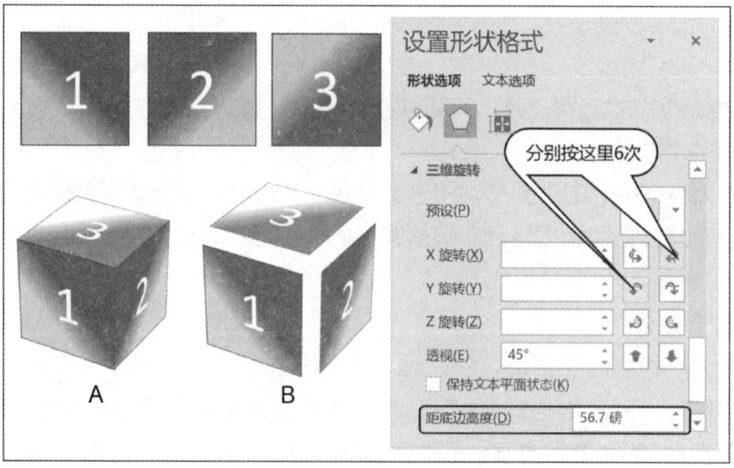

图 6-1-44

(2) 六面拼接

用六个面拼接可以得到较完整的立方体。

① 正方体拼接

绘制六个正方形图形并设置填充后全部选中，参考图 6-1-44 所示操作，得到图 6-1-45 图 B。观察六个面的顺序，1、2、3、4 是周围四个面，5 和 6 分别是上、下两个面。这六个面是按照各面上的数字顺序叠放的，1 在顶层，6 在底层。六个面组成立方体各面时的排列顺序，是由各图形的绘制的先后顺序或选中图形的先后顺序决定的，而与图形在空间放置的位置没有关系。

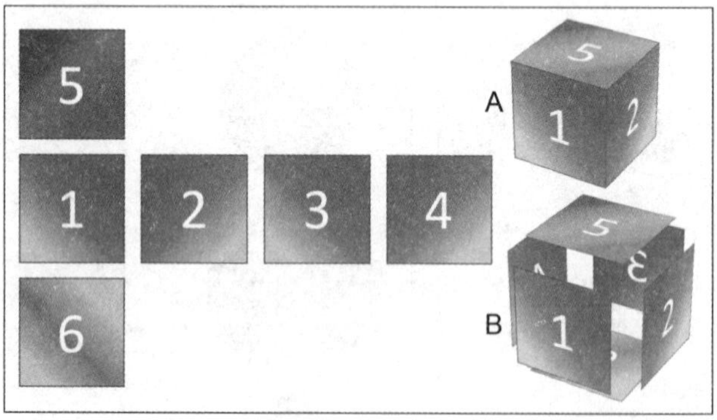

图 6-1-45

② 长方体拼接

绘制六个长方形图形(为了方便辨识，采用不同的填充效果，注意叠放的次序，图 1 在底层，图 6 在顶层)，再全部选中，点击“沙漪立方拼”，得到图 A；然后在“形状选项”中的“三维旋转”中，“X 旋转”的右边转动按钮和“Y 旋转”左边的转动按钮处分别点击 6 次，即可得到立体图 B，如图6-1-46所示

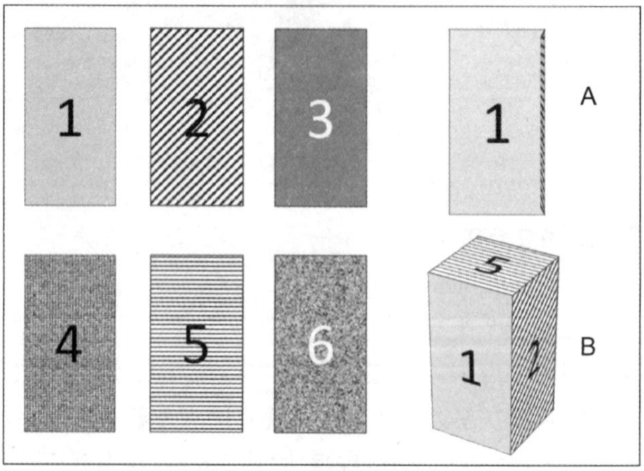

图 6-1-46

(5 和 6 长方形图形的宽和高大小对图 B 无影响)。

(3) 透明立方体盒子

利用透明渐变的填充效果,可以制作透明盒子图形。将六个图形的"渐变光圈"中"透明度"都设置为 50%。选中六个图形,点击"沙漪立方拼",然后在"三维旋转"中,"X 旋转"的右边转动按钮和"Y 旋转"左边的转动按钮处分别点击 6 次,即可得到立体图,如图6-1-47所示。可以制作一个人物运动的动画放到盒子中,注意设置人物图片的叠放次序。

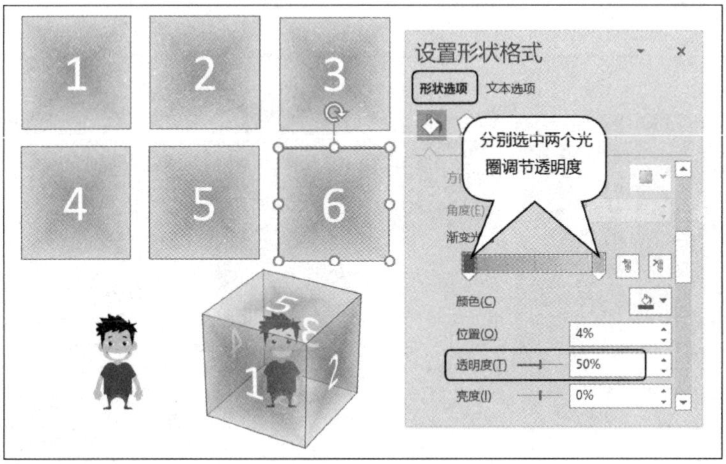

图 6-1-47

(4) 高耸入云的立体图形

绘制三个图形,均为 1 磅的白色线条,正方形图形 3 边长为 4.6 厘米,红色填充;矩形图形 1 和 2 的宽、高分别为 4.6 厘米、14 厘米。对这两个矩形设置渐变光圈填充,光圈设置为两个红色一个白色,三个光圈的位置和透明度分别设置为 0、50%和 100%。选中三个图形,点击"沙漪立方拼",然后在"三维旋转"中,"X 旋转"的右边转动按钮处点击 8 次,"Y 旋转"左边的转动按钮处点击 6 次,得到图 3 顶端文字朝向左前方高耸入云的立体效果图形,如图6-1-48所示。下面介绍所添加顶端立体文字的朝向分别为左前方和右前方的效果图的绘制方法。

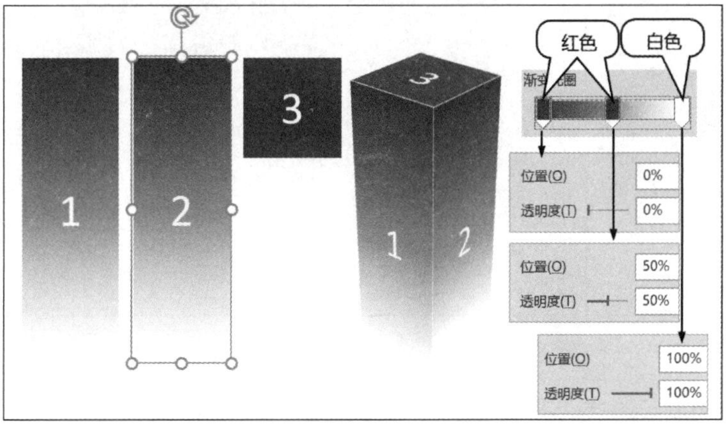

图 6-1-48

① 顶端立体文字朝向左前方的立体图形

在图 6－1－48 中，分别把左边三个图形设置中的红色改为浅茶色，字的颜色改为深咖啡色，文字“1”“2”“3”改为“教”“育”“立”，字体设为“汉真广标”（粗壮），字号分别设为 60 和 88。在“设置形状格式”窗格中，设置文字“立”的立体效果，“深度”为“25 磅”。侧面文字“深度”设置为“15 磅”，选中三个图形，点击“沙犄立方拼”，然后在“三维旋转”中，“X 旋转”的右边转动按钮处点击 8 次，“Y 旋转”左边的转动按钮处点击 6 次，即可得到顶端立体文字朝向左前方的立体图形，如图 6－1－49 所示。

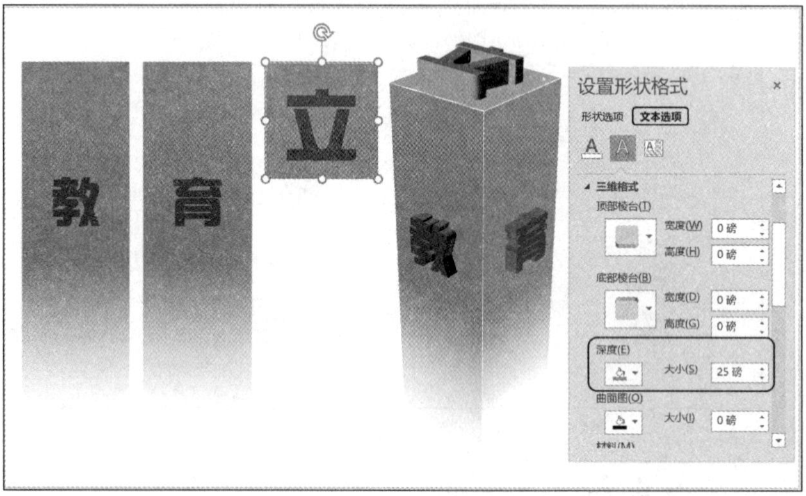

图 6－1－49

② 顶端立体文字朝向右前方的立体图形

如果制作如图 6－1－50 所示的顶端立体文字朝向右前方的立体图形，需要调整部分图形的叠放次序。

图 6－1－50

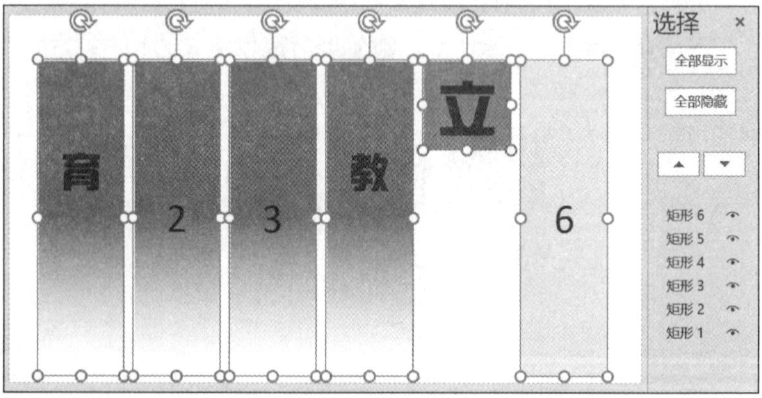

图 6－1－51

绘制六个图形，其中长方形宽、高分别为 4.6 厘米和 14 厘米。设置相应填充（渐变光圈填充），如图 6－1－51 所示，左边四个图形都设置三个光圈，颜色分别是两个茶色一个白色，透明度的设置参见图 6－1－48 所示，图 6 设为任意颜色（要删除的）。按顺序放置各图形，从“选择”窗格中可以看到六个图形的叠放次序[图 1（育）在底层，图 6 在顶层]。字体设为“汉真广标”，字号分别设为 60 和 88。

在“设置形状格式”窗格中，设置文字的立体效果，“深度”设为“25 磅”，如图 6－1－52 所示。侧面文字“深度”设置为“15 磅”。

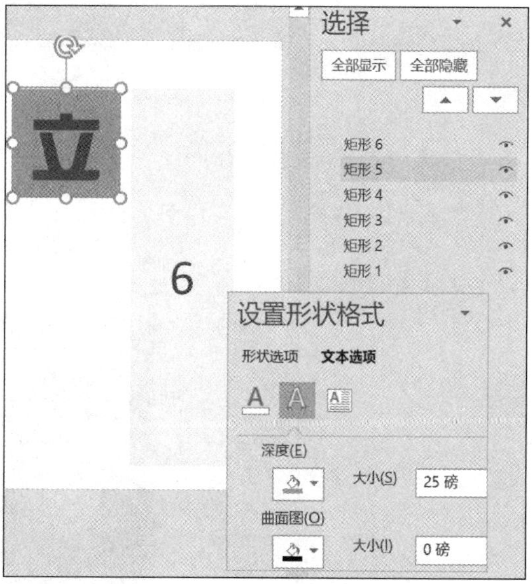

图 6－1－52

全部选中图 6－1－51 中的六个图形，点击“沙漪立方拼”，可得到图 6－1－53 中的图 A，然后在“三维旋转”中，“X 旋转”和“Y 旋转”的左边的转动按钮处分别点击 8 次和 6 次，即可得到立体图 B。图 B 中的部分面的叠放次序需要调整。通过“选择”窗格，找到图形 2，为了得到图 C 的效果，可以把图形 2 和下端的图形 6 置于底层（或删除、隐藏）。将图 C 整体复制后修改相应文字，即可得到图 6－1－50 所示的效果。

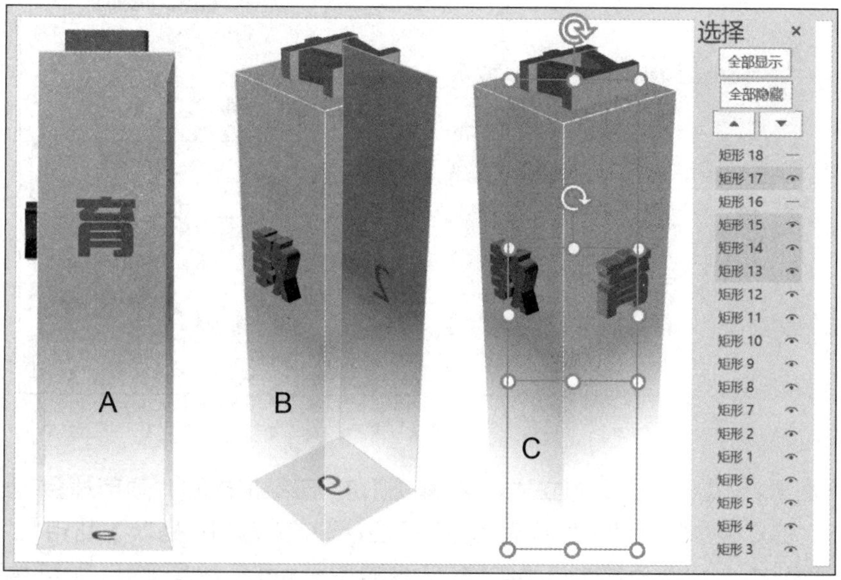

图 6－1－53

（5）“沙漪立方拼”的创新应用

① 绘制炮楼图形

绘制一个大矩形，上面再放置两个小矩形，利用“合并形状”中的“剪除”功能，得到上面有缺口的图形，如图 6－1－54 所示。

将所得图形复制后再绘制图 6－1－55 中的图 5 和图 6，选中图 6－1－55 中图 1 至

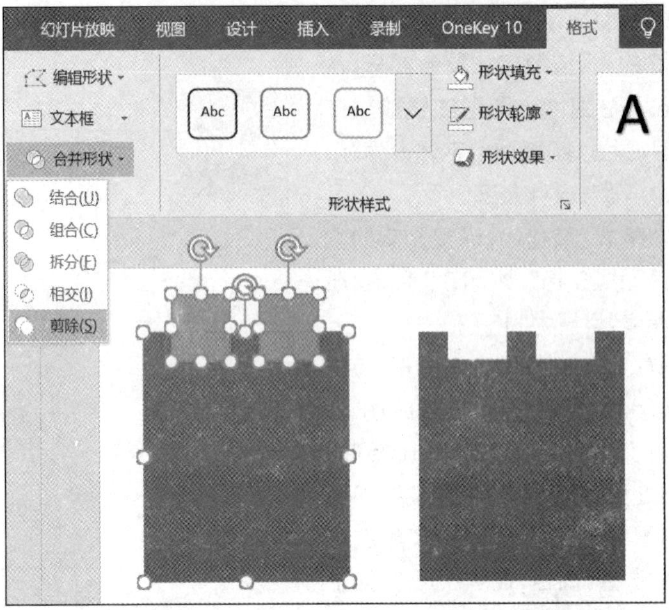

图 6-1-54

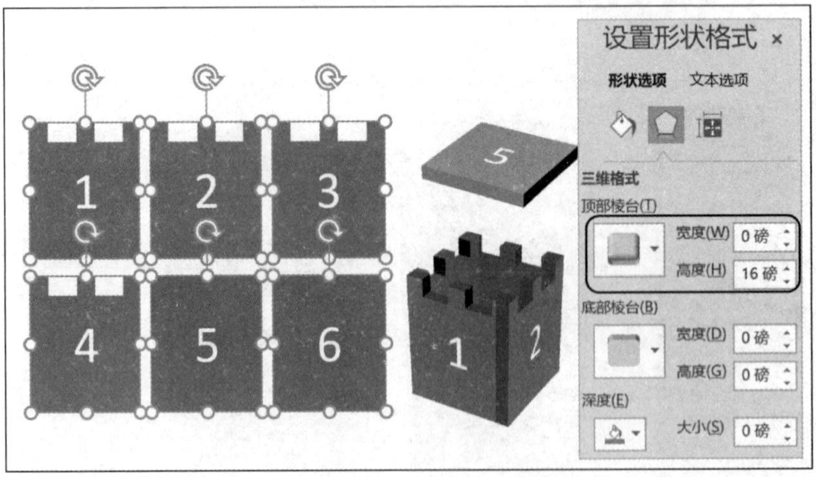

图 6-1-55

图 6 六个图形，设置这些图形的立体效果，即图形的“三维格式”的“顶部棱台”为圆形样式，“宽度”为“0 磅”，“高度”为“16 磅”（或只设置“深度”为“16 磅”）。利用“沙漪立方拼”及前面的方法设置顶端文字朝向左前方的图形，再移除图形 5，即可得到如图 6-1-55所示炮楼图形。

② 制作笼子图形

如图6-1-56所示，绘制一个大矩形和四个长条矩形，对齐放置如图 A，利用“合并形状”中的“剪除”功能，得到图 B，利用“三维格式”，设置图形的“顶部棱台”为圆形样式，“宽度”为“0 磅”，“高度”为“10 磅”，复制后得到 6 个图形并全部选中，利用“沙漪立方拼”及前面的方法设置，可得到朝向左前方的笼子图形。

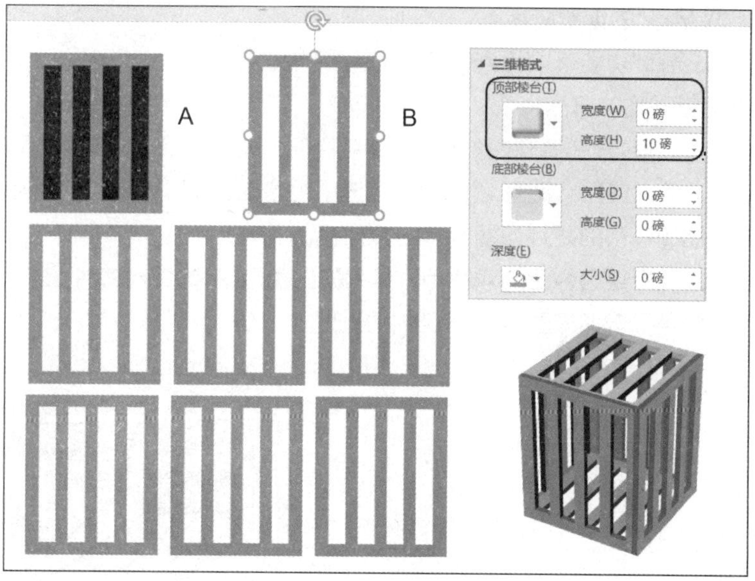

图 6－1－56

4. 在“图形组”中设置图形特效

（1）“图片极坐标”

在“图形组”中的“一键特效”下拉菜单中，有若干个特效功能按钮。如图6－1－57所示，选中矩形图形(或图片、表格)，在“一键特效”下拉菜单栏中点击“图片极坐标”，原来的矩形图形就极坐标化且变为图片，即 A、O、C 压缩为一点，以该点为圆心，AB 长作为圆的直径，BD 为圆周。应注意，在使用“图片极坐标”时只有矩形图形才可以极坐标化，得到的圆形的形状和大小只与矩形图形的宽度有关，与长度无关；不论图形或表格，极坐标化后都变成了图片。

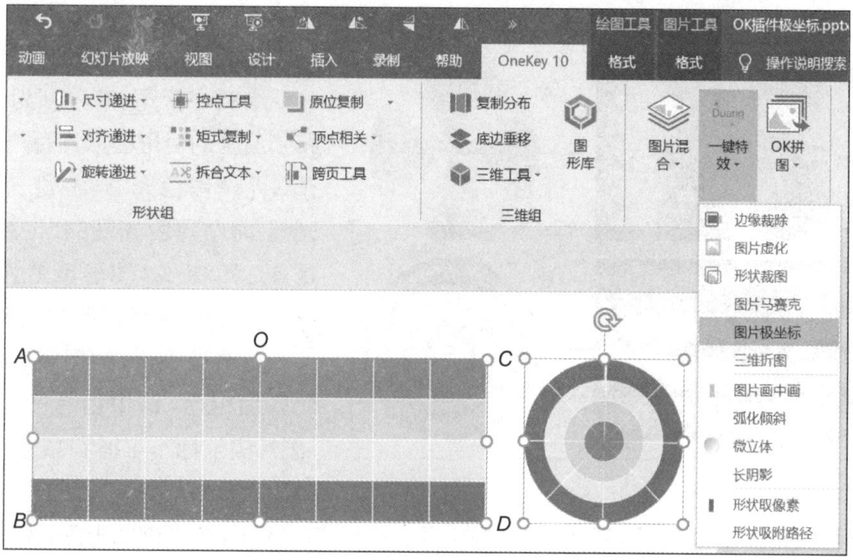

图 6－1－57

(2) “图片极坐标”的创新应用

利用“图片极坐标”功能可以得到很多我们需要的图片。

① 扇形图形圆周均匀排列

绘制两个等大图形，分别填充两种颜色，复制若干个图形，利用本节课中图 6－1－4 所示的“水平贴边”功能对齐所有图形，然后组合，选中组合后的图形后点击“图片极坐标”，即可得到扇形图形圆周排列的图片如图 6－1－58 中图 A。

绘制一个与上面所绘组合后的双色矩形等大的白色矩形，二者对齐并组合，选中组合图形，再点击“图片极坐标”，即得图 6－1－58 中图 B。

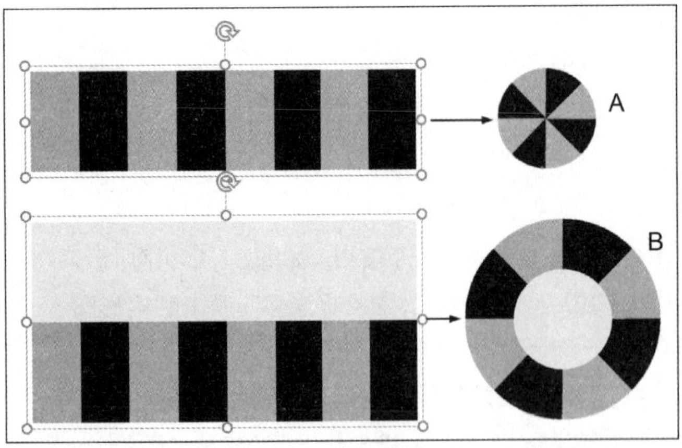

图 6－1－58

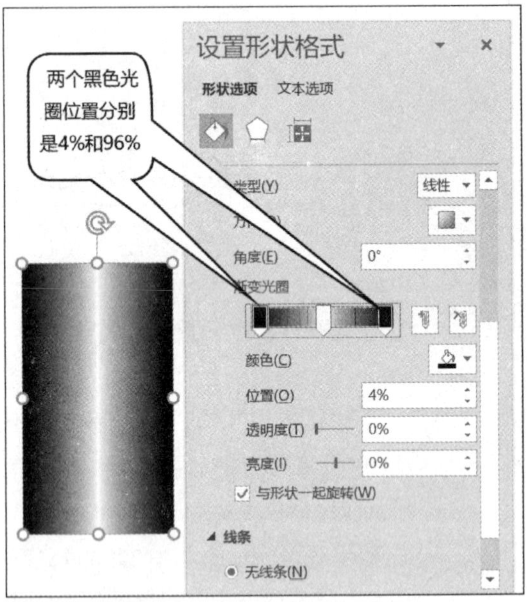

图 6－1－59

② 渐变填充的极坐标图片

绘制一个宽、高分别为 4 厘米和 7 厘米的矩形图形，设置“渐变填充”，两个黑色光圈，中间一个白色光圈，两个黑色光圈的“位置”分别是 4% 和 96%，图形设置为“无线条”。填充效果如图6－1－59所示。

复制若干个，利用“水平贴边”对齐后组合，选中组合图形，点击“图片极坐标”，可得到图 6－1－60 中图 A。

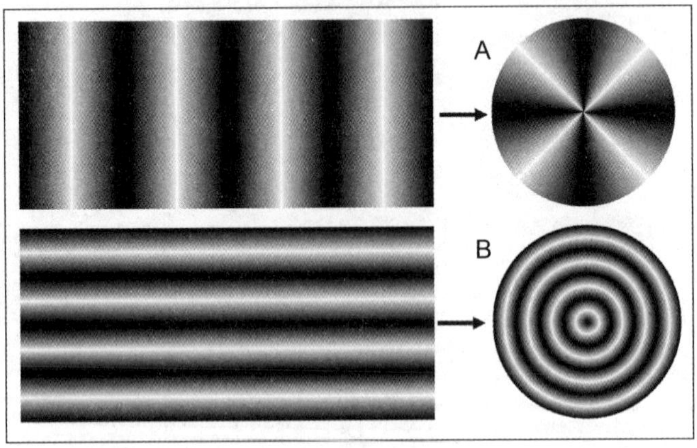

图 6－1－60

把组合后的矩形图形旋转90°，适当调整宽度和高度的大小，选中该图形后，点击“图片极坐标”，可得到图 6－1－60 中图 B。

第 2 课　插件 Nordri Tools 应用

Nordri Tools 插件主要添加了实用的图形设计功能。安装后打开 Nordri Tools 选项卡，有“标准”“设计”“动画”“放映”等组，如图6－2－1所示。Nordri Tools 插件的特点是，当点击某一工具时，都以工具栏的形式出现，方便操作。本课主要介绍“设计”组中的一些实用工具。

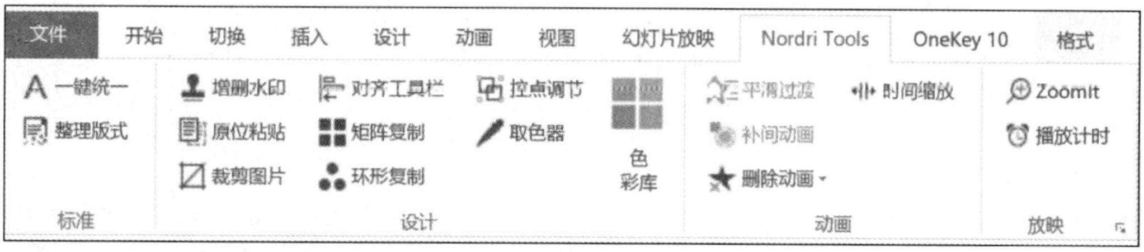

图 6－2－1

1. 图片的裁剪和对齐工具

（1）“裁剪图片”

选中图片（不是图形），点击“裁剪图片”，可以精确设置图片裁剪的宽度和高度大小值，如图6－2－2所示。

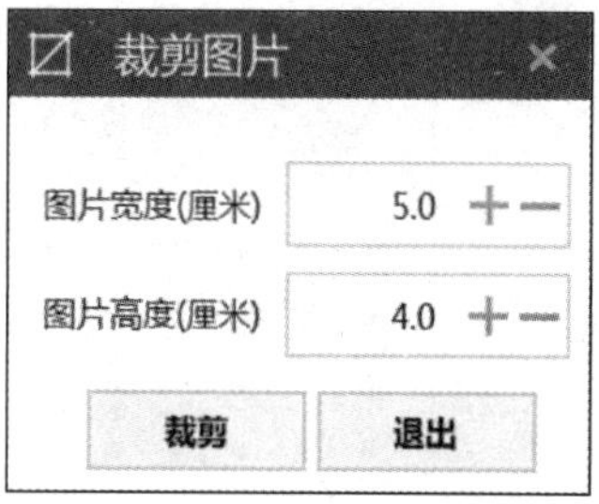

图 6－2－2

（2）“对齐工具栏”

点击“对齐工具栏”，在出现的“对齐工具栏”中，有多个对齐工具，除了在左边 PowerPoint 软件中已经有了的常规对齐工具和右边的合并形状工具以外，中间还有“等宽”“等高”和“等大小”工具，如图6－2－3所示。使用这些工具时，在按下 Ctrl 键选择图形时，应注意选择图形要有顺序，程序将按后选中的图形为标准（或者按 Ctrl+A 全选中，以后来绘制的图形为标准，即以顶层图形为标准）对所选图形进行设置。

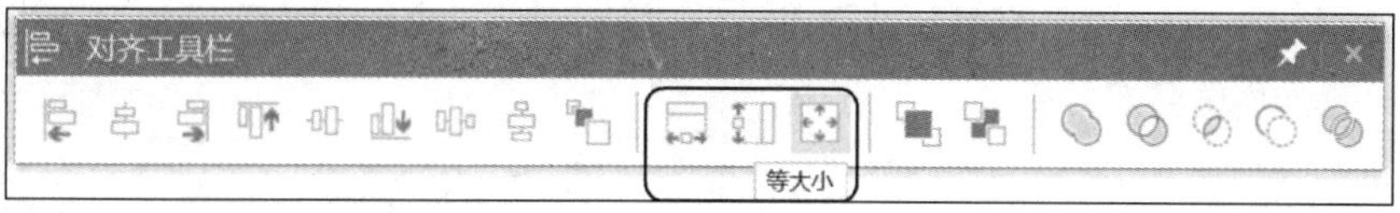

图 6－2－3

2. “矩阵复制”

此功能可以快速复制图形并自动对齐。

（1）图形的“矩阵复制”

选中一个图形，点击“矩阵复制”，设置横向、纵向数量及横向、纵向的间距，点击“确定”即可，如图6－2－4所示。

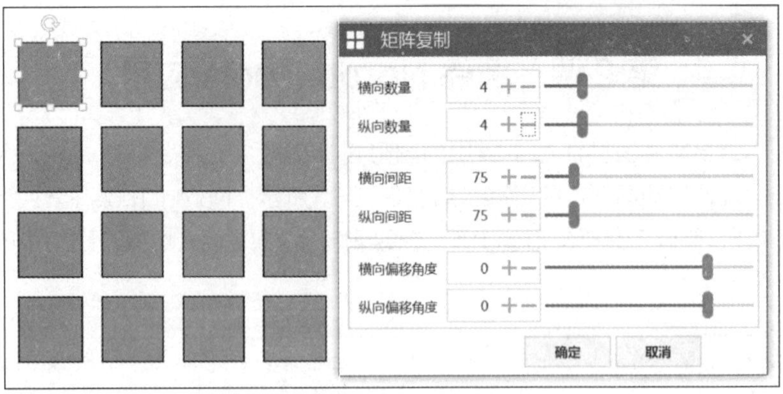

图 6－2－4

（2）绘制磁场

绘制一个圆形图形（或乘号图形），宽、高均缩小到 0.3 厘米（乘号缩小到 1 厘米），选中该图形，点击“矩阵复制”，设置横向、纵向数量均为 6，横向、纵向的间距均为 35，点击“确定”即可，如图6－2－5所示。

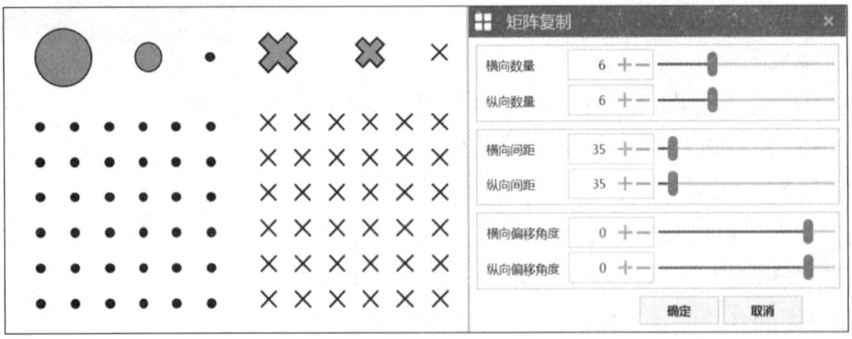

图 6－2－5

（3）偏移角度

根据需要可设置复制后图形偏移的角度，如图 6－2－6 所示，分别设置了横向、纵向偏移角度均为15°。

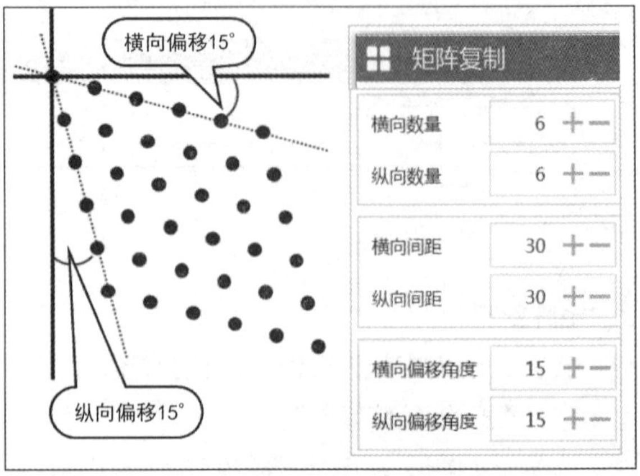

图 6－2－6

3. “环形复制”

“环形复制”用处较大，可以绘制很多教学上需要的图形。

（1）基本功能

绘制箭头图形，选中后点击“环形复制”，“数量”设置为 8，其他都采用默认设置，点击“确定”后，可得到如图 6－2－7所示的图形。

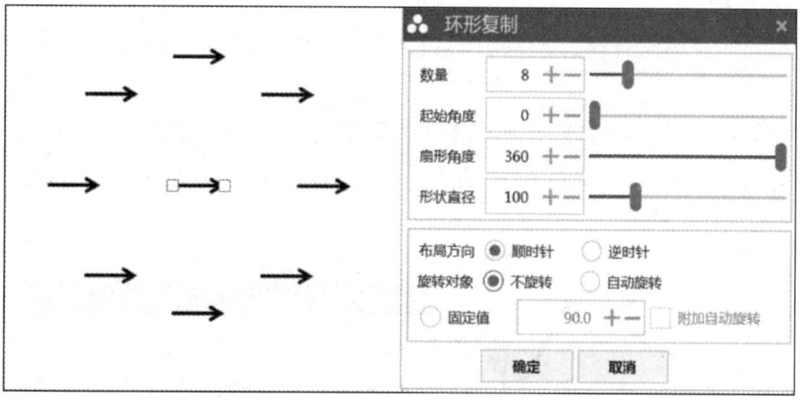

图 6-2-7

如果在“旋转对象”中选择“自动旋转”，可得到如图6-2-8所示的图形。

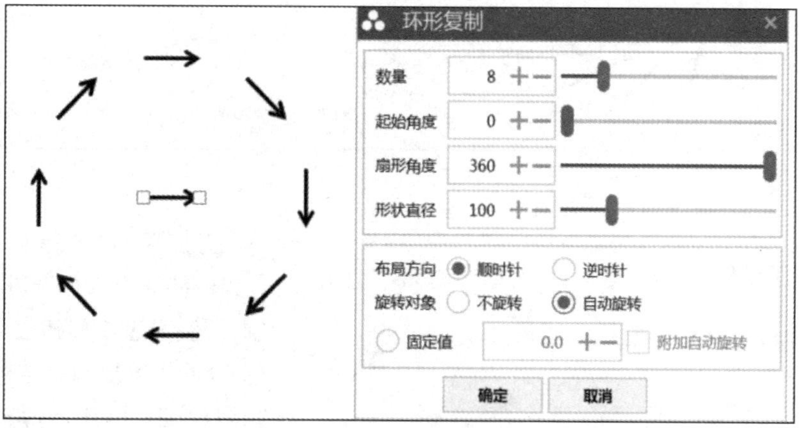

图 6-2-8

如果在“旋转对象”下方选择“固定值”，同时设置数值为 90，并选中“附加自动旋转”，可得到如图6-2-9所示的图形。

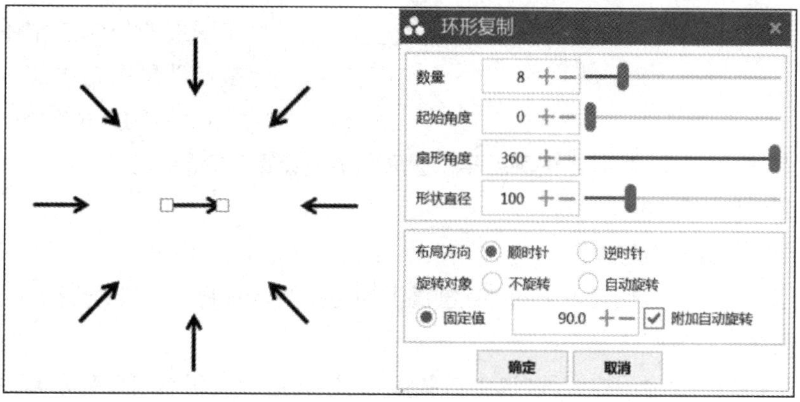

图 6-2-9

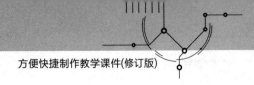

(2) 基本规律

“布局方向”的“顺时针”和“逆时针”，只有在“扇形角度”设置小于360°时才可以显现出来。

“旋转对象”默认是“不旋转”，“不旋转”与“固定值”为 0 是相同的，“自由旋转”与“固定值”为 0 且同时选中“附加自动旋转”是相同的，此时如果改变“固定值”中的角度，可以得到如图6－2－10所示的图形。

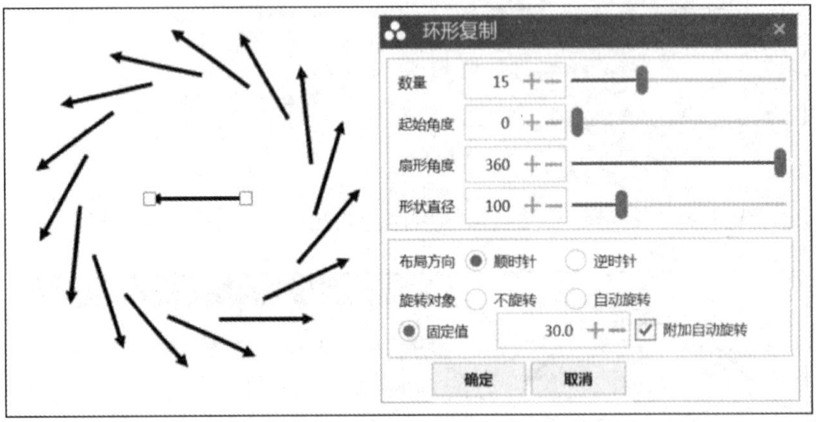

图 6－2－10

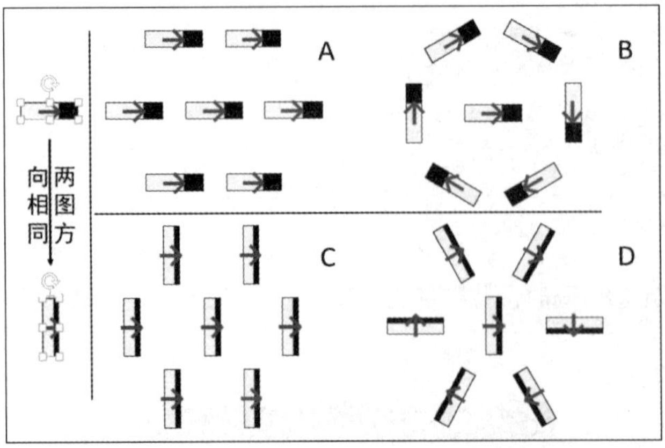

图 6－2－11

在应用“环形复制”时，以最初绘制的图形为标准进行后续复制，即使通过旋转改变了原图形的方向，后续复制的结果也不变。如图6－2－11所示，如果两个图形方向不变，只是改变了宽高比例，A、C 两个图形都是默认的复制结果，箭头都朝向右，B、D 两图都是“自动旋转”的结果，表面看两个图形的复制结果不同，实际上复制结果是相同的，注意观察箭头方向，箭头的中垂线均指向圆心，所以在选择“固定值”时要根据需要和图形的情况设置不同的角度。

(3) “环形复制”的创新应用

① 多个图形圆周均匀排列

利用上述方法，可以使得多个图形在圆周上均匀排列，如图6－2－12所示。

② 绘制魔轮

绘制 2 厘米长、3 磅粗的线段，选中该线段，利用环形复制工具，在“环形复制”选项卡中，“数量”设置为“60”(两线间的角度为6°)，“形状直径”设置为“10”，选中“固定值”和“附加自

图 6－2－12

动旋转”，设置角度为 50，如图 6－2－13 所示。

选中所有图形，统一设置线条的长度为 8 厘米，如图 6－2－14 所示。去掉右边多余的水平线段后组合。

设置组合后图形的“陀螺旋”动画，“期间”为 30 秒的逆时针转动，再复制一个后左右翻转，并改为顺时针转动。再绘制一个圆形后三个图形居中排列，如图 6－2－15 所示。动画播放时出现向外扩散的波形图动画效果。如果将两个图形的转动方向调换，可以看到向内收缩的波形图动画效果。

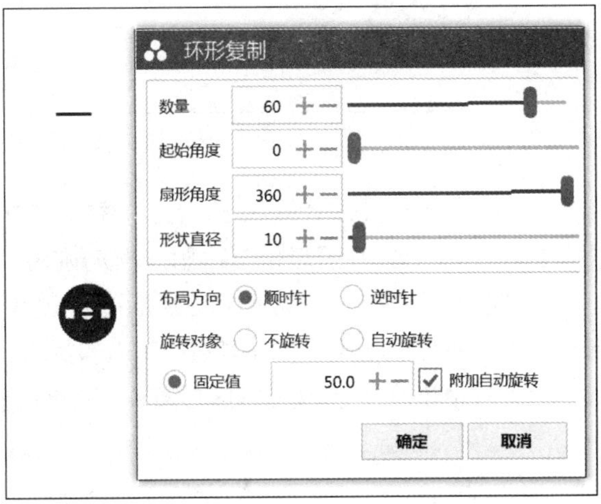

图 6－2－13

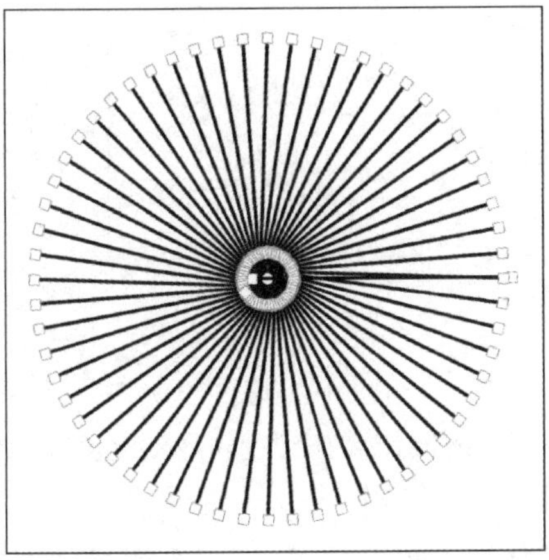

图 6－2－14

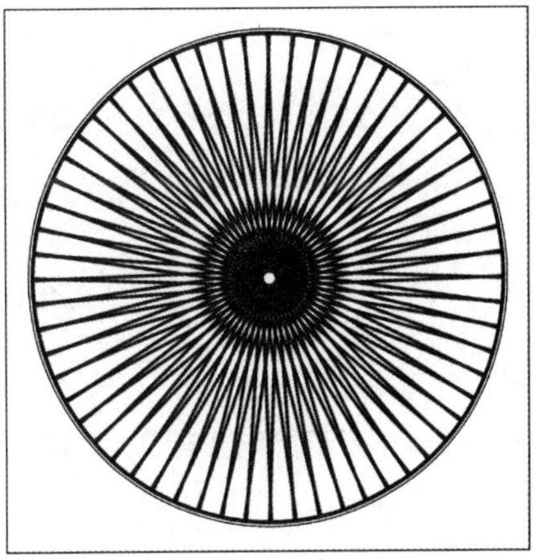

图 6－2－15

③ 绘制钟表表盘

利用“环形复制”功能，也可以快速绘制出表盘刻度线。

绘制一个长 0.4 厘米、3 磅粗的小线段，点击"环形复制"，"数量"设为"60"，"形状直径"设为"150"，选中"固定值"和"附加自动旋转"，并设角度为 90，"确定"后即可得到 60 条刻度线均匀分布的图形如图 6－2－16 中的图 A。

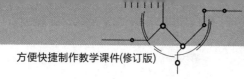

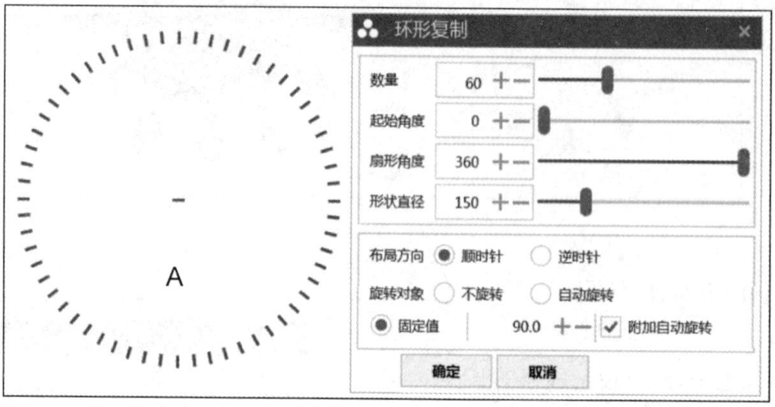

图 6－2－16

再绘制一个长 0.7 厘米、6 磅粗的小线段，点击"环形复制"，"数量"设为"12"，"形状直径"设为"150"，选中"固定值"和"附加自动旋转"，并设角度为 90，"确定"后即可得到图 6－2－17 中的图形 B。然后把组合后的图形 B 置于图 6－2－16 中的组合图形 A 的上层，选中 A、B 两图形，居中对齐，得到钟表表盘刻度线图形，如图 6－2－17 中图 C 所示。图 6－2－17的图形 B 的黑线正好压在图 6－2－16 的图形 A 的相对应的红线上。

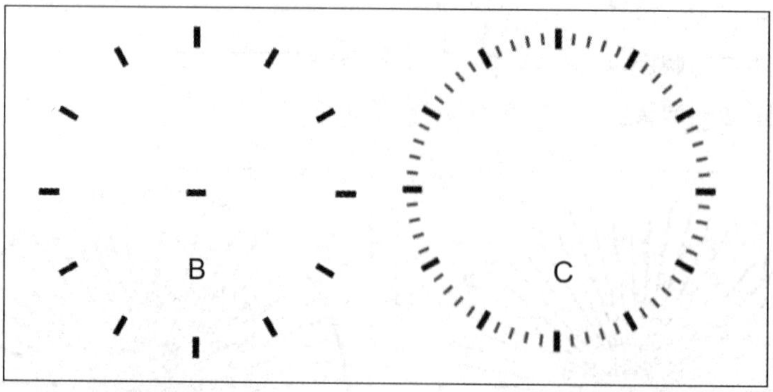

图 6－2－17

④ 绘制电流表表盘刻度线

如图6－2－18所示是直流电流表图形。电流表的制作重在绘制表盘刻度。下面介绍表盘刻度线的绘制方法。

绘制一个正圆弧(按下 Shift 键用鼠标绘制圆弧)，利用"控点调节"工具，将两个控点值分别设置为－135 和－45(圆弧夹角90°)，宽度和高度均为 18 厘米，线条宽度为 2 磅。再绘制宽度为 1 磅、倾斜角为45°的两个线条作为辅助线，选中三者并"居中对齐"，如图6－2－19所示。

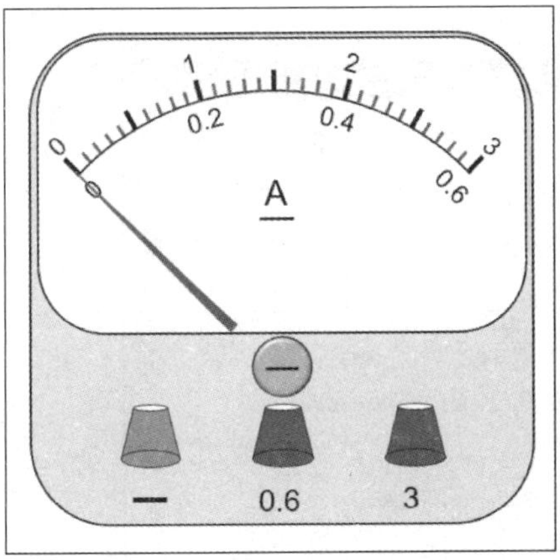

图 6-2-18

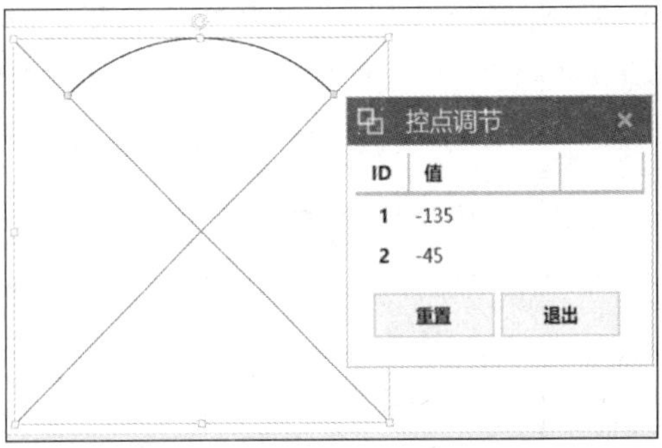

图 6-2-19

绘制一个长 0.4 厘米、3 磅粗的小红色线段，选中所有图形“居中对齐”放置，选中小红色线段，点击“环形复制”，“数量”设为“31”，“起始角度”设置为“45”，“形状直径”设为“260”，“扇形角度”调整为“93”，选中“固定值”和“附加自动旋转”，并设置角度为 90，“确定”即可。可选中上面的小红色线段“组合”起来，如图6-2-20所示。

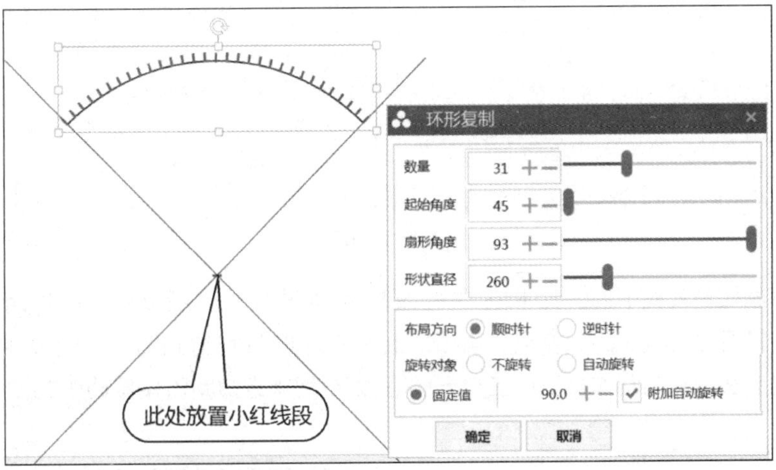

图 6-2-20

再绘制一个长 0.7 厘米、5 磅粗的小黑色线段，“居中对齐”放置，选中小黑色线段，点击“环形复制”，“数量”为“7”，“起始角度”设置为“45”，“形状直径”设为“264”，“扇形角度”调整为“105”(可以微调)，选中“固定值”和“附加自动旋转”，并设置角度为 90，“确定”即可，如图6-2-21所示。也可以将七条黑线段“组合”起来(选中的方法是：用鼠标先拖动选中左边 6 个后再按下 Ctrl 键，选中右边第 7 个)。

绘制一个文本框，输入“0”，居中对齐放置，选中文本框，点击“环形复制”，“数量”设为“4”，“起始角度”设置为“45”，“形状直径”设为“288”，“扇形角度”调整为“120.2”(可以微调)，选中“自动旋转”，点击“确定”即可，如图6-2-22所示。也可以将四个文本框“组合”起来。

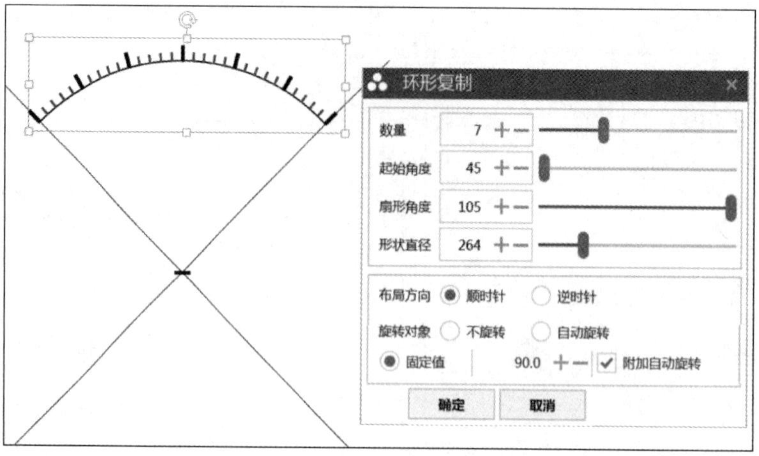

图 6－2－21

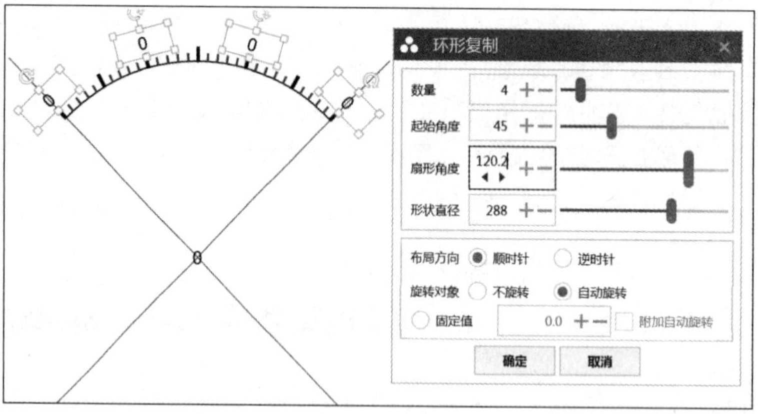

图 6－2－22

同理可添加刻度线下面的文本框，并修改文字，如图 6－2－23 所示。去掉两参考线，即可得到需要的直流电流表的刻度盘。再添加上相关图形，即可得到图 6－2－18 所示的电流表图形。电流表表针的制作参见第三单元第 6 课 7. 楞次定律实验模拟动画二。

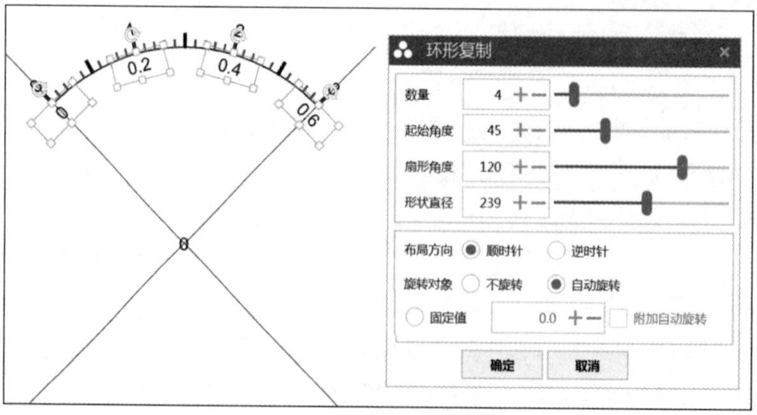

图 6－2－23

第3课　放映的设置

1. 放映时的操作选项

在幻灯片放映的过程中，用鼠标右键单击，会出现多种选项供使用。

(1) 跳转到某一幻灯片

在放映幻灯片时，要跳转到某一张幻灯片，用鼠标右键单击，选中“查看所有幻灯片”，如图6-3-1所示。这时可以看到当前文件中的所有幻灯片，点击某一幻灯片放映即可。

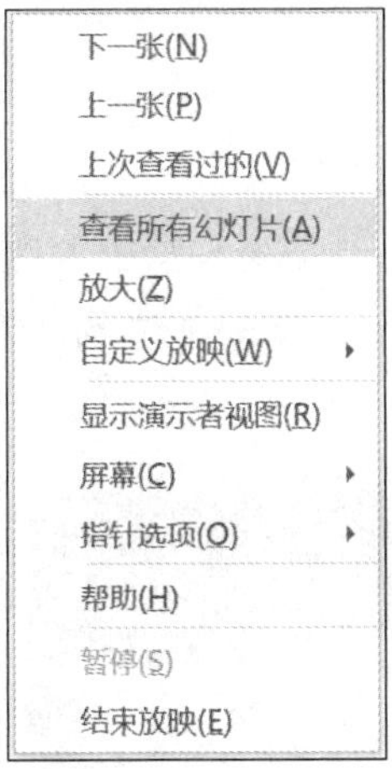

图6-3-1

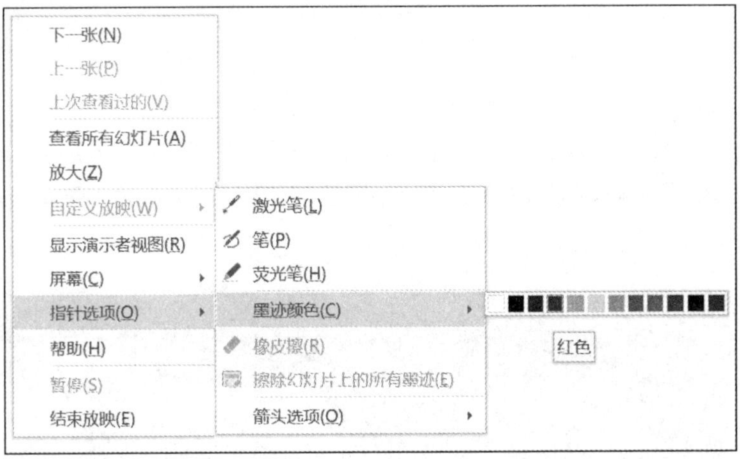

图6-3-2

(2) 放映时的指针选项

在放映过程中，右击鼠标点击“指针选项”，有多种选项供选择。

点击“激光笔”选项，鼠标可以作为激光笔使用。在幻灯片放映时，按住 Ctrl 键并按下鼠标左键，也可以显示激光笔效果。

点击“笔”选项，可以在放映时使用鼠标作标注，在“墨迹颜色”中可以选择标注的颜色。也可以利用快捷键 Ctrl+P，使鼠标快速变成笔使用。

点击“橡皮擦”选项，鼠标可以作为橡皮擦来擦除书写的内容，点击“擦除幻灯片上的所有墨迹”，可以擦除本张幻灯片上所有墨迹，如图6-3-2所示。

鼠标作为“笔”或“激光笔”使用时，要恢复到原来状态，可在“箭头选项”中选择“自动”或者“可见”，也可以利用快捷键 Ctrl+A，使得笔快速变成光标箭头使用。

右击鼠标后点击“帮助”可以查看切换指针的快捷方式说明。

(3) 切换到“黑屏”或“白屏”

幻灯片放映的过程中，有时需要临时把屏幕上的内容遮盖起来。这时按下 B 键，可切换到黑屏，按下 W 键，可切换到白屏，再按下任意键可以恢复到幻灯片放映视图。

2. 放映时屏幕和电脑有不同的显示画面

在放映时可以让屏幕显示幻灯片内容，而让电脑显示有备注内容的幻灯片模式。操作方法如下：

（1）幻灯片放映前设置

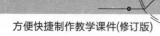

在放映前，在“幻灯片放映”选项卡的“监视器”组中，选中“使用演示者视图”，如图6-3-3所示。当连接投影屏幕放映时自己的电脑上会显示备注项的内容。

图 6-3-3

在放映的时候自己的电脑屏幕显示的画面如图6-3-4所示，可以看到备注项的内容，在备注页中可以输入相关文字起到提示的作用，方便演讲。而大屏幕上只显示中间画面的部分。

图 6-3-4

（2）幻灯片放映中设置

在放映过程中，右击鼠标，如图6-3-2所示，选中“显示演示者视图”，也可以切换到如图6-3-4所示的演示者视图模式。若要恢复原状，再次单击鼠标右键，选择“隐藏演示者视图”即可。

（3）注意事项

演示者视图模式一般占用资源较多，硬件配置不高的电脑运行时可能不太流畅，一般不建议使用。

不连接放映屏幕，即使在图6-3-3中设置了“使用演示者视图”，电脑单独放映幻灯片时也不会显示演示者视图模式。

不连接放映屏幕，在“幻灯片放映”选项卡中，按下Alt键的同时点击“从头开始”或“从当前幻灯片开始”，可以在自己电脑中显示出演示者视图模式。

如果按下Alt键时，再按下界面右下方的如图6-3-5所示的“幻灯片放映”按钮，则可以在小窗口中播放幻灯片，右击鼠标点击“结束放映”可以退出播放。

图6-3-5

3. 设置“自定义放映”

若幻灯片较多，放映时只需要放映部分幻灯片，可以设置“自定义放映”。

(1) 设置“自定义放映”

在“幻灯片放映”选项卡的“开始放映幻灯片”组中，点击“自定义幻灯片放映”按钮，选择“自定义放映”，如图6-3-6左图A所示，再选择“新建”。

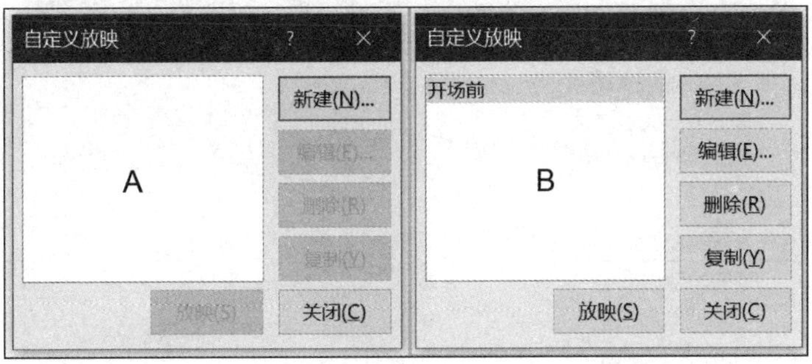

图6-3-6

在得到的“定义自定义放映”对话框中，输入“幻灯片放映名称”，如开场前需要先自动播放前两张幻灯片，输入名称“开场前”，然后在左边列表中选中需放映的两张幻灯片，点击“添加”，即把选中的幻灯片添加到右边，如果选中右边已经添加的幻灯片，利用最右边的工具，可以删除该幻灯片，还能上下调整幻灯片播放的顺序，如图6-3-7所示。然后点击“确定”即可。

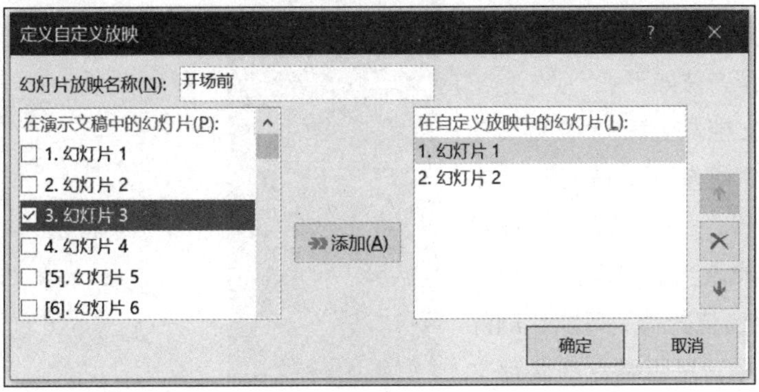

图6-3-7

在图 6-3-6 右图 B 的“自定义放映”对话框中，可以继续“新建”，或对已经设置的“自定义放映”进行重新“编辑”，或直接“放映”。

图 6-3-8

(2) 设置自动播放“自定义放映”

如想设置前两张幻灯片重复且自动播放，需要进行如下设置。

① 设置自动换片时间

在“切换”选项卡的“计时”组中，选中并“设置自动换片时间”，如图 6-3-8 所示。

② 自动循环播放

在“幻灯片放映”选项卡的“设置”组中，点击“设置幻灯片放映”按钮，选中“循环放映，按 ESC 键终止”，如图6-3-9所示，此时在图 6-3-6 右图 B 中点击“放映”，则“自定义放映”(如“开场前”)的幻灯片可以自动循环播放。

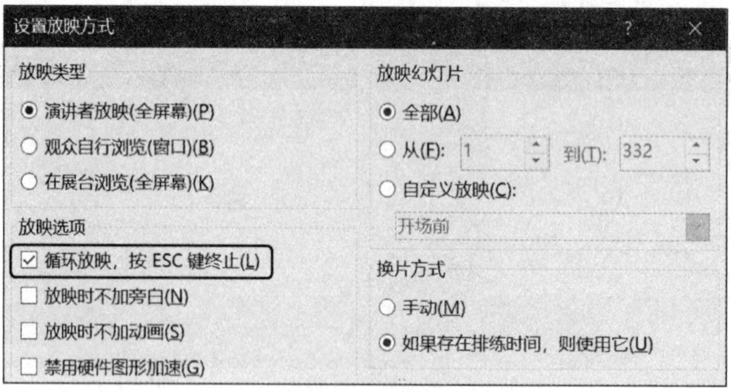

图 6-3-9

此方法也可以设置全部幻灯片的自动循环播放。

4. 快速批量删除备注

由于有时候备注中含有一些个人信息或不便公开的内容，可以一次性的批量删除。操作方法如下：

(1) 点击文档左上角的“文件”，在“信息”选项卡的“检查问题”选项中，点击“检查文档”，如图 6-3-10 所示。如果出现“使用文档检查器之前，确保保存了更改，因为文档检查器稍后可能会删除无法恢复的数据。是否要立即保存文件?)时，可以选择保存文档或不保存。

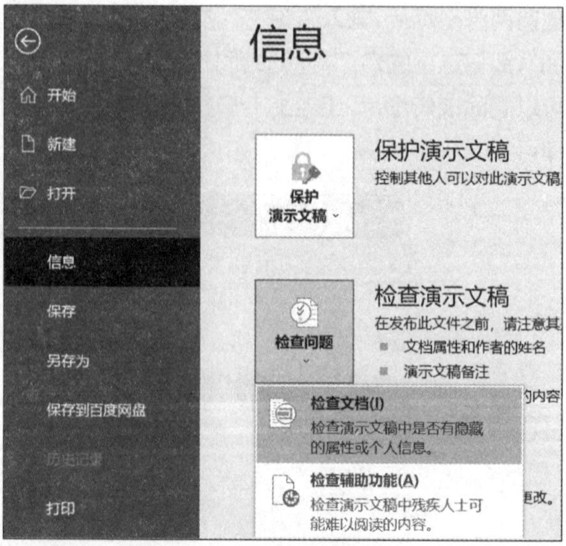

图 6-3-10

（2）在出现的“文档检查器”对话框中，在下方查看是否默认选中了“演示文稿备注”选项，然后点击右下角的“检查”，如图 6－3－11 所示。

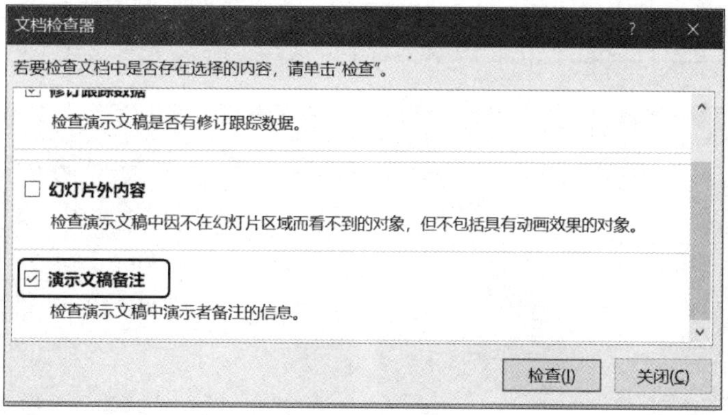

图 6－3－11

（3）点击“检查”后，显示“已找到演示文稿备注”。再点击“全部删除”即可。如图 6－3－12 所示。

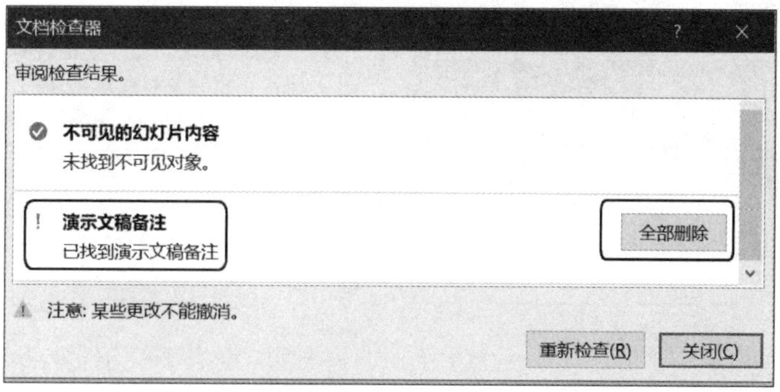

图 6－3－12

第 4 课　幻灯片的设计艺术

虽然 PowerPoint 的设计和制作效果将会直接影响讲演者的演讲效果和教学效果，但是 PowerPoint 只能辅助讲话，突出讲话的要点，而不能替代发言。所以 PowerPoint 的设计要简洁、突出重点，使观众观看时清楚明了。为了说明教学幻灯片的设计艺术，我们可以先看看一些教师平时在幻灯片制作中存在的问题，然后再说明制作幻灯片时有哪些要求。

1. 幻灯片设计中的常见问题

（1）文字过多没有主题

许多人常常把 PowerPoint 演示文档当作 Word 文档来撰写内容，在 PowerPoint 文档中写满了密密麻麻的文字，没有中心，没有主题，把要讲的话全写在演示文档中，讲演者看着屏幕读 PowerPoint 讲稿，讲演变成了照本宣科。不少教师的教学文档中也常常使用大量的文字，像 Word 文档一样，且没有排版的格式，整篇文档全写满了文字。

（2）字体背景颜色混乱

字体颜色与背景颜色应该有较大的反差。教学中常常能看到一些教学幻灯片的字体颜色和背景颜色相近或者混乱，使得学生根本看不清文档上的文字，如图6－4－1所示。

图6－4－1

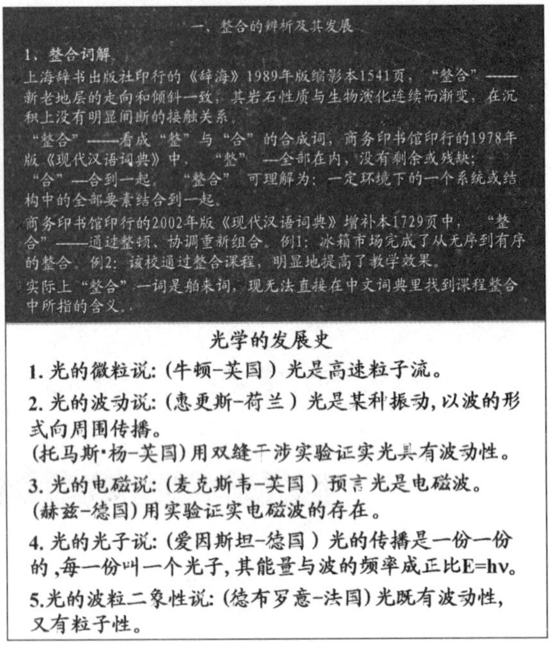

图6－4－2

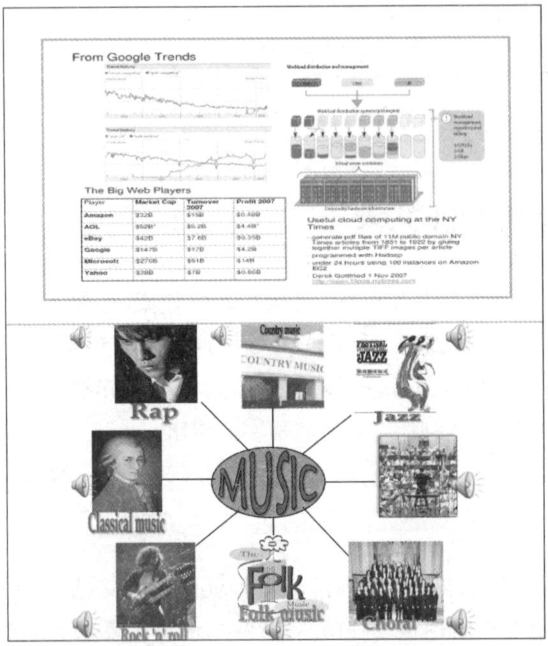

图6－4－3

（3）不分层次不突出重点

排版时重点不突出，全部内容使用相同的字体和字号，不分主次，如图6－4－2中上图所示。整版文字没有层次感，版面不分天、地、左、右，文字占据整个版面，如图6－4－2中下图所示。

（4）元素内容堆积过多

在一张幻灯片上堆积过多元素，如文字、图片、图表等，如图6－4－3所示，整张幻灯片显得杂乱无章。

（5）插入图片模糊不清

在网络上搜索的很多图片模糊不清。如图6－4－4所示，插入这样的图片，只会让观众头晕眼花，影响讲演的效果。插入图片时，一定要选用清晰的图片。

（6）字号字体动画音效随便乱用

① 不清楚 PowerPoint 文档应该用什么样的字体较好、应选择多大的字号

由于系统一般默认字体是宋体，所以在 PowerPoint 文档中也大量使用宋体字，并且文字过小，内容过多，这是很多课件和报告文档共同的毛病。

② 没有根据学生的年龄特点和所讲内容设置动画和使用音效

设置的动画和音效过于花哨，喧宾夺主，如在高年级教学课件中经常使用飞入、玩具风车、飞旋等一些花哨的动画，在不该使用音效的地方也插入声音。

图 6-4-4

2. 教学幻灯片设计基本原则

（1）内容要简洁，要点要突出

在图 6-4-2 中下图的教学幻灯片中的文字过多，没有突出重点。如果想将文字全部显示出来而不删除，可以改为图 6-4-5 中上图所示的文档，周围留出空白，标题文字与正文文字要有所区别，这样效果会好些。如果提炼出所讲内容的要点，再将每个要点采用不同的颜色单独分开，效果会更好，如图 6-4-5中下图所示。

（2）报告文档的内容要提炼

许多讲演者常常把要说的话全写在 PowerPoint 的演示文档中，演讲变成了照本宣科，如图6-4-6中上图所示，其实整篇内容只有五个要点，若把内容进行整理，提炼出这五个要点，作成如图6-4-6中下图所示的文档，能有效提升演讲的效果，便于观众记忆和理解。

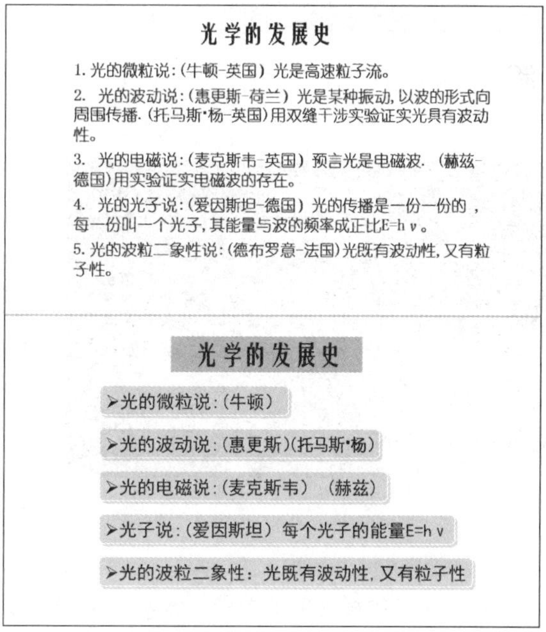

图 6-4-5

如图6-4-7中上图所示，在“如何做好班主任工作”的报告中输入了大量的文字，虽然文档中标示出了几个重点文字，但是这样的文档仍然会影响讲演的效果。如果把四个要点列出来，再把每一项内容浓缩成六个字，再利用模板（或自己绘制），并添加上适当的动画（开始出现问号，然后四项内容分别出现），如图6-4-7中下图所示，这样演讲的效果会好很多。

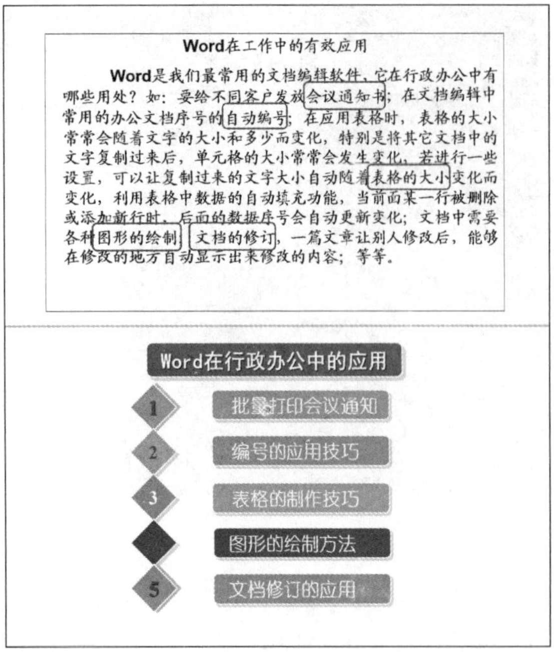

图 6－4－6

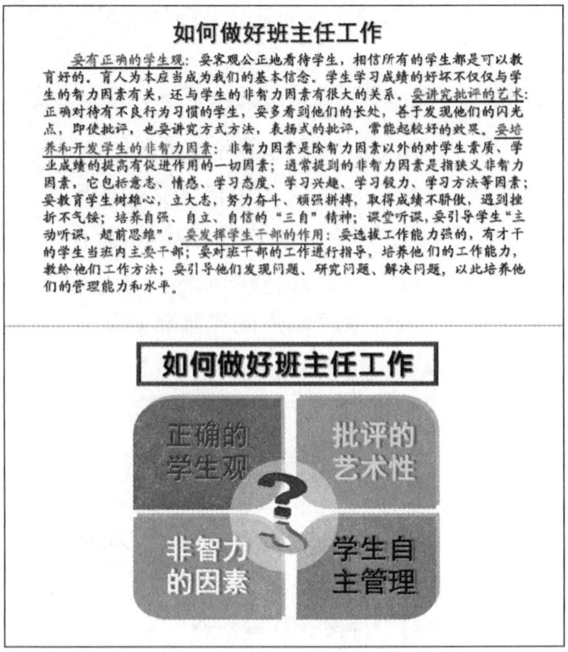

图 6－4－7

图 6－4－8

(3) 幻灯片上要突出关键词

幻灯片上除了不应有太多的内容以外，常常还要突出关键词，以此引起观众对所述重点问题的重视。如图6－4－8所示，其中分别强调了高铁通车桥梁数和长度，这样在观众中就会留下深刻的印象。

(4) 制作个性化的模板

个性化的模板分为两种，一种是整体风格的模板，另一种是单张幻灯片模板。

① 整体风格的模板

整体风格的模板即所有幻灯片统一使用的模板，网络上有很多 PowerPoint 模板可供使用，也可以自己制作模板，或把原来电脑中自带的模板加以修改。总之，模板要体现自己的演讲风格，但不要做得过于花哨。

② 单张幻灯片模板

除了使用整体风格的幻灯片模板以外，对于具体的某一张幻灯片还可以根据内容使用不同的单张幻灯片模板，这种模板很多。常用的模板有并列关系，并列递进关系，比例关系，综合关系，对比关系，强调关系，联动关系，循环关系等。在使用时要根据讲演的内容进行选取。

A. 如图6－4－9所示，分别是并列关系和并列递进关系的模板。并列关系模板适用于讲解的几个问题没有主次之分，相互并列的情况。并列递进关系模板适用于所演讲的问题逐渐递进，各问题间有层次的情况。

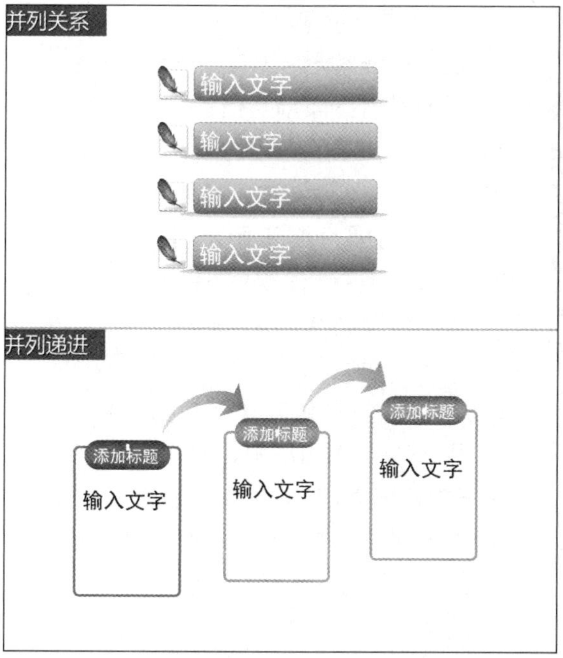

图 6－4－9

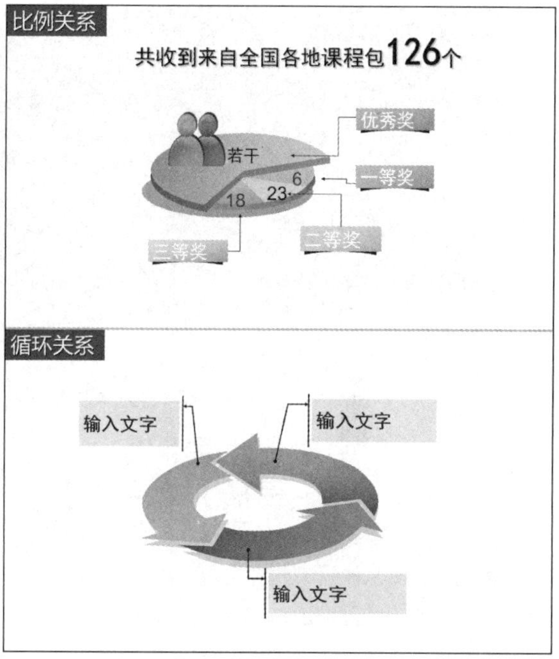

图 6－4－10

B. 如图6－4－10所示，分别是比例关系和循环关系的模板，一般涉及数据的情况常用比例关系的模板，可增加艺术效果。循环关系模板适用于各个内容之间存在相互依赖、互为因果关系的情况。

(5) 多使用图片让视觉说话

要充分利用图片的作用，增强可视化的思维表达效果。图片可以通过网络下载、自己摄影，或者利用绘图工具绘制获得。

① 利用半透明遮盖为图片添加朦胧效果

直接将图片用作背景往往太鲜艳，可以利用绘图工具绘制出一个矩形图形，填充色为白色，设置成渐变半透明格式遮盖在图片上，得到朦胧效果。参见第四单元第 1 课 1. 图形填充的透明度及应用中的相关内容。

② 图片的剪裁和边框

可以根据内容的需要，对原有的图片进行裁剪，突出某一部分内容，也可以对原有图片添加边框，增强图片的艺术效果，如图6－4－11所示。

图 6－4－11

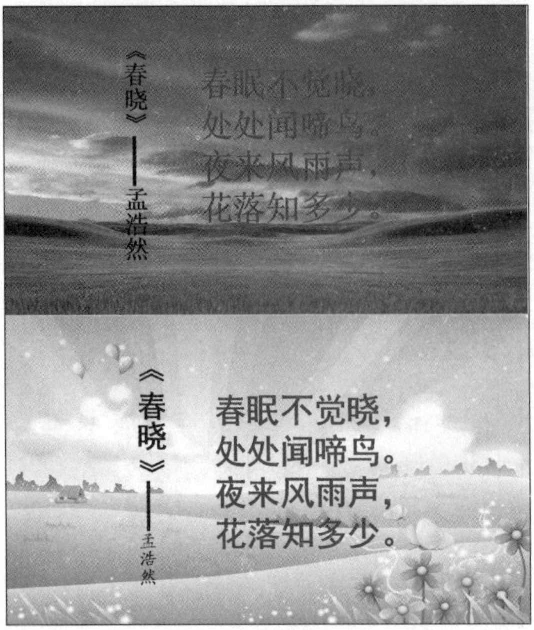

图 6-4-12

③ 根据内容选择图片

图片的选择要与内容相一致。如春天是春暖花开的季节，往往人们心情舒畅，与《春晓》这首诗相配的图片应该是明朗的，而不能是阴沉的。如图 6-4-12 上图所示的图片过于阴沉，换上如图 6-4-12下图所示的图片效果更佳。

④ 对原有的图片添加动画

网上下载的图片是静态的，可以对其局部添加动画，如讲欧亚之间的商路，可以添加两个人的动画，一个乘船走水路，一个走陆路，形象生动。还可以对要突出显示的部分绘制曲线图形，并添加闪动的效果。历史课讲解战争，可以添加动态的进攻路线，并添加爆炸的声音效果，以此提高学生学习的兴趣。

⑤ 结合学生的特点选择图片

针对小学生的课件可以用一些卡通图片，结合学生已有的认知能力，增强课件的趣味性和吸引力。如图6-4-13所示，可利用电视机图片来给小朋友讲解天气预报的知识。

图 6-4-13

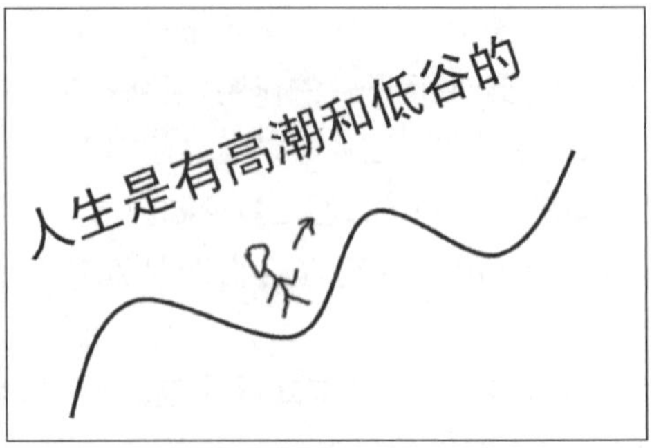

图 6-4-14

⑥ 绘制简笔画

利用绘图工具，可以绘制出与讲演内容相符的简笔画。如讲演人生的意义，可以用如图 6-4-14所示的简笔画，这比用大段文字论述人生的意义要令人印象深刻得多。

(6) 应用好字体和字号

PowerPoint 文档的制作过程中，字体和字号大小的选取十分重要。字体选择不当或者字号设置过小，都会影响幻灯片演示的效果。幻灯片上面的字号原则上要尽量大。一张幻灯片上的文字行数要尽量少。课堂教学中作为例题的文字可以适当多一些，但是要保证后排和左右两边的同学能够清晰地看到幻灯片中的所有内容。

① 字体的选择

电脑中自带的字体种类一般不多，PowerPoint 中最常用的是黑体字和微软雅黑，用这两种字体制作的 PowerPoint 课件，在别的电脑上播放时一般不会被系统改变文档的字体，因为这两种字体在一般电脑系统中都是自带的；其次是幼圆、华文新魏、方正姚体等几种字体，如图 6－4－15 上图所示。一定不要使用宋体字，因为宋体字的横笔画太细，还可以下载安装一些其他艺术字体，如方正粗圆简体、迷你简启体、方正古隶简体和方正黄草简体等，以提高文档的艺术效果，如图6－4－15下图所示。

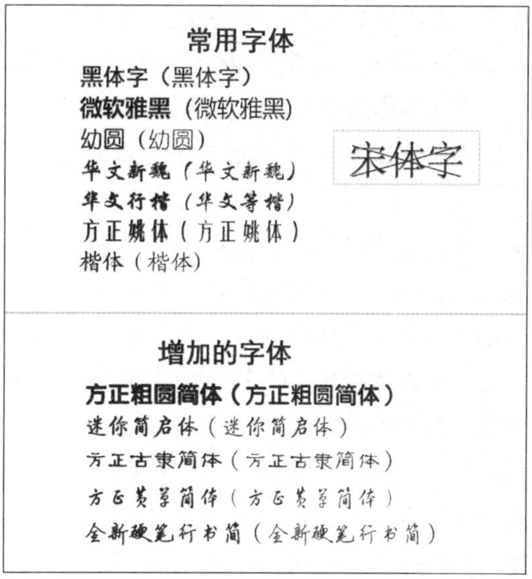

图 6－4－15

② 字号的选取

PowerPoint 的文档内容字号不能太小，一般字号应在 32 磅以上，最小也不能小于 28 榜，如图6－4－16所示，可以比较一下字号的大小。

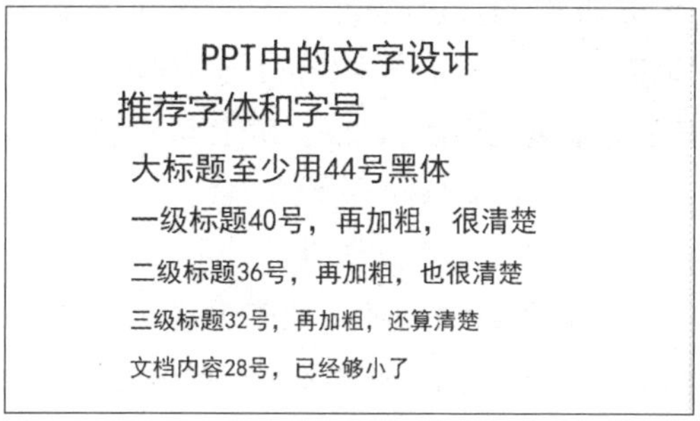

图 6－4－16

(7) 颜色搭配要协调

在制作幻灯片文档时，不仅字体和字号大小要合适，还要注意文字颜色与背景颜色要相互搭配。

背景颜色和文字颜色的配置基本原则是文字颜色与背景颜色的反差应该尽量大，即背景为暖（冷）色调，则文字选冷（暖）色调，如白底黑字、蓝底白字等。可以留意一下汽车牌照上面的文字和颜色以及高速公路上的路标等，上面的文字颜色和背景颜色是经过对视觉效果的精心研究分析设计出来的。交通标志的文字颜色与背景颜色的搭配常有：蓝底白字，黑底白字，白底黑字，白底红字，黄底黑字，绿底白字等。

如果是白色背景，文字可以选择黑色、红色（红色最醒目）和蓝色。这是最常用也是最简单的配色方案。在使用浅色背景时要避免选择浅灰色和黄色等较浅的文字颜色。如果使用蓝色或黑色等深色背景，可以配白色、黄色、浅黄和橘黄等较浅的文字颜色，应避免选择暗红色、紫色和深灰色等较深的文字颜色。

(8) 用好音频和视频文件

根据教学的内容需要，PowerPoint 文档中常常要插入声音文件和视频文件等媒体文件，以此提高学生的听课兴趣。在使用音视频文件时要根据学生的年龄特点和教学内容选取媒体文件，不要出现与教学主题不相符的音效。

(9) 用好动画和切换

为了提升 PowerPoint 的放映效果，常需要添加一些动画和不同的切换方式。教学幻灯片中不需要添加太多花里胡哨的进入动画，尤其在高年级教学中，要讲究实际效果。如“进入”的动画，一般使用“出现”“擦除”“切入”等简单的几个进入方式。

教学中需用到大量的文字、公式和图片，文字和公式的出现要类同在黑板上写板书，即一般从左到右出现，速度的控制也要以学生阅读的速度为标准。文字“进入”一般采用“擦除”(或“出现”)的方式为宜。可参见第一单元第 4 课 4. “进入”和“强调”动画的设置中的相关内容。公式的出现一般采用“擦除”的方式从左到右，且应根据公式的长度，选择进入的持续时间。图片的进入常采用从左到右的“擦除”“切入”或“渐变式缩放”等方式。除非教学需要插入声音，一般在设置动画时不要加入诸如“爆炸”“打字机”等与教学情境不协调的音效。

新版软件中有多种多样的切换方式，可根据内容的需要进行选取。如报告开始时，可以使用“帘式”的切换方式，报告中可以使用一些新的切换方式，如“涟漪”和“立方体”等，以此增添艺术效果。而教学幻灯片的设置一定不要使用华丽的切换效果。如果两页之间的内容有演变关系，可采用“溶解”方式，放完第一张后，第二张渐渐出现；如果是很长的流程图，采用“向左插入”，画面连贯、流畅；在展示照片时，可以使用从对角线方向“抽出”的方式；如果两页内容相差不太大，标题一致，只是正文内容有些变化，最好不要在两页之间添加切换，采用“无切换”直接过渡较好。切换不可太频繁，以不影响课堂效果为宜。幻灯片切换时加入声音主要用于告诉学生幻灯片已经切换，在重要的概念处加入不同的声音，可起到强调这里内容很重要的作用。加入的声音应控制音量，避免分散学生的注意力。

(10) 要有清晰的逻辑关系

① 风格一致层次清晰

一个 PowerPoint 文档的设计风格要保持一致，包括颜色、字体、背景等。一般一个 PowerPoint 文档背景只使用一种模板。在设计幻灯片时要清晰地表达出讲解内容的层次。每页幻灯片的相同层次的标题要用相同的字体和字号，不同的层次字号可以逐层变小、文字逐层缩进，这样观众对整个 PowerPoint 内容间的逻辑关系可一目了然。一张幻灯片上一般最好不要超过三层，如图6－4－17所示。

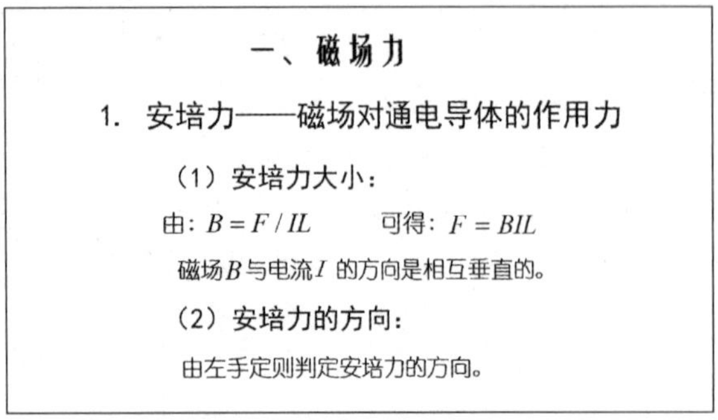

图 6－4－17

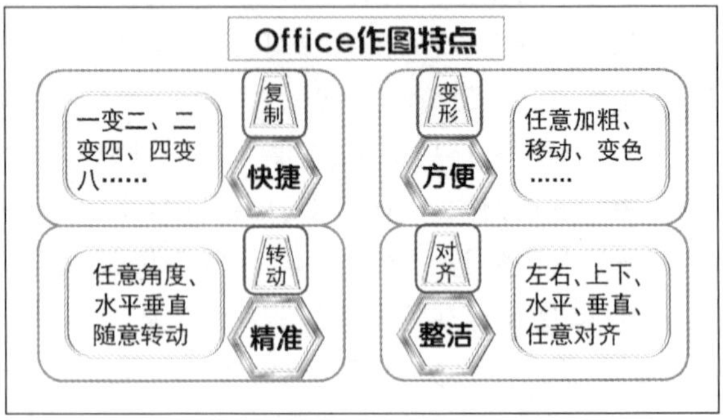

图 6－4－18

② 使用模板分类放置

在使用单张幻灯片模板或者自己设计模板时，分类要清晰明了，应使观众能够对你所讲解的内容一目了然。如图6－4－18所示是 Office 作图的四个特点，在每一个特点中，都清楚地说明了具体的内容。

3. PowerPoint 教学课件的设计综述

课件的制作基本原则是内容与美的形式要统一，美的形式能够激发学生的学习兴趣，更好地表现教学内容。课件所展示的对象要结构对称，色彩柔和，搭配合理，有审美性。要制作一个精美的课件，需要考虑多方面的因素，如版面设计，文字和背景色彩的搭配，模板的应用，动画的设置，视频、音频、图片的选取等。

（1）文字

文字内容要力争简洁、突出重点，以提纲式为主。

① 字号要尽量大

标题一般用 44 或 48 号，正文用 30 号，一般不应小于 28 号。16∶9的幻灯片，若使用 28 号字，一行字的字数不应超过 25 个；若使用 36 号字，一行字的字数不应超过 20 个；行数尽量不超过 8 行，最多 10 行。幻灯片制作时周围要留有空白，不能全部写满。

② 字体要醒目、清晰

文字一般宜采用方正粗圆简体、微软雅黑或黑体，也可以用方正姚体、楷体、幼圆，一般不要用宋体字。文档中不易使用太多种字体。对于关键性的标题、结论、总结等，可用不同的字体、字号和颜色加以区别。

③ 字体颜色选择应合理

标题字体的颜色可以和正文文字颜色区别开来，同一级别的标题要用相同字体、字号和颜色。一个句子内尽量用一种颜色，个别需要突出显示的文字，可以用另一种颜色或加粗显示。文档内文字不超过三种颜色为宜。文字和背景的颜色搭配要合理，字体颜色的选择要和背景颜色相搭配，要醒目、易读，避免视觉疲劳。

④ 文字可用动画显示

为提高演示效果，整版文字不要全部同时出现，可以采用动画的形式，随着讲课的过程，逐步显示出文字的内容。一般选用“出现”“擦除”“切入”等几种进入动画，不可用过于华丽的动画。

⑤ 各行文字内容排列要整齐

同一段落的文字可以在一个文本框中显示，便于统一进行格式及动画的设置。如果使用多个文本框，可以利用对齐工具，使多个对象对齐或均匀排列。

⑥ 为文字设置艺术效果

对于各类文字，可以利用“设置形状格式”中的“阴影”“三维格式”“三维旋转”等工具，设置文字的格式，增强文字的艺术魅力。

（2）图片

图片画面一定要清晰。在选用图片时要选用高清晰度的图片，像素不能太低。利用绘图工具可以绘制图形，利用相机可以自己拍摄照片。

图片的位置、大小、颜色等都要符合内容的要求，界面布局要合理，整体风格要统一，色彩搭配要协调，界面及内容要简洁、美观。要注意课件展示的画面应符合学生的视觉心理，突出重点,构图匀称、均衡。整个作品风格既要整体统一又要有变化。

如果插入的图片过多文件就会太大,可以把图片压缩,以减小文件的大小。

(3) 声音

课件中插入声音,是为了烘托气氛、渲染情绪、增强艺术感染力、深化教学主题。在课件制作中,对声音的选择和使用要目的明确、格调和谐。舒缓的背景音乐,可以很好地调节课堂的紧张气氛,有利于学生思考。注意音乐的选取要与教学内容相符。

(4) 动画和切换

① 动画的设置

虽然有多种动画可供选择,但是课件中不宜使用过多非运动类的动画形式。一般常用"擦除""切入""渐变式缩放"等少数几种动画,不宜用"飞入"的动画效果。"回旋"用于添加悬疑效果;从屏幕中心渐变式放大用于揭示谜底;如果想要突出某些文字,可使用"闪烁"的强调效果;需要逐字阅读的一段文字或公式,可以采用向右擦除的效果。

② 幻灯片的切换

在"切换"选项卡中,"换片方式"可以设置为"单击鼠标时"运行,或是自动切换。在设置切换方式时既要富于变化,又要减少观看者的视觉疲劳。切换时声音不可乱用,避免分散学生的注意力。

(5) 链接与交互

利用幻灯片的链接和触发器可以很好地实现幻灯片间以及与其他程序间的交互。利用触发器,可以把某个对象动画的出现链接到作为触发器的某个对象上,点击相应对象出现相应的动画。还可以通过幻灯片间的链接来实现交互。幻灯片之间的转换或幻灯片与其他程序间的切换,常常可以用超链接的方式来进行。利用超链接,可以改变课件的线性放映方式,从而提高课件的交互性。

(6) 课件的制作要与教学思想相结合

教学课件制作,不仅仅是制作课件本身,还关系到教学资源、设计理念、教学策略、教学目标、教学媒体的选择、教学资源的熟悉程度、教学手段的熟练程度,等等。首先要确定教学目标,从教学实际出发,以学生为主体,以教师为主导,明确教学的目的,遵循教学规律,体现教师的教学思想和教学艺术。要认真钻研教材,明确要达到的目标和需解决的教学问题后,再选择采用什么方式。首先对教材重点、难点进行分析,再考虑通过什么样的图形、动画形式,插入什么样的视频,来突出重点、突破难点,以此达到教学的目的。

作为教师既要制作课堂教学幻灯片,还常常需要制作讲演报告幻灯片,二者既有相同点,又有不同点。制作讲演报告幻灯片时要注意制作的一般原则:能用图(图片或图形)不用表(图表或表格),能用表(图表或表格)不用字(文字),要尽量用图代替文字来表达讲演的内容。设计时要掌握:一个中心(同一页面,只突出一个核心内容),两个要点(要有最能支撑内容的材料,明确各个内容的层次和线条),三个不要(不要使用过于绚丽的背景,不要使用太小的文字,不要使用过多的动画),四个注意(文不如表,表不如图,条理清晰,版式整洁)。经常思考和练习,就一定能够制作出高水平的 PowerPoint 文档。

附 录

常用快捷键

1 Ctrl+A 全部选中。

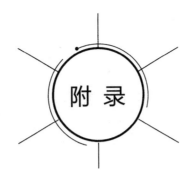

2 Ctrl+Z 撤消操作,即撤消刚刚进行的操作。

3 Ctrl+X 剪切。

4 Ctrl+C 复制。

5 Ctrl+V 粘贴。

6 Ctrl+S 保存。

7 Ctrl+D 复制和粘贴一次完成。

8 Ctrl+M 插入新幻灯片(在普通视图下选中左边的某一幻灯片,然后按回车键,也可插入新幻灯片)。

9 F5 幻灯片放映。

10 Shift+F5 放映当前幻灯片。

11 Ctrl+Shift 各种输入法之间的切换。

12 Ctrl+空格 中文输入法与英文输入法之间的切换。

13 Shift+空格 全角与半角之间的切换。

14 Ctrl+.(句点) 中英文标点之间的切换。

15 PrintScreen 复制整个屏幕到剪贴板,可以在画图软件或在幻灯片中粘贴。

16 Alt+PrintScreen 复制当前活动窗口到剪贴板,可在画图软件或在幻灯片中粘贴。

17 Ctrl+Y 插入刚刚输入的内容。

18 Ctrl+= 选中某个文字可以使其变为下标。再次点击可复原。

19 Ctrl+Shift++ 选中某个文字可以使其变为上标。再次点击可复原。

20 Ctrl+Shift+空格 在使用“公式编辑器”编辑公式时添加空格。

21 Ctrl+] 增大字号。

22 Ctrl+[减小字号。

后记

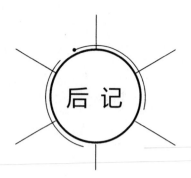

作为一名物理特级教师，多年来我一直致力于中学物理教学的研究与实践，后来在教育教学过程中，大胆尝试，把多媒体信息技术引入其中，在课堂教学和学生管理中充分发挥了现代教育技术的作用，取得了事半功倍的效果。这些研究成果得到了全国众多信息技术及教育专家的高度认可和肯定，这样更加激起了我在教学工作之余对多媒体信息技术应用研究的激情。我将自己多年来在使用 Office 办公软件和其他信息化软件过程中的方法和技巧加以总结和整理，希望能够给更多的教育同仁带来帮助。

教育现代化要求教师在转变教育观念的同时掌握现代教育技术，实现教育手段的现代化，努力地将多媒体信息技术与课堂教学深度融合，实施信息化的课堂教学改革。但是不少教师觉得自己年龄大或感觉自己电脑应用基础差，不知如何学习教育信息技术。首先要转变观念，学习教育信息技术既不看年龄大小，也不看基础水平高低，任何时候学习都不晚。本人从 45 岁才开始学习开关电脑，50 岁才开始对计算机产生兴趣。所以年龄大和基础差不是学不好信息技术的理由。如何学习呢？学习时要立足实地，结合教育教学工作的实际，以能够解决教育教学的工作实际为要，即结合每天的写教案、出卷子、做课件以及班级管理等这些最基本的工作，将我的极简教育技术系列丛书放置案头，随时参考使用。在制作好优质 PowerPoint 课件的基础上，根据《创建高效信息化课堂》一书中介绍的方法，学习录制微课程视频，将数字化课程资源应用于课堂教学中，慢慢地就能提高自己信息技术应用的水平和能力，工作效率和课堂教学效益将同步提高。

出版社整理汇集了笔者几年来系列研究的精华，结合信息技术发展的实际，出版了《轻松高效做好班主任工作》《微课视频制作与翻转课堂教学》《轻松高效编辑教学文档》《创建高效信息化课堂》和《方便快捷制作教学课件（修订版）》，并将其汇集为“马九克极简教育技术丛书”，这套书是教师必备的案头工具书，其中有关于制作 PowerPoint 课件的，有在写教案出卷子时可帮助提高编辑工作效率的，有详述如何录制微课程视频的应用教程。特别是这本《方便快捷制作教学课件》（修订版），它是根据近年来作者全国各地上千场培训经验和感悟体会重新打造的一本 PowerPoint 课件制作用书，它全面系统地论述了应用 PowerPoint 制作教学课件过程中的各种创新思维方法，特别是用物理学的思维方式将 PowerPoint 课件制作中的复杂动画制作问题归纳总结为只需要解决转动和平动两个问题即可。用创新的信息化思维，可以极简单地绘制出教学中几乎所有图形，使得高端 PowerPoint 课件人人都能学会制作。此系列丛书分别针对教育教学工作中的不同方面，有效地帮助教师解决工作中的问题，帮助教师提高工作效率。

很多读者来信问："你为什么会有那么多奇思妙想？会有那么多神奇的创意？"其实我只是一个普通的教师，唯一与众不同的可能是我较别人更善于思考，爱动脑而已。同时我以"干一行爱一行，学一行专一行"为人生信条，更有对事业执着追求的精神和对工作一丝不苟的态度。这些都是一个人成功的基础和前提。我们虽然每天都做着简单平常的工作，但是把简单的事情做到极致就是不简单；把平凡的小事做出新意就是不平凡；把平常的工作用心去做就会不平常；把每一招做到极致就是绝招。在学习计算机技术的过程中（包括做任何事情），首先要有创新的意识，进而才能有创新的思维，慢慢就会具有创新的能力，最后才会有创新的成果。当今社会，新知识层出不穷，学会思考学会学习，具备较强的学习能力和创新的思维将受用终生。

读者朋友在学习我的各种信息技术应用的方法和技术时，不应该仅仅学习一些机械的操作技能，而应该通过学习，掌握其中的思维方法，只有学到了这些创新的思维方法，你才会有所突破，有所提高，才能将这些方法和技术与你的工作实际相结合并进行应用，你将会有无限的创造力。要深入进去，多思考、多实践、多体验。只有深入进去，你才有机会发现美。深入是一种体验，体验则是一种过程，过程才是一种人生的享受。

让我的研究成果造福于社会，造福于教育，造福于教师是我的最大心愿。全国各地的教师、教育培训机构和广大读者朋友多年来对我的研究成果给予充分的认可，对此我深表感谢。同时也殷切希望广大读者朋友在使用本系列教程的过程中多提宝贵意见。来信请寄：majk5168@163.com。

扫描下面二维码下载与本书配套的相关文档，手机安装注册百度网盘（百度网盘使用方法参见《创建高效信息化课堂》）或阿里云盘，可以方便地转存配套文件。

如果二维码下载失效，可以通过扫描本书封面勒口处的作者简介二维码后找到下载方法。

作　者

2021 年 6 月 18 日

（百度云盘）

（阿里云盘）